U0757968

古代帝範文獻薈要解題

壹

天津師範大學馬克思主義學院學術文庫

主編 翟雙萍 周延良

學苑出版社

圖書在版編目（CIP）數據

古代帝範文獻薈要解題 ／翟雙萍，周延良主編．-- 北京 ：學苑出版社，2020.2

ISBN 978-7-5077-5905-1

Ⅰ．①古… Ⅱ．①翟… ②周… Ⅲ．①政治思想史－中國－古代 Ⅳ．① D092.2

中國版本圖書館 CIP 資料核字 (2020) 第 025867 號

裝幀設計：徐道會
排版製作：冉紅文化傳媒

責任編輯：洪文雄
出版發行：學苑出版社
社　　址：北京市豐臺區南方莊 2 號院 1 號樓
郵政編碼：100079
網　　址：www.book001.com
電子信箱：xueyuanpress@163.com
聯繫電話：010-67601101（營銷部）；010-67603091（總編室）
印 刷 廠：北京建宏印刷有限公司
開本尺寸：787 × 1092　　1/16
印　　張：215
字　　數：2476 千字
版　　次：2020 年 3 月北京第 1 版
印　　次：2020 年 3 月第 1 次印刷
定　　價：1800.00 圓（全 6 册）

國家高校古籍整理研究委員會資助　一般項目

學術委員會

本册目録

儒家思想與古代『帝範』（代序）[一]

自殷商至于清代，歷數千年之久，整體社會由三類人構成：一是帝王貴族，二是官員，三是平民（含有知識的平民）。君主、貴族是社會構成中具有決定社會走向的少數人，官員是帝王的脅從，平民是君主、官員領導的主體。自春秋時期，儒家文化形成之後，基于三類人群共同利益的需求，社會穩定、統一是共同的祈向。在中國古代，具備管理、引領某個文化共同體資格的人被稱爲『帝（王）』，秦以前稱『天子』，秦以後稱『皇帝』，具備的心性、智慧、方略，被稱爲『術』或『道』，這一邏輯鏈可以稱爲『帝王之法（道）』。積極意義上的『帝王之法（道）』引領著社會向著美好的前景發展，歷史上的哲人把它總結、整理出來，如果是檔案，即可稱爲『帝王之書』，亦可稱爲『帝王經世之書』。唐代初年，李世民作爲唐代第二代君主，爲了教導、育化他的接班人（其子李治），總結了自己做皇帝以來的經驗教訓，寫了一部《帝範》。《帝範》是今天見到最早，也是最成型制的『帝王之書』，是發凡起例成爲後世『帝王之書』的模本。但『帝範』之書非起于唐太宗，在先秦時期，至少在殷商時代就已經形成了『帝範』理念，只是不稱『帝範』，而是稱『帝德』。在很大程度上『帝範』和『帝德』是因果關係。

[一] 案，此文已于《博覽群書》二〇一九年第七期刊出，文題作《『帝範之學』是學術空白》，正文文字稍有改動。

『帝範』的初元、演進與涵義

寬泛地界定，原始社會晚期，已經有了後世稱謂的『天子』，也有脅從『天子』的『官員』，建立了簡約的制度文化，部族首領同樣具有一套領導手段和方略，因此這一時期可以是廣義的『帝王之道』，上古文獻中稱述的《三墳》《五典》雖佚，但它們都是廣義的『帝王之書』，以理推之，先哲所記并非空言，《尚書序》謂：『伏犧、神農、黄帝之書，謂之《三墳》，言大道也；少昊、顓頊、高辛、唐、虞之書，謂之《五典》，言常道也。』[一]《三墳》《五典》是最早的『帝王之書』，也是最早的『帝王經世之法』，而且，這時期的『帝王經世之法』幾乎無一例外地爲後世帝王所祖述、尊崇，比如唐太宗李世民的《帝範》、宋代范祖禹的《帝學》、明宣宗朱瞻基的《五倫書》、明景泰帝朱祁鈺的《歷代君鑒》等等都以祖述伏羲、神農、黄帝、堯、舜，尊崇湯、武[二]爲法門。從有文字的歷史上看，狹義的帝王經世之書何時出現？史無定論，今亦不能遽斷。唐代以後所見『帝範』之類文獻，多以儒家『經書』界爲修身齊家、理政敬事、興邦安民之本。依現在的審視標準論，儒家的『五經』中確是散見著相當多帝王經世、治國之道的資料。最典型的文獻是《尚書·周書·洪範》。《洪範》記載著周武王推翻商紂之後，尋訪商遺民箕子，請教治國之術，箕子授以『洪範大法』。『洪範大法』便是治國大法。四庫館臣所謂『昔，孔子删

[一] 據《十三經注疏》本《尚書正義》。

[二] 『湯、武』是商代的湯王和周代的周武王，屬于三代時期，各部族仍是原始社會形態。

《書》，斷自唐虞，始著帝王經世之法。後來，遞相推衍，互有發明」[二]正是指陳這一事實，故《洪範》可稱之爲治國經世之道，當然也可以是『帝王經世之書』。

廣義地認識，中國的『帝王經世之法』綿延了五千多年，唯其無文字記載，文字記載的事況是後人的追憶，當然也可以認爲是當時的『口承歷史』，雖然可能是有爭議的，但筆者却持如此之見。

『帝王經世之書』是記載前世、當世『帝王』施政的書，是傳統文化的重要組成部分。從今天可見的『帝王』施政文獻獲知，帝王的行事都是以儒家思想爲準則，儒家思想是帝王施政的規範文化模式，唐太宗的《帝範》之『範』是『規範』之義，『帝範』就是做帝王的規範。『規範』的法戒、標準便是儒家思想『仁學』。付諸『帝範』審視，可以稱爲『仁術』，也可以稱爲『仁恕』。

『帝範之書』的撰述群體，由兩類人完成：第一類是『帝王』或『皇帝』，第二類是大臣或官員；作爲『文化史』，從時空基點認識，可以分爲兩類：一是通史類，一是斷代史類；從全部『帝範』文獻内容上認識，主要包括：一是堅守帝王修煉心性，保持『仁術』，一是在保持修煉心性的前提下宣導明德、勤政、親民，一是保證勤政、親民的前提，宣導吏治廉潔，一是保國衛疆（含與外族的關係）。

帝範是限定在帝王或天子、皇帝施政之際的規範，質言之，是指怎樣做好帝王、天子或皇帝的規範，帝範是外化的實施，帝德則是儒家給『帝』内在涵養確立的標準。從孔子就『帝德』『帝範』諸多界説中

[二] 文淵閣《四庫全書總目·〈執中成憲〉提要》語。

可以看到，他把『三代』原始時期至西周以後，判别爲兩種既有聯繫又有不同的『帝範』形態。

『帝範』『帝德』與自然生態觀念

『三代』原始時期至西周以前是以尊奉、敬畏人的自然屬性及萬物生靈爲主體，顯示的是自然生態觀念之下的『帝範』，從儒家學説中可以窺知這一文化現象。人的社會屬性爲次主體，《洪範》是一部經典的文獻；西周以後是以人的社會屬性爲主體，人的自然屬性與萬物生靈异變爲次主體，從儒家學説中亦可獲知這一文化現象。

『爲天地立心，爲生民立命』〔一〕是宋代張載總結古代華夏先民對『帝德』與『帝範』界定演繹的判斷。據此説，帝王之德首先應該具有尊奉、敬畏自然萬物的心性，在這一前提下纔能完成普惠生民的使命。『爲天地立心』是『帝德』的『心性』，『爲生民立命』是『帝範』的規約。

從史前和商周考古，結合相關的文獻記載審視，確立『帝德』『帝範』的依據，首先是尊奉、敬畏自然萬物——爲天地立心，其次纔是普惠萬民——爲生民立命。自然生態倫理是古代『帝範』的總和。《尚書刑德考》〔二〕曰：

帝者，天號也；王者，人稱也。天有五帝以立名，人有三王以正度。（唐歐陽詢編《藝文類聚·

〔一〕案，宋張載有：『爲天地立心，爲生民立命，爲往聖繼絶學，爲萬世開太平。』語見《張子全書》卷十四《近思録拾遺》。

〔二〕《尚書刑德考》爲『緯書』，已佚，此爲殘文。下同。

帝王部》卷十一引）

此謂『帝、王』之號屬在『天、人』，是依據『三才論』確定的。所説的『三才』即爲『天地人』，是早期人類認識自身過程的同時認識自然萬物而紬繹的概念，于是有了『天皇、地皇、人皇』，最早的『三皇』是『天地人』，是以自然萬物爲對象。『帝者，天號也；王者，人稱』正是『三才』觀念的文化變體。隨著社會的發展、文化的增殖，就有了人類社會的『三王』。人類社會的『三王』或『三皇』，其文化基因，是以自然生態爲本源，它對應著『天地人』的自然屬性；此文中及于『五帝』，其實『五帝』也是本于自然生態，對應的是『五行』，明孫瑴編《古微書》卷三引《尚書帝命驗》曰：

帝者，承天立府，以尊天重象也。五府，五帝之廟：蒼曰靈府，赤曰文祖，黄曰神門，白曰顯紀，黑曰玄矩。唐虞謂之五府，夏謂世室，殷謂重屋，周謂明堂，皆祀五帝之所也。（據文淵閣《四庫全書》本）

此言『帝者，承天立府，以尊天重象』，意在闡述『帝』在人類社會中首先必須認知、遵守的法則就是『尊天重象』，『尊天重象』就是尊奉、敬畏自然，推重自然萬物的法象，與『帝者，天號』的界定是同義結構。『尊天重象』的外化行爲是設立『五府』，以至于奉祀『五府』中的『五行』。所謂『五行』是木火土金水，早期人類認定的五種自然物質，『五色』是五行的重要外延之一，引文中『蒼曰靈府，赤曰文祖，黄曰神門，白曰顯紀，黑曰玄矩』正是以『五行』外延爲前提證明『帝』與『五行』的感應關係。『蒼』是五色之一，對應的是『木』；『赤』是五色之一，對應的是『火』；『黄』是五色之一，對應的是『土』；『白』是五色之一，對應的是『金』；『黑』是五色之一，對應的是『水』。此文所説『帝者，承天立府，以尊天重象』，『帝，承天』在于指説『帝』源于自然，『帝』源于自然，就必須『尊天重象』：遵守和敬畏自然法則，確立『五帝之廟』作爲重要的祭祀膜拜場所是尊奉、敬畏自然生態的外在形式，恰如《逸周書・謚法》所説：『德象天地曰帝【晋孔晁注：同于天地】，仁義所在曰王。』尊奉自然萬物，纔具備『帝』和『德』即『爲天地立心』的條件，再施行『仁義』于社會即『爲生民立命』纔可爲『帝。』又，《尚書刑德考》所説的『人有三王以正度』，『三王』之説，史上雖多歧解，但大抵解爲三代帝王即伏羲、神農、黄帝。『三王以正度』，以《三墳》[一]爲法則的帝王之『度』，『度』是指涉尊奉、敬畏自然萬物的不變定律。《孔子家語・五帝》篇載曰：

季康子問于孔子曰：『舊聞五帝之名而不知其實，請問何謂五帝？』孔子曰：『昔，丘也聞諸老聃曰，天有五行：木、火、金、水、土，分時化育，以成萬物，其神謂之五帝。古之王者，易代而改號，取法五行。五行更王，終始相生，亦象其義，故其爲明王者而死配五行。』康子曰：『如此之言，帝王改號于五行之德各所統，則其所以相變者，皆主何事？』孔子曰：『所尚，則各從其所王之德次焉。夏后氏以金德王而尚黑，殷人以水德王尚白，周人以木德王尚赤，此三代之所以不同。』（據清陳士珂《孔子家語疏證》本卷六。上海書店，一九八七年影印商務印書館一九四〇年刊本，第一六

[一]《三墳》雖佚，但據殘説可以推定，其内涵的原始『帝德』是以尊奉敬畏自然生態爲要。

一頁）

孔子在答季康子之問所言，皆上古時代文獻中記載的事況，與上引《尚書帝命驗》所記可以互證。從孔子之説可知，『帝王』之德對應著自然的『五行』次序，朝代的更替，帝王的變換是『帝德』的更替變換，是建立在自然物質世界的『五行』終而復始規律的認識之上，其中不免『五行終始』論[一]。孔子例説夏、商、周三代開基帝王之『三王』即三代帝王，同樣對應著『五行』，其本質是尊奉、敬畏自然生態而具備了『帝範』之王纔配稱『帝德』。

可知，作爲『帝王』最基本的『德』就是尊奉、敬畏自然生態，因爲他們是自然的一部分，《禮記·經解》説：『天子者，與天地參。故德配天地，兼利萬物』[二]，與『爲天地立心，爲生民立命』是同義結構。帝王與『天地』合而爲『三』即『三才』，都質原于自然，其『德』之本必須尊奉、敬畏『天地』自然，其『範』之本必須『兼利萬物』而惠及萬民，此『帝德』的心性，是尊奉敬畏自然萬物的結果，『帝範』是規約，是實施『帝德』的外化。

以上主要引述《逸周書》、孔子之説和『緯書』等孔子思想産生前後的相關記載，是儒家文化的前文化時期。『緯書』雖較晚出，但它是對遠古文化傳承中的追記，其中很多古老的學説藉『緯書』而得見（大多『緯書』晉代即開始散亡）。《逸周書》記載著不少原始階段『三代』文化事況，《周禮》《禮記》

[一] 『五行終始論』曾被晚清疑古派質疑，尤爲民國以後反傳統學者所否定，是不尊重歷史，其謬可哂。

[二] 據《十三經注疏》本《禮記正義》卷五十。

等周代早期文獻有爲數可觀的歷史都是從《逸周書》中擇取，是儒家文化之前就形成的學説。『帝德』『帝範』屬義自然生態是在儒家文化出世之前就形成的，爲後來的儒家文化所借鑒、引用甚至充實。春秋以前，『帝範』或『帝德』基本不出這一界定範疇。春秋時期，孔子理論形成之後，基于社會形態的變革又有新的發展和增殖。

『帝範』『帝德』與人文生態觀念

『修身、齊家、治國、平天下』之論，是成于孔子之後、孟子之前，由『七十子』提出的。爲後世歷代『帝德』所本，『帝範』所宗。前已有説，『帝德』必須尊奉、敬畏『天地』自然，其本『範』必須『兼利萬物』而惠及萬民，『帝德』的心性，是尊奉、敬畏自然萬物；『帝範』的規約，是實施『帝德』普世的社會化方式。以『孔子之學』問世作爲轉折點，孔子後學基于孔子就『帝王之道』的認識，又有系統深入之迹可循。筆者紬繹爲『明德、正心、致知』。《禮記·大學》載：

大學之道在明明德，在親民，在止于至善。知止，而後有定；定，而後能静；静，而後能安；安，而後能慮；慮而後能得。物有本末，事有終始，知所先後，則近道矣。古之欲明明德于天下者，先治其國。欲治其國者，先齊其家；欲齊其家者，先修其身；欲修其身者，先正其心；欲正其心者，先誠其意；欲誠其意者，先致其知。致知在格物，物格而後知至，知至而後意誠，意誠而後心正，心正而後身修，身修而後家齊，家齊而後國治，國治而後天下平。自天子以至于庶人壹是，皆以修身爲

本，其本亂而末治者，否矣。（據《十三經注疏》本《禮記正義》卷六十）

《大學》爲曾參等孔子後學所作[二]庶幾可準，《大學》是帝王之學[三]，自然有帝德、帝範的認知和界說。《大學》此論，以歸納、演繹闡明作爲人尤其是帝王必須通過『學』達到『格物致知』的目的，祇有達到『格物致知』的水準纔能具備治國平天下的心性修養、能力和才智。此論中有幾個重要的概念，我們把它分界爲帝德、帝範兩個有著緊密關聯的範疇討論。

關于『明德』，也就是『帝德』。『明德』或『帝德』首先具備『親民』而『止于至善』的條件，『親民』而『止于至善』是『明德』也是『帝德』首要的心性；其次是達到『至善』的幾個修養環節：止—定—靜—安—慮，具備如此的修養，就可以是『至善』，亦便爲『明德』。『明德』是『帝範』的重要條件之一。

關于『正心』『致知』。此論提出了『正心』必備的兩個條件是『致知』『誠意』，『致知』和『誠意』是『正心』的前提，修身纔能達于『致知』和『格物』的境界，是『明德』的重要條件之一。

關于『治國平天下』。此論治國平天下的前提是『修身、齊家』，『明德、正心』達到『致知』纔可爲『修身』，完成了『修身』，纔可爲『齊家』，家齊，國可治，天下亦可平。

『明德』『正心』是『帝德』，是帝王的修養，『格物致知』是『帝範』，是帝王的能力。兩者兼具，

〔二〕宋黎立武《大學發微》說：「《大學》，其曾子之書乎？」

〔三〕宋范祖禹《帝學》謂曰：「帝王之學謂之《大學》」（據文淵閣《四庫全書》本卷一）。

方可『治國平天下』，誠如《四庫》館臣所説：『《大學》始于格物致知，終于治國平天下。』[一] 以心性、社會修養爲主體作用于『帝德』『帝範』，重要的是建立人倫秩序。《論語·顏淵》記載著齊國的君主[二]齊景公問政于孔子，孔子的回答最能説明問題，其文曰：

> 齊景公問政于孔子，孔子對曰：『君君臣臣，父父子子。』公曰：『善哉，信！如君不君，臣不臣，父不父，子不子，雖有粟，吾得而食諸？』（據《十三經注疏》本《論語注疏》卷十二）

做到『君君』，必須『明德』『正心』，『明德』『正心』必須『修身』，『修身』纔能明德、正心，以達于『格物致知』，也纔能『治國平天下』，否則，即使國有足够的『粟』（暗含著財富），也没有可能食用（暗含著諸侯國傾覆）——人文生態已取代了自然萬物的『帝德』『帝範』思維模式。孔子與儒家『帝德』『帝範』確立帝王之道是儒家思想的精髓，以認知自然萬物而及于立國，提出的『天道敏生，人道敏政，地道敏樹』的命題，『三才論』是文化基因，進而論及帝德與帝範。《孔子家語·哀公問政》載：

> 哀公問政于孔子，孔子對曰：『天道敏生，人道敏政，地道敏樹[三]。夫政者，猶蒲盧也，待化以成，故爲政在于得人。取人以身，修道以仁，仁者，人也。親親爲大，義者，宜也。尊賢爲大，親親

[一] 據《四庫全書總目〈日講四書解義〉提要》語。
[二] 案，諸侯國國君執政與『帝』執政没有本質區别。
[三] 『地道敏樹』是指涉大地生長草木萬物。

之殺，尊賢之等，禮所以生也。禮者，政之本也。是以，君子不可以不修身。思修身，不可以不事親；思事親，不可以不知人；思知人，不可以不知天。天下之達道有五，其所以行之者三，曰君臣也，父子也，夫婦也，昆弟也，朋友也。五者，天下之達道。智、仁、勇，三者天下之達德也。』（據清陳士珂《孔子家語疏證》本卷四。上海書店，一九八七年影印商務印書館一九四〇〇年刊本，第一一七頁。案，《禮記・中庸》有相同的記載，文字稍异）

孔子此説，以三才爲切入點，暢論人與政、仁與賢、賢與禮的關係，確定『禮』是『政之本』，作爲『君子』（含帝王），懂得『政』體，必須知道『人』是主體，作爲主體的『人』更必須懂得『仁、賢』。『仁、賢』是修身的結果，完成作爲『智、仁、勇』的帝德、帝範的建構，明德、正心與格物致知依然以社會人倫爲先，暗含著『修齊治平』。

《孔子家語・執轡》篇[二]記載著孔子的學生閔子騫爲費地的長官，請教執政方略，孔子教之執政之方，及于帝王治國之法。國君或帝王治國，要『以德以法』同時也要有『刑』（法）。『帝德』以『正心』，稱爲『德厚』，『帝範』以『民順從』稱爲『法盛』。『帝德』『帝範』的社會人倫主體性（人文生態）已經取代了自然生態的主體地位，『仁恕』是母題。

後世的『帝範』之書大抵綜合兩者精華而推演。

[二] 見《孔子家語》卷六。

傳世的『帝範』文獻

以唐太宗的《帝範》爲例，以後這類書的稱名不一。唐太宗除了作《帝範》，猶有《金鏡書》（佚），唐玄宗撰《開元訓誡》（佚）[一]，唐憲宗撰《前代君臣事迹》（佚）十四篇等等都屬于『帝範』類文獻，但傳世的御撰之書，衹有《帝範》。另外，唐代開元至天寶時期的吴兢編撰《貞觀政要》屬于私家修撰的『帝範』，但對後世産生的影響尤特深遠。

宋代以官修者視之，或稱『寶訓』『聖政』。《宋史·藝文志》著録宋人吕夷簡編修《三朝寶訓》三十卷，林希《兩朝寶訓》二十一卷，舒亶《元豐聖訓》三卷、《六朝寶訓》一部（以上著録均佚）。宋代官修『寶訓』『聖政』之類，其文獻大抵出于『實録』，因『實録』藏于宫廷秘府，人不得見，故擷取帝王行事、詔令、批諭以及與大臣議政語録，編而成書，以頒賜臣屬。但宋代此類文獻傳世者稀，亦可惜之！私修『帝範』之書，如曹彦約撰《經幄管見》四卷、范祖禹撰《唐鑑》十二卷、《帝學》八卷，俱傳。又，宋仁宗敕命編修的《洪範政鑒》十二卷，在古代雖可用于帝王施政，但用心于卜筮占算，不得列在『帝範』。

元代幾無『帝範』之書傳世，時有漢臣蘇天爵撰《治世龜鑒》，其中不乏『帝範』，然是書不煩摘拾

[一] 宋王應麟《玉海·唐開元訓誡》：『開元二十五年八月甲子，帝制《訓誡》六篇，以示諸王。其旨蓋明君臣父子之義、齋祭稼穡之事。』（卷二十八）

宋代理學家之説，且不啻爲帝王樹範，亦爲官員立規，置之『帝範』，或不雅訓。

明代，朱元璋即皇帝位，洪武初年，即爲治國立規定範。署爲『御製』者如《資世通訓》《皇明祖訓》，實其『御覽』而非『御製』。又，洪武初，曾輔佐朱元璋定鼎天下的重臣宋濂撰《洪武聖政記》二卷，載記朱元璋爲帝之『範』。明成祖朱棣即位，于永樂七年（一四〇九）頒行《聖學心法》四卷，名爲『御製』，實即儒臣修撰，朱棣唯其撰寫《序》言而已。明宣宗朱瞻基敕命儒臣修纂《五倫書》六十二卷，名爲『五倫』，實屬『帝範』。明景泰帝朱祁鈺敕命儒臣編修《歷代君鑒》五十卷，意爲『帝王』作『鑒』，實乃『帝範』。明萬曆年間由呂本、陳治本編輯『十朝寶訓』，定名《皇明寶訓》，輯自『太祖高皇帝』至『穆宗莊皇帝』十朝爲一書，凡四十卷。又，楊士奇編撰《三朝聖諭録》三卷，庶幾『帝範』之書。上均爲『御製』或官修。明代私修『帝範』之書，除前説《洪武聖政記》，猶有婁性編《皇明政要》，是書仿《貞觀政要》之體，凡二十卷。明皇族後裔朱睦㮮編《聖典》二十四卷，今見明萬曆刻本，書偶損前六七頁。袁袠撰修的《世緯》上下兩卷，專述帝王修身治國法式，『四庫』本完整。陳棟如編《明祖四大法》十二卷，記明太祖的政法，釐《心法》《治法》《祀法》《兵法》四門，其文録自『寶訓』『實録』，屬『帝範』文獻，然是書虛構、神化朱元璋身世頗多荒誕，故本編不收。又，明人俞汝爲輯録《荒政要覽》十卷，要者，從反面警示帝王不得淫逸荒政。此書雖傳世，但版本不佳，故未收。

以上所及明代『帝範』文獻俱傳。

清代至康熙朝，政權基本穩定。編製具有綱領意義的治國方策，『帝範』是最重要的政事之一，故至康熙二十幾年，即開始了這項工作。清代『帝範』大抵沿襲明代之制，只是清代此類文獻改明代的『寶訓』爲『聖訓』，『寶訓』『聖訓』唯名稱不同，其框架、格局完全一樣。康熙二十五年，由清聖祖玄燁敕命儒臣編修《太祖高皇帝聖訓》四卷，清高宗皇帝于乾隆四年（一七三九）刊行。此後，代有『聖訓』，至同治朝，凡十，故後人稱爲『十朝聖訓』。又有皇帝專屬編撰『帝範』者，如《御定資政要覽》三卷，順治十二年（一六五五），清世祖福臨敕命儒臣編撰，爲漢、滿兩種文字示世。又《庭訓格言》不分卷，清世宗胤禛追述清聖祖玄燁遺言，雍正八年（一七三〇）輯録成編刊刻，凡二百四十六則。初爲内務府刊本，《四庫全書》本蓋重抄。又《御定執中成憲》八卷，清世宗于雍正六年（一七二八）敕命儒臣編撰，雍正十三年（一七三五）夏，書成奏進，清世宗胤禛裁定，但清世宗在位時未刊行，清高宗弘曆即位第三年（乾隆三年），付武英殿。初爲内務府刻本，《四庫全書》本蓋重抄。又清高宗弘曆編輯《日知薈説》四卷，乾隆元年（一七三六），清高宗弘曆取舊製各體文刪刪擇精要，得二百六十則，其宗旨在于『論帝王治化之要』，屬『帝範』無疑，内務府刻本仍傳。《聖諭廣訓》不分卷，《聖諭》十六條爲清聖祖玄燁訓諭之語，《廣訓》爲清世宗胤禛于每條之後的釋讀，亦『帝範』之典。

以上列清代『帝範』文獻俱傳。

本編未收文獻蓋有由也，《十朝聖訓》本屬『帝範』之儔，但近三十年出版了影印本，且有整理本，故未收；《聖諭廣訓》中清聖祖玄燁與清世宗胤禛之語與《庭訓格言》《御定執中成憲》每有重合，故未收。未收之由，編者于《略例》中稍有陳説，此不贅複。

系統地研究『帝范』文化，今屬空白。依筆者所見，『帝範』文獻不僅可以補苴史論之闕，抑仍可深揆儒家文化『明德』『正心』『仁恕』『慈善』學説淵藪。『學史』之類著作很多，唯未見『帝學史』或曰『帝王倫理學史』，更無專門而系統的文獻整理。『帝範之學』是一個學術空白。

膠東忘年老人周延良

二〇一九年四月十二日于天津忘年齋

贅記

右序文，得以刊于《博覽群書》，幸得編輯部與責編展覿而嘉晋，斯銘斯感，伏惟道誠！

拙編付梓，荷承天津師範大學校長鍾英華教授資尚，亦本校馬克思主義學院院長楊仁忠、歷史文化學院院長孫立田諸時彦之襄，聊署謝忱！

拙編表則古籍復製，或實爲『文化分類』研究之基，拋磚之率，以待雅哲。倘蒙賜教，幸甚，幸甚！

膠東老朽周延良　二〇一九年十月二十四日又記

略例

一、『帝範』文獻總説

一、《古代帝範文獻薈要解題》是基于古代文化類型學或文化形態學思考設計而産生的，是文化人類學的重要分支。

一、中國古代『帝範』名義，是古代界定的五種人際關係即所謂『君臣、父子、夫婦、兄弟、友朋』中『君』之概。『君』者，即指『帝王』，『範』者，是指帝王的行爲規範或施政規範。『範』有約束、規矩之義，换言之，遵守社會的發展秩序確定施政方略便可爲『範』。

一、『帝範』是古人從自然生態的運行法則中歸納、紬繹出來，用于對人類社會存在和行爲解釋進而規約的文化指向，具有充分的物質世界基礎，或者説，『帝範』名義元初『唯物是瞻』，既不是『唯心』『迷信』，更不是『糟粕』，相反，它的提出，具有一定的元初科學因素——是從自然生態認知引入到人文生態。

一、本編把『帝範文獻』界分爲『帝範』[一]，收十七種書。

一、古代『帝範文獻』是研究『帝學史』『倫理學史』不可忽略的對象。

一、『孝道觀』或『孝義』是古代『帝範文獻、文化』中的重要内涵。

一、『正心』『養德』『致知格物』是古代『帝範文獻、文化』之藴藉。

一、『勤政』『廉潔』『親民』『職守』是古代『帝範文獻、文化』中之『華表』。

一、『慈善』『仁厚』『誠信』『篤實』是古代『帝範文獻、文化』中之戒勉。

一、『清風』『化俗』『禮敬』『守法』是古代『帝範文獻、文化』之普世。

二、『帝範文獻』選文例説

一、文獻再生，古之爲翻刻、影抄、影印或手抄，近代以來，引入西方照相技術，則以照相技術影印爲要，現下更有智能化技術復製古代文獻。

一、文獻學界别文獻爲『珍本』『善本』『足本』『通行本』或『普本』，如此分别自有道理。以經世濟用爲言，『足本』（或稱『完全本』），當爲版本之善善者。比如，向以宋版書爲『善本』甚至『珍本』，但宋版書之殘本，或可收藏，抑或用爲校勘，作爲研究之用，便不可爲善，以其不全故也。是本編

[一] 取唐太宗李世民《帝範》之名，爲帝王之規約，所選之書，其名必不是《帝範》，然爲帝王之規約，與帝王之『範』義同故也。

文獻所選，固以『足本』爲善。

一、所選文獻，皆爲『足本』，不以時代爲選書準的，亦不以某名家曾爲收藏爲佳。如明代朱睦㮮輯《聖典》二十四卷，爲明萬曆四十一年朱勤美刻本，亦頗具史料價值，但，是書卷一殘損近七頁，且無由配補，故不收；『足本』之中以版本可識爲準，刊刻粗鄙，雖或有『代際』，則以可識『足本』入選爲慮。如明俞汝爲輯《荒政要覽》十卷，屬在『帝範』，其義亦可爲上上者，然版本印製糙率，其字不可識者多，故弃之，他則類此。

一、本編選本或出《四庫》，此類選本均爲『足本』，與其它同一種書版本相較，内容完俱而無缺損者。甚至《四庫》所收之書或爲稀見，如《帝範》從《永樂大典》中輯出，《永樂大典》損毁，所剩無幾，《帝範》幸賴《四庫》以傳——不一而足，影印古籍，當擯弃獵奇之好也。

一、本編選本要在兩端：其一爲《四庫》本。《四庫》本既爲『足本』，亦可謂『通行本』；其二爲『稀見本』[一]，『稀見本』多爲《四庫》不收者。平心論之，《四庫》本爲研究文化所不能闕。如清世祖敕命編纂的《資政要覽》，現今有諸多版本流于書市，良莠不齊，不勝考辨，又，雖有初始武英殿刻本存世，但不易獲見，《四庫》本爲最佳。

一、以『上佳』版本爲選，然偶有闕頁，或有它本，本編則據以配補，如明婁性輯《皇明政要》，有

[一] 此謂『稀見本』者，蓋指流通少見。

明正德二年『慎獨齋』刻本，有明嘉靖五年戴金刻本，『慎獨齋』本爲佳，然是書卷六、卷十、卷十一有脱葉，戴金刻本爲『足本』，但印製失之于糙，故本編據明『慎獨齋』本影印，以戴金刻本配補所缺。

一、本編所選皆爲編著，不收某家文集中單篇文章。他皆類此，不繁例舉也。

三、『帝範文獻』『解題』與『目次』例説

一、本編所選文獻，雖或有『提要』『序跋』者，但每有偏重。『提要』或面面俱到而無精深，『序跋』或專一點而不及其餘，固可爲研究者所資證，抑終以『或缺』爲憾，故爲『解題』。

一、本編爲每書撰寫『解題』。『解題』大率有：

（一）介紹：書名、卷數、撰述者，據以影印者，全書編次、格局以及序跋。如：

《帝學》八卷，宋范祖禹撰。

本編據文淵閣《四庫全書》本影印，卷首有清乾隆題《御製范祖禹〈帝學〉》詩，下有諸皇子六人奉和詩。原有南宋嘉定十四年辛巳（一二二一）齊礪《序》、撰者《〈帝學〉札子奏》。（見本編《帝學·解題》）

（二）版本描述，如：

《聖學心法》四卷，明（成祖）朱棣共儒臣編撰。

此編據明永樂七年（一四〇九）内務府刻本影印。文字雋秀，頁面清晰，無缺損或漫漶者，

版本上佳。

卷首有明成祖朱棣《〈聖學心法〉序》，次爲目録，次爲正文。朱棣《序》文半葉七行，行十四字，黑口，雙魚尾，版心鎸書名、葉數，四邊雙欄；正文半葉十行，行二十二字，黑口，雙魚尾，版心鎸書名、卷次、葉數，四邊雙欄。《自序》字類館閣體，俊朗可觀。正文大字下多附雙行夾注，正文、夾注均有句讀。（見本編《聖學心法·解題》）

（三）撰者生履考察，如：

《皇明政要》二十卷，明婁性編輯。

婁性，江西上饒人，明憲宗成化十三年中鄉試，辛丑（即成化十七年，公元一四八一）進士，官至南京兵部武庫司郎中，因與守備太監蔣琮相訐，坐，除名。婁性在兵部武庫司郎中任所，曾得户部侍郎白昂薦，協助治河，《明史·河渠志》二載：（見本編《皇明政要·解題》）

（四）受敕命編撰者介紹、考證，如：

《歷代君鑒》五十卷，明（景泰帝）朱祁鈺敕命編修。

關于林文預修《歷代君鑒》的記載。

……

關于柯潛預修《歷代君鑒》的記載

……

關于吕原預修《歷代君鑒》的記載（亦曾預修《五倫書》）。

……關于劉儼預修《歷代君鑒》的記載（亦曾預修《五倫書》）。

……關于劉吉預修《歷代君鑒》的記載。

……

一、每書内容簡介，可爲逾溝壑之關梁，渡河海之舟楫也，例從略。

一、每書大多原有目次或綱目，但不宜檢閲，故每書重編『目録』，或可綱舉目張是也。

一、本書採用繁體字豎排，文中繁體字悉遵《通用規範漢字表（二〇一三）》規定執行。

總目録

壹

歷代君鑒　（明）朱祁鈺　敕命編撰……二六一

解題　周延良……二六三

貳

総目録

經

肆

伍

帝學

（唐）李世民 撰

解題

周延良

《帝範》四卷，唐（太宗）李世民撰。

本編據文淵閣《四庫全書》本影印，卷首有唐太宗李世民《自序》，正文釐十二篇。今見《四庫》本《帝範》文有夾注，依四庫館臣説，或即唐至元人所爲注[一]，詳備無考。

李世民，唐高祖李淵次子，唐第二代君主，姓李氏，諱世民，廟號太宗文武大聖大廣孝皇帝。隋文帝開皇十八年（五九八）十二月戊午生于武功別館。宋歐陽修等編《新唐書·太宗本紀》載：

太宗……生而不驚。方四歲，有書生謁高祖曰：公在相法，貴人也，然必有貴子。及見太宗曰：龍鳳之姿，天日之表。其年幾冠，必能濟世安民。書生已辭去，高祖懼其語泄，使人追殺之而不知其所往，因以爲神，乃采其語，名之曰世民。……（據《二十五史》本《新唐書》卷二）

此載不免傳奇，但唐太宗稱得上有唐一代明君，也可稱爲中國歷史上的英主，但李世民作爲秦王和後來的皇帝，即帝位後，好大喜功，勤兵傷民，崇信佛教，也給唐代社會造成了不良的影響，犯了『中材庸主』常犯的錯誤。《新唐書·太宗本紀》史官的論贊之評可謂允當：

[一] 案，晚清羅振玉在《貞松老人遺稿乙集之二·大雲書庫藏書題識》卷三著録《帝範》之書説：『……此書舊有賈行、韋公肅二家注。今自《永樂大典》采輯本，注中有楊萬里、吕祖謙語，其非賈、韋舊注可知。此本之注頗簡核，不注姓氏，不審爲誰氏所作也。老友楊君惺吾曾得此本，載之《日本訪書志》，備言其勝處，然楊氏所舉以外尚不少，安得好古者爲之刊行乎？』（據民國三十二年排印本）

> 贊曰：……盛哉，太宗之烈也！其除隋之亂，比迹湯武，致治之美，庶幾成康。自古功德兼隆，由漢以來，未之有也。至其牵于多愛，復立浮圖，好大喜功，勤兵以遠，此中材庸主之所常爲。然《春秋》之法常責備于賢者，是以，後世君子之欲成人之美者，莫不嘆息于斯焉。……（同前）

李世民統治唐代二十多年，史稱『貞觀之治』是唐代的『盛世』，也是中國歷史上的『盛世』。按照歐陽修的評定，『牵于多愛，復立浮圖。好大喜功，勤兵以遠。此中材庸主之所常爲』，大抵可信。歐陽修在《集古録·唐顔師古等慈寺碑》跋尾之説：『……太宗英雄智識，不世之主，而牵惑習俗之弊，猶崇信浮圖，豈以其言浩博無窮而好盡物理爲可喜耶？蓋自古文奸言以惑聽者，雖聰明之主，或不能免也。』〔一〕與《新唐書·太宗本紀》評定爲互證。李世民在《帝范》結語中的自我評價謂：『吾居位以來，不善多矣。錦綉珠玉，不絶于前；宫室臺榭，屢有興作；犬馬鷹隼，無遠不致；行游四方，供頓煩勞。此皆吾之深過，……』但是，宋趙希弁《郡齋讀書後志》著録《帝範》後之評，頗有微詞：『……（《帝範》）其末頗以汰侈自咎，以戒高宗，俾勿效己。殊不知閨門之内，慚德甚多，豈特太侈而已哉！武后之立，實有自來不能身教，多言奚益？悲夫！』（據文淵閣《四庫全書》本卷二）趙希弁所説的『閨門之内，慚德甚多，豈特太侈而已哉！武后之立，實有自來不能身教。』認爲，後來的武則天竊李唐政權，與太宗李世民的『閨門之内，慚德甚多』有重要的關係，并非空言。

〔一〕據文淵閣《四庫全書》歐陽修《集古録》卷五。

唐太宗李世民除了作《帝範》以訓教太子，還作《金鏡録》（亦作《金鏡述》《金鏡書》）、《訓戒》等文。宋王應麟《玉海·聖文》載曰：『虞世南《聖德論》著《金鏡》《帝範》，論君臣之道，序仁義之方，商略古今，以爲監誡，懲苛治而戒末弊。贊黄皞而咏唐、虞。』（據文淵閣《四庫全書》本卷二十八）王應麟是南宋最重要的文獻學家，其《玉海》引虞世南之文，當不會有差，虞世南由隋入唐，是唐太宗的書法老師，所記應屬可信。明彭大翼撰《山堂肆考·君道範·賜太子》説：『唐太宗作《帝範》十二篇賜太子，又作《金鏡録》示侍臣，作《訓戒》六篇示諸生。』（據文淵閣《四庫全書》本卷三十三）清劉於義等監修、沈青崖等纂修《（康熙）陝西通志·經籍志·子類》載：『《序志》一卷（唐太宗御撰）、《唐金鏡書》（一作「述」）一卷（太宗御撰）。』（據文淵閣《四庫全書》本卷七十五）《金鏡録》《訓戒》，今已不傳。

除了著文，太宗李世民亦差爲詩人，《全唐詩》輯其詩爲一卷。另外，李世民用心書法，雖墨迹無傳，但根據歷史文獻的記載，太宗李世民應該是有檔次的書法家，宋陳思撰《書小史紀》載曰：

太宗文武大聖大廣孝皇帝，諱世民，高祖次子也。聰明英武，有大志，兼資文武。博通群書，善屬文，工隸書、飛白、行草，得二王法，尤善臨古帖，殆于逼真。貞觀初，鋭意臨玩右軍真迹，人間購募殆盡，嘗自書真草屏風，以示群下，爲一時之絶。隸書師虞世南，嘗患于『戈』法。一日，書遇『戩』字，空其落于世，因取筆填之。俄而，魏鄭公奏事，帝出書示之，曰：『朕近學虞世南，似盡其法，卿看之。』鄭公曰：『天筆所臨，萬象不能逃其形，非小臣所可擬倫。今仰窺聖作，惟「戩」

字「戈」法頗逼其真。』既而舞蹈慶謝，上深嘆鄭公高其藻識，然益加工焉。……（據文淵閣《四庫全書》本卷一）

按照《宣和書譜》[一]的記載，太宗李世民究心隸書、行草，尤雅好王羲之、王獻之父子遺墨書體，『心慕手追，出内帑金帛，購人間遺墨，得真、行草二千二百餘紙來。上萬幾之餘，不廢模仿[二]』。當時的儒臣虞世南書法，師事王羲之的釋永信，虞世南學書于釋永信，深得釋永信真傳，故李世民以書法師虞世南，雅好王羲之的書法是重要的原因。虞世南没，又以專究王羲之書帖真贋的褚遂良充任侍書（見《宣和書譜·歷代諸帝》卷一。據文淵閣《四庫全書》本）。作爲一國之君，李世民的墨迹在貞觀年間可謂名燥一時。

今見《四庫》本《帝範》四卷十二篇，有夾注，未署注者撰人。按照《四庫總目提要》説：『……今本注，無姓名。觀其體裁，似唐人注經之式，而其中時稱楊萬里、吕祖謙之言，蓋元人因舊注而補之。其詞雖不免冗贅，而援引頗爲詳洽，足資參考。』在唐代，《帝範》已有兩家注本，唐代兩家注的記載均見于《舊唐書》，《舊唐書·敬宗本紀》：『（寶曆二年）辛未，秘書省著作郎韋公肅[三]注太宗所撰《帝範》十二篇進。』（據《二十五史》本《舊唐書》卷十七上）、《舊唐書·經籍志》：『《帝範》，四卷（太宗撰，

[一] 案，是書無撰述人。
[二] 見《宣和書譜·歷代諸帝》卷一（據文淵閣《四庫全書》本）。
[三] 韋公肅，唐憲宗元和間人，官太常博士兼修撰著作郎等。《新唐書·儒學列傳》有傳。

賈行〔一〕注）。』（據《二十五史》本《舊唐書》卷四十七），後及于此事者皆本《舊唐書》。

歷史上的著録有一卷十二篇、一卷無篇數、二卷十二篇、四卷十二篇、不分卷十二篇等説法，有一册而無卷數的著録，猶有『十三篇』的説法〔二〕。所以歷史上的著録不一，或因《帝範》傳至宋代已非完書，宋趙希弁《郡齋讀書後志》曰：『《帝範》一卷。右唐太宗撰，凡十二篇，今存者六篇。貞觀末著此書，以賜高宗。……』（據文淵閣《四庫全書》本卷二）至南宋末是書唯有『六篇』，大抵以五代戰亂所致，《四庫全書總目·〈帝範〉提要》謂：『……新舊《唐書》皆云「四卷」，晁公武《讀書志》僅載「六篇」〔三〕，陳振孫《書録解題》亦題曰「一卷」。此本載《永樂大典》中，凡一十二篇，首尾完具，後有元吳萊跋，謂：「征雲南僰、夷時始見完書」，考其事在泰定二年，蓋此書南宋佚其半，至元乃復得舊本，

〔一〕賈行，唐敬宗時人。《新、舊唐書》無傳。

〔二〕宋王堯臣等《崇文總目·儒家類》：『《帝範》一卷。』（卷五）、又，宋陳振孫撰《直齋書録解題·儒家類》：『《帝範》一卷，唐太宗撰，凡十二篇，以賜高宗【案：《舊唐書·經籍志》作四卷，《宋史·藝文志》作二卷】。』（卷九）、宋王應麟《玉海》引《中興書目》：『《帝範》二卷，太宗撰。凡十二篇【天聖四年閏五月，學士宋綬録進《帝範》二卷】。……』（卷二十八）、宋鄭樵《通志·藝文略·諸子類·儒術》：『《帝範》四卷【唐太宗撰】。』（卷六十六）又，宋王應麟《玉海·聖文》：『《帝範》四卷【賈行注】……《會要》：寶曆二年五月，著作郎韋公肅注《帝范》十二篇上之。』（卷二十八）、《舊唐書·敬宗本紀》：『（寶曆二年）辛未，秘書省著作郎韋公肅注太宗所撰《帝範》十二篇進。』、《舊唐書·經籍志》：『《帝範》，四卷【太宗撰，賈行注】。』（卷四十七）、宋黄震撰《古今紀要·唐》：『太宗世民……作《帝範》十二篇。』（卷九）元王士點撰《秘書監志·秘書庫》：『唐太宗《帝範》一册。』（卷五）又，明楊士奇主編《文淵閣書目》卷一作『唐太宗《帝範》一部一册。』（以此著録者五，當是五種版本）。宋王溥《唐會要》作『十三篇』，當是把《帝範》跋尾釐爲一篇（見卷三十六）。案，此注引述均據文淵閣《四庫全書》本。

〔三〕《四庫全書總目提要》所謂『晁公武《讀書志》僅載「六篇」』説誤，實爲趙希弁《郡齋讀書後志》。

故明初轉有全文也。』《四庫全書總目提要》所説的元吴萊跋文，《四庫》本《帝範》未收，此文見于明唐順之《稗編》所輯，標目爲《論唐太宗〈帝范〉》，吴萊[一]此文説：

> 初，唐太宗《帝範》一卷十有二篇，太宗常手撰以教太子。五代喪亂，書有録而遂闕，暨今上征雲南僰、夷，始出以獻。而舊十有二篇復完。予聞古今欲治之主不世出，常必立爲治天下之法，使其後嗣子孫有以世守之而不敢失墜，不幸而一旦昏庸懦弱之君，或繼其後，亦得有所扶持憑籍，不至于甚亂而僅存。此雖三代聖人制基垂統，立經陳紀，而務欲定爲法度典章者，然亦不過數傳則已，自弃其先祖之訓，覆國敗家接踵。……（據文淵閣《四庫全書》本卷九十一）

《四庫全書總目提要》所説的『此書宋佚其半，元乃復完』，宋趙希弁《郡齋讀書後志》曰：『《帝範》一卷。……今存者六篇』即十二篇之半，《四庫全書總目提要》『宋佚其半』或即據此立言。

另，《帝範》在日本『鎌倉時代』[二]的上層社會頗有影響。清楊守敬《日本訪書志》卷五著録武則天《臣軌》附録日本柳谷散人野子苞跋《帝範》曰：

> 《帝範》二卷、《臣軌》二卷也者，共成于唐帝。唐帝受隋氏弊，聰明神武，庶幾成、康，功德兼備，自漢以來，未之有。自吁咨都嗟之後，而元首股肱，互爲治道，故所以《帝範》《臣軌》之有

[一] 吴萊，字立夫，浙江金華人（明宋濂《浦陽人物記》下卷有傳）。

[二] 鎌倉時代（かまくらじだい，一一八五年—一三三三年），是日本歷史上以鎌倉爲全國政治中心的武家政權時代。始于一一八五年（文治元年）鎌倉幕府成立，終于一三三三年幕府滅亡，歷一百四十九年。源頼朝于一一八五年擊敗競爭的武士家族平家以後，在鎌倉建立幕府，故名。

作者也。本朝博士讀之，尤尊之。至若鐮倉將軍家皆讀之，有助治道久，何啻中華而已哉！洛人林白水新鏤之梓，以欲行于世，良有故哉？白水需書其後，于是題之。

寬文八年秋八月日柳谷散人野子苞父書。（據清光緒丁酉家刻十六卷本）

據此文所述，《帝範》在日本亦認定爲『有助治道』之書，而且在當時日本的上層社會具有深刻的影響。除了楊守敬《日本訪書志》所記是『寬文八年』刻本之外，在日本尚有《帝範》的舊抄本和舊抄卷子本。日本人澀江全善、森立之的《經籍訪古志》卷四載：『《帝範》二卷，舊抄卷子本，高野山藏。……』又『《帝範》二卷、《臣軌》二卷，舊抄本，求古樓藏。……』（據清光緒十一年鉛印本）按照日本人澀江全善説，舊抄卷子本『當是五百年外書本。此本寶素堂影摸傳藏。』（同前）足見，晚清時期，此書在日本依然有多種版本，其影響亦可想見。

《帝範》是李世民爲戒子而作，亦即爲未來的接班人李治怎樣做好皇帝而撰寫的書。十二篇之文不外誡勉太子李治將來如何做一個穩定江山社稷的好皇帝。其中不乏利民利國的嘉言良策，以血緣宗法制的基點論，是對古代封建專制最優良管理的高度總結和發明，可嘆的是，後任皇帝李治没有做到；《帝範》多爲後代的士大夫所稱道并深度發揮以爲所經歷皇帝借鑒，宋陳模《東宫備覽·廣誨》説：

……太宗又嘗作《帝範》十二篇以賜太子，曰：《君體》《建親》《求賢》《審官》《納諫》《去讒》《戒盈》《崇儉》《賞罰》《務農》《閲武》《崇文》，且修身治國備在其中。……

臣某曰，觀解牛而知養生，觀舞劍而喻筆法。牧羊，存治民之旨；斫輪，寓讀書之意。事事物物，皆有至理存乎其間，而通倫理之學者，難其人也。今唐太宗之于太子，遇物誨之，豈亦以倫類之學，以開其智慮乎？使太子于事事物物知有警戒之意，則過日改而德日新矣。《帝範》十二篇之作，則《中庸》《九經》之遺意也。《中庸》以修身、尊賢、親親爲先，《帝範》以『君體』『建親』『求賢』爲急，此治道之權輿，而其他皆可以類推也。（據文淵閣《四庫全書》本卷三）

陳模分解得很深刻，賅言之，《帝範》導之『倫類之學，以開其智慮』，以『修身治國』立説，如宋林駉之説『示後嗣重國本』[一]。此列十二目如左：

《君體》第一、《建親》第二、《求賢》第三、《審官》第四、《納諫》第五、《去饞》第六、《誡盈》第七、《崇儉》第八、《賞罰》第九、《務農》第十、《閲武》第十一、《崇文》第十二。

[一] 語見宋林駉撰《古今源流至論前集·聖翰》（據文淵閣《四庫全書》本卷五）。

提要

帝範四卷　儒家類

臣等謹按帝範十二篇唐太宗貞觀二十二年撰以賜太子新舊唐書皆云四卷晁公武讀書志僅載六篇陳振孫書録解題亦題曰一卷元吴萊謂征雲南僰夷時始得完書攷其事在泰定二年葢此書宋佚其半元乃復

完也唐書藝文志載有賈行注而舊唐書敬宗本紀稱寶歷二年秘書省著作郎韋公肅注是書以進是唐時已有二注今本注無姓名觀其體裁似唐人注經之式而其中時稱楊萬里呂祖謙之言疑元人因舊注而補之其援引頗詳洽而詞不免於煩贅臣等謹為参攷其誤附列注文之下仍依舊史釐為四卷以復其舊云乾隆三十八年四月恭校上

總纂官臣紀昀臣陸錫熊臣孫士毅

總校官臣陸費墀

帝範序

唐太宗文皇帝撰

序曰序次也又述也曰者發語之辭朕聞大德曰生易繫辭曰天地之大德曰生言天地之威德在乎生物也大寶曰位易繫辭曰聖人之大寶曰位言聖人大可寶貴者在於位耳寶是重貴之物貴為天子蔑以加矣故稱大寶也辨其上下樹之君臣曲禮曰君臣上下非禮不定辨別也樹立也所以撫育黎元封禪文曰受厚福以浸黎元撫慰勉安之也黎衆也漢文帝詔曰以全天下元元之民師古曰元元善意也鈞陶庶類董仲舒賢良策曰上之化下下之從上猶泥之在鈞唯甄者之所為鄒陽曰獨化陶鈞之上師古曰陶家謂轉者為鈞蓋取周廻調鈞耳言聖王制

馭天下亦猶陶人轉鈞也自非克明克哲允武允文梁武帝立太子詔曰今岱宗牢落天步艱難淳風猶鬱黎民未乂自非克明克哲允文允武豈能荷神器之重嗣龍圖之尊克能也允信也皇天眷命尚書大禹謨曰皇天眷命奄有四海為天下君皇大也毛詩傳曰尊而稱之則稱皇天眷顧念也謂天命歸之也按注尊而稱之稱當作君○歷數在躬論語堯曰咨爾舜天之歷數在爾躬歷數天道也言天道在汝身也安可以濫握靈圖叨臨神器東都賦曰俯協河圖之靈故云靈圖乃帝王符應也老子曰天下神器不可為也為者敗之韋昭曰神器天子璽符服御之物亦帝位也此言握靈圖臨神器者必有明哲武文之姿天命歷數之應是以翠嬀薦唐堯之德龍魚河圖曰堯時與羣賢到翠嬀之川大龜負圖來投堯堯勑臣下寫取告瑞應寫畢龜還水中嬀居為切元圭錫夏禹之功尚書禹貢曰禹錫元圭告厥成功疏曰水之功盡加于四海以禹功如是故帝賜以元色之圭告其能成天之功以元為天之色天謂之元故以元色圭以彰顯之也丹字呈祥周開八百之祚中候感應云文王受命有赤雀啣丹書入豐止於昌户再拜稽首受八百者尚書運期授引河圖曰蒼帝之治八百二十歲立戊午蔀注云周文王以戊午蔀二十九年受命後終八百餘年開興也祚國祚又位也○按中侯云入豐鄗止于昌户乃拜稽首受最素靈表瑞漢啓重世之基高帝紀曰高祖被酒夜行徑澤中令一人前行前者還報曰有大蛇當道徑願還高祖醉曰壯士何畏乃前拔劍斬蛇蛇分為兩道開行數里醉因卧後人來至蛇所有一老嫗夜哭人問嫗何哭嫗曰人殺吾子人曰嫗子何為見殺曰吾子白帝子也化為蛇當道今者赤帝子斬之故哭乃以嫗為不誠欲

苦之嫗因忽不見今云素靈即白帝子也重世者謂前後兩漢二十四帝共四百年天下也由此觀之帝王之業非可以力爭者矣王命論曰帝王之祚必有明聖顯懿之德豐功厚利積累之業以神器有命不可以知力求以此詳之自堯禹周漢以來興業之君皆有符命豈許以智力爭奪而得者乎昔隋季版蕩版毛詩作板凡伯刺厲王詩篇名也反也反先王之道也蕩者召穆公刺厲王詩篇名也蕩蕩者言蕩蕩然法度廢壞也厲王無道壞滅法度言蕩蕩然廢壞今云板蕩是合二詩之篇名目之也以隋文創業纔至煬帝荒淫暴虐又過于厲王者矣故亦曰板蕩耳海内分崩論語曰分崩離析又華譚策曰臣聞漢末分崩英雄鼎峙言四海之内分裂崩壞先皇以神武之姿謂高祖也高祖諱淵周上柱國李虎之孫唐公李昞之子也襲封唐公始為太原留守後受隋禪改元武

德廟號高祖言高祖有神明武畧之雄姿當經綸之會易屯卦大象曰君子以經綸解綸絲棼者綸之經之君子經綸以解屯難也凡事有未決反復思念亦經綸之象蓋謂天造草昧之時也會猶際也斬靈蛇而定王業啟金鏡而握天樞斬靈蛇者是借漢祖之事以喻禎祥也索唐諸志稱高祖未嘗有斬蛇之事啟金鏡者金鏡喻光明之道也考靈曜曰秦失金鏡魚目入珠注云金鏡喻明高祖當煬帝之賊虐暴陵天下昏暗至甚也高祖挽天河洗甲兵宇宙妖氛一滌而淨豈非開光明之道哉啟開也亦猶隋失金鏡高祖得而啟之也謂重開清明之道也天樞天機握天樞猶得天機也握持也○按泰失金鏡二句出尚書帝命驗此作考靈曜似誤然由五嶽含氣五嶽泰華衡崧恒泰山者山之尊一曰岱宗岱始也宗長也萬物之始陰陽交代故為五嶽長王者受命恒封禪之華者變也萬物成變由於

西方衡一名霍言萬物霍然大也崧高也言高大也恒常也萬物伏北方有常也五嶽含氣謂鬱而未清也三光戢曜三光日月星戢曜謂隱而不明豺狼尚梗文子曰所為立君者以禁暴亂也夫養禽獸者必除豺狼也豺狼尚梗謂羣雄相逐更相吞噬為民人害故喻以為豺狼也豺狼能食獸梗害也風塵未寧言天下戰爭四邊之風塵未安息耳朕以弱冠之年曲禮曰二十曰弱冠孔氏曰二十成人雖加冠體猶未壯故曰弱至二十九通名弱冠蓋太宗十八歲興義兵二十四定天下故稱弱冠之年冠去聲懷慷慨之志懷抱也慷慨倜儻也心之所之謂志思靖大難以濟蒼生思念也靖安也言思念靖安天下莫大之患難以救濟下民難奴案反躬擐甲冑親當矢石前漢薄昭予淮南厲王書曰高帝沐風雨赴矢石野戰攻城身被瘡痍以為子孫萬世之

業躬身也擐被也被甲冑謂之擐在身曰甲在首曰冑當牴也矢石謂箭礮也言身自被擐甲冑當牴矢石英果雄勇如此擐胡慣反夕對魚鱗之陣朝臨鶴翼之圍前漢陳湯傳曰步兵百餘人次門魚鱗陳師古曰言其相接次形若魚鱗莊子徐無鬼曰君亦必無盛鶴列于麗譙之間注曰鶴列陳兵也麗譙高樓也魚鱗鶴翼皆陳兵之形勢也敵無大而不摧兵何堅而不碎兵法曰小敵之堅大敵之禽也言敵雖強大必能挫之兵雖堅固必能破之摧挫也碎破也剪長鯨而清四海剪削也削盡兇毒清淨四海爾雅謂九夷八狄七戎六蠻謂之四海海晦也取荒遠冥昧之稱也鯨大魚也六代論曰掃除兇逆剪滅鯨鯢又左傳楚子曰古者明王伐不敬取其鯨鯢而封以為大戮杜預曰鯨鯢大魚以吞食小魚者以喻不義之人也掃欃槍而廓八紘欃槍星名妖星

也八紘淮南子曰九州之外乃有八寅八寅之外乃有八紘言掃除去妖星展廓其八紘也廓展也掃除也欃初咸反槍楚耕反乗慶天潢魏王固表曰王孫公子不鏤自雕非鸞則鳳分枝若木疏派天潢潢天河也謂乗履慶祥高遠之派流潢音黄登暉璇極梁簡文帝謝為皇太子表曰臣以毓慶雲霄憑暉璇極璇極謂寶位也登升也暉顯也○按上二句文苑英華作既承祐天潢澄清璇極襲重光之永業繼大寶之隆基易離卦大象曰明兩作離大人以繼明照于四方鄭康成曰作起也明明相繼而起大人重光之象堯舜禹文武之盛也又崔豹古今注曰明帝時為太子樂府辭云日重光月重輪山重暉海重潤重光是太子之事也已上皆太宗自叙本末謂險阻艱難備嘗之矣方始正儲宮繼登寶位○按大寶文苑英華作寶籙注山字當作星戰戰兢兢若臨深而御朽詩小

雅云戰戰兢兢如臨深淵書五子之歌曰懔乎若朽索之馭六馬言我雖功業如此自即位以來猶常恐懼戒慎如臨淵馭朽耳太宗可謂居安慮危善守成者也日慎一日思善始而令終言我一日戒謹加如一日惟恐不得盡善始終之美也汝以幼年偏鍾慈愛汝爾也鍾聚也謂太子以少年獨鍾於父母之慈愛義方多闕左傳曰教之以義方義宜也裁置事物合宜謂之義方正也庭訓有乖論語孔子嘗獨立鯉趨而過庭曰不學詩無以言不學禮無以立鯉退而學詩學禮此庭訓之道也乖違也言於此庭訓之多有闕違擢自維城之居詩云懷德惟寧宗子維城維城藩障也蓋太子始封於晉也屬以少陽之任梁簡文帝上昭明太子箋曰正少陽之位主承祧之責少陽東方也天子居正陽故太子居少陽也晉王於貞觀七年遥領并州都督十七年太子

承乾廢而魏王泰次當立亦以罪黜乃立治為皇太子故曰擢自維城之居屬以少陽之任也任位也未辨君臣之禮節左傳曰君臣有禮禮記曰禮不踰節不知稼穡之艱難書尚無逸曰厥子乃不知稼穡之艱難種曰稼斂曰穡此言太子生長深宮安能知民之疾苦故以此儆之也朕每思此為憂未嘗不廢寢忘食太宗言我嘗以此為憂懼寢不安席食不甘味自軒昊已降迄至周隋軒昊者三皇五帝也其詳注見於納諫篇此言上言三五下至于今以經天緯地之君纂業承基之主興亡治亂其道煥焉荀悅漢紀序曰昔在上聖惟建皇極經緯天地觀象立法經緯開創者也纂承守成者也縱曰經橫曰緯又南北為經東西為緯言於中興亡治亂之道煥然明白可見者○按注引荀悅語乃漢紀高帝紀序非漢紀

序文所以披鏡前蹤博覽史籍聚其要言以為近誡云耳言我是以開明前古君臣興亡治亂之實跡廣觀經史傳籍採酌其要領可法之格言以為切近之鑒戒者矣○按覽文苑英華作採

帝範卷一

唐太宗文皇帝撰

帝者天之一名以形體謂之天以主宰謂之帝帝者諦也言天蕩然無心忘于物我公平通遠舉事審諦故謂之帝又曰察道者帝又三皇五帝三王或曰帝既天之一名而以三皇居先是優於帝而過於天耶曰三皇不能過天但優於帝矣何以為優以遂同天之名以為優劣耳何則以五帝有為而同天三皇無為而同天以有為無為故知三皇優也或曰三王抑劣於帝乎曰三王雖實聖人但內同天而外隨時運不得盡其聖用逐迹為名故謂之為王也禮運曰大道之行天下為公即帝也故大道既隱各親其親即王也三王亦順帝之則而不盡故不得名帝然天之與帝義為一也故繼天

則謂之天子其號謂之帝總三而論之以帝得其中正矣皇者天也美也王者大也天地人以一貫三為王天下所法也 王按左氏傳並音于況反範法也言可以為帝王之法式故名之帝範以漢孔安國尚書序曰典謨訓誥誓命之文凡百篇示人主以軌範也其義同

君體第一

君白虎通曰君者羣也羣下所歸心又荀卿曰君者儀也民者影也儀正則影正君者盤也民者水也盤圓則水圓君者源也源清則流清源濁則流濁左傳云慶賞刑威曰君體者治體也君之所治體勢規模第者次第也一者數之始也萬物得一以生老子曰聖人抱一為天下式故君體為第一也 按荀子無民者影也民者水也二語又君者源也作君者人之源也

夫夫音扶語辭後放此人者國之先易曰有天地然後有萬物有萬物然後有男女有男女然後有夫婦有夫婦然後有父子有父子然後有君臣有君臣然後有上下有上下然後禮義有所錯故大學曰有人此有土所以人者國之先也先者前也凡在前者謂之先國者君之本國者域也域者居也人民所聚居欲為君者能以德和民民人樂為之用乃可以為國苟不以德和民人民離散而不附雖欲為君得乎故聖人云得衆則得國失衆則失國所以國者君之本也人主主即君也領也主領庶衆之體如山嶽焉高峻而不動東漢仲長統傳曰德重如山嶽山者謂四鎮山之重大者也揚州之會稽山青州之沂山幽州之醫無閭山冀州之霍山嶽謂五嶽泰華衡崧恒也詳見前序註言人君之體當如山嶽之尊崇巍然鎮靜故云不動如日月焉貞明而普照易曰日月之道貞明

者也言若日月正一自然之明晝夜更迭不息於至高至極之上普徧照燭在下之萬物自然貞一無私向者唯日月焉人君照臨萬方之衆務故取法日月貞明之象耳貞正也兆庶之所瞻仰十萬曰億十億曰兆庶衆也凡人君有動作兆億庶衆咸瞻仰以為則而行之也天下之所歸往易乾鑿度曰王者天下所歸四海之內曰天下孟子曰伯夷辟紂居北海之濱聞文王作興曰盍歸乎來吾聞西伯善養老者太公辟紂居東海之濱聞文王作興曰盍歸乎來吾聞西伯善養老者二老者天下之大老也而歸之是天下之父歸之也天下之父歸之其子焉往此二者歸往之明效焉故太宗曉之寬大其志志心之所之也人君之志當寬裕廣大足以兼包與天地同德包括其區宇涵容庶物平正其心足以制斷大學曰所謂脩身在正其心者心有所忿懥則不得其正有所好樂則不得其

正有所憂患則不得其正有所恐懼則不得其正此言人君心不平正則是非不明心若平正則是非明矣以此制斷事事物物自得其宜矣**非威德無以致遠**班固典引曰威靈行於鬼區注云鬼區遠方也威德者非窮兵黷武慘酷之暴乃應天順民以征不義故能令行禁止天下畏服無遠而不至也**非慈厚無以懷人**孔子曰慈可以服眾又書曰安人則惠黎民懷之慈惠愛也懷安保也謂王者撫綏兆民若非慈愛廣厚則成小惠故云非慈厚無以懷人**撫九族以仁**尚書堯典曰克明俊德以親九族歐陽夏侯氏謂九族者父族四五屬之內為一族父女昆弟適人者與其子為一族己女昆弟適人者與其子為一族己之子適人者與其子為一族母族三母之父姓為一族母之母姓為一族母之昆弟適人者為一族妻族二妻之父姓為一族妻之母姓為一族又唐孔氏說九族者上從高祖下至元孫凡九族皆

為同姓二說不同故並存之太宗言此九族之親長者安之少者懷之愛之勿可驕慢驕慢則離而相怨矣自天子至于庶人惟九族不可不撫愛詩曰綿綿葛藟在河之滸終遠兄弟謂他人父謂他人父終莫我顧此刺平王失禮于親戚也可不誡哉**接大臣以禮**論語曰君使臣以禮中庸曰敬大臣也體羣臣也又曰敬大臣則不眩體羣臣則士之報禮重**奉先思孝**尚書太甲曰奉先思孝以念祖德為孝先祖先也中庸曰善繼人之志善述人之事者也奉父勇切**處位思恭**太甲篇曰接下思恭以不驕慢為恭下臣下也處上聲**傾己勤勞以行德義**傾猶抑也己我也即壓己之義不以我為尊不以我為貴不以我為才不以我為智當以孜孜不倦於德義耳勤孜孜也勞事功曰勞德者得也得之於道之謂德義事之宜也裁制事物合宜之謂義**此乃君之體也**言若能行此是乃為君之大體矣

建親第二

左傳曰封建親戚以藩屏周室親骨肉也言有天下者宜樹立藩鎮骨肉分置之於內外以相與維持庶無孤削單弱之患夫水之無本縱築而亦涸木之無柢縱溉而亦焦大廈將興資眾材而後可成千間之廣大鵬將翥藉短羽而後可揚萬里之遠人君欲為國享萬世無疆之休者豈可獨立任其智力者乎左傳曰葛藟猶能庇其根本故君子以為比況國君乎固宜建親建親之道不特骨肉之謂也至如賢德忠純明哲通才之君子建而親之孰曰不可

夫六合曠道六合謂天地四方之對曠遠也道猶路也言天地四方是曠遠至廣至大之道耳

大寶重任天子大寶是至極至尊之位也重極也**曠道不可偏制故與人共理之重任不可獨居故與人共守之**五等諸侯論曰夫先王知帝業至重天下至曠曠不可以偏制重不可以獨任任重必於借力制曠終乎因人故設官分職所以輕其任也並建五長所以宏其制也又六代論曰先王知獨治之不能久故與人共治之知獨守之不能固故與人共守之所以項羽自任而亡沛公任人而興也太宗雍容慶享貞觀之至治用是理矣**是以封建親戚以為藩衛**傳曰封建親戚以藩屏周室**安危同力盛衰一心**書曰乃一德一心立定厥功惟克永世言同心同德立功則能長世安民也**遠近相持親疏兩用**郭伋諫光武曰無專用南陽人**并兼路塞逆節不生**六代論曰并兼路塞逆節不生并兼謂交

相侵刼逆節謂不尊王命也如是所以尚其分封裂建親戚以為藩籬衛尉之其盛也一其心而養之其衰也
一其心而救之如此遠近各能維固更加親疏兼任縱然有幷兼之門路亦可閑之而不能閑矣縱然有悖逆
之隙節亦可以沮遏而不得長矣○案註所以尚其至衛尉之一句疑有脱誤昔周之興也割
裂山河分王宗族武王既定天下封武王弟振鐸于曹封太師呂望于齊餘皆有封内
有晉鄭之輔晉始以唐名成王母弟叔虞封於此其地有晉水叔虞之子燮父改之故號晉鄭始
以宣王母弟桓公友封於鄭輔助也外有魯衛之虞衛者周公既誅管蔡封其弟康叔號孟侯
魯者周公子伯禽封於魯虞防也故卜祚靈長歷年數百左傳王孫滿日成王定鼎
于郟鄏卜世三十卜年七百故曰卜祚靈長也此謂周之所以興者為封建親戚也秦之季也季猶

末也棄淳于之策秦紀始皇三十四年置酒咸陽宮博士僕射周青臣等頌稱始皇威德齊人淳
于越進諫曰臣聞之殷周之王千餘歲封子弟功臣自為支輔今陛下有海内而子弟為匹夫卒有田常六卿
之臣無輔弼何以救哉事不師古而能長久者非所聞也今青臣等又面諛以重陛下過非忠臣也始皇下其
議丞相丞相謬其說絀其辭納李斯之謀丞相李斯破議淳于策曰周文武所封子弟同姓甚
衆然後屬疎遠相攻擊如仇讐諸侯更相誅伐周天子弗能禁始皇竟從其議○按李斯議乃駁丞相綰等非
為淳于越言破字亦疑誤不親其親獨智其智中庸曰愚而好自用賤而好自專生乎今
之世反古之道如此者裁及其身者也又列子曰治國之難在于知賢而不在自賢書曰自用則小是也顛
覆莫恃二世而亡始皇至胡亥纔二世耳顛覆敗也此謂秦之所以亡者為分置郡縣

也覆方福切斯豈非枝葉不疎則根柢難拔晉紀總論曰基廣則難傾根深
則難拔夫根本鞏固枝葉榮茂不疎者榮茂也既枝葉榮茂是根本鞏固矣既根本鞏固則未易提拔也柢
都禮切本也股肱既殞則心腹無依者哉書曰元首明哉股肱良哉庶事康哉
元首叢脞哉股肱惰哉萬事墮哉君者元體也臣者股肱也君之有臣譬人之一身有手臂也凡欲有為必資
手臂以運用手臂既傷雖心腹欲有為無所倚藉也何能運用哉故曰股肱既殞則心腹無依殞傷也隕許
規反漢初定關中謂漢高帝誡亡秦之失策秦以孤立而亡故云失策廣封
懿親高祖初定天下因秦之失大封懿親以帝從父兄劉賈封為荊王以從祖兄弟劉澤封為燕王兄劉
仲為代王同父少弟劉交為楚王凡同姓為王者九國過於古制周封爵五等公侯伯子男公地

方五百里其次侯四百里其次伯三百里其次子二百里其次男百里其分封之古制也大則專都
偶國小則跨郡連州漢紀自鴈門太原以東至遼陽為燕代國常山以南大行左轉度河
濟阿甄以東薄海為齊趙國自陳以西南至九疑東帶江淮穀泗薄會稽為梁楚吴淮南長沙國皆外接於胡
越内地北距山以東盡諸侯地大者或五六郡連城數十置百官宫觀僭於天子漢獨有三河東郡頴川南陽
自江陵以西至蜀北自雲中至隴西與内史凡十五郡而已左傳曰嬖子配適大都偶國亂之本也又坊記曰
故制國不過千乘都城不過百雉家富不過百乘以此坊民諸侯猶有畔者況以如此過制寧有不亂乎適
音嫡○按注漢紀當作史記末大則危尾大難掉左傳曰末大必折尾大不掉此謂諸
侯地廣而強帝室弱而見侵如末大根小必折尾大身小難掉且尾在于身者也欲掉之尚猶不從其心況諸

侯強盛且非已體之尾何掉哉謂難以禁止也掉徒弔切六王懷叛逆之志六王謂楚王戊趙王遂膠西王卬濟南王辟光淄川王賢膠東王雄渠約從共謀反七國受鈇鉞之誅七國謂吳楚趙濟南淄川膠東膠西也此皆地廣兵彊積勢之所致也高祖封以齊七十二城楚四十城吳三十城餘各有等差是地廣也魏武創業魏武曹操也操本譙人獻帝時封魏王其子丕受漢禪是為文帝創初也暗於遠圖魏武只知漢過不知秦失漢封雖過至四百年始失天下殊不知秦二世而亡故云暗於遠圖也子弟無封戶之人宗室無立錐之地莊子曰堯舜有天下子孫無置錐之地魏時子弟宗室但封之一位不與其土擁虛名而已外無維城以自固內無盤石以為基在外無藩維之城以為固保內

無大盤之石以為基址盤者大也又柱下之石也謂柱下既無磐石以為基址承載棟梁則必易為頹陷屋有磐石猶有懿親賢臣也屋有磐石則固君有賢臣則安故荀子曰國安于磐石又漢書宗昌曰高帝王子弟犬牙相制所謂磐石之宗也言萬國相連以固王室如大石之不可轉動也○按盤磐通遂乃大器保於他人社稷亡於異姓老子曰國之利器不可示人大器謂君之權位言魏不自保其權位太阿倒持削弱滋甚竟以天下付於他人終於異姓奪之耳異姓謂司馬氏魏禪位與司馬氏是為晉語曰古人之語也流盡其源竭條落則根枯此之謂也六代論曰夫泉竭則流涸根朽則葉枯枝繁者蔭根條落者本枯夫水無活源則其流易盡故孟子曰七八月之間雨集溝澮皆盈其涸也可立而待流盡源竭謂水無本也○按文選本枯作本孤夫封之太彊

則為噬臍之患左傳莊六年楚文王伐申過鄧祁侯曰吾甥也止而享之騅甥聃甥養甥請殺楚子鄧侯弗許三甥曰亡鄧國者必此人也若不早圖後君噬臍其及圖之乎圖之此為時矣鄧侯曰人將不食吾餘對曰若不從三臣抑社稷實不血食而君焉取餘弗從還年楚子伐鄧滅之噬臍言若自噬腹臍喻不可及也致之太弱則無固本之基弱則不能膠固根基由此而言莫若眾建宗親而少力賈誼說文帝曰諸侯強盛長亂起姦夫欲天下之治安莫若眾建諸侯而少其力令海內之勢若身之使臂臂之使指則下無背叛之心上無誅伐之事使輕重相鎮輕重謂大小之國也憂樂是同六代論曰共其樂者人必憂其憂同其安者人必拯其危則上無猜忌之心下無侵冤之慮此封建之鑒也無過不及之謂中不

偏不倚之謂正太強則張太弱則弛若隨時處宜得其中正而居之其蚌鏬自塞萌芽不生奸邪禍亂從何而出哉自是在上者絕嫌猜疑忌之意矣既嫌猜疑忌絕矣則爭端怨由不起而疾害不生矣則上下和合而侵陵冤枉之機除矣如此方為封建之昭鑒也斯二者安國之基斯二者謂損其太強益其大弱執其中道乃是安治國家之基本君德之宏唯資博達董仲舒賢良策曰今陛下并有天下海內莫不率服廣覽兼聽極羣下之知盡天下之美至德昭然施於方外此為宏德之資也設分懸教以術化人術法也法可以治民故張設明分懸示教令使民不敢犯也設張也分名分也懸示也教令也　分扶問反應務適時以道制物道理也理可以御物故應決事務適當時宜使物得其所也務事物也適當也術以神隱為妙術者不易之法兆民之所遵也

故當神隱使民莫測則為妙矣若非神隱民或竊玩其法亂矣道以光大為功道者乃無窮之
理萬物之所由也故當光大使物不遺則為功矣若非光大物或失照其理陋矣括蒼昊以體
心則人仰之而不測記曰天子者與天地參故德配天地兼利萬物與日月並明明照四
海而不遺微小蒼昊天也言人君當總括其天以質我之心則人仰望之而不得以窺測謂無物我之界以至
大至公也包厚地以為量則人循之而無端坤為地地底也其體底下載萬
物也易坤卦大象曰地勢坤君子以厚德載物言人君度量當如廣厚之地無所不包容則人循依之而不得
其端涯也謂無憎愛之限至寬至貞也蕩蕩難名宜其宏遠語曰大哉堯之為君也巍
巍乎唯天為大唯堯則之蕩蕩乎民無能名焉人君既能以天為心以地為量豈不宏遠哉且敦穆

九族敦重也穆和也九族見前序注放勳流美於前放勳帝堯名又放效也勳功也書曰
放勳欽明文思安安允恭克讓光被四表格于上下克明俊德以親九族九族既睦言堯聖德又能親睦九族
流布美善之道在于前爾可則之放上聲克諧烝乂重華垂譽於後重華帝舜
名克能也諧和也烝進也乂善也書曰重華協於帝華謂文德言其光又重華合于帝堯謂俱聖明也又曰克
諧以孝烝烝乂不格奸言帝舜有嚚母頑父傲弟能和諧以孝使進之于善自不至于奸惡也此克諧烝乂帝
舜垂美譽在于後爾可法之無以奸破義無以疎間親左傳曰遠間親淫破義所
謂六逆也間謂居其間使彼疎遠也破謂破散淫謂邪淫　間去聲察之以德則邦家俱
泰骨肉無虞良為美矣凡事事物物審察必合于道德庶幾邦家盡得泰安并近親之

間亦可保無疎虞如此則實為大善矣美善也

求賢第三

周書陰符曰凡治國有三常一曰君以舉賢為常
二曰官以任賢為常三曰士以敬賢為常夫然雖
百代可知也故孟子曰堯舜之仁不徧愛人急親
賢也是以知聖人之言不徒發也苟賢人在野小
人在朝縱欲以仁徧愛人亦狹矣惟急親賢而牧
之天下俱得其所也用賢人則邦家泰用小人則
邦家否其泰否之一吉一凶在易焉泰之彖辭曰
泰小往大來吉亨則是天地交而萬物通也上下
交而其志同也內陽而外陰內健而外順內君子
而外小人君子道長小人道消也泰之時天地交
萬物通天地之極治也上下交其志同天下之極
治也極治之功幽至於天地明至於人物無不泰

而通焉孰為此者聖人也聖人何道臻此一言以
蔽之曰進君子退小人而已消之長之在彼內之
外之在此又初九曰拔茅連茹以其彙征吉夫一
茅拔衆根隨一賢舉衆俊歸堯舉一舜舜乃得十六
舜舜舉一禹禹乃得九禹所謂彙征吉者此也至否
之彖辭曰否之匪人不利君子貞大往小來則是
天地不交而萬物不通也上下不交而天下無邦
也內陰而外陽內柔而外剛內小人而外君子小
人道長君子道消也楊誠齋曰易中極亂之辭未
有痛于否之彖者匪人一用何遽至於天地不交
而萬物不通上下不交而天下無邦乎萬物不通
則舉天下而為墟天下無邦則舉國家而為墟小
人之禍何若是烈也蓋秦亡于李斯上書之日漢
替于張禹談經之時咸陽之煨燼地皇之塗炭何
必見而後悟哉此說深得旨矣天地之氣不交則
萬物無生成之理上下之義不交則天下無邦國

之道建邦國所以為治也上施政以治民民戴君而從命上下相交所以治安也今上下不交是天下無邦國之道也陰柔在內陽剛在外君子往處于外小人來處于內小人道長君子道消之時六二六三包承包羞小人柔諂之資不中不正並包羣小而為宗相援相引濫謀邪慮何所不至也如林甫仙客許史石顯鄭朋五鹿極小人之情狀以喪國危君此小人之烈酷更有何加焉嗚呼聖君觀此否泰安危之道可不慎歟可不誠歟是不可不求賢也能求賢則必得君子荀子曰天地生君子君子理天地君子者天地之參也萬物之統也民之父母也無君子則天地不理禮義不統上無君師下無父母夫是之謂至亂如用及君子必至泰矣

夫國之匡輔必待忠良 書曰佑賢輔德顯忠遂良匡正也輔弼也不欺之謂忠為善之

謂良夫國之匡輔上佐一人中總百官下撫兆民其任重矣若非忠良欲臻至化未之有也 任使得人天下自治 昔魯哀公問政孔子對曰文武之政布在方策其人存則其政舉其人亡則其政息此之謂也得人則治失人則亂 故堯命四岳 堯典帝曰咨四岳四岳官位如三公堯時舜為之舜時禹為之 舜舉八元 左傳曰昔高辛氏有才子八人忠肅恭懿宣慈惠和天下之民謂之八元舜臣堯舉八元使布五教于四方五教者父義母慈兄友弟恭子孝五常之教八元伯奮仲堪叔獻季仲伯虎仲熊叔豹季貍也 以成恭己之隆 論語子曰無為而治者其舜也與夫何為哉恭己正南面而已矣此謂舜舉八元而任之故能成其恭己之隆也 用贊欽明之道 堯典曰若稽古帝堯曰放勳欽明文思安安此謂堯命四岳而任之故能贊其欽明之道 士之居世賢之立身 漢志曰學以居位曰士士者事也通合古今事務曰士春秋繁露曰人之清者為賢 莫不戢翼隱鱗待風雲之會 任昉敕勸梁王令曰在昔晦明隱鱗戢翼博通羣籍而讓齒乎一卷之師劒氣陵雲而屈跡於萬夫之下又班固賓戲曰卒不能據首尾奮翼鱗振拔洿塗跨騰風雲又云躡風雲之會言士賢未遇藏器待時亦猶鱗翼以待風雲也按注躡風雲之會文選作風塵 懷奇蘊異思會遇之秋 漢梅福上書曰天下之士雲合歸漢爭進奇異今謂懷奇蘊異必待有所求者故思會遇也所以思會遇者非汲汲於自衒也禮記曰麤而翹之又不急為也其是之謂與 是明君旁求俊乂 書曰旁招俊乂又曰旁求俊彥晉阮种曰旁求俊乂以輔至化此誠堯舜之用心也北史蘇綽傳曰萬人之秀謂之俊 博訪英賢搜揚側陋 堯曰明明揚側陋又漢元帝詔曰延登賢俊招顯側陋北

史蘇綽傳曰千人之秀曰英側陋者隱僻鄙陋之處夫俊賢之處世也懷寶韞玉不肯自售於時是以旁求博訪者惟明君為能耳 不以卑而不用不以辱而不尊 卑下也辱汙也自三代以來明君聖主求訪賢俊惟在野無遺賢共成無為之化何嘗擇其貴賤哉古今用卑辱之事下文自明 昔伊尹有莘之媵臣 伊尹名摯力牧之後生於空桑又呂氏春秋曰伊尹有侁氏女採得嬰兒于空桑後居伊水命曰伊尹故耕有莘之野後為有莘氏媵臣有莘氏列女傳云湯妃有莘氏之女也 呂望渭濱之賤老 呂望呂氏春秋曰東夷之士也案史記太公呂尚者東海上人其先祖嘗為四嶽佐禹平水土甚有功虞夏之際封于呂或封於申姓姜氏夏商之時申呂或封支庶子或為庶人尚其後苗裔也本姓姜氏從其封姓故曰呂尚蓋嘗窮困年老矣以漁釣奸周西伯西伯將出獵卜之曰所獲非龍非彲

非虎非熊所獲霸王之輔於是周西伯獵果遇太公於渭之陽與語大説曰自吾先君太公曰當有聖人適周周以興子真是耶吾太公望子久矣故號之曰太公望載與俱歸立為師伊尹呂望卑賤者也○按注支庶子下脫孫字

夷吾困於縲紲魯仲連曰管仲不恥身在縲紲之中而恥天下之不治案史記管仲字夷吾潁上人也少時嘗與鮑叔牙游鮑叔知其賢管仲貧困嘗欺陵鮑叔鮑叔終善遇之不以言已而鮑叔事齊公子小白管仲事公子糾及小白立為桓公公子糾死管仲囚焉縲紲獄中黑索也

韓信斃於逃亡漢書韓信淮陰人也家貧無行不得推擇為吏而又不能治生為商賈常從人寄食其母死無以葬廼行營高燥地令傍可值萬家者及項梁度淮乃仗劍從之居戲下無所知名梁沒則又屬項羽為郎中信數策干項羽羽弗用漢王入蜀信亡楚歸漢未得知名為連敖坐法當斬其疇十三人皆已斬至信信乃仰視適

見滕公曰上不欲就天下乎而斬壯士滕公奇其言壯其貌釋弗斬與語大説之言於漢王王以為治粟都尉上未奇之也數與蕭何語何奇之至南鄭諸將道亡者數十人信度何等已數言上上不我用即亡何聞信亡不及以聞追之人有言上曰丞相何亡上怒如失左右手居一二日何來謁上且怒且喜罵何曰若何亡也何曰臣非敢亡追亡者耳上曰所追者誰也曰韓信上復罵曰諸將亡者已數十公無所追追信詐也何曰諸將易得如信國士無雙王必欲長王漢中無所事信必欲爭天下非信無可與計事者顧王策安決王曰吾亦欲東耳安能鬱鬱久居此乎何曰王計必東能用信信即留不能用信終亡耳王曰吾為公以為將何曰雖為將信不留王曰以為大將何曰幸甚於是王欲召信拜之何曰王素嫚無禮今拜大將如召小兒此乃信所以去也王必欲拜之擇日齋戒設壇具禮乃可王許之諸將皆喜人人各自以為得大將至拜乃信也一軍皆驚信已拜上坐王曰丞相素言將軍將軍何以教寡人計策信謝因問王曰今東鄉爭權天下豈非項王邪上曰然大王自料勇悍仁彊孰與項王漢王默然良久曰弗如也信再拜賀曰唯信亦以為大王弗如也然臣嘗事項王請言項王為人項王怒烏猝嗟千人皆廢然不能任屬賢將此特匹夫之勇也項王見人恭謹言語姁姁　姁許于反和也　人有疾病涕泣分食飲至使人有功當封爵刻印刓忍不能予此所謂婦人之仁也項王雖霸天下而臣諸侯不居關中而都彭城又背義帝約而以親愛王諸侯不平諸侯之見項王逐義帝江南亦皆歸逐其主自王善地項王所過亡不殘滅多怨百姓百姓不附特劫于威彊服耳名雖為霸實失天下心故曰其彊易弱今大王誠能反其道任天下武勇何不誅以天下城邑予功臣何不服以義兵從思東歸之士何不散且秦王為秦將將秦子弟數歲而所殺不可勝計又欺其衆降諸侯至新安項王詐坑秦降卒二十餘萬人唯

獨章邯欣翳脫秦父兄怨此三人痛于骨髓今楚以威王此三人秦民莫愛也大王之入武關秋毫亡所犯除秦苛法與民約三章耳秦民亡不欲得大王王秦者於諸侯之約大王當王關中民户知之王失職之蜀民亡不恨者今王舉而東三秦可傳檄而定也於是漢王大喜自以得信晚遂聽信計後平趙燕齊并項羽遂封信為齊王再封楚王管仲韓信汙辱者也○按漢書怒烏作意烏何不謀作何不誅斬其衆作欺其衆邯字上無章字與民約下有法字

商湯不以鼎俎為羞案史記阿衡欲干湯而無由乃為有莘氏媵臣負鼎俎以滋味説湯致于王道

姬文不以屠釣為恥國策云太公當紂之時隱于朝歌屠牛沽酒居七年無有識者人人謂之狂夫隨復釣于渭水文王見而師之**終能獻規景亳**

光啓殷朝此指伊尹也成湯既沒太甲嗣位伊尹乃作伊訓肆命徂后咸有一德以戒之太甲不明

伊尹放諸桐三年克終允德伊尹以冕服奉
嗣王復歸于亳以昌湯祚故曰光啟殷朝 執旌牧野
會昌周室 此指太公也文王崩武王即位九年欲脩文
王業尊太公師尚父東伐以觀諸侯集否師
渡孟津諸侯不期而會者八百國十一年正月甲子誓
於牧野作牧誓王左杖黄鉞右秉白旄以麾恭行天罰
一戎衣而天下大定皆太
公之功也牧野商郊名 齊成一匡之業實資仲父之
謀 史載鮑叔既出夷吾囚而累進之于桓公管仲既任
政于齊連五家之兵設輕重魚鹽之利以贍貧窮祿
賢能齊人大說所以齊桓公九合諸侯
一匡天下皆管仲之謀也隨尊為仲父 漢以六合為家
是賴淮陰之策 韓信既滅項羽封為楚王降封淮陰侯
漢之滅楚以定天下不出韓信壇上一
論耳故云
賴其策 故舟航之絶海也必假橈楫之功 劉子曰故
信行之於

人譬濟之須舟也信之於行猶舟之待檝也將涉大川
非舟何以濟之欲泛方舟非檝何以行之今人雖欲為
善而不知立行猶無舟而濟川也雖欲立行而不知立
信猶無檝而行舟也故舟航必藉橈楫也假藉也航大
船 鴻鵠之凌雲也必因羽翮之用 管子霸形篇桓公在
位管仲隰朋見立有
間有一鴻飛過桓公嘆曰仲父今彼鴻有時而南有時
而北四方無遠所欲至而至焉惟有羽翼之故是能通
其意於天下乎寡人之有
仲父猶飛鴻之有羽翼也 帝王之為國也必藉匡輔之
資 四子講德論曰千金之裘非一狐之腋大厦之材非
一丘之木太平之功非一人之畧言帝王欲用建邦
國期廣大綿遠無疆者亦必須藉托賢才輔翼資助不
然奇居孤處雖欲有為亦無如之何也故當藉托匡輔
之資 故求之斯勞任之斯逸 聖主得賢臣頌云君人者
勤於求賢而逸於得人人
矣

臣亦然即此義也蜀先主三屈茅廬而謁孔
明斯即勞也一用孔明而王蜀中斯即逸也 照車十二
史記梁惠王與齊威王田於郊惠王問曰王亦有寶乎
威王曰無之惠王曰若寡人國小尚有徑寸之珠照車
前後各十二乘者十枚奈何以萬乘之國而無寶乎威
王曰寡人之為寶者與王異吾臣有檀子者使守南城
則楚人不敢為寇東取泗上十二諸侯皆來朝吾臣有
盼子者使守高唐則趙人不敢東漁吾臣有黔夫者使
守徐州則燕人祭北門趙人祭西門徙而從之者七千
餘家吾臣有種首者使備盜賊則道不拾遺將以照千
里豈特十二乘哉梁
惠王慙不懌而去 黄金累千 語林曰黄金累
千不如一賢士 豈如多
士之隆一賢之重 詩曰濟濟多士文王以寧呂氏春秋
曰得地千里不如得一賢也以此言
之雖得地千里之廣尚不如一賢之重況其累十之金
十二之珠乎此蓋為士之居世賢之立身懷奇藴異張

本
此乃求賢之貴也 韓詩外傳曰聖人求賢者以自輔
尚書曰所寶惟賢有國者既不以
寶為寶故以
求賢為貴也

帝範卷二

唐太宗文皇帝撰

審官第四

尚書皐陶曰都在知人在安民禹曰吁咸若時惟帝其難之知人則哲能官人安民則惠黎民懷之能哲而惠何憂乎驩兜何遷乎有苗何畏乎巧言令色孔壬穎達曰皐陶進此脩身親人之道以告禹在於知人善惡擇而信任之在於能安下民為政以安定之也禹驚而荅曰吁人君如是能知人能安民惟帝堯猶其難之況餘人乎知人善惡則為大智能用官得其人矣能安下民則為惠政衆民皆歸之矣此不易之理也若帝堯能智而惠則當朝無姦佞何憂懼於驩兜之佞而放之何須遠

遷徙於有苗之君何畏懼於彼巧言令色為甚佞之人故古之明王用人必先六徵以審之然後任之任人之際國之安危民之休戚繫焉故不可不審也審者謂核其實也若核而得實信使守約庶使分財官無曠職職無虛位務成而事濟矣惟人君不可不慎審其官也左傳曰舉不失職官不易方亦審官之義也

夫設官分職所以闡化宣風周禮曰惟王建國辨方正位體國經野設官分職以為民極乃立天官冢宰使帥其屬而掌邦治以佐王均邦國設官分職謂置三公六卿各有所職而百事舉也既各有所職而百事舉矣所以得闡揚德化宣布風教以齊庶物故明主之任人如巧匠之制木任用也制裁也直者以為轅轅輈也方言楚衛之間轅謂之輈言挺直之木可以為轅曲者以為輪輪謂車輪也廻旋也言宛曲之木可以為輪也長者以為棟梁屋脊曰棟負棟者曰梁長者言其大材也故用之于棟梁短者以為栱角爾雅云栱杙也大者謂之栱枓也桷椽也一曰屋角斜枋一曰梠也短者言其小材也故用之于栱角○按爾雅杙大者謂之栱注所引多衍文無曲直長短各有所施管子曰工之制木也大者以為舟航柱梁小者以為楫楔修者以為櫚榱短者以為侏儒無小大修短皆得其所宜此之謂也明主之任人亦由是也言明哲之君擢用人材亦如巧匠制木也智者取其謀愚者取其力勇者取其威怯者取其慎無智愚勇怯兼而用之軍勢有曰使智使愚使勇使貪使怯是也故良匠無棄材明主無棄士良匠能盡其木

之性而用是無棄遺之材明主能盡其人之行而用是無棄遺之士斯二者惟良匠明主及之不以一惡忘其善左傳曰善不可棄惡不可長凡人未有不偶入於惡者但惡有小大改與弗改也至如流毒於物長而不悛斯惡之大者也未離于惡則不知惡以為惡未入於善則不知善以為善人苟有累善是即知善以為善矣此可引而歸之全善也儻因而有一惡亦偶然耳遽可以今日之一惡忘其前日之累善哉此為記惡忘善也且掩其惡以揚其善而誘人入於善尚懼不肯歸之況張其惡而匿其善乎是則為棄之矣勿以小瑕掩其功前漢陳湯傳曰論大功者不録小過舉大美者不疵細瑕瑕者玉之玷也言人有微過如玉有小瑕不可因其瑕而棄其玉見其過而忘其功劉子所謂見朱橘一子蠹因剪樹而棄之覩縟錦一寸黕乃全疋而燔之無乃不可乎割政分機盡其所有蓋謂設官分職當各

隨其材之長短小大所有而用之不可求其備也然則函牛之鼎不可處以烹雞三禮鼎器圖曰鼎有牛羊豕三鼎古制也牛鼎受一斛天子飾以黃金諸侯飾以白金口徑底徑及深俱一尺五寸三足如牛每足上以牛角飾之羊鼎受五斗大夫以銅為之無飾口徑底徑俱一尺深尺一寸豕鼎受三斗口徑底徑皆八寸深九寸士以鐵為之無飾後漢邊讓傳曰函牛之鼎以烹雞多汁則淡而不可食少汁則熬而不可熟又莊子曰函牛之鼎沸蟻不得措一足焉又呂氏春秋曰白圭對魏王曰市卯之鼎以烹雞多泊之則淡不可食少泊之則焦而不可熟也　函容也泊汁也此言大不可小用捕鼠之狸不可使以搏獸言非其敵也吳起謂魏文侯曰云云不擇其人而用之是如伏雞之搏狸乳狗之犯虎雖有鬬心隨之死矣狸搏獸犬犯虎何異哉言小不可大用一鈞之器不能容以江

漢之流劉子曰一鈞之器不可容於泉流三十斤為鈞江水出岷廣雅曰江貢也風俗通曰出珍物可貢獻也釋名曰江共也小水流入其中所公共也禹貢有中江北江三江九江今人謂川之大者皆曰江漢天河詩云維天有漢又水名今人呼陽邏之水為漢江言輕不可重用也百石之車不可滿以斗筲之粟劉子曰萬鍾之鼎不滿以盂水百數名什十為百百石量名四鈞名石重百二十斤又十斗為石車者舍也車尺遮反古史考曰黃帝作車引重致遠少昊時加牛禹時奚仲加馬車又音居車居也周禮注坐乘曰車又安車凡婦人車皆坐乘又周禮王后安車禮記致仕乘安車斗十升為斗筲竹器也可容斗二升語曰斗筲之人何足算也粟禾子也穀粟也粟六種之首也言重不可輕用也何則大非小之量輕非重之宜此承上文言大小輕重當隨其器而用之不可彊其所不能也今

人智有短長能有巨細亢倉子曰政術至要力於審士士有才行比於一鄉委之鄉才行比於一縣委之縣才行比於一州委之州才行比於一國委之國政而後廼能無伏士矣言要量材授職也或蘊蘊聚也又蓄也百而尚少或統統總也又紀也一而為多有輕才者不可委以重任王命論曰楶棁之材不荷棟梁之任又黃石公有曰腐木不可以為柱庸人不可以為主言智小不可以謀大也楶音節棁之劣反皆小材也有小力者不可賴以成職後漢仲長統損益篇曰小智居大位庶績不咸熙東萊先生有曰舉千鈞之鼎者非烏獲則不可游萬仞之淵者非津人則不可又韓非子曰小知不可使謀事小忠不可使主法此言德狹不可以處廣也成字疑是大字委任責成不勞而化此謂人君委任既得其人可以深居高拱惟責成而已故

曰不勞而治化也此設官之當也若大小輕重各適其用可謂設官之允當也斯二者治亂之源一治一亂在乎得人失人故云斯二者治亂之本原故書曰謂治亂在庶官此之謂也立國制人資股肱以合德四子講德論曰蓋君為元首臣為股肱明其一體相待而成書曰股肱惟人良臣惟聖夫手足具乃成人忠良備乃成聖書曰同力度德同德度義力鈞則有德者勝合德則秉義者彊宣風道道去聲俗俟明賢而寄心宣播也道導也言宣播仁風教導美俗須待明哲賢能之人託以衷赤則可列宿騰天助陰光之夕照列宿星宿也陰光月也言衆星雖小騰布于天亦可以助月未明之光也百川決地添溟渤之深源百川百川之水也溟渤海也言百川之水決流于地雖微亦可資添大海李斯有曰河海不擇細流

故能就其深海月之深朗猶假物而為大以海之深月之明猶藉羣物以成光大耳物謂列宿百川也君人御下統極理時人君在上臨下統總三極備理四時獨運方寸之心以括九區之內不資衆力何以成功尹文子曰天下萬事不可備能擇其備能於一人則賢聖其猶病諸設一人能備天下之事能左右前後之宜遠近遲速之間必有不兼者焉苟有不兼于治闕矣全治而無闕者大小多少各當其分言人君運營方寸之小包括九區之大若不設官分職以獨力何得成其功業又漢書有曰廊廟之材非一木之枝帝王之功非一士之畧必須明職審賢擇材分祿書曰惟后非賢不乂惟賢非后不食又孔子曰與其食浮于人寧若人浮于食祿勝己則近貪己勝祿則近廉故必須明辨職位大小審實賢俊可否選擇材能短長分

須其爵祿得其人則風行化洽用人當則必仁風流行教化浹洽矣失其用則虧教傷人用人不當則必虧壞風教戕傷人倫也故云則哲惟難良可慎也此即審官篇目下引臯陶謨書語之事也曰都在知人在安民禹曰吁咸若時惟帝其難之知人則哲謂人君設官分職以治天下其要在於知人知人之難堯舜猶病諸矧乎他者可不慎歟故太宗重戒之切如此

納諫第五

尚書曰朝夕納諫以輔台德又傅說謂高宗曰惟木從繩則直后從諫則聖后聖臣不命其承疇敢不祗若王之休命言木以繩直君以諫聖明君能受諫則臣不待其命承意而諫之也既王能如此則誰敢不敬順王之美命而諫者乎是以堯舜衢室之問總章之訪以來天下之諫以通天下之情

故至聖至明以配天也至如桀紂拒諫飾非直至於焚放而不自覺者誠可悲哉疇誰也祇敬也休美也

夫王者高居深視虧聽阻明書曰視遠惟明聽德惟聰人君深處獨陽之地九重之宮與民懸隔所聽不及遠所視不得徧復有五色以障乎目五音以塞乎耳雖欲視而弗明雖欲聽而弗聽矣此謂虧聽阻明虧損也阻障也恐有過而不聞懼有闕而莫補所以設鞀樹木鬻子曰禹之治天下也縣五聲以聽曰語寡人獄訟者揮鞀世紀曰帝嚳命垂作鞀鞞釋名曰鞀道也周禮注曰鞀如鼓而小持其柄搖之旁耳還自擊鞀與鼗同樹木謂謗木也管子云堯置謗木以求下民之諫思獻替之謀後漢胡廣傳曰臣以獻可替否為忠傾耳虛心佇忠

正之說傾側也言側耳而聽虛心而受無物之私蔽企望其告以正直之言也一言之而是雖在僕隸芻蕘猶不可棄也毛詩曰先民有言詢于芻蕘又六韜有曰謀及負薪功乃可述夫智者千慮必有一失愚者千慮必有一得以採言評事豈獨專于有位者哉至於賤役之人言果中理合道亦不可違僕隸芻蕘至賤役者刈草曰芻採薪曰蕘言之而非雖在王侯卿相未必可容左傳莊十年齊伐魯魯莊公將戰有魯人曹劌請見其鄉人曰肉食者謀之又何間焉劌曰肉食者鄙未能遠謀乃入見云云終成大功而還言肉食者在位之人也且曹劌以匹夫之賤一時一言而立長勺莫大之功可貴賤論乎于斯時也以肉食者竟何為哉位高而祿厚食肉衣錦無良謀奇策亦贅疣耳焉足容受哉容受也其義可觀不責其辯果合大義豈在言之巧拙耳空辯不足信

其理可用不責其文果依正理豈在文之華質耳虛文不足用**至若折檻懷疏標之以作戒**漢朱雲字游魯人也徙平陵少時通輕俠借客報仇長八尺餘容貌甚壯以勇力聞年四十廼變節從博士白子友受易又事前將軍蕭望之受論語皆能傳其業好倜儻大節當世以是高之元帝時五鹿充宗貴幸為梁丘易自宣帝時善梁氏說元帝好之欲考其異同令充宗與諸易家論充宗乘貴辯口諸儒莫能抗皆稱疾不敢會有薦雲者召入攝齊登堂抗首而請音動左右既論難連拄五鹿君故諸儒為之語曰五鹿嶽嶽朱雲折其角繇是為博士遷杜陵令又為槐里令累上書論議大臣至成帝時丞相故安昌侯張禹以帝師位特進甚尊重雲上書求見公卿在前雲曰今朝廷大臣上不能匡主下亡以益民皆尸位素餐孔子謂鄙夫不可與事君苟患失之亡所不至者也臣願賜尚方斬馬劍斷佞臣一人頭以厲其餘上

問誰也對曰安昌侯張禹上大怒曰小臣居下訕上廷辱師傅罪死不赦御史將雲下雲攀殿檻檻折雲呼曰臣得下從龍逢比干於地下足矣未知聖朝如何耳御史遂將雲去於是左將軍辛慶忌免冠解印綬叩頭殿下曰此臣素著狂直於世使其言是不可誅其言非固當容之臣敢以死爭慶忌叩頭流血上意解然後得已及後當治殿檻上曰勿易因而輯之以旌直臣○按懷疏疏字疑誤**引裾却坐顯之以自非**三國志魏文帝欲徙冀州士家十萬戶實河南時連蝗民饑羣司以為不可而帝意甚盛辛毗與朝臣俱求見帝知其欲諫作色以見之皆莫敢言毗曰陛下欲徙士家其計安出帝曰卿謂我徙之非耶毗曰誠以為非也帝曰吾不與卿共議也毗曰陛下不以臣不肖置之左右廁謀議之官安得不與謀議耶臣所言非私乃社稷之慮也安得怒臣帝不答起入內毗隨而引衣裾帝遂奮衣不還良久乃出曰佐治卿持我何太急耶毗曰今徙既失民心又無以食也帝遂徙其半毗字佐治潁川陽翟人明帝時為大將軍軍師使持節節度司馬仲達六軍以敵諸葛亮還為衛尉薨謚肅侯**故云忠者瀝其心智者盡其策**梅福言史興書曰天下之士雲合歸漢智者竭其策愚者盡其慮此其義也瀝猶竭也盡即終也言人君能容折檻引裾之諫可使忠直者得竭瀝其心智謀者得盡終其策也**臣無隔情於上君能徧照於下**文中子曰改過不悋先咎者善補過也古之明王詎能無過從諫而已矣故忠臣之事君也盡忠補過君失於上則臣補於下臣諫於下則君從於上此王道之所以不跌也夫君臣之道惟恐其不通若君能受諫則明四目達四聰安有間隔哉既無所間隔則至公大明立矣夫至公無私親大明無私照故能普燭天下也徧者普也**昏主則不然說者拒之以威**告之以道德者乃自尊大

反抗之以威**勸者窮之以罪**勉之以禮義者乃自矜飾反致之以罪**大臣惜祿而莫諫**文中子曰有美不揚天下何觀君子之於君贊其美而匡其失也所以進善不暇天下有不安哉以尸位保祿者誦此可無媿乎故記曰為人臣下者有諫而無訕有亡而無疾頌而無諂諫而無驕怠則張而相之廢則掃而更之謂之社稷役此臣之道也又曰近而不諫是為尸位也豈容惜祿不諫哉**小臣畏誅而不言**記曰事君遠而諫之僭也夫祿微職卑上有當職大臣身雖人君甚遠又於職分之外不可越僭而言也儻名而言之又何僭哉今既不名矣復言之者又加之以罪宜其不言也**恣暴虐之心**恣放也暴殘也虐陵也**極荒淫之志**極窮也荒蕩也淫亂也**其為壅塞無由自知**自以壅蔽障閉瞽其目聾其耳蒙然而無所知**以為德超三皇材過**

五帝史記秦始皇初并天下自以為德兼三皇功過五帝案三皇五帝本紀以伏羲女媧神農為三皇黃帝顓頊帝嚳帝堯帝舜為五帝孔安國皇甫謐及孫氏註以伏羲神農黃帝為三皇以少昊高陽高辛唐虞為五帝又一說天皇地皇人皇為三皇衆說不一故並存之○按注孫氏注下當加世本二字至於身亡國滅豈不悲哉此拒諫之惡也此結上文而言昏亂之君不能納諫或有諫者必拒之以威窮之以罪所以大臣惜祿小臣畏誅上下相視以直言為諱故荒淫暴虐縱其所為不知自失以為德超三皇材過五帝以至身亡國滅可不大為悲痛哉此戒之深者也

去讒第六

讒譖也荀子曰傷良曰讒小雅青蠅詩云營營青蠅止于樊豈弟君子無信讒言孔疏云營營往來

也彼營營往來青蠅之蟲汙白使黑汙黑使白乃變亂白黑不可近之當遠去之于外止于藩籬之上無令在宮室之內也此周之大夫厭幽王聽信讒佞作此詩以刺之也以青蠅喻讒佞之人變亂善惡如青蠅變亂黑白也不可親之當棄于荒野之外無令在朝廷之上讒人為害如此故云樂易之君子無信讒言也昔魯欲使樂正子為政孟子聞之喜而不寐公孫丑曰樂正子强乎曰否有知慮乎曰否多聞識乎曰否然則奚為喜而不寐曰其為人也好善好善足乎曰好善優於天下而況魯國乎夫苟好善則四海之內皆將輕千里而來告之以善夫苟不好善則人將曰訑訑予既已知之矣訑訑之聲音顏色拒人於千里之外士止於千里之外則讒諂面諛之人至矣與讒諂面諛之人居國欲治可得乎以此觀之善讒進退治亂可見矣

夫讒佞之徒國之蝨賊也損義傷良之謂讒巧諂捷給之謂佞蝨食苗根蝨賊食禾節蝨言朝廷有讒佞之人如禾苗有蝨賊耳謂竊取禍亂之甚也爭榮華於旦夕惟貪榮顯華靡無心於邦國競勢利於市朝易曰日中為市凡物貨相貿易買賣皆曰市朝朝廷朝朝也人君昕旦視政貴早也言以諂佞之人競財利于市慕權勢於朝無匡輔之心耳以其諂諛之姿荀子曰以不善先人者謂之諂以不善和人者謂之諛惡忠賢之在己上言諂佞阿諛之徒不求其己反憎惡忠良賢能之人處于我之上○按注其字疑誤姦邪之志恐富貴之不我先姦詐也左傳曰在外為姦在內為宄揚子曰不姦姦而詐詐邪者不正也豈於財曰富貴高也言彼讒佞之人以私詐不正之心惟懼富貴不先於我耳朋黨相持無深而不

入同門曰朋黨輩也荀子曰恠星之黨見言朋類黨輩相執持極其所嗜欲雖至深之所亦無不入耳比周相習無高而不升後漢黃瓊傳曰夫讒諛所舉無高而不可升相抑無深而不可淪可不察歟言阿比周容交相因習窮其所好樂雖至高之地亦無不進也比毗至反阿也周容也習效也令色巧言以親於上孔子曰巧言令色鮮矣仁言巧好其言語令善其顏色以求親愛於在上之人也先意承旨以悅於君韓非子曰人主未命而唯唯未使而諾諾先意承旨觀貌察色以先主心者也言姦佞之賊臣也迎其人主之趣意順其志旨以求媚悅朝有千臣昭公去國而不悟左傳昭二十五年初季公鳥娶妻於齊鮑文子生申公鳥死季公亥與公思展與公鳥之臣申夜姑相其室及季姒與饔人檀通而懼乃使其妾扶已以示秦遄之妻曰公若欲使余余不可而扶

余又訴于公甫曰展與夜姑將要余秦姬以告公之公之與公甫告平子平子拘展於卞執夜姑將殺之公若泣而哀之曰殺是是殺余也將為之請平子使豎勿內日中不得請有司逆命公之使速殺之故公若怨平子季郈之雞鬬季氏介其雞郈氏為之金距平子怒益宮於郈氏且讓之故郈昭伯亦怨平子臧昭伯之從弟會為讒於臧氏而逃於季氏臧氏執旃平子怒拘臧氏老將禘於襄公萬者二人其衆萬于季氏臧孫曰此之謂不能庸先君之廟大夫遂怨平子公若獻弓於公為且與之出射於外而謀去季氏公為告公果公賁使侍人僚柤告公公寢將以戈擊之乃走公曰執之亦無命也懼而不出數月不見公不怒又使言公執戈以懼之乃走又使言公曰非小人之所及也公果自言公以告臧孫臧孫以難告郈孫郈孫以可勸告子家懿伯懿伯曰讒人以君徼幸事若不克君受其咎不可為也舍民數世以求克事不可必也且政在焉其難圖也公退之辭

曰臣與聞命矣言若洩臣不獲死乃館於公叔孫昭子如闞公居於長府九月戊戌伐季氏殺公之於門遂入之平子登臺而請曰君不察臣之罪使有司討臣以干戈臣請待於沂上以察罪弗許請囚于費弗許請以五乘亡弗許子家子曰君其許之政自之出久矣隱民多取食焉為之徒者衆矣日入慝作弗可知也衆怒不可蓄也蓄而不治將蘊蘊蓄民將生心同求將合君必悔之弗聽郈孫曰必殺之公使郈孫逆孟懿子叔孫氏之司馬鬷戾言於其衆曰若之何莫對又曰我家臣也不敢知國凡有季氏與無於我孰利皆曰無季氏是無叔孫氏也鬷戾曰然則救諸帥徒以往陷西北隅以入公徒釋甲執冰而踞遂逐之孟氏使登西北隅以望季氏見叔孫氏之旌以告孟氏執郈昭伯殺之于南門之西遂伐公徒子家子曰諸臣偽劫君者而負罪以出君止意如之事君也不敢不改公曰余不忍也與臧孫如墓謀遂行已亥公孫于齊次于陽州

弓無九石寧一寧一二字當作宣王終身而不知尹文子曰世有因名以得實亦有因名以失實宣王好射說人之謂已能用彊也其實所用不過三石以示左右左右皆引試之中闕而止皆曰不下九石非大王孰能用是宣王悅之然則宣王用不過三石而終身自以為九石三石實也九石名也宣王悅其名而喪其實也今經云寧一者蓋宣王二字傳之訛耳

以疎間親宋有伊戾之禍左傳初宋芮司徒生女子赤而毛棄諸堤下共姬之妾取以入名之曰棄長而美平公入夕共姬與之食公見棄也而視之尤姬納諸御嬖生佐惡而婉太子痤美而狠合左師畏而惡之宋寺人牆伊戾為太子師無寵秋楚客聘于晉過宋太子知之請野享之公使往伊戾請從之公曰夫不惡女乎對曰小人之事君子也惡之不敢遠好之不敢近敬以待命敢有二心乎縱有共其外莫共其內臣請往也遣之至則欿用牲加書徵之而馳告公曰太子將

為亂既與楚客盟矣公曰為我子又何求對曰欲速公使視之則信有焉問諸夫人與左師則皆曰固聞之公囚太子太子曰唯佐能免我召而使請曰日中不來吾知死矣左師聞之聒而與之語過期乃縊而死佐為太子公徐聞其無罪也乃烹伊戾間去聲間為居其間也

以邪敗正楚有郤宛之誅左傳郤宛直而和國人說之鄢將師為右領與費無極比而惡之令尹子常賂而信讒無極譖郤宛焉謂子常曰子惡欲飲子酒又謂子惡令尹欲飲酒於子氏子惡曰我賤人也不足以辱令尹令尹將必來辱為惠已甚吾無以酬之若何無極曰令尹好甲兵子出之吾擇焉取五甲五兵曰寘諸門令尹至必觀之而從以酬之及饗日帷諸門左無極謂令尹曰吾幾禍子子惡將為子不利甲在門矣子必無往且此役也吳可以得志子惡取賂焉而還又誤羣帥使退其師曰乘亂不祥吳乘我喪我乘其亂不亦可乎令尹使視郤氏則有甲焉不往

名鄢將師而告之將師退遂令攻郤氏且爇之子惡聞之遂自殺也國人弗爇令曰不爇郤氏與之同罪或取一編菅焉或取一秉秆焉國人投之遂弗爇也令尹炮之盡滅郤氏之族黨殺陽令終與其弟完及佗與晉陳及其子弟晉陳之族呼於國曰鄢氏費氏自以為王專禍楚國弱寡王室蒙王與令尹以自利也令尹盡信之矣國將如何令尹病之後殺費無極與鄢將師盡滅其族說于國也斯乃暗主庸君之所迷惑黃石公曰迷而不返者惑言暗弱不明之主庸愚無察之君荒迷惑亂拒賢聽讒致此耳忠臣孝子之可泣寃忠臣謂郤宛也孝子謂宋太子痤也言宛之忠痤之孝終被誣誑虜戮甚可為哀泣寃枉矣故蘩蘭欲茂秋風敗之文子曰日月欲明浮雲蔽之蘩蘭欲茂秋風敗之蘩聚也謂聚生之芳蘭將欲茂盛之時竟被秋天凄然之風敗落之矣以此喻讒害良也王者欲

明讒人蔽之素書曰有過不知者蔽君王方欲明察竟被諂佞之小人蔽障之耳此謂庸暗之主非英明之君也此姦佞之危也言此乃姦邪諂佞之危險也斯二者危國之本二者指以疎間親父殺其子以邪敗正君族其臣故云斯二者是傾覆國家之本耳砥躬礪行莫尚於忠言尚書高宗謂傳說若金用汝作礪礪磨石也所以磨利于其器以喻人君欲磨利躬行者無有加其忠直之言耳敗德敗正莫踰於讒佞敗壞大德正理者無過於姦讒敗德敗正是對砥躬礪行也不當作兩敗字書曰反道敗德恐其傳寫之訛然上敗字當作反字今人顏貌同於目際猶不自瞻東萊先生有曰察秋毫之末者不能自見其睫際際猶睫也睫目際毫至近目而自不見也況是非在於無形奚能自覩謂以顯然形體

見於外者猶不能鑒識何況是非在於冥然無形質之間乎何則飾其容者皆解窺於明鏡修其德者不知訪於哲人詎自庸愚何迷之甚大公陰謀曰以鏡自照者見形容以人自照者見吉凶韓非子曰古之人目短於自見故以鏡觀面智短於自知故以道正已故鏡無見疵之罪道無明過之怨目失鏡則無以正鬚眉身失道則無以知迷惑既解窺形於明鏡不知問道於哲人是愚惑之甚也良由逆耳之辭難受順心之說易從後漢左雄傳曰臣聞人君莫不好忠正而惡讒諛然而歷世之患莫不以忠正得罪讒諛蒙倖者蓋聽忠難從諛易也正直之辭逆其耳而不領依阿之說隨其心而即行彼難受者藥石之苦喉也漢書子房謂高祖曰良藥苦口利於病忠言逆耳利於行此之謂也此易從者鴆毒

之甘口也徐惠曰珍玩伎巧乃喪國之斧斤珠玉錦繡實迷心之鴆毒鴆毒鳥也以羽入酒飲之即死左傳曰宴安鴆毒謂讒諂依阿之言雖聽之順而如口食其甘物豈知中有鴆毒之禍乎明王納諫病就苦而能消暗主從諛命因甘而致殞李固貽書黃瓊曰興國之君樂聞其過荒亂之主樂聞其譽聞其過者過日消而福臻聞其譽者譽日損而禍至小雅詩曰盗言孔甘亂是用餤此之謂也孔甚也甘美也餤進也此詩刺幽王也謂小人其言甚美幽王聽信之禍亂用是進益也餤音淡殞喪也可不誡哉可不誡哉太宗於此為憂為懼至深至切故更三禁約之也言為人君者見如此諂佞禍亂之慘酷豈可不懼之哉誡懼也又約束也

欽定四庫全書

帝範卷三

唐太宗文皇帝撰

誡盈第七

易豐卦彖辭曰日中則昃月盈則食此聖人當豐盛之時憂懼之辭也蓋日中者昃所倚月盈者食所伏必然之理人君居至高至極之位乃豐盛之象固當憂懼守中不至過極則可不然必有傾危之機發矣所以晉武帝不知憂懼則有身後之亂唐元宗不知憂懼則有末年之變知憂其惟堯舜之敬戒禹湯之罪己文王之無逸乎事事物物繞到盈處無有不變者非聖君賢人孰能持盈哉或問揚子持滿曰抗歟抗者抑也猶抑損之也言持滿者當自損抑以正其欹不然則覆矣欹欹器也

昔孔子入魯桓公廟見有欹器焉曰宥坐之器也虛則欹中則正滿則覆使弟子著水以驗之信然孔子喟然嘆曰吁惡有滿而不覆者哉子路曰敢問持滿有道乎孔子曰聰明聖知守之以愚功被天下守之以讓勇力撫世守之以怯富有四海守之以謙此所謂挹而損之之道也故太宗達此理而告誡之耳盈滿也欲抑滿得中實難但滿而不溢斯可矣　抗於華反

夫君者儉以養性左傳曰儉德之共也孟子曰存其心養其性儉約也天理在人曰性聖人云天命之謂性董仲舒曰性者生之質也養涵也儉欲知足可以養性矣苟不儉欲而知足是傷於性也老子曰禍莫大於不知足故人君當以儉德涵養其性不至於奢侈**靜以修身**文子曰無為者守靜也守靜能為天下正靜無為也修正也人君宜靜而無為以修正其身耳**儉則人不勞靜則下不擾**書曰用靜吉用作凶既儉欲而不貪則不勞也既靜志而無為則不擾也以秦皇漢武於無事之時而欲窮兵黷武殘民斂衆亂擾天下是不儉欲不靜志也**人勞則怨起下擾則政乖**孟子曰以佚道使人雖勞不怨謂既不能儉以養性靜以脩身則生奢侈之心矣奢侈之心既生則耗用不節耗用不節必重斂於民故人勞下擾而怨起政乖也**人主好奇技淫聲**泰誓曰作奇技淫巧以悅婦人論語曰鄭聲淫非雅樂也**鷙鳥猛獸**廣雅曰鷙執也取其能服執衆鳥鷙鳥者鷹鸇鵰鶚之屬猛獸者貔虎熊羆之類　鷙音至**遊幸無度**毛詩序曰遊蕩無度孟子曰一游一豫為諸侯度故盤遊行幸不可無度則也**田獵不時**禮王制篇天子諸侯無事則歲三田一為乾豆二為賓客三為充君之庖無事而不田曰不敬田不以禮曰暴天物又曰獺祭魚然後虞人入澤梁豺祭獸然後田獵鳩

化為鷹然後設罻羅草木零落然後入山林昆蟲未蟄不以火田不麛不卵不殺胎不殀夭不覆巢斯謂田獵不可廢亦不可過唯不可廢故無事則必田無事而不田是不知事神接人之道斯為不敬也唯不可過故其田獵必以時田獵不以時是謂禽荒而殘暴天物妨奪民時也**如此則徭役煩徭役煩則人力竭人力竭則農桑廢焉**韓非子曰徭役少則民安徭役多則民苦前漢食貨志曰徭役橫作政令不信上下相詐公田不治徭役工作征戍也若遊幸田獵無度不時則徭役頻煩人力疲竭而農桑荒廢矣**人主好高臺深池**泰誓曰唯宮室臺榭陂池侈服**雕琢刻鏤**荀子曰雕琢刻鏤黼黻文章以塞其目又非有先生論曰陰奉雕琢刻鏤之好以納其心務快耳目之欲治木治玉石之類也**珠玉珍玩**西京賦攢珍寶之玩好又晉安帝紀曰桓元尤愛珍寶常玩弄珠玉

不離於手夫古之明君聖主抵璧於山沉珠於海惟道德是貴何嘗以珠玉為珍玩哉 **黼黻絺綌** 書益稷篇曰予欲觀古人之象日月星辰山龍華蟲作會宗彝藻火粉米黼黻絺繡注黼如斧形刃白而身黑黻謂兩弓字相背青黑線繡絺展几反謂刺以為繡也又葛之精者曰絺然則綌當作繡字不然綌是葛之麄者非奢侈之物人主何好焉 **如此則賦斂重賦斂重則人才遺人才遺則飢寒之患生焉** 禹貢曰厥賦惟上上錯注賦謂土地所生以供天子此為賦稅也周禮大宰八則五曰賦貢注賦口率出泉也貢功也九職之功所稅也此為賦貢也漢書刑法志曰畿方千里有稅有賦稅以足食賦以足兵是也斂聚也書曰不役耳目百度惟貞玩人喪德玩物喪志志以道寧言以道接不作無益害有益功乃成不貴異物賤用物民乃足犬馬非其土性不畜珍禽奇獸不育於國不寶遠物則遠

人格所寶惟賢則邇人安此亦戒後之人君不可以聲色亂百度不可玩人玩物以喪德志不可以遊觀徒費時日不可以為無益害有益不可以無用妨有用惟當遠利親賢以安遠近若如此則荒虐暴陵疲民力失人才患生何疑患既生於下其在上者得安乎隋之煬帝其是哉為人君者可不三省焉 **亂世之君極其驕奢** 鄧析子曰畏儉則福生驕奢則禍起又聱隅子曰居顯不以為驕驕奢可乎 **恣其嗜欲** 嗜好也欲貪也 **土木衣緹繡** 緹者丹黃色帛繡謂刺繡五色成文宦者傳論曰狗馬飾雕文土木被緹繡又東方朔曰土木衣綺繡狗馬被繢罽侏儒傳云董賢起大第闕下土木之功窮極伎巧柱檻衣以緹錦土墻木屋也言皆被緹繡之文綵緹音提恣肆也 **而人裋褐不全** 裋褐僕豎之衣也戰國策墨子謂楚王曰棄其錦繡之衣而竊人之裋褐言土木復衣其綵繡而人裋褐卻不得完全此即以無用而妨有用也 **犬馬厭芻豢而人糟糠不足** 孟子曰庖有肥肉廐有肥馬民有飢色野有餓莩此率獸而食人也此之謂乎又戰國策管燕得罪齊王謂其左右曰子孰與我赴諸侯乎左右嘿然莫對管燕連然流涕曰悲夫士何其易得而難用也田需對曰士三食不得饜而君鵝鶩有餘食下宮糅羅紈曳綺縠而士不得以為衣緣此即以無益而害有益也豢音患養也以穀食犬豕曰豢 **故人神怨憤** 明則有人怨恨幽則有神憤怒亢倉子曰人怨者非不接人也神怒者非不事神也巧佞甚人愈怨淫祀甚神益怒謂非其道也如此 **上下乖離** 荀子曰上詐其下下詐其上則是上下析離也又揚子曰忠以施下忠以衛上今君之澤不能及於下民之情不得達於上上下乖戾離隔矣 **佚樂未終傾危已至** 孝經疏曰貴不與驕期而驕自至富不與侈期而侈自來驕侈以行已所以速亡此言富貴生驕侈驕侈恣嗜欲若不知戒則佚樂未終而傾危已至此必然之理也易曰安不忘危存不忘亡若能如此可無患矣佚與逸同樂音洛 **此驕奢之忌也** 此乃不能預誡其盈以貪慕其驕侈至於亂危可不畏哉忌畏也少儀有曰國家靡敝則車不雕璣甲不組縢食器不刻鏤君子不履絲屨馬不常秣今既不循此道而極其驕奢者傾之必矣此太宗所以深戒之也

崇儉第八

夫儉者去奢從約之謂豐國富民之本也考諸今古創業垂統之君莫不以儉約而興敗國喪身之主莫不以奢侈而亡其興亡成敗載諸簡冊昭昭然可為鑒矣故太宗以儉居戒盈之先豈無意哉雖然儉固近於吝矣儉不中禮是為吝也雖有周公才美驕吝猶不足觀況其他乎此所以蜉蝣刺

其好奢蟋蟀刺不中禮也然則其何以行之哉曰語不云乎菲飲食而致孝乎鬼神惡衣服而致美乎黻冕卑宮室而盡力乎溝洫此是明王之儉德至聖之格言依而行之吾無間然矣

夫聖世之君存乎節儉史記曰治國之道富民為始富民之要在於節儉又詩之葛覃謂后妃之本躬儉節用化天下以婦道后妃猶能以節儉化天下而況其聖世之君乎節者不傷財不害民之謂也富貴廣大守之以約孔子曰以約失之者鮮矣夫富有四海貴為天子此乃富貴廣大之極矣若不守之以約未有不失之者也文子曰富貴廣大守之以狹亦從約義睿智聰明守之以愚中庸曰唯天下至聖為能聰明睿知足以有臨也以是知古之聖王冕而前旒所以蔽明黈纊充耳所以塞聰明所不見聽所不聞非自壅遏也防閑其淫聲讒語好色奇玩以亂其耳目也老子曰君子以盛德容貌若愚亦此意也又文子曰聰明廣智守之以愚不以身尊而驕人魏太子擊謂田子方曰貧賤者驕人乎富貴者驕人乎子方曰貧賤者驕人耳富貴者安敢驕人人主驕人而亡其國吾未見以國待亡者也貧賤者若不得意納履而去安往而不得貧賤貧賤者驕人富貴者安敢驕人○按說苑貧賤作貧窮安往而不得下有貧窮乎三字不以德厚而矜物繫辭曰勞謙君子有終吉子曰勞而不伐有功而不德厚之至也矜伐也老子曰盛德若不足古昔聖賢進德脩業以務滋崇豈敢矜物乎茅茨不翦采椽不斲墨子曰堯舜德行茅茨不翦采椽不斲師古曰屋蓋曰茅茨茨以覆居也采亦作棌柞木也舟車不飾白氏六帖曰門閭舟車不飾儉也衣服無文東方朔曰衣緼無文語曰惡衣服又禮曰節醜其衣服皆言不用文繡也土堦不崇墨子曰堯舜堂高三

尺土堦三等故不高也堦陛也大羹不和禮器曰有以素為貴者大圭不琢大羹不和疏云大羹肉汁也不和無鹽梅也太古初變腥但煮肉而飲其汁未知調和後人祭必重古故但盛肉汁謂之大羹不和已上六事皆言上古明王崇儉也如此非憎榮而惡味乃處薄而行儉言聖人如此質素非是憎嫌榮華鄙惡甘美也乃欲居以淡薄施以節儉以身為天下先然後其教不嚴而治不令而行也故風淳俗朴說文曰上以化下曰風下以習上曰俗淳厚也朴實也比屋可封史記曰堯舜之民比屋可封此云聖世之君躬行節儉以化民下觀而化相習崇儉故家給人足禮義生矣然後尊卑之序得骨肉之恩親爭訟之原息如此則家稷契而人皋陶故辟止刑錯比屋可封也比屋者周禮地官曰五家為比有九比之數小司徒掌之六鄉大夫於正月之吉受教法於司徒退而頒之于其鄉吏使各以教其所治以考其德行察其道藝三年則大比考其德行道藝而興其賢者能者鄉老及鄉大夫師其吏與其衆寡以禮禮賓之厥明鄉老及鄉大夫羣吏獻賢能之書於王王再拜受之登於天府內史貳之此謂使民興賢出使長之使民興能入使治之比聯比而居也比毗至反斯二者榮辱之端二者謂奢儉也奢儉由人安危在己奢侈則危節儉則安猶聲響形影未嘗相遠也行其儉其身必安行其奢其身必危故云由人在己五關近閉則嘉命遠盈劉子曰將收情慾先斂五關五關者情慾之路嗜好之府也目愛綵色命曰伐性之斤耳樂淫聲命曰攻心之鼓口貪滋味命曰腐腸之藥鼻悅芬馨命曰燻喉之煙身安轝駟命曰名蹶之機此五者所以養生亦所以傷生言當收斂而閉之庶得壽命嘉言遠而不損耳千慾內攻則凶源外發劉子曰身之有慾猶樹之有蝎樹抱

蝎則還自鑿身抱慾則反自害故蝎盛則木折慾熾則身亡故云凶源蝎食木蝨猶蠹也是以丹桂抱蠹終摧榮耀之芳拾遺記曰岱輿一名浮折北有玉梁千丈駕元流之上峯傍有丹桂唐藝文類聚曰桂蠹不知所淹留兮又漢書南越尉佗貢桂蠹一器蠹食木之蟲也○按拾遺記無一名浮折四字注誤朱火含煙遂鬱凌雲之焰蔡邕釋誨曰懼煙炎之毀熸何光芒之敢揚哉煙炎火之微細者言常懼微細以致毀滅杜預注左傳曰吳楚之間謂火滅為熸音子廉反炎音焰言桂蠹雖小終損榮芳火煙雖微必滯光焰鬱幽也滯也又鬱遏鬱悒鬱結鬱鬱皆言不得伸之意也以是知驕出於志不節則志傾慾生於心不遏則身喪言志之出驕猶桂之抱蠹心之生慾猶火之含煙若不防微杜漸節遏其驕慾必至於志傾身喪也故桀夏王號諡法曰賊人多殺曰桀紂殷王號諡法曰殘義損善曰紂肆情而禍結言桀紂之君縱肆情意焚炙忠良刳剔孕婦斮朝涉之脛剖賢人之心積酒成池屯肉為林置炮烙之刑行長夜之飲作奇技淫巧以悅婦人殘賊暴虐湯武興矣故曰禍結也

堯唐帝號諡法曰翼善傳聖曰堯舜虞帝號諡法曰仁聖盛明曰舜約已而福延謂堯舜恭已無為儉約是務是以太平之福延長也可不務乎桀紂所以亡謂不能節遏驕慾也堯舜所以興謂其躬行儉約也一戒一法可不務為儉約乎

賞罰第九

酬功曰賞黜罪曰罰周禮曰刑賞以馭其威賞罰國之大柄也左傳曰善為國者賞不僭而刑不濫賞僭則福及淫人刑濫則懼及善人又漢書曰賞及無功無以勸善罰及無罪無以懲惡惟賞與罰不可不當賞一人而天下悅者賞之罰一人而天下懼者罰之賞罰又當必信也有功者雖讎亦必賞有罪者雖親亦必罰故孔子曰治國制民不隱其親此之謂也惟知此則大道之行天下為公矣惟天下之至公其聖王能之○按注末句疑有錯誤

夫天之育物猶君之御衆晉禮樂志曰或以為五精之帝佐天育物者也以上天化育萬物如人君撫御庶衆天以寒暑為德寒以成之暑以長之寒暑天之德行也君以仁愛為心仁以生之愛以養之故人君當以仁愛為心也故記曰聖人南面而聽天下所以先者五民不與焉一曰治親二曰報功三曰舉賢四曰使能五曰存愛故曰君以仁愛為心也寒暑既調則時無疾疫疾灾也疫民皆病也寒暑調謂六氣和也六氣和則時無疾疫左傳曰天有六氣淫

則生六疾六氣曰陰陽風雨晦明也分為四時序為五節過則為菑陰淫寒疾陽淫熱疾風淫末疾雨淫腹疾晦淫惑疾明淫心疾也風雨不節則歲有饑寒論衡曰儒者論太平應瑞風不鳴條雨不破塊五日一風十日一雨又春秋説題辭曰一歲三十六雨天地之氣宣十日小雨十五日大雨言其均匀也又樂記曰風雨不節則饑謂風雨匀則五穀登稔風雨不匀則五穀不登稔不節不匀也故歲有饑寒仁愛下施則人不凋弊蓋謂人君體天之道以仁愛下施故寒暑調風雨節而民無疾疫饑寒之厄故不至於凋弊也已上言至治之時民不犯法雖有賞罰無所施矣教令失度則政有乖違孔叢子曰賞罰是非相與曲謬雖十黃帝不能治也言若教令失度政必乖違而刑罰不中則民無所措手足故蹈於不法者多矣如此若非賞罰不能制矣防其害源開其利本

防其害源者使民不犯其法開其利本者使民各務其業此為教民之道也或有不遵其教者則有賞罰存焉已下皆言用賞罰也

顯罰以威之明賞以化之 公孫宏曰罰當罪則姦邪止賞當功則臣下勸威服也化勸也

威立則惡者懼化行則善者勸 後漢荀悅申鑒云賞以勸善罰以懲惡人主不妄賞非愛其財也賞妄行則善不勸矣不妄罰非矜其人也罰妄行則惡不懲矣賞不勸謂之止善罰不懲謂之縱惡在上在能不止下為善不縱下為惡則國法立矣刑不濫而威立矣賞不僭而化行矣既不僭不濫則為惡者知所懼而為善者知所勸矣

適己而妨於道不加祿焉 漢祖之於丁公是適己者不惟不加於祿又且罰之不如是不忠之臣無以懲矣

逆己而便於國不施刑焉 漢祖之於雍齒是逆己者不惟不施於刑又且賞之不如是其沙上偶語者皆叛矣

故賞者不德君功之所致也 文子曰賞者不德上功之所致也功當故不以為德

罰者不怨上罪之所當也 文子曰誅者不怨君罪之所當也罪當故不以為怨

〇按以上注中引文子語皆今文子所無

故書曰無偏無黨王道蕩蕩此賞罰之權也 此引尚書洪範之辭以證之也偏謂偏於己黨謂黨於人蕩蕩廣大貌言賞罰得中不因喜怒故無偏黨之私則王道蕩蕩然如天地之廣大無極也故云此為賞罰之權也權秤錘量輕重不失其平也

欽定四庫全書

帝範卷四

唐太宗文皇帝撰

務農第十

專力於事曰務闢土殖穀曰農天生聖人為天下主以務農立國以足食為政凡一毫便於農者必極力行之也嘗觀諸詩而知周人重農之意矣詩曰曾孫來止以見君之尊嚴出入田畝而不為屈也又曰嘗其旨否以見田畯之官相忘豆觴而不為恥也夫櫛風沐雨莫勞乎農沾體塗足莫賤乎農周之君臣從事於稼穡之間交孚於閭里之所則當時為農者安得不相勸勉哉然周人之意不止此也天子所命者農命官所先者農朝廷所加惠者農官府所分理者農下至州鄉閭巷婦人女子賤隷小夫歌詠讃頌亦無一不在農噫盛矣夫自後世民不里居農非前世之農勸相之方視為末務去而為游手棄而為末作散而為諸侯之食客聚而為山澤之盜賊漢復古意多方勸率免其租以優之設其科以貴之民未知種麥則勸之種麥民未知養苗則教之養苗春事欲作則鑄耕種之器田務正殷則不行發卒令至其法之最良者則自天子而下無不以農為務故國彊永而民富康也嗚呼有國家者詎可不務農哉不務則惰惰則廢廢則曠曠而民至遊矣記曰國無曠土則食無遊民至於土曠民遊天下何所倚賴周禮命遂大夫以正歲簡稼器脩稼政命里宰以歲時合耦于鋤以治稼穡趨其耕耨行其秩序命遂師巡其稼穡而移用其民以救其時事也太宗之務農實得其本矣

夫食為人天左傳曰民以食為天**農為政本**農為國政之本原**倉廩實則知禮節衣食足則志廉恥**管子曰倉廩實而知禮節衣食足而知榮辱即此之謂也**故躬耕東郊**禮祭統曰是故天子親耕於南郊以共齊盛王后蠶於北郊以共純服諸侯耕於東郊亦以共齊盛夫人蠶於北郊以共冕服天子諸侯非莫耕也王后夫人非莫蠶也身致其誠信誠信之謂盡盡之謂敬敬盡然後可以事神明此祭之道也注南為盛陽之地故天子耕於南郊冕用朱紘東為少陽之地故諸侯耕於東郊冕用青紘干寶周禮注曰古之王者貴為天子富有四海而必私置籍田蓋其義有三焉一曰以奉宗廟親致其孝也二曰以順於百姓在勤勤則不匱也三曰聞之子孫躬知稼穡之艱難無違也今詳之禮既云天子耕南郊諸侯耕東郊此為萬世不易之制也太宗何獨以為東郊乎稽之唐史禮樂志貞觀三

年太宗將親耕孔穎達議曰禮天子籍田南郊諸侯東郊晉武帝猶東南今帝社乃東壇未合於古太宗曰書稱平秩東作而青輅黛耜順春氣也吾方位少陽田宜於東郊乃耕於東郊蓋高祖崩於貞觀九年太宗東耕於貞觀三年此時高祖尚存故云吾方位少陽也**敬授人時**書曰乃命羲和欽若昊天歷象日月星辰敬授人時以孔氏傳云重黎之後羲和氏世掌天地四時之官故堯命之使敬天時以授人也又書曰寅賓出日平秩東作孔氏傳曰寅敬也賓導也平均也秩序也歲起於東而始就耕謂之東作東方之官敬導出日平均次序東作之事以務農也**國無九歲之儲不足備水旱**記曰國無九年之蓄曰不足無六年之蓄曰急無三年之蓄曰國非其國也謂奪其農務故也儲貯積也**家無一年之服不足御寒暑**鼂錯謂文帝曰人情一日不再食則飢終歲不製衣則寒謂妨其蠶績故

也御扞也凡衣服被於體曰御**然而莫不帶犢佩牛**漢書龔遂字少卿山陽南平陽人也以明經為官至昌邑郎中令為人忠厚剛毅有大節宣帝即位久之渤海左右郡歲饑盜賊並起二千石不能擒制上選能治者丞相御史舉遂可用上以為渤海太守時遂年七十餘召見形貌短小宣帝望見不副所聞心內輕焉謂遂曰渤海廢亂朕甚憂之君欲何以息其盜賊以稱朕意遂對曰海瀕遐遠不霑聖化其民困於饑寒而吏不恤故使陛下赤子盜弄陛下之兵於潢池中耳今欲使臣勝之邪將安之也上聞遂對甚説荅曰選用賢良固欲安之也遂曰臣聞治亂民猶治亂繩不可急也唯緩之然後可治臣願丞相御史且無拘臣以文法得一切便宜從事上許焉加賜黃金贈遣乘傳至渤海界郡聞太守至發兵以迎遂皆遣還移書勅縣悉罷逐捕盜賊吏諸持鉏鉤田器者皆為良民吏無得問持兵者迺為盜賊遂單車獨行至府郡中翕然盜賊亦皆

罷渤海又多劫畧相隨聞遂教令即時解散棄其兵弩而持鉏鉤盜賊於是悉平民安土樂業遂開倉廩假貧民選用良吏慰安牧養焉遂見齊俗奢侈好末技不田作乃躬率以儉約勸民務農桑令口種一樹榆百本䪥五十本葱一畦韭家二母彘五母雞民有帶持刀劍者使賣劍買牛賣刀買犢曰何為帶牛佩犢春夏不得不趨田畝秋冬課收斂益蓄果實菱芡勞來循行郡中皆有蓄積吏民皆富實獄訟止息數年上遣使徵遂上以遂年老不任公卿拜為水衡都尉典上林禁苑官職親近上甚重之以官壽卒 按注引漢書移書勅縣脫屬字持兵者乃盜賊脫為字**棄堅就偽求什一之利廢農桑之基**堅實也偽虛也前漢楊惲傳曰惲有餘祿方糴賤販貴逐什一之利此賈竪之事什一者十之一也此言亂世之民棄實務虛競錐刀之末利所以廢其農桑之本基也**以一人耕而百人食**商子曰百人農一人

居者王十人農一人居者彊半農半居者危夫農者寡而游食者衆故其國貧危今夫蛆螣蚼蠋春生秋死一出而數年不食今一人耕而百人食之此其為蛆螣蚼蠋亦大矣雖有詩書鄉一束家一員猶無益治也生之寡用之者衆如此其為害也甚於秋螟螟蝗類食苗心之蟲說文曰吏冥冥犯法即生螟記曰仲春行夏令則螟蟲為害言秋螟者秋乃將登成之時有此蟲為害大也游食者多甚於秋螟也莫若禁絕浮華勸課耕織魏志劉馥曰懲惡舉善而教不能則勸浮華交游不禁自息矣浮華者前所謂求利廢農者也若不禁絕則游食末作者多矣賈誼曰一夫不耕或受其饑一女不織或受其寒故當勉勸計課考其勤惰使女修織紝男務耕耘雖有饑饉必有豐年使人還其本俗反其真東都賦曰折工商之淫業興農桑之盛務遂令海内棄末而反本背偽而歸真此之謂也則競

懷仁義之心永絕貪殘之路既已禁其浮偽各還本真則仁義之心生矣而貪殘之路永遠斷絕也此務農之本也如此方可謂之務農之大本也斯二者制俗之機二者謂威惠也此二者是制馭風俗之樞機子育黎黔惟資威惠漢史曰王者父事天母事地子育黔黎黔黎者黑也謂人首皆黑也言為人君者當視民如赤子然民之所趨有善有惡故其治之者亦有威有惠焉威以懼惡惠以懷善故威惠相資不可有偏故為制俗之機也○按注史當作書惠可懷也恩惠可以懷善則殊俗歸風毛詩序曰家殊俗又漢書曰殊方異俗嚮風慕義又曹植孔廟碑曰殊俗解編髮而慕義即此謂也若披霜而照春日晉荀勗省吏議曰顧之如陽春此承上文而言人君能惠澤流於下民其下民之來如彼寒霜而以向春陽赴之者其可禦哉謂恩

惠能使人親之也威可懼也威刑可以懼惡則中華慴軏慴伏也懼也軏車轅端曲木也謂以威制彊惡即如牛馬懼伏於軏也慴之涉反如履刃而戴雷霆荀勗曰畏之如雷霆亦承上文言也詩曰兢兢業業如霆如雷孔氏疏曰兢兢恐怖業業憂危也其危恐如有霆之鼓於天如有雷之發於上言其恐怖之至甚也以履刃戴雷霆舉首搖足動有所畏不敢為非也謂威刑能使人畏之也必須威惠並馳此重言威惠不可偏用故云必須並馳偏於威則猛偏於惠則慢孔子曰政寬則民慢慢則糾之以猛猛則民殘殘則施之以寬寬以濟猛猛以濟寬政是以和又前漢刑法志刑罰威獄以類天之震曜殺戮也溫慈惠和以效天之生殖長育也固當並馳耳剛柔兩用詩曰不競不絿不剛不柔敷政優優百祿是遒此之謂也競彊也絿急也優和也遒聚也畫刑不犯孔子曰三皇設言而

民不違五帝畫象而世順機古者上刑赭衣不純時人尚德義犯刑者但易之衣服自為大恥畫猶設也犯干也移木無欺此指商君之事按史記商君衛之庶孽公子也姓公孫名鞅少好刑名之學始事魏相公叔痤為中庶子公叔痤嘗薦於魏惠王不見用遂西入秦孝公既用鞅變法恐天下議已鞅曰疑行無名疑事無功且夫有高人之行者故見非於世有獨知之慮者必見傲於人愚者闇於成事知者見於未萌民不可與慮始而可與樂成論至德者不和於俗成大功者不謀於衆是以聖人苟可以彊國不法其故苟可以利民不循其禮孝公曰善鞅既變法令恐民之不信已乃立三丈之木於國都市南門募民有能徙置北門者予十金民怪之未敢徙復曰能徙者予五十金有一人徙之輒予五十金以明不欺卒下令令行於民朞年秦民之國都言初令之不便者以千數於是太子犯法衛鞅曰法之不行自上犯之將法太子太子君副也不可施

刑刑其傅公子虔黥其師公孫賈明日秦人皆趨令行之十年秦民大悅道不拾遺山無盜賊家給人足勇於公戰怯於私鬭鄉邑大治後封之商於十五邑號為商君

賞罰既明則善惡斯別此言威惠不偏故賞罰明賞罰既明則善善惡惡悉判矣仁信普著則遐邇宅心著明也遐遠也邇近也宅定也言仁愛誠信普傳著明則遠近之心皆定於一矣勸穡務農則饑寒之患塞耕耘種藝織紝紡績勸之課之使男女各務其本則饑寒之患自塞矣遏奢禁麗則豐厚之利興遏止也刻鏤彫鎸組文刺繡遏之止之使男女各棄其偽則豐厚之利自興矣且君之化下以人君行教化於下如風偃草語曰君子之德風小人之德草草上之風必偃言君子以仁信化下如風偃草之易也上不節心則下多逸志康誥曰一人貪

戾一國作亂漢書有曰宮中好高髻城外高一尺又荀子曰上好貪利則臣下百吏乘是而侵鄙豐取刻與以無度取於人亦此之義也逸言其肆逸也君不約已而禁人為非是猶惡火之燃添薪望其止焰忿池之濁撓浪欲止其流不可得也孔子曰君子有諸已而後求諸人無諸已而後非諸人是也言君子當修身約已以化天下若不能修身約已而欲禁民為非者正如嫌惡火之然復益柴薪而望遏止其焰不燔忿怒池之濁而復攪其浪欲遏止其流不渾豈不愚哉莫若先正其身則人不言而化矣孔子曰其身正不令而行其身不正雖令不從人君能先正其身以率下故不言而信不教而化矣

閱武第十一

閱簡也武兵事也左傳曰戢亂曰武古者明王雖守隆平之時亦未嘗不閱武以備不虞故周禮大司馬以中春教振旅中夏教茇舍中秋教治兵中冬教大閱大閱者前期羣吏戒衆庶脩戰法也講脩戰法既成專使大司馬掌之有賊賢害民者則伐之暴內陵外者則壇之野荒民散者則削之負固不服者則侵之賊殺其親者則正之放弒其君者則殘之犯令陵政者則杜之外內亂鳥獸行者則滅之故諸侯聽命蠻夷賓服也壇音善與墠同祭蹸之地也

夫兵甲者國之凶器也通元真經云善治國者不變其故不易其常夫怨者逆德也兵者凶器也爭者人之所亂也陰謀逆德好用凶器治人之亂逆之至也謂授民以凶之器納民於事之危故號凶器土地雖廣好戰則人彫邦國雖安亟戰則人殆漢書主父

偃曰國雖大好戰必亡天下雖安忘戰必危此之謂也好樂也彫殘也亟急也殆危也彫非保全之術殆非擬寇之方劉子曰彫非保全之術殆非擬寇之方其辭義大同言窮兵黷武人民凋喪而欲保全不其難乎上下危殆盜賊蜂起而欲擬弭亦莫得也不可以全除不可以常用老子曰師之所處荊棘生焉故不可常用也且兵者守國之備故不可全除也故左傳曰不備不虞不足師也故農隙講武習威儀也左傳曰三年治兵辨等列也春蒐夏苗秋獮冬狩皆於農隙以講事也三年而治兵入而振旅歸而飲至以數軍實昭文章明貴賤辨等列順長幼習威儀也蒐苗獮狩四時之獵名也蓋古之兵賦出於農故講武於農隙之四時間隙以習上下之威儀也至三年大訓治其兵事辨其等第行列坐作進退也是以勾踐軾蛙卒成霸業按吳越春秋越王勾

踐將伐吳自謂未能得士之死力道見鼃張腹而怒將有戰爭之氣即為之軾其士卒有問於王曰君何為敬鼃而為之軾勾踐曰吾思士卒之怒久矣而未有稱吾意者今鼃蟲無知之物見敵而有怒氣故為之軾於是軍士聞之莫不懐心樂死人致其命軾尸子作式劉子作揖式猶敬也式車之横木勾踐見蛙而俯憑車横木以敬之論語凶服者式之是已

徐偃棄武遂以喪邦

劉向說苑曰王孫厲謂楚文王曰徐偃王好行仁義之道漢東諸侯三十二國盡服矣王若不伐楚必事徐王曰若信有道不可伐對曰大之伐小彊之伐弱猶大魚之吞小魚也若虎之食豚也惡有其理文王遂興師伐徐殘之徐偃王將死曰吾修於文德而不明武備好行仁義之道而不知詐人之術徐偃王將死曰古之王者其有備乎徐偃王周穆王時諸侯也又尸子曰徐偃王有筋而無骨故駰號偃○按說苑衛作心又裴駰史記集解引尸子文下有駰謂號偃由此

句注作故駰號偃誤

何則越習其威

勾踐習衍其兵威

徐忘其備

徐偃王忘失其武備

孔子曰不教人戰是謂棄之

上闕以字引孔子之言以證之也言不預教練其民卒驅之以赴敵是猶委棄之也又孫子兵法曰兵甲不堅器械不精練習不熟是以其卒與敵也與亦猶棄也

故知弧矢之威以利天下

易繫辭曰弦木為弧剡木為矢弧矢之利以威天下蓋取諸睽弧弓也矢箭也世本曰黃帝臣揮作弓牟夷作矢

此用兵之機也

機要也言此乃調用兵旅之機要也

崇文第十二

崇尊也重也左傳曰經緯天地曰文夫天以文而化地以文而生人以文而會國以文而建王以文而治天下以文而安反是則不得其正矣蓋文者乃三才事物中和之氣也以孝悌忠信仁義禮智廣充之天理存焉非絺章繡句華浮藻麗之文而已如其崇重絺章繡句華浮藻麗之文是為晉成帝梁武帝李後主矣

夫功成設樂

春秋晉文公敗楚於城濮傳曰振旅愷以入於晉周禮大司樂曰王師大獻則令奏凱樂注云大獻捷於祖凱樂以軍之功成之樂故獻於祖也凱樂音岳

治定制禮

天下草昧未及於制禮天下既平非禮則不服記曰禮者可服天下也漢高祖得天下命叔孫通定朝儀之禮禮成自諸侯王以下莫不震恐肅敬於是高帝曰吾乃今日知為皇帝之貴也又記曰王者功成設樂治定制禮

禮樂之興以儒為本

儒柔也司馬相如傳注有道術曰儒孔子曰女為君子儒無為小人儒又通天

地人三才曰儒夫禮與樂固從儒士之所興也惟君子儒可與禮樂矣何謂君子儒真儒是已左傳曰用真儒則無敵於天下豈唯與禮樂哉

宏風導俗莫尚於文

尚加也宏廣風化導引習俗無加於文術學記曰君子欲化民成俗其必由學乎

敷教訓人莫善於學

善大也敷宣政教訓誨人民無大於學校學記曰雖有至道弗學不知其善

因文而隆道假學以光身

因由也假藉也由以文術可興隆道德藉以學習可光顯身名劉子曰未有不因學以鑒道不假學以光身者也言不藉於學習何以得光顯其身耳

不臨深谿不知地之厚不游文翰不識智之源

荀子曰君子博學而日三省乎已則知明而行無過矣故不登高山不知天之高也不臨深谿不知地之厚也不聞先王之遺言不知學問之大也即此義也源謂本源也

然則質蘊

吳竿非筈羽不美質形也蘊積也吳國名竿竹也言吳地有竹形端直堪作矢然無藉筈翎馬足成用筈是著弦處子華子曰疾如箭之脫筈又劉子曰故吳竿質勁非筈羽而不美即此謂也筈音筈○按筈無筈音性懷辨慧非積學不成董仲舒曰性者生之質也天之理也懷蘊也辨明也慧解也言人雖蘊懷明辨慧解之靈性無學終不能大成劉子曰人性譔慧非積學而不成其義一耳譔呼元切辨也是以建明堂禮含文嘉曰明堂所以通神靈感天地正四時出教令崇有德章有道也立辟雍辟明也雍和也以明和為名化道天下之人使之成士又辟者圓璧也雍之以水圓而象天於陽德之施行取流無極使學者進德而不已亦所以明和政教之至也又五經通義曰天子立辟雍者何所以行禮樂宣德化教導天下之人使為士天子養三老事五更與諸侯行禮之處也博覽百家

謂諸子百家之書精研六藝精至也研窮也六藝謂禮樂射御書數端拱而知天下無為而鑒古今端拱謂端嚴而拱斂其手無為謂無所營治天下自安矣此用文之致也飛英聲騰茂實光於不朽者其唯學乎封禪文云俾萬世得激清流揚微波蜚英聲騰茂實前聖所以永保鴻名而常為稱首者也蜚與飛同揚也騰傳也言能飛揚英美之聲名騰傳茂實之德光曜無盡者惟學聖人之道耳此文術也此乃是文藝儒術之道也斯二者遞為國用斯二者文武之事也遞更也猶言更相為國家之切用至若長氣亘地成敗定乎鋒端也言兵妖之長氣徧地亘古鄧反遍也巨浪滔天興亡決乎一陣滔漫也滔天猶言漫天也巨浪言天下鼎沸大亂巨大也當此之際則貴干

戈書曰敿乃干鍛乃戈又曰稱爾戈比爾干干盾也方言云自關而東或謂之瞂或謂之干關西謂之盾郭璞曰干扞也戈平頭戟也而賤庠序禮記曰古之教者家有塾黨有庠術有序國有學又庠者有虞氏之學名養老之宮也大學為上庠小學為下庠言養也所以養賢德也序者夏后氏之學名大學為東序小學為西序序次也以次序先王之道而學之也及乎海嶽既晏波塵已清天下既定則海水不波兵塵不起故云清晏偃七德之餘威左傳曰武有七德一曰禁暴二曰戢兵三曰保大四曰定功五曰安民六曰和眾七曰豐財偃者息也臥也天下既定示不用也敷九功之大化書曰九功惟敘九敘惟歌注云六府三事之功有次序皆可歌樂乃德政之致六府謂水火金木土穀三事謂正德利用厚生正德以率下利用以阜財厚生以養民也當此之際則輕甲

胄在身曰甲在頭曰胄而重詩書詩謂雅頌之詩非尋章摘句之詩也書謂上古聖賢所遺之書非勾抹縿窮之書也是知文武二途捨一不可非文不治非武不定故定之以武守之以文夫文德者帝王之利器威武者文德之輔助也文之所加者深武之所服者大故闕一不可與時優劣各有其宜時亂則尚武時平則尚文文武之任各要合其時事之宜武士儒人武藝忠勇之士儒學賢德之人焉可廢也二者不可偏廢也此十二條者帝王之大綱也書曰若網在綱綱者網之總也言上項十二事者是為帝王大畧之綱領安危興廢咸在茲焉咸總也言安平危亂興起廢墜總在於此古人有云非知之難惟行之不易行之可勉惟終實難此商

書說命之辭也說拜稽首曰非知之艱行之惟艱言知之易行之難以勉勸高宗克終於善道也是以暴亂之君非獨明於惡路言暴虐荒亂之君不是獨知行惡之人也聖哲之主非獨見於善途言聖明哲智之主不是獨見行善之途也良由大道遠而難遵孟子曰夫道若大路然豈難知哉人病不求耳子歸而求之有餘師以此思之何遠之有遵循行也邪徑近而易踐老子曰大道甚夷而人好逕逕者小路也故云易踐履也小人俯從其易不得力行其難故禍敗及之東萊先生曰始遇其易即以易為常以易為常禍之門也君子勞處其難不能力居其易故福慶流之東萊先生曰先過其難必以難為常以難為常福之階也故知禍福無門惟人所名左傳

閔子馬曰禍福無門惟人所名又易曰積善之家必有餘慶積不善之家必有餘殃此豈非人自名乎欲悔非於既往孔子曰既往不咎又國策有曰見兎顧犬非以為晚也亡羊補棬非以為遲也以往非違之事雖悔何及是不可悔也惟慎禍於將來易之坤初六曰履霜堅冰至象曰履霜堅冰陰始凝也馴致其道至堅冰也此聖人防漸慮微慎終於始之大戒也故君子治未病不治已病治未亂不治已亂也將來未來也當擇哲主為師毋以吾為前鑒蜀志先主語其子曰勿以惡小而為之勿以善小而不為惟賢惟德可以服人汝父德薄不可效也是以太宗得此義故以自貶抑而諭太子汝當可選上古聖哲之主為師範勿用我之所行以為鑒戒　毋音無禁止之辭取法於上僅得為中取法於中故為其下孔子曰取法於天而則之斯為其上顏孟

取法於孔子而近之纔得其中後儒取於顏孟而遠之則為其下矣既為其下何足法乎為儒者當取法孔子顏子孟子為君者當取法於堯舜文王自非上德不可效焉非有高上大德之君不足慕耳吾在位以來所制多矣言我自登君位以來從前至今制作多矣奇麗服翫錦繡珠玉不絕於前此非防欲也自貶其奢也防戒也雕楹刻桷春秋莊公二十三年秋丹桓宮楹二十四年春刻桓宮桷左傳曰皆非禮也御孫諫曰臣聞之儉德之共也侈惡之大也先君有共德而君納諸大惡無乃不可乎楹柱也桷椽也字林曰齊魯謂椽為桷高臺深池每興其役役謂工役役煩其民也此非儉志也自貶其侈也犬馬鷹鶻無遠必致此非節心也自貶其荒也節制也數有行幸以亟

勞人此非屈已也自貶其游田也屈曲也又抑也數所角切言頻煩也斯事者吾之深過此等之事乃我平日之大過錯勿以茲為是而後法焉毋以此等之事以為後之法度從而效之耳但我濟育蒼生其益多蒼生謂萬物蒼蒼然之生又庶衆小民也濟救也育養也益利也言我除隋之荒亂救濟育養利益人民甚衆平定寰宇其功大言我平治定安天下為民除害其功勞甚大益多損少人不怨怨咎也功大過微德未虧虧缺也然猶之盡美之蹤於焉多媿盡善之道顧此懷慚魯論曰子謂韶盡美矣又盡善也謂武盡美矣未盡善也言我雖平定寰宇治育蒼生有功於天下亦有奇麗服玩行幸盤游之好不能盡善盡美每回顧此等之事甚慚愧於心也況

汝無纖毫之功此謂高宗言何況汝並無纖細毫末之功勳也直緣基而履慶徑因父祖基業而登履慶位直徑也緣因也若崇善以廣德則業泰身安如能崇尚善道以充廣其德庶得基業康泰身位平安若肆情以從非則業傾身喪如放肆情欲以嗜邪淫必是基業傾危身位喪敗且成遲敗速者國基也失易得難者天位也可不惜哉商書伊尹申誥于太甲曰嗚呼惟天無親克敬惟親民罔常懷懷于有仁鬼神無常享享于克誠天位艱哉德惟治否德亂與治同道罔不興與亂同事罔不亡終始慎厥與惟明明后誠哉斯言此伊尹當阿衡之任曰天位艱哉一句其激切之至也於此太宗深得此理惟憂惟懼故發成遲敗速失易得難之痛誡也為人君者念哉鑒哉不可忽也艱即難也

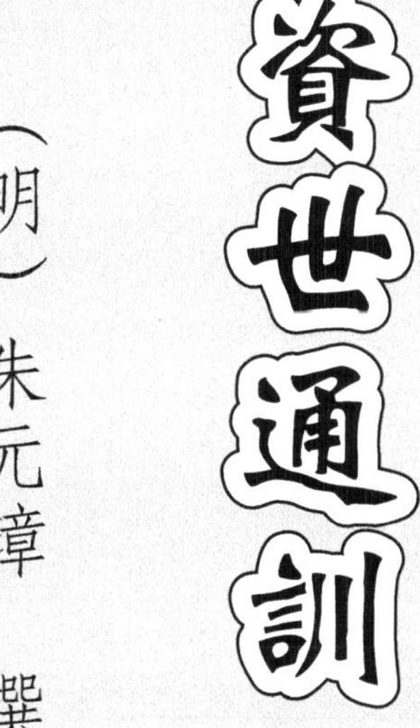

（明）朱元璋　撰

解題

周延良

《御製資世通訓》不分卷，釐爲十四章，明（太祖）朱元璋撰。

本編據明洪武八年内務府刻本影印[一]。卷首，朱元璋于洪武八年作《〈資世通訓〉序》，次爲正文、卷末、明國史院編修官趙塤于洪武八年《跋》尾。

黑口，雙魚尾，版心槧書名、葉數。卷首《序》文，半葉十一行，行十九字；正文，半葉十四行，行二十二字；《跋》尾，半葉十二行，行十八字，『皇上』二字頂格，它皆低兩格。版本上佳，字體雅致可觀，無破損或漫漶者。

朱元璋，字國瑞，先世居沛（今江蘇沛縣一帶），後徙句容，再徙泗洲。自其父朱世珍，始徙濠州鍾離（今安徽鳳陽一帶）。朱世珍生四子，朱元璋是第四子。其母陳氏，元文宗天曆元年（一三二八）生朱元璋，元順帝至正四年（一三四四），大饑疫，其父母、諸兄相繼歿，無所依，乃入皇覺寺爲僧以求生存，以游食諸州爲方。是時，元政綱紀大壞，四方兵起，元至正十二年（一三五二），定遠人郭子興等起兵濠州，朱元璋謁之，郭子興留爲親兵。屢有戰績，郭子興以所撫養馬氏女妻之。元至正二十八年（一三六八）春正月，祀天地于南郊，即皇帝位，定國號曰『明』，建元『洪武』。洪武三十一年（一三九八）

[一] 案，明代猶有抄本（參見明祁承㸁《澹生堂書目》卷一）

閏五月初十日崩，壽七十一。

朱元璋登皇帝位，以出身的原因，年輕時雖未接受教育，但却深知社會教化的重要性，這是朱元璋不僅能取得政權，而且尤其能穩定、鞏固和延續政權的緣由。完成社會教化，不僅要爲社會立規矩，同時也要爲自己的統治立規矩。就此問題，從明代中期以後産生的文獻記載可知，以明太祖朱元璋爲始，到明中期這一歷史時期，無論是帝王，抑或王公大臣都遵守著明太祖立國後所確立權利的倫序禮法。從明太祖朱元璋到明代結束之前，所有的皇帝都嘖嘖于君賢臣忠、國泰民安的教條。終明之世，統治的實際情況與寫在文獻中的規矩不太一致，但自明太祖以來所建立的倫序規則，影響、延續了整個明代。

朱元璋登上皇帝寶座之後，在文化建設方面可爲稱道者甚多。他詔命編修禮制以及歷代統治之術文獻，編修與農業有直接關係的教科書，編修『寶訓』等等——在歷史的發展中都是應該給予充分肯定的。據明黄佐《翰林記·修日歷、寶訓》篇記載，洪武初年，爲了編修『起居注』和『績禮樂治道』方面的『日歷』（類似于日志）明太祖要求史官『直書（皇帝的）是非善惡』。另，編修『寶訓』以取歷代治世之長，《翰林記·修日歷、寶訓》載曰：『……洪武六年……冬十二月……（學士承旨兼吏部尚書詹）同與（編修朱）廉又言于上曰：「日歷藏之天府，人欲見之，有不可得。臣請依唐太宗《貞觀政要》分類更輯聖政爲書，以傳天下後世。」從之。于是分爲四十類，自「敬天」至「制蠻夷」釐爲五卷，總四萬五千五百餘言，名曰《皇明寶訓》。自是以後，凡有聖政，史官紀録之，隨類增入。』〔一〕『寶訓』編修，宋代爲盛，此載之《皇明寶訓》，雖未傳世，但明末成書的《皇明寶訓》〔二〕是以此書爲體而不斷附益内容的結果，又有《皇明祖訓》與未曾傳世的《皇明寶訓》可能有很多典實互通。明黄佐《翰林記·修書》載曰：『洪武中，稽古右文，以開至治，故纂述之事，殆無虚日。』〔三〕從朱元璋做了皇帝就開始注重國家的治理，『稽古右文，以開至治』的重要手段就是確立社會倫序。按照黄佐《翰林記》的記載，洪武元年至洪武二十六年，期間撰修的有關倫序之書就有：陶凱輯，王僎等删定《昭鑒録》，朱升等修撰的《女戒》《存心録》，宋濂撰編修的《辨奸録》《孝慈録》，翰林院儒士編修的《臣戒録》，東閣大學士吴沉等編修的《精誠録》，贊善劉三吾編修的《省躬録》，翰林儒臣編修的《武士訓戒録》《諸司職掌》，諸如《永鑒録》《世臣總録》，《皇明祖訓》《大誥三編》《大誥武臣》《志戒録》《忠義録》《爲政要録》《彰善癉惡録》《武臣鑒戒》《醒貪簡要録》皆洪武年間翰林院儒臣受命編修。以上所列文獻，誠如明末俞汝楫所言：『……是皆我聖祖精神之所運、心畫之所形、手澤之所沾溉者也。存之，足以範百王；垂之，足以鑒萬代。其間雖或有成于衆手，何者不本于聖心？……』此説雖不免于恭維虚崇之誇飾，但屬明太祖朱元璋躬親過問，其流惠文化學術之實，不可掩也。據此可以認爲，明太祖雖未受教育，但用心文化建設，著意

〔一〕據文淵閣《四庫全書》本卷十三。

〔二〕案，傳世的《皇明寶訓》爲專記自明太祖至明穆宗事迹，《四庫全書》未收（有明刻本傳世）。

〔三〕據文淵閣《四庫全書》本卷十三。

社會文明，尤其關注君臣關係、官員之間關係的倫序界分，并要求如何遵職守責之戒，在相當大的程度上，對社會的穩定與發展是非常有益的。《資世通訓》即在這樣的時代背景下起意并編撰。

《資世通訓》是明太祖朱元璋于洪武八年完成的，恰在明初文化建設的鼎盛時期。按照明邱濬[一]的説法，『我太祖高皇帝……御極三十年，多有制作，皆出自宸衷御札，非若前代帝王，假手臣下之比也。今頒天下者惟《皇明祖訓》《大誥三編》《大誥武臣》《資世通訓》。……』[二]《資世通訓》是明太祖朱元璋自撰之書，根據是書文意，似或可信。另有《皇明祖訓》，是書爲明太祖朱元璋詔命翰林院儒臣編修，卷首有明太祖序文，原有宋濂序文，但宋濂之序已佚。

清曹仁虎等編修《欽定續文獻通考·經籍考》説：『明太祖《資世通訓》一卷。臣等謹案：是書分十四章，作于洪武八年。前有明祖自製序，後有編修趙填序。』[三]此説篇目、序跋與今見刻本合。此列《資世通訓》篇目如下：

《君道章》《臣用章》《民用前章》《民用後章》《士用章》《農用章》《工用章》《商用章》《僧道章》《愚痴章》《教子章》《造言章》《民禍章》《民福章》。

從所列的篇目中可知，就當時社會政治結構、經濟結構、文化結構以及由此形成的倫理關係而言，

[一] 邱濬，字仲深，明代宗景泰五年進士。《明史》有傳。

[二] 《重編瓊臺藁·章奏》（文淵閣《四庫全書》本卷七）據此之説，《資世通訓》應該是朱元璋親筆所著。

[三] 據文淵閣《四庫全書》本卷一百七十八。

《資世通訓》都涉及了。朱元璋編撰《資世通訓》的目的，首先是宣示他作爲皇帝的合法化，其次是昭告天下作爲皇帝治理國家的方略與法則。根據每一門所涉及的對象判定，既是爲自己立規矩，也是爲天下人立規矩。此編序文説：

朕于幼時家貧，親老無資求師以學業，故兄弟力于畎畝之間，更入緇流，遂致聖人、賢人之道，一概無知，幾喪其身焉。然雖不知聖人之道何如，其當時善人之言，彼雖不教我，我安得不聽信之？……（據本編）

朱元璋自報身世，述及不僅不曾受過教育，且在元末喪亂之中，『幾喪其身』。當他取得政權之後，却知道怎樣統治一個國家，這與他未即位之前的廣泛積累有關，『時乃尋儒問道，微知其理，故日攻詢訪，博采志人，中積群言，加以比較是非』，廣泛的積累，成爲『君天下者，代天理物，統寰宇之大，負教臣民之重』的條件，也奠定了最重要的基礎，因此，《資世通訓》是朱元璋把即位之前所積累的社會知識做了具體總結的産物。他承認古之『聖經賢傳，立意深長』，可以爲治國之輔，但却否定『先儒注以繁辭，評論不一，愈愚後學者』，故『總先賢之確論，托謁者評之，直述其意，以利今後人』[一]——爲自己做皇帝立下了規矩，也確定了他做皇帝的合理性。

全書假托『謁者』與之答問，屬别爲一體。

[一] 行文中所引均見《〈資世通訓〉序》。

總覽十四篇所論，《君道章》是作爲君主行使權力的綱領，作爲九五之尊的皇帝應該做到『曰儉，曰素，曰勤，曰敬，曰祀，曰戎，曰親，曰内，曰外，曰孝，曰慈，曰信，曰仁，曰智，曰勇，曰嚴，曰愛，曰以時』。按照朱元璋做皇帝的規矩論，果真做到這十八項，便不愧『明君』之譽。説者又假托『謁者』之問，就十八項做了具體的答釋或演義，其説曰：『夫儉，無過用物；素，不華其所居；勤，所以晝夜不忘于事，不息于當爲也；敬，不遑暇食以措安；祀，謹百神之祭不敢怠；戎，乃張皇六師以禦侮；親，親九族以化民；内，曰内宫分定而不紊；外，外之政内不干；孝，孝于父母以格天；慈于爲父以生孝子；信，信于始終不變，使人從；仁，仁于良善不罪；智，智于無道可誅；勇，勇于當爲者爲；嚴，嚴于威儀以正百官；愛，愛民如赤子，以時者使民，不奪其時。』此篇之題曰《君道》，即爲『君』之道，自己作爲一國的皇帝確立的規矩或曰治國法則，事實上，朱元璋在位三十年，違背自己所定規矩者并不乏見。

《資世通訓》第二篇是《臣用》。所謂『臣用』實即『用臣』——君主怎樣對待臣下或官員。同樣以『謁者』爲之説事兒，始則曰：『朕謂謁者曰：「嘗聞歷代之臣多始而無終者何？」』謁者回答説：『非仁人者不終，非忠者不終，非知三報。一祀者不終，假公營私者不終，代報者不終，非孝者不終，非親親者不終，又侮騙欺誑者不終，虚詐而自高者不終。于此十七事，有一者不得其死，而况于備之者乎？……』其後『謁者』就前所界定的『臣』爲官員而『不終』進一步給予具體説明。《資世通訓》就『用臣』之道設定了『十七事』是『不終』，每一事的反面就是『終』。在封建專制的社會制度中，作爲臣屬能做到朱元璋所提出『十七事』的反面確是不容易，但最重要的一事則是『忠君』。如果君主認爲臣屬『忠君』，必會『善終』。

以下所論十二事，悉皆基于封建專制的認識提出問題。《資世通訓》是建立在明代當下的現實而又參考著歷史形成的統治觀念，在古代的封建社會中確是有相當的實用價值。

御製資世通訓序

朕於幼時家貧親老無資求師以學業故兄弟力於畎畝之間更入緇流遂致聖人賢人之道一槩無知幾喪其身焉然雖不知聖人之道何知其當時善人之言彼雖不教我我安得不聽信之忽遇群雄並起於吾之命如履薄氷不數年間獲衆保身又數年衆廣而大興以統天下時乃尋儒問道徵知其理故日攻詢訪博采志人中積群言加以比較是非其中所言當者非斯人之自能乃上古哲人之善行因斯人有志聽懷今為我學而為我用於斯人豈徒然哉其有所不當者皆斯人惰其學況平日解悟差矣是致作事倒為或又為非以覆身滅姓者有之吾嘗靜以思之凡君天下者代天理物統寰宇之大負教臣民之重上古哲王道與天同今朕匪才薄德却乃握乾符而統寰宇德將安在於是宵晝弗敢自寧但見世人性愚而見淺古有聖經賢傳立意深長為先儒註以繁辭評論不一愈愚後學者朕特以一已之見總先賢之確論託謁者評之直述其意以引今後人故為之序云

洪武八年正月　日

資世通訓

君道章

朕於洪武初有謁者來見謂朕曰元君否政豪傑競生民不保命已十有六年矣今群雄盡靡君為億兆主政令可得而聞乎朕謂謁者曰罔知謁者曰堯舜之道載之於冊觀乎曰覽之曰其理何如曰儉曰素曰勤曰敬曰祀曰戒曰親曰內曰外曰孝曰慈曰信曰仁曰智曰勇曰嚴曰變曰以時以朕所識者不過於斯十八事爾謁者曰敢請細以名之乎曰可夫儉勿過用物素不華其所居勤所以晝夜不怠於事不息於當為也敬不違暇食以措安祀謹百神之祭不敢怠戒乃張皇六師以禦侮親親九族以化民內曰內宮分定而不紊外外之政內不下孝孝於父母以格天慈慈於為父以生孝子信信於始終不變使人從仁仁於良善不罪智智於無道可誅勇勇於當為者為嚴嚴於威儀以正百官變變民如赤子以時者使民不奪其時謁者曰君備知十八事而億兆安何謂罔知曰此十八事聖人之道朕雖欲做之却被妄想私欲以相搏苦其志以戰之猶未得退素何謁者曰若此者退矣何患乎不君朕謂謁者曰爾為儒士耳士有士學農有農學工有工學商有商學其帝王之政務爾能知之亦曾學乎曰習矣曰士夫習王者之政豈不僭分者歟曰古今士習王政必欲為帝王師自上古弗禁是得學也臣年七十有五時已過矣恨壯不逢英明之君老矣乎空懷王者之政惜無可教自以為終世而無可陳忽上帝垂民福陛下值元更得君天下為生民主臣雖衰朽敢不俯伏天闕對越陛下以陳平生之所學為陛下忍之噫臣更為陛下深思之五荒不可從微行可絕遊誠能備行臣之所陳則生民多福被蒼生之

臣用章

朕謂諭者曰甞閱歷代之臣多始而無終者何曰非仁人者不終非忠者不終非知三報一祀者不終假公營私者不終代報者不終非孝者不終非親親者不終又侮瞞欺誑者不終虛詐而自高者不終於斯十七事有一者不得其死而况於備之者乎以爾所言請試名其的非仁者何曰仁者仁愛於善人及萬物者忠為人臣當竭己以奉君勿欺勿瞞勿侮三報一曰爲蒙君恩而當思補報格君之非美君之政助君以仁此一報也二曰恭父母篤以温凊甘旨勤敬而不怠諫父母之非懇切至於没身不陷父母者此二報也三曰報報民且天地生民極衆無主者必亂故天生君以主之君設百官以助理之民恐有衆暴寡强淩弱所以樂供稅於朝欲父母妻子無憂君得稅而分給百官使不耕而食不蠶而衣特高其位而禄其家使公正

於朝堂使民樂其樂若果受斯職行斯道證民以是非問民以疾苦則福壽無窮矣此三報也否此道而公挾私歸因公為己代人報怨不孝於祖不睦於親欺誑侮瞞於君上者壓民而詐取其所有者自以為尊能而恥視群友者此數事有一為者必不得其死一曰祀謂祀神鬼也臣受職於外所在或方或隅君託以一方其方隅之事凡當為之事無有不可不舉者歷代之臣所以受天災人禍者怠於教民祀神也盖君託於彼務欲政令興鬼神祀况鬼神賴於此必待祀事備何其止知樂其身而充其腹忘其所祀民苦無憂是致人神共怒因有不得其死

民用前章

朕謂諭者曰世之有愚民多貧而不富多罪而不寧累化而不從教奈何諭者曰其多貧而不富多罪而不寧者有自來矣云何曰民人父母生其身國王育其命民愚終世

不求諦者以問其故失其所報鬼神折磨之是有貧罪不寧之患終世而不免朕謂諭者曰人之身命本為父母保養若於君何有之哉曰父母所養者身君所養者命曰何謂君所養曰王綱振而强暴息使父母妻子各得性命所有家資皆能保守雖有强梁者不敢擅取此畏王法也豈不見强盜欲人之財異其面别其聲持火夜入人家被劫者家財一空不能抵敵為强所取者何力不及也為此方知有君明日赴官訴其情官乃捕其盜誅其人追贓以給其主以此觀之君豈不為生民之性命者歟保民之家資者歟曰如此者然哉諭者曰此民被盜民之小禍耳又有甚焉若無君以主之則一家皆被盡殺之者有之是謂非君民不可得而活今之愚民往往不知所以甚有誹謗者官有所差亦不親赴者因此獲多貧而不富多罪而不寧是也朕謂諭者曰方今亦有富而頑貧而良者鬼神何不以富窮報之曰陰法避而不漏陽憲速而有逃此等之徒非身即子有不可免者

民用後章

朕謂諭者曰且如為子於父母者朝出必告父母知言今日往東若要歸來抵日暮方還所告者為何恐至晚不歸使父母無方可望其憂甚也故遊必有方孝之至也歸必告吉凶使父母樂而無疑其能親親隣隣者人若堅守親親隣隣之義則終世而不貧何也六親九族隣里之中必有富者人能富不嫌窮親隣則他日子孫或窮諸親隣則必養之若是為不貧若見隣人有飢寒下賤者能不欺侮又給衣食者其將必大昌見隣人有財其人頗愚若詐而取若瞞而盜竊者鬼神察見禍焉其必不昌若生子而教不為非有文則訓以善事夫諫夫為善不助夫之為惡良哉豈獨良而已不使人辱毁之若為人子見父不道諫之

以正為人夫諫妻以柔為人妻諫夫以良遂得白髮相守為人弟兄所言者是從之所言不是則諫之善終而無禍矣處朋友見善者習之見惡者去之此豈不忠之者歟

士用章

朕謂謂者曰古今稱能士不得其位何如謂者對曰古今稱能士者名而已非識時務者人神安與位焉且名士者坐視市村自矜其能聽世俗之訛譽徒知紙上之文諸事何曾親歷而自謂著書立言徒咬文嚼字以訪後學者詢及行事茫然哉高談闊論以為能於事無益朕曰以爾所言士無用矣曰豈盡之矣知伊尹出於莘傅說起版築望來磻溪寗戚扣角百里奚牧牛諸葛亮耕南陽此皆善士而善賢也曰此數賢未得其位所歷者何事所覩者何為曰此數賢者當未遇君之時有志於為造故趍艱難而求日用別是非以蓄其裹未嘗區區以訓蒙高枕日紅達頭

垢面酣醉晝昏以愚從愚忘其所操棄其所處是古非今迂遇終日安得擾食民膏焉曰若欲成有用之士將何所施曰在格物之至精慮人事之過熟講書以人事而言隨時而致宜久之志將大矣哉安得不為君用除此之外口體腥織面色痿黄袖手終朝氣不舒而筋不暢不能措諸事務況行步趑趄豈異婦人者歟故往往不達者為此也

農用章

朕謂謂者曰世之農民皆務本而且勞有不得足食者有足食者何謂者曰不足者及足者由勤惰所致耳曰勤惰之說有名乎曰可且農之勤者日出而作日入而歸因地利而耕以時而種勤除稂莠以時而收儉用不奢酷暑無午寢寒不爐忘寒暑以措農工身絕奢侈尊奉父母誠信以睦親鄰聞王令而不違備此數事天地鑒禾苗茂而歲登於斯順昌因勤儉至孝而動鬼神致有如是其惰農者日出而眠日在而歸不察地利而耕失時而種稂莠怠除時至而無收歲得不足身所用者過於父母之奉乃薄失誠信於親鄰聞王令不畏而違備此數事天地鑒禾苗不成雖通天下之豐年惰農之業乃不登於斯否因怠惰奢侈不孝而怒鬼神致有如是

工用章

朕謂謂者曰吳人多巧物物皆可成形華飾威儀壯觀其事於斯觀之能哉所得備工之資甚不少何終世而為匠未見何其家謂者曰此雖技藝之精不過小人而已又非高見遠識以正己之技藝者所以終世不昌為此也曰技藝之人不過如此其高見遠識正己者安用曰所以正己之技藝貴者工其貴賤者工其賤依國令以施巧不使無知者犯分若乃不昌未之有也今之技藝者不審國之所禁富貴貧賤者合得將圖彩仙靈雕鏤飛走槩用於臣民

凡仙靈飛走乃帝王之所用其非理之民欲之其技藝者從歷代非良民者因有此至與技藝者所忘其身家者有之何止乎不昌哉

商用章

朕謂謂者曰世之有商賈或貧而或富者終不能久爲何謂者曰商賈之心利重貪而無厭其中詐取者甚多兩平者間有此等行藏鬼神鑒見所以或貧加於詐或富加於兩平者或又貧者富富者貧蓋彼各要心之不同耳所以貧者漸富以其革詐心而用誠實以此而致富或又富者貧之因棄兩平之心而尚詐獲不足而貧生焉朕謂謂者曰如此則鬼神之報豈不疾如影響曰天網恢恢信不誣也曰若此者商賈安能穩當曰無他但不盜詐而用兩平則利本俱長且無橫禍焉

僧道章

朕謂諸者曰堯舜時民業果幾曰民業有四所謂四者士農工商曰何無僧道焉曰當堯舜時僧道無今之時有加此二流民業以六所以士農工商釋與道曰僧道終身之後果仙佛歟罪愆歟曰皆有之曰何為而逹佛與仙何為而受罪與愆曰去貪嗔而不妄想閉真陽而寄靈神其為僧也佛道也仙如務貪嗔妄想放真陽張靈神雖為僧道其墮彌深永刼未離苦趣有稽不謬曰彼僧道縱不入佛仙之境但能窮居獨處豈有罪深者耶曰知本性之不悟久處其中甚有汚於俗者不成其家罪之一也家貧親老終無人養而不歸養罪之二也道不成而絕後嗣者罪之三也身為僧道酒色是從有傷二教罪之四也曰如此者縱使逹斯道僧道之學不過獨善其身遊食於民使無之可乎曰不可曰何故曰天道使然耳曰其理果何曰蓋王綱而利良善凶頑是化世所不知其功以其理道之幽微

王臣無憎愛其教或憎或愛皆非王臣之所為若柔民樂從者世道昌王仁矣

愚癡章

朕謂諸者曰世人愚多而賢少為何曰父母蠢而愚其子夫何故曰子幼而不師人以教之此其所以愚謂者曰願對陛下細陳愚人之狀曰愚人狀有幾曰愚之狀有七一曰不知理二曰因不知理則生不孝三曰不知恥四曰非理傷人五曰為賊六曰為妖七曰為癡曰愚癡奚乎曰人之愚者不過初不知聖人古人之理故諸事妄為耳未必生成之癡因愚之久癡自此而生曰癡何故曰當為而不為是為癡不可為而為之是為癡此是因愚而生之者非寒暑所侵病由五臟而患也

教子章

朕謂諸者曰有父母不賢而不患子無師而乃仁於六親和父母孝弟於兄朋友信睦四鄰農者勤於農士者勤於士博精於人事其源何如曰父母雖不賢不愚淳心之人也雖不外張内必有理其子不見師家必父母為之以自訓所以博精於人事以其家訓少通其子能詢於衆雖無一定之師聽衆人所長積之於心甚於一師之學又過常人者也且一師之學一人之見而已其衆人之所知聽之於心豈不博精於人事者歟

造言章

朕謂諸者曰昔者天下安和人民樂業且是太平何故小民抛家棄業擅執兵器奮然而起於鄉里不相容甚至六親亦被殺害被威逼者挈家從之其為首者擅稱皇帝名號以拒天朝初雄猛不可當有不數月數年或旬日其勢如氷之見日雪之迎湯其身家父母妻子一槩化為泥土初則未必不雄終不能成於事者何謂者曰此等愚昧之

徒自上古有之往往被殺久之又生為何蓋生不學道理曰與無狀小人相處積姦頑於心不能變也直至殺身是了況此等之人為無道之君禍為新興之君福曰何以見之曰天下未亂之先陛下身居草野侶影朝暮當時聽陛下所驅者誰曰無曰今日所馭者兵非百萬而止億兆仰瞻人各立命此皆親親為之乎人皆以鄉里從之乎曰非也親不過百家鄉里不過萬數餘皆非識者曰此天與之乎曰然曰前首亂者不能為而敗陛下晚舉而統寰宇四天與之人歸之首亂者不得而又代陛下為驅除大勢耳及陛下出彼先亡天也天不與先亂者以其先亂者不分親親鄉里及無罪良人一槩殺之上帝厭其惡禍及其身從古及今之賢者皆稱國王座子及天下世界稱為神器故也蓋謂國家大事皆神天管着故天不與不敢取取則必敗為此也朕謂諸者曰爾言胡殺無罪之人有罪他招

起之時若不如此人何有怕曰然初起但不殺人人不怕又恐隣里親戚拿了不得不殺纔殺人上天又怒了事將成而首亂者死天命真人故所謂神器也昔秦末陳勝吳廣以妖術惑衆各稱王號後皆為人所殺而成大業者乃漢高祖得之後漢時黄巾張角亦以妖術自稱天公將軍後為皇甫嵩所滅隋時宋子賢詐稱彌勒佛出世聚香親後亦為人戮死而唐太宗成其大事唐玄宗時王懷古捏造妖言誑惑百姓後乃為唐所被宋時王則以妖術僭號東平王言彌勒佛治世後為文彥博所擒古今明驗可不戒歟

民禍章

朕謂謁者曰世有民禍者曰何謂民禍曰且如一村有百家一城有萬家或千家其間若有一箇或男子或婦人或造妖言或作潑皮或為強盜或為小賊此為民禍也朕謂

謁者曰彼一男子一婦人或妖或頑或為盜賊或為潑皮身做身當於隣里何禍之有曰古至如今法干四隣雖不坐罪亦問惡人之所以或為惡人訊指或被貪官汚吏挾詐輕則糜費資財甚則殺及身家焉曰如此等之人可得而昌乎曰罪之又罪禍之又禍安得命耶何至昌哉曰斯人之禍自何而至曰天殃人禍也不可怨嗚呼上天之鑒人可不畏耶曰願陛下脩明政刑則上帝福之

民福章

謁者謂朕曰世之有民福者曰何謂民福曰且如一村一城或千萬家為隣中有一男子一婦人彼父母有教本身有德家道又昌百事順鄰里若有愚頑幾壞事及將欲作惡者彼先知之蹟教而改往往如是其一村一城之人皆被其教其市村終無横禍互相連及得享太平之世此民之福也曰可終世及子孫者巨富乎曰上天之鑒福之又福將必大昌豈止富而已乎

御製資世通訓

臣聞古先哲王之治天下也克盡君師之道政教兼備所以風俗厚而治化隆後之為君能善其政者固有之矣其兼師道而善政者猶或闕焉欽惟

皇上以生知之聖聰明神武撥亂世而歸之正創業垂統紀綱粲然法度昭著其於君道備矣善政得矣尚慮夫百官庶民未能盡其職分之所當為乃著書十有四篇以示訓戒首以人君所當為者十有八事為言則皆

皇上平日躬行心得之效矣然猶不自滿足有謙虛敬慎之意焉次言人臣所不當為者十有七事其三其四則為民用章又以士農工商各為一

篇合僧道為一篇念民之愚癡欲民之教子戒其造言示以禍福又各為一篇以勸徵之辭意明切誨諭諄至無非欲其改過遷善同享太平之樂故名曰資世通訓大哉言乎斯言也信乎克盡君師之道而善教備矣嗟乎為人臣而能遵此訓則為賢臣非徒有以垂功名於竹帛又可以保富貴於子孫矣為民而能遵此訓則可以保身全家為良民矣為士而能遵此訓則知浮藻空言之無益當思措諸事業以自効矣為農而能遵此訓則不為惰農服田力穡而有秋成之望矣為工而能遵此訓則不為巧偽無益之技而有以利天下之用矣為商而能遵此訓

則不貪冒犯險而有以通天下之貨矣為僧道而能遵此訓則有以成仙佛之行非徒能獨善其身又可以化民為善矣斯言行於天下非徒足以為訓於當時實足以垂訓於萬世矣臣壎以草茅愚質備員翰林伏讀再三不勝感激謹拜手稽首而書于簡末云

洪武八年歲在乙卯二月丙午翰林　國史院編脩官臣趙壎謹序

資世通訓後序終

皇明祖訓

（明）朱元璋　敕命編撰

解題

周延良

《皇明祖訓》，不分卷，釐十三目，明太祖朱元璋敕命編撰。

本編據明洪武間禮部内務府刻本影印。卷首，朱元璋製序，次爲目録，次爲正文。

《〈皇明祖訓〉序》，四周雙欄，黑口，版心有『祖訓』、葉數。半葉十行，行二十字。目録、正文，版面并同。全文有句讀。刻字清秀典雅，版本上佳，無缺損或漫漶者。

《皇明祖訓》與《祖訓録》是同書异名，《皇明祖訓》初名《祖訓録》，頒行前更此名。《祖訓録》由明初重臣李善長主其事編修。欲知《皇明祖訓》成書淵源，是先考知《祖訓録》成書。關于這個問題，歷史文獻中記載具體、詳細。明廖道南《殿閣詞林記（宫詹等附）・掌詹事府事韓國公李善長》載曰：

（洪武二年）二月丙寅，修《元史》，命善長爲監修。乙亥，奉詔立皇陵碑。四月，編《祖訓録》，定封建諸王國邑及官屬。……（據文淵閣《四庫全書》本卷七）

《殿閣詞林記》記載應是準確的結論，廖道南不僅距明洪武時期爲近，更重要的是廖氏曾作爲明嘉靖皇帝的講讀官〔二〕，屬在廷臣，可以有機會披閱當時秘閣文件。按照廖道南之説，李善長先任《元史》監修，繼任《祖訓録》主編，《祖訓録》是李善長在明洪武二年四月間奉詔開始編修。又，明項篤壽《今獻

〔二〕明王世貞《弇山堂别集・講讀學士表》載曰：『廖道南，湖廣蒲圻人。由進士，嘉靖十一年任講學，謫徽州通判，召還，後丁憂，奪職。』（據文淵閣《四庫全書》本卷四十六）

備遺・李善長》載：

（洪武）二年……二月，命善長監修《元史》，奉詔立皇陵碑。四月，奉詔編《祖訓録》，定封建諸王國邑及官屬之制。……（據文淵閣《四庫全書》本卷二）

項篤壽稍後于廖道南，所記與廖氏同。據明代的兩家所記，《祖訓録》自洪武二年始由李善長爲主編。又《明史・李善長傳》載：

……（李善長）奉命監修《元史》，編《祖訓録》《大明集禮》諸書。……（據文淵閣《四庫全書》本卷一百二十七）

又，清嵇璜等編《欽定續文獻通考・封建考・同姓封建》載：

明太祖洪武二年四月，編《祖訓録》，定封建諸王之制。……（據文淵閣《四庫全書》本卷二〇八）

清張廷玉等編修的《明史》，清嵇璜等編修的《欽定續文獻通考》所涉《祖訓録》等内容，皆以明王圻《續文獻通考》《殿閣詞林記》《今獻備遺》等明代文獻爲準。可知，編訂《祖訓録》，李善長主其事，始于洪武二年。

《祖訓録》至洪武六年編成，始唯頒賜諸王并書于宮墻和殿壁，屬『壁書』，并非刊本，明湛若水《格物通・敬祖考》載：

國朝洪武六年，《祖訓録》成，于是，頒賜諸王，且録于謹身殿東廡、乾清宮東壁，仍令諸王書于王宮正殿内，以時觀省。上因謂侍臣曰：『朕著《祖訓録》，所以垂訓子孫。朕更歷世故，創業艱難。常慮子孫不知所守，故爲此書。日夜以思，具悉周至，紬繹六年，始克成編。後世子孫守之，則永保天禄。苟作聰明，亂舊章，是違祖訓矣。』（據文淵閣《四庫全書》本卷十五）

湛若水是明代弘治時期人，曾任兵部尚書，是内閣大臣，他的記載自當可信。上引文字，湛若水明確《祖訓録》成于洪武六年，又録明太祖朱元璋對侍臣的訓誡之詞，其中亦及于『……六年，始克成編』云云，確載是書成于洪武六年。又，明王圻《續文獻通考·經籍考》載曰：

……（洪武）六年癸丑春，《祖訓録》成，目凡十有三：曰箴戒，曰持守，曰嚴祭祀，曰謹出入，曰慎國政，曰禮儀，曰法律，曰内令，曰内官，曰職制，曰兵衛，曰營繕，曰供用。上親爲之序，因謂侍臣曰：『朕著《祖訓録》，所以垂訓子孫。朕更歷世故，創業艱難。嘗慮子孫不知所守，故爲此書。日夜以思，具悉知慮詳細。……』（據明萬曆十三年刻本卷一七二）

王圻是嘉靖時期人，所載《祖訓録》目次與《皇明祖訓》悉同。又，明章潢《圖書編·皇明同姓諸王傳叙》：

六年春，賜諸王《昭鑒録》，又賜《祖訓録》，令書殿中、宫中。……（據文淵閣《四庫全書》本卷八十）

章潢是明萬曆時人，所記與湛若水同，可知，《祖訓録》編于洪武二年，洪武六年編成，但當此之際，并未刊行，而是作爲『祖訓』，『書壁』以資時時觀覽爲戒。

《祖訓録》是明太祖朱元璋所賜書名，清谷應泰編《明史紀事本末·開國規模》載曰：

（洪武六年）……夏四月，……修《昭鑒》《祖訓録》成。初，上命陶凱等采摭漢唐以來藩王可爲觀戒者，書成，賜名《昭鑒》，《祖訓録》目十三：曰箴戒，曰持守，曰嚴祭祀，曰謹出入，曰慎國政，曰禮義，曰法律，曰内令，曰内官，曰職制，曰兵衛，曰營繕，曰供用，上親爲之叙，頒賜諸王。……（據文淵閣《四庫全書》本卷十四）

此言『修《昭鑒》《祖訓録》成』是謂洪武六年事，且由明太祖朱元璋『賜名《昭鑒》《祖訓録》』，以上谷應泰記爲洪武六年四月『《祖訓録》成』與《明史·太祖本紀》所記同，《明史·太祖本紀》二載曰：

（洪武六年四月）令有司上《山川險易圖》，《祖訓録》成。帝自爲序，頒賜諸王。……（據文淵閣《四庫全書》本卷二）

洪武六年四月，令主事職官奉上《山川險易圖》，此際，《祖訓録》亦編成，而且明太祖皇帝『自爲序，頒賜諸王』，與《明史·藝文志》二所著録『《祖訓録》一卷（洪武中編集，太祖製序，頒賜諸王）』[一]云者，其内容基本一致。

就《圖書編》《明史紀事本末》等文獻記載，有數事須予辯證。一是《昭鑒録》《祖訓録》與《昭

[一] 據《二十五史》本卷九十七。

鑒》《祖訓録》的關係。按照明章潢《圖書編》的記載，《昭鑒録》與《祖訓録》是兩書獨立，按照清谷應泰《明史紀事本末》的記載，《昭鑒》與《祖訓録》并列，同爲洪武六年成書，而《昭鑒》略『録』字，實即《昭鑒録》之省。那麽，按照廖道南《殿閣詞林記》的記載，《昭鑒録》成于洪武六年正月，谷應泰則謂『四月』，應以廖道南之説爲準，谷應泰之載誤『正月』爲『四月』；二是《祖訓録》的篇目。據谷應泰《明史紀事本末》所載『《祖訓録》目十三：曰箴戒，曰持守，曰嚴祭祀，曰謹出入，曰慎國政，曰禮義，曰法律，曰内令，曰内官，曰職制，曰兵衛，曰營繕，曰供用，上親爲之叙』，除今見明刻本《皇明祖訓》第一篇目爲《祖訓首章》與《祖訓録》首章爲《箴戒》名稱不同，它皆相同。出現這一篇名差异的原因，當是刊印之際更改書名時，爲了强調『祖訓』，故以『祖訓首章』更『箴戒』，清傅恒等編《御批歷代通鑒輯覽·明·太祖皇帝》載曰：

九月頒《皇明祖訓》。

初，帝命儒臣編《祖訓録》，其目十有三（曰箴戒、持守、嚴祭祀、謹出入、慎國政、禮儀、法律、内令、内官、職制、兵衛、營繕、供用。）既成，帝自爲之序（事在洪武六年）。至是，更定名曰《皇明祖訓》，頒示内外諸司，且諭曰：『後世有敢言更制者，以奸臣論，毋赦！』（據文淵閣《四庫全書》本卷一百一）

《御批歷代通鑒輯覽》與《明史紀事本末》就此問題的記載大致相同。其別异者在于《御批歷代通鑒輯覽》有『更定名曰《皇明祖訓》』之説，而《明史紀事本末》則無。更名爲《皇明祖訓》是在洪武二十八年九月是書刊行之際。清黃虞稷《千頃堂書目・儒家類》說：『《明祖訓》一卷。洪武二十八年九月庚戌，頒于内外文武諸司。』[二] 黃虞稷著録的《明祖訓》實即《皇明祖訓》是洪武二十八年的刊本，洪武六年頒賜諸王者是未刊本《祖訓録》。在刊行本之前，除了更定書名與第一篇目之外，還增益了相關的内容，如第一篇《祖訓首章》中，開列了不予征伐的周邊國家之名（即稱爲『諸夷國名』），在『朝鮮國』下雙行夾注文有『即高麗，其李仁人及于李成桂今名旦者，自洪武六年至二十八年，首尾凡弑王氏四王，姑待之』[三] 云云。此文有『洪武二十八年』之語，亦可見知，由《祖訓録》改爲《皇明祖訓》刊行之前是做過修訂、增益的。《祖訓録》唯『頒賜諸王』而『書壁』以爲鑒戒（未刊行），《皇明祖訓》却是『頒示内外諸司』的刊本。洪武六年『頒賜諸王』的《祖訓録》是寫本，洪武二十八年『頒示内外諸司』的《皇明祖訓》是經過修訂、增益的刊本。

以上，是就《祖訓録》與《皇明祖訓》源流關係所做的考察。根據黃虞稷《千頃堂書目》的著録，《皇明祖訓》還有一書，即《明祖訓條章》或《祖訓條章》。明章潢《圖書編・皇明百官述》載曰：

……（洪武）二十八年，頒《祖訓條章》，敕禮部，有言改祖法者，以奸臣論，無赦。（據文淵

[二] 據文淵閣《四庫全書》本卷十一。

[三] 案，此載史實，明王世貞《弇山堂別集・史乘考誤》七，考之曰：《武廟録》云：『初，高麗國王王氏，洪武時遇弑而絶，陪臣李仁人擅立僞姓，凡幾易矣，國人得王氏裔瑶立之，瑶復昏亂，推門下侍郎李成桂主國事，且請名朝鮮，詔許之，改名旦，令徙居漢城。』成桂與仁人本异族，永樂間，降祭海岳。祝文稱，成桂爲仁人嗣，而《祖訓條章》亦載仁人及子成桂今名旦者。成桂子芳遠奏辯，太宗許令改正。近所修《大明會典》，復注《祖訓》于『朝鮮國』下，且云，李氏連弑四王，……（據文淵閣《四庫全書》本卷二十六）又《明史》等文獻亦有說。

閣《四庫全書》本卷八十三）

又，明俞汝楫《禮部志稿·尚書任亨泰》曰：

（洪武二十八）九月庚戌，命頒《祖訓條章》于内外文武諸司。……（據文淵閣《四庫全書》本卷五十一）

兩文所記都是洪武二十八年頒行《祖訓條章》，與前文所引諸史料記頒行《祖訓録》《皇明祖訓》的時間完全一樣，而且據今所見文獻，《祖訓條章》中涉及太祖朱元璋的《序》文，與今見明刻本《皇明祖訓》中的《序》文亦多相同，明俞汝楫《禮部志稿·垂法之訓》載曰：

洪武二十八年，頒《祖訓條章》于内外文武諸司，敕諭禮部曰：『自古國家建立法制，皆在始受命之君。以後子孫，不過遵守成法，以安天下。蓋創業之君，起自側微，備歷世故艱難，周知人情善惡。恐後世守成之君，生長深宫，未諳世故，山林初出之士，自矜己長，至有奸賊之臣，徇權利，作聰明者。上不能察而信之、任之，變更祖法，敗亂國家，貽害天下，故日夜精思，立法垂後，永爲不刊之典。……』（據文淵閣《四庫全書》本卷一）

此文所引『敕諭禮部曰』以下之文云者，與《皇明祖訓·序》立意并同，且文句相同者固不乏見，《祖訓條章》在洪武二十八年頒行，《皇明祖訓》亦于是年頒行，章潢《圖書編·六部總論》載曰：『二十八年頒《皇明祖訓》。』[一] 又，據明末《祖訓條章》《皇明祖訓》宫廷藏版觀之，確是同書的詳略之别，明吕毖《明宫史·内板書數》：

《五倫書》計六十二本，一千七百一頁。……《皇明祖訓》計一本，五十頁。……《祖訓條章》計一本，十二頁。（據文淵閣《四庫全書》本卷五）

吕毖，《四庫總目提要》謂未詳何人，據館臣推定，爲明末宫廷閹人，此説似可爲準[二]。《明宫史》所謂『《皇明祖訓》計一本，五十頁』與今見是書明刻本頁數大致相合，所説『《祖訓條章》計一本，十二頁』亦不至有誤。明楊士奇編《文淵閣書目·天字號第一厨書目·國朝》著録：

《皇明祖訓》一部一册，《皇明祖訓》一部一册；《祖訓録》一部一册，《祖訓録》一部一册，《祖訓録》一部一册，《祖訓條章》一部三册。（據文淵閣《四庫全書》本卷一）

這是明代『文淵閣』著録的書目，《皇明祖訓》《祖訓録》與《祖訓條章》三書并存。又，明焦竑《國史經籍志》卷一著録：『《皇明祖訓》一卷，《祖訓條章》一卷。』[三] 按照焦竑著録，此二書并爲一卷。《皇明祖訓》是依《祖訓録》增補而成，《祖訓條章》是《皇明祖訓》的簡本，大抵可以推定，洪武以後，除了《祖訓録》修訂的《皇明祖訓》在流通，還有《明祖訓條章》或《祖訓條章》也在流通。兩者

[一] 據文淵閣《四庫全書》本卷八十四。
[二] 見是書《四庫總目提要》。
[三] 據清道光年間刊《粤雅堂叢書》本。

的區別可能在于詳本與條目（簡本），《祖訓條章》的主要内容雖已不得而知，大抵『封建王國之制』。《明史·藝文志》著録：『《祖訓條章》一卷封建王國之制。』[一] 但與《祖訓録》《皇明祖訓》必有關聯。清黄虞稷《千頃堂書目·儒家類》著録：

《明祖訓條章》一卷。洪武二年四月乙亥，詔中書省編定封建諸王國邑及官屬之制，至六年六月書成。目凡十三，帝自爲序，頒之諸王，且録于謹身殿及乾清宫東壁，命諸王亦書于王宫正殿、内宫東壁，以時觀省。（據文淵閣《四庫全書》本卷十一）

據此載，成書年限、『帝自爲序』『十三目』以及是書的功用等等都與《祖訓録》同，《祖訓録》與《明祖訓條章》或《皇明祖訓條章》可以互通，《明史·太祖本紀》三載曰：

（洪武）二十八年……九月丁酉，免畿内、山東秋糧。庚戌，頒《皇明祖訓條章》于中外，『後世有言更祖制者，以奸臣論』。（據《二十五史》本卷三）

《明祖訓條章》與《皇明祖訓條章》是一書，其書或爲同源。《皇明祖訓》最終成爲通行本，明代還有『疏義』本[二]，而且在明洪武以後以至于後代都有一定的影響，明邱濬在《興王分封之國（十三首代言）》詩中的第五首亦曾稱述《祖訓條章》，其詩曰：『治國從來在慎初，清心寡欲近文儒。瀕行贈別無

[一] 據《二十五史》本卷九十七。
[二] 參見明祁承爜《澹生堂書目》卷一著録。

他物，《祖訓條章》一卷書[一]。』清聖祖愛新覺羅・玄燁《閱〈皇明祖訓〉偶書》有評述曰：

朕遐稽載籍，近考前朝凡裨治理之書，必殫精深之蘊，豈徒以其文焉而愛悦之已哉？《皇明祖訓》一書，萃列后之謨，兼衆智之美，至于去邪納諫之規，勤政慎刑之誡；内而宫闈之禮教，外而朝堂之政令，胥盡于斯焉。迨其後世子孫，漸至于陵替者，豈其貽謀之未臧歟？由不能善守之故也。朕披覽之際，心焉景慕，常以爲鑒，因書以記之。（《聖祖仁皇帝御製文集・雜著》，據文淵閣《四庫全書》本卷二十九）

從以上所引康熙皇帝的讀書筆記中可以看到，作爲一代治國之君，對《皇明祖訓》是非常肯定的。今傳《皇明祖訓》，當時編成的目的是作爲朱氏皇門家法，垂戒子孫。其十三目是：《祖訓首章》《持守》《嚴祭祀》《謹出入》《慎國政》《禮儀》《法律》《内令》《内官》《職制》《兵衛》《營繕》《供用》。據此目大致可以分爲『禮』和『法』，既要遵守法規，也要恪守禮儀——這是垂戒子孫之律，希望子孫『不負垂法之意』，方能得到『天地祖宗』的『孚佑無窮』——江山永固，朱氏傳遞不絶，是説者的宅心所在。明太祖朱元璋在《皇明祖訓・序》中説：

……自平武昌以來，即議定著律令，損益更改，不計遍數。經今十年，始得成就。……至于開導後人，復爲《祖訓》一編立爲家法。大書揭于西廡，朝夕觀覽，以求至當。首尾六年，凡七謄

[一] 引見《重編瓊臺藁・興王分封之國十三首代言》（據文淵閣《四庫全書》本卷四）。

稿，……今令翰林院編輯成書，禮部刊印，以傳永久。凡我子孫，欽承朕命，無作聰明，亂我已成之法，一字不可改易。不負朕垂法之意，而天地祖宗，亦將孚佑于無窮。……（本編第一頁）

永葆皇家宗廟，于此可見。

附記

據嚴紹璗先生考察，《皇明祖訓》，有明刊本藏日本『内閣文庫』[一]。

[一] 參見嚴紹璗《日藏漢籍善本書録》上册，第四八九頁（中華書局，二〇〇七年版）。

皇明祖訓序

朕觀自古國家建立法制皆在始受命之君當時法已定人已守是以恩威加于海內民用平康蓋其創業之初備嘗艱苦閱人既多歷事亦熟比之生長深宮之主未諳世故及僻處山林之士自矜己長者甚相遠矣朕幼而孤貧長值兵亂年二十四委身行伍為人調用者三年繼而收攬英俊習練兵之方謀與群雄並驅勞心焦思慮患防微近二十載乃能翦除強敵統一海宇人之情偽亦頗知之故以所見所行與群臣定為國法革元朝姑息之政治舊俗汙染之

祖訓　一

徒且群雄之強盛詭詐至難服也而朕已服之民經世亂欲度兵荒務習姦猾至難齊也而朕已齊之蓋自平武昌以來即議定著律令損益更改不計遍數經今十年始得成就頒而行之民漸知禁至於開導後人復為祖訓一編立為家法大書揭于西廡朝夕觀覽以求至當首尾六年凡七謄藁至今方定豈非難哉蓋俗儒多是古非今姦吏常舞文弄法自非博采眾長即與果斷則被其眩惑莫能有所成也今令翰林編輯成書禮部刊印以傳永久凡我子孫欽承朕命無作聰明亂我已成之法一字不可改易非但不負朕垂法之意而天地祖宗亦將孚佑於無窮矣嗚呼其敬戒之哉

祖訓　二

皇明祖訓目録

皇明祖訓

祖訓首章

一。朕自起兵至今四十餘年，親理天下庶務。人情善惡真僞，無不涉歷。其中奸頑刁詐之徒，情犯深重，灼然無疑者，特令法外加刑，意在使人知所警懼，不敢輕易犯法。然此特權時處置，頓挫奸頑，非守成之君所用常法。以後子孫做皇帝時，止守律與大誥，並不許用黥刺、剕、劓、閹割之刑。云何？蓋嗣君宫生内長，人情善惡未能周知，恐一時所施不當，誤傷善良。臣下敢有奏用此刑者，文武群臣即時劾奏，將犯人凌遲，全家處死。

一。自古三公論道，六卿分職，並不曾設立丞相。自秦始置丞相，不旋踵而亡。漢、唐、宋因之，雖有賢相，然其間所用者多有小人，專權亂政。今我朝罷丞相，設五府、六部、都察院、通政司、大理寺等衙門，分理天下庶務，彼此頡頏，不敢相壓，事皆朝廷總之，所以穩當。以後子孫做皇帝時，並不許立丞相。臣下敢有奏請設立者，文武群臣即時劾奏。將犯人凌遲，全家處死。

一、皇親國戚有犯，在嗣君自決。除謀逆不赦外，其餘所犯，輕者與在京諸親會議，重者與在外諸王及在京諸親會議，皆取自上裁。其所犯之家，止許法司舉奏，並不許擅自拿問。

今將合議親戚之家指定名目，開列于後。

皇后家　皇妃家
東宮妃家　王妃家
郡王妃家　駙馬家
儀賓家　魏國公家
曹國公家　信國公家
西平侯家　武定侯家

一、四方諸夷，皆限山隔海，僻在一隅。得其地不足以供給，得其民不足以使令。若其自不揣量，來撓我邊，則彼為不祥。彼既不為中國患，而我興兵輕伐，亦不祥也。吾恐後世子孫，倚中國富強，貪一時戰功，

無故興兵，致傷人命，切記不可。但胡戎與西北邊境互相密邇，累世戰爭，必選將練兵，時謹備之。

今將不征諸夷國名，開列于後。

東北

朝鮮國 即高麗。其李仁人及子李成桂今名旦者，自洪武六年至洪武二十八年，首尾凡弒王氏四王，姑待之。

正東偏北

日本國 雖朝實詐，暗通奸臣胡惟庸，謀為不軌，故絕之。

正南偏東

大琉球國 朝貢不時。王子及陪臣之子，皆入太學讀書，禮待甚厚。

小琉球國 不通往來，不曾朝貢。

西南

安南國 三年一貢　真蠟國 朝貢如常，其國濱海。

暹羅國 朝貢如常，其國濱海。

占城國 自占城以下諸國來朝貢時，內帶行商，多行譎詐，故沮之。自洪武八年沮至洪武十二年，方乃得止。其國濱海。

蘇門答剌 其國濱海。　西洋國 其國濱海。

爪洼國 其國居海中。　湓亨國 其國居海中。

白花國 其國居海中。　三弗齊國 其國居海中。

浡泥國 其國居海中

凡古帝王以天下為憂者。唯創業之君。中興之主。及守成賢君能之。其尋常之君。將以天下為樂。則國亡自此始。何也。帝王得國之初。天必授於有德者。若守成之君。常存敬畏。以祖宗憂天下為心。則能永受天之眷顧。若生怠慢。禍必加焉。可不畏哉。

凡每歲自春至秋。此數月尤當深憂。憂常在心。則民安國固。蓋所憂者。惟望風雨以時。

祖訓 七

田禾豐稔。使民得遂其生。如風雨不時。則民不聊生。盜賊竊發。豪傑或乘隙而起。國勢危矣。

凡天下承平。四方有水旱等災。當驗國之所積。於被災去處優免稅糧。若豐稔之歲。雖無災傷。又當驗國所積。稍有附餘。擇地瘦民貧處。亦優免之。不為常例。然優免在心。臨期便決。勿使小人先知。要名于外。

凡帝王居安常懷警備。日夜時刻不敢怠慢。則身不被人所窺。國必不失。若恃安忘備。則姦人得計。身國不可保矣。其日夜警備。常如對陣。號令精明。日則觀人語動。夜則巡禁嚴密。姦人不得而入。雖親信如骨肉。朝夕相見。猶當警備於心。寧有備而無用。如欲迴避左右與親信人密謀國事。其常隨內官及帶刀人員。止可離十丈地。不可太遠。如元朝英宗遇夜被害。只為左右內使迴避太遠。后妃亦不在寢處。故有此禍。可不深為戒備。

祖訓 八

凡警備常用器械衣甲不離左右。更選良馬數疋。調教能行速走者。常於宮門喂養。及四城門令內使帶鞍轡。各置一疋在其所在。一體上古帝王諸侯防禦也。

凡夜當警省。常聽城中動靜。或出殿庭仰觀風雲星象何如。不出則候市聲何如。

凡帝王居宮。要早起睡遲。酒要少飲。飯要依時進。午後不許太飽。在外行路則不拘。

凡人之姦良。固為難識。惟授之以職。使臨事試之。勤比較而謹察之。姦良見矣。若知其良而不能用。知其姦而不能去。則誤國自此始。歷代多因姑息。以致姦人惑侮。當未知之初。一槩委用。既識其姦。退亦何難。慎勿姑息。

凡聽訟要明。不明則刑罰不中。罪加良善。久則天必怒焉。或有大獄。必當面訊。庶免構陷鍛鍊之弊。

凡賞功要當。不當則人心不服。久則禍必生焉。

凡自古親王居國。其樂甚於天子。何以見之。冠服宮室車馬儀仗。亞於天子。而自奉豐

厚。政務亦簡。若能謹守藩輔之禮。不作非爲。樂莫大焉。至如天子。總攬萬機。晚眠早起。勞心焦思。唯憂天下之難治。此親王所以樂於天子也。

凡古王侯妄窺大位者。無不自取滅亡。或連及朝廷俱廢。蓋王與天子。本是至親。或因自不守分。或因姦人異謀。自家不和。外人窺覦。英雄乘此得志。所以傾朝廷而累身已也。若朝廷之失。固有此禍。若王之失。亦有此禍。當各守祖宗成法。勿失親親之義。

凡王所守者祖法。如朝廷之命合於道理。則惟命是聽。不合道理。見法律篇第十二條。

持守

凡吾平日持身之道。無優伶近狎之失。無酣歌夜飲之歡。正宮無自縱之權。妃嬪無寵恣之專幸。朕以乾清宮為正寢。后妃宮院各有其所。每夕進御有序。或有浮詞之婦。察其言非。卽加詰責。故宮無妬忌之女。至若朝堂決政。衆論稱善。卽與施行。一官之語。未可以為必然。或燕閑之際。一人之言。尤加審察。故朝無偏聽之弊。權謀與決專出於己。察情觀變。慮患

防危。如履淵冰。心膽為之不寧。晚朝畢而入。清晨星存而出。除有疾外。平康之時。不敢怠惰。此所以畏天人而國家所由興也。

嚴祭祀

凡祀

天地祭

社稷享

宗廟精誠則感格。怠慢則禍生。故祭祀之時。皆當極其精誠。不可少有怠慢。其風雲雷雨師。山川等神。亦必敬慎自祭。勿遣官代祀。

凡祀

天地。正祭前五日。午後沐浴更衣。處於齋宮。

次日早傳制戒諭百官。又次日告

仁祖廟。致齋三日行事。

凡享

宗廟祭

社稷。正祭前四日。午後沐浴更衣。處於齋宮。次日為始。致齋三日行事。

凡祭

太歲風雲雷雨師。嶽鎮海瀆山川城隍等神。正祭前三日。午後沐浴更衣。處於齋宮。次日為始。致齋二日行事。春於大祀壇內從祭。秋報日於本壇致祭。

凡傳制遣官代祀

歷代帝王并旗纛孔子等廟。前一日沐浴更衣處於齋宮。次日遣官。

帝王。春於大祀壇內從祭。秋於祭山川前一日遣官本廟致祭。

旗纛。秋於祭山川日遣官本壇致祭。

孔子。春秋仲月上丁日遣官致祭。

凡祭五祀。戶竈門。井於四孟月遣內官致祭。中霤於季夏土旺戊日。亦遣內官致祭。

謹出入

凡動止有占。乃臨時之變。必在已精審。術士不預焉。且如將出何方。所被馬忽有疾。或當時飲食。衣服旗幟甲仗有變。或匙筯失。杯盤傾。所用違意。或烈風迅雷逆前而來。或飛鳥走獸異態而至。此神之報也。國之福也。若已出在外。則詳察左右。慎防而回。未出即止。然天象人不能為。餘皆人可致之物。恐姦者乘此偽為。以無為有。以有為無。窒礙出入。宜加詳審。設若不信而往。是違天取禍也。朕嘗臨危幾凶者數矣。前之警報皆驗。是以動止。必詳人事。審服用。仰觀天道。俯察地理。皆無變異而後運用。所以獲安。

慎國政

凡廣耳目。不偏聽。所以防壅蔽而通下情也。令後大小官員。并百工伎藝之人。應有可言之事。許直至御前聞奏。其言當理。即付所司施行。諸衙門毋得阻滯。違者即同姦論。如元朝令如詔有云。諸衙門敢有隔越中書奏請者。以違制論。故內外百司有所奏請。必由中書。遂致壅遏延沉溺。使下情不能上達。而國至於亡也。

凡官員士庶人等。敢有上書陳言大臣才德政事者。務要鞫問情由明白。處斬。如果大臣知情者同罪。不知者不坐。如漢王莽爲相。操弄威福。平帝以新野田二萬五千六百頃益封莽。莽佯不受。吏民上書頌莽功德者前後四十八萬七千五百七十二人。遂致威權歸莽。傾移漢祚。可不戒哉。

禮儀

凡王國宮城外立宗廟社稷等壇。

宗廟。立於王宮門左。與朝廷太廟位置同。

社稷。立於王宮門右。與朝廷太社位置同。

風雲雷雨山川神壇。立於社稷壇西。

旗纛廟。立於風雲雷雨山川壇西。司旗者致祭。

凡祭五祀用豕一。祝。帛。香。燭。酒。菓。

司戶之神。於宮門左設香案。正月初四日。門官致祭。

司竈之神。於廚舍設香案。四月初一日。典膳官致祭。

中霤之神。於宮前丹墀內近東設香案。六月土旺戊日。秋季司官致祭。

司門之神。於承運門稍東設香案。七月初一日。門官致祭。

司井之神。於井邊設香案。十月初一日。典膳官致祭。

凡正旦遣使進賀表箋。王具冕服。文武官具朝服。滌寶用寶訖。置表於龍亭。王率文武官就位。王於殿前臺上。文武官於臺下行十二拜禮畢。王送表出宮城門。止離五丈地。文官送出國門。武官從王還宮。

凡遇天子壽日。王於殿前臺上設香案。具冕服。率文武官具朝服。行祝天地禮。若遇正旦。拜天地後即詣祖廟行禮畢。陞正殿。出使官便服行四拜禮。文武官具服行八拜禮。

凡帝王生日。先於宗廟具禮致祭。然後敘家人禮。百官慶賀禮畢。進宴。

凡遇詔赦至王國。武官隨王侍衛。不出郊外。文官具朝服出郊奉迎。安奉詔赦於龍亭。乘馬前導。王具冕服。於王城門外五丈餘地奉迎至王宮。置龍亭於正殿中。王

於殿前臺上。并行五拜禮畢。陞殿侍立於龍亭東側。武官護衛。文官於臺下自行十二拜禮。跪聽開讀。

凡朝臣奉使至王府。或因使經過見王。並行四拜禮。雖三公大將軍亦必四拜。王坐受之。若使臣道路本經王國。故意迂迴躲避不行朝王者斬。

凡王府文武官。並以清晨至王府門候見。其王所居城內。布政司。都指揮司。并衛。府。州。縣雜職官。皆於朔望日至王府門候見。

朝還國無虞。信報別王。方許来朝。諸王不拘歲月。自長至幼。以嫡先至。嫡者朝畢。方及庶者。亦分長幼而至。週而復始。毋得失序。

凡諸王居邊者。無警則依期来朝。有警則從便。不拘朝期。

凡天子與親王。雖有長幼之分。在朝廷必講君臣之禮。蓋天子之位。即祖宗之位。宜以祖宗所執大圭。於上鐫字。題曰奉天法祖世世相傳。凡遇親王来朝。雖長於天

子者。天子執相傳之圭以受禮。蓋見此圭如見祖考也。

凡諸王来朝。祭祀辦與未辦。先常服見天子。三叩頭不拜。

奉先殿見畢。不拘何殿。樓閣門下。天子執大圭。王具冕服。敘君臣禮。行五拜三叩頭。見畢。諸王係尊長。天子係姪孫。引王至何便殿。王坐東面西。天子衣常服。敘家人禮。行四拜不叩頭。王坐受。然雖行家人禮。君臣之分。不可不謹。天子居正中南面坐。以待尊長。次見東宮。行四拜禮。如王係尊長。東宮荅拜。

凡親王係天子伯叔之類。年逾五十則不朝。世子代之。孫姪之輩。年逾六十則不朝。世子代之。

凡親王来朝。若遇大宴會。諸王不入筵宴中。若欲筵宴。於便殿去處。精潔茶飯。敘家人禮以待之。羣臣大會宴中。王並不入席。所以慎防也。

凡東宮親王位下。各擬名二十字。日後生子及

孫。即以上聞。付宗人府。所立雙名。每一世取一字以為上字。其下一字臨時隨意選擇。以為雙名。編入玉牒。至二十世後。照例續添。永為定式。

東宮位下

允文遵祖訓　欽武大君勝

順道宜逢吉　師良善用晟

秦王位下

尚志公誠秉　惟懷敬誼存

輔嗣資廉直　匡時永信惇

晉王位下

濟美鍾奇表　知新慎敏求

審心咸景慕　述學繼前修

燕王位下

高瞻祁見祐　厚載翊常由

慈和怡伯仲　簡靖迪先猷

周王位下

有子同安睦　勤朝在肅恭

紹倫敷惠潤　昭格廣登庸

楚王位下

孟季均榮顯　英華蘊盛容

宏才升博衍　茂士立全功

齊王位下

賢能長可慶　睿知實堪宗

養性期淵雅　寅思復會通

魯王位下

肇泰陽當健　觀頤壽以弘

振舉希兼達　康莊遇本寧

蜀王位下

悅友申賓讓　承宣奉至平

懋進深滋益　端居務穆清

湘王位下

久鎮開方岳　揚威謹禮儀

剛毅循超卓　權衡素自持

代王位下

遜仕成聰俊　充廷鼐鼎彝

傳貽連秀郁　炳耀壯洪基

肅王位下

贍祿貢真弼　縉紳識烈忠

曦暉躋富運　凱諫處恒隆

遼王位下

貴豪恩寵致　憲術儼尊儒

雲仍祺保合　操翰麗龍輿

慶王位下

秩邃寘台鼒　倪伸帥倬奇

适完因巨衍　隲搴發需吡

寧王位下

磐奠覲宸拱　多謀統議中

總添支庶闊　作哲向親衷

岷王位下

徽音膺彥譽　定幹企禋雍
崇理原諧訪　寬鎔喜賁從

谷王位下
賦質僖雄敵　叢興闡福昌
篤諧恂懌豫　擴赉昱禎祥

韓王位下
沖範徵偕旭　融謨朗環逵
亶韶愉顯憓　令緒价蕃維

瀋王位下
佶幼詮勛亂　恬珵效迥瑝

湜源諲晳暐　圭壁澈澄昂

安王位下
斐序斌延賞　凝覃濬祉褭
恢嚴纈輯矩　縝容廓程綱

唐王位下
瓊芝彌宇宙　碩器聿琳琚
啓齡蒙頌體　嘉曆協銘圖

郢王位下
偉闕參望奭　葴誨洎皋夔
麒麟餘積兆　奎穎曄璠璣

伊王位下
顒勉諟訏典　褒珂寀鳳琛
應曠傾胄選　昆玉冠泉金
訏初斯建節　畠好必貞銓
執準符鈞正　詢攸汝勵虔
薦譖演還暢　先施遂省稽
諫懽爰造就　適藝蕤埍篪

慧堅忻愿確　鑑潔綽侁孜
習獻增盈謐　臨饒軼績撝

靖江王位下
贊佐相規約　經邦任履亨
若依純一行　遠得襲芳名

法律

凡皇太子。或出遠方。或離京城近處。若有小大過失。並不差人傳旨問罪。止是喚回面聽君父省諭。若有口傳言語。或賫持符命。或朝廷公文前來問罪者。須要將來人拿下。磨問情由。預先備禦。火速差親信人直至御前面聽君上宣諭。是非明白。使還回報。依聽發放。其諸王及王之子孫並同。

凡親王及嗣子。或出遠方。或守其國。或在京城。朝廷凡有宣召。或差儀賓。或駙馬。或內官賫持御寶文書。并金符前去。方許赴程詣闕。

凡王國文官。朝廷精選赴王國任用。武官已有世襲定制。如或文武官員犯法。王能依律剖判者。聽法司毋得吹毛求疵。改王決治。其文武官有能守正規諫。助王保全其國者。毋得輕易陵辱。朝廷聞之。亦以禮待。

凡王所居國城。及境內市井鄉村軍民人等。敢有侮慢王者。王即拿赴京來。審問情由明白。然後治罪。若軍民人等本不曾侮慢。其王左右人虛張聲勢。於王處誣陷善良者。罪坐本人。

凡親王有過重者。遣皇親或內官宣召。如三次不至。再遣流官同內官召之至京。天子親諭以所作之非。果有實跡。以在京諸皇親及內官。陪留十日。其十日之間。五見天子。然後發放。雖有大罪。亦不加刑。重則降為庶人。輕則當因來朝面諭其非。或遣官諭以禍福。使之自新。若大臣行姦。不令王見天子。私下傳致其罪。而遇不幸者。到此之時。天子必是昏君。其長史司并護衛移文五軍都督府。索取姦臣。都督府捕姦臣奏斬之。族滅其家。

凡風憲官以王小過奏聞。離間親親者斬。風聞王有大故。而無實跡可驗。輒以上聞者。其罪亦同。

凡諸王京師房舍。或頗華麗。或地居好處。奸臣恃權。欲巧侵善奪者。天子斬之。從其家屬于邊。

凡臣民有罪。必明正其罪。並不許以藥鴆之。

凡王遣使至朝廷。不須經由各衙門。直詣御前。敢有阻當者。即是姦臣。其王使至午門。直門軍官火者。火速奏聞。若不奏聞。即係姦臣同黨。

凡王國內。除額設諸職事外。並不許延攬交結奔競佞巧知謀之士。亦不許接受上書陳言者。如有此等之人。王雖容之。朝廷必正之以法。然不可使王驚疑。或有知謀之士獻於朝廷勿留

凡庶民敢有訐王之細務以逞姦頑者斬。從其家屬于邊。

凡朝廷使者至王國。或在王前。或在王左右。部屬處。言語非理。故觸王怒者。決非天子之意。必是朝中姦臣使之離間親親。王當十分含怒。不可輒殺。當拘禁在國。鞫問真情。遣人密報天子。天子當詢其實。姦臣及使俱斬之。

凡朝廷新天子正位。諸王遣使奉表稱賀。謹守邊藩。三年不朝。許令王府官掌兵官各一員入朝。如朝廷循守祖宗成規。委任正臣。內無姦惡。三年之後。親王仍依次來朝。如朝無正臣。內有姦惡。則親王訓兵待命。天子密詔諸王。統領鎮兵討平之。既平之後。收兵於營。王朝天子而還。如王不至而遣將討平。其將亦收兵於營。將帶數人入朝天子。在京不過五日而還。其功賞續後頒降。

凡朝廷無皇子。必兄終弟及。須立嫡母所生者。庶母所生。雖長不得立。若姦臣棄嫡立庶。庶者必當守分勿動。遣信報嫡之當立者。務以嫡臨君位。朝廷即斬姦臣。其三年朝覲。並如前式。

凡王國內。時常點檢軍中。不許隱匿逃亡。如或有之。止坐兩隣富丰及有司官并該管頭目。毋得聞王。王亦毋得隱匿遮護。或姦臣故縱逃亡於郡內。欲誣王者。將姦臣斬之。從其家屬于邊。

内令

凡自后妃以下。一應大小婦女及各位下使數人等。凡衣食金銀錢帛并諸項物件。尚宫先行奏知。然後發遣内官監。監官覆奏。方許赴庫關支。尚宫若不奏知。朦朧發遣。内官亦不覆奏。輒擅關支。皆處以死。

凡私寫文帖於外。寫者接者皆斬。知情者同罪。不知者不坐。

凡庵觀寺院燒香降香。禳告星斗。已有禁律。違者及領香送物者。皆處以死。

凡皇后止許内治宫中諸等婦女人。宫門外一應事務。毋得干預。

凡宫中遇有疾病。不許喚醫入内。止是説證取藥。

凡宫闈當謹内外。后妃不許羣臣謁見。命婦於中宫千秋節。并冬至。正旦。每月朔望。來朝。其隆寒盛暑雨雪。免朝。

凡天子及親王。后。妃。宫人等。必須選擇良家子女。以禮聘娶。不拘處所。勿受大臣進送。恐有姦計。但是倡妓。不許狎近。

内官

凡内府飲食常用之物。官府上下行移。不免取辦於民。多致文繁生弊。故設酒醋麪織染等局於内。既設之後。忽覩周禮酒人。漿人。醢人。染人之職。亦用奄人。乃知自古設此等官。其來已久。取其不勞民而便於用也。其他如各監司局及各庫。皆設内官職掌。其事甚易辦集。上項職名。設置既定。要在遵守。不可輕改。

凡各衙門内官

各監官職名

太監 正四品

左少監 從四品　左監丞 正五品

右少監 從四品　右監丞 正五品

典簿 正六品

神宫監 掌灑掃。

尚寶監 掌御寶勑符。將軍印信。

孝陵神宫監 掌灑掃并栽種一應果木蔬菜等事。

尚膳監 掌供養及御膳。并宫内食用之物。及催督光祿司造辦宫内一應筵宴茶飯。

尚衣監 掌御用冠冕袍服履舄。靴襪等事。

司設監掌御用車輦牀被帳幔等事。

內官監掌成造婚禮奩冠舄傘扇衾褥帳幔儀仗等項，并內官內使貼黃一應造作，并宮內器用首飾食米土庫架閣文書鹽倉冰窖。

司禮監掌冠婚喪祭禮儀制帛與御前勘合賞賜筆墨書畫，并長隨當差內使人等出門馬牌等事，并督光祿司供應一切筵宴。

御馬監掌御馬及各處進貢并典牧所關牧馬騾等項。

印綬監掌誥敕貼黃印信勘合符驗大寶誥敕鐵券信符圖本等項。

直殿監掌灑掃殿庭樓閣廊廡。

長隨奉御正六品

奉天等門官職名掌晨昏啓閉關防出入

門正正四品　門副從四品

各司官職名

左司副從五品

司正正五品

右司副從五品

鐘鼓司掌奏大殿鐘鼓并宮內懸鐘及更漏早晚鐘鼓。

惜薪司掌宮內等處所用柴炭等事。

各局庫官職名

左副使從五品

大使正五品

右副使從五品

兵仗局掌御用兵器并提督人匠打造刀甲等項，及宮內所用梳篦剪子針刀等物。

內織染局掌染造上用并宮內一應段疋。

針工局掌成造一應婚禮衣服完備付內官監交收，并造內官人等衣服鋪蓋等項。

巾帽局掌造內官人等紗帽靴襪，及預備賞賜巾帽等項。

司苑局掌宮內等處蔬菜菓并種田。

酒醋麵局掌內官人等食用酒醋麵糖等物。

內承運庫掌一應段疋金銀寶貨珠玉象牙等物，并收支內府司鑰庫錢鈔。

司鑰庫掌各門鎖鑰并收支錢鈔等物。

內府供用庫掌上用香米并內用香燭油米，及內官人等飯食果木等物。

東宮官

典璽局掌璽寶符印之事。

局郎正五品　局丞從五品

紀事奉御正六品

典藥局掌監同御醫診脈合藥餌，如法煎調供進。

局郎正五品　局丞從五品

典膳局掌監造膳食供進。

局郎正五品　局丞從五品

典服局掌冠冕衣服帷幕衾褥鋪陳等。

局郎正五品　局丞從五品

典兵局掌甲胄戈矛弓矢刀劍等。

局郎正五品　局丞從五品

典乘局 掌車馬

局郎 正五品 局丞 從五品

王府官

承奉司 掌管王府一應節事，有事呈長史司并護衛指揮司發遣，與內官衙門無相統攝。

承奉正 正六品 承奉副 從六品

典寶所

典寶正 正六品 典寶副 從六品

典膳所

典膳正 正六品 典膳副 從六品

典服所

典服正 正六品 典服副 從六品

內使六名 司冠一名 司衣三名 司佩一名 司履一名

各門官

門正 正六品 門副 從六品

內使

司藥二名 司弓矢二名

公主府

中使司

司正 雜職 司副 雜職

職制

凡封爵

皇太子授以金冊金寶。妃止授金冊不用寶。

親王授以金冊金寶。妃止授金冊不用寶。

公主授以金冊，婿皆稱駙馬都尉，賜誥命。

皇太子嫡長子為皇太孫，次嫡子并庶子，年十歲皆封郡王，授以鍍金銀冊銀印。

女皆封郡主，賜誥命。

親王嫡長子年及十歲，朝廷授以金冊金寶，立為王世子。如或以庶奪嫡，輕則降為庶人，重則流竄遠方。如王年三十，正妃未有嫡子，其庶子止為郡王，待王與正妃年五十無嫡，始立庶長子為王世子。

親王次嫡子及庶子，年至十歲，皆封郡王，授以鍍金銀冊銀印。子孫未封者稱王子王孫，書諱皆循尚氏。

皇姑曰大長公主。

皇姊妹曰長公主。

皇女曰公主。自公主以上俱授金冊。

親王女曰郡主。自郡主以下俱授誥命。

郡王女曰縣主。
郡王孫女曰郡君。
郡王曾孫女曰縣君。
郡王玄孫女曰鄉君。
靖江王府合比正支郡王遞減一等稱呼。
女封縣君。

凡王世子承襲王封，朝廷遣人行冊命之禮，授以金冊，傳用金寶。

凡王世子并郡王娶妃，及郡王受封，并郡王嫡長襲封者，當先上聞朝廷，遣人止行冊命之禮。

凡郡王子孫有文武材能堪任用者，宗人府具以名聞朝廷，考驗換授官職，其陞轉如常選法。如或有犯，宗人府取問明白，具實聞奏，輕則量罪降等，重則黜為庶人，但明實罰，不加刑責。

凡郡王子孫授以官職，
子授鎮國將軍。
孫授輔國將軍。
曾孫授奉國將軍。
玄孫授鎮國中尉。
五世孫授輔國中尉。
六世孫以下，世授奉國中尉。

凡立宗人府，以親王長者主領府事。以次官員皆用勳舊大臣，專領玉牒譜系，辨其親疏，敦睦皇族。凡宗室有所陳請，即為上聞，聽天子命。

凡親王文武官，除長史及守鎮指揮并護衛指揮，初俱係朝廷所遣，至護衛指揮及千百戶子孫世襲，王先與令旨准襲，然後差人賫誥赴京續誥續黃，毋得阻當留難。其府縣官皆係朝廷除授，不在王府選用。

凡王府武官千戶、百戶等，從王於所部軍職內選用，開具各人姓名實跡，王親署奏本，不由各衙門，差人直詣御前聞奏，須降誥勅，仍服京官例給俸。

凡王左右及境內所用官屬，朝廷或欲起取，不問有無罪責，王即發遣，毋得阻當。

凡王府官

長史司
左長史一員 正五品
右長史一員 正五品
典簿一員 正九品
審理所
審理正一員 正六品
審理副一員 正七品
典膳所
典膳正一員 正八品
典膳副一員 從八品

奉祠所
奉祠正一員 正八品
奉祠副一員 從八品
典樂一員 正九品
典寶所
典寶正一員 正八品
典寶副一員 從八品
紀善所
紀善二員 正八品
良醫所

良醫正一員 正八品
良醫副一員 從八品
典儀所
典儀正一員 正九品
典儀副一員 從九品
引禮舍人三員 未入流
工正所
工正一員 正八品
工副一員 從八品
伴讀四員 從九品

教授 從九品
庫
大使一員 未入流
副使一員 未入流
凡指揮使司 本司官并屬官隨軍多少設置，不拘數目，品秩俱照在京衛分。
指揮使
同知
僉事
經歷司
經歷

知事

衛鎮撫司

鎮撫

千戶所

正千戶

副千戶

所鎮撫

鎮撫

百戶所

百戶

儀衛司

儀衛正 正五品

儀衛副 從五品

典仗六員 正六品

兵衛

凡王府侍衛。指揮三員。千戶六員。百戶六員。正旗軍六百七十二名。守禦王城四門。每三日一次輪直宿衛。其指揮千百戶。旗軍務要三護衛均撥。

凡親王入朝。以王子監國。

凡親王入朝。其隨侍文武官員馬步旗軍不拘數目。若王恐供給繁重。斟酌從行者聽。其軍士儀衛旗幟甲仗。務要鮮明整肅。以壯臣民之觀。

凡朝廷調兵。須有御寶文書與王。并有御寶文書與守鎮官。守鎮官既得御寶文書。又得王令旨。方許發兵。無王令旨不得發兵。如朝廷止有御寶文書與守鎮官。而無御寶文書與王者。守鎮官急啓王知。王遣使馳赴京師。直至御前聞奏。如有巧言阻當者。即是姦人。斬之毋惑。

凡王國有守鎮兵。有護衛兵。其守鎮兵有常選指揮掌之。其護衛兵從王調遣。如本國是險要之地。遇有警急。其守鎮兵護衛兵並從王調遣。

凡守鎮兵，不許王擅施私恩，其護衛兵，或有賞勞，聽從王便。

凡王出獵演武，只在十月為始，至三月終止。

凡親王府各給船馬符驗六道，以供王遣使奏報所用。

凡王教練軍士，一月十次，或七八次，五六次，若臨事有警，或王有閑暇，則遍數不拘。

親王儀仗

令旗一對　清道二對

幰弩一張　白澤旗一對

戟一十對　矟一十對

弓箭二十副　刀盾一十對

絳引旛一對　掆鼓二面

金鉦二面　金鼓旗二面

花匡鼓二十四面　畫角一十二枝

板一串　笛二管

鐸二面　節一把

夾矟一對　告止旛一對

傳教旛一對　信旛一對

戲竹一對　笛四管

頭管四管　杖鼓一十二面

板一串　大鼓一面

響節四對　紅銷金傘一把

紅繡傘一把　曲蓋二把

方傘四把　戟氅一對

戈氅一對　儀鍠一對

殳叉一對　儀刀四對

班劍一對　梧杖一對

立瓜一對　卧瓜一對

骨朵一對　鐙杖一對

斧一對　幢一把

麾一把　誕馬八疋

馬杌一箇　鞍籠一箇

交椅一把　脚踏一箇

水罐一箇　水盆一箇

香爐一箇　香盒一箇

拂子二把　扇六對

唾壺一　唾盂一

營繕

凡諸王宮室並依已定格式起蓋。不許犯分。燕因元之舊有。若王子王孫繁盛。小院宮室任從起蓋。

秦王府 西安

晉王府 太原

燕王府 北平

周王府 開封

楚王府 武昌

齊王府 青州

魯王府 兗州

蜀王府 成都

湘王府 荊州

代王府 大同

肅王府 甘肅

遼王府 廣寧

慶王府 寧夏

寧王府 大寧

岷王府 雲南

谷王府 宣府

韓王府

瀋王府

安王府

唐王府

郢王府

伊王府

凡諸王宮室並不許有離宮。別殿及臺榭遊翫去處。雖是朝廷嗣君掌管天下事務者。其離宮別殿臺榭遊翫去處。更不許造。

供用

凡親王每歲來朝。自備飲膳。其隨從官員軍士盤費馬疋草料。俱各自備。毋得干預有司。恐惹事端。

凡親王每歲合得糧儲。皆在十月終一次盡數支撥。其本府文武官吏俸祿。及軍士糧儲。皆係按月支給。每月不過初五。其甲仗按缺撥付。所在有司。照依原定數目。不須每次奏聞。敢有破調稽遲者斬。

凡親王錢糧。就於王所封國內府分。照依所定則例期限放支。毋得移文當該衙門。亦不得頻奏。若朝廷別有賞賜。不在已定則例之限。

凡親王。郡王。王子。王孫。及公主郡主等。每歲支撥。

親王 唐制歲撥俸四十八百石。錦四十八百疋。絲四百五十斤。宋制領節度使歲撥俸二千四百石。錢四十八百貫。綾二百疋。絹一百疋。羅十疋。綿五百兩。

今定米壹萬石

郡王 唐制歲撥米七百石。田六十頃。宋制領觀察使歲撥粟一千二百石。錢二千四百貫。綾二十疋。絹五十疋。綿五十兩。

今定米貳千石

鎮國將軍 唐制歲撥米六百石。田五十頃。宋制郡王子以下量才授官。照其官品高下給俸。

今定米壹千石

輔國將軍 唐制歲撥米五百石。田四十頃。

今定米捌伯石

奉國將軍 唐制歲撥米四百石。田二十五頃。

今定米陸伯石

鎮國中尉 唐制歲撥米三百石。田十四頃。

今定米肆伯石

輔國中尉 唐制歲撥米二百石。田八頃。

今定米叁伯石

奉國中尉 唐制歲撥米一百石。

今定米貳伯石

公主及駙馬食祿米貳千石。

郡主及儀賓食祿米捌伯石。

縣主及儀賓食祿米陸伯石。

郡君及儀賓食祿米肆伯石。

縣君及儀賓食祿米叁伯石。

鄉君及儀賓食祿米貳伯石。

凡皇太子次嫡子。并庶子。既封郡王之後。必俟

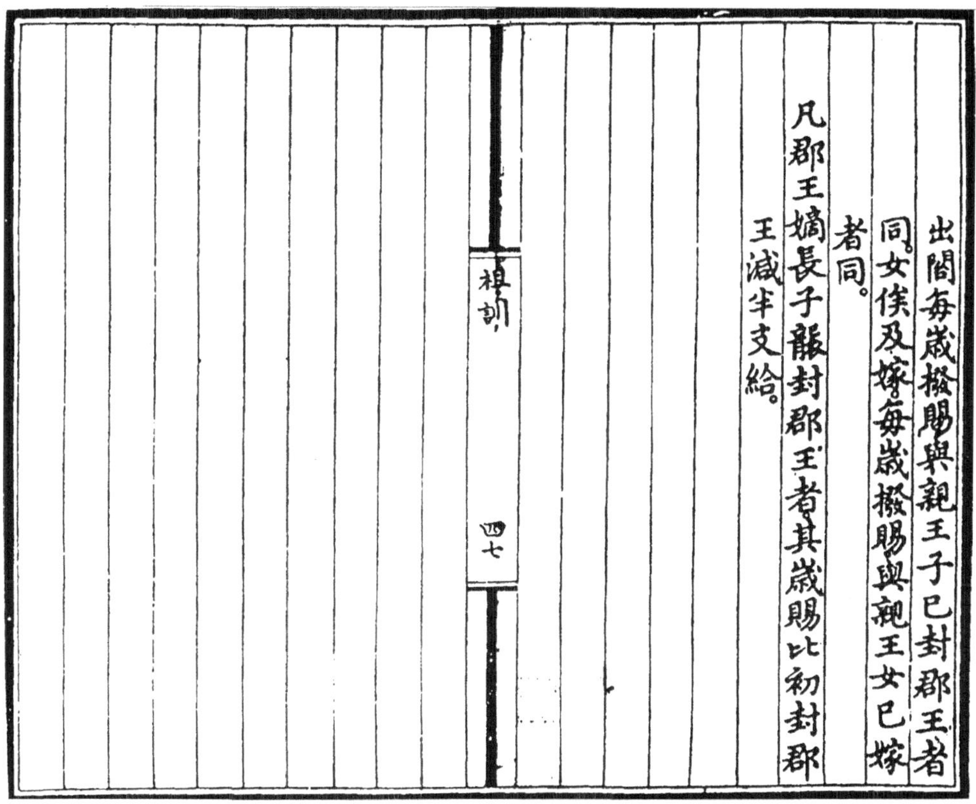

出閤每歲撥賜與親王子已封郡王者同。女俟及嫁每歲撥賜與親王女已嫁者同。

凡郡王嫡長子襲封郡王者，其歲賜比初封郡王減半支給。

聖學心法

（明）朱棣　編撰

解題

周延良

《聖學心法》四卷，明（成祖）朱棣共儒臣編撰。

此編據明永樂七年（一四〇九）内務府刻本影印。文字雋秀，頁面清晰，無缺損或漫漶者，版本上佳。

卷首有明成祖朱棣《〈聖學心法〉序》，次爲目録，次爲正文。明成祖朱棣《序》文半葉七行，行十四字，黑口，雙魚尾，版心槧書名、葉數，四邊雙欄；正文半葉十行，行二十二字，黑口，雙魚尾，版心槧書名、卷次、葉數，四邊雙欄。《自序》文字類館閣體，俊朗可觀。正文大字下多附雙行夾注，正文、夾注均有句讀。

明成祖，諱棣，明太祖朱元璋第四子，元至正二十年（一三六〇）四月十七日生，其母高皇后馬氏。洪武三年（一三七〇）四月初七日，册封爲燕王，建國北平。建文元年（一三九九）七月，以『靖難』爲名舉兵反，建文四年（一四〇二），自立爲帝，翌年，改元永樂。永樂二十二年（一四二四），北征，至榆木川（今内蒙古漠北一帶），崩。在位二十二年，壽六十五。

朱棣篡立，與明太祖朱元璋一樣，特别注重文化建設，尤其關注人倫秩序的建設。在文化建設方面，明成祖朱棣最大的歷史貢獻是敕命編修《永樂大典》，明黄佐《翰林記·修書》篇載曰：

永樂元年七月，上諭侍讀學士解縉等曰：『朕欲悉采各書所載事物，類聚之，而統之以韵。凡書契以來，經史子集、百家之書，至于天文、地志、陰陽、醫卜、僧道、技藝之言，備輯爲一書，毋厭浩繁。』于是，廣召四方儒者，許侍臣各舉所知，至三年正月，開局纂修，命太子少師姚廣孝、禮部尚書鄭賜監修，刑部左侍郎劉季篪副監修。賜卒，以贊善梁潛代焉。其總裁、副總裁、纂修等，無慮數百人，書成，名曰《永樂大典》。（據文淵閣《四庫全書》本卷十三）

《永樂大典》是明永樂元年（一四〇三），由太子少師姚廣孝、禮部尚書鄭賜爲監修，刑部侍郎劉季篪爲副監修，後鄭賜卒，由梁潛代爲副監修，合總裁、副總裁、纂修等正式編修者爲數百人，以及非正式參與編修的人員，大約兩千多人。書成，凡二萬二千九百卷（據《明史·藝文志》），在當時，這是一項巨大的工程，就歷史上的『類書』而言，也是無與倫比的。清代乾隆朝編修《四庫全書》，不少單本失傳文獻，是從《永樂大典》中輯出。但第二次鴉片戰爭，這一部巨型文獻已遭破壞，後收藏在北京南池子大街的皇史宬里，一九〇〇年，八國聯軍入侵，被大肆損毀丟弃，甚至將書册用于修建工事，《永樂大典》遭到無法再生的破壞，我國現只有殘卷！悲夫痛哉！

明成祖敕命編修《永樂大典》，在明代是一件盛事，在歷史上，也是不可替代的大事業！如其不毀，與清康熙至雍正期間完成的《古今圖書集成》[二]，是中國歷史上最大的兩部類書，堪爲中國古代文化學術事業的雙峰并峙，爲後人研究古代文化培植了無盡的滋養！

[二] 康熙朝，由陳夢雷主其事，名《古今圖書彙編》，雍正即位，復加修纂，改書名爲《古今圖書集成》。

除《永樂大典》之外，明成祖朱棣還敕命編修了文化學術以及教養人倫明理的書，有些編著，書成則親爲之製序，或賜書名，如《文華寶鑒》（成祖賜名，闕卷數）、《古今列女傳》（三卷，成祖親爲之序）、《歷代名臣奏議》（成祖賜名）、《天下郡邑志》《爲善陰隲》（十卷）、《孝順事實》（十卷）、《性理大全》（七十卷，成祖製序）、《傳心要語》（一卷）。另，勸農之書《務本之訓》（一卷）、釋氏書《御製諸佛名稱歌》（一卷。案，又作《御製諸佛世尊如來菩薩尊者名稱歌曲》）、《普法界之曲》（四卷）《神僧傳》[一]（九卷）等等。

《聖學心法》的纂修，據史料記載，其始爲庶吉士余鼎于永樂元年奉旨編纂，至永樂七年編成，明成祖朱棣親爲之作序。明黄佐《翰林記·修書》篇載：

（永樂二年）……庶吉士余鼎輩讀書文淵閣，上命編纂君臣、父子諸格言，各爲類，名曰《聖學心法》。七年二月書成，亦親序之，出示學士胡廣等，因命司禮監刊印。……（據文淵閣《四庫全書》本卷十三）

據此所記，《聖學心法》是以余鼎爲主編纂成書的，明成祖朱棣唯作序而已。余鼎舉進士，又是明成

[一] 案，清代有注『未知撰人』者文獻。但清初張廷玉主編《明史·藝文志》卷九十八屬在明成祖。又，近人王禮培輯明成祖朱棣《〈神僧傳〉序》，似爲可信，如此，是書當爲明成祖或敕命編纂。以上所示書目，參考明黄佐《翰林記·修書》、清張廷玉主編《明史·藝文志》、清黄虞稷《千頃堂書目》等文獻。

祖遴選的二十八人入文淵閣『進學』的年輕才俊（即庶吉士）之一〔一〕，有機會厠身完成由明成祖朱棣提出的編修規劃，符合當時的環境和條件。依黄佐之説，余鼎是按照明成祖朱棣『編纂君臣、父子諸格言，各爲類』的要求編修，大抵符合今天所見此書體例。

余鼎，江西星子（縣一帶）人，明永樂初進士，翰林院修撰，後遷爲侍讀，明仁宗朱高熾初年，以疾陳乞致仕，仁宗許之。去官歸里，自號『南坡』。明李賢等編《明一統志·南康府·人物》載：

> 余鼎，星子人，永樂初登進士，授翰林修撰。博學能文，與修《高廟實録》及《聖學心法》，遷侍講。洪熙〔二〕初致仕，自號『南坡』。有文集若干卷，邑人即學宫祠之。（據文淵閣《四庫全書》本卷五十二）

又，明凌迪知《萬姓統譜》載：

> 余□，□〔三〕子人，永樂進士，授翰林修撰。博學能文，修《高廟實録》及《聖學心法》，遷侍講。洪熙初致仕，自號『南坡』，邑人即學宫祠之。（據文淵閣《四庫全書》本卷八）

又，清高其倬、尹繼善、謝旻等編《（雍正）江西通志·人物志·南康府·明》載：

〔一〕參見明廖道南《殿閣詞林記·吉士》（據文淵閣《四庫全書》本卷二十一）、清高其倬、尹繼善、謝旻等《（雍正）江西通志·人物·南康府》（據文淵閣《四庫全書》本卷九十一）等文獻。

〔二〕洪熙，明仁宗年號。

〔三〕兩個空格，原書標『闕』小字，『闕』即闕字，原書闕『鼎』和『星』兩字。

余鼎，字正安、復升子，永樂進士。是科詔選天下文學之士，二十八人以應列宿，鼎與焉。尋授翰林修撰，博學能文，與修《聖學心法》及《高廟實録》。晋侍講，尋上章乞歸，鑿釣臺以自娱。所著有《南坡文集》行世《人物志》。（據文淵閣《四庫全書》本卷九十一）

綜上文獻所載可知，《聖學心法》一書確是余鼎參與撰修，而且余鼎修撰此書之際，恰在翰林院文淵閣『進讀』之際。明成祖朱棣衹是提出修撰此書的框架、主要内容和體式，書成，爲之作序——此書之序是朱棣所爲，書的正文是由余鼎編修完成。除了余鼎參與修撰，是否還有其他人參與，文獻無徵。明成祖朱棣所謂『朕因機暇，采輯古聖之學，如「執中、建極」，切于身心家國天下者，類爲成書』云云，以至高無上的皇帝身份『掠美』不忌，應是定讞，此亦皇帝固有之習，誠不足怪！

是書于永樂二年，明成祖朱棣敕命余鼎編撰，于永樂七年完稿。朱棣之序留款曰『永樂七年五月望日序』——永樂七年五月之期，當是刊木前所爲。明廖道南《殿閣詞林記·閣學·文淵閣大學士胡廣》載曰：

……（永樂）七年二月甲戌，《聖學心法》成，諭廣曰：『古人治天下，皆有其要，雖生知之聖，亦資學問。由唐、虞至宋，聖賢名訓，具著經傳，然簡帙浩繁，未易遽領帝王之學。惟得其要，篤信力行，足以爲治。朕惟皇太子天下之本，今當進學，貴在知要。朕因機暇，采輯古聖之學，如「執中」「建極」，切于身心家國天下者，類爲成書，卿等試觀之。』廣曰：『帝王道德之要，備載此書。宜與「典、謨、訓、誥」，并傳萬世。』……（據文淵閣《四庫全書》本卷三）

『諭廣曰』云者，是朱棣諭示胡廣。胡廣在當時是翰林院學士，有很高的政治地位，也是朱棣的近臣。據此文所載，明成祖朱棣似是在徵詢胡廣的意見，其實質是在以胡廣爲先而頒示此書。明代夏良勝著《中庸衍義》在《率性之道之義》篇中記載著明成祖朱棣與胡廣這一書契交流的故事，其文曰：

> 文皇出一書示翰林學士胡廣曰：『古人治天下，皆有其道，雖生知之聖，亦資學問。由唐、虞至宋，其間聖賢明訓，具著經傳，然簡帙浩繁，未易遽領其要。帝王之學，但得其要，篤信而力行之，足以爲治。皇太子，天下之本，于今當進學。朕欲使其知要，庶幾將來太平之望。秦漢以下，教皇太子者，多以黄、老、申、韓、刑、名、術數，皆非正道。朕間因閑暇，悉録聖賢之言，若「執中、建中、建極」之類，切于修身、治國、平天下者，今已成書，卿等試觀之。有未善，更爲朕言。』廣等覽畢，奏曰：『帝王道德之要，備載此書。宜與「典、謨、訓、誥」并傳萬世，請刊印以賜。』文皇曰：『然。』遂名曰《聖學心法》。（據文淵閣《四庫全書》本卷二）

此載與《殿閣詞林記》文字頗有出入，但大義不乖。從引文獻中可知，朱棣治國，擯『黄、老、申、韓、刑、名、術數』之學，以爲『皆非正道』，他確定的『正道』是『唐、虞至宋』，其間的『聖賢明訓』，實即儒家經傳中的正統思想，要在『修身、齊家、治國、平天下』，是爲君治國的綱領，因此把編訂的治國之書名稱爲《聖學心法》，其意，聖人之學，必以心會則可爲法式，故曰『帝王之學，但得其要，篤信而力行之，足以爲治』。按照成祖朱棣的用意，編修此書，是爲了皇太子用心『帝王之學』，纔有可能治理國家，皇太子是將來接受治理國家重任的皇帝，所謂『皇太子，天下之本，于今當進學。朕欲使其知要，庶幾將來太平之望』，皇權的無限延續是每個帝王的心理祈願，既可以無限延續皇權，又能治理成太平盛世，纔是終極之望。

《聖學心法》是明成祖朱棣治理國家以及要求其子孫接替皇權治國基本思想的集合、舉要，但從他二十二年治國行爲認識，或多未必如此——應另當别論。他的用人之術也有可爲後人法式者，下略引一例爲説，明廖道南《殿閣詞林記·殿學》載曰：

……（永樂）六年，上巡狩北京，命蹇義、金忠、楊士奇及黄淮留守南京，諭曰：『朕留汝四人居守，猶唐太宗之任房玄齡也，卿等其識朕意。』七月，上諭曰：『東宫天性仁厚，識見甚正。朕嘗問：「今日説何書？」對曰：「《論語·君子小人和同章》。」朕問：「君子難進易退，小人易進難退，何如？」對曰：「君子守道而無欲，小人逞才而無耻。」朕又問：「小人何以常勝君子？」對曰：「視君上好惡何如爾，如明主在上，君子必勝矣。」朕又問：「明主果不盡用小人乎？」對曰：「小人有才不可弃者，須駕馭之，有方警飭之，不使有過，可也。」朕聞之，甚喜。爾等其用心輔翼之。』……

（據文淵閣《四庫全書》本卷一）

明太祖朱棣所問是以儒家思想爲基準，皇太子朱高熾的答問也是以儒家思想爲原則，而且所謂的『君子難進易退，小人易進難退』是化用了孔子的經典論述又有所發明的説辭，與《聖學心法》確定的『聖學』思想是一致的，但兩者都做了必要的發揮和引申。朱棣父子所要討論的便是國君怎樣認識、判定臣屬才學、人品的『賢』『不賢』即『君子』與『小人』的界限或標準。《禮記·表記》載曰：

子曰：事君，難進而易退，則位有序；易進而難退，則亂也。（據中華書局影印《十三經注疏》本《禮記正義》卷五十四）

《禮記·表記》載孔子之言，實際上就是孔子對『事君』原則的界説。孔子認爲，臣屬爲國君做事存在著『難進易退』的客觀因素，其由來則是『位有序』——所謂『位有序』即臣屬『賢』與『不賢』的區分和界限，唐孔穎達疏解上文曰：

此明臣事君，亦當使賢與不賢分别之事。『難進』，謂君擇己；『易退』謂君厭己。『則位有序』者，謂賢愚别也。『則亂』者，謂賢愚不别也。……（同上）

就孔子的論斷，孔穎達做了具體而明確的解析：作爲官員的臣屬，存在著『賢』與『不賢』的差异，兩者定位，必須有所分别；作爲使用臣屬的君主要認識到『賢、愚（不賢）』的區别，如果認識不到『賢、愚』的區别，就會混亂賢人君子與不賢小人的秩序，其中暗示著禍亂社會秩序。最重要的文化基因是：君明臣賢即『明良胥會』——國家的治理需要明君，同樣也需要良臣。明成祖朱棣所問，皇太子朱高熾所答，即是在這一文化基因的前提下做了合理的發明或引申。明成祖朱棣問及『明主果不盡用小人乎？』皇太子朱高熾對曰：『小人有才不可弃者，須駕馭之，有方警飭之，不使有過，可也。』是皇權之下如何使用『有才』小人的方略。賢明君主的治國之道是天下平安，國家治理到天下平安，纔可謂明君，明成祖朱棣所問是建立在這一主綫上，皇太子朱高熾之答也是以此爲主綫。明夏良勝《中庸衍義·率性之道之義》：

文皇《聖學心法》一書，雖云以示太子，乃所以示法天下而傳後世也。太子者，治安天下之本也。所以治安天下者，道也。故凡言道者，皆以治安天下爲至也。若以『執中』『建中』『建極』爲真傳，則有以繼往聖之絶學，以黄、老、申、韓、刑、名、術數爲非道，則有以闢末學之迷途，道統之傳，固有所歸矣。（據文淵閣《四庫全書》本卷二）

此文所説的《聖學心法》是傳示太子甚至後世的統治者，其目的則是『治安天下』，『治安天下』是國君治國的『道』，『道』是原則、法則，傳世的儒家之道便是這裏所説的『道』。文中所及的『執中』『建中』『建極』均出《尚書》，帝王治國，堅守『執中』『建中』『建極』，可以視爲『真傳』，是『繼往聖之絶學』——此爲夏良勝引述宋代理學家張載之説[一]爲評，也是《聖學心法》編修的用意，如此纔可謂『道統之傳，固有所歸』。《聖學心法》第三卷《君道·辨邪正》一門，專就『君子』『小人』爲官的利、害引述了自《周易》至宋代真德秀有關于『君子』『小人』與『邪正』之辨。

《聖學心法》是皇帝敕命修撰之書，屬于官方的重要文獻，今天所見此書，是從明代傳襲下來的，即文獻中所記載的内務府司禮監刻本，明楊士奇主編的《文淵閣書目·天字號第一厨書目·國朝》：『《聖學心法》一部一册。』[二]似與此書實際册數、頁數不合。明吕毖《明宫史·内板書數》：『《聖學心法》計十

[一] 案，宋張載有：『爲天地立心，爲生民立命，爲往聖繼絶學，爲萬世開太平。』語（見《張子全書》卷十四《近思録拾遺》）。

[二] 據文淵閣《四庫全書》本卷一。

本，三百十五頁。』〔一〕又，清孫承澤《春明夢餘録・文淵閣》載録：『《聖學心法》四本，三百十五葉。』〔二〕吕毖的記載爲『十本』，孫承澤載録爲『四本』，册數有差，但頁數相同，與今見此書頁數基本相合。清人孫承澤載録爲『四本』是每卷爲一本，與《天禄琳琅書目》所著録同，清于敏中等編《欽定天禄琳琅書目・明版子部》著録曰：

《聖學心法》一函四册。明成祖御撰，四卷，前成祖序。成祖序稱：『嘗見唐文皇帝作《帝範》十二篇以訓其子，……雖未底于精一執中之藴，要皆切實著明，……可以爲治，……故于幾務之暇，采古聖賢嘉言，編輯爲書』〔三〕云云。其書四卷，皆言君道，而以父道、子道、臣道附于第四卷之後。此本樵印不佳，似是坊間售本，非内府印藏之書也。（據文淵閣《四庫全書》本卷九）

按照是書記載，《聖學心法》『一函四册』，只是『此本樵印不佳，似是坊間售本，非内府印藏之書』，據此，乾隆昭仁殿所藏《聖學心法》并非内府刻本。

是書四卷之目，均以『君道』相標榜，第四卷卷目爲《君道》，後再附綴《父道》《子道》《臣道》，體例不可謂密。次列其目如左：

第一卷《君道》，其子目爲：《統言君道》，只此一目，似是總論。

〔一〕據文淵閣《四庫全書》本卷五。

〔二〕據文淵閣《四庫全書》本卷十二。

〔三〕案，引文是《〈聖學心法〉序》節略，其中删節號是省略未引處。

第二卷《君道》，其子目爲：《學問》《敬天》《法天》《祀神》《法祖》《謹好惡》《勤勵》《戒謹》。

第三卷《君道》，其子目爲：《德化》《正内治》《睦親》《仁政》《育材》《用人》《納諫》《辨邪正》《修禮樂》《正名分》。

第四卷《君道》，其子目爲：《禮臣下》《明賞罰》《慎刑》《理財》《節儉》《馭夷狄》《征伐》。第四卷附綴之目：《父道》《子道》《臣道》，《臣道》之下子目爲《統言臣道》，《統言臣道》之下再出子目：《忠》《勤》《廉》《謹》。

《聖學心法》所采皆經、史、子、集及百家之文，以適合綱目的要求采取文句而構成順序，于每條文句之後各爲注且以反切注音，或作案語。第一卷《統言君道》所采文獻，以《易》爲起點，依次有《尚書》《詩經》《春秋左氏傳》《禮記》《大戴禮記》《孝經》《論語》《孟子》《家語》（《孔子家語》）、《國語》《荀子》《史記》《新序》《揚子》等等，一直到宋代諸家所論君主之道，或有擇焉，或斷章取義。此陳二例如次：

第一卷《君道》引曰：『漢申公曰：「爲治者不在多言，顧力行何如耳。」』（見本編三十一頁）此語見《史記·儒林列傳·申公》，其文曰：

……（趙）綰、（王）臧請天子，欲立明堂，以朝諸侯，不能就其事，乃言師申公。于是，天子使使束帛加璧，安車駟馬，迎申公、弟子二人，乘軺傳從至，見天子。天子問治亂之事，申公，時已八十餘，老，對曰：『爲治者不在多言，顧力行何如耳。』是時，天子方好文詞，見申公對，默然。

然已招致，則以爲太中大夫，舍魯邸。……（據《二十五史》本卷一百二十一）

又，第一卷《君道》引曰：『胡寅曰：「爲天養人者，天子之職也。」』（見本編三十九頁）此語見宋胡寅撰《讀史管見》。胡寅，字明仲，號致堂，建安人。北宋宣和時進士，入南，官至禮部侍郎，忤秦檜而謫永州，此編乃其謫居之時，讀司馬光《資治通鑒》而作，謚『文忠』。『爲天養人者，天子之職』是評説唐玄宗語，其文曰：

楊國忠感鮮于仲通薦己，報以節鉞而開南詔之隙，前後喪師幾二十萬人；高仙芝擊大食，喪師三萬人；安禄山討奚契丹，喪師六萬人。其時，天下無事，户口歲滋，而三年間，死于邊域者幾三十萬人。前此楊思勗討叛變，所殺又十一萬人。夫爲天養人者，天子之職也。將帥殺之如此，而明皇不得知，失職久矣，其能免乎？（《致堂讀史管見》卷二十《玄宗》上《唐紀》。據宋嘉定十一年，衡陽郡齋刻本）

據前示二例可知，《聖學心法》采集宋以前文獻，多斷章取義之後，復加案語，以引申其説。《聖學心法》究心帝王之術，而以采集文獻用爲説辭，開明代『帝范』編修之先。

《四庫全書總目·存目提要》評《聖學心法》，多以明成祖朱棣品行立論，其説曰：

《聖學心法》四卷，……考《實録》載，永樂七年二月甲戌，上出一書示翰林學士胡廣等，曰：『朕因閑暇，采録聖賢之言，今已成書，卿等試觀之，有不善，更爲朕言。』廣等觀覽畢，奏曰：『帝王之要，備載此書，請刊印以賜。』上曰：『然。』遂名曰《聖學心法》，命司禮監刊行，上親爲之序，則此書實成祖所自編，不由詞臣擬進。其序以唐文皇作《帝範》十二篇自比。案，成祖稱兵簒位，悖亂綱常。雖幸而成事，傳國子孫，而高煦、宸濠、寘鐇之類，接踵稱戈，咸思犯上，實身教有以致之。乃依附聖賢，侈談名教，欲附于逆取順守，《自序》委曲繁重，至五千餘言，抑亦言之不怍矣！至于殺戮諸忠，蔓延十族，淫刑酷暴，桀、紂之所不爲者，夷然爲之，可謂無復人理，而其序乃曰：『秦、隋之君，用法慘酷，倚苛暴之吏，執深刻之文，法外加法，刑外施刑，曾何有忠厚惻怛之意？死人之血，漂流于市；受刑之徒，比肩而立。此仁人君子，所以痛傷也』云云，天下萬世，豈受此欺乎？（據《欽定四庫全書總目·子部五·儒家類存目一》卷九十五）

案，四庫館臣以爲『此書實成祖所自編，不由詞臣擬進』亦失考之説，已見前筆者考證，姑不論矣。

附記

據嚴紹璗先生考察，此書今藏日本蓋有兩個版本：一是永樂七年内務府刻本，與本編所據影印底本同，今藏日本『蓬左文庫』『御茶之水圖書館』『足利學校遺迹圖書館』；另一刊本是明嘉靖三十八年（一六一〇）益藩刊本，是日本仿刻永樂七年官刊本。今藏日本『内閣文庫』[一]。

[一] 參見嚴紹璗《日藏漢籍善本書録》中册，第七三五——七三六頁（中華書局，二〇〇七年版）。

聖學心法序

朕惟古之帝王平治天下有至要之道詒訓子孫有不易之法載於經傳為可見矣夫創業垂統之君經歷艱難其慮事也周其制法也詳其立言也廣大悉備用之萬世而無弊有聰明睿哲之資遵而行之則大業永固

而四海攸寧災害不生而五福攸萃若夫昏愚懦弱之主否塞正路昧厥鴻猷沉溺於富貴狃習於宴安心志日就於荒淫根本益見於頹靡禍亂由茲而起矣蓋創業實難而守成不易求之往迹昭如指掌朕承
皇考太祖高皇帝洪基仰惟肇造艱難

惕焉省懼明昭有訓是儀是式夫作之於前則必有以纘述於後不有以繼之則無以承藉於悠久雖然聖帝明王之道亦不可尚矣朕夙夜孳孳勉求其至第乏聰敏之資密察之力莫能領悟奧縱觀前代若唐文皇帝倡義靖難定天下于一躬擐甲冑以

至履弘基而登璿極其思患也不可謂不周其慮後也不可謂不遠作帝範十二篇以訓其子曰飭躬闡政之道備在其中詳其所言雖未底于精一執中之蘊要皆切實著明使其子孫能守而行之亦可以為治終無閨門藩鎮閹寺之禍詩曰殷鑒不遠在

夏后氏之世。朕常欲立言以訓子孫。顧所聞者不越乎六經聖賢之道。舍是則無以為教。尚何言哉。故於幾務之隙。采古聖賢嘉言。編輯為書。名之曰聖學心法。以為上智則生而知之。其次則必學而後能。學之之至。則可以為聖人。學不至於聖人則不足謂

之學。然萬事必根於一心。先明諸心。力求其至。使本體之明。貫通透徹。無毫髮之蔽。裁制萬物。各得其宜。則體周而用備。以是為訓。或庶幾乎其可矣。分為四卷。以君道。父道。子道。臣道。而揭其綱。其下分而為目。有統言者焉。有專言者焉。統言之者。以其言之

廣大。非一事之可名。專言之者。蓋可以一事而名。如學問以下是也。夫君人者尊居九重之上。而統臨萬物之表。智周乎天下。然後能應天下之務。不由學問。則聖功何成。是故積道于躬。惟勤於斅學。畜德于己。多識於前言。必也尊師重傳。講貫以廣其見聞。

治心脩身。涵養以充其器量。大易以學聚問辨為脩德之首。中庸以學問思辨為擇善之功。是皆經傳之名言。聖賢之彝教。循至其極。則可以參天地而贊化育。錫四海之純福。開萬世之太平。何莫不本於斯。苟為不然。靜無所養。動無所施。志為氣奪。心為物

誘衷其賦予之重失其稟受之良眩瞀而無所知汗漫而無所得天下之治亂係焉承帝王之緒者可不加勉於學問乎蓋為治莫大於敬天天者至尊無對觀其高高在上若不吾見然無時而不監焉蒼蒼不言若不吾與然無時而不保焉天之視聽相為感通人心之敬忽有間則天命之去留無常吉凶晦否匪降自天實由於人永保天命者其在於敬乎若夫天道不言四時行而萬物生聖人設教海宇寧而天下服天道至誠無息聖人之道亦至誠無息天道至公無私聖人之道亦至公無私法天之行體

天之德則上天眷顧四海乂安苟違天之道所行差忒天命去之人心違之欲少假延於須臾焉可得也天之主宰謂之帝陰陽不測謂之神海岳川瀆皆有攸司凡饗帝祀神尊祖配天所以報本反始也必端慤以盡其誠齋莊以致其敬專精其德以達明薦則鬼神享之祭必受福夫粢盛玉帛所以交神明也一有不誠神將吐之福其未萌禍且至矣祀神之義其可慢乎祖宗立法所以為後世也當敬之守之不可以忽繼世之君謹守祖法則世祚延長衰世之主敗其祖法則身亡國削監于成憲商書之所

以致戒。率由舊章。周雅之所以示懲。取法於先。無有逸豫。承序不昌。未之有也。君人者。以一心而維持天下。心之好惡。不可以不慎也。苟爲不慎。示其所好惡於人。則讒諂邪佞喜利樂禍之徒。得以投其隙矣。而毀譽愛憎莫得而辨。是故人君之所好與天下

而同其好。所惡與天下而同其惡。群情之所好而己獨惡。群情之所惡而己獨好。是拂天理之公。而徇夫人欲之私。則所蔽者固。而所溺者深。雖欲勿殆。其可得乎。夫禍亂生於怠豫。而治康本於自强。一心之用。周流天地。須臾暫息。則非勤勵。大禹勤勞功覆

天下。文王勤止。福被子孫。德以服人。宜莫如勤。能勤其力。可以有功。大要在於勉强而已。誠知荒寧懈惰之可以爲懼。則於觀逸遊田之事自無矣。是故。勤則不懈。不懈則身脩家齊國治而天下平。天下既平。不可不思患而豫防之。蓋亂生於治。何也。非治之

能生亂也。以其久安而不知戒。故亂生於所忽也。是故天下雖有磐石之安。當常懷隉杌之懼。守滿持盈。居高思危。謹其始。慮其終。則可以保其位而安其身也。若既危而懼。禍至而慮。不可及矣。蓋事未有不由始微而終著。一火始熒。終至燎原。一滴不塞。終

必滔天。可不戒哉。可不戒哉。道德仁義。教化之源。善治天下者。以道德而為郛郭。以仁義而為干櫓。陶民於仁義。納民於道德。不動聲色而天下化。如流水之赴壑。沛然莫之能禦也。雖然。上者下之表。上以是帥之。則下以是應之。故篤行躬踐。漸磨人心。此德

化之實也。夫內外者。男女之位也。男以治外。女以治內。陰陽之義備。而夫婦之道成。明君之為政。必先於正內治。內治脩則閨門和。閨門和則倫理正。倫理正則紀綱不紊矣。自古國家衰亂。皆由內外易位。而尊卑倒置。權溺于中。而言出于閫。教化不明。馴至

乎此。是以咸恒著夫婦之道。二南陳正家之始。男教女順。盛德之至也。自古聖君之為治。必先於親九族。九族既睦。平章百姓。此唐堯之德也。夫睦親者。人道之大者也。不違其所親。則宗族之義全。是故建邦樹屏。必於親戚者。重維翰之寄也。昔周道隆盛。詩

有行葦之詠。書有展親之言。其祚之遠也宜哉。民者國之根本也。根本欲其安固。不可使之凋敝。是故聖王之於百姓也。恒保之如赤子。未食則先思其飢也。未衣則先思其寒也。民心欲生也。我則有以遂之。民情惡勞也。我則有以逸之。教之樹藝。而使之不

失其時。薄其稅斂而用之必有其節。
如此則教化行而風俗美。天下勸而
民心歸。行仁政而天下不治者。未之
有也。致治之要。以育才為先。化民成
俗。以學道為至。學不至道。則不足以
成才。是故養士必有其素。求賢必得
其效。苟不養士而欲得賢。是猶不耕

耨而欲望秋穫。不雕鑿而欲望成器。
故養士得才。以建學立師為急務也。
任人之道。當擇賢才。擇之審則用之
精。故輕重得宜。小大無失。是故聖君
之用人。必取信於衆論。不偏聽於一
人。一人之心有好惡。衆人之議合至
公。人皆曰賢。用之可也。一人曰賢。察

之可也。取之至公。用之至當。不以私
昵而妨賢。不以非賢而曠官。故善用
才者。如百工之用器。各適其宜而已。
若夫航滄海者必藉山之舟。馭千里
者必籋雲之驥。佐治理者必出衆之
才。知其果賢矣。聽之勿疑。則可以養
其忠亮。授之以事。則可以責其成功。

夫賢才在位。則不賢者遠。官皆稱職
而庶事咸康。苟為不然。求之不精。而
擇之不審。賢不肖混淆。而事之成敗。
國之治亂。於此而分。故用人之道無
他。公而已矣。人君日總萬幾。事難獨
斷。必納言以廣其聰明。從善以增其
不及。虛心而聽。不惡切直之言。寬大

有容以盡謇諤之諫故藪澤之大者以其能容也君德之聖者以其聽諫也是故樂聞讜言則忠直者進樂聞巽言則諛佞者入忠鯁之言雖若難聞其猶藥石可以愈病巽順之言雖若易聞其猶蠱毒終必害物朝夕納誨此賢君之盛德詢于芻蕘此先民

之至言況夫人君居至尊之位苟不謙己和顏以接羣言則臣下雖有直言不敢進矣故聽言者國家之大福也衆言日聞則下無蔽匿之情中無隱伏之禍而朝廷清明天下平治矣若夫庸主則不然好諛而喜佞拒諫而飾非恣其志之所為極其心之所

欲享重祿者固榮而保位居下僚者懼罪而畏誅緘默不言耳目壅塞俱蹈敗亡可勝惜也夫言有似是而非貌有似真而偽人君不可不辨也君子則處心公正表裏如一小人則用情私邪陰陂傾側當審其邪正慎其用舍果為君子則親而任之果為小

人則斥而遠之是故去草萊所以長嘉苗除奸邪所以樹正直然自古忠邪難辨惟明君則能識之何也明君之心公以正君子之心有所合而偏邪之人無自而入譬鑑之公而衡之平物之妍媸輕重有不能隱矣惟昏主則不然以聚歛者為足以稱其欲

巧佞者為是以悅其心。膠固而不移。糾結而不釋。如是則忠正者不得入。小人進而君子退。欲國不危。豈可得也。夫禮者治國之紀也。樂者人情之統也。是故先王制禮所以序上下也。作樂所以和民俗也。非禮則無以立也。非樂則無以節也。教民以敬莫善

聖學心法序　十五

於禮。教民以和莫善於樂。禮樂興則天地泰而君臣正。刑罰中而長養遂。故曰禮樂刑政四達而不悖則王道備矣。治天下者必先於脩禮樂。夫天地者尊卑之位也。君臣者貴賤之等也。尊卑之義明。貴賤之等辨。則天地定而陰陽和。人倫序而名分正。是故

聖王之於天下也。不使卑踰尊。賤陵貴。小加大。庶先嫡。君君臣臣。父父子子。各得其所而禮義立。孔子論為政。必先於正名。春秋紀王法。必嚴於謹分。治天下者。必明乎此。則君臣正。父子親。夫婦別。長幼順。上以統下。大以維小。卑以承尊。賤以事貴。則朝廷之

聖學心法序　十六

義明而禍亂之源塞矣。人君之於臣下。必遇之以禮。待之以誠。不如是不足以得賢者之心。夫君不獨治。必資於臣。敬大臣。非屈己之謂也。以道在是而民之所觀望者也。是故待下有禮。則天下之士鼓奮而相從。待下無禮。則天下之士納履而遠去。故叢茂

者鳥蔵焉淵深者魚萃焉禮蕃者賢
士歸焉賢士歸則百姓戴焉如是而
治道不彰禮樂不備教化不成者未
之有也人君以天地為心則賞罰必
得其當人君不以賞而私於所愛則
必以待有功不以罰而加於所惡則
必以待有罪夫賞以旌善罰以懲惡

賞當功則人勸罰當罪則人服執此
之柄而行慶威非至公至明者弗足
以語是道苟吝惜而不賞則無以甄
有功縱弛而不罰則無以懲有罪如
是則紀綱頹矣號令隳矣雖有高爵
重祿不足以縻賢者之心雖有嚴刑
峻法不足以止頑暴之惡故賞罰者

明君之所慎重而不敢以忽也刑者
聖人制之以防奸慝也使民見刑而
遠罪遷善而改過是故刑雖主殺而
實有生之道焉何也蓋禁奸革暴存
乎至愛本乎至仁制之以禮而施之
以義始也明刑以弼教終也刑期于
無刑先王之敬用五刑也一則曰欽

二則曰慎以見用刑之不敢以輕故
天下無濫獄過殺而民罔不協于中
所以久安極治也至若秦隋之君用
法慘酷倚苛暴之吏執深刻之文法
外加法刑外施刑曾何有忠愛惻怛
之意死人之血漂流于市受刑之徒
比肩而立此仁人君子之所以痛傷

也。故殺人愈多而奸愈作。獄愈煩而天下愈亂。失四海之心。招百姓之怨。曾未旋踵而身亡國滅。子孫無遺類。是皆可為明戒。用刑之際。其可不加詳審而敬慎之哉。經國家者。以財用為本。然生財必有其道。財有餘則用不乏。所謂生財者。非必取之於民也。

愛養生息。使民之力有餘。品節制度。致物之用不竭。下有餘則上何患於不足。下不足。則上何可以有餘。故曰。財聚則民散。財散則民聚。世有不知此者。用掊克之吏。銖銖而取之。寸寸而斂之。剝民之膏。竭民之髓。以悅其上。謂之曰能增羨於財用者。是欺其

君也。善乎君子之言曰。民者邦之本。財者民之心。其心傷則其本傷。其本傷則枝榦凋瘁而根柢蹷拔矣。理財用者可不鑒於斯。人君富有天下。亦必量入為出。守之以節儉。而戒慎於奢靡。是故茅茨土階。堯德之所以欽明也。惡衣菲食。禹功之所以無間也。

盛世之君。常存節儉。不浸淫於嗜欲。不驕盈於富貴。故天下靖安。四海蒙福。若夫衰世之主。極財用之費。窮耳目之好。朘民膏血。暴殄天物。民怨於下而不恤。天怒於上而不懼。欲國不亡。烏乎可得。馭夷狄有道。謹邊備。是也。嚴關防。守要害。脩封域。明斥堠。務

農講武養威蓄銳此之謂也其來侵犯則有以禦之其來歸服則有以處之毋先事以起釁毋貪利以徼功起釁徼功損財耗力中國罷弊職此之由大抵夷狄之性無常强則叛弱則服聖王馭之之道不威以威而惟懷以德厚之以仁而待之以信不以其

歸順也而弛邊防不以其衰微也而忘講武是以內治外安四夷賓服夫兵者聖人制之以備不虞也蓋不得已而用之故曰先王耀德不觀兵然除暴救亂四征不服奉行天討以安百姓必先用武故黃帝有涿鹿之戰夏后有甘扈之誓武王有牧野之師

及天下既平戢戈櫜矢誕脩教化以訖四海必先用文若大禹之敷文教成湯之修人紀有周之陳常道是故不可以武而廢文教亦不可以文而弛武備文武並用長久之術夫兵不可以黷黷則玩玩則敗苟不察國之虛實不謀敵之强弱而惟戰是務則

國危矣聖王之治兵也教之以禮義使民知親其上如子弟之衛父兄手足之捍頭目致死而不畏危也用以征伐則勢出萬全故曰技擊不足以遇武卒武卒不足以直銳士銳士不足以當節制節制不足以敵仁義五常之道父子至親父子者人倫之至

也。是故。為人父。止於慈。所以愛其子。必導之以禮樂。勖之以敬義。養之以德行。夫芝蘭生於階庭。而馨香播於戶外者。培植之力至也。子弟成其德性。而孝敬達於遐迩者。訓迪之功至也。苟溺愛以為慈。姑息而不教。是敗其子矣。子之事親。以孝為本。孝

者順德之至也。以一身之孝而率天下以孝。則不令而從。不嚴而治。故曰孝子之至。莫大乎尊親。易曰。家人有嚴君焉。孔子曰。孝莫大於嚴父。嚴父莫大於配天。又曰。仁人之事親如事天。苟不愛其身以忘其親。則不謂之孝矣。惟能善繼善述。不改先志。此孝

道之實者也。夫君者。元首也。臣者股肱也。君統乎臣。臣輔乎君。匡弼左右。務引君以當道。責難陳善。毋陷君於有過。克己奉公。以盡其職。正心脩德。必先愛人。勿矜其能。勿伐其功。毋以不肖而妬賢。毋以陰險而賊善。毋恃恩以要譽。毋弄權以作威。毋愉諂

以逞奸欺。毋驕恣以成怠傲。小心畏慎。恭儉和柔。不枉道以徇人。必正己以守道。致其君為堯舜之君。致其民為堯舜之民。如臯夔稷禼為名世之臣。豈不曰盛哉。是故。抗節守義。莫大於忠。受君之爵。食君之祿。當憂國如家。忘身徇國。不避艱險。不計利害。堅

其志操確乎其不可以易者也。若夫勵勤以事上，廉潔以檢身，謙謹以守法。勤則不懈，廉則不汙，謹則免禍。歷觀人臣之取敗者，未有不由於懈怠、貪汙、恣肆者也。故曰：為君難，為臣不易。為吾臣者，尚慎旃哉。凡前諸事，吾既集聖賢之言以為訓。於正心脩身

齊家治國平天下之要道，大略已見于是。自昔聖帝明王、賢士君子，或生而知，或學而至，故其言之微妙，皆切於日用而不可離也。吾子孫誠能遵而行之，是以為治。吾揆功微德薄，智淺才疏，遘屯履艱危而後安，回慮卻顧，寤寐戰兢，負荷鴻基，惟恐失墜。恒

思天下大器也，保之為最難。善保之則完，不善保之則壞。一有瑕璺，則敝裂隨之。是以早朝晚息，弗敢怠豫，以承天休。且富有四海，何欲不遂？何求不得？然欲不可縱，心不可侈。欲縱則易至於怠荒，心侈則必至於危亡。故以道制欲，以理制心，庶幾寡過。由是

仰思俯察，默識潛探，求古聖賢之道以資己善後，自匪生知之質，復歎學知之功，徒云希聖，望而未見，不能造詣其極，道無足以詒謀，言不足以為訓。姑述其近似者，以序于篇端，使吾子孫先觀吾言，然後觀是編。不觀吾言，則無以見吾之用心；不知吾之用心，

則不能窺聖賢之閫奥。非欲其取法於吾言。實欲其取法於聖賢之言也。取法於聖賢。則萬世而無弊。此吾之所以惓惓致戒於子孫者也。於乎。吾以是而遺子孫者。蓋久安長治之道。後世能守吾之言。以不忘聖賢之謨訓。則國家鮮有失道之敗。蓋天命無

常。惟德是與。惟能脩德以合天心。則天命眷顧。久而益隆。成周綿祀八百。以文、武、成、康世世脩德。宥密基命。毋敢或懈。故詩曰。世有哲王。又曰。世德作求。為吾子孫者。其可不思天命之無常。以脩厥德。保厥位。永宗社之慶於悠久者乎。讀是編者。其敬之哉。其懋之哉。

永樂七年五月望日序

聖學心法目錄

聖學心法目錄

聖學心法卷一

君道

統言君道

易曰：首出庶物，萬國咸寧。聖人在上，高出於物，則萬國各得其所而咸寧矣。乾彖傳

飛龍在天，乃位乎天德。天德即天位也。蓋惟有是德，乃宜居是位，故以言之。

時乘六龍以御天也，雲行雨施，天下平也。言聖人時乘六龍以御天，則如天之雲行雨施而天下平也。

夫大人者，與天地合其德，與日月合其明，與四時合其序，與鬼神合其吉凶。先天而天弗違，後天而奉天時。夫音扶。○大人與天地日月四時鬼神合者，合乎道也。天地者道也，鬼神者造化之迹也。大人無私，以道為體，故與之合也。先天弗違，謂意之所為默與道契；後天奉時，謂知理如是，奉而行之也。並乾文言

地上有水，比；先王以建萬國，親諸侯。比，毗至切，註並同。○比，親輔也。物之相親比而無間者，莫如水在地上，故為比。先王觀比之象，以建萬國，親諸侯。建立萬國，所以比民也；親撫諸侯，所以比天下也。比象傳。○間去聲

天地交而萬物通也，上下交而其志同也。天地陰陽之氣相交，而萬物得遂其通泰；上下之情交通，而其志意同也。泰彖傳

天地交，泰；后以財成天地之道，輔相天地之宜，以左右民。相去聲，左右並去聲。○天地交而陰陽和，則萬物茂遂，所以為泰。人君當體天地通泰之象，而制其過，補其不及，成其施為之方，遂其豐美之利也。夫民生必賴君上為之法制，以教率輔翼之，乃得遂其生養之樂，所謂左右之者也。泰象傳。○夫音扶，樂音洛

地中有山，謙；君子以裒多益寡，稱物平施。裒蒲侯切。○地體卑下，山之高大而在地中，以卑蘊高，謙之象也。君子觀象，見抑高舉下、損過益不及之義，以施於事，則裒取多者，增益寡者，稱物之多寡以均其施與，使得其平而不偏也。謙象傳

澤上有地，臨；君子以教思無窮，容保民無疆。思去聲。○臨，大也。物之相臨與含容，無若水之在地，故澤上有地為臨。君子觀象，則教導之思至誠無斁，容保民之心廣大無疆也。臨象傳

大觀在上，順而巽，中正以觀天下。觀去聲。○觀，觀於下也。五居尊位，以陽剛中正之德為下所觀，其德甚大，故曰大觀在上。下坤而上巽，是能順而巽也。言五以巽順中正之德為觀於天下也。觀彖傳。○觀於所觀並如字

觀乎天文以察時變，觀乎人文以化成天下。天文，日月星辰是也。觀此則可以知四時之變遷矣。人文，三綱五常是也。觀此而以化成天下之禮俗，乃聖人用賁之道也。賁彖傳

離，麗也。日月麗乎天，百穀草木麗乎土，重明以麗乎正，乃化成天下。重平聲。○離，麗也，謂附麗也。如日月則麗於天，百穀草木則麗於土。二五皆處中正，麗乎正也。君臣上下皆有明德而處中正，可以化天下而成文明之俗也。離彖傳。○處上聲

明兩作，離；大人以繼明照于四方。明而重兩，謂相繼也。作離，明兩而為離，明之義也。大人，以德言則聖人，以位言則王者。大人觀離明相繼之象，以世繼其明德而照臨于四方也。離象傳。○重平聲

天地感而萬物化生，聖人感人心而天下和平。天地之氣

交感而化生萬物。聖人至誠以感億兆之心。而天下和平。天下之心所以和平。由聖人至誠感之也。咸彖傳○億，伊昔切

日月得天而能久照。四時變化而能久成。聖人久於其道而天下化成。日月陰陽之精氣耳。唯其順天之道。往來盈縮。故能久照而不已。四時陰陽之氣耳。往來變化。生成萬物。亦以得天。故常久而不已。聖人以常久之道。行之有常。而天下化之以成美俗也。恒彖傳

益損上益下。民說無疆。說音悅。○卦之為益。以其損上卦初畫之陽而益下卦初畫之陰也。損於上而益下。則民說之無窮極矣。益彖傳

澤中有火革。君子以治歷明時。水火相息為革。革變也。君子觀變革之象。推日月星辰之遷易。以治歷數明四時之序也。革象傳

澤上有水節。君子以制數度議德行。行胡孟切。○澤之容水有限。故為節。君子觀節之象。以制立數度。凡物之大小輕重高下文質皆有數度。所以為節也。數多寡。度法制也。議德存諸中者。行發於外者。人之德行當義則中節。議謂商度求中節也。節象傳○中節之中去聲。當去聲。商度之度待洛切

天之所助者順也。人之所助者信也。履信思乎順。又以尚賢也。是以自天祐之吉無不利。

天地之大德曰生。聖人之大寶曰位。何以守位曰人。何以聚人曰財。理財正辭禁民為非曰義。人今本作仁。呂氏從古。蓋所謂非衆罔與守邦。

君子知微知彰。知柔知剛。萬夫之望。並繫辭

聖人南面而聽天下。嚮明而治。說卦

書堯典曰。曰若稽古帝堯。曰放勳。欽明文思安安。允恭克讓。光被四表。格于上下。稽音基。後並同。放甫兩切。思去聲。○曰若者。發語辭。稽考也。史臣將叙堯事。故先言考古之帝堯者。其德如下文所云也。放至也。勳功也。言堯之功大而無所不至也。此總言堯之德業也。欽恭敬也。明通明也。敬體而明用也。文文章也。思意思也。文著見而思深遠也。安安無所勉強也。言其德性之美皆出於自然。而非勉強。所謂性之者也。允信。克能也。允恭克讓。以其行實而言也。堯之德既極其盛。故能被四表。格上下。而所及之遠如此。蓋放勳之所極也。見形自切。強上聲。行胡孟切

克明俊德。以親九族。九族既睦。平章百姓。百姓昭明。協和萬邦。黎民於變時雍。於音烏。○明明之也。俊大也。九族父族四。母族三。妻族二。睦親而和也。平均。章明。百姓畿內民庶也。昭明皆能自明其明德也。萬邦天下諸侯之國也。黎黑也。民首皆黑。故曰黎民。於歎美辭。變變惡為善也。時是。雍和也。此言堯推其德。自身而家而國而天下。所謂放勳者也。放甫兩切

舜典曰。曰若稽古帝舜。曰重華。協于帝。濬哲文明。溫恭允塞。重平聲。濬音峻。塞悉則切。○華光華也。協合也。帝謂堯也。濬深。哲智也。溫和粹也。塞實也。言堯既有光華。而舜又有光華可合於堯。因言其目。則深沉而有智。文理而光明。和粹而恭敬。誠信而篤實。有此四者之德也。

詢于四岳。闢四門。明四目。達四聰。詢謀也。四岳官名。一人而總四岳之事者也。闢開也。舜既告廟即位。乃謀治于四岳之官。開四方之門。以來天下之賢俊。有以見天下為一家之氣象焉。廣四方之視聽。以決天下之壅蔽。有以見天下為一身之精神焉。

食哉惟時，柔遠能邇，惇德允元，而難任人，蠻夷率服。惇都昆切，難去聲，任如林切。○言足食之道，惟在於不違農時也。柔者，寬而撫之也。能者，擾而習之也。惇，厚也。允，信也。德，有德之人也。元，仁厚之人也。難，拒絕也。任，包藏凶惡之人也。言當厚有德，信仁人，而拒姦惡也。凡此五者，處之各得其宜，則不特中國順治，雖蠻夷之國亦相率而服從矣。並虞書。○處上聲

帝舜曰：允若茲，嘉言罔攸伏，野無遺賢，萬邦咸寧。稽于衆，舍己從人，不虐無告，不廢困窮，惟帝時克。舍音捨。嘉，善。攸，所也。舜然禹之言，以為君臣信能夙夜祗懼，各盡其所當為，則必有以廣延衆論，悉致群賢，而天下之人咸被其澤，無不得其所矣。然非忘私順理，愛民好士之至，無以及此，而惟堯能之也。好去聲

益曰：都，帝德廣運，乃聖乃神，乃武乃文，皇天眷命，奄有四海為天下君。都，歎美之辭。廣者，大而無外。運者，行之不息。大而能運，則變化不測。故自

其大而化之而言，則謂之聖；自其聖而不可知而言，則謂之神；自其威之可畏而言，則謂之武；自其英華發外而言，則謂之文。眷，顧。奄，盡也。

禹曰：於，帝念哉！德惟善政，政在養民。水、火、金、木、土、穀惟脩，正德、利用、厚生惟和。九功惟敘，九敘惟歌。戒之用休，董之用威，勸之以九歌，俾勿壞。於音烏。○於，歎美辭。禹歎美而言，謂帝當深念之也。蓋德非徒善而已，惟當有以善其政；政非徒法而已，在乎有以養其民。水火金木土穀六者既脩，民生始遂，然不可逸居而無教，故為之惇典敷教，以正其德；通工易事，以利其用；制節謹度，以厚其生。使皆當其理而無所乖，則無不和矣。九功合六與三也。敘者，言九者各順其理，而不汩陳以亂其常也。九者既已脩和，民享其利，莫不歌詠而樂其生。然始勤終怠者，人情之常，故當有以激勵之。其勤於是者，則戒喻而休美之；其怠於是者，則督責而懲戒之。然又以事之出於勉强者不能久，故復即其前日歌詠之言，協之律呂，播之聲音，用之鄉人，用之邦國，以勸相之，使其得以久存而不壞也。為去聲，皆當之當去聲。汩音骨。樂音洛。强上聲。復扶又切。相去聲

帝舜曰：無稽之言勿聽，弗詢之謀勿庸。無稽者，不考於古。弗詢者，不咨於衆。是皆一人之私心，必非天下之公論，皆妨政害治之大者也。言，謂泛言。勿聽，可矣。謀，謂計事，故又戒以勿用也。

益曰：惟德動天，無遠弗屆。滿招損，謙受益，時乃天道。惟德可以動天。其感通之妙，無遠不至。滿招損，謙受益。即易所謂天道虧盈而益謙者也。並虞書大禹謨

皋陶曰：允迪厥德，謨明弼諧。陶餘招切。○言為君而信蹈其德，則臣之所謀者無不明，所弼者無不諧也。

慎厥身修，思永，惇敘九族，庶明勵翼，邇可遠在茲。身修，則無言行之失。思永，則非淺近之謀。厚敘九族，則親親恩篤而家齊矣。庶明勵翼，則群哲勉輔而國治矣。邇，近。茲，此也。言近而可推之遠者，在此道也。行胡孟切

在知人，在安民。言君道在知人安民二者而已。知人，智之事。安民，仁之事。

天敘有典，勑我五典五惇哉！天秩有禮，自我五禮有庸哉！同寅協恭和衷哉！敘者，君臣父子兄弟夫婦朋友之倫敘也。秩者，尊卑貴賤等級隆殺之品秩也。勑，正。惇，厚。庸，常也。衷，降衷之衷。即所謂典禮也。典禮雖天所敘秩，然正之使敘倫而益厚，用之使品秩而有常，則在我而已。故君臣當同其寅畏，協其恭敬，誠一無間，融會流通，而民彝物則各得其止。所謂和衷也。並虞書皋陶謨。○殺所退切。間去聲

禹曰：安汝止，惟幾惟康，其弼直，惟動丕應徯志。以昭受上帝，天其申命用休。幾音機。應去聲。徯戶禮切。○止者，心之所止也。安者，順適乎道

心之正。而不陷於人欲之危。惟幾。所以審其事之幾。惟康。所以省其事之安。至於左右輔弼之臣。又皆盡其總愆糾謬之職。內外交脩。無有不至。若是。則是惟無作。作則天下無不丕應。固有先意而徯我者。以是而昭受于天。天豈不重命而用休美乎。虞書益稷○省悉井切

五子之歌曰。皇祖有訓。民可近。不可下。民惟邦本。本固邦寧。皇。大也。君之與民。以勢而言。則尊卑之分。如霄壤之不侔。以情而言。則相須以安。猶身體相資以生也。故勢疎則離。情親則合。以其親。故謂之近。以其疎。故謂之下。言其可親而不可疎也。民者國之本。本固而後國安。本既不固。則雖強如秦。富如隋。終亦滅亡而已矣。夏書○分扶問切

胤侯曰。先王克謹天戒。人臣克有常憲。百官修輔。厥后惟明明。胤羊進切○天戒。日蝕之類。謹者。恐懼脩省以消變異也。常憲者。奉法脩職以供乃事也。君能謹天戒於上。臣能有常憲於下。百官之衆。各修其職以輔其君。故君內無失德。外無失政。此其所以

為明明君也。夏書胤征○省悉井切

仲虺之誥曰。惟天生民有欲。無主乃亂。惟天生聰明時乂。虺許偉切○民生有耳目口鼻愛惡之欲。無主則爭且亂矣。天生聰明。所以為之主而治其爭亂者也。惡去聲

天乃錫王勇智。表正萬邦。纘禹舊服。茲率厥典。奉若天命。纘祖管切○言天錫湯以勇智之德。勇足以有為。智足以有謀。表正者。表正於此而影直於彼也。天錫湯以勇智者。所以使其表正萬邦。而繼禹舊所服行也。此但率循其典常。以奉順乎天而已。

惟王不邇聲色。不殖貨利。德懋懋官。功懋懋賞。用人惟己。改過不吝。克寬克仁。彰信兆民。殖丞職切。懋莫候切○邇。近。殖。聚也。不近聲色。不聚貨利。蓋純乎天德而無一毫人欲之私也。懋。茂也。繁多之意。人之懋於德者。則懋之

以官。人之懋於功者。則懋之以賞。用人惟己。而人之有善者無不容。改過不吝。而己之不善者無不改。湯之用人處己也如此。而於臨民之際。是以能寬能仁。謂之能者。寬而不失於縱。仁而不失於柔。君德昭著而孚信於天下者矣。處上聲

佑賢輔德。顯忠遂良。兼弱攻昧。取亂侮亡。推亡固存。邦乃其昌。推通回切○諸侯之賢德者。佑之輔之。忠良者顯之遂之。所以善善也。侮。傷也。諸侯之弱者兼之。昧者攻之。亂者取之。亡者傷之。所以惡惡也。推亡者。兼攻取侮也。固存者。佑輔顯遂也。推彼之所以亡。固我之所以存。邦國乃其昌矣。惡惡上去聲。下如字

予懋昭大德。建中于民。以義制事。以禮制心。垂裕後昆。仲虺言王其勉明大德。立中道於天下。中者。天下之所同有也。然非君建之。則民不能以自中。而禮義者所以建中者也。義者。心之裁制。禮者。理之節文。以義制事。則事得其宜。以禮制心。則心得其正。內外

合德而中道立矣。如此。則非特有以建中于民。而垂諸後世者。亦綽乎有餘裕矣。商書

湯誥曰。惟皇上帝。降衷于下民。若有恒性。克綏厥猷惟后。恒胡登切○皇。大。衷。中。若。順也。天之降命而具仁義禮智信之理。無所偏倚。所謂衷也。人之稟命而得仁義禮智信之理。與心俱生。所謂性也。猷。道也。由其理之自然而有仁義禮智信之行。所謂道也。以降衷而言。則無有偏倚。順其自然。固有常性矣。以稟受而言。則不無清濁純雜之異。故必待君師之職。然後能使之安於其道也。故曰克綏厥猷惟后。商書○行胡孟切

伊尹告太甲曰。古有夏先后。方懋厥德。罔有天災。山川鬼神。亦莫不寧。暨鳥獸魚鼈咸若。鼈必列切○言夏之先后方其懋德。則天之眷命如此。謂之方者。方見其進而未見其止之意。日新而未可量也。人君為天地鬼神萬物之主。而德著。天地鬼神萬物之理。所謂致中和。天地位焉。萬物育焉者也。

先王肇修人紀，從諫弗咈，先民時若，居上克明，爲下克忠，與人不求備，檢身若不及。咈符勿切○人紀，三綱五常孝敬之實也。咈，言綱常之理未嘗泯沒，桀廢棄之，而湯始修復也。咈，逆也。先民，猶前輩舊德也。從諫不逆，先民是順，非誠於樂善者不能也。居上克明，言能盡臨下之道。爲下克忠，言能盡事上之心。與人之善不求其備，檢身之誠有若不及，其處上下人己之間如此，是以德日以盛，業日以廣，天命歸之，人心戴之也。並商書伊訓○樂音洛　度上聲

先王顧諟天之明命，以承上下神祇，社稷宗廟罔不祗肅。天監厥德，用集大命，撫綏萬方。顧，常目在之也。諟，古是字。明命者，上天顯然之理，而命之在我者，在天爲明命，在人爲明德。言成湯常目在是天之明命，以奉天地神祇、社稷宗廟，無不敬肅，故天視其德，用集大命，以有天下，撫安萬邦也。

聖學心法卷一　九

祗爾厥辟，辟不辟，忝厥祖。言當敬爾所以爲君之道，君而不君，則忝辱成湯矣。並商書太甲上

民非后罔克胥匡以生，后非民罔以辟四方。民非君則不能相正以生，君非民則誰與爲君者。言民固不可無君，而君尤不可失民也。

脩厥身，允德協于下，惟明后。修身則無敗度敗禮之事，允德則有誠身誠意之實德，誠於上，協和於下，惟明君爲能然也。

奉先思孝，接下思恭，視遠惟明，聽德惟聰。思孝則不敢違其祖，思恭則不敢忽其臣，惟亦思也。思明則所視者遠而不惑於淺近，思聰則所聽者德而不惑於憸邪。並太甲中○憸思廉切

惟天無親，克敬惟親。民罔常懷，懷于有仁。鬼神無常享，享于克誠。天位艱哉。言天之所親，民之所懷，鬼神之所享，皆不常也。惟克敬，有仁，克誠，而後天親之，民懷之，鬼神享之也。曰敬、曰仁、曰誠者，各因所主而言也。天謂之敬者，天者理之所在，動靜語默不可有一毫之慢。民謂之仁者，民非元后何戴，鰥寡孤獨皆人君所當恤。鬼神謂之誠者，不誠無物，誠立於此，而後神格於彼。三者所當盡如此。人君居天之位，豈可易而爲之哉。太甲下○易以豉切

非天私我有商，惟天佑于一德；非商求于下民，惟民歸于一德。言天佑民歸，皆以一德之故也。商書咸有一德

說命曰：知之曰明哲，明哲實作則。天子惟君萬邦，百官承式。說音悅○言有先知之德者謂之明哲，明哲實爲法於天下。今天子君臨萬邦，百官皆奉承法令也。

恭默思道，夢帝賚予良弼，其代予言。賚洛代切○商高宗言恭敬淵默以思治道，夢帝賚我賢輔，其將代我言矣。蓋高宗恭默思道之心純一不二，與天無間，故夢寐之間，帝賚良弼，其念慮所孚，精神所格，非偶然而得也。○間去聲

聖學心法卷一　十

傳說曰：惟厥攸居，政事惟醇。說音悅○居，安於義理之所止也。義理安於自然，則一矣。一，故政事醇而不雜也。

非知之艱，行之惟艱。王忱不艱，允協于先王成德。忱時壬切○傳說以爲得於耳者非難，行於身者爲難。王忱信之，不以爲難，信可合於成湯之成德矣。並商書說命中

武王曰：惟天地萬物父母，惟人萬物之靈，亶聰明作元后，元后作民父母。亶當旱切○亶，誠實無妄之謂。言聰明出於天性也。大哉乾元，萬物資始；至哉坤元，萬物資生。是天地者萬物之父母也。萬物之生，惟人得其秀而靈，具四端，備萬善，知覺獨

興於物而聖人又得其最秀而最靈者天性聰明無待勉强其知先知其覺先覺首出庶物故能為大君於天下而天下之疲癃殘疾得其生鰥寡孤獨得其養舉萬民之衆無一而不得其所焉則元后者又所以為民之父母也夫天地生物而厚於人天地生人而厚於聖人其所以厚於聖人者亦惟欲其君長乎民而推天地父母斯民之心而已天之爲民如此則任元后之責者可不知所以作民父母之義乎爲上聲夫音扶長上聲之爲去聲

天佑下民作之君作之師惟其克相上帝寵綏四方相去聲○佑助寵愛也天佑下民為之君以長之為之師以教之惟其能左右上帝以寵安天下也並周書泰誓上○長上聲左右並去聲

武成曰列爵惟五分土惟三建官惟賢位事惟能重民五教惟食喪祭惇信明義崇德報功垂拱而天下治

列爵惟五公侯伯子男也分土惟三公侯百里伯七十里子男五十里之三等也建官惟賢不肖者不得進位事惟能不才者不得任五教君臣父子夫婦兄弟朋友五典之教也食以養生喪以送死祭以追遠五教三事所以立人紀而厚風俗聖人所甚重者惇厚也厚其信明其義信義立而天下無不勸之俗有德者尊之以官有功者報之以賞官賞行而天下無不勸之善武王於此復何為哉垂衣拱手而天下自治矣周書○長上聲復扶又切

洪範曰初一曰五行次二曰敬用五事次三曰農用八政次四曰協用五紀次五曰建用皇極次六曰乂用三德次七曰明用稽疑次八曰念用庶徵次九曰嚮用五福威用六極箕子陳洪範九疇於武王此其目也五行水火木金土也五事貌言視聽思也八政食貨祀司空司徒司寇賓師也五紀歲月日星辰曆數也皇極君之所以建極也三德正直剛克柔克也稽疑有所疑則卜筮以考之也庶徵推天而徵諸人也五福壽富康寧攸好德考終命也六極凶短折疾憂貧惡弱也五事曰敬所以誠身也八政曰農所以厚生也五紀曰協所以合天也皇極曰建所以立極也三德曰乂所以治民也稽疑曰明所以辯惑也庶徵曰念所以省驗也五福曰嚮所以勸也六極曰威所以懲也本之以五行敬之以五事厚之以八政協之以五紀皇極之所以建也乂之以三德明之以稽疑驗之以庶徵勸之以福極皇極之所以行也人君治天下之法其孰有加於此哉惡去聲省息井切

五皇極皇建其有極斂時五福用敷錫厥庶民惟時厥庶民于汝極錫汝保極皇大也建立也極北極之極至極之義至善之名中立而四方之取正者也言人君以廣大極至之理建立於上語父子則極其親而天下之為父子者於此取則焉語夫婦則極其別而天下之為夫婦者於此取則焉語兄弟則極其愛而天下之為兄弟者於此

取則焉以至一事一物之接一言一動之發無不極其義理之當然而無一毫過與不及之差則極建矣極者福之本福者極之效極之所建福之所集也豈有建極至善之君而五福不集於其身者乎即富壽康寧攸好德考終命之五福也人君集福於上非自厚其身而已用敷其福以與庶民既以身為之極使之觀感而化又命司徒掌教使之由教而入民有是善則亦有是福矣所謂敷錫也天下之民於廣大極至之理與之保守不敢失墜民安於下則君安於上所謂錫汝保極也言皇極君民所以相與者如此別以列切好去聲

凡厥庶民無有淫朋人無有比德惟皇作極比毗至切○淫朋邪黨也民有常業非禮不為非善不交所謂無淫朋也人有位之人比德私相比附也有位者出於至公不立黨與不徇阿曲所謂無比德也言庶民與有位之人而無淫朋比德者惟有廣大極至之理者使之有所取正耳彼小德微善者其孰能之重言人君不可以不建極也

凡厥庶民有猷有為有守汝則念之不協于極不罹于咎皇

則受之而康而色曰予攸好德汝則錫之福時人斯其惟皇之極罹音離好去聲。有猷有謀慮者。有為有施設者。有守有操守者。是三者君之所當念也。念之者。不忘而選用之也。如帝念哉之念。不協于極。未合于善也。不罹于咎。不陷于惡也。受之者。未拒之也。如歸斯受之之受。念之受之。隨其才而輕重以成就之也。見于外而有安和之色。發于中而有好德之言。汝於是則與之以官。錫之以祿。而是人皆謂君道之明。斯其為大善之極也。操倉刀切。見形甸切。好去聲。無虐煢獨而畏高明煢渠營切。○煢獨。庶民之至微者也。高明。有位之尊顯者也。庶民之至微者。有善則當勸勉之。而不可虐。有位之尊顯者。有不善則當懲戒之。而不可畏。人之有能有為使羞其行而邦其昌凡厥正人既富方穀汝弗能使有好于而家時人斯其辜于其無好德汝雖錫之福其作汝用咎行胡孟切。好去聲。○有能。有才智者。羞。進也。使進其行。則官使皆賢才。而邦國昌盛矣。正人。在官之人。富。祿之也。穀。善也。在官之人有祿可仰。然後可責其為善。廩祿不繼。衣食不給。不能使其和好於而家。則是人將陷于罪戾矣。於其不好德之人而與之以祿。則為汝用咎惡之人也。仲去聲無偏無陂遵王之義無有作好遵王之道無有作惡遵王之路無偏無黨王道蕩蕩無黨無偏王道平平無反無側王道正直會其有極歸其有極陂音祕。好惡並去聲。平蒲眠切。○偏。不中也。陂。不平也。作好作惡。好惡加之意也。黨。不公也。反。倍常也。側。不正也。偏陂好惡。己私之生於心也。偏黨反側。己私之見於事也。王之義。王之道。王之路。皇極之所由行也。蕩蕩。廣遠也。平平。易也。正直。不偏邪也。皇極正大之體也。遵義遵道遵路。會其極也。蕩蕩乎平平乎正直。歸其極也。會者。合而來也。歸者。來而至也。○見音現。易去聲。曰皇極之敷言是彝是訓于帝其訓曰。起語辭。敷言。上文敷衍之言也。言人君以廣大極至之理。推

衍而為言者。是天下之常理。是天下之大訓。非君之訓。乃代天以為訓也。凡厥庶民極之敷言是訓是行以近天子之光曰天子作民父母以為天下王光者。道德之光華也。天子之於庶民。性一而已。庶民於極之敷言。是訓是行。則可以近天子道德之光華也。曰者。民之辭也。謂之父母者。指其恩育而言。親之之意。謂之王者。指其君長而言。尊之之意也。長上聲。

六三德一曰正直二曰剛克三曰柔克平康正直彊弗友剛克燮友柔克沉潛剛克高明柔克燮悉協切○克。治。各順。燮。和也。正直剛柔。三德也。正者無邪。直者無曲。剛克柔克者。威福予奪。抑揚進退之用也。彊弗友者。彊梗弗順者也。燮友者。和柔委順者也。沉潛者。沉深潛退。不及中者也。高明者。高亢明爽。過乎中者也。蓋習俗之偏。氣稟之過者也。故平康正直。無所事乎矯拂。無為而治者也。彊弗友剛克。以剛克剛也。燮友柔克。以柔克柔也。沉潛剛克。以剛克柔也。高明柔克。以柔克剛也。正直之用一。剛柔之用四也。予音與。亢音抗。惟辟作福惟辟作威惟辟玉食臣無有作福作威玉食福威者。上之所以御下。玉食者。下之所以奉上也。曰惟辟者。戒其權不可下移。曰無有者。戒其臣不可上僭。此言人君以三德馭世。不可假其權於大臣也。臣之有作福作威玉食其害于而家凶于而國人用側頗僻民用僭忒頗普禾切。忒惕德切。○而。汝也。側。不平也。僻。不公也。僭。踰。忒。過也。臣而僭上之權。則大夫必害于汝之家。諸侯必凶于汝之國。有位者固側頗僻而不安其分。小民亦僭忒而踰越其常。甚言人臣僭上之患如此。分去聲。王省惟歲卿士惟月師尹惟日省悉井切。○此推衍庶政之疇也。歲月日以尊卑為微也。王者之失得其微以歲。卿士之失得其微以月。師尹之失得其微以日。王與卿士師尹所職有繁簡。故所驗有遠近也。歲月日時無易百穀用成乂用明俊

民用章，家用平康。日月歲時既易，百穀用不成，乂用昬不明，俊民用微，家用不寧。（歲月日三者，雨暘燠寒風不失其時，則其效如此。休徵所感也。日月歲三者，雨暘燠寒風既失其時，則其害如此。咎徵所致也。並周書。○暘陽同。燠乙六切。咎其九切。）

召公曰：志以道寧，言以道接。（道者，所當由之理也。已之志以道而寧，則不至於妄發。人之言以道而接，則不至於妄受。存乎中者所以應乎外，制乎外者所以養其中。古昔聖賢相授心法也。周書旅獒。○應去聲。）

武王曰：庸庸，祗祗，威威，顯民，用肇造我區夏。（庸，用也。用其所當用，敬其所當敬，威其所當威。言文王用能敬賢討罪，一聽於理，而已無與焉。故德著于民，用始造我區夏也。周書康誥。○與上聲。）

周公曰：王敬作所，不可不敬德。（言化臣必謹乎身也。所，處所也。王能以敬為所，則動靜語默，出入起居，無往而不居敬矣。不可不敬德者，甚言德之不可以不敬也。）

肆惟王其疾敬德，王其德之用，祈天永命。（王其疾於敬德，王其德之用，而祈天以歷年也。蓋所以求天永命者，只在德而已矣。）

其惟王位在德元，小民乃惟刑用于天下，越王顯。（其惟王位在於有冠天下之德，以居天下之上，能合小民皆儀刑用德于下，則王之德亦以顯矣。並周書召誥。○在去聲。今平聲。）

自成湯至于帝乙，罔不明德恤祀，亦惟天丕建，保乂有殷，殷王亦罔敢失帝，罔不配天其澤。（明德者，所以脩其身。恤祀者，所以敬乎神也。亦惟天大建立，保治有殷。殷之先王亦皆操存此心，無敢失帝之則，無不配天以澤民也。周書多士。○操平聲。）

君子所其無逸，先知稼穡之艱難乃逸，則知小人之依。（所，猶處所也。君子以無逸為所，動靜食息無不在是焉。作輟則非所謂所矣。先知稼穡之艱難乃逸者，以勤居逸也。依者，指稼穡而言，小民所恃以為生者也。）

昔在殷王中宗，嚴恭寅畏，天命自度，治民祗懼，不敢荒寧。肆中宗之享國七十有五年。（中宗，太戊也。嚴則莊重，恭則謙抑，寅則欽肅，畏則戒懼。天命，即天理也。中宗嚴恭寅畏，以天理自檢律其身。至於治民之際，亦祗敬恐懼而不敢怠荒安寧。中宗無逸之實如此，故能有享國永年之效也。）

其在高宗時，舊勞于外，爰暨小人，作其即位，乃或亮陰三年不言。其惟不言，言乃雍，不敢荒寧，嘉靖殷邦。

至于小大，無時或怨。肆高宗之享國五十有九年。（亮陰，音梁闇。○高宗，武丁也。未即位之時，其父小乙使久居民間，與小民出入同事，故於小民之稼穡備嘗知之也。雍，和也。嘉，美。靖，安也。小大無時或怨者，蓋民咸和也。乃雍者，和之發于聲。嘉靖者，和之達于政。無怨者，和之著于民也。高宗無逸之實如此，故亦有享國永年之效也。）

其在祖甲，不義惟王，舊為小人。作其即位，爰知小人之依，能保惠于庶民，不敢侮鰥寡。肆祖甲之享國三十有三年。（祖甲，高宗之子，祖庚之弟也。高宗欲廢祖庚而立祖甲，祖甲以為不義，逃於民間，故云不義惟王。保，愛護也。惠，利澤也。鰥寡非特保惠之，又加敬焉。並周書無逸。）

成王曰：至治馨香，感于神明。黍稷非馨，明德惟馨。（馨香者，精華之上達也。至治之極，馨香發聞，感格神明，不疾而速。凡昭薦黍稷之苾芬，是豈黍稷之馨哉。所以苾芬

者發明德之馨也。周書君陳。○苾蒲必切

康王曰：申畫郊圻，慎固封守，以康四海。圻與畿同。○郊圻之制，昔固規畫矣。曰申云者，申明之也。封域之險，昔固有守矣。曰謹云者，戒嚴之也。疆域障塞，歲久則易湮。世平則易玩。時緝而廢葺之，乃所以尊嚴王畿。王畿安則四海安矣。周書畢命。○塞先再切。易並以豉切。省息井切

詩曰：穆穆文王，於緝熙敬止。於音烏。○穆穆，深遠之意。緝，續。熙，明。亦不已之意。言穆穆然文王之德，不已其敬如此。大雅文王篇

維此文王，小心翼翼，昭事上帝，聿懷多福。厥德不回，以受方國。小心翼翼，恭慎之貌。文王之德，於此為盛。昭，明。懷，來。回，邪也。方國，四方來附之國也。大雅大明篇

追琢其章，金玉其相。勉勉我王，綱紀四方。追對回切。琢直角切

○追，雕也。金曰雕，玉曰琢。相，質也。勉勉，猶言不已也。張之為綱，理之為紀。追琢所以美其文，金玉所以美其質。此詠歌文王之德也。大雅棫樸篇

雝雝在宮，肅肅在廟。不顯亦臨，無射亦保。射音亦。○雝雝，和之至也。肅肅，敬之至也。不顯，幽隱之處也。射，厭也。保，守也。言文王在閨門之內，則極其和；在宗廟之中，則極其敬。雖居幽隱，亦常若有臨之者；雖無厭斁，亦常若有所守焉。其純亦不已，蓋如是。大雅思齊篇

維此王季，帝度其心，貊其德音。其德克明，克明克類，克長克君。王此大邦，克順克比。比于文王，其德靡悔。既受帝祉，施于孫子。度待洛切。貊莫伯切。長上聲。王如字，或于況切。比並毗至切。施以豉切。○度，能度物制義也。貊，一作莫，謂其莫然清靜也。克明，能察是非也。克類，能分善惡也。克長，教誨不倦也。克君，賞慶刑威也。言其賞不僭，故人以為慶；刑不濫，故人以為威也。順，慈和徧服也。比，上下相親也。比于，至于也。悔，遺恨也。言上帝制王季之心，使有尺寸能度義，又清靜其德音，使無非間之言。是以王季之德能此六者。至於文王，而其德尤無遺恨。是以既受上帝之福，而延及于子孫也。間去聲

帝謂文王：予懷明德，不大聲以色，不長夏以革。不識不知，順帝之則。長上聲。○予設為上帝之自稱也。懷，眷念也。明德，文王之明德也。以，猶與也。則，法也。言上帝眷念文王，而言其德之深微，不暴著其形迹，又能不作聰明以循天理也。並大雅皇矣篇

威儀抑抑，德音秩秩。無怨無惡，率由群匹。受福無疆，四方之綱。惡去聲。○抑抑，密也。秩秩，有常也。匹，類也。言有威儀聲譽之美，又能無私怨惡以任衆賢，是以能受無疆之福，為四方之綱矣。大雅假樂篇

豈弟君子，民之父母。豈可改切。弟去聲，下並同。○君子指成王也。豈以強教之，弟以

悅安之。民皆有父之尊，有母之親矣。大雅泂酌篇

顒顒卬卬，如圭如璋。令聞令望。豈弟君子，四方為綱。顒魚容切。聞音問。○顒顒卬卬，尊嚴也。如圭如璋，純潔也。令聞，善譽也。令望，威儀可望法也。豈弟，樂易也。言人君能如此，則四方以為綱矣。大雅卷阿篇。○易以豉切

敬慎威儀，為民之則。則，法也。敬其威儀，然後可以為天下法也。

辟爾為德，俾臧俾嘉。淑慎爾止，不愆于儀。辟，君也。止，容止也。君德之在內者，則必使之既臧既嘉而無瑕。容止威儀之在外者，則必使之既淑既慎而無過，則為人所法矣。並大雅抑篇

維天之命，於穆不已。於乎不顯，文王之德之純。於音烏。乎音呼。○天命，卽天道也。不已，言無窮也。純，不雜也。言天道無窮，而文王之德純一不雜，與天無間也。周頌維天

之命篇○開去聲

明昭有周，式序在位。載戢干戈，載櫜弓矢。我求懿德，肆于時夏，允王保之。戢側立切。櫜古刀切。○戢，聚。櫜，韜。肆，陳也。夏，中國也。言明昭乎我周也。既以慶讓黜陟之典，式序在位之諸侯。又收斂其干戈弓矢，而益求懿美之德，以布陳于中國。則信乎王之能保天命也。周頌時邁篇○韜他刀切

思文后稷，克配彼天。立我烝民，莫匪爾極。貽我來牟，帝命率育。無此疆爾界，陳常于時夏。思，語辭。文，有文德也。立，粒通。極，至也。德之至也。貽，遺也。來，小麥。牟，大麥也。率，徧。育，養也。言后稷貽我民以來牟之種，乃上帝之命以此徧養下民者。是以無遠近彼此之殊，而得以陳其君臣父子之常道於中國也。周頌思文篇○遺去聲種上聲

湯降不遲，聖敬日躋。昭假遲遲，上帝是祗，帝命式于九圍。躋牋西切。假音格○降，猶生也。遲，遲久也。祗，敬。式，法也。九圍，九州也。言湯之生也，應期而降，適當其時。其聖敬又日躋升，以至昭假于天，久而不息。惟上帝是敬。故帝命之使為法於九州也。商頌長發篇○應去聲

春秋左氏傳：臧哀伯曰：君人者，將昭德塞違，以臨照百官，猶懼或失之，故昭令德以示子孫。是以清廟茅屋，大路越席，大羹不致，粢食不鑿，昭其儉也。袞冕黻珽，帶裳幅舄，衡紞紘綖，昭其度也。藻率鞞鞛，鞶厲游纓，昭其數也。火龍黼黻，昭其文也。五色比象，昭其物也。鍚鸞和鈴，昭其聲也。三辰旂旗，昭其明也。塞悉則切。越音活。黻音弗。珽音挺。幅音逼。舄音昔。紞多敢切。紘音宏。綖音延。率音律。鞞補鼎切。鞛邊孔切。鞶音盤。黼音斧。鍚音揚○昭德塞違，昭明善德，閉塞邪惡也。清廟，清静之廟。以茅為飾也。大路，玉路。越席，結草為席也。大羹不致者，肉汁不和以五味也。黍稷之食為粢，不精鑿也。凡此皆所以昭其德之儉也。袞，畫衣。冕，冠也。黻，蔽膝。珽，玉笏也。帶，革帶。衣下曰裳。幅，行縢。舄，複也。衡，所以維持冠者。紞，冠之垂者。紘，從下而上者。綖，冠上覆者。昭其度者，明尊卑各有制度也。藻率，以韋為之，所以藉玉。佩刀之削，其上飾曰鞞，下飾曰鞛。鞶，紳帶。厲，帶之垂者。游，旌旗之游。纓，在馬膺前。昭其數者，明尊卑各有數也。火，畫火。龍，畫龍。黼，形若斧。黻，兩己相戾。上衣下裳之飾。昭其文者，明貴賤之文章也。五色比象，言車服器械之有五色，皆以比象天地四方之色也。昭其物者，明器物不虛設也。鍚在馬額，鸞在鑣，和在衡，鈴在旂，動皆有聲。昭其聲者，明其德聲之和也。三辰，日月星。畫於旗者。昭其明者，明其德象天之明也。覆敷救切。削，鞘同。鑣音標

晉師服曰：國家之立也，本大而末小，是以能固。故天子

建國，諸侯立家，卿置側室，大夫有貳宗，士有隷子弟，庶人工商各有分親，皆有等衰。是以民服事其上，而下無覬覦。分去聲。親七刃切。衰初危切。覬音冀。覦音俞○根本強大而枝葉弱小，則以大制小。故能安。自天子至於庶人，各有等第降殺，皆本大而末小，所以辨上下、定民志。民志定，故盡心事上，而下位者不敢冀望於上矣。左桓公二年○殺去聲

曹侯獳曰：禮以行義，信以守禮，刑以正邪。獳奴侯切○禮以行合宜之義。信以守共順之理。刑以正違悖之邪。僖公二十八年○共平聲

魯季文子曰：則以觀德，德以處事，事以度功，功以食民。處上聲。度待洛切。食音嗣○則者，君臣父子兄弟夫婦朋友之法則也。合此法則為吉德，違此法則為凶德。德之吉凶，所以處事之是非。事之是非，所以量功之成否。功之成否，所以養民之厚薄也。文公十八年

孔子曰唯器與名不可以假人君之所司也名以出信信以守器器以藏禮禮以行義義以生利利以平民政之大節也器車服名爵號不可輕以假借於人乃人君所司主也名位不愆然後為民所信故曰出信動不失信然後車服可保車服所以表尊卑也故禮之所以藏禮者義之所以行利者義之所以生故利所以平民也六者為政之大節也成公二年

政寬則民慢慢則糾之以猛猛則民殘殘則施之以寬寬以濟猛猛以濟寬政是以和政事不嚴民生慢易則糾之以剛猛政事過剛民苦殘暴則施之以寬慈寬猛相濟政事和平昭公二十年○易以豉切

衛北宮文子曰有威而可畏謂之威有儀而可象謂之儀君有君之威儀其臣畏而愛之則而象之故能有

其國家令聞長世聞音問○為君盡君道臣則畏而愛之法而象之故人君能保其國家美名垂於無窮矣

施舍可愛進退可度周旋可則容止可觀作事可法德行可象聲氣可樂動作有文言語有章以臨其下謂之有威儀也舍上聲行胡孟切樂音洛○言或施或舍皆溫然可愛進退周旋容貌行事可為法則身為度而可象聲為律而可樂以至一舉一動成文可觀一言一語成章可達以臨在下之人所謂有威儀也襄公三十一年

晉成鱄曰心能制義曰度德正應和曰莫照臨四方曰明勤施無私曰類教誨不倦曰長賞慶刑威曰君慈和徧服曰順擇善而從之曰比經緯天地曰文九德

不愆作事無悔故襲天祿子孫賴之鱄音專度待洛切應施並去聲長上聲比毗至切○心能制合宜之義故曰度其德端正民皆應之故曰莫莫安定之謂也照臨四方無隱不達故曰明施而無私物得其所故曰類教誨不怠長人之道也作福作威君人之職也慈祥和睦偏服天下順之道也比方善事使得相從比之象也經天緯地文之實也此九德皆無愆過則其動無悔咎故能受天之福祿而子孫蒙其利也昭公二十八年○長上聲比方如字

禮記孔子曰大道之行也天下為公選賢與能講信修睦故人不獨親其親不獨子其子使老有所終壯有所用幼有所長矜寡孤獨廢疾者皆有所養男有分女有歸長上聲矜鰥同分去聲○公猶共也與天下聖賢共之也所講習者誠信所修為者和睦是以親其親以及人之親子其子以及人之子使老者幼者各得其所困窮之民有以養之男則各有職分女

則各有所歸也

天生時而地生財人其父生而師教之四者君以正用之故君者立於無過之地也四時本於天百貨產於地人生於父而德成於師四者君以正用之謂正身修德裁成輔相之而治道得矣然其要在乎自正其身立於無過之地而後可不能正其身如正人何禮運○相去聲

大傳曰聖人南面而聽天下所且先者五民不與焉一曰治親二曰報功三曰舉賢四曰使能五曰存愛五者一得於天下民無不足無不贍者與去聲○且先者言未遑餘事也民不與者未及治民也治親上治祖禰下治子孫旁治昆弟也功功臣也君使臣以禮故功曰報行成而上故賢曰舉藝成而下故能曰使存察也察之則所愛者一出於公矣贍賙也五事得國家之所以治

也。行去聲

樂記曰。禮以道其志。樂以和其聲。政以一其行。刑以防其姦。禮樂刑政。其極一也。所以同民心而出治道也。以禮而道其志之所行。使以中節。以樂而和其聲之所言。使無乖戾。政以教不能。刑以罰不率。此四者之事雖殊。而其致則一也。中去聲。率音律

祭義曰。先王之所以治天下者五。貴有德。貴貴。貴老。敬長。慈幼。此五者。先王之所以定天下也。長上聲

經解曰。天子者。與天地參。故德配天地。兼利萬物。與日月並明。明照四海。而不遺微小。

子曰。民以君為心。君以民為體。心莊則體舒。心肅則容

敬。心好之。身必安之。君好之。民必欲之。心以體全。亦以體傷。君以民存。亦以民亡。好並去聲。○民以君為心者。言好惡從於君也。君以民為體者。言休戚同於民也。體雖致用於外。然由於心之所使。故曰心好之。身必安之。心雖為主於內。然資乎體之所保。故曰心以體全。亦以體傷。緇衣○好惡並去聲

大戴禮孔子曰。昔者明主之治民有法。必別地以州之。分屬而治之。然後賢民無所隱。暴民無所伏。別必列切

所謂天下之至仁者。能合天下之至親者也。所謂天下之至知者。能用天下之至和者也。所謂天下之至明者。能選天下之至良者也。知去聲

仁者莫大於愛人。知者莫大於知賢。政者莫大於官賢。並主言篇○上知去聲

天下大器也。今人之置器。置諸安處則安。置諸危處則危。而天下之情與器無以異。在天子所置尔。禮察篇

政善則民說。民說則歸之如流水。親之如父母。小辨篇○說悅同

聖人愛百姓而憂海內。及後世之人。思其德。必稱其仁。用兵篇

孝經子曰。故雖天子。必有尊也。言有父也。必有先也。言有兄也。宗廟致敬。不忘親也。天子者。天下之至尊也。承事天地以數天下。則以有父也。貴老敬長以率天下。則以有兄也。致敬宗廟。思辱及其先也。傳九章○長上聲

論語子曰。道千乘之國。敬事而信。節用而愛人。使民以時。道乘並去聲○道。治也。千乘。諸侯之國。其地可出兵車千乘者也。敬者。主一無適之謂。敬事而信者。敬其事而信於民也。時。謂農隙之時。言治國之要。在此五者。亦務本之意也。學而篇○隙乞逆切

舉直錯諸枉。則民服。舉枉錯諸直。則民不服。錯並倉故切○錯。捨置也。諸。衆也。舉錯得義。則人心服。為政篇

足食足兵。民信之矣。言倉廩實而武備修。然後教化行而民信於我。不離叛也。

有若曰。百姓足。君孰與不足。百姓不足。君孰與足。言民富。則君不至獨貧。民貧。則君不能獨富。並顏淵篇

子曰。其身正。不令而行。其身不正。雖令不從。子路篇

行夏之時。乘殷之輅。服周之冕。樂則韶舞。夏時以斗柄初昏建

寅之月為歲首。蓋以寅為人正。孔子取其時之正與令之善也。商輅。木輅也。輅者大車之名。蓋商輅朴素渾堅而等威已辨。謂質而得其中也。周冕有五。祭服之冠也。冠上有覆。前後有旒。制度儀等。至周始備。雖華不為靡。雖費不及奢。夫子取之。以為文而得其中也。樂則韶舞。取其盡善盡美。韶重公協。○渾上聲。叢敘切

謹權量。審法度。修廢官。四方之政行焉。興滅國。繼絕世。舉逸民。天下之民歸心焉。權。稱錘也。量。斗斛也。法度。禮樂制度皆是也。興滅繼絕。謂封黃帝堯舜夏商之後。舉逸民。謂釋箕子之囚。復商容之位。三者皆人心之所欲也。此述武王之事也。堯曰篇。○稱去聲

大學曰。是故君子先慎乎德。有德此有人。有人此有土。有土此有財。有財此有用。德者本也。財者末也。外本內末。爭民施奪。是故財聚則民散。財散則民聚。德即所謂明德。有人。謂得眾。有土。謂得國。有國。則不患無財用矣。人君以德為外。以財為內。則是爭鬬其民而施之以劫奪之教也。外本內末。故財聚。爭民施奪。故民散。反是。則有德而有人矣。傳十章

中庸子曰。故大德必得其位。必得其祿。必得其名。必得其壽。十七章

故為政在人。取人以身。修身以道。修道以仁。人。謂賢臣。身。指君身。道者天下之達道。仁者天地生物之心。而人得以生者。言人君為政在於得人。而取人之則又在脩身。能仁其身。則有君有臣。而政無不舉矣。

凡為天下國家有九經。曰修身也。尊賢也。親親也。敬大臣也。體群臣也。子庶民也。來百工也。柔遠人也。懷諸侯也。經。常也。體。謂設以身處其地而察其心也。子。如父母之愛其子也。柔遠人。所謂無忘賓旅者也。此列九經之目也。蓋天下之本在身。故修身為九經之本。然必親師取友。然後修身之道進。故尊賢次之。道之所進。莫先於家。故親親次之。由家以及朝廷。故敬大臣體群臣次之。由朝廷以及其國。故子庶民來百工次之。由其國以及天下。故柔遠人懷諸侯次之。此九經之序也。視群臣猶吾四體。視百姓猶吾子。此視臣視民之別也。處上聲。朝音潮。別必列切

修身則道立。尊賢則不惑。親親則諸父昆弟不怨。敬大臣則不眩。體群臣則士之報禮重。子庶民則百姓勸。來百工則財用足。柔遠人則四方歸之。懷諸侯則天下畏之。眩熒絹切。○此言九經之效也。道立。謂道成於己而可為民表也。不惑。謂不疑於理。不眩。謂不迷於事。敬大臣。則信任專而小臣不得以間之。故臨事而不眩也。來百工。謂通工易事。農末相

資。故財用足。柔遠人。則天下之旅皆悅而願出於其塗。故四方歸。懷諸侯。則德之所施者博。而威之所制者廣矣。故曰天下畏之。間去聲

齊明盛服。非禮不動。所以修身也。去讒遠色。賤貨而貴德。所以勸賢也。尊其位。重其祿。同其好惡。所以勸親親也。官盛任使。所以勸大臣也。忠信重祿。所以勸士也。時使薄斂。所以勸百姓也。日省月試。既稟稱事。所以勸百工也。送往迎來。嘉善而矜不能。所以柔遠人也。繼絕世。舉廢國。治亂持危。朝聘以時。厚往而薄來。所以懷諸侯也。齊側皆切。去上聲。遠好惡斂並去聲。省悉井切。既音餼。稟彼錦切。稱去聲。朝音潮。○此言九經之事也。官盛任使。謂官屬眾盛足任使令也。蓋大臣不當親細事。故所以優之者如此。忠

信重祿，謂待之誠而養之厚，蓋以身體之而知其所賴乎上者如此也。既讀曰餼。餼稟，稍食也。稱事，如周禮稾人職曰：考其弓弩，以上下其食是也。往則為之授節以送之，來則豐其委積以迎之。朝，謂諸侯見於天子。聘，謂諸侯使大夫來獻。厚往薄來，謂燕賜厚而納貢薄。令平聲。稍所敎切。稾古老切。為去聲。委去聲。積子賜切。見形甸切。

凡為天下國家有九經，所以行之者一也。一者，誠也。一有不誠，則是九者皆為虛文矣。此九經之實也。右二十章。

子思子曰：故君子之道本諸身，徵諸庶民，考諸三王而不繆，建諸天地而不悖，質諸鬼神而無疑，百世以俟聖人而不惑。此君子，指王天下者而言。道，即議禮制度考文之事也。本諸身，有其德也。徵諸庶民，驗其所信從也。建，立也。立於此而參於彼也。天地者，道也。鬼神者，造化之迹也。百世以俟聖人而不

惑，所謂聖人復起，不易吾言者也。王去聲。復扶又切。

君子動而世為天下道，行而世為天下法，言而世為天下則。遠之則有望，近之則不厭。動，兼言行而言。道，兼法則而言。法，法度。則，準則也。右二十九章。行胡孟切。

唯天下至聖為能聰明睿知，足以有臨也；寬裕溫柔，足以有容也；發強剛毅，足以有執也；齊莊中正，足以有敬也；文理密察，足以有別也。知去聲。齊側皆切。別必列切。○聰明睿知，生知之質。臨，謂居上而臨下也。其下四者，乃仁義禮知之德。文，文章也。理，條理也。密，詳細也。察，明辨也。右三十一章。

唯天下至誠為能經綸天下之大經，立天下之大本，知天地之化育。夫焉有所倚？夫音扶。焉於虔切。○經、綸，皆治絲之事。經者，理其緒而分之；綸者，比其類而合之也。經，常也。大經者，五品之人倫。大本者，所性之全體也。惟聖人之德極誠無妄，故於人倫各盡其當然之實，而皆可以為天下後世法，所謂經綸之也。其於所性之全體，無一毫人欲之偽以雜之，而天下之道千變萬化皆由此出，所謂立之也。其於天地之化育，則亦有默契焉，此皆至誠無妄自然之功用，夫豈有所倚著於物而後能哉？右三十二章。○比毗至切。夫音扶。著直略切。

孟子曰：不違農時，穀不可勝食也；數罟不入洿池，魚鱉不可勝食也；斧斤以時入山林，材木不可勝用也。穀與魚鱉不可勝食，材木不可勝用，是使民養生喪死無憾也。養生喪死無憾，王道之始也。五畝之宅，樹之以桑，五十者可以衣帛矣；雞豚狗彘之畜，無失其時，七

十者可以食肉矣；百畝之田，勿奪其時，數口之家可以無饑矣；謹庠序之教，申之以孝弟之義，頒白者不負戴於道路矣。七十者衣帛食肉，黎民不饑不寒，然而不王者，未之有也。勝音升。數音促。罟音古。洿音烏。衣去聲。王者之王于況切。○農時，謂春耕夏耘秋收之時。凡有興作，不違此時，至冬乃役之也。不可勝食，言多也。數，密也。罟，網也。洿，窊下之地，水所聚也。古者網罟必用四寸之目，魚不滿尺，市不得粥，人不得食。山林川澤與民共之，而有厲禁。草木零落，然後斧斤入焉。夫飲食宮室所以養生，祭祀棺槨所以送死，皆有以資之，則人無所恨矣。此王道之始也。五畝之宅，一夫所受二畝半在田，二畝半在邑，於墻下植桑以供蠶事。五十非帛不煖，未五十者不得衣也。畜，養也。時，謂孕字之時，如孟春犧牲毋用牝之類也。七十非肉不飽，未七十者不得食也。百畝之田，亦一夫所受。庠序，皆學名。申，重也，丁寧反覆之意。善事父母為孝，善事兄長為弟。頒，與斑同。老人頭半

白黑者也。負，任在背。戴，任在首。言民既富而教以孝悌，則知愛親敬長而代其勞，不使之負戴於路矣。帛食肉，但言七十，舉重以見輕也。黎民，黑髮之人，猶秦言黔首也。此章盡法制品節之詳，極裁成輔相之道，以左右民，是王道之成也。衣，烏未切。肉，餘六切。夫音扶。饑音幾。重，直用切。長，上聲。見，形甸切。黔，其廉切。相、左、右，並去聲。

仁者無敵。仁，公理也。行仁則自無敵矣。

以大事小者，樂天者也；以小事大者，畏天者也。樂天者保天下，畏天者保其國。樂，音洛。○天者，理而已矣。大之字小，小之事大，皆理之當然也。自然合理，故曰樂天。不敢違理，故曰畏天。包含徧覆，無不周徧，保天下之氣象也。制節謹度，不敢縱逸，保一國之規模也。覆，敷救切。

君子創業垂統，為可繼也。創，造。統，緒也。君子造基業於前，而垂統緒於後，但能不失其正，令後世可繼續而行耳。並梁惠王。○令，平聲。

得道者多助，失道者寡助。寡助之至，親戚畔之；多助之至，天下順之。公孫丑篇

恭者不侮人，儉者不奪人。

以善服人者，未有能服人者也；以善養人，然後能服天下。天下不心服而王者，未之有也。王，于況切。○服人者，欲以取勝於人；養人者，欲其同歸於善。蓋心之公私小異，而人之向背頓殊，不可不審。背音佩。

舜明於庶物，察於人倫，由仁義行，非行仁義也。物，事物也。明，則有以識其理也。人倫，五品之倫也。察，則有以盡其理之詳也。由仁義行，非行仁義，則仁義已根於心，而所行皆從此出，非勉強行之也。強，上聲。

禹惡旨酒而好善言。湯執中，立賢無方。文王視民如傷，望道而未之見。武王不泄邇，不忘遠。惡、好，並去聲。○戰國策：禹飲儀狄而絕旨酒。書曰：禹拜昌言。執，者守而不失。中者，無過不及之名。立賢無方，惟賢則立之於位，不問其類也。民已安矣，而視之猶若有傷；道已至矣，而望之猶若未至。此文王不自滿足之心也。邇者，人所易狎而不泄；遠者，人所易忘而不忘。此武王德之盛，仁之至也。易，並去聲。

周公思兼三王，以施四事，其有不合者，仰而思之，夜以繼日，幸而得之，坐以待旦。三王，禹、湯、文、武也。四事，上四條之事也。時異勢殊，故其事或有所不合，思而得之，則其理初不異矣。坐以待旦，急於行也。並離婁篇。

堯舜之道，孝弟而已矣。孝弟者，人之良知良能，自然之性也。堯舜人倫之至，亦率是性而已。告子篇

易其田疇，薄其稅斂，民可使富也。食之以時，用之以禮，財不可勝用也。易、斂，並去聲。勝，平聲。○易，治也。疇，耕治之田也。教民節儉，則財用足也。

知者無不知也，當務之為急；仁者無不愛也，急親賢之為務。知者之知，去聲。○知者固無不知，然常以所當務者為急，則事無不治，而其為知也大矣。仁者固無不愛，然常急於親賢，則恩無不洽，而其為仁也博矣。並盡心篇。○不知之知，如字。

家語：子曰：善御民者，一其德法，正其百官，以均齊民力，和安民心。故令不再而民順從，刑不用，是以天地德之，而兆民懷之。一，均也。百官使之正，民力使之平，故號令一出，民皆聽從，故刑不用而天下自治。故天地以為有德，而百姓歸之。執轡篇

國語周劉康公曰：敬所以承命也，恪所以守業也，恭所以給事也，儉所以足用也。

周單襄公曰：夫敬文之恭也，忠文之實也，信文之孚也，仁文之愛也，義文之制也，知文之輿也，勇文之帥也，教文之施也，孝文之本也，惠文之慈也，讓文之材也。（夫音扶。知去聲。○文者德之總名，恭以下其別行也。敬者德之見乎外也。忠自中出，故為德之實。信而不渝，故為德之孚。仁者德之慈愛也。義者德之裁制也。知所以載行文德也。勇以為帥，行其義也。教所以施布德化也。孝以事親，故為德之本。慈，愛也。材，用也。別行之行胡孟切，餘如字。見形甸切。）

曹僖負羈曰：愛親明賢，政之幹也；禮賓矜窮，禮之宗也。

楚伍舉曰：國君服寵以為美，安民以為樂，聽德以為聰，致遠以為明。（樂音洛）

荀子曰：公生明，偏生暗；端慤生通，詐偽生塞；誠信生神，夸誕生惑。此六者，君子慎之。（不苟篇○慤乞約切，塞悉則切）

公平者，職之衡也；中和者，聽之繩也。其有法者以法行，其無法者以類舉，聽之盡也。偏黨而無經，聽之辟也。（辟讀為僻○聽，聽政也。衡所以知輕重，繩所以辨曲直。言君子用公平中和之道，故百事無過也。無經謂無常法。）

選賢良，舉篤敬，興孝弟，收孤寡，補貧窮，如是則庶人安政矣。

君人者，欲安則莫若平政愛民矣，欲榮則莫若隆禮敬士矣，欲立功名則莫若尚賢使能矣，是君人者之大節也。

天地生君子，君子理天地。君子者，天地之參也，萬物之總也，民之父母也。（王制篇）

君者儀也，儀正而景正；君者槃也，槃圓而水圓；君者盂也，盂方而水方。（景影同）

君者，人之源也，源清則流清，源濁則流濁。故有社稷者而不能愛人，不能利人，而求人親愛於己，不可得也。

故知而不仁，不可；仁而不知，不可。既知且仁，是人主之寶也。（君道篇○知去聲）

刑政平而百姓歸之，禮義平而君子歸之。故禮及身而行修，義及國而政明。（致仕篇○行胡孟切）

為人上者，必將慎禮義、務忠信，然後可。此君人者之大本也。（彊國篇）

聖人清其天君，正其天官，備其天養，順其天政，養其天情，以全天功。如是則知其所為，知其所不為矣，則天地官而萬物役矣。（天養之養去聲○天君，心也。天官，耳目口鼻形之五官也。天養，謂飲食衣服，是天使奉養之也。天政，賞罰之政令也。天情，好惡喜怒哀樂也。此言聖人能自修，則可以任天地而役萬物矣。天論篇○好惡並去聲，樂音洛）

修其道，行其義，興天下之同利，除天下之同害，而天下歸之。五

天下者至重也，非至強莫之能任；至大也，非至辨莫之能分；至衆也，非至明莫之能和。此三至者，非聖人莫之能盡，故非聖人莫之能王。王，于況切。○言物之強者，乃能勝重任也。至大則難詳，故非小知所能分別也。天下之人至衆，非至明者不能知其情偽而和輯之也。重大知此，非聖人安能王乎。○正論篇。○勝平聲。小知之知去聲。別必列切

上事天，下事地，尊先祖而隆君師，是禮之三本也。禮論篇

天之生民，非為君也；天之立君，以為民也。故古者列

聖學心法卷一　三十三

地建國，非以貴諸侯而已；列官職，差爵祿，非以尊大夫而已。主道知人，臣道知事。故舜之治天下，不以事詔而萬物成。為去聲。○差，謂等級也。人，謂賢良。事，謂職守。不以事詔告，但委任而已。○大略篇

富有四海，守之以謙。宥坐篇

史記周公曰：政不簡不易，民不肯近；平易近民，民必歸之。易以豉切

說苑太公曰：賢君之治國，其政平，其吏不苛，其賦斂節，其自奉薄，不以私善害公法。政理篇。○苛，寒歌切。斂去聲

成王曰：夫有文無武，無以威下；有武無文，民畏不親。文武俱行，威德乃成；既成威德，民親以服。君道篇。○夫音扶

孔子曰：夫以公與天下，其德大矣。推之於此，刑之於彼，萬姓之所戴，後世之所則也。指武篇。○夫音扶

晉叔向曰：古者聖王貴德而務施，慎刑辟而趨民時。貴德篇。○辟，毗亦切

師曠曰：人君之道，清靜無為，務在博愛，趨在任賢，廣開耳目，以察萬方，不固溺於流俗，不拘繫於左右，廓然遠見，踔然獨立，屢省考績，以臨臣下。此人君之操也。溺，女力切。踔，尺約切。省，悉井切

尹文曰：人君之事，無為而能容下。夫事寡易從，法省易因，故民不以政獲罪也。大道容衆，大德容下，聖人寡

聖學心法卷一　三十四

為而天下理矣。並君道篇。○夫音扶。易以豉切

劉向曰：水濁則魚困，令苛則民亂，城峭則必崩，岸竦則必阤。故夫治國，譬若張琴，大絃急則小絃絕矣。故曰急轡銜者，非千里御也。峭，七肖切。竦音悚。阤音矢。夫音扶

聖王先德教而後刑罰，立榮恥而明防禁，崇禮義之節以示之，賤貨利之弊以變之，修近理內，政橛機之禮，壹妃匹之際，則莫不慕義禮之榮，而惡貪亂之恥。其所由致之者，化使然也。橛，其月切。惡去聲。○政，正也。橛，門梱也。機，客也。政橛機之禮者，謹內外之別也。○並政理篇。○梱，苦本切。別，必列切

王者知所以臨下而治衆，則群臣畏服矣；知所以聽

言受事則不欺，赦矣。知所以安利萬民，則海內必定矣。

道之所在，天下歸之；德之所在，天下貴之；仁之所存，天下愛之；義之所在，天下畏之。孟叢談篇

新序楚令尹曰：天道無親，惟德是輔。君有仁德，天之所奉也。

劉向曰：先王之所以拱揖指揮而四海賓者，誠德之至已形於外也。孟雜事篇

揚子曰：適堯舜文武為正道，非堯舜文武者為他道。君子正而不他。問道篇

聖人存神索至，成天下之大順，致天下之大利，和同天人之際，使之無間者也。間去聲。○至者事之極致。成大順者謂使上下各安其分，致大利者謂使萬物各得而不害也。問神篇。○分去聲

導之以仁，則下不相賊；涖之以廉，則下不相盜；臨之以正，則下不相詐；修之以禮義，則下多德讓。先知篇

天地之得斯民也，斯民之得一人也，一人之得心矣。天地之本在得斯民而生之，斯民之衆在得一人而治之，一人之貴在得民心而後能長久也。

天下為大，治之在道，不亦小乎？四海為遠，治之在心，不亦邇乎。

君人者務在殷民阜財，明道信義，致帝者之用，成天地之化。殷。富。阜。盛也。信。義。行義使民信之也。帝者之用。極其事業也。世孝孟篇

文中子曰：古之為政者，先德而後刑，故其人悅以恕。王道篇

推之以誠，則不言而信；鎮之以靜，則不行而謹。惟有道者能之。周公篇

仁義其教之本乎？先王以是繼道德而興禮樂也。禮樂篇

漢申公曰：為治者不在多言，顧力行何如耳。

董仲舒曰：貴為天子，富有四海，行高而恩厚，知明而意美，愛民而好士，可謂誼主矣。行胡孟切。知、好並去聲

王者上謹於承天意，以順命也；下務教化民，以成性

也；正法度之宜，別上下之序，以防欲也。修此三者而大本舉矣。別必列切

為人君者，正心以正朝廷，正朝廷以正百官，正百官以正萬民，正萬民以正四方。四方正，遠近莫不一於正，而無有邪氣奸其間者。是以陰陽調而風雨時，群生和而萬民殖，諸福之物、可致之祥莫不畢至，而王道終矣。朝音潮。奸音干

公孫弘曰：人主和德於上，百姓和合於下，故心和則氣和，氣和則形和，形和則聲和，聲和則天地之和應矣。故陰陽和，風雨時，五穀登，六畜蕃，山不童，澤不涸，此

和之至也。應去聲涸蜀各切
因能任官則分職治。去無用之言則事情得。不作無用之器則賦斂省。不奪民時不妨民力則百姓富。有德者進無德者退則朝廷尊。有功者上無功者下則群臣逡。罪當罪則奸邪止。賞當賞則臣下勸。並通鑑綱目○去上聲斂去聲朝音潮逡七倫切

司馬遷曰。安危在出令。存亡在所任。史記

匡衡曰。欽翼祗栗事天之容也。溫恭敬遜承親之禮也。正躬嚴恪臨衆之儀也。嘉惠和悅饗下之顏也。舉錯動作物遵其儀。故形為仁義動為法則。西漢書本傳○錯倉故切

治天下審所上而已。教化之流非家至而人說之也。賢者在位能者布職。朝廷崇禮百僚敬讓。道德之行由內及外。自近者始。然後民知所法。遷善日進而不自知也。說如字朝音潮

王吉曰。宣德流化必自近始。朝廷不備難以言治。左右不正難以化遠。朝音潮

虞詡曰。法禁者俗之隄防。刑罰者民之銜轡。銜胡巖切轡兵媚切

李固曰。夫人君有政猶水之有隄防。隄防完全雖遭霖潦不能為變。夫音扶潦魯皓切

荀悅曰。為政之術先屏四惡乃崇五教。偽亂俗私壞法放越軌奢敗制。四者不除則政末由行矣。是謂四患。興農桑以養其生。審好惡以正其俗。宣文教以章其化。立武備以秉其威。明賞罰以統其法。是謂五政。屏陂病切好惡並去聲

崔寔曰。為國之法有似治身。平則致養疾則攻焉。夫刑罰者治亂之藥石也。德教者興平之粱肉也。夫以德教除殘是以粱肉治疾也。以刑罰治平是以藥石供養也。養去聲夫音扶

蜀諸葛亮曰。治世以大德不以小惠。並通鑑綱目

魏王基曰。夫志正則衆邪不生。心靜則衆事不躁。思慮審

定則教令不煩。親用忠良則遠近悅服。本傳○夫音扶

傅嘏曰。建官均職清理民物所以立本也。循名考實糾勵成規所以治末也。本傳

吳諸葛恪曰。帝王之尊與天地同位。是以家天下。通鑑綱目

晉孫盛曰。帝王之寶惟道與義。道義既建雖小可大。蜀書宗預傳

劉頌曰。天下至大萬事至衆。是以聖王執要於己委務於下。非憚勞而好逸。誠以政體宜然也。通鑑綱目○好去聲

後周蘇綽曰。為國之道當愛人如慈父訓人如嚴師。本傳

唐太宗曰。安天下者必須先正其身。未有身正而影曲上

理而下亂也。貞觀政要

夫人者國之先。國者君之本。人主之體如山嶽焉。高峻而不動。如日月焉。貞明而普照。兆庶之所瞻仰。天下之所歸往。寬大其志。足以兼包。平正其心。足以斷制。非威德無以致遠。非慈厚無以懷人。撫九族以仁。接大臣以禮。奉先思孝。處位思恭。傾己勤勞。以德行義。此乃君之體也。夫音扶 斷都玩切 處上聲 行如字

夫君者儉以養性。靜以修身。儉則人不勞。靜則下不擾。並帝範 夫音扶

為國之要。在於進賢退不肖。賞善罰惡。至公無私。

指殿屋謂侍臣曰。治天下如建此屋。營構既成。勿數改易。苟易一栱。正一瓦。踐履動搖。必有所損。若慕奇變法。不恒其德。勞擾實多。數色角切 栱居竦切

魏徵曰。求木之長者。必固其根本。欲流之遠者。必浚其泉源。思國之安者。必積其德義。浚須閏切

君所以明者。兼聽也。其所以暗者。偏信也。

為國之基。必資於德禮。君之所保。惟在於誠信。誠信立。則下無二心。德禮形。則遠人斯格。並貞觀政要

人主誠能見可欲。則思知足。將興繕。則思知止。處高危。則思謙降。臨滿盈。則思抑損。遇佚樂。則思撙節。在宴安。則思後患。防壅蔽。則思延納。疾讒邪。則思正己。行爵賞。則思因喜而僭。施刑罰。則思因怒而濫。兼是十思而選賢任能。則可以無為而治矣。通鑑綱目 處上聲 佚弋質切 樂音洛 撙祖本切 壅尹竦切

張蘊古曰。大明無私照。至公無私親。故以一人治天下。不以天下奉一人。大寶箴

陸贄曰。古先聖王之居人上也。必以其心從天下之心。而不敢以天下之人從其欲。

君人之道。子育為心。雖深居九重。而慮周四表。雖恒處安樂。而憂及困窮。重平聲 處上聲 樂音洛

君天下者。必以天下之心為心。而不私其心。以天下之耳目為耳目。而不私其耳目。故能通天下之志。盡天下之情。

思知兼納。洪纖靡遺。蓋之如天。容之如地。垂旒黈纊而黜其聰察。匿瑕藏疾而務於包含。不示威而人畏之如雷霆。不用明而人仰之如日月。此天子之德也。知去聲 旒音流 黈他斗切 纊苦謗切 瑕音遐

惠而罔威。則不畏。威而罔惠。則不懷。

其接下也。待之以禮。煦之以和。虛心以盡其言。端重以詳其理。不御人以給。不自眩以明。不以先覺為能。

不以臆度為智。不形好惡以拾諂。不大聲色以示威。煦吁句切。眩熒絹切。臆伊昔切。度待洛切。好惡並去聲。

位尊者其患不可以不重。言大者其實不可以不豐。

不責人於朝夕之效。不計事於尺寸之差。

德合天者謂之皇。德合地者謂之帝。德合人者謂之王。父天母地以養人理物而各得其所宜者謂之天子。

總天下之知以助聰明。順天下之心以施教令。並奏議。○知去聲

杜黃裳曰。王者上承天地宗廟。下撫百姓四夷。夙夜憂

勤。固不可自暇逸。然上下有分。紀綱有序。苟慎選賢才而委任之。有功則賞。有罪則刑。則誰不盡力。分去聲

裴洎曰。除天下之害者。常受天下之利。共天下之樂者。常享天下之福。並唐書。○樂音洛

韓愈曰。聖人一視而同仁。篤近而舉遠。

聖君以奉天為心。

道莫大乎仁義。教莫大乎禮樂刑政。施之於天下。萬物得其宜。措之於其躬。體安而氣平。

善醫者。不視人之肥瘠。察其脈之病否而已矣。善計天下者。不視天下之安危。察其紀綱之理亂而已矣。並文集。○瘠秦昔切

柳宗元曰。聖人之所以立天下。曰仁義。仁主恩。義主斷。恩者親之。斷者宜之。而理道畢矣。文集。○斷都玩切

劉蕡曰。為君者所發必正言。所履必正道。所居必正位。所近必正人。本傳。

李德裕曰。人君之德。莫大於至明。明以照奸。則百邪不能蔽矣。唐書。

宋太宗曰。治國之道。在乎寬猛得中。寬則政令不成。猛則民無所措手足。言行錄。

韓維曰。常以利民為本。則民富。常以憂民為心。則民樂。

賦役非人力所堪者去之。則勞困息。法禁非人情所便者蠲之。則欝塞通。本傳。○樂音洛。去上聲。蠲圭玄切。欝紆勿切。塞悉則切

張詠曰。為政。信及於民。然後教之。言及於義。然後勸之。動而有禮。然後化之。靜而無私。然後民安而樂其業矣。言行錄。○樂音洛

歐陽脩曰。為人君者。以細務而責人。專大事而獨斷。此致治之要術也。納一言而可用。雖衆說不得以沮之。此力行之果斷也。知此二者。天下無難治矣。文集。○斷都玩切。沮再呂切

周子曰。聖人在上。以仁育萬物。以義正萬民。

仁義禮智四者。動靜言貌視聽無違之謂純心。純心則
賢才輔。賢才輔則天下治。純心要矣。用賢急焉。
治天下有本。身之謂也。治天下有則。家之謂也。本必
端。端本誠心而已矣。則必善。善則和親而已矣。
治天下觀于家。治家觀身而已矣。身端心誠之謂也。
聖人之道。仁義中正而已矣。
公於己者公於人。未有不公於己而能公於人者。明
不至則疑生。明無疑也。謂能疑為明。何啻千里。並通書。
啻昌智切
豐稷曰。一動於深宮之中。思以為則於四海之內。一言

於細氊之上。思以為法於千載之下。則化行俗美。中
國安遠人服矣。言行錄
司馬光曰。天子之於萬國。能褒善而黜惡。抑强而輔弱。
撫服而懲違。禁暴而誅亂。然後發號施令而四海之
內莫不率從也。褒博毛切　黜敕律切
王者以仁義為麗。道德為威。
王者以大庇生民為仁。安固基業為孝。仁孝之道。莫
大於此。
選賢而進之。量能而任之。成功者賞。敗官者誅。此則
人君之職也。

人君之尊與天地同體。以剛健為德。以重厚為威。照
微當如日月。發言當如雷霆。
人君之職謂何。量材而授官一也。度功而加賞二也。
審罪而行罰三也。材有短長。故官有能否。功有高下。
故賞有厚薄。罪有大小。故罰有輕重。此三者。人君所
當用心。度待洛切
善為國者不欺其民。
天子統三公。三公率諸侯。諸侯制卿大夫。卿大夫治
士庶人。貴以臨賤。賤以承貴。而君臣之分。猶天地之
不可易。然後上下相保而國治安。分去聲

寬而疾惡。嚴而原情。政之善者也。
為政在順民心。苟民之所欲者與之。所惡者去之。如
決水於高原之上。以注川谷。無不行者。苟或不然。逆
阪走丸。雖竭力以進之。其復走而下。可必也。並文集　○惡去
聲　去上聲　阪甫板切
天下未嘗無事也。在人君思與不思而已矣。思之則
治平。不思則亂危。
教化國家之急務也。而俗吏慢之。風俗天下之大事
也。而庸君忽之。夫惟明智君子。深識長慮。然後知其
為益之大。而收功之遠也。夫音扶

信者人君之大寶也。國保於民，民保於信。並通鑑綱目

蘇頌曰：人主之視聽聰明，不可有所嚮，有所嚮則偏，偏則為大患矣。今守成之際，應之以無心，則天下無不治矣。言行録。應去聲

蘇軾曰：古之聖人將有為也，必先處晦而觀明，處靜而觀動，則萬物之情畢陳于前。處上聲

王者之所宜先者德也，所宜後者刑也；所宜先者義也，所宜後者利也。

成事在理不在勢，服人以誠不以言。理之所在，以為則成，以禁則止，以賞則勸，以言則信。

非德之威，雖猛而人不畏；非德之明，雖察而人不服。

聖人之治天下也，寬猛相資，君臣之間，可否相濟。

操其要，治其本，恭己無為，而物莫不盡其天理。操平聲

聖王之治天下，使天下之事各當其處而不相亂，天下之人各安其分而不相躐，然後天子得優游無為而制其上。當去聲 處上聲 分去聲

夫使聖人無權，則無以成天下之務；無機，則無以濟萬世之功。並文集 夫音扶

蘇轍曰：聖人欲有其富，則保之以儉；欲久其尊，則守之以謙；欲安其佚，則行之以勞；欲得其欲，則濟之以無欲。

聖人之為天下，不務逆人之心。人心之所向，因而順之；人心之所去，因而廢之，故天下樂從其所為。樂音洛

善治天下者，必明於天下之情，而後得御天下之術。並文集

邵子曰：用天下之目為目，其目無所不觀矣；用天下之耳為耳，其耳無所不聽矣；用天下之口為口，其口無所不言矣；用天下之心為心，其心無所不謀矣。心學

程子曰：君道以至誠仁愛為本。

天之生民，必有出類之才起而君長之，治之而爭奪

息，道之而生養遂，教之而倫理明，然後人道立，天道成，地道平。並文集 長上聲

治民者，導之敬讓而爭自息。

治身齊家以至平天下者，治之道也；建立治綱，分正百職，順天時以制事，至於創制立度，盡天下之事者，治之法也。聖人治天下之道，唯此二端而已。並遺書

張子曰：能通天下之志者，為能感人心。聖人同乎人而無我，故和平天下，莫盛於感人心。正蒙

胡安國曰：為國以義不以利。如以利，則上下交征而國必危矣。為己以義不以利，如以利，則患得患失，亦無

所不至矣。

舉動人君之大節，賢哲量之以行藏其道，奸邪窺之以作止其惡，四鄰望之以厚薄其情，故有國者必謹於禮而後動，此守身之本，保國之基也。（並春秋傳　量平聲）

范祖禹曰：君人者如天運於上，而四時寒暑各司其序，則不勞而萬物遂矣。

朝廷者四方之極也，非至公無以絕天下之私，非至正無以止天下之邪。（朝音潮）

事親則思孝，居處則思敬，動作則思禮，祭祀則思誠，服用則思儉，養民則思仁，使人則思恕，心則思道，視則思正，當食則思天下之飢，當衣則思天下之寒。（處上聲）

人君惟恭儉寡欲，則邪諂無自而入矣。一有所蔽，鮮不為惑也。（諂丑琰切　鮮上聲）

先王之治必反求諸己，己正而物莫不應矣。（應去聲）

為治者唯能省力役，薄賦斂，務本抑末，尚儉去奢，占田有限，困窮有養，使貧者足以自立，富者不得兼之，則均天下之本也。不然，雖有法令，徒文具而已，何益於治哉。（斂去聲　去上聲　養如字）

治天下之繁者必以至簡，制天下之動者必以至靜。

（並通鑑綱目）

張浚曰：以至公存心，惻怛哀矜，思天下之所以困窮，生民之所以塗炭，自反自咎，身任其責，便佞之惑耳者去之，美麗之悅目者遠之，以至於衣服飲食，亦惟菲薄之務，淡然漠然，視天下無足以動吾心者，而專以宗社生靈為念。苟言之非有益於宗社生靈者弗言也，苟思之非有益於宗社生靈者弗思也，持之以堅，行之以久，乾乾不息，則上可以動天，下可以格人。（朱子文集　○怛當割切　便平聲　去上聲　遠去聲）

胡寅曰：為天養人者，天子之職也。（為去聲）

人主之德莫加乎孝，其剛莫先乎無欲，其明莫要乎知君子小人之辨。

人君既得賢才布之列矣，於是朝以聽政，則公卿在前，史在左右，諫諍七人，訓告教誨，而無怠朝矣；晝以訪問，則監于成憲，學于古訓，多識前言往行，與萬民之疾苦，而無怠晝矣；夕以修令，則思夫應違，慮夫榮辱，慎而後出，而無怠夕矣。而又無淫逸遊畋，有銘戒箴規，又有賢妃淑女，警戒相成，昧爽丕顯，坐以待旦，此乃憂勤之事，乃所以端拱無為也。（識音志　行胡孟切　夫音扶　應去聲）

帝王之德莫不本於格物致知，以誠其意，正心修身

以齊其家。若夫正朝廷。正百官。以正萬民。則自是而推之耳。(夫音扶 朝音潮)

人主必昭儉德以照臨百官。清心寡欲。不殖貨利而用君子立乎朝廷。則寵賂之門自塞矣。(朝音潮 賂音路 塞悉則切)

人君莫大乎修身。而修身莫先於寡欲。欲誠不行。則心虛而善入。氣平而理勝。動無非禮。事無不善。唐虞之治。不越此矣。(並通鑑綱目)

太平之君。惟無欲。然後能持盈守成也。

修德者務細行。圖治者防未然。君子所以貴於見幾而作。(並讀史管見○行胡孟切 幾音機)

胡宏曰。聖人執天之機。惇叙五典。庸秩五禮。順是者章之以五服。逆是者討之以五刑。調理萬物。各得其所。

人君盡下。則聰明開。而萬里之遠親於袵席。偏信則昏亂。而父子夫婦之間有遠於萬里者矣。人君欲救偏信之禍。莫先於窮理。莫善於寡欲。窮理寡欲。交相發者矣。(袵忍審切)

義理群生之性也。義行而理明。則群生歸仰矣。愛敬兆民之心也。敬立而愛施。則人心誠敬矣。感應鬼神之情性也。誠則能動。而鬼神來格矣。(應去聲)

天下有三大。大本也。大幾也。大法也。大本。一心也。大幾。萬變也。大法。三綱也。有大本。然後可以有天下。見大幾。然後可以取天下。行大法。然後可以理天下。(幾音機)

聖人者。以一人理億兆之德性。息其爭奪。遂其生養者也。

誠者天之道也。心涵造化之妙。則萬事畢應於彼。夫懷之以恩。令之以義。憚之以威。結之以信者。末矣。(應去聲 夫音扶)

人君不可不知乾道。不知乾道。是不知君道也。君道何如。曰天行健。人君不可頃刻忘其君天下之心也。

如天之行。一息或不繼。則天道壞矣。

聖人周萬務而無為。故博施濟衆。不期應於物而物應。功用配天地。悠久無疆。而人道立矣。(施應並去聲)

聖人尚賢。使民知勸。教不能。使民不爭。處之以義。而理得。則人不亂。臨之以敬。而愛行。則物不爭。守之以正。行之以中。則事不悖。而天下理矣。(處上聲 悖音佩)

為天下者。必本於理義。理也者。天下之大體也。義也者。天下之大用也。理不可以不明。義不可以不精。理明然後紀綱可正。義精然後權衡可平。紀綱正。權衡平。則萬事治。百姓服。四海同。

由道義而不舍。禁勢力而不行。則人心服。天下安。舍音捨

聖人順萬物之性。惇五典。庸五禮。章五服。用五刑。賢愚有別。親疏有倫。貴賤有序。高下有等。輕重有權。體萬物而昭明之。各當其用。一物不遺。聖人之教。可謂至矣。並胡子知言○悖補昆切別必列切當去聲

良心光於一身。通於天地。宰制萬物。統攝億兆之本也。宋史

陳邦彥曰。仁德者治之本也。功利者治之效也。大有為之君。務其本而效自至。未有無其本而效至者也。

黃中曰。用人而不自用者。治天下之要道也。以公議進退人才者。用人之要道也。察其正直納忠阿諛順旨者。辨君子小人之要道也。廣開言路者。防壅蔽之要道也。考核事實者。聽言之要道也。量入為出者。理財之要道也。精選監司者。理郡邑之要道也。痛懲贓吏者。恤民之要道也。求文武之臣。面陳方略者。選將帥之要道也。稽考兵籍者。省財之要道也。監平聲當去聲稽堅奚切

陳俊卿曰。為國之要有三。曰用人。曰賞功。曰罰罪。而所以行之者一。曰至公而已。

人主以兼聽為美。而存心必本於至公。並朱子文集

虞允文曰。人君必畏天。必安民。必法祖宗。宋史

孝宗勉曰。守公道以悅人心。行實政以興治功。謹命令以一觀聽。明賞罰以示勸懲。並通鑑綱目

李侗曰。治道必以明天理。正人心。崇節義。厲廉恥為先。本末備具。可舉而行。非特空言而已。

朱子曰。政者為治之具。刑者輔治之法。德禮者出治之本。而德又禮之本也。

凝情恭默。深監古先。日與大臣講求政理。可否相濟。惟是之從。必使發號施令。無一不出乎朝廷。進退人

才。無一不合乎公論。不為偏聽。以啓私門。則聖德日新。聖治日起。而天人之應。不得違釁孽之萌不得作矣。朝音潮應去聲釁許應切孽魚列切

天地之大。無不生育。固為萬物之父母矣。人於其間又獨得其氣之正。而能保其性之全。故為萬物之靈。若元后者。則於人類之中。又得其正氣之盛。而能保其全性之尤者。是以能極天下之聰明。而出乎人類之上。以覆冒而子畜之。是則所謂作民父母者也。覆敷救切畜許六切

古先哲王欲明其德於天下者。莫不一以正心為本。

天下之事在於一人而一人之身其主在於一心故人主之心一正則天下之事無有不正人主之心一邪則天下之事無有不邪

綱紀不能以自立必人主之心術公平正大無偏黨反側之私然後綱紀有所繫而立君心不能以自正必親賢臣遠小人講明義理之歸閉塞私邪之路然後乃可得而正也（並文集○遠去聲塞悉則切）

此心曠然無一毫私意直與天地同量便有天下為一家中國為一人底意思（心學○思去聲）

張敬夫曰德者所以為民極也

國之所以為國者以天敘天秩實維持之也為國者志存乎典禮則孝順和睦之風興協力一心尊君親上其強執禦焉（性理群書）

善政立而後善教可行所謂富而教之也（心學）

先王之治所以建事立功無不如志以其服中之誠足以感格天人之心而與之無間也（朱子文集○間去聲）

蔡沉曰二帝三王之治本於道二帝三王之道本於心得其心則道與治固可得而言矣（書序）

劉珙曰人君能循天下之理然後有以得天下之心而立天下之事然非至誠虛己兼聽並觀使在我者空洞清明而無一毫物欲之蔽亦未有能循天下之理者也（朱子文集）

廖剛曰若意誠心正以照臨百官則是非不紊奸邪洞見天下之弊可次第革矣（言行錄）

真德秀曰聖明之君德度如天媢之而不喜激之而不怒者其庶免於讒賊之害乎（讒鉏咸切）

為人上者心正意誠私邪不能蔽公聽並觀信任無所倚則魑魅讋於震霆雨雪消於見晛雖有善為讒者且不敢為矣此人主守約之方也（魑魅音癡昧讋質涉切晛音現）

人君為天下民物之主痒痾疾痛孰非同體故君道必主於仁而為仁必極其至（痒移章切痾於何切）

為人君者不以己之樂為樂而以天下之樂為樂不以己之憂為憂而以天下之憂為憂（樂音洛）

人主之心養之以理義則明蔽之以物欲則昏

人主之心與天地相為流通而善惡吉凶之符甚於影響

居中而制萬事者心也古先聖王必於此乎用力故一心正而萬事莫不正

有修德之實心然後有修德之實事有愛民之實心然後有愛民之實事未有無是心之實而能有其事

之實者也。並大學衍義

湯漢曰。任天下之大。立心不可不公。守天下之重。持心不可不敬。本傳

趙景緯曰。清其天君。以端出治之源。謹其號令。以肅紀綱之本。毋牽於私恩而撓公法。毋遷於迩言以亂舊章。宋史

呂祖謙曰。人主常與慈祥篤實之人。處其所以興起善端。涵養德性。鎮其躁而消其邪。日改月化。有不在言語之間者矣。心學。處上聲

心學曰。天地以生物為心。聖賢以生民為心。

吾心存養于中。天德也。擴充于外。王道也。天德貴乎存養。而莫先乎慎獨。王道貴乎擴充。而莫大乎絜矩。擴苦郭切 絜奚結切

君臣同心。君民同心。天下治矣。同則治。異則亂。是故大同之為貴。

人君心有所主。靜而寡欲。動必循理。則志氣清明。處事無失。處上聲

人君皆思所以平天下也。然必心平而後政平。政平。則事無不平。而天下治平矣。

雨露無心於潤物也。而物無不潤。雨露不自以為潤也。日月無心於照物也。而物無不照。日月不自以為明也。人君臨照天下。潤澤生民。其心之妙用。即造化之妙用矣。

人君之心。未有不以生民為心者也。一有以蔽之。則不能推此心于天下。而不得以遂其生者衆矣。

人主一心。經綸天下。一日萬幾。無非天事也。朝夕存養。威神流通。榮衛然後澄心靜慮。簡以御煩。靜以制動。寡以服衆。則天事皆可從而理矣。幾音機

人君無常心。民憂亦憂。民樂亦樂。惟以民心為心而已。樂音洛

人君上合天心。下得人心。有道乎。曰有。敬而已。

人君之治天下也。必本於理義。理也者。心之全體也。義也者。心之大用也。理不可以不明。義不可以不精。上而三代。下而秦漢。三國。東西晉。南北朝。以至于隋唐五代。宋遼金元。其興起也。未有不心存乎理義。其敗亡也。未有不心汩於利欲。

帝王以仁義為心。霸者專尚詐力。心術先壞。豈能正人。

政者正也。所以正人之不正也。知所以正其心。則其身正矣。法制禁令云乎哉。

易之臨卦六五之爻辭曰。知臨。大君之宜吉。孔子於小象獨以行中之謂釋大君之宜。何哉。為君不患其不知也。知而非中。失之過則或苛察以為知。失之不及則或未有所知而自以為知。皆非君道之當然也。舜之大知而曰用中。湯之勇智而曰建中。大君之宜必如此然後稱也。天下之大。豈知力所能與於其間哉。秦隋之主徒以術數相牢籠。以權謀詐力相雄長。亦自謂知矣。而不知大君之體不如是也。吾聖人之所謂知臨。非徒知術之恃。惟行中之為貴。此大君所以不可不明心學也。所知知大之知如字餘並去聲苛寒歌切稱與並去聲

聖學心法卷一

聖學心法卷二

君道

學問

易曰。庸言之信。庸行之謹。閑邪存其誠。善世而不伐。德博而化。行胡孟切邪似嗟切○常言亦信常行亦謹盛德之至也閑邪存誠謂邪既閑則誠存矣亦無斁亦保之意也善世而不伐謂不有其善德博而化則正己而物正矣皆大人之事也斁音亦

君子進德脩業。忠信所以進德也。脩辭立其誠。所以居業也。知至至之。可與幾也。知終終之。可與存義也。幾音機○內積忠信所以進德也擇言篤志所以居業也知至至之致知也求知所至而後至之知之在先故可與幾知終終之力行也既知所終則力進而終之守之在後故可與存誠此學之始終也

君子學以聚之。問以辨之。寬以居之。仁以行之。學聚問辨脩德也寬居仁行居業也並乾文言

直方大。不習無不利。其德內直外方而又盛大不待學習而無不利也坤爻辭

君子敬以直內。義以方外。敬義立而德不孤。君子主敬以直其內守義以方其外敬立而內直義形而外方則其德盛矣德不孤之謂也坤文言

蒙以養正。聖功也。未發之謂蒙以純一未發之蒙而養以正乃作聖之功也蒙彖傳

剛健篤實輝光。日新其德。乾體剛健艮體篤實人之才剛健篤實則所畜能大充實而有輝光畜之不已則其德日新也大畜彖辭

天在山中。大畜。君子以多識前言往行。以畜其德。畜勑

六切。識音志。行胡孟切。○天為至大。而在山之中。所畜至大之象。君子觀象以大其蘊畜。人之蘊畜由學而大。在多聞前古聖賢之言與行。考跡以觀其用。察言以求其心。識而得之以畜成其德。乃大畜之義也。大畜象傳

地中生木升。君子以順德。積小以高大。木生地中。長而上升。為升之象。君子觀象以順脩其德。積累微小以至高大也。升象傳。○長上聲。累魯猥切。

麗澤兌。君子以朋友講習。兌徒外切。○兩澤相麗。交相浸潤。互有滋益之象。故君子觀其象。而以朋友講習。互相益也。兌象傳

與天地相似。故不違。知周乎萬物。而道濟天下。故不過。旁行而不流。樂天知命。故不憂。安土敦乎仁。故能愛。知去聲。樂音洛。○此聖人盡性之事也。天地之道。知仁而已。知周萬物者。天也。道濟天下者。地也。知且仁則知而不過矣。旁行者。行權之知也。不流者。守正之仁也。既樂天理。而又知天命。故能不憂。而其知益深。隨處皆安。而無一息之不仁。故能不忘其濟物之心。而仁益篤。蓋仁者愛之理。愛者仁之用。故其相為表裏如此。

日新之謂盛德。日新者。久而無窮也。

精義入神。以致用也。利用安身。以崇德也。精研其義。至於入神。乃所以為出而致用之本。利其施用。無適不安。乃所以為入而崇德之資。內外交相養。互相發也。並繫辭

書舜曰。人心惟危。道心惟微。惟精惟一。允執厥中。心者。人之知覺。主於中而應於外者也。指其發於形氣者而言。則謂之人心。指其發於義理者而言。則謂之道心。人心易私而難公。故危。道心難明而易昧。故微。惟能精以察之。而不雜於形氣之私。一以守之。而純乎義理之正。使道心常為之主。而人心每聽命焉。則危者安。微者著。動靜云為。自無過不及之差。而信能執其中矣。

書大禹謨。○慝去聲。易以豉切。

仲虺曰。能自得師者王。謂人莫己若者亡。好問則裕。自用則小。虺許偉切。好去聲。○隆師好問。則德尊而業廣。自賢自用者反是。自得師者。真知己之不足。人之有餘。委心聽順。而樂挹進之之謂也。商書仲虺之誥

伊尹曰。若虞機張。往省括于度則釋。欽厥止。省息井切。括古活切。○虞。虞人也。機。弩牙也。括。矢括也。度。法度。射者之所準望者也。釋。發也。言若虞人之射。弩機既張。必往察其括之合於法度。然後發之。則發無不中矣。欽者。肅恭收斂。止者。心之所止。此賢君之事。學而知之者也。中去聲

若升高必自下。若陟遐必自邇。此告以進德之序也。中庸論君子之道。亦謂辟如行遠必自邇。辟如登高必自卑。進德脩業之喻。未有如此之切者。並商書太甲

德無常師。主善為師。善無常主。協于克一。無常者。不可執一之謂。師。法。協。合也。德者。善之總稱。善者。德之實行。一者。其本原統會者也。德兼眾善。不主於善。則無以得萬殊之理。善原於一。不協于一。則無以達萬殊一本之妙。謂之克一者。能一之謂也。博而求之於不一之善。約而會之於至一之理。此聖學始終條理之序也。商書咸有一德。○行去聲

傅說曰。王人求多聞。時惟建事。學于古訓。乃有獲。事不師古。以克永世。匪說攸聞。說音悅。○求多聞者。資之人。學古訓者。反之己。古訓者。古先聖王之訓也。說稱王而告之曰。人求多聞者。是惟立事。然必學古訓。深識義理。然後有得。不師古訓。而能長治久安者。非說所聞。甚言無此理也。

惟學遜志。務時敏。厥脩乃來。允懷于茲。道積于厥躬。

惟斆學半。念終始典于學。厥德脩罔覺。斆胡教切。○遜謙抑也。

專力也。時敏者。無時而不敏也。遜其志。如有所不能敏於學。如有所不及。則其所脩如泉始達。源源乎其來矣。茲此也。篤信而深念乎此。則道積于身。不可以一二計矣。斆敎也。言教人居學之半。一念終始常在於學。無少間斷。則德之所脩。有不知其然而然者矣。並商書說命○間去聲

召公曰。不矜細行。終累大德。為山九仞。功虧一簣。行胡孟切

簣求位切○矜。矜持之矜。八尺曰仞。細行。猶言小節也。小節所損甚大。譬若為山。一簣之虧。是山未成也。人主常持未成之心。於既成之日。此見純亦不已之意。周書旅獒

多方曰。惟聖罔念作狂。惟狂克念作聖。聖。通明之稱。言聖而罔念。則為狂矣。愚而能念。則為聖矣。周書

詩曰。如切如磋。如琢如磨。磋七河切○切以刀鋸。琢以椎鑿。皆裁物使成形質也。磋以鑢鍚。磨以沙石。皆治物使其滑澤也。治骨角者。既切而復磋之。治玉石者。既琢而復磨之。皆言其治之有緒。

而益致其精也。蓋如切如磋者。言道學。謂講習討論之事。如琢如磨者。言自脩。謂省察克治之功。衛風淇澳○鍚居御切○椎直追切○鑢良據切○鍚他浪切○復扶又切○省息井切

日就月將。學有緝熙于光明。將。進。緝。續。熙。明也。言日有所就。月有所進。又續而明之。以至於光明也。周頌敬之篇

思無邪。思無邪者。誠也。蓋詩之言。美惡不同。或勸或懲。皆有以使人得其性情之正。學者誠能深味其言。而審於念慮之間。必使無所思而不出於正。則日用云為。莫非天理之流行矣。魯頌駉篇

春秋左氏傳曰。忠。德之正也。信。德之固也。卑讓。德之基也。盡心為忠。此君德之正大也。盡心待人為信。此君德之堅固也。謙遜卑讓。此君德之基本也。文公元年○為民之為去聲

同劉康公曰。民受天地之中以生。所謂命也。是以有動作禮義威儀之則。以定命也。中。大中之理也。凡民皆受天地大中之理以生。即上天所賦之命也。則。法也。聖人因天理之自然而為之節文。所以安定上天所賦之命。而決之勿失也。成公十三年

鄭子駟曰。信者。言之瑞也。善之主也。誠信之道。言語之符瑞。為善之宗主也。襄公九年

禮記曲禮曰。毋不敬。儼若思。安定辭。安民哉。毋。禁止之辭。儼。矜莊貌。禮主於敬。人之坐思。貌必儼然也。安定辭者。審言語也。二者既盡。則可以安民矣。

學記曰。君子之於學也。藏焉。脩焉。息焉。遊焉。藏焉脩焉。則所習者專而志不分。息焉遊焉。則所養者純而藝愈熟。故其學易成也。易以豉切

君子知至學之難易而知其美惡。然後能博喻。能博

喻然後能為師。能為師然後能為長。能為長然後能為君。易以豉切。長上聲○至學。至於學也。鈍者至之難。敏者至之易。美者向道。不美者叛道。知乎此然後能博諭。謂循循善誘。不拘一塗也。長者。一官之長。君則一國之君也。言為君之道。皆自務學充之耳。

大戴禮曾子曰。君子攻其惡。求其過。彊其所不能。去私欲。從事於義。可謂學矣。君子愛日以學。及時以行。難有弗辟。易有弗從。唯義所在。彊去並上聲○辟音避易以豉切

君子博學而孱守之。微言而篤行之。行必先人。言必後人。孱鉏山切○孱。小貌。不務大也。行必先人。敏於行也。並曾子立事篇

積土成山。風雨興焉。積水成川。蛟龍生焉。積善成德。神明自傳。聖心備矣。是故不積跬步。無以致千里。不

積小流無以成江海。勸學篇○跬，犬蘂切

論語：子曰：君子不重則不威，學則不固。重，厚重。威，威嚴。固，堅固也。輕乎外者，必不能堅乎內。故不厚重，則無威嚴，而所學亦不堅固也。

有子曰：禮之用，和為貴。先王之道，斯為美，小大由之。有所不行，知和而和，不以禮節之，亦不可行也。禮者，天理之節文，人事之儀則也。和者，從容不迫之意。蓋禮之為體雖嚴，然皆出於自然之理，故其為用，必從容而不迫，乃為可貴。先王之道，此其所以為美，而小事大事無不由之也。有所不行者，徒知和之為貴，而一於和，不復以禮節之，亦不可行也。並學而篇。○從，七容切。復，扶又切。

子曰：君子無終食之間違仁，造次必於是，顛沛必於是。造，七到切。○終食者，一飯之頃。造次，急遽苟且之時。顛沛，傾覆流離之際。君子之不去乎仁如此。覆，如字。

參乎！吾道一以貫之。曾子曰：唯。參，所金切。唯，上聲。○參乎者，呼曾子之名而告之也。貫，通也。唯者，應之速而無疑也。聖人之心，渾然一理，而泛應曲當，用各不同。曾子於其用處，蓋已隨事精察而力行之。夫子知其將有所得，是以呼而告之。曾子果能默契其指，即應之速而無疑也。呼，荒故切。應，去聲。渾，上聲。下同。當，去聲。

曾子曰：夫子之道，忠恕而已矣。盡己之謂忠，推己之謂恕。而已矣者，竭盡而無餘之詞也。夫子之一理渾然，而泛應曲當，譬則天地之至誠無息，而萬物各得其所也。曾子有見於此而難言之，故借學者盡己推己之目以著明之，欲人之易曉也。並里仁篇。○應、當，並去聲。易，以豉切。

子曰：君子博學於文，約之以禮，亦可以弗畔矣夫。夫，音扶。○約，要也。畔，背也。君子學欲其博，故於文無不考。守欲其要，故其動必以禮。如此，則可以不背於道矣。要，去聲。背，音佩。

夫仁者，己欲立而立人，己欲達而達人。能近取譬，可謂仁之方也已。夫，音扶。○以己及人，仁者之心也。譬，喻也。方，術也。以己所欲譬之他人，知其所欲亦猶是也。然後推其所欲以及於人，則恕之事，而仁之術也。並雍也篇。

德之不脩，學之不講，聞義不能徙，不善不能改，是吾憂也。德必脩而後成，學必講而後明，見善能徙，改過不吝。此四者，日新之要也。苟未能之，聖人猶憂，況學者乎。

志於道，據於德，依於仁，游於藝。志者，心之所之之謂。道，則人倫日用之間所當行者是也。志乎此，則無他歧之惑矣。據者，執守之意。德者，得其道於心也。得之於心而守之不失，則有日新之功矣。依者，不違之謂。仁，則私欲盡去而心德之全也。工夫至此而存養之熟，則皆天理之流行矣。游者，玩物適情之謂。藝，則禮樂之文，射、御、書、數之法，皆至理所寓也。朝夕游焉以博其義理之趣，則應務有餘，而心亦無所放矣。應，去聲。

多聞擇其善者而從之，多見而識之，知之次也。識，音志。○識，記也。所從不可不擇，記則善惡皆當存之，以備參考。如此者，雖未能實知其理，亦可以次於知之者也。並述而篇。

興於詩，立於禮，成於樂。興，起也。詩本性情，有邪有正。吟詠之間，感人易入。學者之初，所以興起其好善惡惡之心者，必於此而得之。禮以恭敬辭遜為本，而有節文度數之詳，可以固人肌膚之會、筋骸之束。學者之中，所以能卓然自立者，必於此而得之。樂有五聲十二律，更唱迭和，以為歌舞八音之節，可以養人性情，而蕩滌其邪穢，消融其查滓。故學者之終，所以至於義精仁熟，而自和順於道德者，必於此而得之，是學之成也。易，以豉切。好，去聲。惡惡，上去聲。下如字。筋，音斤。骸，音諧。更，平聲。和，去聲。滌，亭歷切。穢，烏廢切。滓，祖似切。

學如不及，猶恐失之。言人之為學，既如有所不及矣，而猶悚然惟恐其或失之。警學者當如是也。並泰伯篇

譬如為山，未成一簣，止，吾止也。譬如平地，雖覆一簣，進，吾往也。簣，求位切。覆，芳服切。○簣，土籠也。言山成而但少一簣，其止者，吾自止耳。平地方覆一簣，其進者，吾自往耳。蓋學者自強不息，則積少成多；中道而止，則前功盡棄。其止其往，皆在我而不在人也。子罕篇

克己復禮為仁。一日克己復禮，天下歸仁焉。為仁由己，而由人乎哉？克，勝也。己，謂身之私欲也。復，反也。禮者，天理之節文也。為仁者，所以全其心之德也。蓋必有以勝私欲而復於禮，則事皆天理，而本心之德全矣。歸，猶與也。又言一日克己復禮，則天下之人皆與其仁，極言其效之甚速而至大也。又言為仁由己，而非他人所能預，又見其機之在我而無難也。

非禮勿視，非禮勿聽，非禮勿言，非禮勿動。非禮者，己之私也。勿者，禁止之辭。是人心之所以為主，而勝私復禮之機也。私勝，則動容周旋無不中禮，而日用之間，莫非天理之流行矣。○程子視箴曰：心兮本虛，應物無迹。操之有要，視為之則。蔽交於前，其中則遷。制之於外，以安其內。克己復禮，久而誠矣。其聽箴曰：人有秉彝，本乎天性。知誘物化，遂亡其正。卓彼先覺，知止有定。閑邪存誠，非禮勿聽。其言箴曰：人心之動，因言以宣。發禁躁妄，內斯靜專。矧是樞機，興戎出好。吉凶榮辱，惟其所召。傷易則誕，傷煩則支。己肆物忤，出悖來違。非法不道，欽哉訓辭。其動箴曰：哲人知幾，誠之於思。志士勵行，守之於為。順理則裕，從欲惟危。造次克念，戰兢自持。習與性成，聖賢同歸。中、應並去聲。操，平聲。躁，則到切。好，去聲。易，以豉切。忤，五故切。幾，音機。行，胡孟切。造，七到切。

出門如見大賓，使民如承大祭。己所不欲，勿施於人。

在邦無怨，在家無怨。敬以持己，恕以及物，則私意無所容而心德全矣。內外無怨，以其效言也。並顏淵篇

君子義以為質，禮以行之，孫以出之，信以成之。君子哉！孫，去聲。○義者制事之本，故以為質幹。而行之必有節文，出之必以退遜，成之必在誠實，乃君子之道也。

人能弘道，非道弘人。弘，廓而大之也。人外無道，道外無人。然人心有覺，而道體無為，故人能大其道，道不能大其人也。並衛靈公篇

君子有九思：視思明，聽思聰，色思溫，貌思恭，言思忠，事思敬，疑思問，忿思難，見得思義。難，去聲。○視無所蔽，則明無不見。聽無所壅，則聰無不聞。色，見於面者。貌，舉身而言。思問，則疑不蓄。思難，則忿必懲。思義，則得不苟。蓋九思各專其一也。見，形甸切。

見善如不及，見不善如探湯。探，吐南切。○真知善惡而誠好惡之，顏曾冉閔之徒蓋能之矣。並季氏篇。○好、惡並去聲。

性相近也，習相遠也。此所謂性，兼氣質而言者也。氣質之性，固有美惡之不同。然初不甚相遠也。但習於善則善，習於惡則惡，於是始相遠耳。

君子學道則愛人。言君子不可以不學。既學，方能用此道以愛人也。

好仁不好學，其蔽也愚；好知不好學，其蔽也蕩；好信不好學，其蔽也賊；好直不好學，其蔽也絞；好勇不好學，其蔽也亂；好剛不好學，其蔽也狂。好、知並去聲。絞，古巧切。○六言皆美德，然徒好之而不學以明其理，則各有所蔽。愚，若可陷可罔之類。蕩，謂窮高極廣而無所止。賊，謂傷

壞於於。勇者剛之發。剛者勇之體。猛驟卑也。並陪貨篇

子夏曰。博學而篤志。切問而近思。仁在其中矣。四者皆學問思辨之事。從事於此。則心不外馳而所存自熟。故曰仁在其中矣。子張篇

大學曰。大學之道。在明明德。在新民。在止於至善。大學者。大人之學也。明德者。人之所得乎天而虛靈不昧。以具衆理而應萬事者也。但為氣稟所拘。物欲所蔽。則有時而昏。然其本體之明。則有未嘗息者。學者當因其所發而遂明之。以復其初也。新者。革其舊之謂也。言既自明其明德。又當推以及人。使之亦有以去其舊染之汙而自新也。止者。必至於是而不遷之意。至善。則事理當然之極也。言明明德新民。皆當止於至善之地而不遷也。此三者。大學之綱領也。應去聲。去上聲。汙音烏

古之欲明明德於天下者。先治其國。欲治其國者。先

齊其家。欲齊其家者。先脩其身。欲脩其身者。先正其心。欲正其心者。先誠其意。欲誠其意者。先致其知。致知在格物。明明德於天下者。使天下之人皆有以明其明德也。心者。身之所主也。誠。實也。意者心之所發也。實其心之所發。欲其一於善而毋自欺也。致。推極也。知。猶識也。推極吾之知識。欲其所知無不盡也。格。至也。物。猶事也。窮至事物之理。欲其極處無不到也。此八者。大學之條目也。

自天子以至於庶人。壹是皆以脩身為本。壹是。一切也。並經一章

湯之盤銘曰。苟日新。日日新。又日新。盤。沐浴之盤也。銘。名其器以自警之辭也。苟。誠也。湯以人之洗濯其心以去惡。如沐浴其身以去垢。誠能一日有以滌其舊染之汙而自新。則當因其已新者而日日新之。又日新之。不可略有間斷也。傳之二章〇去上聲滌亭歷切汙音烏間去聲

為人君。止於仁。為人臣。止於敬。為人子。止於孝。為人父。止於慈。與國人交。止於信。仁敬孝慈信。五者至善之大目也。學者於此。究其精微之蘊。而又推類以盡其餘。則於天下之事。皆有以知其所止而無疑矣。傳之三章

所謂誠其意者。毋自欺也。如惡惡臭。如好好色。此之謂自謙。故君子必慎其獨也。惡好上並去聲。謙讀為慊苦劫切〇誠。實也。意者心之所發也。自欺者。心之所發有未實也。言當實用其力而禁止其自欺。使其惡惡則如惡惡臭。好善則如好好色。謙。快也。足也。獨者。人所不知而己所獨知之地也。然其實與不實。蓋有他人所不及知而己獨知之。故必謹之於此而審其幾焉。傳之六章〇幾音機

所惡於上。毋以使下。所惡於下。毋以事上。所惡於前毋以先後。所惡於後。毋以從前。所惡於右。毋以交於

左。所惡於左。毋以交於右。此之謂絜矩之道。惡先並去聲。絜胡結切〇如不欲上之無禮於我。則必以此度下之心。而亦不敢以此無禮使之。不欲下之不忠於我。則必以此度上之心。而亦不敢以此不忠事之。至於前後左右。莫不皆然。則身之所處。上下四旁。長短廣狹。彼此如一。而無不方矣。蓋絜。度也。矩。所以為方也。能盡乎此。所謂平天下之要道也。傳之十章〇度進各切處上聲

中庸曰。天命之謂性。率性之謂道。脩道之謂教。命。猶令也。性。即理也。人物之生。因各得其所賦之理。所謂性也。率。循也。道。猶路也。人物各循其性之自然。則日用事物之間。莫不各有當行之路。所謂道也。脩。品節之也。性道雖同而氣稟或異。故不能無過不及之差。聖人因人物之所當行者而品節之。以為法於天下。則謂之教。若禮樂刑政之屬是也。

道也者。不可須臾離也。可離非道也。是故君子戒慎

乎其所不睹，恐懼乎其所不聞。離去聲○道者，日用事物當行之理。不可須臾離也。若其可離，則為外物而非道矣。是以君子之心常存敬畏，雖不見聞，亦不敢忽，所以存天理之本然也。

莫見乎隱，莫顯乎微，故君子慎其獨也。見音現○隱，暗處也。微，細事也。獨者，人所不知而己所獨知之地也。言幽暗之中，細微之事，跡雖未形而幾則已動，人雖不知而己獨知之，是以君子既常戒懼，而於此尤加謹焉，所以遏人欲於將萌也。幾音機

喜怒哀樂之未發謂之中，發而皆中節謂之和。中也者，天下之大本也；和也者，天下之達道也。樂音洛 中節之中去聲○喜怒哀樂，情也。其未發，則性也，無所偏倚，故謂之中。發皆中節，情之正也，無所乖戾，故謂之和。大本者，道之體也。達道者，道之用也。此言性情之德，以明道不可離之意。離去聲

致中和，天地位焉，萬物育焉。致，推而極之也。位者，安其所也。育者，遂其生也。自戒懼而約之，以至於至靜之中，無少偏倚，而其守不失，則極其中而天地位矣。自謹獨而精之，以至於應物之處，無少差謬，而無適不然，則極其和而萬物育矣。此學問之極功，聖人之能事也。一章○應去聲 謬靡幼切

舜其大知也與！舜好問而好察邇言，隱惡而揚善，執其兩端，用其中於民，其斯以為舜乎！知、好並去聲，與平聲○舜之所以為大知者，以其不自用而取諸人也。邇言者，淺近之言，猶必察焉，然於其言之未善者則隱而不宣，其善者則播而不匿。兩端，謂眾論不同之極致。於善之中又執其兩端而量度以取中，然後用之。此知之所以無過不及，而道之所以行也。第六章○量聲力切 度徒洛切

子曰：好學近乎知，力行近乎仁，知恥近乎勇。好、知並去聲○此言未及乎達德而求以入德之事。故好學非知，然足以破愚；力行非仁，然足以忘私；知恥非勇，然足以起懦。

誠者，天之道也；誠之者，人之道也。誠者不勉而中，不思而得，從容中道，聖人也；誠之者，擇善而固執之者也。中並去聲 從七容切○誠者，真實無妄，天道之本然也。誠之者，未能真實無妄，而欲其真實無妄，人事之當然也。聖人之德，渾然天理，真實無妄，不待思勉而從容中道，則亦天之道也。未至於聖而德不能皆實，故必擇善，然後可以明善；固執，然後可以誠身。此則所謂人之道也。渾上聲

博學之，審問之，慎思之，明辨之，篤行之。有弗學，學之弗能弗措也；有弗問，問之弗知弗措也；有弗思，思之弗得弗措也；有弗辨，辨之弗明弗措也；有弗行，行之弗篤弗措也。人一能之己百之，人十能之己千之。果

能此道矣，雖愚必明，雖柔必強。學問思辨，所以擇善而為知，學而知也。篤行，所以固執而為仁，利而行也。五者廢其一，非學也。然君子之學，不為則已，為則必要其成，故常百倍其功。此困知勉行者也，勇之事也。愚必明者，擇善之功。柔必強者，固執之效也。第二十章○知去聲 要平聲

自誠明，謂之性；自明誠，謂之教。誠則明矣，明則誠矣。自，由也。德無不實而明無不照者，聖人之德，所性而有者也，天道也。先明乎善，然後能實其善者，賢人之學，由教而入者也，人道也。誠則無不明矣，明則可以至於誠矣。第二十一章

唯天下至誠，為能盡其性；能盡其性，則能盡人之性；能盡人之性，則能盡物之性；能盡物之性，則可以贊天地之化育；可以贊天地之化育，則可以與天地參矣。天下至誠，謂聖人之德之實，天下莫能加也。盡其性者，謂天命之在我者，無毫髮之不盡也。盡人物

之性謂知之無不明處之無不當也贊猶助也與天地參謂與天地並立而為三也第二十二章○處上聲當去聲

故至誠無息不息則久久則徵徵則悠遠悠遠則博厚博厚則高明既無虛假自無間斷久常於中也徵驗於外也悠遠故其積也廣博而深厚博厚故其發也高大而光明所謂至誠之德著於四方者是也第二十六章○間去聲

大哉聖人之道洋洋乎發育萬物峻極于天優優大哉禮儀三百威儀三千待其人而後行故曰苟不至德至道不凝焉峻高大也此言道之極於至大而無外也優優充足有餘之意禮儀經禮也威儀曲禮也此言道之入於至小而無間也至德謂其人至道指上兩節言也凝聚也成也間去聲

君子尊德性而道問學致廣大而盡精微極高明而

道中庸溫故而知新敦厚以崇禮尊者恭敬奉持之意德性者吾所受於天之正理也溫時習也敦加厚也尊德性所以存心而極乎道體之大也道問學所以致知而盡乎道體之細也二者修德凝道之大端也不以一毫私意自蔽不以一毫私欲自累涵泳乎其所已知敦篤乎其所已能此皆存心之屬也析理則不使有毫釐之差處事則不使有過不及之謬理義則日知其所未知節文則日謹其所未謹此皆致知之屬也第二十七章○奉方孔切釐陵之切處上聲謬靡幼切

孟子曰夫志氣之帥也氣體之充也夫志至焉氣次焉故曰持其志無暴其氣夫音扶○志固心之所之而為氣之將帥氣則充滿於身而為志之卒徒故志固為至極而氣即次之人固當敬守其志然亦不可不致養其氣也帥去聲

我知言我善養吾浩然之氣知言者盡心知性也浩然盛大流行之貌氣即所謂體之充者蓋惟知言則有以明夫道義而於天下之事無所疑養氣則有以配夫道義而於天下之事無所懼此所以當大任而不動心也夫音扶

其為氣也至大至剛以直養而無害則塞于天地之間塞悉則切○至大初無限量至剛不可屈撓蓋天地之正氣而人得以生者其體段本如是也惟其自反而縮則得其所養而又無所作為以害之則其本體不虧而充塞無間矣間去聲

是集義所生者非義襲而取之也集義猶言積善襲掩取也言氣雖可以配道義而其養之之始乃由事皆合義是以無所愧怍而此氣自然發生于中非由只行一事合義便可掩襲於外而得之也

必有事焉而勿正心勿忘勿助長也長上聲○正預期也此言養氣者必以集義為事而勿預期其效其或未充則但當勿忘其所有事而不可作為以助其長也

大舜有大焉善與人同舍己從人樂取諸人以為善

舍音捨樂音洛○善與人同公天下之善而不為私也己未善則無所係吝而舍以從人人有善則不待勉強而取之於己此善與人同之目也強上聲

取諸人以為善是與人為善者也故君子莫大乎與人為善與猶許也助也取彼之善而為之於我則彼益勸於為善矣是我助其為善也能使天下之人皆勸於為善君子之善孰大於此孟公孫丑篇

仁人之安宅也義人之正路也曠安宅而弗居舍正路而不由哀哉舍音捨○仁者本心全體之德有天理自然之安無人欲陷溺之危人當常在其中而不可須臾離也故曰安宅義者宜也乃天理之當行無人欲之邪曲故曰正路曠空也由行也離去聲

誠身有道不明乎善不誠乎身矣誠實也不明乎善謂不能即事以窮

理。無以真知善之所在也。

大人者不失其赤子之心者也。赤子之心。純一無僞。大人之所以為大人者。正以其不為物誘。而有以全其純一無僞之本然。是以擴而充之。則無所不知。無所不能。而極其大也。

君子深造之以道。欲其自得之也。自得之。則居之安。居之安。則資之深。資之深。則取之左右逢其原。故君子欲其自得之也。造七到切○深造者。進而不已之意。道則其進為之方也。資。藉也。左右身之兩旁。逢。值。原。本也。言君子務於深造而必以其道者。欲其有所持循而自然得之於己也。自得於己。則處之者安固而不搖。處之安固。則所藉者深遠而無盡。所藉者深。則日用之間。取之至近。無所往而不值其所資之本也。處上聲

君子以仁存心。以禮存心。以仁禮存心。言以是存於心而不忘也。孟子離婁篇

夫義。路也。禮。門也。惟君子能由是路。出入是門也。萬章篇○夫音扶

學問之道無他。求其放心而已矣。學問之事。固非一端。然其道則在於求放心而已。蓋能如是。則可以上達矣。告子篇

盡其心者。知其性也。知其性。則知天矣。心者。人之神明。所以具衆理而應萬事者也。性。則心之所具之理。而天[illegible]所從出者也。人有是心。莫非全體。然極其心之[illegible]而無不盡者。必能窮夫理而無不知也。既知其理。則其所從出者亦不外是矣。應去聲。夫音扶

存其心。養其性。所以事天也。存。謂操而不舍。養。謂順而不害。事。則奉承而不違也。操平聲。舍音捨

萬物皆備於我矣。反身而誠。樂莫大焉。强恕而行。求仁莫近焉。樂音洛。强上聲。○此言理之本然也。大則君臣父子。小則事物細微。其當然之理。無一不具於性分之內也。誠。實也。反其身而所備之理。皆如惡惡臭。好好色之實。其樂孰大於是。强。勉强也。恕。推己以及人也。反身而誠。則仁矣。有未誠者。凡事當勉强推己及人。庶幾心公理得而仁不遠也。分去聲。惡好上二字並去聲。幾音機

流水之為物也。不盈科不行。君子之志於道也。不成章不達。言學當以漸乃能至也。成章。所積者厚而文章外見也。達者。足於此而通於彼也。蓋言聖人之道大。學之必以其漸也。見音現

居惡在。仁是也。路惡在。義是也。居仁由義。大人之事備矣。惡音烏。○此言所居所由無不在於仁義。此士之所以尚志也。大人。謂公卿大夫。士雖未得大人之位而其志如此。則大人之事。體用已全。若小人之事。則固非所當為也。

形色。天性也。惟聖人然後可以踐形。人之有形有色。無不各有自然之理。所謂天性也。踐。如踐言之踐。蓋衆人有是形而不能盡其理。故無以踐其形。惟聖人有是形而又能盡其理。然後可以踐形而無歉也。

可欲之謂善。有諸己之謂信。充實之謂美。充實而有光輝之謂大。大而化之之謂聖。聖而不可知之之謂神。天下之理。其善者必可欲。其惡者必可惡。其為人也可欲而不可惡。則可謂善人矣。善皆實有之。可謂信人矣。力行其善。至於充滿而積實。則美在其中矣。美在其中而暢於四支。發於事業。則德業至盛而不可知矣。大而能化。使其大者泯然無復可見之迹。非人力所能為矣。聖不可知。謂聖之至妙。人所不能測也。其惡之惡如字。餘去聲。復扶又切

養心莫善於寡欲。欲。口鼻耳目四肢之欲。雖人所不能無。然多而不節。未有不失其本

心者。此學者所當深戒也。孟子盡心篇

荀子曰。學不可已。青出之藍而青於藍。冰水為之而寒於水。此諭學之不已。則才過其本性也。

木受繩則直。金就礪則利。君子博學而日參省乎己。則知明而行無過矣。礪音禮。省悉井切。知去聲。行胡孟切。○木從繩則正直。金就礪則成器。以諭君子能博學而日省察乎身。則所知者明。而所行者無過失矣。

不登高山。不知天之高也。不臨深淵。不知地之厚也。不聞先王之遺言。不知學問之大也。

禮者法之大分。類之紀綱也。故學至乎禮而止矣。夫是之謂道德之極。分去聲。夫音扶。○禮所以為典法之大分。統類之綱紀。類謂綱類而長者。獨律修之比附也。並勸學篇○長上聲

說苑曰。學者所以反情治性盡才者也。親賢學問所以長德也。建本篇○長上聲

山致其高。雲雨起焉。水致其深。蛟龍生焉。君子致其道德。而福祿均焉。貴德篇

騏驥雖疾。不遇伯樂。不致千里。干將雖利。非人力不能自斷焉。烏號之弓雖良。不得排檠。不能自任。人才雖高。不務學問。不能致聖。樂音洛。號平聲

曾子曰。君子修禮以立志。則貪欲之心不來。君子思禮以修身。則怠惰慢易之節不至。君子修仁義。則忿爭暴亂之辭遠。修文篇○易以豉切

子思曰。學所以益才也。礪所以致刃也。吾嘗幽處而深思。不若學之速。吾嘗跂而望。不若登高之博。處上聲。跂音企

河間獻王曰。學聖王之道者。譬如日焉。靜居獨思。譬如火焉。夫捨學聖王之道。若捨日之光。何乃獨思若火之明也。可以見小耳。未可見大。知惟學問可以廣明德慧也。並建本篇○夫音扶

揚子曰。舍舟航而濟乎瀆者。末矣。舍五經而適乎道者。末矣。吾子篇○舍音捨

人心其神矣乎。操則存。捨則亡。能常操而存者。其惟聖人乎。問神篇○操平聲

赫赫乎日出之光。群目之用也。渾渾乎聖人之道。群心之用也。五百篇○渾上聲

視日月而知衆星之蔑。仰聖人而知衆說之小也。學之為王者事。其已久矣。蔑彌列切○見日月之大明。則知衆星之光為微。見聖人之道大。則知衆說之小為非至。聖人之道。亦王者之事業。其來亦已久矣。學行篇

漢董仲舒曰。勉強學問。則聞見博而知益明。勉強行道。則德日起而大有功。強上聲。知去聲

仁人者。正其誼不謀其利。明其道不計其功。

尊其所聞。則高明矣。行其所知。則光大矣。並通鑑綱目

諸葛亮曰。夫學須靜也。才須學也。非學無以廣才。非靜無以成學。蜀志○夫音扶

唐太宗曰。弘風導俗。莫尚於文。敷教訓人。莫善於學。質蘊吳竿。非筈羽不美。性懷辯慧。非積學不成。是以建明堂。立辟雍。博覽百家。精研六藝。端拱而知天下。無為而鑒古今。飛英聲。騰茂實。光於不朽者。其惟學乎。帝範○筈古活切

宋司馬光曰。君子從學貴於博。求道貴於要。道之要在乎治方寸之地而已。

學者所以求治心也。學雖多而心不治。安以學為。

自古五帝三王。未有不由學以成其聖德者。所謂學者非誦章句。習筆札。作文詞也。在於正心修身。齊家治國。明明德於天下也。

夫道。如山也。愈升而愈高。如路也。愈行而愈遠。自非聖人。有能窮其高遠者哉。夫音扶

能謹守中和之志。不以喜怒哀樂。亂其氣。則志平氣順而日新矣。並文集○樂音洛

曾鞏曰。講明舊學而推廣之。務當於道德之體要。不取乎口耳之小知。不急乎朝夕之近效。文集○當去聲

王巖叟曰。聖賢之學。非造次可成。須在積累。積累之要在專與勤。屏絕他好。始可謂之專。久而不倦。始可謂之勤。言行錄○造七到切 累魯猥切 屏陂病切 好去聲

范純仁曰。人君之學。當正心誠意。以仁為體。使邪僻浮薄之說。無自而入。言行錄

周子曰。聖。誠而已矣。誠。五常之本。百行之源。靜無而動有。至正而明達也。五常百行。非誠非也。邪暗塞也。故誠則無事矣。行胡孟切 塞悉則切

誠無為。幾善惡。德愛曰仁。宜曰義。理曰禮。通曰智。守曰信。性焉安焉之謂聖。復焉執焉之謂賢。發微不可見。充周不可窮之謂神。幾音機

寂然不動者誠也。感而遂通者神也。動而未形有無之間者幾也。誠精故明。神應故妙。幾微故幽。誠神幾。曰聖人。幾音機 應去聲

聖希天。賢希聖。士希賢。

實勝善也。名勝恥也。故君子進德修業。孳孳不息。務實勝也。

聖可學乎。曰可。曰有要乎。曰有。請問焉。曰一為要。一者無欲也。無欲則靜虛動直。靜虛則明。明則通。動直則公。公則溥。明通公溥。庶矣乎。

天地間至尊者道。至貴者德而已矣。至難得者人。人

而至難得者道德有於身而已矣。求人至難得者有於身非師友則不可得也。

君子以道充為貴身安為富故常泰無不足。

聖人之道入乎耳存乎心蘊之為德行行之為事業。彼以文辭而已者陋矣。（並通書○德行之行胡孟切）

邵子曰。聖人所以能立無過之地者以其善事乎心者也。

言之於口不若行之於身。行之於身不若盡之於心。言之於口人得而聞之。行之於身人得而見之。盡之於心神得而知之。

聖學心法卷二　二十二

物理之學或有所不通不可以強通。強通則有我有我則失理而入於術矣。（強上聲）

為學養心患在不由直道。去利欲由直道任至誠則無所不通。（去上聲）

夫天下之物莫不有理焉莫不有性焉莫不有命焉。所以謂之理者窮之而後可知也。所以謂之性者盡之而後可知也。所以謂之命者至之而後可知也。此三知者天下之真知也。（夫音扶）

天下言讀書者不少能讀書者少。若得天理真樂何書不可讀何堅不可破何理不可精。（並心學○樂音洛）

程子曰。涵養須用敬。進學則在致知。（程氏遺書）

靜時能敬則無思慮紛紜之患。動時能敬則無舉措煩擾之患。如此則本心常存而不失。

心通乎道然後能辨是非如持權衡以較輕重。孟子所謂知言是也。（並近思錄）

君子莫大於正其氣。欲正其氣莫若正其志。

浩然之氣天地之正氣。大則無所不至。剛則無所屈。以直道順理而養則充塞於天地之間。（塞悉則切）

天地儲精得五行之秀者為人。其本也真而靜。其未發也五性具焉。曰仁義禮智信。形既生矣。外物觸其

聖學心法卷二　二十三

形而動於中矣。其中動而七情出焉。曰喜怒哀懼愛惡欲。情既熾而益蕩其性鑿矣。故覺者約其情使合於中正其心養其性而已。然必先明諸心知所往然後力行以求至焉。（惡去聲）

學而善思然後可與適道。思而有所得則可與立。立而化之則可與權。

仁之為道乃天地生物之心。即物而在情之未發而其用不窮。誠能體而存之則眾善之源。萬行之本莫不在是。（行胡孟切）

天地之常以其心普照萬物而無心。聖人之常以其

情順萬物而無情故君子之學莫若廓然而大公物外而順應。應去聲

言學便以道爲志言人便以聖爲志。並性理羣書

人之心各有所蔽故不能通道大率患在於自私而用智自私則不能以有爲爲應迹用智則不能以明覺爲自然。應去聲

威儀行義以養德也推己及物以養人也。行胡孟切

所謂敬者主一之謂所謂一者無適之謂且欲涵泳主一之義不一則二三矣至于不敢欺不敢慢尚不愧于屋漏皆是敬之事也。

性靜者可以爲學。

古之人耳之於樂目之於禮左右起居盤盂几杖有銘有戒動靜皆有所養今皆廢此獨有理義之養心爾但存此涵養意久則自熟矣。

克己可以治怒明理可以治懼。

誠立賢也明通聖也是聖賢非性生必養心而後至之。

質美者明得盡查滓便渾化卻與天地同體其次惟莊敬持養及其至則一也。滓祖似切

聖人之心純亦不已也純亦不已天德也有天德便可語王道其要只在謹獨。

學者須敬守此心不可急迫當栽培深厚涵泳於其間然後可以自得。

心定者其言重以舒不定者其言輕以疾。

人能克己則心廣體胖仰不愧俯不怍其樂可知有息則餒矣。胖步丹切　樂音洛

學者先須溫柔溫柔則可以進學。

心要在腔子裏。腔子猶所謂神明之舍在腔子裏謂心不外馳也。並心學。○腔驅羊切

張子曰以責人之心責己則盡道以愛己之心愛人則盡仁。

未能如玉不足以成德未能成德不足以孚天下。

正心之始當以己心爲嚴師凡有動作則知所懼。

性性惟能存神物物惟能過化。

大其心則能體天下之物物有未體則心爲有外。

大人所存蓋必以天下爲度。

合內外平物我此見道之大端。

言有教動有法晝有爲宵有得息有養瞬有存。

性者萬物之原非有我之得私也惟大人爲能盡其道。

爲天地立心爲生民立道爲往聖繼絕學爲萬世開

太平須放心寬快。公平以求之。乃可見道。（並為去聲）
動靜不失其時。其道光明。學者必時其動靜。則其道
乃不蔽昧而明白。
為學大益在自求變化氣質。不爾皆為人之弊。卒無
所發明。不得見聖人之奧。（為人之為去聲）
學者大不宜志小氣輕。志小則易足。易足則無由進。
氣輕則以未知為已知。未學為已學。（並心學。易以豉切）○
呂大臨曰。治心之要。莫善於少欲。少欲則耳目之官不
蔽於物而心常寧矣。（大學衍義）
范祖禹曰。人君當專精一意。勉強學問。日新德業。無時

逸豫。（唐鑑。強上聲）○
程珦曰。治天下之道。必自學始。然人君之學不在章句。
當考治忽之迹。賢否之辨。而其要又在於正心誠意。
（言行錄）
張浚曰。人主以務學為先。人主之學。本於一心。一心合
天。何事不濟。所謂天者天下之公理而已。（朱子文集）
胡安國曰。明君以務學為急。聖學以立心為要
為學以立志為先。以忠信為本。以致知為窮理之門。
以敬為持養之道。（明善錄）
范浚心箴曰。君子存誠。克念克敬。天君泰然。百體從令。

（性理群書）
胡寅曰。善學者志不倦。心不盈。一言之不聞。一義之不
知。歉然如飲食之不飽也。此何為而然哉。誠以道無
量。理無極。而事無方也。（歉苦簟切）
太甲師伊尹。成王師周公。武丁師傅說。所學者正心
不違理。故無先明後暗始勤終倦之失也。（並致堂管見○說音
悅）
胡宏曰。心純則性定而氣正。氣正則動而不差。（知言）
呂居仁曰。今日記一事。明日記一事。久則自然貫穿。今
日辨一理。明日辨一理。久則自然浹洽。（童蒙訓○穿去聲）

朱子曰。古者聖帝明王之學。必將格物致知以極夫事
物之變。使事物之過乎前者義理所存。纖微必照。瞭
然乎心目之間。不容毫髮之隱。則自然意誠心正。而
所以應天下之務者。若數一二。辨黑白矣。（夫音扶。瞭盧皎切。應去聲。數所武切）
人主之學。當以明理為先。是理既明。則凡所當為而
必為。所不當為而必止者。莫非循天之理。而非有意
必固我之私也。
聖人大中至正之極。而萬世之標準也。古之學者其
始即此以為學。其卒非離此以為道。窮理盡性。修身

齊家推以及人。內外一致。蓋取諸此而無不備。亦修吾身而已矣。辭去聲

天下萬事本於一心。而仁者此心存之之謂也。此心既存。乃克有制。而義者。制之之謂也。誠使是說明於天下。則自天子以至於庶人。人人得其本心以制萬事。無一不合宜者。

心猶鏡也。但無塵埃之蔽。則本體自明。物來能照。並文集

學者常用提省此心。使如日之升。則群邪自息。省息井切

人須掃去氣稟私欲。使胸次虛靈洞徹。吾之心。即天地之心。真西山讀書記

修德之實。在乎去人欲。存天理。人欲不必聲色貨利之娛。宮室觀游之侈也。但存諸心者。少失其正。便是人欲。○性理群書 去上聲

唯集義為能養氣。理明而無所疑。氣充而無所懼。故能當大任而不動心。

學以知道為本。知道則學純而心正。見於行事。發於言語。亦無往而不得其正焉。並近思續錄

敬者。聖學之所以成始而成終者也。

主敬者。存心之要。而致知者。進學之功。明善錄

吾之心正。則天地之心亦正。吾之氣順。則天地之氣亦順。中庸註

正其衣冠。尊其瞻視。潛心以居。對越上帝。足容必重。手容必恭。擇地而蹈。折旋蟻封。

不東以西。不南以北。當事而存。靡他其適。勿貳以二。勿參以三。惟精惟一。萬變是監。從事於斯。是曰持敬。動靜弗違。表裏交正。監古銜切

天地變化。其心孔仁。成之在我。則主于身。其主伊何。神明不測。發揮萬變。立此人極。並文集

求仁之要。亦曰去其所以害仁者而已。去上聲知人欲之所以害仁者。在是。於是。夫有以拔其本塞其原。克之克之而又克之。以至於一旦豁然。欲盡而理純。則其胸中之所存者。豈不粹然天地生物之心。而藹然若陽春之溫哉。夫音扶 塞悉則切

人性雖同。稟氣不能無偏重。惟陰陽合德。五性全備。所以中正而為聖人也。

性善。故人皆可以為堯舜。言必稱堯舜。所以驗性善之實。

天理大。所以心亦大。

只是合道理處。便是天理。

理便在心之中。心包蓄不住。隨事而發。

天大無外。有外之心。不足以合天心。

人不為物欲所昏。則渾然天理矣。（渾上聲）

天下之理。都著一毫私意不得。

心無限量。與天地同其大。但為物欲之所間隔。則小耳。（間去聲）

心若不存。一身便無主宰。

心存時少。亡時多。存養得熟後。臨事省察則不費力。（省悉井切）

聖人亦未嘗無人心。其好惡皆與人同。各當其則。是所謂道心也。（好惡當去聲）

心一也。操而存。則義理明而謂之道心。舍而亡。則物欲肆而謂之人心。（操平聲。舍音捨）

人心惟定則明。無欲則虛。

聖人千言萬語。只要人不失其本心。

智欲圓而行欲方。膽欲大而心欲小。四者闕一不可。圓而不方則譎詐。方而不圓則執而不通。志不大則卑陋。心不小則狂妄。（行胡孟切。譎居月切）

性者心之理。情者性之動。心者性情之主。

浩然之氣。人人有之。但不養則不浩然耳。

心之虛靈。無有限量。如六合之外。思之即至。前乎千百世之已往。後乎千萬世之未來。皆在目前。爾人為利欲所昏。所以不見此理。

天地之心動。方見聖人之心應事。接物方見。（應去聲）

人能操存此心。卓然不亂。亦自可與入道。況加學問探討之功。豈易量耶。（操平聲。探吐南切。易以豉切）

人心萬事之主。未有心不定而能進學者。

所謂存心者。或讀書以求義理。或分別是非以求至當之歸。（別必列切。當去聲）

學者當以立志為先。不為異端惑。不為文采炫。不為利祿汩。而後庶幾可以言讀書矣。（汩音骨。幾音機）

記事當觀其理。不當泥其事。（泥去聲）

專於考索。則有遺本溺心之患。而騖於高遠。則有躐等憑虛之憂。二者皆其弊也。

君子貴乎存養。存之有素則理不昧。養之有素則物莫能奪。

人之性善。然自非上智之資。其氣稟不容無所偏。學也者。所以化其偏而存其善也。

學者於是心也。治其亂。收其放。明其蔽。安其危。而其廣大無疆之體。可得而存矣。（並心學）

張敬夫曰。寡欲為養心之要。蓋心有所向則為欲。多欲則百慮紛紜。其心外馳。尚何存乎。寡欲則思慮澹。血氣平。其心虛以寧。而不存者寡矣。

敬則心之道存。孟心學

呂祖謙曰。學者不進則已。欲進之則不可有成心。有成心則不可與進乎道矣。

欲求古人之心。必先盡吾心。然後可以見古人之心。

操存則血氣循軌而不亂。收斂則精神內守而不浮。操平聲

異端之不息。由正學之不明。此盛彼衰。互相消長。莫若盡力於此。此道光明盛大。則彼之消鑠無日矣。孟心學○長上聲 鑠式灼切

陸子靜曰。宇宙便是吾心。吾心即是宇宙。千萬世之前有聖人出焉。同此心同此理也。千萬世之後有聖人出焉。同此心。同此理也。言行錄

真德秀曰。人主修德講學。則天下安。昆虫草木亦得其所。

為人君者。但當恪守一敬。靜時以此涵養。動時以此省察。以此存天理。以此遏人欲。工夫到極處。即所謂致中和。自然天地位。萬物育。省息井切

心得其職。則百度正。猶官得其人而庶事修也。

人君之學。苟不知以聖王為師。以身心為主。未見其有益也。大學衍義

篤志于學。則日與聖賢為徒。而有自得之樂。讀書記○樂音洛

心學曰。敬者該貫動靜。方其無事而存主不懈者。固敬也。及其應事而酬酢不亂者。亦敬也。此聖賢之學。徹頭徹尾無非敬也。應去聲

無事則靜常省察。有事則動亦省察。人欲而知省察。必有以制之。天理而知省察。必有以存之。省息井切

心之體萬殊之所以一本。心之用一本之所以萬殊。

一實萬分。萬會于一。知此然後可以論心學。

心學者。統性情。制形氣。厚彝倫。明理義。辨物我。合天人。通上下。亘古今。該動靜。貫顯微。始焉加明誠之功。終焉極神化之妙。及其至也。則動天地。感鬼神矣。

一心明。萬理明。一心正。萬理正。

為學當以一心應萬事。不可以一事撓吾心。心應乎事者明。事撓乎心者亂。應並去聲

心本明。學則有以明其明。心本大。學則有以大其大。昏而不明者。非本昏也。人自昏之也。小而非大者。非本小也。人自小之也。

吾心既明，天地萬物之理皆具於吾心；吾心不明，此理散見於天地萬物。

天下無一定之事，而人不可無一定之心。定則明，明則公，天下無不可為之事矣。

聖賢之心萬古如一日，聖賢之學萬人同一心。

心不可以一體拘也。能小能大，小則不盈方寸，大則參為三才也。能靜能動，靜而無靜，動而無動也。能近能遠，近則不外乎一身，遠則達乎四海也。能虛能實，虛則理無不容，實則邪不能入也。

人君欲明正學，必先知俗學異學之非。心學實，異學虛。心學大，異學小。

仁義禮智，理也，而心實主之。視聽言動，氣也，而心實制之。

無一理而非心，明衆理者，心之體以立。無一事而非心，應萬事者，心之用以行。應去聲

心學可以立事功，事本乎心，心統乎事也。心學可以明治道，治本乎道，道本乎心也。

正大之心自內而發，在我本有。邪僻之心由外而入，在我本無。

君子之心敬而已，敬則心存；小人之心妄而已，妄則心亡。存斯存矣，亡斯亡矣，可不慎乎。

心一而已，何以有人心道心之別？曰：人曰道，非二心也。人心循乎理，即道心也；人心徇乎欲，則去道遠矣。心果有二乎？別必列切

人莫先於事心，能事心，則知所以事其親；能事親，則知所以事其君。

人心收之則近，放之則遠，梏之則小，充之則大。反求諸己而已。梏古祿切

凡人初生，與聖賢之心無不同也。物交物，引於是不同矣。然則將何以同其同？曰：一在其中，純乎天理之公。

大哉心乎！天地萬物備矣。世儒言心而不知其大，未有見心之全體者也。

理義明則厚人倫，美教化，風俗正矣。理義者，天以賦之於人，而人受之於天，人人所同有也。明則治，不明則亂，豈可有一事之不合乎理義也哉。

人須是識其真心。方見孺子入井之時，其心怵惕，乃真心也。惻隱之心時常發見，則羞惡辭讓是非之心亦有時發見而不可遏矣。怵尺律切　惕他歷切　見形甸切　惡去聲

通天地一理爾，順之則吉，違之則凶。統之者則此心

也。

心之神明，發微不可見，充周不可窮，無時不然，無處不有。前無始而後無終，前無古而後無今，所謂無為而無不為，無在而無不在者也。

人心之妙，神而已。神明者明，神昏者昏，神亡者亡，神存者存。故養身莫先於養心，養心莫先於養神。

易有太極，又曰心為太極。心即易也，易即心也。易卦元亨利貞，即吾心之仁義禮智。易者和順於道德而理於義，窮理盡性以至於命者也。

書者堯舜禹湯文武之為君，皋陶伊傅周召之為臣

心法盡在其中。陶餘招切

詩三百，一言以蔽之，曰思無邪，以心言也。經禮三百，曲禮三千，一言以蔽之，曰毋不敬，亦以心言也。

春秋尊君父，討亂賊，闢邪說，正人心，所以遏人欲於橫流，存天理於既滅，聖人經世之書也。橫去聲

中庸心學之精微，大學心學之次第。論語則堯舜孔顏之心法無不在焉，孟子則千變萬化皆說從心上來。此聖賢傳授之正學，皆不外乎心也。

古者列聖相傳，言雖非一，而理則未嘗不同。堯舜禹之授受曰允執厥中，曰惟精惟一，此萬世帝王之心法也。若湯之建中于民，武王之皇建其有極，孔子之一以貫之，子思之言中和，孟子之言仁義，又豈外乎精一執中之旨哉。下逮濂洛關閩諸子，皆倡明道學，而究夫性命道德之原，探賾抉蘊，以續不傳之緒於千載之下，亦莫非明乎前聖之心法也。至若荀揚賈董韓歐諸儒，其析經辨理，立言著論，有裨於名教者，今悉取其要語類而集之。居君師之位者，當上承列聖之所傳，下取諸儒之論以暢明之，研極其精微而融會于一理，皆之於躬行心得，而本於脩身，然後推之于家，于國，于天下，則治平之效可以臻之於二帝三王之盛矣。

敬天

書堯典曰：乃命羲和，欽若昊天，曆象日月星辰，敬授人時。昊下老切。○羲氏、和氏，主曆象授時之官。若，順也。曆，所以紀數之書。象，所以觀天之器。日，陽精。月，陰精。星，二十八宿為經，金木水火土五星為緯。辰，日月會次之名。人時，謂耕穫之候。此言聖人奉天時而勤民事，主於敬而不敢忽也。虞書○宿音秀

仲虺之誥曰：欽崇天道，永保天命。欽崇者，敬畏尊奉之也。能欽崇乎天道，則永保其天命矣。商書

武王曰：惟天惠民，惟辟奉天。言天惠愛斯民，君當奉承天意也。周書泰誓中

詩曰：上帝臨女，無貳爾心。女音汝○貳，疑也。大雅大明篇

天之方難。無然憲憲。天之方蹶。無然泄泄。難去聲。蹶俱衛切。泄以世切○憲憲欣欣也。泄泄猶沓沓也。蓋弛緩之意也。沓徒合切

天之方虐。無然謔謔。謔虛虐切○謔謔戲侮也。

敬天之怒。無敢戲豫。敬天之渝。無敢馳驅。渝用朱切○渝變也。並大雅板篇

敬之敬之。天維顯思。命不易哉。無曰高高在上。陟降厥士。日監在茲。易以豉切○顯明也。思語辭。士事也。言敬之哉敬之哉。天道甚明。其命不易保也。無謂其高而不吾察。當知其聰明明畏。常若陟降於吾之所為。而無日不臨監於此者。不可以不敬也。周頌敬之篇

漢王嘉曰。動人以行不以言。應天以實不以文。下民微細猶不可詐。況於上天神明而可欺哉。通鑑綱目○行胡孟切。應去聲

宋富弼曰。人君所畏惟天。若不畏天。何事不可為。去亂亡無幾矣。言行錄

司馬光曰。天雖至高。視聽甚邇。朝夕不離王者左右。順吉逆凶。應若影響。文集○應去聲

朱子曰。王者知有天而畏之。言行必信。政教必立。喜怒必公。用舍必當。黜陟必明。賞罰必行。文集○行胡孟切。舍音捨。當去聲。黜敕律切

湯漢曰。君心敬肆之分。實上天喜怒之由。本傳

真德秀曰。人君為天所子。其事天如事親。然親之容色少有不懌。人子當痛自咎責。敢有輕忽傲慢之意耶。懌音亦

天道昭明。凡人君出入往來之頃。優游曠逸之時。天之監臨無乎不在。又不待變異失常。當知警也。

帝王所尊者莫如天。所當從事者莫如敬。

天之明命至可畏也。常人視之邈乎幽顯之隔。聖人視之瞭然心目之間。故常常瞻顧而不敢斯須間斷。惟恐己之所為少咈天意。並大學衍義○瞭盧皎切。間斷之間去聲

心學曰。人君之心。莫重於敬天。朝夕修省。未嘗少間。非遇災變始知警懼也。皇天眷命。奄有四海。為天下君。

人君所有之境土。即天所與之境土也。非有敬天之實。未易保矣。省息井切。間去聲。易以豉切

人君存心以事天。宜近求不宜遠求。遠求者求之於外也。近求者求之於內也。

法天

易曰。天行健。君子以自彊不息。天行一日一周。明日又一周。非至健不能也。君子法之。不以人欲害其天德之剛。則自彊而不息矣。乾象傳

大明終始。六位時成。時乘六龍以御天。始即元也。終謂貞也。聖人大明乾道之終始。則見卦之六位各以時成。而乘此六陽以行天道也。乾彖傳

火在天上。大有。君子以遏惡揚善。順天休命。遏於葛切○大

在天上。所照者廣。故爲大有之象。所有旣大。無以治之則釁孽萌於其間矣。天命有善而無惡。故遏絕衆惡揚明善類。所以順天命而安其性也。大有象傳○釁許刃切孽魚列切

觀天之神道而四時不忒。聖人以神道設教而天下服矣。忒惕德切○天道至神。故運行四時而不差忒。聖人體其妙用。設爲敎令而天下服矣。觀象傳

天下雷行。物與無妄。先王以茂對時育萬物。天下雷行。震動發生萬物。先王法此。養育人民。以至昆虫草木。使各得其宜也。無妄象傳

天下有風。姤。后以施命誥四方。姤古豆切○風行天下。無所不周。爲君后者。觀其周遍之象。以施命令周誥四方也。姤象傳

天地革而四時成。湯武革命。順乎天而應乎人。應去聲○天地陰陽推遷變易而成四時。湯武之王。上順天道。下應人心。此革之至大也。革彖傳○王去聲

聖學心法卷二　四十

雷電皆至。豐。君子以折獄致刑。雷電皆至。明震並行也。君子以折獄致刑者。取其照察之象以照其情實。取其威斷之象以威其姦惡也。豐象傳○斷都玩切

易簡而天下之理得矣。天下之理得而成位乎其中矣。易以豉切○易簡。乾坤之德也。人能體之。則與天地參矣。

黃帝堯舜垂衣裳而天下治。蓋取諸乾坤。乾坤變化而無爲。聖人取法乎乾坤。故亦致無爲之治也。繫辭

書傳說曰。惟天聰明。惟聖時憲。說音悅○言天之聰明。無所不聞。無所不見。無他。公而已矣。人君法天之聰明。一出於公可也。商書說命

禮記孔子曰。聖人作則。必以天地爲本。言聖人作爲典則。而以天地爲本。則於事物之理。皆可舉而行也。禮運

說苑劉向曰。聖人所因。上法於天。叢談篇

漢董仲舒曰。天者群物之祖。故遍覆包涵而無所殊。聖人法天而立道。亦溥愛而無私。通鑑綱目○覆敷救切

唐陳子昂曰。聖人法天。天亦助聖。通鑑綱目

宋胡寅曰。天之道生而已矣。天子之德。好生而已矣。致堂管見　好去聲

胡宏曰。聖人制四海之命。法天而不私。知言

石子重曰。人君之道與天同方。天心至公。故人君之心不可有一毫之私。朱子文集

心學曰。人君一動一靜無非天也。心在則天在矣。

聖學心法卷二　四十一

天之心至正至大而無私者也。人君奉行天道。其心一出於正大而無私。上下無有不正而天下定矣。

天者心之所從出。心者人之所以爲人。心學既明。則仰不愧于天。俯不怍于人矣。人君奉天以治人者也。不知心學可乎。

人君之心與天一。然後能事天。

祀神

易曰。萃亨。王假有廟。利見大人。亨。利貞。用大牲吉。利有攸往。假更白切○萃。聚也。王假有廟。言王者可以至乎宗廟之中。蓋廟所以聚祖考之精神。人必能聚己之精神。則可以至廟而承祖考也。物既聚。則必見大人然後可以得亨。然又必利於正。故用大牲吉。大牲

必衆而後有聚。聚則可以有所往。皆占吉而有戒之辭。萃彖傳

聖人亨以享上帝。亨烹同。○鼎之為器。極其用之大。則聖人亨以享上帝。享帝貴誠。用犢而已。故曰亨。鼎彖傳

風行水上渙。先王以享于帝立廟。風行水上。有渙散之象。先王觀是象以救渙散。故享帝立廟也。係人心合離散之道。無大於此。渙象傳

東鄰殺牛。不如西鄰之禴祭。實受其福。禴羊畧切○東鄰陽也。謂五。西鄰陰也。謂二。殺牛。盛祭也。禴。薄祭也。盛不如薄者。時不同也。二五皆有孚誠中正之德。二在濟下。尚有進也。故實受其福。既濟爻辭

書舜典曰。肆類于上帝。禋于六宗。望于山川。徧于群神。禋音因。○肆。遂也。類。禋。望。皆祭名。類于上帝。其禮依郊祀為之也。宗。尊也。所尊祭者其祀有六。埋少牢於泰昭。祭時也。相近於坎壇。祭寒暑也。王宮。祭日也。夜明。祭月也。幽禜。祭星也。雩禜。祭水旱也。山川。名山大川。五嶽四瀆之屬。望而祭之。故曰望。徧。周徧也。群神。謂丘陵墳衍古昔聖賢之類。少去聲。相近音攘祈。禜音詠。

舜曰。咨伯。汝作秩宗。夙夜惟寅。直哉惟清。秩。叙也。宗。祖廟也。秩宗主叙次百神之官。夙。早。寅。敬畏也。直者。心無私曲之謂。人能敬以直內。不使少有私曲。則其心潔清而無物慾之污。可以交於神明矣。並虞書舜典○污音烏

益曰。至誠感神。諴音咸。○誠感物曰諴。言推極至誠之道。則神明感格矣。虞書大禹謨

傳說告高宗曰。黷于祭祀。時謂弗欽。禮煩則亂。事神則難。說音悅。黷徒谷切。○祭不欲黷。黷則不敬。禮不欲煩。煩則擾亂。皆非所以交鬼神之道也。商書說命

詩曰。吉蠲為饎。是用孝享。禴祠烝嘗。于公先王。蠲古玄切。饎尺志切。禴羊畧切。○吉。言諏日擇士之善。蠲。言齋戒滌濯之潔。饎。酒食也。享。獻也。宗廟之祭。春曰祠。夏曰禴。秋曰嘗。冬曰烝。公。先公。后稷以下。先王。太王以下也。小雅天保○諏將侯切

惠于宗公。神罔時怨。神罔時恫。恫音通。○惠。順也。宗公。宗廟先公也。恫。痛也。言文王順先公而鬼神歆之。無怨恫也。大雅思齊篇

春秋左氏傳。周劉康公曰。國之大事。在祀與戎。祀有執膰。戎有受脤。神之大節也。膰音煩。脤時軫切。○凡國家之大事。在祭祀與兵戎也。膰。祭肉也。宗廟之祭。則有執膰之禮。脤。亦肉也。兵戎之祭。則有受脤之禮。此二祭者。交神之大節目也。成公十三年

禮記曲禮曰。臨祭不惰。祭服敝則焚之。祭器敝則埋之。此皆不欲人褻之也。

非其所祭而祭之。名曰淫祀。淫祀無福。非其所祭。謂妄祭。神不享之也。

子曰。祭禮與其敬不足而禮有餘也。不若禮不足而敬有餘也。禮弓

王制曰。天子祭天地。諸侯祭社稷。大夫祭五祀。天子祭天下名山大川。五嶽視三公。四瀆視諸侯。諸侯祭名山大川之在其地者。瀆音讀。○五祀。司命也。中霤也。門也。行也。厲也。視。視其牲器之數。在其地者。若魯人祭泰山。晉人祭河是也。霤力救切

禮器曰。昔先王尚有德。尊有道。任有能。舉賢而置之。聚衆而誓之。是故因天事天。因地祀地。因名山升中于天。因吉土以饗帝于郊。先王重於祭饗。故必選擇有道德之人。以執其事。又從而誓戒之。升。上也。中。猶成也。謂巡狩至於方嶽。燔柴祭天。告成功也。吉土者。王者所卜而居之土也。饗帝於

郊。以四時所兆。祭於四郊者也。埳音坎

祭法曰。夫聖王之制祭祀也。法施於民則祀之。以死勤事則祀之。以勞定國則祀之。能禦大菑則祀之。能捍大患則祀之。夫音扶菑灾同捍侯幹切

祭義曰。祭不欲數。數則煩。煩則不敬。祭不欲疏。疏則怠。怠則忘。數所各切

祭之日。入室。僾然必有見乎其位。周還出戶。肅然必有聞乎其容聲。出戶而聽。愾然必有聞乎其歎息之聲。僾於豈切。見如字。還句緣切。愾許意切○入室。入廟室也。僾然。彷彿之貌。見乎其位。如見親之在神位也。周還出戶。謂薦俎酌獻之時。肅然。如聞舉動容止之聲。愾然。太息之音也。

惟聖人為能饗帝。孝子為能饗親。

孝子之祭也。盡其愨而愨焉。盡其信而信焉。盡其敬而敬焉。盡其禮而不過失焉。進退必敬。如親聽命。愨乞約切○此言無一毫之不致其極也。禮有常經。不可以私意為隆殺。故曰不過失焉。而進退之間。其敬心所存。如親聆父母之命也。殺所賣切

孝子將祭祀。必有齊莊之心以慮事。以具服物。以修宮室。以治百事。及祭之日。顏色必溫。行必恐。如懼不及愛然。其奠之也。容貌必溫。身必詘。如語焉而未之然。齊側皆切。詘渠勿切○愛者。愛其親也。懼不及愛者。惟愛親之心有所未至也。語者。親之語也。語而未之然。如親欲有所語而未發也。

祭統曰。夫祭者。非物自外至者也。自中出生於心也。心怵而奉之以禮。是故惟賢者能盡祭之義。怵尺律切○祭非物自外至。自中出。生於心也。故奉之以禮者。見乎物。盡之以義者。存乎心。徇其物。忘其心者。眾人也。發於心而形於物者。君子也。

賢者之祭也。致其誠信與其忠敬。奉之以物。道之以禮。安之以樂。參之以時。明薦之而已矣。不求其為。此孝子之心也。誠。信。忠。敬。四者。祭之本。所謂物者。奉乎此。禮者。道乎此。樂者。安乎此。時者。參乎此而已。不求其為者。無求福之心也。

天子躬耕於南郊。以共齊盛。王后蠶於北郊。以共純服。共居中切。齊津私切。盛時征切。純音緇

齊之為言齊也。齊不齊以致齊也。齊之致齊側皆切。餘如字

君子之齊也。專致其精明之德也。故散齊七日以定之。致齊三日以齊之。定之之謂齊。齊者。精明之至也。然後可以交於神明也。齊並側皆切齊之之齊如字

孝經子曰。昔者周公郊祀后稷以配天。宗祀文王於明堂以配上帝。是以四海之內各以其職來祭。郊。圜丘也。明堂。天子布政之宮也。上帝。五帝也。助祭者。四海之內。六服諸侯。各修其職貢方物也。

宗廟致敬。鬼神著矣。致敬。不敢忘其親也。洋洋如在其上。如在其左右。是之謂著也。

並傳三章

論語子曰。非其鬼而祭之。諂也。諂丑琰切○非其鬼。謂非其所當祭之鬼。諂。求媚也。

爲政篇

祭如在，祭神如神在。祭，祭先祖也。祭神，祭外神也。祭先主於孝，祭神主於敬。此孔子祭祀之誠意也。

吾不與祭，如不祭。與音預。○言當祭之時，或有故不得致其如在之誠，則雖已祭，而此心缺然如未嘗祭也。並八佾篇

中庸子曰：春秋修其祖廟，陳其宗器，設其裳衣，薦其時食。祖廟，天子七，諸侯五，大夫三，適士二，官師一。宗器，先世所藏之重器。裳衣，先祖之遺衣服。時食，四時之食也。適音的

郊社之禮，所以事上帝也；宗廟之禮，所以祀乎其先也。明乎郊社之禮、禘嘗之義，治國其如示諸掌乎。郊祀天。社，祭地。禘，天子宗廟之大祭，追祭太祖之所自出，而以始祖配之也。嘗，秋祭也。示，與視同。示諸掌，言易見也。並十九章○易，以豉切

家語曰：萬物本乎天，人本乎祖，郊之祭也，大報本反始也。故以配上帝。天垂象，聖人則之，所以明天道也。郊祭者，報其本，反其初。故祭祖以合上天，同祀上天，垂日月星辰之象，聖人因而法之，乃昭明上天之道也。郊問篇

說苑內史過曰：道而得神，是謂豐福；淫而得神，是謂貪禍。辨物篇○過，古禾切

漢書曰：帝王之事，莫大乎承天之序；承天之序，莫重於郊祀。郊祀志

魏志曰：尊嚴祖考，所以崇孝表行也；追本敬始，所以篤教流化也。行，胡孟切

宋歐陽脩曰：嚴其宗廟，饗必及其時，盡其誠心祭，則受其福。文集

程子曰：祭祀之報，本於人心，聖人制禮以成其德耳。易傳

范祖禹曰：有其誠則有其神，無其誠則無其神。論語註

法祖

書伊尹告太甲曰：念哉！聖謨洋洋，嘉言孔彰。謨，謂其謀。言，謂其訓。洋，大。孔，甚也。言其謀謨大明，不可忽也。商書伊訓

率乃祖攸行，率，循也。率乃祖者，所以致用。蓋勉太甲盡敬以法先王也。

視乃烈祖，無時豫怠。言太甲當勉於其德，視先王成湯之所爲，不可頃刻而逸豫怠惰也。

先王惟時懋敬厥德，克配上帝。今王嗣有令緒，尚監茲哉。言成湯勉敬其德，德與天合，故克配上帝。今王嗣有令緒，庶幾其監視乎此。伊尹欲太甲與湯之治同道也。並商書太甲○幾音機

傅說告高宗曰：監于先王成憲，其永無愆。說音悅○憲，法。愆，過也。言先王成法，子孫之所當守也。商書說命

詩曰：無念爾祖，聿修厥德。聿，于筆切○聿，發語辭。言欲念爾祖，在於自修其德而已。

上天之載，無聲無臭，儀刑文王，萬邦作孚。載，事。儀，象。刑，法。孚，信也。上天之事，無聲無臭，不可得而度也。惟取法於文王，則萬邦作而信之矣。並大雅文王篇○度，徒各切

昭茲來許，繩其祖武，於萬斯年，受天之祜。於音烏，祜，候古切○

昭茲承上文昭哉而言。哉茲古通用。來後世也。許猶所也。繩繼。武迹也。言武王之道昭明如此。來世能繼其迹。則久荷天祿而不替矣。大雅下武篇。○荷去聲

不愆不忘。率由舊章。愆過。率循也。舊章先王之禮樂刑政也。大雅嘉樂篇

駿惠我文王。曾孫篤之。駿大。惠順也。曾孫後王也。篤厚也。言當大順文王之道。後王又當篤厚之而不忘也。周頌維天之命篇

儀式刑文王之典。日靖四方。儀式刑皆法也。言儀式刑文王之典以靖天下也。周頌我將篇

念茲皇祖。陟降庭止。維予小子。夙夜敬止。於乎皇王。繼序思不忘。於音烏。乎音呼。○此成王朝于先王之廟而作也。皇祖文王也。言武王之孝。思念文王。常若見其陟降於庭也。皇王兼指文武也。言我之所以敬止者。思繼此序而不忘耳。周頌閔予小篇。○朝音潮

宋司馬光曰。繼體之君。謹守祖宗之成法。苟不隳之以逸欲。敗之以諂諛。則世世相承。無有窮期。隳許規切。諂鈕咸切

百官者祖宗之百官。不可以私其人。府庫者祖宗之府庫。不可以賞非其功。法令者祖宗之法令。不可以罰非其罪。慎之重之。益自儆戒。如是則為無不成。求無不給。並文集

蘇軾曰。三代聖人。其後世遠者至千八百年。夫豈惟民之不忘其功。以至於是。蓋其子孫得其祖宗之法而為據依。可以永久。文集。○夫音扶

胡寅曰。夫剏業垂統之君。必立紀綱以遺子孫。繼世之君。必守紀綱以法祖宗。通鑑綱目。○夫音扶。剏楚浪切。遺去聲

謹好惡

書召公曰。不作無益害有益。功乃成。不貴異物賤用物。民乃足。犬馬非其土性不畜。珍禽奇獸不育于國。遊觀為無益。奇巧為異物。周書旅獒篇

禮記樂記曰。好惡著。則賢不肖別矣。好惡並去聲。別必列切

為人君者謹其好惡而已矣。君好之則臣為之。上行之則民從之。好惡並去聲。○德音之正。溺音之邪。皆易以感人。故人君不可不謹好惡也。易以豉切

子曰。好賢如緇衣。惡惡如巷伯。則爵不瀆而民作愿。刑不試而民咸服。好惡並去聲。下惡如字。○緇衣。鄭國風美武公之詩。小雅巷伯。寺人刺幽王之詩。緇衣。卿大夫居私朝之服也。好賢如緇衣之篤。則人知上之真好賢矣。巷。宮內道名。伯。長也。即寺人也。惡惡如巷伯之深。則民知上之誠惡惡矣。爵不瀆者。不輕爵人也。試。用也。寺時吏切。朝音潮。長上聲

下之事上也。不從其所令。從其所行。上好是物。下必有甚者矣。故上之所好惡。不可不慎也。好惡並去聲

君民者章好以示民俗。慎惡以御民之淫。則民不惑矣。好惡並去聲。○章其所好之善。故足以示民而成俗。慎其所惡之惡。故足以御民而不淫。則上下無可疑者。並緇衣

論語子曰。惟仁者能好人。能惡人。好惡並去聲。○惟之為言獨也。蓋無私心。然後

好惡當於理。所謂得其公正是也。里仁篇○當去聲

衆好之必察焉。衆惡之必察焉。好惡並去聲○衆好惡之而不察，則或蔽於私矣。衛靈公篇

益者三樂，損者三樂。樂節禮樂，樂道人之善，樂多賢友，益矣。樂驕樂，樂佚遊，樂宴樂，損矣。驕樂宴樂之樂音洛，餘並五教切。佚音逸○節謂辨其制度聲容之節。驕樂則侈肆而不知節。佚遊則惰慢而惡聞善。宴樂則淫溺而狎小人。三者損益相反也。君子之於好樂可不慎哉。季氏篇○惡好並去聲

大學曰。民之所好好之，民之所惡惡之，此之謂民之父母。好惡並去聲○言能以民心為己心，則是愛民如子，而民愛之如父母矣。

好人之所惡，惡人之所好，是謂拂人之性，菑必逮夫身。好惡並去聲。菑災同。夫音扶○拂逆也。好善而惡惡，人之性也。至於拂人之性，則不仁之甚者也。並傳十章○惡下如字

孟子曰。上有好者，下必有甚焉者矣。滕文公篇○好去聲

說苑孔子曰。惡惡道不能甚，則其好善道亦不能甚。好善道不能甚，則百姓之親亦不能甚。君道篇○惡惡上去聲下如字，好去聲

蜀王昶曰。毀譽者愛憎之原，而禍福之機，不可輕也。通鑑綱目

唐陸贄對德宗曰。群情之所甚欲者，陛下先行之；所甚惡者，陛下先去之。欲惡與天下同，而天下不歸者，未之有也。奏議○惡去聲，夫上聲

宋當彌曰。待群臣不以同異為喜怒，不以喜怒為用舍。蘇軾文集○舍音捨聲

邵子曰。上好德則民用正。上好佞則民用邪。皇極經世書○好去聲

司馬光曰。決是非，明好惡，政之實也。文集○好惡並去聲

程子曰。聖人之喜，以物之當喜；聖人之怒，以物之當怒。是聖人之喜怒不繫於心而繫於物也。

夫人之情，易發而難制者，惟怒為甚。苐能於怒時遽忘其怒，而觀理之是非，亦可見外誘之不足惡，而於道亦思過半矣。並心學○夫音扶，易以豉切，惡去聲

范祖禹曰。人主不可以有偏好，偏好者姦邪之所趨，而讒賊之所入也。唐鑑○好去聲

蘇頌曰。人主不宜有所好，有所好，則腹心肝膽皆在人矣。好征戰則孫武白起之徒出，而民殘於干戈矣。好刑名則韓非張湯之徒出，而民苦於刻核矣。好聚斂則桑羊皇鎛之徒出，而民困於掊克矣。好順從則張禹孔光之徒出，而民斁於誇大矣。言行錄○好斂並去聲，鎛伯各切，掊蒲侯切

胡宏曰。好惡，性也。小人好惡以己，君子好惡以道。察乎是，而天理人欲可知。胡子知言○好惡並去聲

朱子曰。無私心，然後好惡當於理。當理而無私心則仁

矣。（ナ集。○好惡當並去聲）

呂祖謙曰。人情有所愛。則有所赦。有所赦。則有所忌。不赦不忌。卓然知其惡於深愛之中。惟天下之至公者能之。

愛其人。必不知其惡。知其惡。必不愛其人。（並侍講）

心學曰。人君心無常喜。亦無常怒。喜其所當喜。怒其所當怒。正矣。常有之者。非也。喜怒在事。已何與焉。隨物應之而已。（與音預。應去聲）

勤勵

易曰。君子終日乾乾。夕惕若。厲無咎。（乾竭然切。惕他歷切。厲力世切。咎其九切。○三雖人位。已在下體之上。舜之玄德升聞時也。日夕不懈而兢惕。則雖處危地而無咎。乾九五文辭。○處上聲）

書舜曰。克勤于邦。（克勤。謂勤于王事也。虞書大禹謨）

伊尹曰。先王昧爽丕顯。坐以待旦。（昧。晦。爽。明也。昧爽云者。欲明未明之時也。丕。大也。顯。亦明也。言先王成湯於昧爽之時。洗濯澡雪大明其德。坐以待旦而行之也。商書太甲上。○澡子皓切）

弗慮胡獲。弗為胡成。一人元良。萬邦以貞。（胡。何也。弗慮何得。謹思之也。弗為何成。欲其篤行之也。元。大。良。善。貞。正也。一人者。萬邦之儀表。一人元良。則萬邦以正矣。商書太甲下）

召公曰。夙夜罔或不勤。（或。猶言萬一也。或之一字。最有意味。一暫止息。則非勤德矣。此即勤德工夫。周書旅獒）

周公曰。自朝至于日中昃。不遑暇食。用咸和萬民。（此言文王之勤也。昃。日昳也。自朝至於日之中。自中至於日之昃。一食之頃。有不遑暇。欲咸和萬民。使無一不得其所也。昳徒結切）

文王不敢盤于遊田。以庶邦惟正之供。（供音恭。○遊田。國有常制。文王不敢盤遊無度。上不濫費。故下無過取。而能以庶邦惟正之供。於常貢正數之外。無橫歛也。橫歛去聲）

繼自今嗣王。則其無淫于觀。于逸。于遊。于田。以萬民惟正之供。（供音恭。○則法也。其指文王而言。淫。過也。言自今日以往。嗣王其法文王。無過於觀逸遊田。以萬民惟正賦之供而已。並周書無逸）

詩曰。夙興夜寐。洒埽廷內。維民之章。修爾車馬。弓矢戎兵。用戒戎作。用逷蠻方。（逷他歷切。○章。表。戒。備。戎。兵。作。起。逷。遠也。言內自廷除之近。外及蠻方之遠。細而寢興洒埽之常。大而車馬戎兵之變。慮無不周。備無不飭也。大雅抑篇）

執競武王。無競維烈。不顯成康。上帝是皇。（競。強也。言武王持其自强不息之心。故其功烈之盛。天下莫得而競。豈不顯哉成王康王之德。亦上帝之所君也。周頌執競篇）

文王既勤止。我應受之。敷時繹思。我徂維求定。（應。當也。敷。布。時。是也。繹。尋繹也。繹思。尋繹而思念也。言文王之勤勞天下至矣。其子孫受而有之。然而不敢專也。布此文王功德之在人而可繹思者。以賚有功。而往求天下之安定也。周頌賚篇）

春秋左氏傳。晉郤成子曰。非德莫如勤。非勤何以求人。能勤有繼。（郤乞逆切。○言非德足以服人。則莫如勤以求之。非勤則何以求人。能勤力則有功繼之矣。宣公十一年）

晉陶侃曰。大禹聖人。乃惜寸陰。至於衆人。當惜分陰。

王羲之曰。夏禹勤王。手足胼胝。文王旰食。日不暇給。並通鑑綱目○胼蒲眠切胝音而切旰古幹切

唐韓愈曰。業精于勤。荒于嬉。文集

宋蘇軾曰。夫天以日運故健。日月以日行故明。水以日流故不竭。人之四肢以日動故無疾。器以日用故不蠹。天下者大器也。又置而不用。則委靡廢放。日趨於弊而已矣。文集○夫音扶蠹都故切

胡寅曰。事在勉强而已。意欲如是。少忍而思之。曰。如是不善。終忍而不為。斯善矣。意不如是。少思而克之。曰。

不如是不善。終克而為之。斯善矣。致堂管見○强上聲

古之聖賢。未嘗不以懈惰荒寧為懼。勤勵不息自强。論語註

胡宏曰。人生在勤。勤則身修家齊國治天下平。胡子知言

蘇頌曰。人生在勤。勤則不匱。户樞不蠹。流水不腐。此其理也。言行錄○蠹都故切

真德秀曰。勤者怠之反也。人主能謹而不慢。能勤而不怠。其事畢矣。大學衍義

戒謹

易曰。初六。履霜堅冰至。六。陰爻之名。此爻陰生於下。其端甚微。聖人以其將長則為之戒。陰之始凝而為霜。履霜則當知陰漸盛而至堅冰矣。猶小人始雖甚微。不可使長。長則至於盛也。坤文辭○長上聲

積善之家必有餘慶。積不善之家必有餘殃。天下之事未有不由積而成。家之所積者善。則福慶及於子孫。所積不善。則災殃流於後世。坤文言

天與水違行。訟。君子以作事謀始。天上水下。其行相違。訟之由也。君子觀象。知人情有爭訟之道。故凡作事必謀其始。則訟端絕矣。訟象傳

天道虧盈而益謙。地道變盈而流謙。鬼神害盈而福謙。人道惡盈而好謙。謙尊而光。卑而不可踰。惡好並去聲○以天行言。盈者則虧。謙者則益。以地勢言。則盈滿者傾變而反陷。卑下者流注而增益。以鬼神言。則盈滿者禍害之。謙損者福佑之。以人道言。則惡盈而好謙巽。人能謙巽。則其道尊大而光顯。自處雖卑屈。而其

德實高。不可加尚。是不可踰也。故聖人詳言。所以戒盈而勸謙也。謙彖傳○處上聲

山下有澤。損。君子以懲忿窒欲。懲直升切忿芳粉切窒珍栗切○山下有澤。氣通上潤。與深下以增高。皆損下之象。君子觀象。以損於己。故懲戒其忿怒。窒塞其意欲也。損象傳○塞悉側切

洊雷震。君子以恐懼修省。洊在甸切省悉井切○洊重襲也。上下皆震。故為洊雷。雷重仍則威益盛。君子觀象以恐懼自修其身。思省其過而改之也。震象傳○重平聲

水在火上。既濟。君子以思患而豫防之。水火既交。各得其用為既濟。時當既濟。惟慮患害之生。故思而豫防。使不至於患也。既濟象傳

君子居其室。出其言善。則千里之外應之。況其邇者乎。居其室。出其言不善。則千里之外違之。況其邇者

乎言出乎身加乎民行發乎邇見乎遠言行君子之樞機樞機之發榮辱之主也言行君子之所以動天地也可不慎乎應行並去聲見音現

亂之所生也則言語以為階君不密則失臣臣不密則失身幾事不密則害成是以君子慎密而不出也幾音機

善不積不足以成名惡不積不足以滅身小人以小善為無益而弗為也以小惡為無傷而弗去也故惡積而不可掩罪大而不可解去上聲

危者安其位者也亡者保其存者也亂者有其治者也是故君子安而不忘危存而不忘亡治而不忘亂是故身安而國家可保也並繫辭

書大禹謨曰后克艱厥后臣克艱厥臣政乃乂黎民敏德君而不敢易其為君之道臣而不敢易其為臣之職夙夜祗懼各務盡其所當為者則其政事乃能修治而無邪慝下民自然觀感速化於善矣易以豉切慝惕德切

惠迪吉從逆凶惟影響惠順迪道也逆反道者也惠迪從逆猶言順善從惡也言天道可畏吉凶之應於善惡猶影響之應於形聲也應去聲

益曰吁戒哉儆戒無虞罔失法度罔遊于逸罔淫于樂任賢勿貳去邪勿疑疑謀勿成百志惟熙罔違道以干百姓之譽罔咈百姓以從己之欲無怠無荒四夷來王樂音洛去上聲咈音弗○先吁後戒欲使聽者精審也虞度罔勿也淫過也當四方無可虞度之時法度易至於廢弛故戒其失墜逸樂易至於縱恣故戒其遊淫任賢以小人間之謂之貳去邪不能果斷謂之疑謀圖為也有所圖為揆之於理而未安者則不復成就之也百志百慮也惟熙則方寸之間光輝明白而於天下之事孰為道義之正而不可違孰為民心之公而不可咈如是而朝夕戒懼無怠於心無荒於事則治道益隆四夷之遠莫不歸往也度達各切易以豉切間去聲斷都玩切復扶又切

帝舜曰可愛非君可畏非民衆非元后何戴后非衆罔與守邦欽哉慎乃在位敬修其可願四海困窮天祿永終惟口出好興戎好如字○衆非君則何以奉戴君非民則誰與守邦可願猶孟子所謂可欲也凡可願可欲者皆善也人君當謹其所居之位敬修其所可願欲者苟有一毫之不善生於心害於政則民不得其所至於困窮則君之天祿一絕而不復續矣好善也戎兵也言發於口則有二

者之分利害之幾可畏如此並虞書大禹謨○幾音機復扶又切

皐陶曰無教逸欲有邦兢兢業業一日二日萬幾幾音機○教謂上行下效也言天子當以勤儉率諸侯不可以逸欲導之也兢兢戒謹也業業危懼也幾微也一日二日言其日之至淺萬幾言其幾事之至多是豈可一日而縱欲者乎

天聰明自我民聰明天明畏自我民明畏達于上下敬哉有土明者顯其善畏者威其惡天之聰明非有視聽也因民之視聽以為聰明天之明威非有好惡也因民之好惡以為明畏上下上天下民也敬心無所慢也有土有民社也言天人一理通達無間有天下者可不知所以敬哉並虞書皐陶謨○畏好並去聲間去聲

帝庸作歌曰勑天之命惟時惟幾乃歌曰股肱喜哉元首起哉百工熙哉皐陶拜手稽首颺言曰念哉率作

興事。慎乃憲。欽哉。屢省乃成。欽哉。乃賡載歌曰。元首明哉。股肱良哉。庶事康哉。又歌曰。元首叢脞哉。股肱惰哉。萬事墮哉。帝拜曰。俞。往欽哉。幾音機熙叶許里切省息井切賡居行切脞取果切惰徒果切墮許規切蔡氏音惰○庸用也。歌。詩歌也。幾。事之微也。惟時者。無時而不戒勅也。惟幾者。無事而不戒勅也。股肱臣也。元首君也。言人臣樂於趨事赴工。則人君之治為之興起。而百官之功皆廣也。拜手稽首者。首至手又至地也。大言而疾曰颺。率總率也。臯陶言人君當總率羣臣以起事功。又必謹其所守之法度。屢數也。興事而數考其成。則有課功覈實之效。兩言欽哉。言二者皆所當深敬而不可忽者也。賡續也。臯陶續帝歌。言君明則臣良。而衆事皆安。所以勸之也。叢脞煩碎也。墮傾圮也。言君行臣職。煩瑣細碎。則臣下懈怠不肯任事。而萬事廢壞。所以戒之也。帝拜者。重其禮也。重其禮。然其言。而曰汝等往治其職。不可以不敬也。君臣之相責難者如此。有虞之治。所以為不可及也歟。虞書益稷○

樂音洛數所角切覈音核圮普拜切

五子之歌曰。予視天下愚夫愚婦。一能勝予。一人三失。怨豈在明。不見是圖。予臨兆民。懍乎若朽索之馭六馬。為人上者。柰何不敬。見音現索昔各切馭御同○予五子自稱也。君失人心則為獨夫。獨夫則愚夫愚婦一能勝我矣。三失者。言所失衆也。民心怨背。豈待其彰著而後知之。當於事幾未形之時而圖之也。朽腐也。朽索易絕。六馬易驚。以喻其危懼之可畏也。為人上者。柰何而不敬乎。背音佩幾音機易以豉切

訓有之。內作色荒。外作禽荒。甘酒嗜音。峻宇雕牆。有一於此。未或不亡。甘如字又音酣○訓。禹之訓。色荒惑嬖寵也。禽荒耽遊田也。甘嗜皆無厭也。峻高大也。宇棟宇也。雕繪飾。言六者有其一皆足以取滅亡也。並夏書○嬖卑義切耽都含切厭平聲

仲虺之誥曰。慎厥終。惟其始。謹其終之道。惟於其始圖之。始之不謹。而能謹其終者未之有也。商書

伊尹曰。惟上帝不常。作善降之百祥。作不善降之百殃。爾惟德罔小。萬邦惟慶。爾惟不德罔大。墜厥宗。不常者。去就無定也。為善則降之百祥。為惡則降之百殃。各以類應也。勿以小善而不為。萬邦之慶積於小。勿以小惡而為之。厥宗之墜不在大。蓋善必積而後成。惡雖小而可懼也。商書伊訓○為去聲

惟尹躬先見於西邑夏。自周有終。相亦惟終。其後嗣王罔克有終。相亦罔終。嗣王戒哉。相去聲○夏都在亳之西。故曰西邑夏。自周有君也。言夏之先王有終。故其輔相者。亦能有終。其後夏桀不能有終。故其輔相者。亦不能有終。

嗣王其以夏桀為戒哉。亳別角切

太甲曰。欲敗度。縱敗禮。以速戾于厥躬。天作孽。猶可違。自作孽。不可逭。孽魚列切逭胡玩切○多欲則興作而亂法度。縱肆則放蕩而隳禮義。度就事言之也。禮就身言之也。速召之急也。孽災。逭逃也。隳許規切

伊尹曰。德惟治。否德亂。與治同道。罔不興。與亂同事。罔不亡。終始慎厥與。惟明明后。德者。合敬仁誠之稱也。有是德則治。無是德則亂。與古之治者同道。則無不興。與古之亂者同事。則無不亡。惟謹其所與。終始如一。而明明之君。為能然也。

無輕民事惟難。無安厥位惟危。慎終于始。無輕民事而思其難。無安君位而思其危。故又欲其慎終于始。始而不謹而能慎其終者寡矣。並商書太甲

天難諶。命靡常。常厥德。保厥位。厥德靡常。九有以亡。

諶時壬切○諶信也天之難信以其命之不常也然天命雖不常而常於有德者君德有常則天命亦常而保厥位矣君德不常則天命亦不常而九有以亡矣九有九州也

德惟一動罔不吉德二三動罔不凶惟吉凶不僭在人惟天降災祥在德今嗣王新服厥命惟新厥德終始惟一時乃日新 二三則雜矣德之純則無往而不吉德之雜則無往而不凶僭差也惟吉凶不差在人者惟天之降災祥在德故也今太甲新服天子之命德亦當新然新德之要在於有常而已終始有常而無間斷是乃所以日新也間去聲

后非民罔使民非后罔事無自廣以狹人匹夫匹婦不獲自盡民主罔與成厥功 君民之使事雖有貴賤之不同至於取人為善則無貴賤之間人君能合天下之萬善而後理之一者可全也苟自大而狹人匹夫匹婦有一不得自盡於上則一善不備而民主亦無與成厥功矣並商書咸有一德○間去聲

傳說曰惟口起羞惟甲胄起戎惟衣裳在笥惟干戈省厥躬王惟戒茲允茲克明乃罔不休 胄直又切笥相吏切省息井切○言語所以文身輕出則有起羞之患甲胄所以衛身輕動則有起戎之憂衣裳必謹於在笥戒其有所輕予干戈必嚴於省躬戒其有所輕動王惟戒此四者信此而能明焉則政治無不休美矣予音與

慮善以動動惟厥時有其善喪厥善矜其能喪厥功惟事事乃其有備有備無患無啓寵納侮無恥過作非 喪去聲○善當乎理也時時措之宜也慮固欲當乎理然動非其時猶無益也若自有其善則己不加勉而德虧矣自矜其能則人不效力而功隳矣惟事其事乃其有備有備固無患矣然又無開寵幸以納人之侮無恥過誤而遂己之非也並商書說命○當去聲隳呼規切

武王曰天視自我民視天聽自我民聽 言天之視聽皆自乎民民所惡者天必誅之人君當以民心而察天意也周書泰誓○惡去聲

召公曰不役耳目百度惟貞玩人喪德玩物喪志 喪去聲○貞正也不役於耳目之所好則百為之度惟其正而已玩人即狎侮君子之事玩物即不役耳目之事德者己之所得志者心之所之也周書旅獒○好去聲

武王曰天畏棐忱民情大可見小人難保 棐數尾切○天命不常雖甚可畏[illegible]則輔之民情好惡雖大可見而小民至為難保其可忽哉好惡並去聲

怨不在大亦不在小惠不惠懋不懋 怨豈在明不見是圖怨不在大也與其寡怨孰若無怨怨不在小也在於能順人所不順勉人所不勉則大小之怨俱無矣並周書康誥

在昔殷先哲王迪畏天顯小民經德秉哲自成湯至

于帝乙成王畏相惟御事厥棐有恭不敢自暇自逸矧曰其敢崇飲 相去聲棐數尾切○殷先哲王謂湯也畏天之明命畏小民之難保經其德而不變所以處己也秉其哲而不惑所以用人也湯之垂統如此故自湯至于帝乙賢聖之君六七作雖世代不同而皆能成就君德敬畏輔相故當時御事大臣亦皆盡忠輔翼而有責難之恭自暇自逸猶且不敢況曰其敢崇飲乎周書酒誥○見形甸切處上聲

召公曰惟王受命無疆惟休亦無疆惟恤嗚呼曷其柰何不敬 言我周受命固有無窮之美然亦有無窮之憂於是歎息言王曷其柰何弗敬乎蓋深言不可以不敬也周書召誥

蔡仲之命曰皇天無親惟德是輔民心無常惟惠之懷為善不同同歸于治為惡不同同歸于亂爾其戒哉

善固不一端。而無不可行之善。惡亦不一端。而無可為之惡。其可不戒之哉。周書

成王曰。若昔大猷。制治于未亂。保邦于未危。若昔大道之世。制治保邦于未亂未危之前也。

位不期驕。祿不期侈。恭儉惟德。無載爾偽。作德心逸日休。作偽心勞日拙。貴不與驕期而驕自至。祿不與侈期而侈自生。故居是位者當知所以恭。居是祿者當知所以儉。然恭儉豈可以聲音笑貌為哉。當有實得於己。不可從事於為。作德則中外惟一。故心逸而日休休焉。作偽則掩覆不暇。故心勞而日著其拙矣。

穆王曰。心之憂危。若蹈虎尾。涉于春冰。蹈音道○若蹈虎尾。畏其噬。若涉春冰。畏其陷。言憂危之甚也。噬時智切

夏暑雨。小民惟曰怨咨。冬祁寒。小民亦惟曰怨咨。厥

惟艱哉。思其艱以圖其易。民乃寧。易以豉切○祁大也。暑雨祁寒。小民怨咨。自傷其生之艱難也。艱者。飢寒之艱也。厥惟艱哉者。歎小民之誠為艱難也。思念其艱以圖其易。民乃安也。易者。衣食之易也。並周書君牙

詩曰。戰戰兢兢。如臨深淵。如履薄冰。兢居卿切○戰戰。恐也。兢兢。戒也。如臨深淵。恐墜也。如履薄冰。恐陷也。懼及其禍之詞也。小雅小旻篇

殷之未喪師。克配上帝。宜鑒于殷。駿命不易。喪去聲。易以豉切○師。眾也。配。合也。上帝。天之主宰也。駿。大也。不易。言其難也。言殷未失天下之時。其德足以配上帝。今其子孫乃如此。宜以為鑒而自省焉。則知天命之難保矣。大雅文王篇○省息井切

明明在下。赫赫在上。天難忱斯。不易維王。天位殷適。使不挾四方。易以豉切。適音的。忱市林切。挾子燮切○明明。德之明也。赫赫。命之顯也。忱。信也。不易。難也。天位。天子之位也。殷適。殷之適嗣也。挾。有也。此周公戒成王之詩。言下有明明之德。則上有赫赫之命。達于上下。去就無常。此天之難忱。而為君之不易也。紂居天位。為殷適嗣。乃使之不得挾四方而有之。蓋以此爾。大雅大明篇

靡不有初。鮮克有終。鮮上聲○言天生眾民。其降命之初。無有不善。而人少能以善道自終爾。

慎爾出話。敬爾威儀。無不柔嘉。白圭之玷。尚可磨也。斯言之玷。不可為也。玷丁簟切○此衛武公自警之詩。謂當謹其言語。蓋玉之玷缺。尚可磨鑢使平。若言語一失。則不可救也。鑢良據切

無易由言。無曰苟矣。莫捫朕舌。言不可逝矣。易以豉切。捫音門○易。輕。捫。持。逝。去也。言不可輕易其言。蓋無人為我執持其舌者。故言語由己。易致差失。常當執持不

可放去也。易去聲

相在爾室。尚不愧于屋漏。無曰不顯。莫予云覯。神之格思。不可度思。矧可射思。相去聲。覯居候切。度徒洛切。射音亦○尚。庶幾也。屋漏。室西北隅也。覯。見也。格。至。度。測。矧。況也。射。厭也。言視爾獨居於室之時。當庶幾不愧於屋漏。然後可爾。無曰此非明顯之處。而莫予見也。當知鬼神之妙。無物不體。其至於是。有不可得而測者。不顯亦臨。猶懼有失。況可厭射而不敬乎。蓋大雅抑篇○斁音拱

我其夙夜。畏天之威。于時保之。言天與文王。既右享我之祭矣。則我其敢不夙夜畏天之威。以保天與文王降鑒之意乎。周頌我將篇

天命降監。下民有嚴。不僭不濫。不敢怠遑。命于下國。封建厥福。監。視。嚴。威也。僭。賞之差也。濫。刑之過也。遑。暇。封。大也。言天命降監。惟在民之視聽。則

下民亦有嚴矣。惟賞不僭，刑不濫，不敢怠遑，則天命之以天下，而大建其福也。商頌殷武

春秋左氏傳鄭莊公曰：多行不義，必自斃。斃，毗意切○惡不積不足以滅身。不義既多，必自斃踣。隱公元年○踣，步墨切

魯申繻曰：妖由人興也。人無釁焉，妖不自作。人棄常，則妖興。繻，新於切。釁，許刃切○苟人無釁隙之可乘，則妖不能興。棄其常道，則妖自興矣。莊公十一年

齊陳敬仲曰：酒以成禮，不繼以淫，義也。以君成禮，弗納於淫，仁也。飲酒以成歡敬之禮，不敢繼以淫湎，是為合宜之義也。以其君成飲酒之禮，不敢納君於淫湎，是為愛君之仁也。莊公二十二年○湎，美典切

周內史過曰：國之將興，明神降之，監其德也。將亡，神又降之，觀其惡也。故有得神以興，亦有以亡。過，古禾切○國家將興之時，必有聰明之神降以監察其君德之厚薄；將敗，又有神降以觀其積惡之淺深。故有得神而興，亦有以亡者。其可畏如此。

虢史嚚曰：國將興，聽於民；將亡，聽於神。神聰明正直而壹者也，依人而行。虢，古伯切。嚚，魚巾切○國家將興，為政皆順聽於民心；將亡，虐民而聽於神。壹者，專壹於聰明正直而無二心也。善則降福，惡則降禍，神蓋依人善惡而行之也。然則虐民而聽於神，其有不亡者乎。莊公三十二年

齊管敬仲曰：戎狄豺狼，不可厭也。諸夏親暱，不可棄也。宴安酖毒，不可懷也。豺，音柴。狼，音郎。厭，平聲。暱，女乙切。酖，直禁切○戎狄性貪如豺狼，不可得其厭足也。諸夏，中國也。言中國有親近之情，不可棄而不救也。酖，鳥，其羽有毒，以畫酒，飲之則殺人。言宴安之禍甚於酖毒，不可懷此也。閔公元年

虞宮之奇曰：鬼神非人實親，惟德是依。天神人鬼，非實親近乎人，惟有德者依據之也。僖公五年

晉伯宗曰：天反時為災，地反物為妖，民反德為亂，亂則妖災生。寒暑失節，故反時為災。羣物失性，故反物為妖。善惡易位，故民反德為亂。亂則妖災並生矣。宣公十五年

魯閔子馬曰：禍福無門，惟人所召。言禍患福祿初無一定之門，然為善則召福，為惡則召禍。襄公二十三年

禮記子曰：王言如絲，其出如綸；王言如綸，其出如綍。故大人不倡游言。綍，敷勿切○言言出彌大也。綸，綬也。如究綍繩。綍，引棺大索也。大人，王公之謂。游言，無根不定之言也。為人上者，苟以游言倡之，則天下蕩然虛浮之風作矣，可不慎乎。

可言也，不可行，君子弗言也；可行也，不可言，君子弗行也。則民言不危行，而行不危言矣。危行而行，胡孟切，餘如字○可言而不可行，過言也。可行而不可言，過行也。君子弗言弗行，則言行不越乎中。民將效之，言不敢高其行，行不敢高於言。言行相應也。緇衣○可行過行弗行孟如字餘皆孟切應去聲

大戴禮曾子曰：君子禍之為患，辱之為畏，見善恐不得與焉，見不善惟恐及己也。曾子立事篇○與，音預

丹書曰：敬勝怠者吉，怠勝敬者滅；義勝欲者從，欲勝義者凶。

武王鑑之銘曰：見爾前，慮爾後。盥盤之銘曰：與其溺於人也，寧溺於淵。溺於淵猶可游也，溺於人不可救也。

杖之銘曰。惡乎危於忿疐。惡乎失道於嗜欲。惡乎相忘於富貴。矛之銘曰。造矛造矛。少間弗忍。終身之羞。盥古緩切。㵣音匯。惡音烏。忿音粉。疐音志。矛音謀。○惡乎於何也。忿者危之道。杖危故以危戒也。相忘於富貴言身杖相資。因失道相忘。乃嗜欲安樂之戒也。重言造矛。見造矛之不易也。少間之不忍。則為終身羞。以君子於殺之中。禮恕存焉。並武王踐阼篇。○樂音洛。易以豉切

孝經孔子曰。居上而驕則亡。為下而亂則刑。在醜而爭則兵。傳五章

論語子曰。獲罪於天。無所禱也。天即理也。其尊無對。逆理則獲罪於天而禍及之矣。豈可禱而免乎。八佾篇

人無遠慮。必有近憂。人之所履。容足之外。皆為無用之地。而不可廢也。故慮不在千里之外。則患在几席之下矣。衛靈公篇

君子有三戒。少之時。血氣未定。戒之在色。及其壯也。血氣方剛。戒之在鬭。及其老也。血氣既衰。戒之在得。少失照切。○血氣形之所待以生者。血陰而氣陽也。得貪得也。隨時知戒。以理勝之。則不為血氣所使也。季氏篇

大學曰。是故君子有大道。必忠信以得之。驕泰以失之。君子以位言之。道謂修己治人之術。發己自盡為忠。循物無違為信。驕者矜高。泰者侈肆。此傳之十章

孟子曰。仁則榮。不仁則辱。公孫丑篇

家語曰。明鏡所以察形。往古所以知今。人主不務襲迹於其所以安存。而急急所以危亡。未有異於卻走而求及前人也。鏡可以照形。往古可以驗今。人君不求蹈古人所以安存之迹。而且急急於危亡之事。何異退走而欲追及前行之人也。

安樂必戒。無所行悔。勿謂何傷。其禍將長。勿謂何害。其禍將大。勿謂不聞。神將伺人。樂音洛。伺相吏切。○雖處安樂。必警戒也。悔謂所悔之事。不可復行也。莫言何傷。其惡又將無窮。莫言無害。其禍又將成大。莫言無所聞知。神明已竊伺人矣。並觀周篇。○處上聲。復扶又切

君者舟也。庶人者水也。水所以載舟。亦所以覆舟。五儀解。覆方六切

博哉天道。成而必變。凡持滿而能久者。未嘗有也。大哉上天之道。既成於物。復變於物。凡持盈至於久者。未之有也。六本篇

忿數者獄之所以生也。距諫者慮之所以塞也。慢易者禮之所以失也。怠惰者時之所以後也。奢侈者財之所以不足也。專獨者事之所以不成也。數所各切。塞悉則切。易以豉切。○忿怒不常。故獄訟生。不聽人諫。則思慮蔽。輕忽於事。則失禮教。不勤於事。則失其時。不能節用。則財必乏。自專則事不成就。入官篇

國語越范蠡曰。天道盈而不溢。盛而不驕。勞而不矜其功。

荀子曰。國者天下之利用也。人主者天下之利勢也。得道以持之。則大安也。大榮也。積美之源也。不得道以持之。則大危也。大累也。天下用之利者無過於國。而人君者勢之最利者也。王伯篇

天行有常。不為堯存。不為桀亡。應之以治則吉。應之

以亂則凶。（爲應並去聲○天自有常行之道。非愛堯而惡桀也。吉凶由人耳。惡去聲）

倍道而妄行則天不能使之吉。（並天論）

說苑周公曰。天子無戲言。言則史書之。工誦之。士稱之。（君道篇○稱如字）

枚乘曰。福生有基。禍生有胎。納其基。絕其胎。禍何自來。（正諫篇）

劉向曰。天道無親。常與善人。

凡司其身必慎五本。一曰柔以仁。二曰誠以信。三曰富而貴毋敢以驕人。四曰恭以敬。五曰寬以靜。思此五者。則無凶命。（並敬慎篇）

夫智者舉事也。滿則慮溢。平則慮險。安則慮危。曲則慮直。由重其豫。惟恐不及。是以百舉而不陷也。（權謀篇○夫音扶）

明者視於冥冥。謀於未形。聰者聽於無聲。戒於未成。

禍生於欲得。福生於自禁。聖人以心導耳目。小人以耳目導心。

百行之本。一言也。一言而適。可以却敵。一言而得。可以保國。響不能獨為聲。影不能倍曲為直。物必以其類。故君子慎言出己。負石赴淵。行之難者也。（並談叢篇○百

行之行胡孟切）

周公曰。德行廣大而守以恭者榮。土地博裕而守以儉者安。祿位尊盛而守以卑者貴。人衆兵強而守以畏者勝。聰明睿智而守以愚者益。博聞多記而守以淺者廣。（敬慎篇○行胡孟切）

司馬法曰。國雖大。好戰必亡。天下雖安。忘戰必危。（指武篇○好去聲）

新序欒武子曰。居上位而不恤其下。驕也。緩令急誅。暴也。取人之言而棄其身。盜也。（雜事篇）

揚子曰。言輕則招憂。行輕則招辜。貌輕則招辱。好輕則招淫。（行胡孟切。好去聲○貌。威儀。好。好尚也。○修身篇）

漢章帝曰。以苛為察。以刻為明。以輕為德。以重為威。四者之或興。則下有惡心。（惡去聲）

袁盎曰。千金之子坐不垂堂。聖王不乘危不徼幸。

董仲舒曰。國家將有失道之敗。而天乃先出災害以譴告之。不知自省。又出怪異以警懼之。尚不知變。而傷敗乃至。以此見天心之仁愛人君而欲止其亂也。（並通鑑綱目○省息井切）

劉向曰。執狐疑之心者。來讒賊之口。持不斷之意者。開群枉之門。讒賊進則衆賢退。群枉盛則正士消。（斷都玩切）

匡衡曰：聰明疏通者戒於大察，寡聞少見者戒於壅蔽，勇猛剛通者戒於大暴，仁愛溫良者戒於無斷，湛靜安舒者戒於後時，廣心浩大者戒於遺忘。必審己之所當戒而齊之以義，然後中和之化應。大音泰 斷都玩切 湛沉同 應去聲

谷永曰：明於天之性，不可惑以神怪；知萬物之情，不可罔以非類。並通鑑綱目

班伯曰：沉湎於酒，微子所以告去也；式號式謼，大雅所以流連也；詩書淫亂之戒，其原皆在於酒。號平聲 謼荒胡切

丁鴻曰：人道悖於下，效驗見於天，雖有隱謀，神照其情。

龔遂曰：親近群小，漸漬邪惡，存亡之機，不可不慎。漸將廉切

竇武曰：瑞必生於嘉士，福至實由善人。在德為瑞，無德為災。

譙周曰：處大無患者常多慢，處小有憂者常思善。多慢則生亂，思善則生治。並通鑑綱目 ○處上聲

蜀漢昭烈曰：勿以惡小而為之，勿以善小而不為。惟賢惟德可以服人。通鑑綱目

魏張茂曰：君天下而不得萬姓之歡心者，鮮不危殆。通鑑綱目 ○鮮上聲

唐太宗曰：人主好奇技淫聲、鷙鳥猛獸，遊幸無度，田獵不時，如此則徭役煩，徭役煩則人力竭，人力竭則農桑廢焉。人主好高臺深池，雕琢刻鏤，珠玉珍玩，黼黻絺綌，如此則賦斂重，賦斂重則人才遺，人才遺則飢寒之患生焉。好去聲 鷙音志 徭音遙 雕才聊切 琢竹角切 鏤郎豆切 黼音甫 黻敷勿切 斂力驗切

欲悔非於既往，惟慎禍於將來。

驕出於志，不節則志傾；慾生於心，不遏則身喪。喪去聲

崇善以廣德，則業泰身安；肆情以從非，則業傾身喪。喪去聲

教令失度，則政有乖違。並帝範

人主惟有一心，而攻之者甚衆。或以勇力，或以辯口，或以諂諛，或以姦詐，或以嗜慾，輻湊攻之，各求自售，以取寵祿。人主少懈而受其一，則危亡隨之矣。售音授

成遲敗速者，國也；失易得難者，位也。易以豉切

治平則驕侈易生，驕侈則危亡立至。並通鑑綱目 ○易以豉切

極其驕奢，恣其嗜慾，人神憤怒。戒子通錄

唐書曰：地廣者非久安之術也，人勞者乃易亂之符也。易以豉切

有道之君以逸逸人，無道之君以樂樂身。樂音洛

魏徵曰：鑑形莫如止水，鑑敗莫如亡國。通鑑綱目

自古帝王莫不得之於艱難，失之於安逸。

珍玩技巧為喪國之斧斤，珠玉錦繡實迷心之酖毒，

殷憂則竭誠以盡下。安逸則驕恣而輕物。盡下則胡越同心。輕物則六親離德。（殷去聲 敵直 禁切 殷上聲）樂盤遊則思三驅以為度。憂懈怠則思慎始而敬終。（並貞觀政要○樂音洛）

張蘊古曰。勿謂無知。居高聽卑。勿謂何害。積小成大。樂不可極。極樂成哀。欲不可縱。縱欲成災。壯九重於內。所居不過容膝。彼昏不知。瑤其臺而瓊其室。羅八珍於前。所食不過適口。惟狂罔念。丘其糟而池其酒。勿內荒於色。勿外荒於禽。勿貴難得貨。勿聽亡國音。（貞觀政要○樂音洛 重平聲）

陸贄曰。理或生亂。亂或資理。有以無難而失守。有以多難而興邦。（難去聲）

天之視聽。皆因於人。人事理而天命降亂者。未之有也。人事亂而天命降康者。亦未之有也。（並通鑑綱目）

夫投膠以變濁。不如澄其源而濁變之愈也。揚湯以止沸。不如絕其薪而沸止之速也。是以勞心於服遠。莫若修近而其遠自來。多方以救失。莫若改行而其失自去。若不靖於本而務救於末。則救之所為。乃禍之所起也。（奏議○夫音扶 膠音交 沸芳未切 行胡孟切）

宋富弼書座屏曰。守口如缾。防意如城。（明並 缾）

歐陽脩曰。去患宜速。防禍在微。（去上聲）謀於始也不精。則行於後也難久。（並）

天人之際。影響不差。未有不召而自至之災。亦未有已出而無應之變。其變既大。則其憂亦深。（並文集○應去聲）

自古亂亡之國。必先壞其法制而後亂從之。

善為天下慮者。不敢忽於微。而杜其漸也。（並通鑑綱目）

司馬光曰。聖人當國家隆盛之時。則戒懼彌甚。故能保其令聞。永久無彊也。（聞去聲）

聖帝明王。皆銷惡於未萌。弭禍於未形。天下陰被其澤而莫知所以然也。（弭莫禮切）

為人君者。視天下有一事不治。以為己過。有一民失所。以為己憂。天下已安已治矣。猶復思將來之患而豫防之。（復扶又切）

明主謀事於始而慮患於微。是以用力不勞而收功甚大。

言之不如行之。若言而不行。徒使號令玩瀆。傷威毀信。不若不言之為愈也。（並文集）

周子曰。匪仁匪義匪禮匪智匪信。悉邪也。邪動辱也。甚焉害也。故君子慎動。（通書）

蘇洵曰。天下雖有泰山之勢。而聖人常以累卵為心。故雖

守成之世。而腹心之臣不可去也。文集○累魯猥切去上聲

蘇軾曰。天下之患。非經營禍變之足憂。而養安無事之可畏。文集

蘇轍曰。古之聖人無事則深憂。有事則不懼。夫無事而深憂者。所以為有事之不懼也。文集○夫音扶

邵子曰。無愧于口。不若無愧于身。無愧于身。不若無愧于心。

得失不動心。所以順天也。強取必得。是逆天也。逆天理者。禍患必至。並心學○強上聲

程子曰。敬勝百邪。程氏遺書

聖人為戒。必於方盛之時。方其盛而不知戒。故狃安富則驕侈生。樂舒肆則紀綱壞。忘禍亂則釁孽萌。近思錄○樂音洛釁許刃切孽魚列切

范祖禹曰。危則懼。懼則善心生。安則泰。泰則逸心生。

有國家者。不憂百姓之貧。而疑其財之有餘。取之不已。不恤百姓之勞。而疑其力之有餘。使之不已。此二者。亡之道也。並通鑑綱目

王庶曰。安危在修己。治亂在立政。成敗在用人。言行錄

胡安國曰。以欲敗禮。則身必危。以利棄義。則國必亂。

克謹天戒。則雖有其象。而無其應。弗克畏天。災咎之來必矣。應去聲

善惡之感萌於心。而災祥之應見於事。應去聲

天人一理也。萬物一氣也。觀於陰陽寒暑之變。以察其消息盈虛。此制治於未亂。慎於微之意也。並春秋傳

胡寅曰。天有常道。為善者必佑。為惡者必罰。

天人之際。精祲相盪。善惡相推。天變見乎上。則人事動乎下。人事失於下。則天變作乎上。所以然者。天人一理。上下同流故也。祲子鴆切見音現

卑宮惡服。處侈汰也。不遑暇食。防逸豫也。慄慄危懼。戒驕溢也。動守憲度。慮禍亂也。

聖主憂其所當憂。然後能樂其所可樂。然無疆之恤。亦未嘗敢忘也。惟樂是務。則樂未畢而憂及之矣。樂音洛

父天母地。父母震怒。聲色異常。人子當祗栗恐懼。思所以平格。

內多欲而外施仁義。則五伯假之之徒也。所謂欲。或酒。或色。或貨利。或宮室。或遊畋。或狗馬。或博奕。或詞藝圖書以為文。或撫劍疾視以為武。或闢土服遠以為功。或躭佛好仙以為高。雖汚潔不齊。欲有大小。然皆足以變移志慮。荒廢政理。雖欲勉行仁義。而行之

無本。其不足以感人心而正民志矣。並通鑑綱目。伯音霸。好去聲 ○

李邦憲曰。坐密室如通衢。馭寸心如六馬。不自重者取辱。不自畏者招禍。不自滿者受益。不自足者博聞。

事前而恐懼則畏。畏可以免禍。事後而恐懼則悔。悔可以改過。並省心雜言

朱子曰。克己自新。蚤夜思省。舉心動念出言行事之際。常若皇天上帝臨之在上。宗社神靈守之在傍。懍懍然不復敢使一毫私意萌於其間。省息井切。復扶又切

民之視效在君。而天之視聽在民。並文集

張敬夫曰。治常生於敬畏。亂常起於驕淫。使為國者每念稼穡之勞。而其后妃不忘織紝之事。則心之不存者寡矣。文集

勇有小大。血氣之勇。勇之小者也。義理之勇。勇之大者也。以血氣為勇。其勇不出於血氣之內。勢力可勝也。利害可絀也。義理之勇不以血氣。勢力無所加。利害無所絀也。近思別錄。絀曲勿切 ○

小勇者血氣之怒也。大勇者理義之怒也。血氣之怒不可有。理義之怒不可無。

失於聲音而為言之過。繆迷其四體而為動之過。咎

於改過。遂為己之當然。豈不自誣罔其心乎。

使在內而每聞逆耳之規。在外每有窺窬之患。則戒懼之心存。心存則國可為也。並心學。窬音俞 ○

呂祖謙曰。因人之善。見己之惡。因人之惡。見己之善。博議

天下之事。成於懼而敗於忽。懼者福之原也。忽者禍之門也。

禹親盡克艱之道。德雖已克而常見其不克。

畏者不敢之心也。殷先哲王持不敢之心。畏天畏民。畏相。故御事亦不敢暇逸。不敢聚飲。內服外服百姓里居。亦不敢湎於酒。不敢之心。發於先王方寸之間。

而風化所及。使天下皆由不敢之心以行。並心學。相去聲 ○

陸子靜曰。此心若正。無不是福。此心若邪。無不是禍。言行錄

黃充大曰。不能容物則怨多而恩少。不能忍事則譽寡而毀眾。積善錄

真德秀曰。知富貴之不可恃。而將之以憂勤。知驕侈之不可肆。而節之以恭儉。知旨酒厚味為迷心之鴆毒。思所以卻之。知淫聲美色為伐性之斧斤。思所以遠之。鴆直禁切。遠去聲

天道難諶。理亂安危。相為倚伏。斯須敬畏之不存。則

怠荒之所自起，毫髮幾微之不察，則禍亂之所自生。並大學衍義○諶時壬切　幾音機

心學曰：心不可躁，躁則暴。心不可虐，虐則殘。心不可偏，偏則徇。心不可怠，怠則弛。心不可淫，淫則荒。心不可貪，貪則敗。心不可刻，刻則薄。心不可固，固則僻。心不可鄙，鄙則陋。心不可放，放則流。

人之處事，心有不平，上則欺天，下則欺人矣。然則天也人也，不可欺也，徒自欺而已。

心之七情，惟怒最難制。若心有所主，不為血氣所使，則雖怒而不怒矣，豈至妄發也哉。

目欲乎色，耳欲乎聲，口欲乎味，鼻欲乎臭，四肢欲乎安佚。其所欲者各一而已，惟心則衆欲攻之，其為害也多矣，可不慎歟。

聖學心法卷二

聖學心法卷三

君道

德化

易曰：有孚惠心，勿問元吉。有孚惠我德。人君至誠益於天下，其至善大吉不問可知。而天下之人亦無不愛戴，以君之德澤為恩惠也。益爻辭

山上有木，漸。君子以居賢德善俗。山上有木，其高有觀，漸之象。以居賢善之德，化美於風俗，然非一朝一夕所能成，故善俗必以漸也。漸象傳

書大禹謨曰：誕敷文德，舞干羽于兩階。七旬有苗格。誕，大也。文德，文命德教也。干，楯。羽，翳也。皆舞者所執也。兩階，賓主之階也。七旬，七十日也。格，至也。言班師七旬而有苗來格也。虞書○楯豎尹切

仲虺之誥曰：德日新，萬邦惟懷。虺，許偉切○德日新者，日新其德而不已也。德日新，則萬邦雖廣而無不懷。商書

伊尹曰：立愛惟親，立敬惟長，始于家邦，終于四海。長上聲○立，植也。立愛敬於此，而形愛敬於彼。親吾親以及人之親，長吾長以及人之長，始于家，達于國，終而措之天下矣。商書伊訓

召公曰：明王慎德，四夷咸賓，無有遠邇，畢獻方物，惟服食器用。方物，方土所生之物。明王謹德，四夷咸賓，其所貢獻，惟服食器用而已。言無異物也。周書旅獒

成王曰：爾惟風，下民惟草。周書君陳

康王曰：資富能訓，惟以永年。惟德惟義，時乃大訓。不由古訓，于何其訓。資，資財也。資富而能訓，則心不遷於外物，而可以全其性命之正也。然訓非外立教條，惟德義而已。德者心之理，義者事之宜。惟德義以為訓，是乃天下之大訓也。然訓非可以已私言也，當稽古以為之訓。不由古以為訓，于何以為訓乎。周書畢命○稽，堅奚切

穆王曰：弘敷五典，式和民則。爾身克正，罔敢弗正。民心罔中，惟爾之中。弘敷者，大而布之也。式和者，敬而和之也。典以設教言，故曰弘敷；則以民言，故曰式和。此司徒之教也。然教之本，則在君牙之身。正也，中也，民則之體，而人之所同然也。正以身言。欲君牙正身以率民，身之正也，中以心言。欲其存心之中，以導民心之中也。周書君牙

出入起居，罔有不欽。發號施令，罔有不臧。下民祗若，萬邦咸休。周書冏命

詩曰：民之質矣，日用飲食。群黎百姓，徧為爾德。質，實也。言其質實無偽，日用飲食而已。羣，衆也。黎，黑也，猶秦言黔首也。百姓，民庶也。為爾德者，則而象之，猶助爾為德也。小雅天保篇。○黔，其廉切

於穆清廟，肅雝顯相。濟濟多士，秉文之德。對越在天，駿奔走在廟。不顯不承，無射於人斯。於，音烏。相，去聲。濟，子禮切。射，音亦，與斁同。○於，歎辭。穆，深遠也。清，清淨也。廟，文王之廟也。肅，敬。雝，和。顯，明。相，助也。謂助祭之公卿諸侯也。濟濟，衆也。多士，與祭執事之人也。越，於也。駿，大而疾也。承，尊奉也。斯，語辭。言於穆哉此清淨之廟，其助祭之諸侯皆敬且和，而其執事之人又無不執行文王之德，既對越其在天之神，而又駿奔其在廟之主。如是，則文王之德豈不顯乎，豈不承乎。信乎其無有厭斁於人也。周頌清廟○斁，去聲

無競維人，四方其訓之。不顯維德，百辟其刑之。言莫強於人，莫顯於德，則四方以為訓，而百辟以為儀刑矣。周頌烈文篇

春秋左氏傳：鄭子產曰：令名，德之輿也；德，國之基也。有基無壞，無亦是務乎。有德則樂，樂則能久。樂，音洛。○令名，美名也。令名載德以遠聞，故謂之輿。美德植國家，故謂之基。有基則國家不壞，有德則久居其位而可守也。襄公二十四年

禮記祭義曰：立愛自親始，教民睦也。立敬自長始，教民順也。教以慈睦，而民貴有親；教以敬長，而民貴用命。長，上聲。○愛敬盡於事親事長，而德教加於百姓，舉而措之無難也。

祭統曰：是故君子之教也，外則教之以尊其君長，內則教之以孝於其親。長，上聲

孔子曰：君民者，子以愛之，則民親之；信以結之，則民不倍；恭以涖之，則民有孫心。孫，音遜。○涖，臨也。孫，順也。

君子道人以言，而禁人以行，故言必慮其所終，而行必稽其所敝，則民謹於言而慎於行。稽，堅奚切。於行之行，胡孟切。○道，化誘之也。道人以言而必慮其終，恐其行之不能至，則為虛誕也。禁，謹飭之也。禁人以行而必稽其所敝，慮其末流之或偏也。如是則民謹慎言行矣。並緇衣

大戴禮：孔子曰：上敬老則下益孝，上順齒則下益悌，上樂施則下益諒，上親賢則下擇友，上好德則下不隱，上惡貪則下恥爭，上強果則下廉恥。樂，音洛。施、好、惡，並去聲

上者民之表也，表正則何物不正。並主言篇

夫婦別，父子親，君臣嚴，三者正，則庶民從之矣。別，必列切。

君子言不過辭，動不過則，百姓不命而敬恭。並哀公問篇

孝經子曰：先之以博愛，而民莫遺其親；陳之以德義，而民興行；先之以敬讓，而民不爭；道之以禮樂，而民和睦；示之以好惡，而民知禁。行，胡孟切。好惡，並去聲。○君愛其親，則人皆化之。陳，謂陳列以教人興行。敬讓，則民化不爭。禮樂以和其內外。好惡以止之，而下知禁矣。傳之首章

聖人之教不肅而成，其政不嚴而治，其所因者本也。聖人順羣心以行愛敬，制法以施政；教亦不待嚴肅而成理也。傳三章

言思可道，行思可樂，德義可尊，作事可法，容止可觀，進退可度，以臨其民，是以其民畏而愛之，則而象之。

聖學心法卷三　四

故能成其德教，而行其政令。行思之行，胡孟切，下如字。樂音洛。○可道，純正可傳道也。容止，容貌動止也。言皆當極其尊美，使民法之。傳四章

教民親愛，莫善於孝；教民禮順，莫善於弟。親愛禮順，無加於孝弟。傳七章

教以孝，所以敬天下之為人父者也；教以弟，所以敬天下之為人兄者也；教以臣，所以敬天下之為人君者也。舉孝弟以為教，則天下之為子弟者，無不敬其父兄；舉臣道以為教，則天下之為人臣者，無不敬其君。傳八章

論語曾子曰：慎終追遠，民德歸厚矣。慎終者，喪盡其禮；追遠者，祭盡其誠。民德歸厚，謂下民化之，其德亦歸於厚也。學而篇

子曰：為政以德，譬如北辰，居其所，而眾星共之。共，音拱。○政，正也。所以正人之不正也。德，得於心而不失也。北辰，北極也。居其所，不動也。共，向也。言眾星四面旋繞而歸向之也。為政以德，則無為而天下歸之，其象如此。

道之以德，齊之以禮，有恥且格。禮，謂制度品節也。格，至也。言躬行以率之，則民觀感而興起矣，其有不一者，有禮以一之，則民恥於不善，而又有以至於善也。

臨之以莊則敬，孝慈則忠，舉善而教不能則勸。臨民以莊，則民敬於己；孝於親，慈於眾，則民忠於己；善者舉之，不能者教之，則民有所勸而樂於為善。並為政篇。○樂音洛

君子篤於親，則民興於仁；故舊不遺，則民不偷。君子，謂在上之人也。興，起也。偷，薄也。泰伯篇

聖學心法卷三　五

聽訟，吾猶人也，必也使無訟乎。聽訟者，治其末，塞其流也；正其本，清其源，則無訟矣。塞，悉則切

君子之德風，小人之德草，草上之風必偃。上，一作尚，加也。偃，仆也。並顏淵篇

上好禮，則民莫敢不敬；上好義，則民莫敢不服；上好信，則民莫敢不用情。夫如是，則四方之民襁負其子而至矣。好，去聲。夫，音扶。襁，居丈切。○禮、義、信，大人之事也。好義，則事合宜。情，誠實也。敬、服、用情，蓋各以其類應也。襁，織縷為之，以約小兒於背者。應，去聲

近者悅，遠者來。被其澤則悅，聞其風則來。並子路篇

脩己以安百姓。憲問篇

無為而治者其舜也與。夫何為哉。恭己正南面而已
矣。與平聲夫音扶○無為而治者聖人德盛而民化不待其有所為也。恭己者聖人敬德之容。既無所
為。則人之所見者如此而已。衛靈公篇
遠人不服。則脩文德以來之。既來之則安之。內治脩然後遠
人服。有不服。則脩德以來之。亦不當勤兵於遠。季氏篇
大學曰。故君子不出家而成教於國。孝者所以事君也。弟
者所以事長也。慈者所以使衆也。長上聲○孝弟慈所以脩身而教於
家者也。然而國之所以事君事長使衆之道。不外乎此。
一家仁。一國興仁。一家讓。一國興讓。
堯舜帥天下以仁。而民從之。並傳九章○帥入聲

上老老而民興孝。上長長而民興弟。上恤孤而民不
倍。長上聲○老老。所謂老吾老也。興。謂有所感發而興起也。孤者。幼而無父之稱。言此三者。上行下效
捷於影響也。傳十章
中庸曰。溥博淵泉而時出之。溥博如天。淵泉如淵。見而民
莫不敬。言而民莫不信。行而民莫不悅。是以聲名洋
溢乎中國。施及蠻貊。舟車所至。人力所通。天之所覆。
地之所載。日月所照。霜露所隊。凡有血氣者莫不尊
親。見形甸切。施以豉切。覆敷救切○溥博。周徧而廣闊也。淵泉。靜深而有本也。出。發見也。言德充積極
其盛。而發見當其可也。舟車所至以下。蓋極言之。第三十一章○當去聲
是故。君子不賞而民勸。不怒而民威於鈇鉞。鈇方無切。鉞魚
厥切○威。畏也。鈇。莝斫刀也。鉞。斧也。第三十三章○莝千卧切。斫識畧切
孟子曰。以德服人者。中心悅而誠服也。以德服人者。無意於服人。而人不能
不服。公孫丑篇
君子之守。脩其身而天下平。此所謂守約而施博也。盡心篇○施去聲
荀子曰。天地為大矣。不誠則不能化萬物。聖人為知矣。不
誠則不能化萬民。知去聲○天地誠能化萬物聖人誠能化萬民。不苟篇
說苑曰。文王接民以仁。而天下莫不仁焉。文德之至也。尊賢
篇
漢武帝曰。勸學修禮。崇化厲賢。以風四方。太平之源也。漢書
董仲舒曰。古之王者莫不以教化為大務。立太學以教

於國。設庠序以化於邑。漸民以仁。摩民以義。節民以
禮。故其刑罰甚輕而禁不犯者。教化行而習俗美也。
漸將廉切
東方朔曰。以道德為麗。以仁義為準。是以望風成俗。昭
然化之。
匡衡曰。朝廷者天下之楨幹也。公卿大夫相與循禮恭
讓。則民不爭。好仁樂施。則下不暴。上義高節。則民興
行。寬柔和惠。則衆相愛。四者明王之所以不嚴而成
化也。朝音潮。楨諸成切。好去聲樂音洛。施去聲。行胡孟切
人君動靜游燕所親物得其序。則海內自脩。百姓從

化。

袁宏曰。古之帝王所以篤化美俗。率民為善。因其自然而不奪其情。

李燮曰。仁義興則道德昌。道德昌則政化明。政化明而百姓寧。○並通鑑綱目 燮悉協切

晉阮种曰。上有克讓之風。則下有不爭之俗。朝有矜節之士。則野無貪冒之人。晉書○种音冲 朝音潮 冒音帽又音墨

後周蘇綽曰。能扇之以淳風。浸之以太和。被之以道德。示之以朴素。使百姓亹亹日遷於善。邪偽之心。嗜欲之性。潛以消化而不知其所以然。此之謂化也。本傳○綽尺約切 亹無匪切

唐太宗曰。化民以躬帥下以德。我德如風。民應如草。○唐書 帥入聲 應去聲

君之化下。如風偃草。上不勤心。則下多逸志。君不約己而禁人為非。是惡火之燃。添薪望其止焰。忿池之濁。撓浪欲止其流。不可得也。莫若先正其身。則人不言而化矣。帝範○惡去聲

劉蕡曰。事天地以教人恭。奉宗廟以教人孝。養高年以教人弟。長字百姓以教人慈幼。本傳○蕡符分切 長上聲

宋周子曰。天道行而萬物順。聖德脩而萬民化。通書

歐陽脩曰。守之以至靜。化之以無為。上有淡泊清淨之風。下無澆惡叛離之俗。故言為教化。非誥誓而自聽。言為號令。不鞭扑而自隨。文集

司馬光曰。為人上者。洗濯其心。一以待民。是以令行禁止而莫敢不從。文集

范祖禹曰。古者聖王。正身齊家以率天下。其身不正。未有能正人者。

君者本也。民者末也。君者源也。民者流也。本正則末正。源清則流清矣。是以先王之治。必反求諸己。己正而物莫不應矣。○並通鑑綱目 應去聲

胡寅曰。人君躬行於上。卿大夫表式於下。以明習人倫為要。則三代教化之實也。通鑑綱目

真德秀曰。人主以實心為善。則人自孚以實德示民。則人自化。大學衍義

心學曰。心學之明。在乎君德之明也。在乎師道之立也。

君德明則以此教于上。凡布一詔行一令。必先焉。師道立則以此教于下。凡出一言行一事。必先焉。彼同有是心者。寧不觀感而興起乎。

正內治

易曰。女正位乎內。男正位乎外。男女正。天地之大義也。易

各得其正位。則合天地陰陽之大義也。

初九。閑有家。悔亡。初。家道之始也。閑。謂防閑法度也。治其有家之始。能以法度為之防閑。則不至於悔矣。治家者。治乎衆人也。苟不閑之以法度。則人情流放。必至於有悔。失長幼之序。亂男女之別。傷恩義。害倫理。無所不至。能以法度閑之於始。則無是矣。故悔亡也。長上聲。別必列切

九五。王假有家。勿恤吉。假。更白切○五。君位。故以王言。假。至也。極乎有家之道也。夫王者之道。脩身以齊家。家正而天下治矣。自古聖王未有不以恭己正家為本。故有家之道既至。則不憂勞而天下治矣。夫音扶

象曰。王假有家。交相愛也。王假有家之道者。非止能使之順從而已。必致其心化誠合。夫愛其內助。婦愛其刑家。交相愛也。能如是者。文王之妃乎。若身脩法立而家未化。未得為假有家之道也。

上九。有孚威如。終吉。治家之道。非至誠不能。故必中有孚信。則能常久而衆人自化為善。不由至誠。己且不能常守。況欲使人乎。故治家以有孚為本。治家者。在妻孥情愛之間。慈過則無嚴。恩勝則掩義。故家之患常在禮法不足而瀆慢生也。長失尊嚴。少忘恭順。而家不亂者。未之有也。故必有威嚴則能終吉。保家之終。在有孚威如二者而已。長上聲。少去聲

象曰。威如之吉。反身之謂也。治家之道。以正身為本。治家當有威嚴。威嚴不先行於己。則人怨而不服。故云威如而吉者。能自反於身也。並家人爻辭象傳

夫婦之道。不可以不久也。夫婦。終身不變者也。故咸之後。所以受之以恒也。序卦○恒。胡登切

詩曰。刑于寡妻。至于兄弟。以御于家邦。御。牙嫁切○刑。儀法也。寡妻。猶言寡小君也。御。迎也。言文王之儀法。內施於閨門。而至于兄弟。以御于家邦也。大雅思齊篇

禮記曲禮曰。外言不入於閫。內言不出於閫。閫。苦本切

內則曰。男不言內。女不言外。

禮始於謹夫婦。為宮室。辨外內。男子居外。女子居內。

深宮固門。閽寺守之。閽。呼昆切。寺。時吏切○夫婦為人倫之始。不謹。則亂其倫。故禮謹於夫婦也。閽。掌中門之禁令。寺。掌內人之禁令。

子曰。是故以之居處有禮。故長幼辨也。以之閨門之內有禮。故三族和也。處長並上聲○辨。別也。三族。父子孫也。什尺然居○別必列切

昏義曰。昏禮者。將合二姓之好。上以事宗廟。而下以繼後世也。好去聲

男女有別。而後夫婦有義。夫婦有義。而後父子有親。父子有親。而後君臣有正。故曰。昏禮者。禮之本也。別必列切

是故婦順備而後內和理。內和理而後家可長久也。上下相從謂之順。順則不逆。可否相濟謂之和。和則不同。

古者天子后立六宮。三夫人。九嬪。二十七世婦。八十一御妻。以聽天下之內治。以明章婦順。故天下內和而家理。六宮謂大寢一。小寢五也。

天子聽男教。后聽女順。天子理陽道。后治陰德。天子聽外治。后聽內職。教順成俗。外內和順。國家理治。此之謂盛德。陰德。謂主陰事陰令也。

故天子之與后猶日之與月陰之與陽相須而後成者也。

天子脩男教父道也。后脩女順母道也。

漢匡衡曰。配匹之際。生民之始。萬福之源。婚姻之禮正然後品物遂而天命全。

室家之道脩。則天下之理得。

聖王必慎后妃之際。別適長之位。卑不踰尊。新不先故。所以統人情而理陰氣也。並通鑑綱目○別必列切適音嫡長上聲先去聲

班固曰。易基乾坤。詩首關雎。夫婦之際。人道之大端也。大學衍義

范曄曰。内無出閫之言。權無私溺之授。後漢書○曄筠輒切

魏志曰。明后妃之制。順天地之德。

唐來濟曰。王者立后。上法乾坤。必擇禮教名家幽閑令淑。庶以副四海之望。稱神祇之心。並通鑑綱目○稱去聲

宋曾鞏曰。先王之治。必自内始。故其閨門之俗。所以施之家人者。必為之師傅保姆之助。詩書圖史之戒。珩璜琚瑀之節。威儀動作之度。其教之者有此具。然古之君子未嘗不以身化也。故家人之義歸於反身。二南之業本於文王。豈自外至哉。詩傳○姆莫補切珩音行璜音黃琚斤於切瑀弋諸切

程子曰。家人者。家内之道。父子之親。夫婦之義。尊卑長幼之序。正倫理。篤恩義。家人之道也。長上聲

正家之本。在正其身。正身之道。一言一動不可易也。並易傳集解○易以豉切

周南召南。陳正家之道。人倫之端。王道之本。風之正也。故為首。二南之風行。則人倫正。朝廷治。詩傳○朝音潮

張子曰。婦道之常。順惟厥正。是曰天明。是其帝命。女戒

胡安國曰。王后之詔命不施于天下。夫人之教令不施于境中。春秋傳

司馬光曰。夫天也。妻地也。夫日也。妻月也。夫陽也。妻陰也。天尊而處上。地卑而處下。日無盈虧。月有圓缺。陽唱而生物。陰和而成物。戒子通錄○處上聲和去聲

呂祖謙曰。夫婦一體也。位雖不同。而志不可不同。求師取友。婦人固無與於此。而好善之志。則不可不同也。崇德報功。后妃固無與於此。而體群臣之志。則不可不同也。心學○與好並去聲

真德秀曰。盛德之君。帷薄嚴。與裏謁不忤于朝。外言不納諸梱。關雎之風行。彤史之化修。故淵範懿行。更為內助。大學衍義○朝音潮梱苦本切彤音同行胡孟切

睦親

書召公曰。王乃昭德之致于異姓之邦。無替厥服。分寶玉于伯叔之國。時庸展親。昭示也。昭示方物于異姓之諸侯。使無廢其職。分寶玉于同姓之諸侯。使益厚其親。周書旅獒

詩曰。宜兄宜弟。令德壽豈。豈開改切○壽豈。壽而且樂也。言宜其兄弟。則既壽而且樂矣。小雅蓼蕭篇○樂音洛

維此王季。因心則友。則友其兄。則篤其慶。載錫之光。兄。謂太伯也。篤。厚。載。則也。太伯為太王之長子。兄王季生文王。又知天命之有在。故適吳不返。太王殁而國傳於王季及文王。而周道大興。言王季能友其兄者。乃因其心之自然。而無待於勉强。既受太伯之讓。則益脩其德以厚周家之慶。而與其兄以讓德之光。猶曰彰其知人之明。不為徒讓耳。大雅皇矣篇○長强並上聲

敦彼行葦。牛羊勿踐履。方苞方體。維葉泥泥。戚戚兄弟。莫遠具爾。或肆之筵。或授之几。敦徒端切○敦。聚貌。勾萌之時也。行。道也。勿。戒止之辭。苞。甲而未坼也。體。成形也。泥泥。柔澤貌。戚戚。親也。莫。猶勿也。具。俱也。爾。與邇同。肆。陳也。言敦彼行葦。而牛羊勿踐履。則方苞方體。而葉泥泥矣。戚戚兄弟而莫遠具爾。則或肆之筵。而或授之几矣。此言其開宴設席之初。而殷勤篤厚之意。藹然已見於言語之外矣。大雅行葦篇

禮記大傳曰。是故人道親親也。親親故尊祖。尊祖故敬宗。敬宗故收族。人道莫大於親其所親也。能不違其所親。是能等而上之以尊其祖矣。然後乃能敬宗。宗道既尊。則族自無離散。故曰收也。

子曰。睦於父母之黨。可謂孝矣。故君子因睦以合族。因睦以合族。謂會聚宗族為燕會。因以致親睦之情也。坊記

論語周公謂魯公曰。君子不施其親。施。一作弛。魯公。周公之子伯禽。弛。遺棄也。微子篇

孟子曰。親親。仁也。敬長。義也。無他。達之天下也。長上聲○言親親敬長。雖一人之私。然達之天下無不同者。所以為仁義也。盡心篇

說苑魯公伯禽曰。親親者先內後外。先仁後義。王者之迹也。政理篇

子貢曰。富而分貧。則宗族親之。善說篇

漢梅福曰。親親之道。全之為右。當與之賢師良傅。教以忠信之道。通鑑綱目

唐太宗曰。封建親戚。以為藩衛。安危同力。盛衰一心。遠近相持。親疏兩用。

敦睦九族。放勳流美於前。克諧烝乂。重華垂譽於後。無以奸破義。無以疏間親。察之以德。則邦家俱泰。骨肉無虞。良為美矣。帝範○放上聲重平聲奸如字間去聲

宋歐陽脩曰。隆恩睦親。所以厚乎風俗。建侯作屏。所以扞于王家。文集○屏音丙

蘇軾曰。宗室之有人。邦家之光。社稷之衛也。文集

胡宏曰。君子有宰天下之心。裁之自親始。胡子知言

楊時曰。尊其位。親之欲其貴也。重其祿。愛之欲其富也。

同其好惡與之一體也。中庸義○好惡並去聲

朱子曰親親而不言任之以事者此親親尊賢並行不悖之道也苟以親親之故不問賢否而輕屬任之不幸而或不勝焉治之則傷恩不治則廢法是以富之貴之親之厚之而不曰任之以事是乃所以親愛而保全之也。中庸或問○屬之六切勝平聲

仁政

易曰地勢坤君子以厚德載物。地厚而其勢順傾故取其順厚之象君子觀之以深厚之德而容載庶物也。坤文言

天地養萬物聖人養賢以及萬民。天地之道則養育萬物聖人則養賢

才與之共天位俾施澤於天下此養賢以及萬民也。頤彖傳

雷雨作解君子以赦過宥罪。解音蟹○天地解散而成雷雨故爲解君子觀象體其發育則施恩信體其解散則行寬釋解象傳

說以先民民忘其勞說以犯難民忘其死。說音悅先西薦切難乃旦切○君子之道其說於民如天地之施感於其心故以之先民則民心悅隨而忘其勞率之以犯難則民心悅服於義而不恤其死蓋人君之道以人心悅服爲本也。兌彖傳

書帝舜曰不虐無告不廢困窮。虞書大禹謨

禹曰安民則惠黎民懷之。惠仁之愛也。虞書皐陶謨

伊尹曰惟我商王布昭聖武代虐以寬兆民允懷。布昭數著也聖武猶易所謂神武而不殺者湯之德威數著于天下代桀之虐以吾之寬故天下之民信而懷之也。商書伊訓

武王曰不敢侮鰥寡。鰥寡人所易忽也於人所易忽者而不敢忽焉以見聖人無所不敬畏也即不虐無告之意易以豉切

若保赤子惟民其康乂。若保赤子者以保赤子之心保養也故民安治。並周書康誥

周公曰文王卑服即康功田功徽柔懿恭懷保小民惠鮮鰥寡。卑服猶禹所謂惡衣服康功安民之功田功養民之功文王於衣服之奉所性不存而專意於安養斯民也徽懿皆美也柔謂之徽則非柔懦之柔恭謂之懿則非足恭之恭於小民則懷保之於鰥寡則惠鮮之惠鮮云者賚乎周給之使有生意也。周書無逸○懦如亂切足將樹切賚洛代切予上聲

成王曰爾無忿疾于頑無求備于一夫必有忍其乃有

濟有容德乃大。無忿疾人之所未化無求備人之所不能必有所忍然後有所濟然此猶有堅制力蓄之意若洪裕寬綽恢恢乎有餘地者斯乃德之大也。周書君陳

康王曰昔君文武丕平富不務咎底至齊信用昭明于天下。丕平富者溥博均平薄斂富民言文武德之廣也不務咎者不務咎惡輕省刑罰言文武罰之謹也底至者推行而底其至齊信者兼盡而極其誠內外充實發越光輝發越用昭明于天下也。周書康王之誥○斂力驗切

周禮大司徒以荒政十有二聚萬民一曰散利二曰薄征三曰緩刑四曰弛力五曰舍禁六曰去幾七曰眚禮八曰殺哀九曰蕃樂十曰多昏十有一曰索鬼神十有二曰除盜賊。舍去並上聲幾音機眚所景切殺去聲○荒凶年也救飢之政十有二品

散利貸種食也。薄征輕租稅也。弛力息繇役也。舍禁公無禁利也。去幾關市不幾也。眚禮殺禮也。殺哀省凶禮也。蕃樂閉藏樂器而不作也。多昏不備禮而昏娶多也。索鬼神求廢祀而脩之。除盜賊急其刑以除之。弛上聲。繇餘招切。蕃扶販切

大司徒以保息六養萬民。一曰慈幼。二曰養老。三曰振窮。四曰恤貧。五曰寬疾。六曰安富。保息。安之使蕃息也。慈幼。愛少幼也。養老七十養於鄉也。振窮。救天民之窮者。恤貧。無財者稟貸之。寬疾。若今癃不可事不筭卒。安富。平其繇役。不專取也。蕃地少失照切。稟筆錦切

禮記王制曰。天子不合圍。諸侯不掩羣。為盡物也。為去聲

少而無父者謂之孤。老而無子者謂之獨。老而無妻者謂之矜。老而無夫者謂之寡。此四者天民之窮而無告者也。皆有常餼。少失照切。矜與鰥同姑還切。餼許意切

大戴禮孔子曰。上之親下也如腹心。則下之親上也如保子之見慈母也。上下之相親如此然後令則從。施則行。主言篇

曾子曰。君子以仁為尊。天下之為富何為富。則仁為富也。天下之為貴何為貴。則仁為貴也。昔者舜匹夫也。土地之厚則得而有之。人徒之衆則得而使之。舜唯以得之也。是故君子將說富貴必勉於仁也。曾子制言中篇

○說音悅

孝經子曰。治國者不敢侮於鰥寡。而況於士民乎。鰥寡民之微者。君尚不敢輕侮。況知禮義之士乎。傳之二章

論語子張問仁於孔子。孔子曰。能行五者於天下為仁矣。請問之。曰。恭寬信敏惠。恭則不侮。寬則得衆。信則人任焉。敏則有功。惠則足以使人。行是五者。則心存而理得矣。於天下。言無適而不然。任。倚仗也。又言其效如此。陽貨篇

子曰。因民之所利而利之。斯不亦惠而不費乎。擇可勞而勞之。又誰怨。欲仁而得仁。又焉貪。君子無衆寡。無小大。無敢慢。斯不亦泰而不驕乎。君子正其衣冠。尊其瞻視。儼然人望而畏之。斯不亦威而不猛乎。堯曰篇○焉於虔切

孟子曰。人皆有不忍人之心。先王有不忍人之心。斯有不忍人之政矣。以不忍人之心。行不忍人之政。治天下可運於掌上。天地以生物為心。而物各得是心以為心。所以人皆有不忍人之心也。但衆人不能察識而推之政事之間。惟聖人全體此心。隨感而應。故其所行無非不忍人之政也。公孫丑篇○應去聲

家語曰。政之急者莫大乎使民富且壽也。省力役。薄賦斂。則民富矣。敦禮教。遠罪戾。則民壽矣。賢君篇○斂力驗切。遠去聲

明君必寬宥以容其民。慈愛優柔之。而民自得矣。入官篇

荀子曰。輕田野之稅。平關市之征。省商賈之數。罕興力役。

無奪農時，如是則國富矣。夫是之謂裕民。（賈音古。夫音扶）使民夏不宛暍，冬不凍寒，急不傷力，緩不後時，事成功立，上下俱富，而百姓皆愛其上。（暍音謁。○使民，役民也。宛讀為蘊，暑氣也。暍，傷暑也。謂量民力不使有傷害也。並富國篇）

漢鼂錯曰：明王務民於農桑，薄賦斂，廣畜積，以實倉廩，備水旱，故民可得而有也。（鼂音潮。錯，倉故切。斂，力驗切）人情莫不欲壽，三王生而不傷也；人情莫不欲富，三王厚而不困也；人情莫不欲安，三王扶而不危也；人情莫不欲逸，三王節其力而不盡也。（並漢書）

說苑：河間獻王曰：堯存心於天下，加志於窮民，痛萬姓之罹罪，憂衆生之不遂也。有一民飢，則曰此我飢之也；有一人寒，則曰此我寒之也；一民有罪，則曰此我陷之也。仁昭而義立，德博而化廣，故不賞而民勸，不罰而民治。

禹稱：民無食，則我不能使也；功成而不利於人，則我不能勸也。故疏河以導之，鑿江通於九派，灑五湖而定東海，民亦勞矣，然而不怨苦者，利歸於民也。（並君道篇）

孔子曰：古聖之道幾哉！仁人之德教也，誠惻隱於中，悃愊於內，不能已於其心，故其治天下也如救溺人。（貴德篇。○幾音機。悃，苦本切。愊，彼力切）

劉向曰：聖人之於天下百姓也，其猶赤子乎！飢者則食之，寒者則衣之，將之養之，育之長之，唯恐其不至於大也。（貴德篇。○食，相吏切。衣，去聲。長，上聲）

明君之制，賞從重，罰從輕，食人以壯為量，事人以老為程。（叢談篇。○食，相吏切）

太公曰：利之勿害，成之勿敗，生之勿殺，與之勿奪，樂之勿苦，喜之勿怒。此治國之道，使民之義也，愛之而已矣。（樂音洛）

善為國者，遇民如父母之愛子，兄之愛弟，聞其飢寒為之哀，見其勞苦為之悲。（並政理篇。○為，去聲）

唐太宗曰：為君之道，必須先存百姓。若損百姓以奉其身，猶割脛以啖腹，腹飽而身斃。（啖，徒濫切。斃，毗意切）林深則鳥棲，水廣則魚游，仁義積則物自歸之。（並貞觀政要）

天以寒暑為德，君以仁愛為心。寒暑既調，則時無疾疫；仁愛下施，則人不凋弊。（帝範）

去奢省費，輕徭薄賦，選用廉吏，使民衣食有餘，則自不為盜。（通鑑綱目。○去，上聲）

憲宗曰：國以人為本，聞有災當亟救之。（通鑑綱目。○亟，訖逆切）

魏徵曰：自古有道之主，以百姓之心為心，故居處臺樹

則欲民有棟宇之安。食膏粱則欲民無飢寒之患。顧嬪御。則欲人有家室之歡。此人主之常道也。貞觀政要○處上聲

宋司馬光曰。仁者非嫗煦姑息之謂也。興教化。脩政治。養百姓。利萬物。此人君之仁也。文集○嫗依據切 煦許御切

程子曰。為民立君。所以養之也。養民之道。在愛其力。民力足則生養遂。生養遂則教化行而風俗美。故為政以民力為重也。性理羣書○為民之為去聲

蘇軾曰。所貴乎朝廷清明而天下治平者何也。天下不訴而無冤。不謁而得其所欲。此堯舜之盛也。文集○朝音潮

胡安國曰。古者救災之政。或發廩以振之。或移粟以通用。或徙民以就食。或為粥溢以救飢莩。或興工作以聚失業之人。緩刑舍禁。弛力薄征。索鬼神。除盜賊。弛射侯而不燕。置廷道而不脩。殺禮物而不備。雖有旱乾水溢。民無菜色。春秋傳○振之刃切 粥之六切 莩婢小切 與殍同 舍上聲 殺所賣切 乾音干

王政以善養人。推其所為。使百姓興於仁而不偷也。大學衍義

張子曰。凡天下疲癃殘疾。惸獨鰥寡。皆吾兄弟之顛連而無告者也。于時保之。子之翼也。惸音瓊

尊高年。所以長其長。慈孤弱。所以幼吾幼。並心學○長上聲

范祖禹曰。富而逸者。民之所欲也。與其所欲。去其所惡而不王者。未之有也。唐鑑○去上聲 惡去聲 王于況切

胡寅曰。君以養人為職。凡為人害者必去之。故禹放龍蛇。周公驅虎豹犀象。致堂管見○去上聲

胡宏曰。養民惟恐不足。此世之所以治安也。

聖人理天下。以萬物各得其所為至。並胡子知言

朱子曰。先王養民之政。導其妻子。使之養其老而恤其幼。不幸而有鰥寡孤獨之人。無父母妻子之養。尤宜憐恤。孟子集註

真德秀曰。仁聖之君。享玉食而憂民之不飽於藜藿。對嬪御而念民之不足於室家。推此之心。行此之政。其庶幾乎。幾平聲

聖人之治天下。莫不欲歸吾仁。而其行則自近始。故親親而仁民。仁民而愛物。其序不可紊也。並大學衍義

心學曰。人君欲知天命。當觀人心。欲得人心。當施仁政。

育才

書帝舜曰。夔命汝典樂。教冑子。直而溫。寬而栗。剛而無虐。簡而無傲。冑長也。自天子至卿大夫之適子也。栗莊敬也。凡人之直者必不足於溫。故欲其溫。寬者必不足於栗。故欲其栗。所以慮其偏而輔翼之也。剛者必至於虐。故欲其無虐。簡者必至於傲。故欲

其無傲。所以防其過而禁戒之也。虞書舜典○長上聲 傲音奧

詩曰。倬彼雲漢。為章于天。周王壽考。遐不作人。○倬陟角切 倬。大也。雲漢。天河也。章。文章也。文王九十七而終。故言壽考。遐與何同。作人。謂變化鼓舞之也。此言文王之德有以振作天下之人也。大雅棫樸篇

鳶飛戾天。魚躍于淵。豈弟君子。遐不作人。鳶弋專切 豈可改切 弟去聲○鳶。鴟類。戾。至也。言鳶之飛則戾于天矣。魚之躍則出于淵矣。豈弟君子而何不作人乎。言其必作人也。大雅旱麓篇○鴟音蚩

肆成人有德。小子有造。古之人無斁。譽髦斯士。造七到切 斁音亦○肆。故今也。冠以上為成人。小子。童子也。造。為也。古之人。指文王也。譽。名。髦。俊也。言文王時。人材皆得其所成就。蓋由其德純而不已。故令此士皆有譽於天下而成其俊乂之美也。大雅思齊篇○冠古玩切 令平聲

禮記王制曰。樂正崇四術。立四教。順先王詩書禮樂以造士。春秋教以禮樂。冬夏教以詩書。樂正。樂官之長。掌國子之教。四術。詩書禮樂也。春夏。陽也。詩樂者聲。聲亦陽也。秋冬。陰也。書禮者事。事亦陰也。互言之者。皆以其術相成也。長上聲

學記曰。君子如欲化民成俗。其必由學乎。玉不琢不成器。人不學不知道。是故古之王者建國君民。教學為先。化民成俗。必如唐虞之於變時雍。乃為至耳。學何以哉。故必建立邦國以君長其民。而以立教立學為先務也。於音烏 舍長並上聲

周禮大司徒以鄉三物教萬民而賓興之。一曰六德。知。仁。聖。義。忠。和。二曰六行。孝。友。睦。婣。任。恤。三曰六藝。禮。樂。射。御。書。數。知去聲 行胡孟切 婣伊真切 任如林切○物。猶事也。興。舉也。知。明於事。仁。愛人以及物。聖。通而先識。義。能斷時宜。忠。言以中心。和。不剛不柔。善於父母為孝。善於兄弟為友。睦。親於九族。婣。親於外親。任。信於友道。恤。賑恤貧者。禮。五禮之義。樂。六樂之歌舞。射。五射之法。御。五御之節。書。六書之品。數。九數之計。斷都玩切 賑之刃切

師氏掌以媺詔王。以三德教國子。一曰至德。以為道本。二曰敏德。以為行本。三曰孝德。以知逆惡。教三行。一曰孝行。以親父母。二曰友行。以尊賢良。三曰順行。以事師長。媺莫賄切 美同 行胡孟切 長上聲○詔王。告王以善道也。在心為德。施之為行。至德。中和之德。敏德。仁義順時者也。孝德。尊祖愛親者也。孝在三德之下。三行之上。德有廣於孝而行莫尊焉。並地官

漢董仲舒曰。不素養士而欲求賢。譬猶不琢玉而求文采也。故養士莫大乎太學。太學者。賢士之所關也。教化之本源也。通鑑綱目○琢柱戀切

宋歐陽脩曰。館閣輔相養材之地也。材既難得而又難知。故當博采廣求而多畜之。時冀一得於其間。則傑然而出為名臣矣。其餘中人以上。優游養育以獎成之。亦不失為佳士也。文集○相去聲

曾鞏曰。養之於學。所以使之講明。文之以禮樂。所以使之服習。皆教之之具也。文集

蘇軾曰古之養奇傑也任之以權尊之以爵厚之以祿重之以恩責之以措天下之務而易其平居自縱之心。文集

司馬光曰國之至治在於審官官之得人在於選士士之嚮道在於立教教之歸正在於擇術。文集

周子曰師道立則善人多善人多則朝廷正而天下治矣。通書○朝音潮

范祖禹曰古之教者家有塾黨有庠遂有序國有學士脩之於家而後升於鄉而後升於國而後達於天子其教之有素養之有漸升之有序故其賢材不可勝

用。唐鑑○勝平聲

胡寅曰人君惟典學明道識拔真賢以為輔相則有成材之具得人之方相去聲

有天下國家必建學非以是為美觀也君子學道則立身事君不違乎義理小人聞孝弟之訓亦將遷善遠罪不犯於有司此教養之所以為急務也致堂管見○遠去聲

朱子曰君之於民一視同仁凡有材能皆使進善則人材衆多而國賴以興也大學衍義

學校之政不患法制之不立而患禮義之不足以悅其心。

士有一善即當扶接導誘以就其器業。范文集

用人

易曰大君有命開國承家小人勿用。師之終功之成大君以爵命賞有功也開國封之為諸侯也承家以為卿大夫也然小人易致驕盈雖有功不可使之得有爵土但優以金帛可也此聖人之深慮遠戒也。師上六爻辭○易以豉切

書帝舜曰咨汝二十有二人欽哉惟時亮天功。二十二人四岳九官十二牧也既分命之又總告之使之各敬其職以相天事也相息亮切

三載考績三考黜陟幽明庶績咸熙。考覈實也三考九載也九載則人之賢否事之得失可見於是陟其明而黜其幽賞罰明信則人人力於事功此所以庶績咸熙也。書虞

書舜典○載與積同

禹曰知人則哲能官人。哲知之明也知去聲

皋陶曰日宣三德夙夜浚明有家日嚴祗敬六德亮采有邦翕受敷施九德咸事俊乂在官百僚師師百工惟時。陶餘招切浚音峻翕音吸○宣明也三德六德九德之中有其三有其六也浚治也亮亦明也有家大夫也有邦諸侯也夫九德有其三必日宣而充廣之而使之益以著九德有其六尤必日嚴而祗敬之而使之益以謹也翕合也德之多寡雖不同人君惟能合而受之布而用之如此則九德之人咸事其事大而千人之俊小而百人之乂皆在官使師師相師法也言百僚皆相師法而百工皆及時以趨事也夫書故

無曠庶官天工人其代之。曠廢也言不可用非才而使庶官曠廢厥職也天工

天之工也。人君代天理物。庶官所治。無非天事。苟一職之或曠。則天工廢矣。並虞書皋陶謨

禹曰。帝光天之下。至于海隅蒼生。萬邦黎獻。共惟帝臣。惟帝時舉。敷納以言。明庶以功。車服以庸。庶朱子語錄云此試字之誤。○禹言使帝德光輝達于天下。海隅蒼生之地莫不昭灼。則萬邦黎民之賢。孰不感慕興起。而皆有帝臣之願。惟帝時舉而用之耳。敷納以言而觀其蘊。明庶以功而考其成。旌能命德以厚其報。虞書益稷

伊尹告太甲曰。敷求哲人。俾輔于爾後嗣。敷。廣也。廣求哲人使輔爾後嗣也。商書伊訓

旁求俊彥。啓迪後人。旁求者求之非一方也。彥美士也。言旁求俊彥之士。以開導子孫也。並商書太甲上

任官惟賢材。左右惟其人。臣為上為德。為下為民。其難其慎。惟和惟一。任如鴆切。左臧可切。右云九切。為並去聲。○賢者有德之稱。材者能也。左右者輔弼大臣。非賢材之稱可盡。故曰惟其人。夫人臣之職。為上為德。左君厥辟也。為下為民。所以宅師也。不曰君而曰德者。兼君道而言也。臣職所係其重如此。是必其難其慎。難者難於任用。慎者慎於聽察。所以防小人也。惟和惟一。和者可否相濟。一者終始如一。所以任君子也。商書咸有一德。○夫音扶下左右音佐佑

遲任曰。人惟求舊。器非求舊。惟新。任如林切。○遲任古之賢人也。人舊則習。器舊則弊。當常使舊人用新器也。商書盤庚上

高宗命傅說曰。若金。用汝作礪。若濟巨川。用汝作舟楫。若歲大旱。用汝作霖雨。說音悅。○三日雨為霖。高宗託物以喻。望傅說納誨之切。

三語雖若一意。然一節深一節也。商書說命上

傅說曰。惟治亂在庶官。官不及私昵。惟其能。爵罔及惡德。惟其賢。昵尼質切。○庶官治亂之原也。庶官得其人則治。不得其人則亂。六卿百執事。所謂官也。公卿大夫士。所謂爵也。官以任事。故曰能。爵以命德。故曰賢。商書說命中

高宗命傅說曰。爾惟訓于朕志。若作酒醴。爾惟麴糵。若作和羹。爾惟鹽梅。爾交修予。罔予棄。予惟克邁乃訓。麴丘六切。糵魚列切。○心之所之謂之志。邁。行也。酒非麴糵不成。羹非鹽梅不和。人君雖有美質。必得賢人輔導。乃能成德。臣之於君。當以柔濟剛。可濟否。左右規正。以成其德。故曰爾交修予。爾無我棄。我能行爾之言也。左音佐。右音佑

旁招俊乂。列于庶位。廣求俊乂列于衆職。

惟后非賢不乂。惟賢非后不食。君非賢臣不與共治。賢非其君不與共食。言君臣相遇之難如此。

股肱惟人。良臣惟聖。手足備而成人。良臣輔而君聖。並商書說命下

召公曰。所寶惟賢。則邇人安。周書旅獒

周公曰。古之人迪惟有夏。乃有室大競。籲俊尊上帝。迪知忱恂于九德之行。籲羊茹切。恂音荀。行胡孟切。○古之人有行此道者。惟有夏之君。當王室大強之時。而求賢以為事天之實也。迪知者。蹈知而非苟知也。忱恂者。誠信而非輕信也。言夏之臣。蹈知誠信于九德之行。

亦越成湯陟。丕釐上帝之耿命。乃用三有宅。克即宅。曰三有俊。克即俊。嚴惟丕式。克用三宅三俊。其在商

邑用協于厥邑其在四方用丕式見德

亦越者，繼前之辭也。耿光也。湯自七十里升為天子。典禮命討昭著于天下。所謂陟丕釐上帝之耿命也。三宅。謂居常伯常任準人之位者。三俊。謂有常伯常任準人之才者。克即者。言湯所用三宅。實能就是位而不曠其職。所稱三俊。實能就是德而不踰其名也。惟思。式法也。湯於三宅三俊嚴思而丕法之。故能盡其宅俊之用。其在商邑。用協于厥邑。近者察之詳。其情未易齊。齊句之協。則純之至也。其在四方。用丕式見德。遠者及之難。其德未易偏。觀法之同。則大之至也。易以豉切

亦越文王武王克知三有宅心灼見三有俊心以敬事上帝立民長伯

長上聲○三宅三俊。文武克知灼見。皆曰心者。即所謂迪知忱恂。而非謀面也。三宅已就位。故曰克知。三俊未任。故曰灼見。以是敬事上帝。則天職修而上有所承。以是立民長伯。則體統立而下有所寄。

自一話一言我則末惟成德之彥以乂我受民

末終。惟思也。自一話一言之間。我則終思成德之美士。以治我所受之民。而不敢斯須忘也。並周書立政

成王曰明王立政不惟其官惟其人

明王立政。不惟其官之多。惟其得人而已。

立太師太傅太保茲惟三公論道經邦燮理陰陽官不必備惟其人

燮悉協切○立始辭也。三公非始於此。立為周家定制。則始於此也。保者。保其身體。傅者。傅之德義。師者。導之教訓。所謂三公也。論道者。講貫闡明此道。以立天下之大本。推以經邦。使教化行。政事舉。民物成若。和氣薰陶。三光全。寒暑平。四時序。所以燮理陰陽而成調元贊化之功。非道全德備可為王者師。不足以居是職。故官不必求其備。惟其人之稱則任之也。稱去聲

少師少傅少保曰三孤貳公弘化寅亮天地弼予一人

少失照切○孤。特也。三少雖三公之貳。而非其屬官。故曰孤。天地以形言。化者天地之用。運而無迹者也。弘者張而大之也。寅亮者敬而明之也。公論道。孤弘化。公燮理陰陽。孤寅亮天地。公論於前。孤弼於後。公孤之分如此。分去聲

六卿分職各率其屬以倡九牧阜成兆民

倡音唱。阜房缶切○每卿六十屬。六卿三百六十屬也。六卿各率其屬以倡率九州之牧。使九牧各率其州之諸侯。以治其國。而阜成兆民。阜謂厚其生。成謂化成也。

舉能其官惟爾之能稱匪其人惟爾不任

任如鴆切○稱舉也。所舉之人能修其官。是亦爾之所能。舉非其人。是亦爾不勝任。古者大臣以人事君。其責如此。並周書周官○勝平聲

穆王曰惟予一人無良實賴左右前後有位之士匡其不及繩愆糾謬格其非心俾克紹先烈

糾吉酉切。謬靡幼切○無良。言其質之不善也。匡。輔助也。繩。直。糾。正。非心。非辟之心也。先烈。文武也。言文武猶資左右。況予之無良乎。匡救其惡。而不格其非心。則止於東而生於西。惟格其非心。則拔本塞源。末流自善矣。周書冏命○塞悉則切

秦誓曰如有一介臣斷斷猗無他技其心休休焉其如有容人之有技若己有之人之彥聖其心好之不啻如自其口出是能容之以保我子孫黎民亦職有利哉

斷都玩切。猗於宜切。好去聲○介。獨也。斷斷。誠一之貌。猗。語辭。休休。易直好善之意。容。有所受也。彥。美士也。聖。通明也。技。才。聖。德也。心之所好甚如口之所言也。職。主也。易以豉切

詩曰思皇多士生此王國王國克生維周之楨濟濟多士

文王以寧。楨音貞。濟子禮切。○思，語辭。皇，美。楨，幹也。言美哉衆多之賢士，而生於文王之國也。文王之國能生此衆多之士，則足以爲國之幹，而文王亦賴以爲安矣。大雅文王篇

有馮有翼，有孝有德，以引以翼，豈弟君子，四方爲則。馮蒲明切。豈可改切。弟去聲。○馮，謂可爲依者。翼，謂可爲輔者。孝，謂能事親者。德，謂得於己者。引，導其前。翼，相其左右。言得賢以自輔如此，則其德日脩，而四方以爲則矣。大雅卷阿篇。○相去聲

春秋左氏傳：齊晏子曰：能用善人，民之主也。主，謂民之宗主也。昭公三年

禮記禮運曰：故用人之知去其詐，用人之勇去其怒，用人之仁去其貪。知去聲。去上聲。○言人君用人，當取其所長，舍其所短。去，猶棄也。知謀之過，易流於欺詐，故用其知，當棄其詐而不責也。勇之過，易至於猛暴，故用其勇，當棄其猛暴之過也。仁之過，易流於愛，愛

所以貪也。故用人之仁，當棄其貪之失也。舍上聲。易以豉切

王制曰：凡官民材，必先論之，論辨然後使之，任事然後爵之，位定然後祿之。論，謂考其德行道藝。辨，謂考問得其定也。爵，謂正其秩次。祿，謂與之以常食也。行，下孟切

論語：子曰：舜有天下，選於衆，舉皋陶，不仁者遠矣。湯有天下，選於衆，舉伊尹，不仁者遠矣。選息戀切。陶餘招切。○不仁者遠，言人皆化而爲仁，不見有不仁者，若其遠去耳。顏淵篇

大學曰：見賢而不能舉，舉而不能先，命也。見不善而不能退，退而不能遠，過也。鄭氏曰：命當作慢。先、遠並去聲。傳十章

孟子曰：尊賢使能，俊傑在位，則天下之士皆悅而願立於其朝矣。朝音潮。○俊傑，才德之異於衆者。公孫丑篇

爲天下得人者謂之仁。爲去聲。○堯之得舜，舜之得禹、皋陶，乃所謂爲天下得人者，而其恩惠廣大，教化無窮，所以爲仁也。滕文公篇。○陶餘招切

不信仁賢，則國空虛。空虛，言若無人然。盡心篇

家語：子曰：御四馬者執六轡，御天下者正六官。六官，冢宰、司徒、宗伯、司馬、司寇、司空也。治天下者惟正六官而已。執轡篇

史記：子思曰：聖人之官人，猶匠之用木也，取其所長，棄其所短。故杞梓合抱而有數尺之朽，良工不棄。

荀子曰：人主不可以獨也。卿相輔佐，人主之基杖也，不可不早具也。故人主必將有卿相輔佐足任者，然後可。

其德音足以鎮撫百姓，其知慮足以應待萬變，然後可。夫是之謂國具。君道篇。○知、應並去聲。夫音扶

說苑：伊尹曰：王者得賢材以自輔，然後治也。雖有堯舜之明，而股肱不備，則主恩不流，化澤不行。故明君在上，慎於擇士，務於求賢，設四佐以自輔，有英俊以治官，尊其爵，重其祿，賢者進以顯融，罷者退而勞力。罷蒲糜切

甯戚曰：尊其位，重其祿，顯其名，則天下之士騷然舉足而至矣。並君道篇。○甯乃定切

鴟夷子皮曰：明君上賢使能而享其功。臣術篇

漢蕭何曰：養其民以致賢人。

陸賈曰。文武並用。長久之術也。

賈山曰。使天下舉賢良方正之士。天下之士莫不精白以承休德。

董仲舒曰。量才而授官。錄德而定位。則廉恥殊路。賢不肖異處矣。處上聲

王褒曰。夫賢者。國家之器用也。所任賢。則趨舍省而功施普。器用利。則用力少而就效衆。夫音扶。舍上聲。施去聲

聖主必待賢臣而弘功業。俊士必俟明主以顯其德。賢人君子。亦聖王所以易海內也。故君人者勤於求賢而逸於得人。易以豉切

世必有聖智之君。而後有賢明之臣。故虎嘯而風冽。龍興而致雲。

王吉曰。宜謹選左右。審擇所使。左右所以正身。所使所以宣德。

梅福曰。士者國之重器。得士則重。失士則輕。

左雄曰。寧民之道。必在用賢。用賢之道。必存考黜。吏數變易。則下不安業。久於其事。則民服教化。黜尺律切　數所各切

韋彪曰。國以簡賢為務。賢以孝行為首。是以求忠臣必於孝子之門。並通鑑綱目　○行胡孟切

郎顗曰。賢者化之本。雲者雨之具。得賢而不用。猶久陰而不雨也。顗魚里切

刳舟剡楫。將欲濟江海也。聘賢選佐。將以安天下也。並本傳　○刳空胡切　剡以冉切

黃香曰。量能授官。則職無廢事。因勞施賞。則賢愚得宜。本傳

蜀諸葛亮曰。親賢臣。遠小人。此先漢所以興隆也。親小人。遠賢臣。此後漢所以傾頹也。遠去聲

步騭曰。賢人所在。折衝萬里。信國家之利器。崇替之所由也。並通鑑綱目　○騭職日切

魏杜恕曰。使有能者當其官。有功者受其祿。譬猶烏獲之舉千鈞。良樂之選驥足也。本傳　○當去聲　樂音洛

徐景山曰。三公當上應天心。苟非其人。實傷和氣。晉書鄭袤傳　○應去聲

晉郤詵曰。官得其人。則事得其序。事得其序。則物得其宜。本傳　○郤乞隙切　詵疏臻切

陸玩曰。官不可以私於人。人不可以私取官。本傳

山簡曰。自古興替。寔在官人。苟得其才。無物不理。本傳

裴楷曰。宜引天下賢人與弘政道。不宜示人以私。

宋裴子野曰。古者德義可尊。無擇負販。苟非其人。何取世族。並通鑑綱目　○販方諫切

隋顏之推曰。國之用材。大較不過六事。一則朝廷之臣。取其鑒達治體。經綸博雅。二則文史之臣。取其著述憲章。不忘前古。三則軍旅之臣。取其斷決有謀。强幹習事。四則藩屏之臣。取其明練風俗。清白愛民。五則使命之臣。取其識變從宜。不辱君命。六則興造之臣。取其程功節費。開略有術。此則皆勤學守行者所能辦也。家訓涉務篇○朝音潮斷都玩切屏補永切使式至切行胡孟切

唐太宗曰。為官擇人。不可造次。用一君子則君子皆至。用一小人則小人競進。通鑑綱目○為去聲造七到切

以銅為鑑。可以正衣冠。以古為鑑。可以知興替。以人

為鑑。可以知得失。並貞觀政要

夫國之匡輔。必待忠良。任使得人。天下自治。夫音扶

明君旁求俊乂。博訪英賢。搜揚側陋。不以卑而不用。不以辱而不尊。

令人智有短長。能有巨細。或蘊百而尚少。或統一而為多。有輕材者不可委以重任。有小功者不可賴以成職。委任責成。不勞而化。

舟航之絕海也。必假橈楫之功。鴻鵠之淩雲也。必因羽翮之用。帝王之為國也。必藉匡輔之資。航胡郎切翮胡得切

明主之任人。如巧匠之制木。直者以為轅。曲者以為輪。長者以為棟梁。短者以為拱桷。無曲直長短。各有所施。明主之任人。亦猶是也。智者取其謀。愚者取其力。勇者取其威。怯者取其慎。無智愚勇怯。兼而用之。故良匠無棄材。明主無棄士。並帝範○拱居竦切桷訖岳切怯乞協切

魏徵曰。人君雖聖哲。猶當虛己以受人。故智者獻其謀。勇者竭其力。通鑑綱目

陸贄曰。任人不可以無擇。所貴乎已擇則不疑。言而必誠。然後可以求人之聽命。任而勿貳。然後可以責人之成功。

凡制爵祿與衆共之。先論其才而授其職。所舉必試

之以事。所言必考之於成。然後茍安不行。而真實在位矣。並奏議

蘇冕曰。設官分職。各有司存。政有恒而易守。事歸本而難失。經遠之理。捨此奚據。通鑑綱目○易以豉切

宋張詠曰。詢君子得君子。詢小人得小人。各就其黨詢之則無不審矣。本傳

歐陽脩曰。取士之方。必求其實。用人之術。當盡其材。

用人之法。各有所宜。軍旅之士先材能。朝廷之士先名節。朝音潮

善用人者。必使有材者竭其力。有議者竭其謀。故以

材能之士布列中外。分治百職。使各辦其事。以儒學之臣置之左右。與之日夕謀議講求其要而行之。而又於儒學之中擇其尤者置之廊廟。而付以大政。使總治群材衆職。進退而賞罰之。

治天下者用人非一端。故取士非以一路。若夫知錢穀。曉刑獄。熟民事。精吏幹。勤勞夙夜。以辦集為功者。謂之材能之士。明於仁義禮樂。通於古今治亂。其文章論議與之謀慮天下之事。可以決疑定策。論道經邦者。謂之儒學之臣。善用人者必使有材者竭其力。有識者竭其謀。夫音扶

有賢豪之士不須限以下位。有知略之人不必試以弓馬。有山林之傑不可薄其貧賤。並文集 知去聲

司馬光曰。用人者無親疏新舊之殊。惟賢不肖之察。其人未必賢也。以親故而取之。固非公也。苟賢矣。以親故而捨之。亦非公也。天下之賢非一人所能盡。若必待素識而用之。所遺必多。必也舉之以衆。取之以公而已。

為治之要莫先用人。而知人聖賢之所難也。故求之毀譽。則愛憎競進而善惡混淆。考之功狀。則巧詐橫生而真偽相冒。要其本在至公至明而已矣。並通鑑綱目 淆何交切 橫去聲 要平聲

察言行試政事求賢之實也。行去聲

人主商德而序位。忠臣量能而受職。是以分不亂於上。能不窮於下。並文集 分去聲

曾鞏曰。廣聽博采。不遺汙賤厄辱之士者。此所以無棄士也。兼收並采。不遺偏才一曲之人者。此所以無棄才也。言行錄 厄乙革切

為政之要莫如得人。百官稱職。則萬務咸治。稱去聲

官久於其業而後明。功久於其事而後成。並文集

范景仁曰。集群議為耳目。以除壅蔽之姦。任老成為腹心。以養和平之福。文集

蘇軾曰。古之用人者取之至寬而用之至狹。取之至寬。故賢者不隔。用之至狹。故不肖者無所容。通鑑綱目

古之人君收天下之英雄而不失其心。故天下皆爭歸之。

得人之道在於知人。知人之法在於責實。

夫古之用人無擇於勢。布衣寒士而賢則用之。公卿之子弟而賢則用之。武夫健卒而賢則用之。巫醫方技而賢則用之。胥史賤吏而賢則用之。並文集 夫音扶

范祖禹曰。明君用人而不自用。故恭己而成功。多疑之

君自用而不用人，故勞心而敗事。

聖人順天理而感人心，歛天下之賢者而聚之於朝，使之施其所有以為國之有，則賢者無不得其所，而民物亦無不得其所矣。歛，去聲。朝音潮。

天地之有四時，百官之有六職，天下萬事備盡於此。如網之在綱，裘之挈領，雖百世不可易也。

君以知人為明，臣以任職為良。君知人，則賢者得行其所學；臣任職，則不賢者不得苟容於朝。此庶事所以康也。朝音潮。

官爵者，人君所以馭天下，不可以虛名而輕用也。君以為貴而加於君子，則人貴之矣；君以為賤而施於小人，則人賤之矣。並通鑑綱目。○馭，魚據切。

胡安國曰：祿以報功也，故其世可延；位以尊賢也，故其官當擇。春秋傳。

胡寅曰：國之興也，未有不由親賢。致堂管見。

古人所以廣取士之路者，為賢材難知，恐其遺也。取之廣，然後賢材不在下而皆在上。賢材在上，則下受其賜而亂無自起矣。通鑑綱目。○為，去聲。

朱子曰：顧問之臣，實資輔養；用人或繆，所係非輕。文集。

真德秀曰：明君在上，既擇天下英賢，委以股肱之任，而又選公清直亮之士，使為耳目之官。二者交舉其職，而無阿黨朋比之私，則紀綱張，治道立矣。比，毗至切。

惟人主之觀人也，不以文章而以德行，不以虛譽而以功實，不以承迎己意為善，而以規彌己過為忠。行，胡孟切。

明君在上，必廣正大之路，以招賢能；闢四達之塗，以徠忠讜，則上無壅蔽之患，而下無遺逸之嗟。並大學衍義。○徠，郎才切。讜，多曩切。

納諫

書伊尹曰：有言逆于汝心，必求諸道；有言遜于汝志，必求諸非道。鯁直之言，人所難受；巽順之言，人所易從。於其所難受者，必求諸道，不可遽以逆于心而拒之；於其所易從者，必求諸非道，不可遽以遜于志而聽之。太甲下。○鯁，古杏切。易，以豉切。

高宗曰：朝夕納誨，以輔台德。台音怡。○朝夕納誨者，無時而不進善言也。台，我也。

啓乃心，沃朕心。啓，開也。沃，灌溉也。啓乃心者，開其心而無隱。沃朕心者，溉我心而厭飫也。溉，居代切。厭，於豔切。飫，依據切。

若藥弗瞑眩，厥疾弗瘳。瞑，眠見切。眩，熒絹切。瘳，丑鳩切。○飲藥而毒謂之瞑眩。瘳，愈也。弗瞑眩，喻臣之言不苦口也。並說命上。

旨哉說，乃言惟服，乃不良于言，予罔聞于行。說音悅。○旨，美也。服，行也。高宗贊美說之所言，謂可服行。使汝不善於言，則我無所聞而行之也。

傳說曰：惟木從繩則正，后從諫則聖。木從繩，喻后從諫。明諫之決，不可不

受也。並商書說命

秦誓曰：責人斯無難，惟受責俾如流，是惟艱哉。其責人無難，惟受責於人，俾如流水，是惟艱哉。周書。○俾，并弭切。難，去聲。

詩曰：先民有言，詢于芻蕘。芻，初俱切。蕘，如遙切。○先民，古之賢人也。芻蕘，采薪者。詢及芻蕘，則無不及之言矣。大雅板篇

說苑曰：聖王之舉事，必先諦之於謀慮，而後考之於著龜。白屋之士，皆關其謀。芻蕘之役，咸盡其心。故萬舉而無遺籌失策。權謀篇

孔子曰：良藥苦口利於病，忠言逆耳利於行。

善言進，則不善無由而入；不進善言，則善無由入矣。

白圭曰：人主之務，在善聽而已矣。並政理篇

晏子曰：古者明君在上，下有直辭；君上好善，民無諱言。並正諫篇。○好，去聲

漢主父偃曰：明主不惡切諫以博觀，忠臣不避重誅以直諫。史記。○惡，去聲

辛慶忌曰：明主垂寬容之聽，崇諫諍之官，開忠直之路，不罪狂狷之言。前漢書。○狷，吉掾切

谷永曰：垂寬明之聽，無忌諱之誅，使芻蕘之臣得盡所聞於前，群臣之上願，社稷之長福也。

梅福曰：言可采者，秩以升斗之祿，賜以一束之帛。若此，則天下之士，發憤懣，吐忠言，嘉謀日聞于上。並通鑑綱目。○憤，房問切。懣，莫困切

陳忠曰：仁君廣山藪之大，納切直之謀；忠臣盡謇諤之節，則不畏逆耳之言。通鑑綱目。○藪，蘇后切。謇，九輦切。諤，逆各切

郎顗曰：明王聖主，好聞其過；忠臣孝子，言無隱情。後漢書。○顗，養里切。好，去聲

蔡邕曰：國之將興，至言數聞，內知己政，外見民情。當使抱忠之臣，展其狂直。數，所角切

晉武帝曰：忠讜之言，唯患不聞。讜，多曩切

後周于謹曰：明主虛心納諫，以知得失，天下乃安。

唐太宗曰：人欲自見其形，必資明鏡；君欲自知其過，必待忠臣。苟其君愎諫自賢，其臣阿諛順旨，君既失國，臣豈能獨全。並通鑑綱目。○愎，毗亦切。諛，雲俱切

王者高居深視，虧聽阻明，恐有過而不聞，懼有闕而莫補。所以設鞀樹木，思獻替之謀，傾耳虛心，佇忠正之說。言之而是，雖在僕隸芻蕘，猶不可棄也；言之而非，雖在王侯卿相，未必可容。其義可觀，不責其辯；其理可用，不責其文。鞀，徒刀切。相，去聲

逆耳之辭難受，順心之說易從。彼難受者，藥石之苦

喉也。此易從者鴆毒之甘口也。明主納諫。病就苦而能消。暗主從諫。命因甘而致殞。並帝範○易以豉切鴆直禁切

魏徵曰。帝王內蘊神明。外當玄默。若位居尊極。炫耀聰明。以才陵人。飾非拒諫。則下情不通。蘊委粉切炫熒絹切

人君兼聽廣納。則貴臣不得壅蔽。而下情得以上通也。並貞觀政要○壅委勇切

陸贄曰。天不以地有惡木而廢發生。天子不以時有小人而廢聽納。侈言無驗不必用。質言當理不必違。辭拙而效速者不必愚。言甘而利重者不必智。考之以實。處之以終。其用無他。唯善所在。當去聲處上聲

其納諫也。以補過為心。以求過為急。以能改其過為善。以得聞其過為明。

諫者多。表我之能好。諫者直。示我之能賢。諫者之狂誣。明我之能恕。諫者之漏泄。彰我之能從。有一於斯。皆為盛德。並通鑑綱目○好去聲泄私列切

濟美因乎納諫。虧德由乎自賢。

君人者以衆智為智。以衆心為心。恒恐一夫不盡其心。一事不得其理。孜孜訪問。唯善是求。豈但從諫弗咈而已哉。並奏議○咈音弗

元稹曰。聞直言。廣視聽。理之萌也。甘諂諛。蔽近習。亂之象也。通鑑綱目○諂丑琰切

宋務曰。樂聞過者罔不興。拒諫者罔不亂。樂聞過則下情通。拒諫者則群議壅。唐書○樂音洛

宋歐陽脩曰。言拙而直。逆耳違意。初聞若可惡者。此忠臣之言也。言婉而順。希旨合意。初聞若可喜者。此邪臣之言也。惡去聲婉於阮切

自古固有伏藏之禍。未發之機。天下之人皆未知。而有一人能獨言之。人主又能聽而用之。則銷患於未萌。轉禍而為福者有矣。

聖人慎於臨事。不敢專任獨見。欲采天下公論。擇其

所長。以助不逮之意也。

人主之善馭下者。常欲聞難言之言。然後下無隱情。上無壅聽。姦宄不作。禍亂不生。並文集○馭魚據切宄古委切

蔡襄曰。納諫容言。人主之美德。明善錄

司馬光曰。切直之言。非人臣之利。乃國家之福。是以人君夙夜求之。懼弗得聞。

君惡聞其過。則忠化為佞。君樂聞直言。則佞化為忠。並通鑑綱目○惡去聲樂音洛

詢安危。訪治亂。納諫之實也。

古者國有大事。謀及卿士。謀及庶民。參酌下情。與衆

同欲。是以事無不當，令無不行。當去聲

君降心以訪問，臣竭誠以獻替，則庶政修治，邦家乂安。君惡逆耳之言，臣營便身之計，則下情壅蔽，衆心離叛，自生民以來，未有不由斯道者也。惡去聲

明君之於納聽，無彼無我，無親無踈，無先無後，唯其是而已矣。若重我所有而輕彼所陳，信其所親而疑其所賤，主先入之言而拒後來之議，則雖有是者亦不可得而見矣。

人主之尊，下臨群臣。和顔色以求諫，重爵賞以勸之。群臣猶畏懦而不敢進，又況憚之以威，懲之以刑，則嘉言何從而至哉。懦奴亂切　憚杜晏切

若大臣所謀果是，不必顧恤言者，言者所陳果當，不必曲順大臣之意，位無高下，言無先後，惟是之從。孟文集○當去聲

蘇軾曰：去苛禮而務至誠，黜虛名而求實效，不愛高位重祿以致山林之士，而欲聞切直不隱之言者，凡皆以通上下之情也。文集○以去上聲

范祖禹曰：聖王能從諫於未然，賢主能改過於已然，諫而不聽，斯為下矣。明善錄

明王道天下而使之言，故國家可得而治也。通鑑綱目

王巖叟曰：納諫從善，務合人心，所以朝廷清明，天下安靜。言行錄○朝音潮

江公望曰：人君之於諫臣，養之不可不素，用之不可不審，遇之不可不厚，聽之不可不察，去之不可不謹。言行錄○去上聲

辛次膺曰：願廣開言路。先事而言，不以為迂，逆耳之言，不以為忤，陳見悃愊者納之無疑，迎合意旨者罰之無赦。言行錄○悃苦本切　愊必力切

胡寅曰：聽受忠鯁，非止面從，苟利於國，即日行之者，乃納諫之實也。和顔泛受，合意則喜之，不合則置之，或內惡其切直而用他事遷徙之者，為納諫之虛文也。致堂管見○鯁古杏切　惡去聲

朱子曰：樂聞警戒，不喜導諛，此聽言用人之要也。文集○樂音洛

呂祖謙曰：人主進德之驗，他未即見，惟於諫者之言先見之。言之委曲遷就，是君德未信於人，而猶有所畏也。言之剴切侵訐，是君德已信於人，而既無所畏也。剴居大切　訐古屑切

劉靜春曰：朝廷納遠大之謀，久而成王道，納淺末之議，久而成亂政。並心學○朝音潮

劉爚曰：上既開不諱之門，下必有盡言之士。宋史○爚，弋灼切

劉珙曰：獨斷雖英主之能事，然必合衆智而質之以至公，然後有以合乎天理人心之正，而事無不成。文集○珙，居竦切；斷，都玩切

林略曰：虛心以爲從諫之本，從諫以爲求治之本。宋史

辨邪正

易曰：内陽而外陰，内健而外順，内君子而外小人，君子道長，小人道消也。長，上聲○陽來居内，陰往居外，陽進而陰退也。乾健在内，坤順在外，爲内健而外順，君子在内，小人在外，是君子道長，小人道消，所以爲泰也。泰彖傳

天與火同人，君子以類族辨物。天體在上，火性炎上，火與天同，故爲同人之義。君子觀同人之象，而各以其類族辨物之同異也。同人象傳

書周公曰：國則罔有立政用憸人，不訓于德，是罔顯在厥世。繼自今立政，其勿以憸人，其惟吉士，用勱相我國家。憸，思廉切；勱，音邁；相，去聲○自古爲國，無有立政用憸利小人者。憸利小人，不順于德，是無能光顯以在厥世。主當繼今以往，立政勿用憸利小人，其惟用有常吉士，使勉力以相我國家。此戒成王之辭也。周書立政篇

成王曰：簡厥修，亦簡其或不修；進厥良，以率其或不良。修，謂其職業；良，謂其行義。職業有修與不修，當簡而別之，則人勸功；進行義之良者，以率其不良，則人勵行。周書君陳○行，胡孟切；別，必列切

穆王曰：愼簡乃僚，無以巧言令色、便辟側媚，其惟吉士。

僕臣正，厥后克正；僕臣諛，厥后自聖。后德惟臣，不德惟臣。令，力正切；便，毗連切；辟，匹亦切○便者，順人之所欲；辟者，避人之所惡；側者，姦邪；媚者，諛悅，小人也。吉士，君子也。言當謹擇汝之僚佐，無用小人，而惟用君子也。自聖，自以爲聖也。僕臣之賢否，係乎君德之輕重如此。周書冏命○惡，去聲

秦誓曰：邦之杌隉，曰由一人；邦之榮懷，亦尚一人之慶。杌，五忽切；隉，倪結切○杌，如木之動搖；隉，如阜之圮壞。杌隉，不安也；懷，安也。言國之危殆，係乎所任一人之非；國之榮安，係乎所任一人之是。周書○圮，普拜切

詩曰：哀哉不能言，匪舌是出，維躬是瘁。哿矣能言，巧言如流，俾躬處休。出，尺隊切；哿，嘉我切；處，上聲○出，出之也。瘁，病；哿，可也。言之忠者，世謂其不能言者也，故但出諸口而適以瘁其躬；使人之言，世所謂能言者也，故巧好其言，如水之流，而使其身處於安

樂之地，不可不察。小雅雨無正篇○樂，音洛

哲夫成城，哲婦傾城。懿厥哲婦，爲梟爲鴟。婦有長舌，維厲之階；亂匪降自天，生自婦人。匪教匪誨，時維婦寺。梟，古堯切；鴟，處之切；寺，時吏切○哲，知也；城，猶國也。哲婦，蓋指褒姒也。傾，覆；懿，美也；梟鴟，惡聲之鳥。長舌，能多言者也。階，梯也。寺，奄人也。言男子有知則能立國，婦人之哲，適以覆國，故此懿美之哲婦，反爲梟鴟，蓋以其多言而爲禍亂之梯也。亂豈眞自天降，特由此婦人而已。蓋其言雖多而非有教誨之益者，是惟婦人與奄人耳。兼以奄人爲言者，蓋二者常相倚爲姦，故并以爲戒也。大雅瞻卬篇○姒，音似；知，去聲；奄，衣檢切

禮記子曰：君子之接如水，小人之接如醴。君子淡以成，小人甘以壞。接，交也；醴，甜酒也。水相得則合，酒醴相得則敗。表記

論語子曰視其所以觀其所由察其所安人焉廋哉人焉廋哉焉於虔切廋所留切○以為也為善者為君子為惡者為小人觀比視為詳矣由從也事雖為善而意之所從來者有未善焉則亦不得為君子也察則又加詳矣安所樂也所由雖善而心之所樂者不在於是則亦偽耳焉何也廋匿也重言以深明之○為政篇○樂音洛重平聲

放鄭聲遠佞人鄭聲淫佞人殆遠去聲○放謂禁絕之鄭聲鄭國之聲佞人卑諂辯給之人殆危也○衛靈公篇

大學曰長國家而務財用者必自小人矣彼為善之小人之使為國家菑害並至雖有善者亦無如之何矣此謂國不以利為利以義為利也傳十章○長上聲菑與災同

說苑李克曰貴視其所舉富視其所與貧視其所不取窮視其所不為臣術篇

漢谷永曰帝王之德莫大於知人知人則百僚任職天工不曠

段恭曰夫以讒佞毀傷忠正此天地之大禁人主之至誡也國以賢治君以忠安夫音扶讒鉏咸切

左雄曰人君莫不好忠正而惡讒諛然歷世之患莫不以忠正得罪讒諛蒙幸者蓋聽忠難從諛易也好惡並去聲易以豉切

范滂曰農夫去草嘉穀必茂忠臣除姦王道以清去上聲

魏董昭曰凡有天下者莫不貴忠樸之士疾虛偽之人以其毀教亂治敗俗傷化也樸音朴

晉徐邈曰自古以來欲為左右耳目者無非小人先因小忠而成其大不忠先藉小信而成其大不信遂使讒諂並進善惡倒置可不戒哉並通鑑綱目○讒鉏咸切

唐太宗曰砥躬礪行莫尚於忠言敗德敗正莫踰於讒佞今人顏貌同於目際猶不自瞻況是非在於無形矣能自覩帝範○砥諸氏切礪力滯切行胡孟切讒鉏咸切

魏徵曰為人君者在乎善善而惡惡近君子而遠小人善善明則君子進矣惡惡著則小人退矣貞觀政要○惡惡上去聲下如字遠去聲

宋富弼曰君子與小人並處其勢必不勝君子不勝則奉身而退樂道無悶小人不勝則交結構扇千歧萬轍處上聲樂音洛轍直列切

趙抃曰朝廷當別白君子小人以謂小人雖小過當力排而絕之後乃無患君子不幸而有詿誤當扶持保惜以成就其德並蘇軾文集○朝音潮別必列切詿古賣切

歐陽脩曰朝廷進用臣下患忠邪不分欲辨忠邪須覈情偽文集○朝音潮覈與核同

司馬光曰人君察美惡辨是非賞以勸善罰以懲姦資治通鑑

古之聖帝明王聞人之言則能識其是非故謂之聰觀人之行則能察其邪正故謂之明是非既辨邪正既分姦不能惑佞不能移故謂之剛取是而捨非誅邪而用正確然無所疑故謂之斷文集○識如字行胡孟切斷都玩切

人主之於臣下患在不知其姦苟或知之而不能討彼知其不足畏也則放縱而無所顧矣是以知善而不能用知惡而不能去人主之深戒也通鑑綱目○去上聲

呂公著曰小人聚斂以佐人主之欲人主不悟以為有利於國不知其終為害也賞其納忠不知其大不忠也嘉其任怨而不知其歸怨於上也近思錄○斂去聲

君人者去偏聽獨任之弊而不主先入之語則不為邪說所亂言行錄○去上聲

范祖禹曰我以其正彼以其頗我以其直彼以其僞何患乎邪之不察佞之不辨乎惟能御以至誠則忠直者進而憸邪無入矣通鑑綱目○頗音坡憸思廉切

蘇軾曰治亂之機在於用人邪正一分則消長之勢自定長上聲

正則用之邪則去之是則行之非則破之此理甚明如飢之必食渴之必飲豈有別生義理曲加粉飾而能欺天下者哉並文集○去上聲

胡安國曰善善而不能用則無貴於知其善惡惡而不能去則無貴於知其惡春秋傳○惡惡上去聲下如字去上聲

范如圭曰為政以知人為先知人以清心寡欲為本本傳

胡宏曰知人之道驗之以事而觀其詞氣從人反躬者鮮不為君子任己蓋非者鮮不為小人胡子知言○鮮上聲

陳俊卿曰氣節之士雖有小過猶當容之佞邪之人雖甚有才猶當察之庶幾有以作新人材興起頹弊朱子文集○幾音機

朱子曰欲成天下之務則必從善去惡進賢退姦然後可以有濟去上聲

君子小人如冰炭之不相容薰蕕之不相入小人進則君子必退君子親則小人必疎未有兼收並蓄而不相害者也並文集○蕕音由

呂祖謙曰觀人之術在隱而不在顯在晦而不在明顯與明人之所畏隱與晦人之所忽也博議

真德秀曰人君於觀其臣之邪正大略有二道焉謀議徇國而不徇君此正人也反是則邪矣大學衍義

脩禮樂

易曰雷出地奮豫先王以作樂崇德殷薦之上帝以配祖考雷奮發於地中通暢和豫故為豫先王觀其和豫發於聲之象作聲樂以褒崇功德其殷盛至於薦

之上帝而推配之以祖考也。據家傳

春秋左氏傳曰。禮經國家定社稷序民人利後嗣者也。禮者經理其國家安定其社稷教民尊卑長幼之序為後世無窮之利也。隱公十一年

鄭子大叔曰。禮上下之紀。天地之經緯也。民之所生也。是以先王尚之。禮以綱紀上下。天地以禮而成位。猶經緯而成文也。民所資以生。故先王皆崇尚之。昭公二十五年

禮記曲禮曰。道德仁義。非禮不成。教訓正俗。非禮不備。分爭辨訟。非禮不決。君臣上下。父子兄弟。非禮不定。宦學事師。非禮不親。班朝治軍。涖官行法。非禮威嚴不行。禱祠祭祀。供給鬼神。非禮不誠不莊。是以君子恭敬撙節退讓以明禮。朝音潮 涖力地切 撙祖本切

孔子曰。禮者君之大柄也。所以別嫌明微。儐鬼神。考制度。別仁義。所以治政安君也。別必列切 儐必刃切○國之有禮。如器之有柄。執此柄則國可治矣。接賓以禮曰儐。接鬼神亦然。故曰儐。制度。如度量權衡之類。考而正之。仁主愛。義主斷。別而用之。必當其宜也。斷都玩切 當去聲

禮行於郊。而百神受職焉。禮行於社。而百貨可極焉。禮行於祖廟。而孝慈服焉。禮行於五祀。而正法則焉。故自郊社祖廟山川五祀。義之脩而禮之藏也。言信得其禮則神物與人皆應之。百神。列宿也。百貨。金玉之屬也。脩。飾也。藏。若城郭然也。並禮運○應去聲 宿音秀

禮器曰。先王之立禮也。有本有文。忠信。禮之本也。義理。

禮之文也。無本不立。無文不行。無忠信則禮不可立。昧義理則禮不可行。必內外兼備。本末具舉而行之。則中其節矣。中去聲

禮也者。反其所自生。樂也者。樂其所自成。是故先王之制禮也以節事。脩樂以道志。故觀其禮樂而治亂可知也。樂其之樂音洛○萬物本乎天。人本乎祖。禮主於報本反始。不忘其所由生也。王者功成治定。然後作樂。故樂者。武功之成也。節事。人事之儀則也。道。達宣其湮鬱也。世治則禮樂序而和。世亂則禮樂慝而淫。故觀禮樂則治亂可知矣。湮音因 慝吐得切

郊特牲曰。樂由陽來者也。禮由陰作者也。陰陽和而萬物得。樂所以發陽道之舒暢。禮所以肅陰道之收斂。一闔一闢。而萬事皆得其宜也。闔胡臘切 闢毗亦切

樂記曰。是故先王之制禮樂也。非以極口腹耳目之欲也。將以教民平好惡而反人道之正也。○好惡並去聲 教民平好惡。不欲好惡之偏私也。好惡得其平。則可以復乎人道之正。而風移俗易矣。

先王之制禮樂。人為之節。衰麻哭泣。所以節喪紀也。鐘鼓干戚。所以和安樂也。昏姻冠笄。所以別男女也。射鄉食饗。所以正交接也。禮節民心。樂和民聲。政以行之。刑以防之。禮樂刑政。四達而不悖。則王道備矣。衰倉回切 樂之樂音洛 冠古玩切 笄堅溪切 別必列切 食祥吏切○禮樂因人情而為之節文。因其哀死而喪期無數。故為衰麻哭泣之數以節之。因其好逸樂而不能和順。故為鐘鼓干戚之樂以和之。因其有男女之欲。故為昏姻冠笄之禮以別之。因其有交接之事。故為射鄉食饗之禮以正之。節其心。使之行

無所過，和其聲，使之言無乖戾。爲之政以率其怠。刑以防其淫。四者通行於天下，而民無悖逆之者，則王者治道備矣。好，去聲。

禮義立，則貴賤等矣。樂文同，則上下和矣。此言仁義爲禮樂之輔。等貴賤，和上下，皆所以行民之治也。

樂由中出，禮自外作。樂由中出故靜，禮自外作故文。

大樂必易，大禮必簡。樂至則無怨，禮至則不爭。揖讓而治天下者，禮樂之謂也。易，以豉切。○欣喜歡愛之和出於中。進退周旋之序著於外。和則情安意舒，故靜。序則威儀交錯，故文。大樂與天地同和，大禮與天地同節。樂至則人皆得其所而無怨。禮至則人各安其分而不爭。如帝世揖讓而天下治者，禮樂之至也。分，去聲。

大樂與天地同和，大禮與天地同節。和，故百物不失。節，故祀天祭地。明則有禮樂，幽則有鬼神。如此則四海之內合敬同愛矣。禮者殊事合敬者也。樂者異文合愛者也。禮樂之情同，故明王以相沿也。百物不失，言各遂其性也。禮主減，樂主盈。鬼神亦止是屈伸之義。禮樂鬼神一理而已。禮雖有經禮曲禮之事殊，而敬則一。樂有五聲六律之文異，而愛則一。所以能與四海之內合敬同愛者，皆禮樂之所感化也。在明王雖有損益，而情之同者，莫不相因。

鐘鼓管磬，羽籥干戚，樂之器也。屈伸俯仰，綴兆舒疾，樂之文也。簠簋俎豆，制度文章，禮之器也。升降上下，周還裼襲，禮之文也。故知禮樂之情者能作，識禮樂之文者能述。綴，朱劣切，又如字。簠，斐古切。簋，矩鮪切。還，音旋。裼，思積切。襲，息入切。○綴，舞者

行位相連綴也。兆，位外之營兆也。情，謂理趣之深奧者。知之悉，故能作。文，謂節奏之宜著者。識之詳，故能述。行，音航。

樂者天地之和也。禮者天地之序也。和，故百物皆化。序，故群物皆別。樂由天作，禮以地制。過制則亂，過作則暴。明於天地，然後能興禮樂也。別，必列切。○天地之和，陽之動而生物者也。氣行而不乖，故百物皆化。天地之序，陰之靜而成物者也。質具而有秩，故羣物皆別。樂由天作者，法乎氣之行於天者而作，故動而屬陽。禮以地制者，法乎質之具於地者而制，故靜而屬陰。過制則陰陽失序，故亂。過作則失文武之本意，故暴。明乎天地之和與序，然後能興禮樂，贊化育也。

王者功成作樂，治定制禮。其功大者其樂備，其治辨者其禮具。干戚之舞非備樂也，孰亨而祀非達禮也。

五帝殊時，不相沿樂。三王異世，不相襲禮。樂極則憂，禮粗則偏矣。及夫敦樂而無憂，禮備而不偏者，其唯大聖乎。孰與熟同，亨與烹同。夫，音扶。○干戚之舞，武舞也，不如韶樂之盡善盡美，故云非備樂也。熟烹牲體而薦，不如古者血腥之祭爲得禮意，故云非達禮也。若奏樂極聲音之娛，則樂極悲來。行禮粗略，必有偏失而不舉者。惟大聖人則道全德備，敦厚於樂而無悲來之憂，禮儀備具而無偏粗之失。敦樂之樂，音洛。

天高地下，萬物散殊，而禮制行矣。流而不息，合同而化，而樂興焉。春作夏長，仁也。秋斂冬藏，義也。仁近於樂，義近於禮。樂者敦和，率神而從天。禮者別宜，居鬼而從地。故聖人作樂以應天，制禮以配地。禮樂明備

天地官矣。長上聲別必列切應去聲○高下散殊者質之具。天地自然之序也。聖人法之。則禮制行矣。周流同化者。氣之行。天地自然之和也。聖人法之。則樂興焉。春作夏長。天地生物之仁。故近於樂。秋斂冬藏。天地成物之義。故近於禮。敦和。厚其氣之同者。別宜。辨其物之異者。率神。所以循其氣之伸。居鬼。所以斂其氣之屈。伸陽而從天。屈陰而從地也。則聖人禮樂之精微。旣明且備矣。官。主也。言天地之生物。無不各得其職也。

是故先王有大事。必有禮以哀之。有大福必有禮以樂之。哀樂之分。皆以禮終。樂也者。聖人之所樂也。而可以善民心。其感人深。其移風易俗。故先王著其敎焉。樂也者之樂如字。餘音洛○大事。死喪之事也。大福。吉慶之事也。哀樂皆以禮終。則不至於過矣。此先言禮而末言樂者。明禮樂非二用也。哀樂之樂音洛

窮本知變。樂之情也。著誠去僞。禮之經也。禮樂偩天地之情。達神明之德。降興上下之神。而凝是精粗之體。領父子君臣之節。去上聲。偩芳故切○人情理同而氣異。樂以統同。故可使人窮其本之同。而知其變之異也。人情理微而欲危。禮以辨異。故可使人去其欲之僞。而著其理之誠也。蓋禮樂之作。道與器未始相離。故曰凝是精粗之體也。

天下大定。然後正六律。和五聲。弦歌詩頌。此之謂德音。德音之謂樂。此聖人立父子君臣之禮。爲三綱六紀之目也。旣序之以禮。乃可和之以樂。故然後有正六律以下之事。德音。名聲也。

禮樂不可斯須去身。致樂以治心。則易直子諒之心油然生矣。易直子諒之心生則樂。樂則安。安則久。久則天。天則神。天則不言而信。神則不怒而威。致樂以治心者也。易以豉切。樂並如字。餘音洛○致。硏窮其理也。樂由中出。故以治心言之。子諒。朱子讀爲慈良。樂之感化人心。至於天而且神。可以識窮本知變之妙矣。

致禮以治躬。則莊敬。莊敬則嚴威。心中斯須不和不樂。而鄙詐之心入之矣。外貌斯須不莊不敬。而慢易之心入之矣。故樂也者。動於內者也。禮也者。動於外者也。樂極和。禮極順。內和而外順。則民瞻其顏色。而弗與爭也。望其容貌。而民不生易慢焉。故德煇動於內。而民莫不承聽。理發於外。而民莫不承順。故曰。致禮樂之道。擧而錯之天下無難矣。不樂之樂音洛。餘如字。易以豉切。錯

倉故切○禮自外作。故以治躬言之。此言著誠去僞之心。不可少有間斷也。動於內。則能治心。動於外。則能治躬。極和極順。則無斯須之不和不順矣。所以感人動物。其致如此。德以煇言。乃英華發外之驗。理發諸外。是動容周旋之中禮。君子致極禮樂之道。於治天下乎何有。去上聲。周中並去聲

孔子曰。禮也者。理也。樂也者。節也。君子無禮不動。無節不作。不能詩。於禮繆。不能樂。於禮素。薄於德。於禮虛。繆靡幼切○禮得其理。則有序而不亂。樂中其節。則和而不流。君子無禮不動。防其亂也。無節不作。防其流也。不能詩者。能不繆於禮乎。不能樂。無從容委曲之度。不能達於樂。謂之素也。素者。質樸也。忠信之人。可以學禮。薄於德者。不能充於禮也。仲尼燕居○中去聲從七容切

經解曰。朝覲之禮。所以明君臣之義也。聘問之禮。所以使諸侯相尊敬也。喪祭之禮。所以明臣子之恩也。鄕

飲酒之禮所以明長幼之序也。昏姻之禮所以明男女之別也。朝音潮長上聲別必列切○君臣之亂生於無義故以朝覲之禮禁之諸侯之亂生於不和故以聘問之禮禁之臣子之亂生於無恩故以喪祭之禮禁之以至鄉飲之於長幼昏姻之於男女其義亦若是也。

周禮大宗伯以嘉禮親萬民以飲食之禮親宗族兄弟以昏冠之禮親成男女以賓射之禮親故舊朋友以饗燕之禮親四方之賓客以脤膰之禮親兄弟之國以賀慶之禮親異姓之國。冠古玩切脤時軫切膰符艱切○嘉善也嘉禮有六人君有食宗族飲酒之禮所以親之也昏冠之禮親其恩成其性也射禮立主賓親主之故舊朋友也賓客謂朝聘者脤膰社稷宗廟之肉以賜同姓之國同福祿也異姓王昏姻甥舅也春官○食如字朝音潮

大戴禮孔子曰至禮不讓而天下治至賞不費而天下之士說至樂無聲而天下之民和。說音悅

因天下之爵以尊天下之士此之謂至禮不讓而天下治因天下之祿以富天下之士此之謂至賞不費而天下之士說天下之士說則天下之明譽興此之謂至樂無聲而天下之民和。並主言篇○說音悅

孝經孔子曰道之以禮樂而民和睦。禮以檢其迹樂以和其心則和睦矣傳音章

移風易俗莫善於樂安上治民莫善於禮禮者敬而已矣。樂以蕩滌邪心納之中和禮以正君臣父子男女長幼之序故可以安上化下而敬者又禮之

本也傳七章○長上聲

論語子曰天下有道則禮樂征伐自天子出天下無道則禮樂征伐自諸侯出。季氏篇

禮云禮云玉帛云乎哉樂云樂云鍾鼓云乎哉。敬而將之以玉帛則為禮和而發之以鍾鼓則為樂遺其本而專事其末則豈禮樂之謂哉陽貨篇

中庸曰非天子不議禮不制度不考文今天下車同軌書同文行同倫雖有其位苟無其德不敢作禮樂焉雖有其德苟無其位亦不敢作禮樂焉。二十八章○行胡孟切

荀子曰樂在宗廟之中君臣上下同聽之則莫不和敬閨門之內父子兄弟同聽之則莫不和親鄉里族長之

中長少同聽之則莫不和順故樂者審一以定和者也比物之飾節者也合奏以成文者也足以率一道足以理萬變是先王立樂之術也。樂論篇○長上聲少比並去聲

說苑晏嬰曰禮者所以御民也轡者所以御馬也無禮而能治國家晏嬰未之聞也。修文篇

文中子曰行不相沴則王者可以制禮矣四靈為畜則王者可以作樂矣。王道篇○行胡孟切畜許救切沴力奇切

唐太宗曰夫功成設樂治定制禮禮樂之興以儒為本。帝範○夫音扶

陸贄曰朝廷好禮則俗尚敬恭朝廷尊讓則時恥貪競

奏議○朝音潮好去聲

宋韓琦曰。窮作樂之源。為致治之本。言行錄

歐陽脩曰。禮樂治民之具也。王者之愛養斯民。其於教導之方。甚勤而備。故禮防民之欲也周。樂成民之俗也厚。苟不由焉。則賞不足勸善。刑不足禁非。而政不成。

禮以治民。而樂以和之。德義仁恩。長養涵澤。此三代之所以深於民者也。長上聲

禮之為物也。聖人之所以飾人之情而閑其邪僻之具也。其文物制度。皆因民以為節。而為大防而已。

七情不能自節。待樂而節之。至性不能自和。待樂而和之。聖人由是照天命以窮根。哀生民之多欲。順導其性。大為之防。為播金石之音以暢其律。為制羽毛之采以飾其容。發焉為德華。聽焉達天理。此六樂之所以作。三王之所由用。人物以是感暢。心術於焉慘舒也。並文集○為播為制之為並去聲

周子曰。禮者理也。樂者和也。陰陽理而後和。君君臣臣。父父子子。兄兄弟弟。夫夫婦婦。萬物各得其理然後和。故禮先而樂後。

古者聖王制禮法。脩教化。三綱正。九疇敘。百姓大和。萬物咸若。乃作樂以宣八方之風。以平天下之情。故樂聲淡而不傷。和而不淫。入其耳。感其心。莫不淡且和焉。淡則欲心平。和則躁心釋。優柔平中。德之盛也。天下化中。治之至也。是謂道配天地。古之極也。

樂者古以平心。今以助欲。古以宣化。今以長怨。不復古禮。不變今樂。而欲至治者遠矣。並通書○長上聲

樂者本乎政也。政善民安。則天下之心和。故聖人作樂以宣暢其和心。達于天地。天地之氣感而大和焉。

天地和則萬物順。故神祇格。鳥獸馴。心學

司馬光曰。禮者聖人之所履也。樂者聖人之所樂也。聖人履中正而樂和平。又思與四海共之。百世傳之。於是乎作禮樂焉。夫禮樂有本有文。中和者本也。容聲者末也。二者不可偏廢。所樂樂和之樂音洛餘如字夫音扶

禮之用大矣。用之於身。則動靜有法而百行備焉。用之於家。則尊卑有別而九族睦焉。用之於鄉。則長幼有倫而俗化美焉。用之於國。則君臣有敘而政治成焉。用之於天下。則諸侯賓服而紀綱正焉。並資治通鑑○行胡孟切別必列切長上聲

胡宏曰。等級至嚴也。失禮樂則不威。山河至險也。失禮樂則不固。禮乎樂乎。天下所日用。不可以造次顛沛

廢焉者乎。遣七到切

君臣有法，然後天地泰。天地泰者，禮樂之所以興也。禮樂興，然後賞罰中而庶民安矣。並胡子知言○中去聲

朱子曰：夫三王制禮，因革不同，皆合乎風氣之宜，而不違乎義理之正。文集○夫音扶

黃榦曰：夫禮主於敬，敬勝則乖，乖則離。聖人制禮，必濟之以和；和勝則瀆，瀆則慢。聖人制禮，必濟之以敬。始之以禮教敬也，終之以樂教和也。性理羣書○夫音扶

正名分

易曰：上天下澤，履，君子以辨上下，定民志。天在上，澤居下，上下之正理也。人之所履當如是，故取其象而為履。君子觀履之象，以辨別上下之分，以定其民志。若夫上下之分明，然後民志有定，民志定，然後可以言治也。履象傳○別必列切 分去聲 夫音扶

父父子子，兄兄弟弟，夫夫婦婦，而家道正。正家而天下定矣。父子兄弟夫婦各得其道，則家道正矣。推一家之道，可以及天下，故家正則天下定矣。家人彖傳

天尊地卑，乾坤定矣。卑高以陳，貴賤位矣。乾為天，坤為地，天居尊，地居卑，則乾坤之位定矣。凡物之位有卑高之不同，則高者貴而卑者賤矣。繫辭

春秋：天王使宰咺來歸惠公仲子之賵。咺音烜 賵芳鳳切○仲子，惠公之妾。周以天王之尊，下賵諸侯之妾，是加寵於孱人，道之大經拂矣。天王，紀法之宗也；六卿，紀法之守也。議紀法而脩諸朝廷之上，則與聞其謀；頒紀法而行諸邦國之間，則專掌其事。而承命以賵諸侯之妾，是壞法

亂紀自王朝始也。春秋重嫡妾之分，故特貶而書名，以見宰之非宰矣。隱公元年○朝音潮 與音預 分去聲 貶悲撿切

九月，考仲子之宮。考者，始成而祀也。其稱仲子者，惠公欲以娶妾為夫人，隱公欲以庶弟為適子。聖人以為諸侯不再娶，於禮無二嫡。孟子入惠公之廟，仲子無祭享之所，為別立宮以祀之，非禮也。故因其來賵，而正名之曰仲子之賵；因其考宮，而正名之曰仲子之宮，而夫人衆妾之分定矣。隱公將讓之實辨矣。適音的 為分並去聲

初獻六羽。初者，事之始。魯僭天子之禮樂舊矣。成王過賜，而伯禽受之，非也。用於太廟以祀周公，已為非禮，其後羣公皆僭用焉。仲子以別宮，故不敢同羣廟，而降用六羽。書初獻者，明前此用八之僭也。隱公五年

五年春，王正月，王使榮叔歸含且賵。含胡紺切○夫婦，人倫之本，王法所尤謹者。今成風以妾僭嫡，王不能正，又使大夫歸含賵焉，而成之為夫人，則王法廢，人倫亂矣。是為弗克若天而悖其道，非小失耳。故特不稱天以謹之也。文公

禮記：子曰：貴賤有等，衣服有別，朝廷有位，則民有所讓。坊記○別必列切 朝音潮

冠義曰：君臣正，父子親，長幼和，而後禮義立。冠古玩切 長上聲

大戴禮曰：古者聖王明義以別貴賤，以序尊卑，以體上下，然後人知尊君親上，而忠順之行備矣。朝事篇○別必列切 行胡孟切

論語：子曰：名不正，則言不順。名不當其實，則言不順。子路篇○當去聲

荀子曰：知者為人之分，制名以指實，上以明貴賤，下以辨

同異，貴賤明，同異別，如是則志無不喻之患，事無困廢之禍。知分並去聲。別必列切。○無名則物雜亂，故知者為之分界，制名所以指明實事也。並正名篇

說苑孫卿曰：少事長，賤事貴，不肖事賢，此天下之通義也。臣術篇。○少去聲。長上聲。

劉向曰：冠雖故必加於首，履雖新必關於足，上下有分，不可相倍。叢談篇。○分去聲。

漢賈誼曰：人主之尊，譬如堂，群臣如陛，衆庶如地。

袁盎曰：尊卑有序則上下和。並前漢書

師丹曰：尊卑之禮明則人倫之序正，人倫之序正則乾

坤得其位，而陰陽順其節。本傳

吳顧譚曰：有國家者必明嫡庶之端，異尊卑之禮，使高下有差，等級踰邈，則骨肉之恩全，覬覦之望絶矣。大學衍義。○覬音冀。覦音俞。

唐魏徵曰：帝王所重在乎定君臣，明父子，正夫婦，三者不亂，然後內外安寧。

考事以正其名，循名以求其實，則邪正莫隱，善惡自分。並諫錄

褚遂良曰：聖人制禮，庶子雖愛，不得踰適，所以塞嫌疑之漸，除禍亂之源也。若當親者疏，當尊者卑，則佞巧之姦，乘機而動矣。唐鑑。○適音的。塞悉窄切

宋司馬光曰：夫民生有欲，無主乃亂，是故聖人制禮以治之。自天子諸侯至于卿大夫士庶人，尊卑有分，小大有倫，若綱條之相維，臂指之相使，是以民服事其上，而下無覬覦。資治通鑑。○夫音扶。分去聲。覬音冀。覦音俞。

曾鞏曰：名正然後位定，位定然後事舉。言行錄

蘇軾曰：強生於安，安生於上下之分定。文集。○分去聲。

胡安國曰：正名經世之本，名正而天下定矣。

辨尊卑，分貴賤，明等威，異物采，所以杜絶陵僭也。並春秋傳

楊時曰：人君所以馭其臣，只有一箇名分，不可易。名分既正，上下自定。語錄。○分去聲。

范祖禹曰：為國者必嚴上下之等，明少長之序，使不相陵越。通鑑綱目。○少去聲。長上聲。

張栻曰：天下之分，起於天下之理。夫理者本於天地，莫知所從始，惟其理設而不可易，故分立而不可犯。文集。○分去聲。夫音扶。

胡宏曰：君臨卿，卿臨大夫，大夫臨士，士臨農與工商，所受有分，制多寡均，而無貧苦者矣。胡子知言。○分去聲。

真德秀曰：君臣上下之分，如天冠地履之不可易。大學衍義

()分去聲

天無二日，土無二王，尊無二上。故妻不可以並后，庶不可以如嫡，臣不可以擬君，此天地之常經，古今之大義也。文集

聖學心法卷四

君道

禮臣下

易曰：晉康侯用錫馬蕃庶，晝日三接。晉為進盛之時，大明在上而下皆同德順附。故為康侯。康侯，安國之侯也。錫馬蕃庶，晝日三接，言多受大賜而顯被親禮也。晉彖辭

自上下下，其道大光。自上而降己以下下，其道之大光也。益彖傳

詩曰：采菽采菽，筐之筥之。君子來朝，何錫予之？雖無予之，路車乘馬。又何予之？玄衮及黼。筐音匡。筥音舉。朝音潮。予音與。衮古本切。黼音甫。○菽，大豆也。君子，諸侯也。路車，金路，象路也。玄衮，玄衣而畫以卷龍也。黼如斧形，刺之於裳也。言采菽則以筐筥盛之，君子來朝則必有以錫予之。又言今雖無以錫予之，然已有路車乘馬、玄衮及黼之賜矣。其言如此者，由其好之無已，意猶以為薄也。卷音衮。刺七亦切。盛平聲。好去聲。

觱沸檻泉，言采其芹。君子來朝，言觀其旂。其旂淠淠，鸞聲嘒嘒。載驂載駟，君子所屆。觱音必。沸音弗。檻胡覽切。芹巨斤切。朝音潮。旂巨依切。淠匹弊切。嘒呼惠切。驂七南切。○觱沸，泉出貌。檻泉，正出也。芹，水草，可食。淠淠，動貌。嘒嘒，聲也。屆，至也。言觱沸檻泉則言采其芹矣，諸侯來朝則言觀其旂。見其旂，聞其鸞聲，又見其馬，則知君子之至於是也。

赤芾在股，邪幅在下。彼交匪紓，天子所予。樂只君子，天子命之。樂只君子，福祿申之。芾音弗。幅音逼。紓音舒。予音與。樂音洛。只音止。○脛本曰股。邪幅，偪也。邪纏於足，如今行縢。交，交際。紓，緩也。言諸侯服此芾幅見於天子，恭敬齊遬

不敢紓緩，則為天子所予而申之以福祿也。紓形呂切。緩音緩。齋皆齋二音。邇音邇

汎汎楊舟，紼纚維之。樂只君子，天子葵之。樂只君子，福祿膍之。優哉游哉，亦是戾矣。汎芳劍切。紼音弗。纚力馳切。樂音洛。只音止。膍頻尸切。○紼纚皆繫也。葵，揆度也。膍，厚。戾，至也。言汎汎楊舟，則必以紼纚維之。樂只君子，則天子必葵之，福祿必膍之。又歎其優游而至此也。並采菽篇。○紓音佇。繫胡計切。度徒各切

禮記曰：大臣不可不敬也，是民之表也；邇臣不可不慎也，是民之道也。大臣不可不敬者，以其為民之儀表也。邇臣不可不慎者，以君之好惡係焉，民之所從以為道者也。緇衣。○好惡並去聲

孝經曰：昔者明王之以孝治天下也，不敢遺小國之臣，而況於公侯伯子男乎。小國之臣至卑者，王尚接之以禮，況五等之諸侯乎。傳二章

荀子曰：國將興，必貴師而重傅。貴師而重傅，則法度存。大畧篇

諫諍輔拂之人，社稷之臣也，國君之寶也，明君之所尊厚也。臣道篇。○拂讀為弼

說苑：伊尹曰：君之所以不名臣者四：諸父臣而不名，諸兄臣而不名，先王之臣臣而不名，盛德之士臣而不名。是謂大順也。臣術篇

人君欲平治天下而垂榮名者，必尊賢而下士。尊賢篇

子貢曰：貴而禮賤，則百姓戴之。善說篇

淮南子曰：遇士無禮，不可以得賢。

漢賈誼曰：自王侯三公之貴，皆天子之所改容而禮之者也。

遇之有禮，故群臣自憙。憙許里切

張猛曰：聖王之於大臣，進之以禮，退之以義。

晉武帝曰：崇敬師傅，所以尊道重教也。並通鑑綱目

宋歐陽脩曰：能以非常之禮待人，人臣亦將以非常之効報國。文集

司馬光曰：古之聖王尊禮黃髮，屬任以政者，蓋以更歷天下之事練習為治之體故也。文集。○屬珠欲切。更古衡切

胡寅曰：自古人君待遇臣下，其禮雖一，然嚴威儼恪常施於牙爪甲冑之士，以折其驕悍難使之氣；柔巽謙屈常施於林壑退藏之人，以厲其廉靖無求之節。故能駕馭人才，表正風俗。通鑑綱目。○悍侯旰切

朱子曰：大臣不親細事，以道事君，得以自盡，故官屬衆盛，足任使令，所以為勸大臣之道也。盡其誠而恤其私，則士無仰事俯育之累，而樂趨事功，故忠信重祿，所以為勸士之道也。中庸或問。○令平聲。樂音洛

明賞罰

易曰：雷電噬嗑，先王以明罰勑法。噬市制切。嗑胡臘切。○雷電相須，電明而雷威也。先王觀雷電之象，法其明與威，以明其刑罰，飭其法令。法者，明事理而為之防者也。噬嗑象傳

書皐陶曰。天命有德。五服五章哉。天討有罪。五刑五用哉。政事懋哉懋哉。陶餘招切○章顯也。五服五等之服。自九章以至一章是也。言天命有德之人。則五等之服以章顯之。天討有罪之人。則五等之刑以懲戒之。蓋爵賞刑罰。乃人君之政事。君主之。臣用之。當勉勉而不可怠者也。虞書皐陶謨

康王曰。旌別淑慝。表厥宅里。彰善癉惡。樹之風聲。弗率訓典。殊厥井疆。俾克畏慕。別必列切。慝惕德切。癉音亶○淑善。慝惡。癉病也。表異善人之居里。如後世旌表門閭之類。顯其為善者。而病其為不善者。以樹立為善者風聲。使顯於當時。而傳於後世。所謂旌淑也。其不率訓典者。則殊異其井里疆界。不得與善者雜處。使能畏為惡之禍。而慕為善之福。所謂別慝也。周書畢命○處上聲

春秋左氏傳。晉長魚矯曰。不施而殺。不可謂德。臣偪不討。不可謂刑。不施德而遽殺。臣偪君而不討。非所以懲姦究也。德刑不立。姦究並至。成公十八年

蔡歸生曰。善為國者。賞不僭。刑不濫。賞僭則懼及淫人。刑濫則懼及善人。若不幸而過。寧僭無濫。與其失善。寧其利淫。善治國家者。行賞不僭及於無德。用刑不濫及於無罪。恩賞僭差。則恐及於淫僻之人。刑罰泛濫。則恐及於善良之人。若不幸賞刑有過差之舉。寧可僭於用賞。而不可濫於用刑。與其濫刑而失於善人之用。寧其僭賞而為淫人之利也。

古之治民者。勸賞而畏刑。恤民不倦。賞以春夏。刑以秋冬。是以將賞為之加膳。加膳則飫賜。此以知其勸賞也。將刑為之不舉。不舉則徹樂。此以知其畏刑也。飫依據切○古之為國治其民者。樂於行賞。憚於用刑。愛恤其民。不敢倦怠。順春生夏長之時。以行其賞。順秋冬肅殺之時。以行其刑。將行賞也。為之致喜。加於常膳。加膳之道。則酒食之餘。賜其臣下。無不厭飫。即此喜心。可以知其樂於行賞也。將行刑也。為之致憂。不舉盛饌。不舉之道。則聲樂之類。皆不忍聞。即此憂心。可以知其畏於用刑也。並襄公二十六年○聲樂之樂如字。餘音洛

禮記王制曰。爵人於朝。與眾共之。刑人於市。與眾棄之。朝音潮○必共之者。所以審慎之也。

國語魯臧文仲曰。善有章。雖賤賞也。惡有釁。雖貴罰也。釁許刃切

荀子曰。賞不行。則賢者不可得而進也。罰不行。則不肖者不可得而退也。富國篇

德不稱位。能不稱官。賞不當功。罰不當罪。不祥莫大焉。正論篇○稱當並去聲

說苑。宋司城子罕曰。國家之危定。百姓之治亂。在君行之賞罰也。賞當則賢人勸。罰得則姦人止。賞罰不當。則賢人不勸。姦人不止。姦邪比周。欺上蔽主。以爭爵祿。不可不慎也。君道篇○當比並去聲

太公曰。賞賜不加於無功。刑罰不施於無罪。不因喜以賞。不因怒以誅。

孔子曰。有功而不賞。則善不勸。有過而不誅。則惡不懼。

劉向曰。誅賞者。所以別賢不肖。而列有功與無功也。故誅賞不可以繆。誅賞繆。則善惡亂矣。並政理篇○繆靡幼切

漢賈誼曰。慶賞以勸善。刑罰以懲惡。先王執此之政。堅如金石。行此之令。信如四時。據此之公。無私如天地。

荀悅曰。賞罰。政之柄也。人主不妄賞。非愛其財也。賞妄行則善不勸矣。不妄罰。非矜其人也。罰妄行則惡不懲矣。

杜欽曰。刑賞大信。不可不慎。（並通鑑綱目）

爰延曰。王者賞人必酬其功。爵人必甄其德。（後漢書○甄之人切）

蜀漢張裔曰。賞不遺遠。罰不阿近。爵不可以無功取。刑不可以貴勢免。（通鑑綱目）

晉羊祜曰。德未為人所服而受高爵。則使才臣不進。功未為人所歸而荷厚祿。則使勞臣不勸。（本傳○荷胡箇切）

陳壽曰。盡忠益時者雖仇必賞。犯法怠慢者雖親必罰。（諸葛亮傳贊）

唐太宗曰。自古帝王多任情喜怒。喜則濫賞無功。怒則濫殺無罪。是以天下喪亂。莫不由此。（貞觀政要○喪去聲）

防其害源。開其利本。顯罰以威之。明賞以化之。威立則惡者懼。化行則善者勸。適己而妨於道。不加祿焉。逆己而便於國。不加刑焉。故賞者不德君。功之所致也。罰者不怨上。罪之所當也。（帝範○當去聲）

魏徵曰。刑濫則小人道長。賞謬則君子道消。小人之惡不懲。君子之善不勸。而望治平刑措。非所聞也。（長上聲○謬靡幼切）

用得正人。為善者勸。誤用惡人。不善者競進。賞當其勞。無功者自退。罰當其罪。為惡者戒懼。故知賞罰不可輕行。用人彌須慎擇。（並貞觀政要○當去聲）

魏元忠曰。賞者禮之基。罰者刑之本。禮崇則謀夫竭其能。賞厚則義士輕其死。（唐書）

張蘊古曰。衆棄而後加刑。衆悅而後行賞。弱其強而治其亂。伸其屈而直其枉。（大寶箴）

陳子昂曰。勞臣不賞。不可勸功。死士不賞。不可勸勇。（唐書）

楊相如曰。法貴簡而能禁。罰貴輕而必行。（通鑑綱目）

陸贄曰。行罰先貴近而後卑遠。則令不犯。行賞先卑遠而後貴近。則功不遺。

信賞必罰。霸王之資。輕爵褻刑。衰亂之漸。信賞在功無不報。必罰在罪無不懲。非功而獲爵則爵輕。非罪而肆刑則刑褻。爵賞刑罰。國之大綱。一綱或棼。萬目皆弛。（棼敷文切）

理國化人。在於獎一善使天下之為善者勸。罰一惡使天下之為惡者懲。是以爵人必於朝。刑人必於市。惟恐衆之不覩。事之不彰。（朝音潮）

賞罰之馭衆也。猶繩墨之於曲直。權衡之揣輕重。輗軏之所以行車。銜勒之所以服馬也。(並奏議。○揣楚委切。輗研奚切。軏魚厥切)

柳宗元曰。聖人之為賞罰者非他。所以懲勸者也。賞務速而後有勸。罰務速而後有懲。(文集)

宋歐陽脩曰。治天下在明號令。正朝廷在脩紀綱。號令所行。紀綱所振。由人主有賞罰之柄也。(朝音潮)

賞罰者天子之權也。若號令不信。賞罰不當。則天下不服。(並文集。○當去聲)

司馬光曰。政之大本在於刑賞。刑賞不明。政何以成。(資治通鑑)

賞不因喜。罰不因怒。賞必有所勸。罰必有所懲。則天下何得不治。

恩雖至厚而人不敢妒者何也。衆人之所與也。罰雖至重而人無所怨者何也。衆人之所惡也。(並文集。○惡去聲)

蘇軾曰。堯舜禹湯文武成康之際。何其愛民之深。憂民之切。而待天下以君子長者之道也。有一善從而賞之。又從而咏歌之。所以樂其始而勉其終。有一不善從而罰之。又從而哀矜懲創之。所以棄其舊而開其新。(文集。○長上聲。樂音洛)

范祖禹曰。天子所以制御天下者。賞善罰惡。辨是非枉直。使人各當其所。物各安其分。而不相陵暴也。(唐鑑。○當分並去聲)

胡寅曰。古之明君不賞私勞。不罰私怨。蓋不以一身而害天下公義也。(致堂管見)

鄭寀曰。無功者受賞。則何以旌有功之士。有罪者假寵。則何以服無罪之人。

徐宗仁曰。賞罰軍國之紀綱。賞罰不明。紀綱不立。(並宋史)

心學曰。位曰天位。職曰天職。祿曰天祿。凡人君之用人而授以職位。無非天也。有德天命。有罪天討。凡人君之賞罰而當其功罪。亦無非天也。若心學不明。處事失宜。則賢否不分。有功者不用。有罪者不知。賞非其所當賞。罰非其所當罰。非所以順天道也。天道順與不順。天下治亂之所關。天命去留之所繫也。可不懼乎。(當其之當去聲。餘如字。處上聲)

慎刑

易曰。山下有火賁。君子以明庶政。無敢折獄。(山下有火。庶類皆被光明。賁飾之象也。君子觀其明照之象。以脩明其庶政。成文明之治。而無果敢折獄也。折獄者。人君之所致慎也。豈可恃其明而輕自用乎。乃聖人之用心也。蓋內離明而外艮止。故以用明為戒。本傳)

山上有火旅。君子以明慎用刑而不留獄。(火之在高。明無不照。)

君子觀明照之象，則以明慎用刑，明不可恃，故戒於
慎。謂之不留獄。蓋獄乃不得已而設，民有罪而入，豈
可留滯淹久
也。旅象傳

澤上有風，中孚。君子以議獄緩死。澤上有風，感于澤
中，故為中孚之象。
君子觀其象，以議獄與緩死。君子之於議獄，盡其忠
而已；於決死，極於惻而已。誠意常求於緩。緩，寬也。
君子無不盡其忠，此
又最大也。中孚象傳

書舜典曰：象以典刑，流宥五刑，鞭作官刑，扑作教刑，金作
贖刑。眚災肆赦，怙終賊刑。欽哉欽哉，惟刑之恤哉。宥音
又，扑普卜切，贖神蜀切，眚所景切。○象，如天之垂象
以示人。而典者，常也。示人以常刑，所謂墨、劓、剕、宮、大
辟，五刑之正也。宥，寬也。流宥五刑者，流遣之使遠去
也。鞭，木末垂革，官府之刑也。扑，夏楚二物，學校之刑
也。皆以待夫罪之輕者。金，黃金。贖，贖其罪也。肆，縱也。
眚，謂過誤。災，謂不幸。若此者，不待流宥金贖而直赦

之也。賊，殺也。怙，謂有恃。終，謂再犯。若此者，雖當宥當
贖，亦不許其宥，不聽其贖，而必刑之也。聖人立法制
刑之本末，此七言者大略盡之矣。雖其輕重取舍陽
舒陰慘之不同，然欽哉欽哉，惟刑之恤之意，則未始
不行乎其間也。劓以智切，剕符未切，[illegible]
[illegible]，夏音賈，大音泰，合音拾，怙侯古切。

舜命皋陶曰：汝作士，明于五刑，以弼五教，期于予治，刑
期于無刑，民協于中，時乃功。陶餘招切。○舜言以爾
明五刑以輔五品之教，而期我以至於治。其始雖不
免於用刑，而實所以期至於無刑之地。故民亦皆協
于中道，初無有過不及之差，則刑
果無所施矣。凡此皆汝之功也。

皋陶曰：罰弗及嗣，賞延于世，宥過無大，刑故無小，罪疑
惟輕，功疑惟重，與其殺不辜，寧失不經。辜音孤。○嗣、
世，皆謂子孫。
延，遠及也。父子罪不相及，而賞則遠延于世，其善善
長而惡惡短如此。過者，不識而誤犯也。故者，知之而
故犯也。過誤所犯，雖大必宥；不忌故犯，雖小必刑。若
罪已定矣，而於法之中有疑其可重可輕者，則從輕
以罰之；功已定矣，而於法之中有疑其可輕可重者，
則從重以賞之。辜，罪。經，常也。謂法可以殺，可以無殺，
殺之則恐陷於非辜，不殺之恐失於輕縱。二者皆非
聖人至公至平之意。而殺不辜者，尤聖人之所不忍。故
與其殺之而害彼之生，寧姑全之而自受失刑之責。
此仁愛忠厚之至，所謂好生之德也。並虞書大禹謨
○惡烏上去聲，
下如字如去聲。

武王曰：惟乃丕顯考文王，克明德慎罰。明德，務崇之之謂；慎罰，務去
之之謂。去上聲。

嗚呼！封，敬明乃罰。人有小罪，非眚，乃惟終，自作不典；
式爾，有厥罪小，乃不可不殺。乃有大罪，非終，乃惟眚
災，適爾，既道極厥辜，時乃不可殺。眚所景切，辜音孤。○式，用。適，偶也。人

有小罪，非過誤，乃其故為亂常之事，用意如此，其罪
雖小，乃不可不殺。人有大罪，非是故犯，乃其過誤出
於不幸，偶爾如此，既自稱道盡輸其情，不敢隱匿，罪
雖大，時乃不可殺。此蓋武王誥康叔以慎罰之意也。

要囚，服念五六日，至于旬時，丕蔽要囚。要去聲。○要
囚，獄辭之要者也。服念，服膺而念之。旬，十日。時，三月。為囚求生
道也。蔽，斷也。並周書康誥。○易去聲，斷都玩切。

周公曰：今文子文孫孺子王矣，其勿誤于庶獄，惟有司
之牧夫。文子文孫者，成王。武王之文子，文王之文孫
也。成王之時，法度彰，禮樂著，守成尚文，故曰
文。刑者，天下之重事，挈其重而獨舉之，使成王尤知
刑獄之可畏，必專有司牧夫之任，而不可以己誤之
也。周書立政

穆王曰：士制百姓于刑之中，以教祗德。穆穆在上，明明
在下，灼于四方，罔不惟德之勤，故乃明于刑之中，率

又于民棐彝。棐敷尾切。○舜命皐陶爲士師。制百姓于刑辟之中。所以檢其心而教以祗德也。穆穆者。和敬之容也。明明者。精白之容也。灼于四方者。穆穆明明。光輝發越而四達也。君臣之德昭明如是。故民皆觀感動蕩而不能自已也。如是而猶有未化者。故士師明于刑之中。使無過不及之差。率乂其民。輔其常性。所謂刑罰之精華也。乂魚肺切。辟毗亦切

雖畏勿畏。雖休勿休。惟敬五刑。以成三德。一人有慶。兆民賴之。其寧惟永。畏。威。古通用。威。辟之也。休。宥之也。我雖以爲辟。爾惟勿辟。我雖以爲宥。爾惟勿宥。惟敬于五刑之用。以成剛柔正直之德。則君慶于上。民賴于下。而安寧之福其永久不替矣。辟毗亦切

非佞折獄。惟良折獄。罔非在中。佞乃定切。○佞。口才也。非口才辯給之人可以折獄。惟溫良長者。視民如傷者。能折獄。而無不在中也。長上聲

朕敬于刑。有德惟刑。朕敬于刑者。畏之至也。有德惟刑者。厚之至也。言有德及於民者。惟此刑耳。右周書呂刑。○嘗觀夏桀無有仁愛。但爲殺戮。萬方百姓。被其凶害。天乃命成湯伐之。商紂無道。作威殺戮。至爲炮烙之刑。以毒病四海。武王則恭行天罰以滅之。夫桀紂之所以亡。湯武之所以興。亦曰仁與不仁而已。今穆王以耄荒之年。而於呂刑一書。哀矜惻怛之意。反覆詳盡。湯武忠厚之遺風。猶可想見也。後之用刑者。宜鑒於此。炮蒲茅切。烙歷各切。[illegible]耄莫報切。惻初力切。怛當拔切。覆[illegible]

春秋左氏傳。晉狐突曰。刑之不濫。君之明也。突吐訥切。○刑罰貴乎得中也。若用刑罰不至於濫溢。此君德之明也。

卜偃曰。周書有之。乃大明服。已則不明。而殺人以逞。不亦難乎。民不見德。而唯戮是聞。其何後之有。周書康誥言。君能大明其罰。則民服。今不明於德。而殺戮無罪以逞其欲。不亦難以安靖國家乎。民不被其仁愛。而惟聞其刑戮。何以能有其後哉。右僖公二十三年

禮記曲禮曰。八十九十曰耄。七年曰悼。悼與耄。雖有罪。不加刑焉。耄莫報切。悼杜到切。○耄。昏忘也。悼。憐愛也。謂幼者愛之。老者尊之。故不加刑。忠厚仁愛之至也。

王制曰。司寇正明刑辟。以聽獄訟。必三刺。有旨無簡不聽。附從輕。赦從重。辟毗亦切。刺七四切。○司寇。秋官卿。掌刑者也。辟。罪也。必三刺者。求民情於獄訟之中。一曰訊羣臣。二曰訊羣吏。三曰訊萬民。簡。誠也。謂有其意無其誠。不論以爲罪。附。施刑也。於是求出之。使從輕。赦從重者。雖罪可重。猶赦之也。斷都玩切。訊音信

凡制五刑。必即天論。郵罰麗於事。郵音尤。○制。斷也。即。就也。此言制五刑之用。非私己而爲之也。必即天論。則與天意合。而輕重取舍無不公矣。郵。過也。麗。附也。又言人有過。則

罰之。罰當合附於其事。不可假他以喜怒。甚言刑罰之不可輕也。斷都玩切。舍上聲

凡聽五刑之訟。必原父子之親。立君臣之義。以權之。意論輕重之序。慎測淺深之量。以別之。悉其聰明。致其忠愛以盡之。疑獄汜與衆共之。衆疑赦之。必察大小之比以成之。別必列切。汜孚梵切。○秋官小司寇以五刑聽獄訟。權。平之也。意。思念也。淺深。謂俱有罪。本心有善惡也。盡。盡其情也。小大。猶輕重。已行故事曰比。

大司寇以獄之成告於王。王命三公參聽之。三公以獄之成告於王。王三又。然後制刑。參倉含切。○司寇以獄訟之成告於王。王不敢輕用刑罰。乃命三公復與司寇共平之。三公以獄訟之成告於王。王又不敢輕。乃三又之。又。宥也。三宥其罪。然後斷之以刑。蓋唯恐刑罰之過也。宥[illegible]又切。斷都玩切

刑者侀也。侀者成也。一成而不可變。故君子盡心焉。侀音刑。○侀，形體也。刑之所以為刑，猶人之有侀也。一辭不具，不足以為刑；一體不備，不足以成人。辭之所成，則刑有所加，而不可變。故君子盡心焉。盡心者，詳審之而不敢輕用也。

周禮。司刺掌三刺、三宥、三赦之法，以贊司寇聽獄訟。壹刺曰訊群臣，再刺曰訊群吏，三刺曰訊萬民。壹宥曰不識，再宥曰過失，三宥曰遺忘。壹赦曰幼弱，再赦曰老旄，三赦曰惷愚。以此三法者求民情，斷民中，而施上服下服之罪，然後刑殺。刺，七四切。訊音信。旄，耄同。惷，陟降切。斷，都玩切。○不識，謂愚民無知者，則宥之。過失，若今過失殺人不坐死。遺忘，若間帷薄忘有在焉，而以兵刃殺之。幼弱、老耄，若今年未滿八歲、八十以上，非手殺人，他物不坐。惷愚，生而癡騃者。求民情，斷民中，凡行刑必先規識所刑之處，乃後行之。秋官。○間，去聲。癡，抽知切。騃，五駭切。識，音志。

論語。子曰：刑罰不中，則民無所措手足。中，去聲。○吳仲迂曰：刑過，則濫禍及君子。舉其害之重者言之。刑罰所及非不善之人，則民莫知趨避之路矣。將安所置其手足乎。子路篇

不教而殺謂之虐。虐，謂殘酷不仁也。堯曰篇

孟子曰：不嗜殺人者能一之。○蔡模曰：好生不嗜殺，天地生物之心也。必得天地此心，然後可為天之子，為民之父母。此萬世人牧之龜鑑也。

今夫天下之人牧，未有不嗜殺人者也。如有不嗜殺人者，則天下之民皆引領而望之矣。夫，音扶。○人牧，謂牧民之君也。領，頸也。蓋好生惡死，人心所同。故人君不嗜殺人，則天下悅而歸之。○蘇軾曰：觀孟子以來，自漢高祖及光武，及唐太宗，及我太祖皇帝，能一天下者四君，皆以不嗜殺人致之。其餘殺人愈多而天下愈亂。秦晉及隋，力能合之，而好殺不已，故或合而復分，或遂以亡國。孟子之言，豈偶然而已哉。好惡，並去聲。復，扶又切。

左右皆曰可殺，勿聽；諸大夫皆曰可殺，勿聽；國人皆曰可殺，然後察之。見可殺焉，然後殺之。故曰國人殺之也。○張子韶曰：可殺者，蓋如舜之於四凶，孔子之於少正卯，天討之施，蓋有不可已者也。曰國人殺之，言非己殺之，因國人之公心耳。梁惠王篇。○少，去聲。

家語曰：聖人之設防，貴其不犯也。制五刑而不用，所以至治也。設刑法以防閑於民，貴其不犯。民不犯，所以為極治也。五刑解

荀子曰：不教而誅，則刑繁而邪不勝。富國篇

說苑曰：刑者，非聖王之所貴也。是以聖王先德教而後刑罰。王者尚其德而希其刑。

史鰌曰：聽獄不中，死者不可生也，斷者不可屬也。故曰大理為務。鰌音秋。中，去聲。屬，之六切。○大理，理獄之職也。凡用刑不可輕，必使大理以詳察之，然後刑罰得中，所以其職為要務也。政理篇

漢文帝詔曰：令人有過，教未施而刑已加，欲改行而無繇至，朕甚憐之。夫刑至斷支體，刻肌膚，終身不息，何其痛而不德也！豈為民父母之意哉？其除肉刑。行，胡孟切。繇，由同。夫，音扶。○齊太倉令淳于意有罪當刑，其少女緹縈上書曰：妾父為吏，齊中皆稱其廉平，今坐法當刑。妾傷夫死者不可復生，刑者不可復屬，雖欲改過，其道無繇。願沒入為官婢，以贖父刑。文帝憐之，乃詔除

肉刑。是時刑罰大省。至於斷獄四百。有刑措之風。者良以此夫。少去聲。好音耗。貸。數入切。斷都玩切。

景帝詔曰。獄重事也。人有智愚。官有上下。獄疑者讞有司。有司不能決。移廷尉。讞而後不當。讞者不為失。欲令治獄者務先寬。讞語蹇切。令平聲。

章帝詔曰。往者以來。掠者多酷。鉆鑽之屬。慘苦無極。念其痛毒。怵然動心。宜及秋冬治獄。明其為禁。並通鑑綱目。鉆其廉切。鑽祖官切。怵尺律切。

張釋之曰。廷尉天下之平也。壹傾。天下用法皆為之輕重。民安所措手足。釋之為廷尉時。文帝出行中渭橋。有一人從橋下走。乘輿馬驚。捕屬廷尉。釋之奏犯蹕當罰金。上怒。釋之曰。法者天子所與天下公共也。今法如是。更重之。是法不信於民也。

且方其時。上使使誅之則已。今已下廷尉。廷尉天下之平也。壹傾。天下用法皆為之輕重。民安所措手足。惟陛下察之。文帝良久曰。廷尉當是也。其後有盜高廟玉環。得。下廷尉治。釋之奏當棄市。文帝大怒曰。人無道。乃盜先帝器。吾欲致之族。而君以法奏之。非吾所以奉宗廟意也。釋之謝曰。法如是而族之。假令愚民取長陵一抔土。何以加其法乎。文帝乃許之。○楊時曰。釋之之論犯蹕。其意善矣。然曰方其時。上使使誅之則已。是開人主妄殺人之端也。既曰法者天子所與天下公共。則犯法者天子必付之有司以法論之。安得越法而擅誅乎。乘去聲。使使上如字下去聲。令平聲。

賈山曰。節用愛民。平獄緩刑。天下莫不說喜。說音悅。

賈誼曰。秦使趙高傅胡亥而教之獄。所習者非斬劓人。則夷人之三族也。故今日即位而明日射人。忠諫者謂之誹謗。深計者謂之妖言。其視殺人若艾草菅然。豈惟胡亥之性惡哉。彼其所以道之者非其理故也。鄙諺曰。前車覆。後車誡。劓以智切。射音石。艾音刈。菅音閒。

湯武置天下於仁義禮樂。累子孫數十世。此天下所共聞也。秦王置天下於法令刑罰。禍幾及身。子孫誅絕。此天下所共見也。是非其明效大驗邪。人之言曰。聽言之道。必以其事觀之。則言者莫敢妄言。今或言禮義之不如法令。教化之不如刑罰。人主胡不引殷周秦事以觀之也。累魯猥切。幾音機。

董仲舒曰。王者欲有所為。宜求端於天。天道之大者在陰陽。陽為德。陰為刑。刑主殺而德主生。是故陽常居

大夏。而以生育長養為事。陰常居大冬。而積於空虛不用之處。以此見天之任德不任刑也。王者承天意以從事。故任德而不任刑也。長上聲。

路溫舒曰。省法制。寬刑罰。則太平之風可興於世。初孝武之世。徵發煩數。百姓貧耗。民多犯法。於是使張湯趙禹之屬條定法令。其後姦猾巧法。轉相比況。禁罔寖密。律令煩苛。宣帝在閭閻。聞知其若此。會廷尉史路溫舒上書曰。臣聞秦有十失。其一尚存。治獄之吏是也。夫獄者天下之大命也。死者不可復生。斷者不可復屬。書曰。與其殺不辜。寧失不經。今治獄吏則不然。上下相敺。以刻為明。深者獲公名。平者多後患。故治獄之吏皆欲人死。非憎人也。自安之道在人之死。是以死人之血。流離於市。被刑之徒。比肩而立。大辟之計。歲以萬數。此仁聖之所以傷也。太平之未洽。凡以此也。夫人情安則樂生。痛則思死。棰楚之下。何求而不得。故囚人不勝痛。則飾辭以示之。吏治者利其然。則

指道以明之。上奏畏却。則鍛練而周內之。蓋奏當之成。雖皐陶聽之。猶以為死有餘辜。何則。成練者衆。文致之罪明也。是以獄吏專為深刻。殘賊而亡極。媮為一切。不顧國患。此世之大賊也。故俗語曰。畫地為獄議不入。刻木為吏期不對。此皆疾吏之風。悲痛之辭也。故天下之患莫深於獄。敗法亂正。離親塞道。莫甚乎治獄之吏。此所謂一尚存者也。惟陛下除誹謗以招切言。開天下之口。廣箴諫之路。掃亡秦之失。尊文武之德。省法制。寬刑罰。則太平之風可興於世。天下幸甚。宣帝善其言。詔置廷尉平四人。每季秋後請讞。時帝常幸宣室。齋居而決事。刑獄號為平矣。頻鈋之數所角切。夫音扶。復扶又切。比毗至切。樂音洛。勝平聲。鍛都玩切。內納同。亡無同。媮偷同。塞悉則切。廷尉平之平去聲。讞語蹇切

劉向曰。教化所恃以為治也。刑法所以助治也。今廢所恃而獨立其所助。非所以致太平也。並通鑑綱目

陳寵曰。斷獄嚴明。所以威懲姦慝。姦慝既平。必宜濟之以寬。斷都玩切。慝惕德切

劉愷曰。善善及子孫。惡惡止其身。所以進人人於善也。愷可亥切。惡惡上去聲。下如字

習鑿齒曰。水至平而邪者取法。鑑至明而醜者忘怒。以其無私也。況大人君子懷柔生之心。流矜恕之德。法行於不可不用。刑加乎自犯之罪。爵之而非私。誅之而不怒。天下其有不服者乎。

王肅曰。人命至重。難生易殺。是以聖王重之。○易以豉切。魏主叡性嚴急。有犯法者。輒親召問之。言猶在口。身首已分。散騎常侍王肅諫曰。陛下臨時所刑。皆有罪之吏也。然衆庶不知。謂為倉卒。願陛下之吏。暴其罪而誅之。無使污宮掖。為遠近所疑。又曰。人命至重。難生易殺。以聖王重之。惟陛下察臣之言。務從寬恕。使刑罰當罪。無過於慘虐。則天下幸甚。叡納其言。叡于芮切。散騎去聲。卒倉沒切。暴步木切。當去聲

後趙游子遠曰。聖王用刑。惟誅元惡。不惟多殺。並通鑑綱目

唐太宗曰。死者不可復生。用法務在寬簡。復扶又切。○太宗嘗謂侍臣曰。朕以死刑至重。故令三覆奏。蓋欲思之詳熟也。而有司須臾之間。三覆已訖。又斷獄者惟據律文。雖情在可矜而不敢違法。其間豈能盡無寬乎。行刑之日皆令門下覆視。有據法當死而情可矜者。錄狀以聞。由是全活者甚衆。○太宗又嘗與侍臣論獄。魏徵曰。煬帝時嘗有盜發。捕得拷記服罪者二千餘人。悉令斬之。大理丞張元濟疑其狀。惟五人嘗為盜。餘皆平民。竟不敢執奏。上曰。此豈惟煬帝無道。其臣亦不盡忠。君臣如此。何得不亡。公等宜戒之。通鑑綱目。○令平聲。斷都玩切

長孫無忌曰。懲其未犯而防其未然。平其徽纆而存乎

博愛。長上聲。徽音揮。纆音墨。○徽纆皆索名。三股曰徽。兩股曰纆。國家制刑懲一而戒百。使之畏於未犯之先。不幸而麗於法。則寬平其徽纆。而心則主於博愛之仁也。忘作跋跋

戴冑曰。法者所以布大信於天下也。○太宗嘗以選人多詐冒資蔭。敕令不首者死。未幾有事覺者。欲殺之。大理少卿戴冑奏據法應流。上怒曰。卿欲守法而使朕失信乎。對曰。敕者出於一時之喜怒。法者國家所以布大信於天下也。陛下忿選人之多詐而欲殺之。既而知其不可。復斷之以法。此乃忍小忿而存大信也。太宗曰。卿能執法。朕復何憂。通鑑綱目。○選去聲。令平聲。首去聲。覺音教。少去聲。復扶又切。斷都玩切

宋歐陽脩曰。夫所以致刑之錯。獄之平。其要非他。在削苛刻之深文。執議論之平讞。無羅民之不逮。無縱誅以快怒。使愚民知所避。姦吏無所弄。則獄雖不赦。刑將

自乎。夫音扶。錯倉故切。讞語蹇切
刑者聖人之所以愛民之具也。其禁暴止殺之意必
本乎至仁。
國家致治之難。惟刑是恤。使民無犯。執法必平。並文集
周子曰。主刑者民之司命。任用可不慎乎。通書
司馬光曰。法制之設。貴於簡要。而失在煩苛。文集
胡寅曰。罪人不可不誅。赦令不可不守。二者將何處。必
於未赦之前。揆情法。審輕重而區別之。使預赦者無
可誅之罪。被刑者無可恕之人。則一舉而兩得矣。處上聲。別必列切

蘇軾曰。古者公族有罪。三宥然後寘刑。
夫以法毒天下者。未有不反中其身及其子孫也。並文集。○夫音扶。中去聲
朱子曰。三代得天下以仁。莫不有惻怛之愛。忠利之教。
所以不免入於刑者。亦好仁惡不仁耳。文集。○惻七感切。怛當割切。好惡並去聲
張敬夫曰。治獄所以多不得其平者。蓋有數說。吏與利
為市。固所不論。而或矜知巧以為聰明。持姑息以惠
姦慝。上則視大官之趨向而重輕其手。下則惑胥吏
之浮言而二三其心。不盡其情。而一以威怵之。不原

其初。而一以法繩之。如是而不得其平者多矣。可不
慎哉。心學。○知去聲。慝他德切。怵尺律切
心學曰。人君制刑。所以奉天討也。輕重取舍。各有攸當。
乃不易之定理。而欽恤之意。每行乎其間。無非體天
地好生之德也。五刑之用。豈淫虐以逞哉。刑期無刑
而已。舍音捨。當好並去聲
嘗觀三代以下用法之苛酷者。莫如秦隋。秦用李
斯趙高之謀。以塗炭其生民。凡偶語詩書者棄市。
以古非今者族。刑者相半於道。而死人日積於市。
隋文帝晚節用法益峻。大臣勳舊。莫能自全。凡盜

一錢一瓜者皆死。於是天下愁怨。民不保生。故秦
之二世。隋之煬帝。皆不旋踵而身亡國滅。誠由刑
殺大過。而致天人之所共怒也。漢高寬仁大度。孝
文繼以清靜恭儉。而幾致刑措。唐太宗明刑慎罰。
死囚必至三覆。宋太祖崇忠厚之治。子育元元。逮
及子孫。卒無刻薄之風。是數明君者。世祚延永。治
道可稱於後世。以其皆本於仁厚寬平而致然也。
嗚呼。刑者期于無刑而已。非欲藉是而逞威也。逞
威則不免於淫濫矣。有天下者。可不崇前聖欽恤
之意。而以秦隋為鑒乎。幾音機

理財

書禹貢曰。六府孔修。庶土交正。底慎財賦。咸則三壤。成賦中邦。六府。水火金木土穀也。孔。大也。言六府皆大修治也。土者財之所自生。謂之庶土。則非特穀土也。庶土有等。當以肥瘠高下名物交相正焉。以任土事。底。至也。因庶土所出之財而致謹其財賦之入。如周大司徒以土宜之法。辨十有二土之名物。以任土事之類。咸。皆也。則。品節之也。九州穀土。又皆品節之以上中下三等。如周大司徒辨十有二壤之名物以致稼穡之類。中邦。中國也。蓋土賦或及於四夷。而田賦則止於中國而已。故曰成賦中邦。夏書○嗇所力切

禮記王制曰。三年耕。必有一年之食。九年耕。必有三年之食。以三十年之通。雖有凶旱水溢。民無菜色。然後天子食。日舉以樂。菜色。食菜之色。民無食菜之飢色。天子乃日舉樂以食。

周禮。大府掌九貢九賦九功之貳。以受其貨賄之入。頒其貨于受藏之府。頒其賄于受用之府。賄呼罪切。○凡貨賄皆藏以給用耳。良者以給王之用。其餘以給國之用。

凡萬民之貢。以充府庫。凡式貢之餘財。以供玩好之用。凡邦國之賦用取具焉。歲終則以貨賄之入出會之。供平聲。好去聲。會古外切。○萬民之貢以充府庫。此九職之財充足也。式貢之餘財以供玩好之用者。蓋玩好非急務。不可費府庫之財。推此九式有餘。乃可以供玩好也。會。計也。餘財足供玩好。則邦之賦用莫不取具焉。故一歲之終。則以其出入之數而計之矣。天官

大司徒。頒職事十有二于邦國都鄙。使以登萬民。一曰稼穡。二曰樹蓺。三曰作材。四曰阜藩。五曰飭材。六曰通材。七曰化材。八曰斂材。九曰生材。十曰學藝。十有一曰世事。十有二曰服事。斂去聲。○稼穡。謂三農生九穀也。樹蓺。謂園圃育草木。作材。謂虞衡作山澤之材。阜藩。謂藪牧養蕃鳥獸。飭材。謂百工飭化八材。通材。謂商賈阜通貨賄。化材。謂嬪婦治絲枲。斂材。謂臣妾聚斂疏財。生材。謂閒民無常職轉移執事。學藝。謂學道藝。世事。謂以世事教能。則民不失職。服事。謂為公家服事者。地官○藪蘇后切。賈音古。嬪毗賓切。枲想里切

大學曰。生財有大道。生之者衆。食之者寡。為之者疾。用之者舒。則財恒足矣。國無遊民。則生者衆矣。朝無幸位。則食者寡矣。不奪農時。則為之疾矣。量入為出。則用之舒矣。此言足國之道。在乎務本而節用也。傳十章○朝音潮

荀子曰。足國之道。節用裕民。而善藏其餘。裕。優饒也。言富國之術。在用不過度。則人得優饒也。善藏其餘。謂雖有餘。亦不耗損而藏之也。

上得天時。下得地利。中得人和。則貨財渾渾如泉源。汸汸如河海。暴暴如丘山。渾戶本切。汸讀如滂。暴步木切。○渾渾。水流貌。言不絕也。汸汸。水之多也。暴暴。卒起之貌。言得天時地利。物多委積。高大如丘山也。富國篇○卒倉沒切

春耕夏耘。秋收冬藏。四者不失時。故五穀不絕。而百姓有餘食也。汙池淵沼川澤。謹其時禁。故魚鼈優多。而百姓有餘用也。斬伐養長不失其時。故山林不童。而百姓有餘材也。汙汪胡切。鼈必列切。長上聲。○用。謂食足之外可用貿易也。山無草曰童。王制篇

漢賈誼曰。毆民而歸之農。皆著於本。使天下各食其力。末技游食之民。轉而緣南畝。則畜積多而人樂其所矣。

（毆驅同，著直畧切，樂音洛）

谷永曰：王者以民為基，民以財為本，財竭則下畔，下畔則上亡。是以明王愛養基本，不敢窮極。（並通鑑綱目）

唐太宗曰：勸穡務農，則飢寒之患塞；遏奢禁靡，則豐厚之利興。（塞悉則切）

以一人耕而百人食，其為害也甚於秋螟。莫若禁絕浮華，勸課耕織，使人還其本，俗反其真，則競懷仁義之心，永絕貪殘之路，此務農之本也。（並帝範。○螟音冥）

陸贄曰：所費者財用，所收者民心，苟不失人，何憂乏用。（通鑑綱目。○費音廢）

地力之生物有大數，人力之成物有大限，取之有度，用之有節，則常足；取之無度，用之無節，則常不足。民者邦之本，財者民之心，其心傷則其本傷，其本傷則枝榦凋瘁而根柢蹷拔矣。（並奏議。○瘁秦醉切，柢典禮切，蹷居月切）

宋陳堯佐曰：利有本末，下有餘則上足。（言行錄）

歐陽脩曰：古之為政者，上下相移用以濟，下之用力者甚勤，上之用物者有節，民無遺力，國不過費，上愛其下，下給其上，使不相困。

古者冢宰制國用，量入以為出，一歲之物三分之一以給公上，一以給民食，一以備凶荒。（並文集）

司馬光曰：善治財者，養其所自來，而收其所有餘，故用之不竭而上下交足也。夫農工商者，財之所自來也。農盡力則田善收而穀有餘矣，工盡巧則器斯堅而用有餘矣，商賈流通則有無交而貨有餘矣。（文集。○夫音扶，賈音古）

曾鞏曰：天下之費有約於舊而浮於今者，有約於今而浮於舊者。其浮者必求其所以浮之由而杜之，其約者必本其所以約之由而從之，則歲有餘財矣。（文集。○費音廢）

范祖禹曰：夫利者百物之所生，而天地之所以養人也。專之必壅，壅則所害者多，故君子不盡利以遺民，所以

均天地之所施也。聖王寧損己以益人，不損人以益己。（通鑑綱目。○夫音扶，壅委勇切，遺施益去聲）

節儉

易曰：天地節而四時成，節以制度，不傷財，不害民。（天地有節，故能成四時；無節則失序也。聖人立制度以為節，故能不傷財害民。人欲之無窮也，苟非節以制度，則必至於傷財害民矣。節卦彖傳）

書舜曰：克儉于家。（克儉，謂薄於私養也。大禹謨。○養去聲）

伊尹曰：慎乃儉德，惟懷永圖。（言當謹儉約之德，惟懷永久之謀。商書太甲上）

春秋左氏傳魯御孫曰：儉，德之共也；侈，惡之大也。（共與恭同。○此言儉者上下共行之德，奢侈莫大之惡也。莊公二十四年）

論語子曰。奢則不孫。儉則固。與其不孫也。寧固。孫音遜。○孫順也。固陋也。奢儉俱失中。而奢之害大。述而篇

禹吾無間然矣。菲飲食而致孝乎鬼神。惡衣服而致美乎黻冕。卑宮室而盡力乎溝洫。禹吾無間然矣。間去聲。菲音匪。黻音弗。洫呼域切。○間罅隙也。謂指其罅隙而非議之也。菲薄也。致孝鬼神。謂享祀豐潔。衣服常服。黻蔽膝也。以韋為之。冕冠也。皆祭服也。溝洫田間水道。以正疆界備旱潦者也。或豐或儉。各適其宜。所以無罅隙之可議也。故再言以深美之。泰伯篇。○罅虛訝切。潦音老

說苑太公曰。後宮不荒。女謁不聽。上不媱慝。下不陰害。不幸宮室以費財。不多游觀臺池以罷民。不雕文刻鏤以逞耳目。官無腐蠹之藏。國無飢餓之民。此賢君之治國也。政理篇。○媱滛同。慝惕德切。罷疲同。雕丁聊切。鏤郎豆切。蠹都故切

孫夏曰。古之君子以儉為禮。反質篇

劉向曰。無以所好害民。無以嗜慾妨生。無以奢侈為名。無以富貴驕盈。叢談篇。○好去聲

漢賈誼曰。一夫不耕。或受之飢。一女不織。或受之寒。生之者有時。而用之者無度。則物力必屈。通鑑綱目

司馬遷曰。治國之道。富民為始。富民之要。在於節儉。史記

馬融曰。古之足民者。非能家贍而人足之。量其財用。為之制度。故嫁娶之禮。儉則婚者以時矣。喪制之禮。約則終者掩藏矣。通鑑綱目

郎顗曰。救奢必以儉約。拯薄無若敦厚。後漢書。○拯之等切

蜀楊阜曰。堯尚茅茨而萬國安其居。禹卑宮室而天下樂其業。通鑑綱目。○樂音洛

魏王朗曰。約其身以及家。儉其家以施國。魏志。○施去聲

衛覬曰。武帝之時。後宮食不過一肉。衣不用錦繡。茵褥不緣飾。器物無用漆。用能平定天下。遺福子孫。緣遺並去聲

晉傅咸曰。古者人稠地狹。而有儲蓄。由於節也。今土廣人稀。而患不足。由於奢也。欲時人崇儉。當詰其奢。奢不見詰。轉相高尚。無有窮極矣。並通鑑綱目。○轉上聲

唐太宗曰。夫聖世之君。存乎節儉。富貴廣大。守之以約。睿智聰明。守之以愚。不以身尊而驕人。不以德厚而矜物。茅茨不剪。采椽不斲。舟車不飾。衣服無文。土階不崇。大羹不和。非憎榮而惡味。乃處薄而行儉。故風淳俗朴。比屋可封。帝範。○夫音扶。椽重圓切。惡去聲。處上聲。比去聲

宣宗曰。吾欲以儉約化天下。當自親者始。通鑑綱目

柳宗元曰。夫儉則人用足而不淫。文集。○夫音扶

後唐李琪曰。古者量入以為出。計農而發兵。故雖有水旱之災。而無匱乏之憂。通鑑綱目

宋韓琦曰。自古勤儉以勸天下。必以身先之。今欲減省浮

費莫如自宮掖始。言行錄。費音廢
范純仁曰。唯儉可以助廉。明善錄
歐陽脩曰。一日之用。節之必量其所入。文集
司馬光曰。當克己節用。以趨民之急。
聖人以道德為麗。仁義為樂。故雖茅茨土階。惡衣菲
食。不恥其陋。並通鑑綱目○樂音洛
儉則寡欲。君子寡欲。則不役於物。
凡撙節用度。則宜以在上為始。今欲裁損諸費。不先
於貴者近者。則疏遠之人。安肯甘心而無怨乎。撙祖本切
一盂之飯。一尺之帛。莫不出於艱難。人主既知之。則

不肯用之於無益。散之於無功。驕侈之心。無自而生
矣。並文集
曾鞏曰。用之有節。則天下雖貧。其富易致也。易以豉切
蘇軾曰。廣取以給用。不如節用以廉取之為易也。並文集○易以豉切
張燾曰。躬行節儉。民自富足。言行錄
胡寅曰。上好儉而民財豐。節力役而民力裕。通鑑綱目○好去聲
真德秀曰。儉則心小而為慮者遠。侈則心大而為謀者
疏。大學衍義

馭夷狄

詩曰。王命南仲。往城于方。出車彭彭。旂旐央央。天子命我。
城彼朔方。赫赫南仲。玁狁于襄。玁虛檢切狁羽敏切○王。周王也。南仲。周
之大將也。方。朔方。靈夏等州之地也。彭彭。衆盛貌。交
龍為旂。此所謂左青龍也。央央。鮮明也。赫赫。威名光
顯。襄。除也。命大將城朔方而邊患除。蓋禦戎狄之道
守備為本。不以攻伐為先也。小雅出車篇○將去聲
戎車既安。如輊如軒。四牡既佶。既佶且閑。薄伐玁狁。
至于大原。文武吉甫。萬邦為憲。輊竹二切佶其乙切○大音泰○輊。車之覆
而前也。軒。車之却而後也。凡車從後視之如輊。從前
視之如軒。然後適調也。佶。壯健貌。至于太原。言逐出
之而已。不窮追也。吉甫。大將尹吉甫
也。憲。法也。小雅六月篇○將去聲
春秋楚子使椒來聘。胡安國曰。春秋立法謹嚴。而宅心忠
恕。嚴於立法。則加以黜比之夷狄。以
正君臣之義。恕以宅心。故內雖不與。而外亦不
使與夷狄等。思善悔過。向慕中國。則進之而不拒。此

慎用刑。重絶人之
意也。文公九年
漢魯恭曰。戎狄者。四方之異氣也。與鳥獸無別。是以聖王
之制。羈縻不絶而已。別必列切
晉江統曰。四夷之中。戎狄為甚。弱則畏服。彊則侵叛。是以
有道之君。待之有備。禦之有常。雖稽顙執贄。而邊城
不弛固守。彊暴為寇。而兵甲不加遠征。期令境內獲
安。疆場不侵而已。並通鑑綱目○令平聲場夷益切
唐陸贄曰。擇將吏以撫寧衆庶。脩紀律以訓齊師徒。耀德
以佐威。能邇以柔遠。禁侵掠之暴。以彰吾信。抑攻取
之議。以安戎心。彼求和。則善待之。而勿與結盟。彼為

寇則嚴備之而不務報復，此當今之所易也。（將，去聲。易，以豉切。）

賤力而貴智，惡殺而好生，輕利而重人，忍小以全大。安其居而後動，俟其時而後行，是以脩封疆，守要害，塹蹊隧，壘軍營，謹禁防，明斥堠，務農以足食，練卒以蓄威，非萬全不謀，非百剋不鬭。（並奏議。○惡、好，並去聲。）

宋歐陽脩曰：先王肇分九州，制定五服，必內諸侯而外四夷，姑務息民，弗勤遠略。其來也，調戍兵以禦之；其去也，備戰具以守之。脩利隄防，申嚴斥堠，或來獻貢，得以羈縻。蓋聖人制禦戎之常道，在乎謹邊防，守要害而已。（文集。○調，去聲。）

司馬光曰：王者臨御四夷，當叛則威之，服則懷之，使信義之明皎如日月。（傳家錄）

蠻夷戎狄，氣類雖殊，其就利避害，樂生惡死，亦與人同耳。御之得其道則附順服從，失其道則離叛侵擾，固其宜也。是以先王之政，叛則討之，服則懷之。（通鑑綱目）

○樂，音洛。惡，去聲。

范祖禹曰：柔遠能邇，治內安外，而殊俗之民向風慕義，不以利誘，不以威脅，而自至矣。（脅，虛業切）

先王內脩政事，外攘夷狄，其為之有本末，圖之有先後，是以無欲速輕舉之悔也。（並通鑑綱目）

蘇軾曰：薄其禮而致其情，不責其去而厚其來，是待夷狄之仁也。

夷狄不可以中國之治治也。譬若禽獸然，求其大治，必至於大亂。先王知其然，是故以不治治之。治之以不治者，乃所以深治之也。（並文集）

朱子曰：古先聖王所以制御夷狄之道，其本不在乎威彊而在乎德業，其任不在乎邊境而在乎朝廷，其具不在乎兵食而在乎紀綱。（文集。○朝，音潮。）

真德秀曰：古者帝王能使四夷咸賓者，其誠敬有以感之也。（大學衍義）

征伐

易曰：師，眾也；貞，正也。能以眾正，可以王矣。（王，于況切。○能以眾正，則王者之師矣。並彖傳）

師出以律，否臧凶。（否，音鄙。○律，法也。否臧，不善也。出師之道，以律則吉，不臧則凶，當謹始而守法也。並爻辭）

六五：不富以其鄰，利用侵伐，無不利。象曰：利用侵伐，征不服也。（謂以柔居尊，謙而得眾。猶有未服，則利以征之。）

上六：鳴謙，利用行師。（謂謙極有聞，人之所與，故可用行師。並謙爻象）

書禹誓師曰：濟濟有眾，咸聽朕命。蠢茲有苗，昏迷不恭，侮慢自賢，反道敗德，君子在野，小人在位，民棄不保，天

降之咎肆予以爾衆士奉辭伐罪爾尚一乃心力其
克有勳濟子禮切蠢尺尹切○濟濟和整衆盛之貌蠢蠢動也蠢蠢然無知之貌昏闇迷惑不恭者
不敬也言苗民昏迷不敬侮慢於人妄自尊大反廢
正道民怨天怒故我以爾衆士奉帝之辭罰苗之罪
爾衆士庶幾同心同力乃能
有功虞書大禹謨○衆音據
甘誓曰有扈氏威侮五行怠棄三正天用勦絶其命今
予惟恭行天之罰勦子少切○威暴殄之也侮輕忽之也三正天地人之正道怠惰棄
廢言亂常也有扈氏暴殄天物輕忽不敬虐下背上
獲罪于天天用勦絶其命今我伐之惟敬行天之罰
而已夏書○殄徒典切背音佩
胤侯曰今予以爾有衆奉將天罰爾衆士同力王室尚
弼予欽承天子威命火炎崐岡玉石俱焚天吏逸德
烈于猛火殲厥渠魁脅從罔治舊染汙俗咸與惟新
胤羊進切殲將廉切脅虛業切汙汪胡切○將行也
我以爾衆士奉行天罰爾其同力王室庶幾輔我以
敬承天子之威命也崐出玉山名岡山脊也逸過也天
大也言火炎崐岡不辨玉石之美惡而焚之苟為天
吏而有過逸之德不擇人之善惡而戮之其害有甚
於猛火不辨玉石也今我但誅首惡之魁而已脅從
之黨則罔治之舊染汙俗之人亦
皆赦而新之夏書胤征○魁音摧

仲虺之誥曰乃葛伯仇餉初征自葛東征西夷怨南征
北狄怨曰奚獨後予攸徂之民室家相慶曰徯予后
后来其蘇虺許偉切餉式亮切徯戶禮切○葛國名
伯爵也餉饋也仇餉與餉者為仇也葛伯
不祀湯使問之曰無以供粢盛也湯使亳衆往耕老
弱饋餉葛伯殺其童子湯遂征之湯征自葛始也奚
何也徯待也蘇復生也西夷北狄言遠者如此則近者
可知湯師之未加者則怨望其来曰何獨後予其所
生伐者則妻孥相慶曰待我后久矣后来我其
復生乎商書○粢音咨盛作征切復扶又切
詩曰比物四驪閑之維則維此六月既成我服我服既成
于三十里王于出征以佐天子比毗至切○比物齊其力也則法也服戎
服也三十里一舍也古者師行日三十里而即日引
道盡舍而止言其應變之速從事之敏而又不失其
常度也王命於此而出征欲其有以敵王
所愾而佐天子云耳愾去聲叶苦愛切
四牡脩廣其大有顒薄伐玁狁以奏膚公有嚴有翼
共武之服共武之服以定王國顒五容切玁虛檢切狁羽敏切共平聲○
脩長廣大也顒大貌奏為膚大公功嚴威翼敬也共
與供同服事也言將帥皆嚴敬以共武事也並六月
篇○並
去聲
王赫斯怒爰整其旅以按徂旅以篤于周祜以對于
天下按音遏祜候五切○其旅周師也按遏也徂旅
密師之往共者也篤厚祜福也對荅也此言文
王伐密之始
也共平聲
臨衝茀茀崇墉仡仡是肆是伐是絶是忽四方以無
拂茀音弗仡魚乞切○茀茀強盛貌仡仡堅壯貌肆
縱兵也忽滅也拂戾也言文王滅崇而四方無不
服也並大
雅皇矣篇
江漢湯湯武夫洸洸經營四方告成于王四方既平
王國庶定時靡有爭王心載寧湯書羊切洸音光○
洸洸武貌庶幸也
江漢之滸王命召虎式辟四方徹我疆土匪疚匪棘
王國来極于疆于理至于南海滸音虎辟毗亦切○
虎召穆公名也辟與
闢同徹井其田也疚病棘急也極中之表
也居中而為四方所取正也並江漢篇

赫赫明明，王命卿士，南仲大祖，大師皇父。整我六師，以脩我戎。既敬既戒，惠此南國。大音泰。父上聲。○卿士，即皇父之官也。南仲，周之大將也。大祖，始祖也。大師，皇父之兼官也。將去聲。

赫赫業業，有嚴天子。王舒保作，匪紹匪遊。徐方繹騷，震驚徐方。如雷如霆，徐方震驚。赫赫，顯也。業業，大也。嚴，威也。舒，徐。保，安。作，行也。紹，糾緊也。遊，遨遊也。繹，連絡也。騷，擾動也。言天子自將，不疾不徐，而徐方之人皆已震動而畏其威也。將去聲。

王猶允塞，徐方既來。徐方既同，天子之功。四方既平，徐方來庭。徐方不回，王曰還歸。塞悉則切。還音旋。○猶，道。允，信。塞，實。庭，朝。回，違。還歸，班師而歸也。並大雅常武篇。○朝音潮。

桓桓于征，狄彼東南。烝烝皇皇，不吳不揚。不告于訩，在泮獻功。吳音話。訩音凶。○狄，猶逷也。東南，謂淮夷也。烝烝皇皇，盛也。不吳不揚，肅也。不告于訩者，師旅和而不爭也。泮，泮宮也。蓋釋奠于學而告成功也。魯頌閟宮篇。

春秋左氏傳：晉士會曰：叛而伐之，服而舍之，德刑成矣。舍音捨。○伐之所以成刑，舍之所以成德。宣公十二年。

周禮：大司馬以九伐之法正邦國：馮弱犯寡則眚之，賊賢害民則伐之，暴内陵外則壇之，野荒民散則削之，負固不服則侵之，賊殺其親則正之，放弑其君則殘之，犯令陵政則杜之，外内亂鳥獸行則滅之。馮音憑。眚音所景切。行胡孟切。○古者諸侯有違王命，大司馬此兵以征伐之，所以正之也。馮，猶乘陵也。言在小而侵侮之。眚，猶入眚瘦也。謂眚瘦其地，削之使不得强大也。賊賢害民者，使兵入其境，鳴鐘鼓以聲其罪也。暴内即上云賊賢害民是也。陵外即馮弱犯寡是也。内外之惡兼有，故壇之。壇讀如同墠之墠，謂置之空墠，奪其位而立其次賢者。荒，蕪也。田不治，民不附，則削之。負固，謂倚險恃固，不服，不事大國也，則以兵侵之。正，殺之也。若殺其親，其罪尤重，故殺之也。放，逐也。殘，殺也。殘滅其為惡者。犯令者，違命也。陵政者，輕政法不循也。杜之者，杜塞使不得與鄰國交通。若悖人倫，外内無以異於禽獸，不可親百姓，則誅滅而去之也。夏官。○墠音善。塞悉則切。去上聲。

論語：子曰：善人教民七年，亦可以即戎矣。教民者，教之孝弟忠信之行，務農講武之法。即，就也。戎，兵也。民知親其上，死其長，故可以即戎。行胡孟切。長上聲。

以不教民戰，是謂棄之。以，用也。言用不教之民以戰，必有敗亡之禍，是謂棄其民也。○並子路篇。

孟子曰：征者上伐下也，征，所以正人也。諸侯有罪，則天子討而正之。征之為言正也，各欲正己也，焉用戰？焉於虔切。○民為暴虐所害，皆欲仁者來正己之國也。盡心下。

荀子曰：凡用兵攻戰之本在乎一民。弓矢不調，則羿不能以中；六馬不和，則造父不能以致遠；士民不親附，則湯武不能以必勝。故善附民者，是乃善用兵者也。故兵要在乎附民而已。中去聲。父上聲。

兵者所以禁暴除害也，非爭奪也。故仁人之兵，所存者神，所過者化，若時雨之降，莫不喜說。說音悅。

仁義之兵，行於天下也。故近者親其善，遠方慕其德，

兵不血刃。遠邇來服。德成於此。施及四極。〇並議兵篇 施音異
說苑曰。兵不可玩。玩則無威。兵不可廢。廢則召寇。
聖人之治天下也。先文德而後武功。凡武之興。為不
服也。文化不改。然後加誅。並指武篇〇為去聲
晉文公曰。能以戰勝而安者。其唯聖人乎。君道篇
漢沮授曰。夫救亂誅暴。謂之義兵。恃眾憑強。謂之驕兵。義
者無敵。驕者先滅。夫音扶
趙充國曰。帝王之兵。以全取勝。是以貴其謀而賤戰。
馮奉世曰。善用兵者。役不再興。糧不三載。故師不久暴
而天誅亟決。暴步木切

蜀諸葛亮曰。統武行師。以大信為本。蜀志
魏賈詡曰。用兵之道。先勝後戰。量敵論將。故舉無遺策。並通鑑綱目〇將去聲
陳琳曰。王者之師。有征無戰。文選
隋書曰。造化之有肅殺。義在無私。帝王之用干戈。蓋非獲
已。本紀
唐太宗曰。夫兵甲者。國之凶器也。土地雖廣。好戰則人凋。
邦國雖安。亟戰則人殆。帝範〇夫音扶 好亟並去聲
宋宋祁曰。用兵者不幸。敵之亂。而欲己之不可亂。不畏彼
之侵。而患所以來其侵也。名臣經濟奏議

歐陽脩曰。外料敵之謀。內察國之勢。知彼知此。因謀制
敵。此朝廷之計也。所謂廟筭而勝者也。朝音潮
至治之時。常不忘於武備。用兵之要。在先擇於將臣。
將去聲
夫用兵。難事也。故謀既審矣。則其發也果。故能動而
有成功也。並文集〇夫音扶
蘇洵曰。凡兵上義。不義雖利勿動。文集
蘇軾曰。善用兵者。先服其心。次屈其力。則兵易解而功
易成。易以豉切
凡戰之道。未戰養其財。將戰養其力。未戰養其氣。既

戰養其心。
聖人之兵。出於不得已。故其勝也。享安全之福。
凡舉大事。必順天心。天之所向。以之舉事必成。
王者之兵。要在於使之知愛其上。而讎其敵。使之知
上之所以驅之於戰者。凡皆以為我也。是以樂其戰
而甘其死。並文集〇為去聲 樂音洛
龐籍曰。古帝王以恩威馭將帥於內。將帥以賞罰馭士
卒於外。故軍政行而大功集。名臣經濟奏議〇將去聲
史浩曰。帝王之兵。當出萬全。宋史
趙順孫曰。征伐之道。當順民心。民心悅則天意得。孟子纂疏

父道

易曰。家人有嚴君焉。父母之謂也。家人之道。必有所尊嚴而君長者。謂父母也。雖一家之小。無尊嚴則孝敬衰。無君長則法度廢。有嚴君而後家道正。家者國之則也。家人彖傳。○長上聲

禮記內則曰。凡生子。擇於諸母與可者。必求其寬裕慈惠。溫良恭敬。慎而寡言者。使為子師。諸母衆妾也。於諸母之中擇其有是德者。使為子師而教以善道。父母養子之禮。莫先於此。

文王世子曰。知為子。然後可以為人父。知盡孝於己。必能慈以撫衆。故可為人之父也。

凡三王教世子。必以禮樂。樂所以脩內也。禮所以脩外也。禮樂交錯於中。發形於外。是故其成也懌。恭敬而溫文。立大傅少傅以養之。欲其知父子君臣之道也。大傅審父子君臣之道以示之。少傅奉世子以觀大傅之德行而審喻之。大傅在前。少傅在後。入則有保。出則有師。是以教喻而德成也。懌夷益切。大音泰。少去聲。行胡孟切。○教世子莫大於禮樂也。樂以消融其邪慝而達于外。禮以陶成其肅恭而達于中。是以內外交錯。有諸中必形諸外。其成也悅懌而有恭敬之實。德溫文之氣象矣。養。猶教也。言養者積漸成長之謂。故立大傅少傅之官以教喻之。而成其德也。示之者。謂為之行其禮。審喻者。謂為之說其義。在學時。則有大傅少傅以導之。燕居時。則有師保以輔之。故教喻而德成矣。○漢。賈誼曰。古之王者太子乃生。固舉以禮。有司齋肅端冕。見之南郊。過闕則下。過廟則趨。故自為赤子而教固以行矣。孩提有識。三公三少明孝仁禮義以道習之。逐去邪人。不使見惡行。選天下之端士有道術者。使與居處。故太子乃生而見正事。聞正言。行正道。左右前後皆正人也。夫習與正人居。不能無正。猶生長於齊。不能不齊言也。習與不正人居。不能無不正。猶生長於楚。不能不楚言也。孔子曰。少成若天性。習慣如自然。習與智長。故幼而不媿。化與心成。故中道若性。夫三代之所以長久者。以其輔翼太子有此具也。○宋。真德秀曰。三王之教世子。必以禮樂者。禮所以起人之敬心。敬心生。則慢心窒矣。樂所以感人之和心。和心生。則戾心消矣。其薰陶德性。變化氣質莫妙於此者。然樂雖脩內。由內以達外。禮雖脩外。由外而入中。二者醲醲涵暢相與無間。故其成也。但見其悅懌而已。恭敬溫文而已。惡烏路切。長上聲。齊側皆切。見之之見。形甸切。處上聲。夫音扶。長丈之長如字。窒陟栗切。醲[illegible]切。醲奴冬切。間去聲

春秋左氏傳。衛石碏曰。愛子教以義方。弗納於邪。碏七雀切。○義以方外。教以方外之義。使勿入於邪僻。此愛子之道也。隱公三年

孟子曰。古者易子而教之。易子而教。所以全父子之恩而不失其為教也。離婁篇

說苑曰。賢父之於子也。慈惠以生之。教誨以成之。通鑑綱目云。唐太宗自立太子。遇物則誨之。見其飯。則曰汝知稼穡之艱難。則常有斯飯矣。見其乘馬。則曰汝知其勞而不竭其力。則常得乘之矣。見其乘舟。則曰水所以載舟。亦所以覆舟。民猶水也。君猶舟也。見其息於木下。則曰木從繩則正。后從諫則聖。此所謂教誨之者矣。飯上聲

子年七歲以上。父為之擇明師選良友。勿使見惡。少漸之以善。使之早化。並建本篇。○為少並去聲。漸將廉切

父母正則子孫孝慈。叢談篇

唐進曰。為人父三年不問子。不可謂慈。奉使篇

隋顏之推曰。父子之嚴。不可以狎。骨肉之愛。不可以簡。簡

則慈孝不接。狎則怠慢生焉。

父母威嚴而有慈，則子女畏慎而生孝。（並戒子通錄）

宋程子曰：善養子者，當其嬰孩，鞠之使得所養，全其和氣，乃至長而性美。（程氏遺書。○長，上聲）

古人生子，能食能言而教之，小學之法，以豫為先。人之幼也，知思未有所主，便當以格言至論日陳于前，雖未曉知，且當薰聒，使盈耳充腹，久自安習，若固有之，雖以他言惑之，不能入也。（近思錄）

父子之間，大率以情勝禮，以恩奪義。惟剛立之人，能不以私愛失其正理。（性理羣書）

張敬夫曰：為人父者，當脩身以率其子弟。身脩則將有不言而威，不令而從者矣。（近思別錄）

胡宏曰：父子有法，然後人道久。（胡子知言）

家頤曰：人生至樂無如讀書，至要無如教子。（樂，音洛）

父子之間不可溺於小慈，自小律之以威，繩之以禮，則長無不肖之悔。（長，上聲）

教子有五：導其性，廣其志，養其材，鼓其氣，攻其病，廢一不可。

養子弟如養芝蘭，既積學以培植之，又積善以滋潤之。（並戒子通錄）

黃光大曰：為父而不能盡為父之道，則家無忠孝之子。（積善錄）

子道

詩曰：父兮生我，母兮鞠我，拊我畜我，長我育我，顧我復我，出入腹我。欲報之德，昊天罔極。（拊，斐古切。畜，許六切。長，上聲。○生者，本其氣也。鞠、畜，皆養也。拊，循也。育，覆育也。顧，旋視也。復，反覆也。腹，懷抱也。罔，無。極，窮也。言父母之恩如此，欲報之德，而其恩之大如天無窮，不知所以為報也。小雅蓼莪篇。○覆，敷又切，下如字）

夙興夜寐，無忝爾所生。（忝，辱也。言夙興夜寐，各求無辱於父母。小雅小宛篇）

惟桑與梓，必恭敬止。靡瞻匪父，靡依匪母。（桑梓二木，古者五畝

之宅，樹之牆下，以遺子孫，給蠶食，具器用者也。瞻者，尊而仰之。依者，親而倚之也。言桑梓父母所植，尚且必加恭敬，況父母至尊至親，宜莫不瞻仰也。小雅小弁篇。○遺，去聲。蠶，徂含切）

成王之孚，下土之式。永言孝思，孝思維則。（式、則，皆法也。言武王能成王者之信，而為四方之法者，以其長言孝思而不忘，是以其孝可為法耳）

媚茲一人，應侯順德。永言孝思，昭哉嗣服。（應，去聲。○媚，愛也。一人，謂武王。應，如丕應徯志之應。侯，維。服，事也。言天下皆愛戴武王以為天子，而所以應之維以順德，是武王能長言孝思，而明哉其嗣先王之事也。並大雅下武篇。○徯，戶禮切）

威儀孔時，君子有孝子。孝子不匱，永錫爾類。（匱，具位切。○孝子，主人之嗣子也。匱，竭。類，善也。此父兄答行葦之詩，而述尸告之辭，言祭祀之威儀既得其宜，又有孝子以舉奠，孝子之孝誠不竭，則宜永錫爾以善矣。大雅既醉篇）

禮記曲禮曰凡為人子者冬溫而夏凊昏定而晨省（省悉井切）

（○定安其床衽也省問其安否何如也）

夫為人子者出必告反必面所遊必有常所習必有業恒言不稱老（夫音扶告古祿切○告面同耳反言面者從外來宜知親之顔色安否遊必有常習必有業者緣親之意欲知之也）

孝子不服闇不登危懼辱親也（闇音暗○服事也闇冥也不以闇冥之中從事為卒有非常且嫌失禮也為去聲卒倉沒切）

樂正子春曰吾悔之自吾母而不得吾情吾惡乎用吾情（惡音烏○惡乎猶於何也檀弓）

文王世子曰文王之為世子朝於王季日三雞初鳴而衣服至於寢門外問內豎之御者曰今日安否何如內豎曰安文王乃喜及日中又至亦如之及莫又至亦如之其有不安節則內豎以告文王文王色憂行不能正履王季復膳然後亦復初食上必在視寒煖之節食下問所膳命膳宰曰末有原應曰諾然後退（朝音潮豎仁庾切莫與暮同應去聲○內豎內庭之小臣御是直日者世子朝父母惟朝夕二禮今文王日三聖人有過人之行也不安節謂有疾不能循居飲食之常時也食上進膳也在察也食下食畢而徹也問所膳問所食多寡末猶勿也原再也謂所食之餘不可再進也朝之相如字行切）

文王有疾武王不說冠帶而養文王一飯亦一飯文王再飯亦再飯（說音脫養去聲飯上聲）

內則曰父母有過下氣怡色柔聲以諫諫若不入起敬起孝（子事父母有隱無犯起猶更也）

父母怒不悅而撻之流血不敢疾怨起敬起孝

曾子曰孝子之養老也樂其心不違其志樂其耳目安其寢處以其飲食忠養之（養去聲樂音洛處上聲○樂其心諭父母於道也不違其志能養志也）

父母之所愛亦愛之父母之所敬亦敬之至於犬馬盡然而況於人乎（並內則）

孔子曰仁人之事親也如事天事天如事親（事親如事天者所以致其孝而不褻也事天如事親者所以求其格而不欲其疎也哀公問篇○褻先結）

玉藻曰父命呼唯而不諾手執業則投之食在口則吐之走而不趨親老出不易方復不過時親癠色容不盛此孝子之疏節也（唯上聲癠才詣切○唯諾皆應辭唯速而恭諾緩而慢易方則恐召己而莫知所在過時則恐失期而貽親之憂癠病也疏節謂常行疏略之禮而已應去聲）

祭義曰先王之孝也色不忘乎目聲不絕乎耳心志嗜欲不忘乎心致愛則存致慤則著著存不忘乎心夫安得不敬乎（慤乞約切夫音扶○致愛極其愛親之心也致慤極其敬親之誠也存以三者不忘親也）

孝子之有深愛者必有和氣有和氣者必有愉色有愉色者必有婉容（婉委遠切）

曾子曰。孝有三。大孝尊親。其次弗辱。其下能養。養去聲

身也者。父母之遺體也。行父母之遺體。敢不敬乎。夫孝置之而塞乎天地。溥之而橫乎四海。施諸後世而無朝夕。推而放諸東海而準。推而放諸西海而準。推而放諸南海而準。推而放諸北海而準。夫音扶。塞悉則切。溥傍午切。放甫兩切。○置者直而立之。溥者敷而散之。施言其出無窮。推言其進不已。放與放乎四海之放同。準言人以是為準也。所謂無所不通也。

孝有三。小孝用力。中孝用勞。大孝不匱。思慈愛忘勞。可謂用力矣。尊仁安義。可謂用勞矣。博施備物。可謂不匱矣。匱具位切。施去聲。○庶人思父母之慈愛而忘己躬耕之勞。可謂用力矣。此亦能養之事。小孝也。諸侯大夫士尊重於仁。安行於義。勤勞足以及物。可謂用勞矣。此弗辱之事。中孝也。匱乏也。博施謂德教加於百姓。刑於四海。備物。謂四海之內各以其職來助祭。可謂不匱矣。此天子大孝尊親之事也。養去聲

父母愛之。喜而不忘。父母惡之。懼而無怨。父母有過諫而不逆。惡去聲

孔子曰。父母全而生之。子全而歸之。可謂孝矣。不虧其體。不辱其身。可謂全矣。並祭義

善則稱親。過則稱己。則民作孝。

小人皆能養其親。君子不敬。何以辨。養去聲。○辨別也。別必列切

父母存。不敢有其身。不敢私其財。

父母存。饋獻不及車馬。並坊記

大戴禮孔子曰。身也者。親之枝也。敢不敬與。不能敬其身。是傷其親。傷其親。是傷其本。傷其本。枝從而亡。哀公問於孔子篇。與平聲

曾子曰。孝子之事親也。居易以俟命。不興險行以徼幸。曾子本孝篇。○易以豉切。行胡孟切。徼堅堯切

樂正子春曰。一舉足不敢忘父母。故道而不徑。舟而不游。不敢以先父母之遺體行殆也。一出言不敢忘父母。故惡言不出於口。忿言不及於己。然後不辱其身。不憂其親。則可謂孝矣。草木以時伐焉。禽獸以時殺焉。夫子曰。伐一木。殺一獸。不以其時。非孝也。大孝篇

單居問於曾子曰。父母之行。若中道則從。若不中道則諫。諫而不用。行之如由己。從而不諫。非孝也。諫而不從。亦非孝也。孝子之諫。達善而不敢爭辨。中去聲。○行之如由己。且俯從所行而思諫道也。不敢爭辨。必下氣怡色柔聲以諫也。

父母所憂憂之。父母所樂樂之。並曾子事父母篇。○樂音洛

孝經子曰。夫孝德之本。教之所由生。夫音扶。○人之備德。必始於孝而後仁義生焉。

身體髮膚。受之父母。不敢毀傷。孝之始也。立身行道揚名於後世。以顯父母。孝之終也。身體。言其大。髮膚。言其細。細猶當愛

之。況大者乎。立身行道。自然揚名于後世。光顯其親矣。

愛親者不敢惡於人。敬親者不敢慢於人。愛敬盡於事親。而德教加於百姓。刑於四海。蓋天子之孝也。惡去聲。○惡慢於人。人亦惡慢之。則辱將及親。君行博愛廣敬之道。使人皆不慢惡其親。則德教加被天下。為四夷所法則也。右經一章

夫孝天之經也。地之義也。民之行也。天地之經。而民是則之。則天之明。因地之義。以順天下。是以其教不肅而成。其政不嚴而治。夫音扶。行胡孟切。○經。常也。孝者天下自然之常道。民法之以為行耳。明者。推原其孝之出於人心而得於天者。蓋法天明以為常。因地利以行義。順此以施教。不待嚴肅而成理也。傳首章。○行義之行如字。

天地之性。人為貴。人之行莫大於孝。孝莫大於嚴父。嚴父莫大於配天。行胡孟切。○人為萬物之靈。孝者百行之本。配天。謂宗祀以配上帝也。傳三章

昔者明王事父孝。故事天明。事母孝。故事地察。長幼順。故上下治。長上聲。○父事天。母事地。言能敬事宗廟。則事天地能明察也。使家之長幼順。則知所以治國矣。

孝弟之至。通于神明。光于四海。無所不通。順長幼以及孝弟之心。則鬼神歆而兆民歸其德矣。右傳九章。○長上聲

論語子夏曰。事父母能竭其力。學而篇

子曰。父母唯其疾之憂。言父母愛子。唯恐其有疾病。常以為憂。人子體此。則所以守其身者不容不謹矣。為政篇

父母在。不遠遊。遊必有方。遠遊。則去親遠而為日久。定省曠而音問疎。遊必有方。欲親必知己之所在而無憂。召己則必至而無失也。省悉井切

父母之年。不可不知也。一則以喜。一則以懼。知。猶記憶也。常知父母之年。則既喜其壽。又懼其衰。而於愛日之誠。自有不能已者。並里仁篇

曾子曰。吾聞諸夫子。孟莊子之孝也。其他可能也。其不改父之臣與父之政。是難能也。孟莊子。魯大夫。名速。其父獻子有賢德。而莊子能用其臣。守其政。故其他孝行雖有可稱。而皆不若此事之為難。子張篇。○行胡孟切

中庸子曰。舜其大孝也與。德為聖人。尊為天子。富有四海之內。宗廟饗之。子孫保之。子孫。謂虞思陳胡公之屬。第十七章

武王纘大王王季文王之緒。壹戎衣而有天下。身不失天下之顯名。尊為天子。富有四海之內。宗廟饗之。子孫保之。纘祖管切。大音泰。○纘。繼也。大王。王季之父也。緒。業也。戎衣。甲冑之屬。壹戎衣。言一著戎衣以伐紂也。第十八章

武王周公。其達孝矣乎。夫孝者。善繼人之志。善述人之事者也。夫音扶。○達。通也。武王纘大王王季文王之緒以有天下。周公成文武之德以追崇其先祖。此繼志述事之大者也。

踐其位。行其禮。奏其樂。敬其所尊。愛其所親。事死如事生。事亡如事存。孝之至也。踐。猶履也。其。指先王也。所尊所親。先王之祖考子孫臣庶也。始死謂之死。既葬則曰反而亡焉。皆指先王也。此繼志述事之意也。右第十九章

孟子曰君子不以天下儉其親（送終之禮所當得為而不自盡是為天下愛惜此物而薄於吾親也公孫丑篇○為去聲）

事孰為大事親為大

孰不為事事親事之本也（事親孝則忠可移於君順可移於長身正則家齊國治而天下平長上聲）

若曾子則可謂養志也事親若曾子可也（養去聲○曾子能承順父母之志是以事親者當如曾子之養志然人子所能為者皆所當為故孟子止曰可也豈以曾子之孝為有餘哉）

不得乎親不可以為人不順乎親不可以為子（得者曲為承順以得其懽心順則有以諭之於道為人蓋泛言也為子則愈密矣並離婁篇）

大孝終身慕父母五十而慕者予於大舜見之矣（五十而慕則其終身可知矣）

孝子之至莫大乎尊親尊親之至莫大乎以天下養

為天子父尊之至也以天下養養之至也（養去聲○言瞽瞍既為天子之父則當享天下之養此舜之所以尊親養親之至也並萬章篇）

家語孔子曰立身有義矣而孝為本（立身以孝為本也六本篇）

說苑孔子曰賢子之事親發言諫辭應對不悖乎耳趣走進退容貌不悖乎目卑體賤身不悖乎心（應去聲趣與趨同）

父母怒之不作於意不見於色深受其罪使可哀憐上也父母怒之不作於意不見於色其次也父母怒之作於意見於色下也（並建本篇○見形甸切）

揚子曰父母子之天地歟無天何生無地何形（天垂象地載形父受氣母化成也孝至篇）

孝莫大於寧親寧親莫大於寧神寧神莫大於得四表之懽心（寧安也寧神者尊祖奉宗廟也）

孝子愛日（言養親之心惟日不足也並孝至篇○養去聲）

唐韓愈曰大孝莫高乎善繼（文集）

高郢曰王者之孝在於承順天地嚴配宗考恭謹德教以臨兆民俾四海之內懽心助祭（唐書）

宋歐陽脩曰守成念夫至艱孝者先乎善繼矣（晉）

凡子之事其親者盡其心焉耳心貴正正則不敢私其所私者大孝之道也（並文集）

司馬光曰天子之孝非若衆庶止於養親而已蓋將慎守前人之業而傳於無窮然後為孝也（養去聲）

保基緒傳子孫孝之實也

聖人之德無以加於孝自天子至於庶人莫不始於事親終於立身揚名於後世誠為學所宜先也

天子之孝在於得萬國之懽心以事其親（並傳家集）

胡寅曰處家庭不違乎孝則子道得矣（並見致堂管見○處上聲）

胡宏曰道非仁不立孝者仁之基也（胡子知言）

朱子曰如欲為孝則當知所以為孝之道如何而為奉養之宜如何而為溫凊之節莫不窮究而後能之（性理）

（凊[illegible]○養去聲）

呂祖謙曰愛其親者事親之孝（博議）

真德秀曰為人君以光祖宗遺後嗣為孝（大學衍義）

臣道

統言臣道

易曰包荒用馮河不遐遺朋亡得尚于中行（馮音憑○泰之九二爻辭）

（居柔在下之中而上有六五之應主乎泰得中道者也故能包容荒穢而果斷剛决不遺遐遠而不昵朋比則合乎此爻中行之道矣○泰九二爻辭○應去聲斷都玩切昵尼質切比毗至切）

書舜曰汝惟不矜天下莫與汝爭能汝惟不伐天下莫與汝爭功（此舜美禹之辭也汝指禹而言禹能不矜其能不伐其功然其功能之實自有不可掩者 虞書大禹謨）

臣哉鄰哉鄰哉臣哉（鄰左右輔弼也臣以人言鄰以職言也以人言則有尊卑之分以職言則當親我助我乃盡為臣之道故反覆歎咏以見臣職之重而不可忽也 虞書益稷○分去聲）

成王曰凡我有官君子欽乃攸司慎乃出令令出惟行弗惟反以公滅私民其允懷（凡我有官君子者合尊卑大小而同訓之也反者令出不可行而壅逆之謂言敬汝所主之職謹汝所出之令令出欲其行不欲其壅逆而不行也以天下之公理滅一己之私情則令行而民莫不敬信懷服矣）

學古入官議事以制政乃不迷（學古學前代之法也制裁度也迷錯謬也 度待洛切）

功崇惟志業廣惟勤惟克果斷乃罔後艱（斷都玩切○功者業之成也業者功之積也崇其功者存乎志廣其業者存乎勤勤由志而生志待勤而遂雖有二者當斷而不能果斷則志與勤為虛用而終蹈後艱矣 並周書周官○[illegible]）

無依勢作威無倚法以削寬而有制從容以和（從七恭切○勢我所有也法我所用也喜怒予奪毫髮不於人而於己是私意也非公理也安能不作威以削乎然寬不可一於寬必寬而有其制和不可一於和必從容以和之 周書君陳○予音與）

康王曰冏曰弗克惟既厥心罔曰民寡惟慎厥事（無謂不能而畏之惟當盡其心無謂民少而忽之惟當敬其事 周書畢命）

詩曰樂只君子民之父母樂只君子德音不已（樂音洛只音止○君子指賓客也此宴饗通用之樂所以道達主人尊賓之意此章專美其德也 小雅南山有臺篇）

申伯之德柔惠且直揉此萬邦聞于四國（揉汝又切聞去聲○申伯宣王之元舅周之大臣也揉治也尹吉甫作詩誦申伯之德如此言能脩己以治國家也 大雅崧高）

仲山甫之德柔嘉維則令儀令色小心翼翼古訓是式威儀是力天子是若明命使賦（嘉美令善儀威儀色顏色也翼翼恭敬貌古訓先王之遺典也式法力勉若順賦布也蓋備舉仲山甫之德也 大雅烝民篇）

濟濟多士克廣德心（濟子禮切○廣推而大之也德心善意也 魯頌泮水篇）

春秋十有二月祭伯來（祭側界切○胡安國曰祭伯畿內諸侯為王卿士來朝于魯直書曰

來不與其朝也。人臣義無私交。大夫非君命不越境。所以然者杜朋黨之原。為後世事君而有二心者之明戒也。隱公九年○朝音潮為如字

左氏傳晉范文子曰。仁以接事。信以守之。忠以成之。敏以行之。事雖大必濟。應事接物以仁為主。信不可易。忠無所偏。敏無不達。有此四德。必能成大事矣。成公九年○應去聲

晉郤至曰。人所以立信知勇也。信不叛君。知不害民。勇不作亂。知去聲○人立於天地間。有識信者不忍叛君。有知謀者不敢害民。有武勇者不敢作亂。成公十八年

衛北宮文子曰。臣有臣之威儀。其下畏而愛之。故能守其官職保族宜家。盡臣道。故有臣之威儀為其下者畏其威而愛之。故能保守官職。全

宗族利家室矣。襄公三十一年

齊晏平仲曰。在禮家施不及國。民不遷。農不移工。商不變。士不濫。官不滔。大夫不收公利。施去聲滔他刀切○在禮。在先王之禮也。謂大夫之家所施恩澤不得及於國人也。四民不得遷其業。農主稼穡。工治器用。賈主懋遷。士不失其職。官不滔慢。大夫不敢作福以收人心也。昭公二十六年○賈音古

禮記曲禮曰。凡為君使者。已受命。君言不宿於家。○使去聲急君使也。言謂有故所問也。

郊特牲曰。為人臣者無外交。不敢貳君也。私覿是外交也。

祭統曰。是故君子之事君也。必身行之。所不安於上。則不以使下。所惡於下。則不以事上。惡去聲○以己之心度人之心。即大

學絜矩之道。如此而後能盡其道也。度徒洛切絜胡結切

子曰。下之事上也。雖有庇民之大德。不敢有君民之心。仁之厚也。是故恭儉以求役仁。信讓以求役禮。不自尚其事。不自尊其身。儉於位而寡於欲。讓於賢。卑己而尊人。小心而畏義。求以事君。得之自是。不得自是。以聽天命。庇。覆也。役之為言為也。求以事君者。欲求其忠臣之名。言不易道以徼利祿也。覆敷救切徼堅堯切

事君難進而易退。則位有序。易進而難退。則亂也。故君子三揖而進。一辭而退。以遠亂也。易以豉切遠去聲○亂謂賢否不別也。別必列切

事君慎始而敬終。輕交易絕。君子所恥也。並表記○易以豉切

下之事上也。身不正。言不信。則義不一。行無類也。行胡孟切○類謂比式或善或否也。緇衣

孝經孔子曰。以孝事君則忠。以敬事長則順。忠順不失。以事其上。然後能保其祿位而守其祭祀。長上聲○能盡忠順以事君長。則常安祿位。永守祭祀矣。經一章

君子事上。進思盡忠。退思補過。將順其美。匡救其惡。故上下能相親也。於君則思盡忠。有過則思補益。將助也。有美則順而成之。救止也。有惡則正而救之。君臣同德。故能相親。傳十三章

論語子謂子產有君子之道四焉。其行己也恭。其事上也

敬其養民也惠，其使民也義。子產，鄭大夫公孫僑。恭謙遜也。敬謹恪也。惠愛利也。使民義，如都鄙有章，上下有服，田有封洫，廬井有伍之類。公冶長篇

子曰：所謂大臣者，以道事君。以道事君者，不從君之欲也。先進篇

苟正其身矣，於從政乎何有？不能正其身，如正人何？

行己有恥，使於四方，不辱君命，可謂士矣。使，去聲。○言為使之難，不獨貴於能言而已。子路篇

事君，敬其事而後其食。後，與後獲之後同。食，祿也。君子之仕也，有官守者脩其職，有言責者盡其忠。皆所以敬吾之事而已，不可先有求祿之心也。衛靈公篇

子夏曰：君子信而後勞其民，未信則以為厲己也；信而後諫，未信則以為謗己也。信，謂誠意惻怛而人信之也。厲，猶病也。事上使下，皆以誠意交孚而後可以有為。子張篇

孟子曰：我非堯舜之道，不敢以陳於王前。公孫丑篇

古之人脩其天爵而人爵從之。今之人脩其天爵以要人爵，既得人爵而棄其天爵，則惑之甚者也，終亦必亡而已矣。要，平聲。○脩天爵而人爵從之，蓋不求而自至也。要，求也。脩天爵以要人爵，心已惑矣；得人爵而棄天爵，則惑又甚焉，終必并其所得人爵而亡之也。告子篇

古之人得志，澤加於民；不得志，脩身見於世。窮則獨善其身，達則兼善天下。見，形甸切。○見，謂名實之顯著也。

有事君人者，事是君則為容悅者也；有安社稷臣者，以安社稷為悅者也；有天民者，達可行於天下而後行之者也；有大人者，正己而物正者也。阿徇以為容，逢迎以為悅，鄙夫之事也。大臣之計安社稷，如小人之務悅其君，眷眷而不忘也。民者，無位之稱。以其全盡天理，故謂之天民。必道可行而行之，不小用以徇人也。大人，則德盛而上下化之者也。盡心篇

家語曰：治官莫若平，臨財莫如廉。廉平之守，不可改也。平，公也。廉，請也。廉平之道，固守之不可改也。辨政篇

國語：晉趙宣子曰：吾聞事君者，比而不黨。夫周以舉義，比也；舉以其私，黨也。比，毗至切。夫，音扶。

晉箕鄭曰：信於君心，則美惡不踰；信於名，則上下不干；信於令，則時無廢功；信於事，則民從善有業。

荀子曰：君子寬而不僈，廉而不劌。劌，姑衛切。○廉，稜也。劌，利傷也。但有廉隅，不至

於利傷也。不苟篇

上則能尊君，下則能愛民，政令教化，形下如景。景，與影同。○形，制也。言施政令教化以制其下，如影之隨形，不違越也。臣道篇

說苑曰：人臣之公，治官事則不營私家，在公門則不言貨利，當公法則不阿親戚，奉公舉賢則不避仇讎，忠於事君，仁於利下，推之以恕道，行之以不黨。至公篇

虞丘子曰：奉國法而不黨，施刑戮而不骫，可謂公平。指武篇。○骫，於詭切。

趙肥義曰：貞臣也，難至而節見；忠臣也，累至而行明。眞西山讀書記。○難，去聲。行，胡孟切。

漢賈山曰。古者大臣不得與宴游使皆務其方以高其節。
則群臣莫敢不正身脩行以稱大禮。（與行編 並去聲）
賈誼曰。為人臣者皆顧行而忘利守節而仗義故可以
託不御之權可以寄六尺之孤。（並通鑑綱目 ○行胡孟切）
蓋寬饒曰。山有猛獸藜藿為之不采國有忠臣姦邪為
之不起。（通鑑綱目）
吳陸抗曰。人臣之節匪躬是徇。（吳志）
唐韓愈曰。臣者行君之令而致之民者也。
百官者承君之化者也任有小大惟其所能。
入則諫其君出則不使人知者大臣宰相之事。（並文集。）

（相去聲）
柳宗元曰。執忠與敬臣道畢矣。（文集）
柳玭曰。莅官則潔己省事而後可以言守法。（戒子通錄）
宋張詠曰。事君者廉不言貧勤不言苦忠不言己效公不
言己能。（言行錄）
范仲淹曰。士當先天下之憂而憂後天下之樂而樂。（樂音洛）
居廟堂之高則憂其民處江湖之遠則憂其君。（並宋文鑑 ○處上聲）
歐陽脩曰。所謂大臣者必能宣布上德叶和中外使人

心悅豫朝政肅清。（朝音潮）
高秩厚祿人臣所願必也處之無愧然後得以為榮。
（並文集。○處上聲）
范祖禹曰。人臣以難事責於君使其君為堯舜之君者
尊君之大也。開陳善道以禁閉其君之邪心唯恐其
君或陷于有過之地者敬君之至也。（大學衍義）
司馬光曰。凡人臣者上以事君中以利國下以養民釋
此三者非人臣也。（文集）
蘇軾曰。以義正君而無害于國可謂大臣矣。
蘇轍曰。輔君之善而補其不足此誠大臣之事。（並文集）

程子曰。一命之士苟存心於愛物於人何所不濟。
直己守道所以濟時枉道徇人徒為失己。（並近思錄）
為臣之道當使恩威一出於上衆心皆隨於君若人
心從己危疑之道也。（真西山讀書記）
胡安國曰。臣之事君猶子之事父以忠信為本。
賈昌朝曰。仕官之法清廉為最聽訟務在詳審用法必
求寬恕。（並戒子通錄 ○朝音潮）
呂居仁曰。當官之法唯有三事曰清曰慎曰勤。知此三
者則知所以持身矣。知此三者可以保祿位可以遠
恥辱可以得上之知可以得下之援矣。（童蒙訓 ○遠去聲 援音院）

胡寅曰。臣之事君。以行安民之術也。

大臣欲正君心。必先正其心。其心不正。如正君何。

臣之事君。格其非心。褊狹者宜廓以寬。猛急促者宜道以紓緩。（並通鑑綱目○論 褊與切 狹胡夾切）

胡宏曰。守身以仁。以守身之道。正其君者大臣也。（胡子知言）

張浚曰。事君者必此心純一。而後能有感格。（明善錄）

黃龜年曰。一言而盡事君之道曰忠。罪莫大於欺君。一言而盡輔政之道曰公。罪莫大於私己。（言行錄）

朱子曰。欲圖大者當謹於微。欲正人主之心術。未有不以嚴恭寅畏為先務。聲色貨利為至戒。

誠以天下之事為己任。則當自格君心之非始。欲格君心。則當自身始。

士大夫出身事主。上則使其君為堯舜之君。下則使其民為堯舜之民。

守官只要律己公廉。執事勤謹。晝夜孜孜。如臨淵谷。（並史集）

張敬夫曰。後世道學不明。論至道者。不過及於人才政事而已。孰知其本在於君心。而孰知格君之本乃在於吾身乎。（心學）

呂祖謙曰。進諫之道。使人君畏吾之言。不若使人君信吾之言。使人君信吾之言。不若使人君樂吾之言。（樂音洛）

人臣之憂。在於諫之未善。不在於君之未從。（並博議）

大抵講論治道。不當言主意難移。當思臣道未盡。不當言邪學難勝。當思正學未明。（心學）

陸子靜曰。共其職。勤其事。心乎國。心乎民。而不為身計。其得不謂之君子乎。（言行錄○共平聲）

真德秀曰。臣之事君。以恭為本。然必忠誠不二。然後可貫。（大學衍義）

劉靜春曰。人臣事君。股肱心腹。無有二事。故居中則格其非心。用賢人。行善政。在外則安邊陲。固基本。選士而進之。用心一也。（心學○陲音垂）

心學曰。人臣之心與君一。然後能事君。

人臣心明則定。心昏則亂。心定則事無不定。心亂則事無不亂。內外大小之臣。同心同德。共理機務。可不勞而天下治矣。

人臣事君如事天。人臣無一日不在上天覆燾之中。亦無一日不在人君臨御之下。此心凜然惕然。不敢有一時之不敬也。（覆敷救切 惕徒歷切）

忠

易曰：納約自牖。牖，通明處也。人心有所蔽，有所通。人臣進結於君之道，當就其明處而告之，求信則易也。坎爻辭 ○牖，以九切

王臣蹇蹇，匪躬之故。柔順中正，上應乎五，志在乎國，損軀委質，匪為我躬之故也。為君故也。蹇爻辭 ○應，去聲

論語子夏曰：事君能致其身。致，猶委也。委致其身，謂不有其身也。學而篇

子曰：臣事君以忠。事君不患其無禮，患忠之不足。八佾篇

家語曰：忠臣之諫君有五義焉：一曰譎諫，二曰戇諫，三曰降諫，四曰直諫，五曰諷諫。惟度主以行之。譎，居月切。戇，陟降切。度，達各切。○譎諫，正其事以諫其君。戇諫，無文飾也。降諫，卑降其體以諫之也。直諫，以直道而諫。諷諫，假借他事引援而諷也。度主以行，惟在審度其君意而後行之。辨政篇

忠臣不作姦以陷君。忠臣不開姦盜之端以陷害其君。曲禮子夏問篇

荀子曰：以德復君而化之，大忠也；以德調君而補之，次忠也。復，報也。以德行之事報白於君，使自化於善也。調，謂匡救其惡也。臣道篇 ○行，下孟切

說苑蘇從曰：處君之高爵，食君之厚祿，愛其死而不諫其君，則非忠臣也。處，上聲

枚乘曰：忠臣不敢迴避以直諫，故事無廢業而功流於後世也。並正諫篇

楚申鳴曰：食其食者死其事，受其祿者畢其能。立節篇

新序王子比干曰：見過則諫，不用則死，忠之至也。節士篇

莊善曰：事君者，內其祿而外其身。義勇篇

文中子曰：忠臣之事君也，盡忠補過。君失於上，則臣補於下；臣諫於下，則君從於上。此王道所以不跌也。問易篇 ○跌，徒結切

晉賈堅曰：與其屈辱而生，不若守節而死。

王濬曰：事君之道，苟利社稷，死生以之。若顧嫌避咎，此人臣不忠之利，非明主社稷之福。並通鑑綱目

唐陸贄曰：承問而對，臣之職也；罄誠無隱，臣之忠也。奏議

柳宗元曰：古者居其位思死其官。文集

宋歐陽脩曰：士不忘身不為忠，言不逆耳不為諫。

不避雷霆之威，不畏權臣之禍，此乃至忠之臣也。

人臣之能盡忠者，不敢避難言之事。並文集

司馬光曰：忠臣憂公如家，見危致命。

身為宰相，知其君之過，不以告而私語于家，非忠臣也。相，去聲

為人臣者，策名委質，有死無二。

忠臣之事君也，責其所難，則其易者不勞而正；補其所短，則其長者不勸而遂。並通鑑綱目 ○易，以豉切

若忠於國家而死，死之榮也。

報國之忠，莫如薦士；負國之罪，莫如蔽賢。

忠臣之志，莫先於疾邪。並文集

程子曰。有剪桐葉之戲。則隨事箴規。違養生之戒。則即時諫止。程氏遺書

蘇軾曰。人臣執法而不求情。盡心而不求名。出死力以捍社稷。使天下之心繫於一人。而已不與焉。文集○與去聲

岳飛曰。荷國厚恩。當以忠義報國。立功名書竹帛。死且不朽。言行錄○荷去聲

胡銓曰。臣事君猶子事父。知無不言。於君有隱則於父亦有隱也。非忠孝也。言行錄

呂祖謙曰。忘其身者事君之忠。博議

胡寅曰。忠愛其君者。必思納諸無過之地。而不計一身之安危。通鑑綱目

陳公輔曰。愛君憂國。先義後利。平居犯顏逆耳。不計一身之利害。緩急仗節死難。不顧一家之存亡。此忠也。言行錄○難去聲

陳俊卿曰。人臣以不欺爲忠。而論事必達於大體。文獻

真德秀曰。大臣以正理事君。君之所行。有不合正理者。必規之拂之。不苟從也。拂薄密切

人臣之義。以忠直爲本。並大學衍義

心學曰。君臣之間。情意相通。每事得盡誠言之。然必使善出于上。已無與焉。則爲善矣。與去聲

勤

書武王曰。越在外服。侯甸男衛邦伯。越在內服。百僚庶尹惟亞惟服宗工。越百姓里居。罔敢湎于酒。不惟不敢。亦不暇。惟助成王德顯。越尹人祗辟。湎夷辨切○在外服則有侯甸男衛諸侯與其長伯。在內服則有百僚庶尹惟亞惟服宗工。國中百姓與夫里居者。亦皆不敢沉湎于酒。不惟不敢。亦不暇。不敢者有所畏。不暇者有所勉。惟欲上以助成君德而使之昭著。下以助尹人祗辟而使之益不怠也。周書酒誥○長上聲夫音扶

成王命君陳曰。惟日孜孜。無敢逸豫。周書君陳

詩曰。亹亹申伯。王纘之事。于邑于謝。南國是式。亹無匪切纘祖管切○亹亹。勉強之貌。纘。繼也。使繼其先世之事也。邑。國都之處也。謝。在今鄧州。式。使諸侯以爲之法也。大雅崧高篇。喪上聲

既明且哲。以保其身。夙夜匪懈。以事一人。明謂明於理。哲謂察於事。保身。順理以守身也。懈。怠也。一人。天子也。大雅烝民篇

春秋左氏傳。鄭子產曰。政如農功。日夜思之。思其始而成其終。朝夕而行之。行無越思。如農之有畔。其過鮮矣。鮮上聲○政之治民。如農之治田。日以繼夜。欲興利而除害。思始而成終。朝夕勤以行之也。行無越思。不敢過於思也。爲政次序。如農之有畔際。可以寡過矣。襄公二十五年

廉

書穆王命伯冏曰。非人其吉。惟貨其吉。若時瘝厥官。瘝姑還切○言不惟其人之善。而惟以貨賄爲善。則是曠厥官。周書冏命

孟子曰。可以取。可以無取。取傷廉。先言可以者。畧見而自許之辭也。後言可以無者。深察而自疑之辭也。離婁篇

新序子罕曰。我以不貪為寶。

介子推曰。爭而得財。廉士不受也。節士篇

文中子曰。廉者常樂而無求。王道篇。○樂音洛

蜀王宗弁曰。廉者足而不憂。通鑑綱目

唐蘇瓌曰。清身檢下。無使邪隙徼開。貨流於下矣。戒子通錄。○隙乞逆切

宋歐陽脩曰。有所不足之謂廉。有所不為之謂恥。文集

真德秀曰。儉者廉之本。廉者行之先。明善錄。○行胡孟切

心學曰。為官以潔己奉公為先。不可有一毫利己之心。守得定無私欲。心下自然舒泰。

謹

書成王曰。居寵思危。罔不惟畏。弗畏入畏。居寵盛則思危。當無所不致其祗畏。苟不知祗畏。則入於可畏之中矣。周書周官

禮記子曰。君子慎以避禍。君子戒謹篤恭。皆非有為而為之也。是言亦貌人知避困辱之道耳。表記。○有為之為去聲下如字

春秋左氏傳晉周子曰。共而從君。神之所福也。共與恭同。○恭敬事君而從其命。鬼神之所所祐也。成公十八年

論語子曰。必也臨事而懼。好謀而成者也。好去聲。○懼。謂敬其事。成。謂成其謀。述而篇

荀子曰。言有召禍也。行有召辱也。君子慎其所立乎。所立。即所謂學也。勸學篇

主尊貴之則恭敬而僔。主信愛之則謹慎而嗛。僔與撙同。卑退也。嗛與慊同。不足也。言不敢自滿也。仲尼篇

謹慎利也。鬪怒害也。故君子安禮樂利。謹慎而無鬪怒。是以百舉不過也。臣道篇。○樂音洛

凡流言流說流事流謀流譽流愬。不官而衡至者。君子慎之。衡音橫去聲。○流者。無根源之謂。愬。譖也。不官。謂無主首者。衡讀為橫。橫至。橫逆而至也。致仕篇

說苑曾子曰。官怠於宦成。病加於小愈。禍生於懈惰。孝衰於妻子。察此四者。慎終如始。正諫篇

宋蘇軾曰。慎重則必成。輕發則多敗。文集

心學曰。凡事不可以易視之。事雖小。亦要用心關防處置。凡事要敬。不可有忽心。亦不可有怠心。處事要合人心。順天道。易以豉切。處去聲

聖學心法卷四

歷代君鑒

（明）朱祁鈺　敕命編撰

解題

周延良

《歷代君鑒》五十卷，明景泰帝朱祁鈺敕命編修。

本編據明景泰四年（一四五三），內務府司禮監刊本影印。刻字精緻，版本上佳，無漫漶或缺損者。卷首有明景泰帝朱祁鈺《御製〈歷代君鑒〉序》，次爲《〈歷代君鑒〉目録》，次爲正文。《序》文，四邊雙欄，半葉六行，行十一字。黑口，雙魚尾，版心槧《〈君鑒〉序》、葉數。目録，四邊雙欄，半葉十行，黑口，雙魚尾，版心槧《〈君鑒〉目録》、葉數。正文，四邊雙欄，半葉十行，行二十字，黑口，雙魚尾，版心槧《君鑒》卷次、葉數。正文有句讀。

明景泰皇帝（代宗）朱祁鈺，明宣宗第二子，宣德三年（一四二八）八月初三日，賢妃吴氏生。宣德十年（一四三五）二月初九日，册封爲郕王。明英宗正統十四年（一四四九），明英宗朱祁鎮北征蒙古瓦剌部，八月，突遭瓦剌軍圍攻，全軍潰敗，困于土默特，即被瓦剌部俘虜（史稱『土默特之變』。『土墨特』亦稱土木堡，在今河北省懷來縣東南）。明英宗北征，皇太后命郕王監國，九月，命朱祁鈺即皇帝位，翌年，改元『景泰』。朱祁鈺即位後，用于謙爲兵部尚書，擊潰瓦剌部進犯順天（北京）之軍，迫使瓦剌部首領額森放回明英宗朱祁鎮。景泰元年（一四五〇）八月，明英宗返北京，朱祁鈺懼英宗復辟，將其軟禁南宮。景泰八年（一四五七）正月十七日，明景泰帝（代宗）朱祁鈺病危，十六日，曹吉祥、石亨、徐有貞等人謀復立英宗，十七日晨，發動『奪門之變』，石亨等率武士攻入紫禁城奉天殿，明英宗朱祁鎮復辟。景泰皇帝（代宗）朱祁鈺被降爲郕王，軟禁西宮，是月十九日，薨于西宮，年僅三十。明英宗復辟後，改元『天順』（景泰八年，實即天順元年，兩個年號重疊在一年之中）。《歷代君鑒》序文是明景泰帝朱祁鈺于景泰四年八月爲之，在英宗復辟四年前。

明景泰帝朱祁鈺即位後，延續著自明太祖朱元璋重視人倫秩序建構這一治國理念，在位時間雖短，但也編修了幾種相關的書籍。《歷代君鑒》是具有代表性的纂著，猶有《方輿志》《寰宇通志》，英宗復辟，以《寰宇通志》繁複爲由，敕命重新修訂，書成，改爲《大明一統志》。

《歷代君鑒》亦作《君鑒》《歷代君鑒録》《君鑒録》，是朱祁鈺在位之際敕命儒臣修撰。明黄佐《翰林記·修書》載曰：

……景帝時，敕修《君鑒》及《寰宇通志》，成。英宗復辟，以《寰宇通志》多泛濫，敕本院儒臣約爲《一統志》。天順五年五月，《大明一統志》成，上親序之。……（據文淵閣《四庫全書》本卷十三

所記『景帝時，敕修《君鑒》』，此謂『景帝』便是明代宗朱祁鈺，《君鑒》即是《歷代君鑒》。據今可見文獻記載，參與修撰《歷代君鑒》的儒臣有：一、宣德、景泰間的林文，二、正統、景泰間的柯潜，三、正統、景泰間的吕原（亦曾預修《五倫書》），四、正統、景泰間的劉儼（亦曾預修《五倫書》），五、景泰、天順間的劉吉。

以下就可知預修《歷代君鑒》的儒臣做必要考察。

一、關于林文預修《歷代君鑒》的記載

林文，字恒簡，福建莆田人，號澹軒。進士及第，明宣宗宣德五年（一四三〇）廷試第三名，授翰林院編修。明英宗正統初，預修《宣廟實録》，書成，轉修撰。明景泰帝（代宗）景泰四年（一四五三），修《歷代君鑒》，書成。景泰七年（一四五六）修《寰宇通志》，書成，陞庶子兼侍讀。明英宗朱祁鎮復位，爲尚寶司卿兼侍讀，拜翰林院學士。明憲宗朱見深登極，褒奬陞進舊學，遷太常寺少卿兼侍讀學士，未幾，懇辭歸老，學者稱爲『林先生』，年八十七卒，贈禮部左侍郎，謚『襄敏』。有《淡軒稿》十二卷、《補遺》一卷傳世。林文在明英宗復辟之朝，深得朱祁鎮看重，明英宗天順四年（一四六〇）因年老請辭歸里。明英宗朱祁鎮諭李賢説：『林文，老成忠厚，不可令去。』[一] 仍留朝廷供職。至明憲宗朱見深即位，林文已及耄耋之年，復懇辭而得允。明李賢評其人品説：『其德性堅確而不移，氣質沉静而不躁。處心平易，操行潔修。臞然若不勝衣，而志不懾，氣不餒。』[二] 明廖道南《殿閣詞林記·太常少卿兼侍讀學士林文》載：

林文，字恒簡，福建莆田人。宣德庚戌（一四三〇）進士及第，授編修。正統初，預修《宣廟

[一] 明凌迪知《萬姓統譜》引李賢評語（見卷六十四）。

[二] 據清李清馥《閩中理學淵源考》卷五十一。

實録》，轉修撰。景泰中，遷左諭德兼侍講，預修《歷代君鑒》及《方輿志》，進左庶子。……（據文淵閣《四庫全書》本卷六）

據此可知，林文于正統初年預修《宣宗實録》，由『編修』官轉爲『修撰』官，景泰年間，遷職『左諭德兼侍講』，在這一期間，預修《歷代君鑒》，至景泰四年，書成。另，林文猶參與修訂《大明一統志》，爲副總裁。明黄佐、廖道南[二]《殿閣詞林·總裁》載：『……《大明一統志》總裁爲吏部尚書兼學士李賢、太常寺少卿兼學士彭時、學士吕原，副總裁爲學士林文、劉定之、侍讀學士錢溥，……』[三] 明凌迪知《萬姓統譜》、清李清馥《閩中理學淵源考》等文獻都有關于林文生平行狀和預修《歷代君鑒》的記載。

二、關于柯潛預修《歷代君鑒》的記載

柯潛，字孟時，别號竹喦，福建莆田人。明英宗朱祁鎮正統十三年（一四四八）會試，中乙榜，辭不就。景泰帝景泰二年（一四五一），再至禮部試，中甲榜，廷對，賜狀元及第，數日後，授翰林修撰。

[二]《四庫全書總目〈殿閣詞林〉提要》謂：『……自卷九以下，標題皆作國子監祭酒黄佐、侍講學士廖道南同編，蓋道南采掇黄佐《翰林記》之文，不没所自，猶有前輩篤實之遺……』（文淵閣《四庫全書總目提要》）

[三] 據文淵閣《四庫全書》本卷十七。

景泰二年，預修《歷代君鑒》，景泰四年書成，甚得皇帝賞賜。景泰五年（一四五四）二月，禮部會試，爲考試官。同年五月，預修《寰宇通志》，三載滿秩，授『敕命進階承德郎』，推封父母雙親及妻室戴氏、繼室俞氏。景泰七年（一四五六）五月，《寰宇通志》書成，陞司經局洗馬，仍兼修撰。朱見深（明憲宗）即位，預修《英宗實録》。明憲宗成化四年（一四六八），丁父憂，六年正月，丁母憂，連遭父母喪，詔起，爲祭酒，固辭，許之，未幾，卒。清李清馥《閩中理學淵源考·少詹事柯竹嵒先生潛》載：

柯潛，字孟時，號竹巖（嵒），莆田人。弱冠，領正統鄉薦，當赴春試，未忍離親，隨師入蓮峰僧舍，講讀不輟。景泰二年，廷對第一，授翰林修撰，益自淬勵，學行日以進。明年，陞右春坊右中允兼修撰，預修《歷代君鑒》《寰宇通志》，既成，陞司經局洗馬，仍兼修撰。英廟復辟，授尚寶少卿兼職如故。憲廟嗣位，以隨侍恩陞翰林院學士，奉旨教習庶吉士李東陽等一十八人纂修《英宗實録》。成化改元，再奉旨教習庶吉士林瀚等二十四人，命掌翰林院印。三年，《實録》成，陞詹事府少詹事兼翰林院學士。四年，命日侍經筵講讀，未幾，丁父憂，逾年，復丁母憂。詔起，復爲祭酒，疏乞終制，服闋，卒于家。……（據文淵閣《四庫全書》本卷五十）

柯潛爲人高潔，莅事清素。明廖道南《殿閣詞林記·少詹事兼學士柯潛》載其人品曰：

……潛爲人高介有氣節，遇事不苟，故今詞林諸士尚呼爲『柯竹嵒（嵒）』云。楊文懿公《叙挽集》曰：『孟時，姿儀德器，才識文學，夐出人表。且秉史筆，典文衡，視院篆，侍講幄，茂著勞，望士方仰之若山岳，民具望之作霖雨，天胡奪之速耶！』廖道南曰：『予游翰林，見有亭一區，曰

「柯亭」有柏二株，曰「柯學士柏」，何其流風遺澤，令人永矢勿諼也！蓋其孤介之節、剛正之氣，所漸被者遠矣。』……（據文淵閣《四庫全書》本卷六）

據上文獻記載，柯潛在明景泰、成化間是翰林院儒臣中的重臣，不僅學問淹博，人品亦屬一流，且在當時，頗負詞林宿望，流風餘韵，延及清代而不衰，有《竹巖詩集》（一卷）、《文集》（一卷）、《補遺》（一卷）傳世。《明一統志》《翰林記》《大清一統志》《明史》等文獻均有其事迹載文。

三、關于吕原預修《歷代君鑒》的記載（亦曾預修《五倫書》）

吕原曾參與《五倫書》編修等與其生平、仕履見《〈五倫書〉解題》，此不贅復。關于預修《歷代君鑒》的記載，明代就有很多文獻及之，此録明代的李賢撰吕原碑文有關于《歷代君鑒》文字，明李賢《翰林學士文懿吕公神道碑銘》載曰：

……癸亥[一]，與修《五倫書》。丁卯[二]，朝廷思用奇才，乃簡狀元劉儼等十人進學東閣，入侍經筵，公居其一。景泰初，遣祭蜀王，往還萬里間，凡有饋送，一毫不取。未幾，充經筵講官。辛未，

[一]『癸亥』爲明英宗正統八年即公元一四四三年。

[二]『丁卯』即正統十二年。

進侍講。壬申[一]夏，以右春坊右中允兼侍講。秋九月，進侍講學士，仍兼中允。癸酉，與修《歷代君鑒》，……（據（據文淵閣《四庫全書》本，明徐紘編《明名臣琬琰續録》卷八）

吕原除了在明英宗正統八年（一四四三）預修《五倫書》，據此載，在景泰帝景泰四年即癸酉（一四五三）預修《歷代君鑒》——其實是年，《歷代君鑒》已在完稿刊版之際。

四、關于劉儼預修《歷代君鑒》的記載（亦曾預修《五倫書》）

劉儼曾參與《五倫書》編修，其生平、仕履見《〈五倫書〉解題》，此不贅復。關于預修《歷代君鑒》的記載，明代亦有很多文獻及之，此録明廖道南《殿閣詞林·太常少卿兼侍讀學士劉儼》載文有涉于《歷代君鑒》者，其文曰：

劉儼，字宣化，江西吉水人。正統壬戌進士第一，授修撰，秩滿，轉侍講。未幾，進右春坊大學士兼侍講，預修《歷代君鑒》及《寰宇通志》，成，遷太常少卿兼侍讀學士。……（據文淵閣《四庫全書》本卷六）

又，明李賢《太常少卿文介劉公墓碑銘》載曰：

[一]『壬申』即景泰帝景泰三年（一四五二）。

……（正統）八年，與修《五倫書》，獲賞賚。十一年，充經筵講官，賜敕命。景泰初，進侍講階承直郎，（景泰）三年，遷右春坊大學士兼舊職階奉議大夫。（景泰）四年，與修《君鑒》書，有白金文綺之賚。……（據（據文淵閣《四庫全書》本明徐紘編《明名臣琬琰續録》卷八）

清尹繼善、謝旻等修纂《（雍正）江西通志·人物·吉安府·明》載：

劉儼，字宣化，吉水人。正統七年，進士第一，授修撰，……儼立朝正直，居鄉亦有惠澤。在翰林時，奉旨修《五倫書》《歷代君鑒》《宋元通鑒綱目》，自著有《文介集》（《列卿録》）。（據文淵閣《四庫全書》卷七十八）

又，清和珅等奉敕撰《大清一統志·吉安府二·人物·明》：

劉儼，字宣化，吉水人。正統七年，進士第一，授修撰，歷太常少卿兼侍讀。主順天鄉試，黜閣臣陳循、王文之子，幾得危禍。天順初，改翰林，掌院事。卒，贈禮部左侍郎，謚『文介』。儼有文學，立朝正直，居鄉有惠澤。嘗預修《五倫書》《歷代君鑒》，總裁《寰宇通志》《宋元通鑒綱目》。（據文淵閣《四庫全書》卷二百五十）

李賢所記，劉儼與吕原預修《歷代君鑒》都在明景泰帝的景泰四年，其實，此際《歷代君鑒》已在刊版，是按刊版之年述之。

五、關于劉吉預修《歷代君鑒》的記載

劉吉的主要活動是在景泰、天順間。劉吉，字祐之，號約庵，直隸博野縣人（今河北博野）。明英宗正統十三年（一四四八）進士，爲翰林院庶吉士，授編修，明憲宗成化十一年（一四七五）入内閣，進禮部尚書。成化二十三年十月至明孝宗弘治五年八月（一四八七年——一四九二），爲閣臣首輔。明景泰帝景泰元年，充經筵官，陞修撰。成化改元，陞侍讀學士兼經筵講官。明孝宗弘治五年（一四九二），乞致仕，許之。逾年，卒，贈太師，謚『文穆』。預修《君鑒》《寰宇通志》《大明一統志》《英宗實録》等。明徐溥撰《劉公神道碑銘》載：

（公）諱吉，字祐之，號約庵。幼即沉厚有大志，動履异常，爲大父所愛，曰：『异日大吾門閭者，必此子也。』稍長，讀書，從江右劉御史克彦學。穎敏勤勵，甚見稱許。正統丁卯（正統十二年），登順天府鄉試。戊辰（正統十三年），第進士，選入翰林，爲庶吉士，尋授編修。景泰庚午（景泰元年），充經筵官，預修《君鑒》，再修《寰宇通志》，成，陞修撰。天順丁丑（天順元年），英宗復位，命祀漢文帝、唐太宗諸陵。己卯（天順三年），預修《大明一統志》。庚辰（天順四年），鄭世子及涇陽王以事召，至，命侍講讀，朝廷知公可用，時，憲宗爲皇太子，因命侍講讀于青宫。癸未（天順七年），丁内艱，未幾，修《英宗實録》，起復至以公舊宫僚進侍讀。成化丁亥（成化三

年），《實録》成，陞侍讀學士，仍充經筵官，日侍講讀，賜金带等物，人以爲榮。……（據文淵閣《四庫全書》本明徐溥撰《謙齋文録·碑銘》卷四）

徐溥此記悉皆恭維、褒揚之詞，其實，劉吉爲人險惡陰騺，在朝爲官，取悦皇帝是專擅，勾連宦竪是用意。同朝官張昇彈劾劉吉説：『李林甫之蜜口劍腹，賈似道之牢籠言路，吉實合而爲一。』（清谷應泰編《明史紀事本末》卷四十二）李林甫是唐玄宗朝的奸佞之輩，賈似道是南宋朝諂諛之臣，悉屬遺臭後世之人，張昇認爲劉吉之惡壞，集結李林甫、賈似道而爲一體。明俞汝楫編《禮部志稿·列傳·侍郎劉吉》評其人説：

劉吉，字祐之，直隸博野縣人。……吉，性沈毅，喜怒不形于色。遇事能斷，在内閣最久。上始即位，尤委任之，恩遇最盛。凡綱紀政事，進退人才，言率見聽，隱然有内相之重。然所與厚善者，多讒諂面諛之人，致不能自聞其過。廷臣有不悦者，輒使言官劾去之，故議者謂其乏休休有容之量，而其後聖眷亦漸衰云。（據文淵閣《四庫全書》本卷五十六）

劉吉爲高官，除了諂媚皇帝以專寵，幾無所正事，設有所事，既陷害能臣廉官爲務，清傅恒、尹繼善、劉統勲等編《御批歷代通鑒輯覽·明·憲宗皇帝》載曰：

憲宗末，有『紙糊三閣老，泥塑六尚書』之謡。以吉與萬安、劉珝同在内閣，尹旻、殷謙、周洪謨、張鵬、張鎣、劉昭等長六部，于君德闕失，政事污濁，俱無一語，故以此譏之。及吉爲首輔，言者攻之不已，而吉自如，人因呼爲『劉棉花』，以其耐彈也。吉疑其言出下第舉子，因請舉人三試不第者，不得復會試。時，適當會試期，舉子已群集都下，禮部爲請詔，姑許入試，後如令，已而吉罷令，亦不行。吉，歸逾年，卒。（據文淵閣《四庫全書》本卷一百六）

明憲宗是一代荒淫無度之君，久不上朝理政，佞人擅權，循吏無用，據上引文可見一斑。劉吉其人如此，却也榮顯一世。

《歷代君鑒》是一部有影響的書，在明代景泰帝朝頒行之後，就有閣臣李賢做簡縮本，簡縮本的書名爲《鑒古録》，明成化、弘治間的朝官程敏政專紀李賢生平行狀之文有涉此事，程敏政《篁墩文集·行狀》載曰：

……甲戌（景泰五年），（李賢）轉吏部右侍郎，詔頒《君鑒録》于群臣。公擇其中『善可爲法』者二十二君，又詮其最切者數事，曰《鑒古録》上之，蓋深有意。……（據文淵閣《四庫全書》本卷四十）

李賢，字原德，鄧州人（今河南），明宣宗宣德八年（一四三三）進士。仕宣德、成化間，歷官驗封主事遷文選郎中、兵部右侍郎，英宗復辟，授吏部尚書兼翰林學士，入值内閣。憲宗即位，進少保華蓋殿大學士，知經筵事。卒，年五十九，贈太師，謚『文達』。有《古穰集》（三十卷）傳世。《四庫全書總目·〈古穰集〉提要》評李賢曰：『……賢爲英宗所倚任，自二楊以來，得君未有其比。雖亦頗有所輔助，而抑葉盛，排岳正，擯張寧，不救羅倫，諸事頗爲史所譏。議其相業，蓋在醇疵之間。文章非所注意

談藝者，亦復罕稱，然其時去明初未遠，流風餘韵，尚有典型。故詩文亦皆質實嫻雅，無矯揉造作之習。……』[一]

李賢扈明英宗北征，大多從官死難，李賢瀕死而逃生，甚得景泰帝賞識，亦明英宗朝的重臣。明憲宗朝作爲首輔在内閣參預國政，在景泰帝《歷代君鑒》詔頒之後，李賢從此書的『善可爲法』中選擇了『二十二』位君主的善治，做必要的詮釋，上達皇帝，其深意所在，無非警示皇帝與民爲善，做一位賢君。李賢在明宣宗到明憲宗之間爲官，雖然做過『事不當爲』之事，但可界定爲『循吏』，也可勉爲『能臣』，爲國爲民都做了很多有益的事，明清時期的文獻多有記載。《歷代君鑒》的體例，要在兩大分列：其一是《善可爲法》，其二是《惡可爲戒》。李賢按照《善可爲法》中的内容有所擇取，編爲一帙，意在皇帝閲讀方便，其良苦用心，亦見斑豹。

《歷代君鑒》，明代以來，論影響，其庶幾也。清乾隆皇帝閲讀是書，作詩以發感慨，乾隆皇帝《讀〈君鑒録〉》有説曰：

> 此鑒堪稱鑒，君難果是難。欲明興替故，不厭再三看。克己須存敬，居心莫自寬。孜孜勤恤意，非博萬民歡。（據文淵閣《四庫全書》本《御製詩初集》卷十）

明英宗朱祁鎮復辟以後，是書罹封固，但未遭毁弃，故得以傳世，清于敏中等編《欽定天禄琳琅書

[一] 據文淵閣《四庫全書·集部》。

目》著録此書有評曰：『蓋自英宗復辟之後，代宗御製之書，中外已鮮流傳，且有明一代，獨無代宗《實録》……』乾隆皇帝閲讀此書，多發感慨，對此書鑒戒君主，不失爲正。

《歷代君鑒》刊于明景泰四年，是内務府司禮監刊本，乾隆皇帝閲讀的《君鑒》即此本，于敏中等編《欽定天禄琳琅書目·明版·史部》著録：

《歷代君鑒》一函五册。

明代宗御撰，五十卷，前代宗序。是書，編輯漢唐以來，諸君嘉言善行，揭曰『善可爲法』，其『惡可爲戒』者，則附之末。考《明史·藝文志》，惟載宣宗御製《歷代臣鑒》三十七卷，而不及代宗此書。蓋自英宗復辟之後，代宗御製之書，中外已鮮流傳，且有明一代，獨無代宗《實録》，僅以事迹附見《英宗實録》中，故史家遂無從紀載耳。此本，墨香，紙質完好如新，正不得不以少見珍矣。明内府藏本有『廣運之寶』。

廣運之寶

朱文　序　卷一　卷六　卷十三　卷十九

卷二十五　卷二十九　卷三十一　卷三十三　卷三十六　卷四十四

（據文淵閣《四庫全書》本卷八）

《欽定天禄琳琅書目》著録的《歷代君鑒》與今見本悉同。『廣運之寶』朱色陽文鈐于景泰帝序文留款處，卷一首頁、卷六首頁、卷十三首頁、卷十九首頁、卷二十五、卷二十九、卷三十一、卷三十三、卷三十六、卷四十四首頁亦鈐此印，與清乾隆皇帝昭仁殿所藏此書蓋同一版本。

前已有説，是書大類釐之爲二：《善可爲法》、《惡可爲戒》。《善可爲法》選『三皇五帝』以至于明宣宗，可爲治國善政，取法實施者，凡三十五卷；《惡可爲戒》選三代的『夏、商、周』以至于『元順帝』，例在惡政可爲鑒戒者，僅十五卷。

是書大率博采經傳史籍百家之書以類相從，斷章取義爲之條例，以此爲帝王臨政治國的參考。景泰皇帝朱祁鈺在序文中説：

……堯舜人倫之至，所以爲法于帝王者，固萬世無以加；祖宗典章之備，所以垂憲于子孫者，亦萬世莫能外。是以，博而求之于不一之善，則凡帝王一言一行有可師者，不可以約而或廢；約而會之于至一之理，則凡祖宗一政一令無可議者，不可以博而或遺。所謂「不愆不忘，率由舊章。」〔一〕帝王之要道也。朕自臨御經筵以來，景仰堯、舜以前下至三代聖神，暨我祖宗謨訓，拳拳服膺而弗忘矣。然又以爲主善爲師，雖一善不可弃。乃采漢唐以來諸君嘉言善行，并編輯之，揭曰「善可爲法」。其前後凡言行有可以警省者則附于末，揭曰「惡可爲戒」，通五十卷，名曰《歷代君鑒》。固將朝夕觀覽以資勸懲而亦以垂鑒于來世，且頒示廷臣，使因是而知勉輔之方。……（見本編第一頁）

上引明景泰帝序文之論，大抵概括了述作《歷代君鑒》的主導思想。質言之，《歷代君鑒》之作是爲了藉助于文獻中記載的帝王治國之術『善可爲法』，『惡可爲戒』以教習、警示君主，同時也可以督廷臣

〔一〕案，此文是《詩經・大雅・假樂》第二章之句，此章文：『干禄百福，子孫千億。穆穆皇皇，宜君宜王。不愆不忘，率由舊章。』

知道怎樣輔助君主。

是書的『三皇五帝』之後，至『三代』即夏、商、周，所選録某帝生平行狀之下，時録後世對某帝王的研究性論説，如卷三中《啓》：

啓，禹之子。初，禹以天下授益。禹崩，三年之喪畢，益讓于啓而避居箕山之陽。啓賢能敬，承繼禹之道，天下屬意焉。……（據本編卷三）

這是節選的《歷代君鑒》第三卷關于夏啓行狀文字，就此則文獻可知，《歷代君鑒》是本歷史中某君主的史料重新整理編寫出來的，編寫的内容與史實不盡相同——或者説，這類文獻并非考實，而是取用與編修者觀點相一致的文獻做簡要的編寫，編者亦非全據原始資料立論。另，在編寫的某君王本傳之後，或引前此某學者的論説之詞，作『某某論曰』，此《啓》本傳即節録宋代胡宏《皇王大紀·三王紀·啓》之論，其文曰：

元載甲申二載。

啓既除喪，伯益歸政，就國于箕山之陰，生二子，一曰大廉，實鳥俗氏；二曰若木，實費氏。有扈氏不用命，啓滅之，享諸侯于鈞臺，作《九辨》《九歌》之樂。《夏書·甘誓》，啓與有扈戰于甘之野，作《甘誓》。『甘誓』，大戰于甘，乃召六卿，王曰：『嗟，六事之人，予誓告汝，有扈氏威侮五行，怠弃三正，天用絶其命。今予惟恭行天之罰，左不攻于左。汝不恭命，右不攻于右。汝不恭命，御非其馬之正。汝不恭命，用命賞于祖。弗用命，戮于社，予則孥戮汝。』

以上引文，見于宋代胡宏的《皇王大紀》，《歷代君鑒》未引，只是引述了《皇王大紀》胡宏的論説之詞，其下便是胡宏之論：

論曰：理得而無阿私，是謂天意，故可殺而不殺，猶可赦而不赦也。一容私説于其間，則非天意矣。罰弗及嗣者，堯、舜常典，其所以興也；罪人以族者，紂之虐政，其所以亡也。若夏啓『甘之戰』，成湯『鳴條之師』稱孥戮者，此用兵誓衆，使人致死之法，不可以常典論虐政比也。古者用兵，皆出于必不得已，自非以至順伐至逆，至仁伐至不仁，則不舉也。驅人而致之死地，苟非示以重法，有逾于死，或致敗績，使逆者肆行，不仁者得志于天下，其殘害生民，豈有窮極？故聖人權輕重，不得已而有孥戮之誓也。設有不用命者，則必施之，豈空言哉？後世儒者不復知兵，當天下大難，放弃軍律，使逆賊肆行，殺人盈天下，而莫之禁也，非天意矣。（均據文淵閣《四庫全書》卷五）

胡宏的論説之詞，爲《歷代君鑒》節録引，前有『理得而無阿私，是謂天意，故可殺而不殺，猶可赦而不赦也。一容私説于其間，則非天意矣。罰弗及嗣者，堯、舜常典，其所以興也；罪人以族者，紂之虐政，其所以亡也。若夏啓『甘之戰』，成湯『鳴條之師』稱孥戮者，此用兵誓衆，使人致死之法，不可以常典論虐政比也。』——這一段文字《歷代君鑒》此條略去，文字之序亦稍有不同，『夏啓「甘之戰」』，成湯「鳴條之師」』，原在前省略未引的句段中，《歷代君鑒》移置于『豈有窮極』和『權輕重』之間。另外，個别文字也有差异：『苟非示以重法』，《歷代君鑒》引爲『苟非刑以重罰』——『示』作

『刑』，『法』作『罰』。

此類文例甚多，恕不煩引贅述。

《歷代君鑒》標示以上引述歷史文獻，大約是在强調聖明之君不施株連之刑，只有暴虐之主若商紂，方行誅滅族人之法。事實上，明代的君主并未禁絶罪罰中的『族滅』，相反，明代『滅九族』之罰常見。

第二類《惡可爲戒》遴選歷史上的無能之君或者暴虐之君事例予以編寫成文，是爲本傳。編寫的本傳之後，偶亦擇取前代對此君的評論，如《歷代君鑒·惡可爲戒·成帝》用近一千二百字篇幅述其生平行狀，文後選史家之論曰：

史臣班彪論曰：成帝善修容儀，臨朝淵嘿，尊嚴若神，可謂穆穆天子之容矣。然湛于酒色，政在外家，建始以來，主氏始執國命，哀、平短祚，莽遂篡位，蓋其威福所由來者漸矣。（據本編卷三十八）

《歷代君鑒》引述的這一段文字見于《漢書·成帝本紀》文後的所謂『贊曰』，『贊曰』實即史家的評論之詞。《漢書·成帝本紀》文後的『贊曰』也是經編寫《君鑒》的編者做了删改，《漢書·成帝本紀》『贊曰』的全文是：

贊曰：臣之姑，充後宫爲婕妤【晋灼曰：班彪之姑也。】[一]，父子昆弟，侍帷幄，數爲臣言，成帝

[一]【】内文字是唐顔師古注《漢書》引晋灼之言。《君鑒》所謂『史臣班彪論曰』云者，蓋據此也。

善修容儀，升車正立，不內顧，不疾言，不親指。臨朝淵嘿，尊嚴若神，可謂穆穆天子之容者矣。博覽古今，容受直辭，公卿稱職，奏議可述。遭世承平，上下和睦。然湛于酒色，趙氏亂内，外家擅朝，言之可爲于邑。建始以來，王氏始執國命。哀、平短祚，莽遂篡位。蓋其威福所由來者漸矣。

（據《二十五史》本《漢書》卷十）

《漢書》之文與《君鑒》引述之文雖無大异，然比勘之下始知，句有删略，文有編改。其中之差，亦甚明瞭。

御製歷代君鑒序

朕惟理之寓於天地者至隱而難名道之由於聖賢者至顯而易見故天地者聖賢之準則而聖賢者帝王之模範始而希聖賢終而參天地所謂升高自下陟遐自邇古今之通道也堯舜人倫之至所以爲法於帝王者固萬世無以加祖宗典章之備所以埀憲於子孫者亦萬世莫能外

是以博而求之於不一之善則凡帝王一言一行有可師者不可以約而或廢約而會之於至一之理則凡祖宗一政一令無可議者不可以博而或遺所謂不愆不忘率由舊章帝王之要道也朕自臨御經筵以来景仰堯舜以前下至三代聖神曁我

祖宗謨訓拳拳服膺而弗忘矣然又以爲主善爲師雖

一善不可棄乃采漢唐以来諸君嘉言善行并編輯之揭曰善可為法其前後凡言行有可以警省者則附于末揭曰惡可為戒通五十卷名為歷代君鑑固將朝夕觀覽以資勸懲而亦以垂鑒於来世且須示廷臣使因是而知勉輔之方昔周成王咨君陳曰爾有嘉謀嘉猷則入告爾后于内孟軻氏語景丑曰我

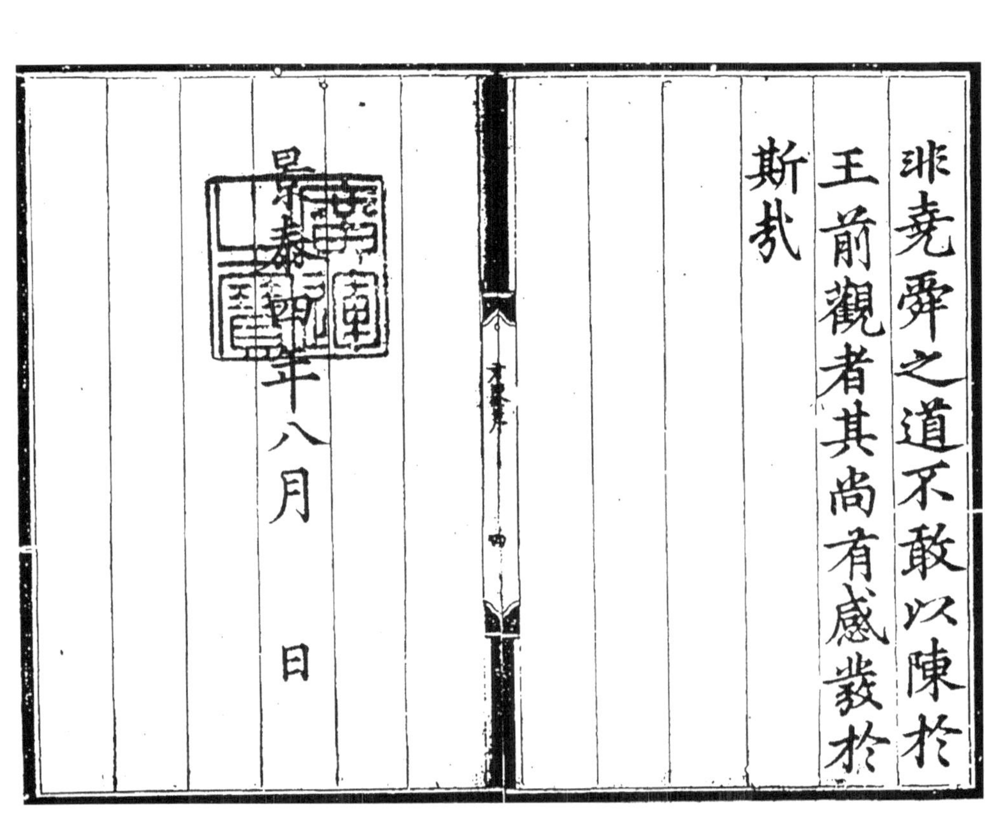

非堯舜之道不敢以陳於王前觀者其尚有感發於斯哉

景泰四年八月　日

歷代君鑑目錄

善可為法

惡可爲戒
卷之三十六
夏
太康　孔甲
桀
商
武乙　紂
周
厲王　幽王
卷之三十七

秦
始皇帝　二世
卷之三十八
西漢
元帝　成帝
卷之三十九
東漢
安帝　桓帝
靈帝
卷之四十

西晉
惠帝
東晉
孝武帝
卷之四十一
南朝
宋少帝　宋孝武帝
卷之四十二
南朝
齊鬱林王　齊明帝

陳後主
卷之四十三
北朝
齊文宣　齊武成
卷之四十四
北朝
齊後主　周宣帝
卷之四十五
隋
煬帝

歷代君鑑卷之一

太昊伏羲氏

太昊伏羲氏風姓代燧人氏繼天而王生而聖明德合天地其王天下也有龍馬負圖出于河於是仰則觀象於天俯則觀法於地觀鳥獸之文與地之宜近取諸身遠取諸物始畫八卦以通神明之德以類萬物之情教民决嫌疑定猶豫使不迷於吉凶悔吝之塗蓋非特為萬世文字之祖實開物成務之學也造

化之秘泄於此聖道之統始於此○古先之人未知三綱五常之倫器用之利太昊始推擇天下之賢可與代天工者得金提鳥明視默紀通仲起陽侯以為輔佐作龍書以代結繩之政制龍官以範倘徉之民教民畋漁以網罟為器教民嫁娶以儷皮為禮於是夫婦別君親尊臣子順而羣生和斵桐為琴絙絲為瑟以教音樂於是神明通天人合身循性理而天真復教天下豢養六牲以祭天神以祀地祇以享人鬼以充庖廚以養聖賢故號曰庖犧○始推五德之運以木德王天下光理萬物明如日月陰陽和靜鬼神

不擾四時得節萬物不傷羣生不夭雖有詭智無所用之此之謂至一在位百有十年

炎帝神農氏

炎帝神農氏姜姓神農知天地之道明於人之性以有天下古者民茹草飲水采樹木之實食蠃蛖之肉多疾病毒傷之害神農以為人民衆多禽獸難以久養乃求可食之物相土地燥溼肥墝高下因天之時分地之利教民播種五穀作陶冶斧斤為耒耜鉏耨以墾草莽然後五穀興助以果蓏實而食之以赭鞭鞭草木嘗百草之味察水泉之甘苦使民知所用避

於是始有醫藥初為蜡祭詔戒諸侯曰好田好女者亡其國四方年不順成八蜡不通以謹民財也順成之方其蜡乃通以移民也既蜡不興功而休民息已有獻羊頭山嘉禾八穗者乃作穗書以頒時令令曰丈夫丁壯而不耕天下有受其飢者婦人豐盈而不織天下有受其寒者故神農親耕后親織以為天下先○日中為市致天下之民聚天下之貨交易而退各得其所時諸侯夙沙氏行不用道叛不用命其臣箕文諫而被殺神農益脩厥德夙沙之民自攻其君而來歸其地當是時禮草昧而未制樂堙塞而未作燔黍為飧捭豚為俎玄酒大羹汙尊抔飲蕢桴土鼓截葦為籥繩絲削桐為五絃之琴詠豐年之歌以通神明之德合天人之和法省而不煩威厲而不殺俗樸而不爭不令而人化南至交阯北至幽都東至暘谷西至三危莫不服從在位百有四十年

黃帝軒轅氏

黃帝少典之子姓公孫名軒轅生而神靈弱而能言幼而徇齊長而敦敏成而聰明神農氏世衰諸侯相侵伐暴虐百姓軒轅乃習用干戈以征不享諸侯咸來賓從蚩尤最為暴軒轅征之值天霧晦冥軍行迷

乃作指南車進擊蚩尤于涿鹿之野擒而戮之中冀徙其徒於有北天下有不道者從而征之凡五十三征奄有中區東至于海西至崆峒南至于江北逐葷粥合符釜山都于有熊作布政之所曰合宮又曰明庭有風后天老五聖知命窺紀地典力牧七聖為之輔又有常先大鴻容光三臣為之佐置三公之職以象三台置左右大監監于萬國命大撓氏正甲子羲和氏占日常儀氏占月臾區氏占星隸首氏理筭數伶倫氏榮猨氏正律呂各盡其方於是容成氏綜六術而著調歷焉帝乃考定星歷建立五行起消息正

閏餘於是有天地神祇物類之官是謂五官各司其序不相亂也民是以能有信神是以能有明德民神異業敬而不瀆故神降之嘉生民以物享災禍不生所求不匱旁行天下方制萬里畫埜分州得百里之國萬區以分星次經土設井以塞爭端立步制畝以防不足八家為井井開四道而分八宅使民存亡更守出入相司嫁娶相媒有無相貸疾病相救上古牛未穿馬未絡至是服牛乘馬引重致遠而民力裕上古山無蹊澤無梁至是披山林梁川澤造舟車而險阻通上古處于穴棲于木至是營宮室制戶牖而猛

暴禁作杵臼而穀粟始繁作釜而民始粥作甑而民始飯行有屨屨死有棺槨城城築邑重門擊柝以待暴客弦木為弧剡木為矢習熊虎貔貅之士以威天下制軒冕垂旒充纊玄衣黃裳畫繢五色為文章以別貴賤○順天地之紀幽明之占死生之說存亡之難時播百穀草木淳化鳥獸蟲蛾旁羅日月星辰水波土石金玉勞勤心力耳目節用水火材物有土德之瑞故號黃帝於時萬民安樂不使而成不禁而止百官無私天下和風雨時五穀登寶鼎獲鳳凰巢于阿閣麒麟游于郊藪猶作輿几之箴以警宴安作金几之銘以戒逸欲成大功致豐利不自高其道不自聖其躬德澤流天下至今人蒙其惠雖死猶生也在位百年

歷代君鑒卷之一

歷代君鑒卷之二

善可爲法

五帝

少昊金天氏

少昊金天氏曰摯亦曰青陽以金德王號金天氏能脩太昊之法故曰少昊少昊初立鳳鳥適至因作鸞鳳之書以鳥紀官鳳鳥氏爲曆正玄鳥氏司分伯趙氏司至青鳥氏司啓丹鳥氏司閉是爲曆正之四屬立祝鳩氏司教化鵻鳩氏司政法鳲鳩氏司土田爽鳩氏司刑禁鶻鳩氏司事是爲鳩民之五官立五雉

爲五工正利器用正度量以夷民者也立九扈爲九農正扈民無淫者也而其四叔重明木之性爲勾芒該明金之性爲蓐收脩及熙明水之性爲玄冥世不失職遂濟窮桑帝之御世也諸福之物畢至爰立建鼓制浮磬以通山川之風作大淵之樂以諧人神和上下是曰九淵在位八十四年享年百歲

顓頊高陽氏

顓頊高陽氏黄帝之孫而昌意之子也少昊之衰九黎亂德民神雜糅不可方物家爲巫史民瀆齊盟禍災荐臻顓頊受之乃命南正重司天以屬神北正黎司地以屬民使無相侵瀆○帝静淵而有謀疏通而知事養材以任地載時以象天依鬼神以制義治氣以教化絜誠以祭祀北至幽陵南至交阯西至流沙東至蟠木動静之物大小之神日月所照莫不砥屬始以民事紀官觀蛄蟲之形而作科斗書以地純陰凝聚於中天浮陽轉旋於外周旋無端其體渾渾於是始爲儀制以驗其盈虛升降乃作曆以孟春之月爲元是歲正月朔旦立春五星會于天曆營室冰凍始泮蟄蟲始發雞始三號天曰作時地曰作昌人曰作樂鳥獸萬物莫不應和故顓帝爲曆宗也帝命飛

龍氏會八風之音爲圭水之曲以召氣而生物浮金效珎於是鑄爲之鐘作五基六英之樂以調陰陽享上帝朝群侯名曰承雲在位七十八年享年九十八歲

帝嚳高辛氏

帝嚳高辛氏黄帝之曾孫也高辛生而神靈自言其名普施利物不於其身聰以知遠明以察微順天之義知民之急仁而威惠而信脩身而天下服取地之財而節用之撫教萬民而利誨之歷日月而迎送之明鬼神而敬事之其色郁郁其德嶷嶷其動也時其

服也士都於亳次序三辰以治曆明時教民稼穡執中而尹天下制鼙鼓鐘磬塤篪作六英之樂火正黎能昭顯天明敦大地德光照四海帝使并掌重職賜之氏曰祝融帝法壞祝融脩之以便兆民帝嚳溉執中而徧天下日月所照風雨所至莫不服從在位七十五年享年百歲

帝堯陶唐氏

帝堯陶唐氏帝嚳子姓伊祁以火德王都平陽其仁如天其智如神就之如日望之如雲富而不驕貴而不舒黃收純衣茅茨不剪土階三等○克明俊德以

親九族九族既睦平章百姓百姓昭明協和萬邦黎民於變時雍乃命羲和欽若昊天曆象日月星辰敬授人時分命羲仲宅嵎夷曰暘谷寅賓出日平秩東作日中星鳥以殷仲春厥民析鳥獸孳尾申命羲叔宅南交平秩南訛敬致日永星火以正仲夏厥民因鳥獸希革分命和仲宅西曰昧谷寅餞納日平秩西成宵中星虛以殷仲秋厥民夷鳥獸毛毨申命和叔宅朔方曰幽都平在朔易日短星昴以正仲冬厥民隩鳥獸氄毛帝曰咨汝羲暨和朞三百有六旬有六日以閏月定四時成歲允釐百工庶績咸熙命后夔

作大章之樂堯曰樂者天地之精也得失之節也夔能和之以平天下一而足矣○堯勤於君道作布政之宮曰衢室立誹謗之木使天下得盡其言建進善之旌使天下得盡其才置諫鼓於朝使天下得攻其過天下之人無有異心○堯存心於天下加志於窮民一民飢曰我飢之也一民寒曰我寒之也一民有罪曰我陷之也由是百姓戴之如日月親之如父母有老人擊壤而歌曰日出而作兮日入而息兮耕田而食兮汲井而飲兮帝何力於我哉時景星見甘露降醴泉出朱草生鳳凰來○堯以子丹朱不肖求賢

德可以遜位者群臣咸舉舜舜為人賢明堯亦聞之於是以二女妻舜舜以德化率二女皆執婦道堯以舜為賢遂使之攝位堯曰咨汝舜天之曆數在汝躬允執其中二十有八載帝乃殂落百姓如喪考妣四海遏密八音在位七十年享年百一十六歲

帝舜有虞氏

帝舜有虞氏嬀姓父瞽叟舜母亡瞽叟更娶生象父母愛象而惡舜遇舜不以道舜事父母撫弟篤於敬愛瞽猶不順舜往于田日號泣于旻天于父母負罪引慝祗載見瞽叟夔夔齋栗瞽亦允若不至於姦以

是耕於歷山歷山之人皆讓畔漁於雷澤雷澤之人
皆讓居陶於河濱器不苦窳一年而所居成聚二年
成邑三年成都堯聞其賢妻之二女以觀其內事之
九男以觀其外二女不敢以其貴驕而九男皆益篤
堯知其聖人也乃命舜愼徽五典五典克從納于百
揆百揆時叙賓于四門四門穆穆納于大麓烈風雷
雨弗迷如是三載堯乃命舜以位正月上日受終于
文祖在璿璣玉衡以齊七政肆類于上帝禋于六宗
望于山川徧于羣神輯五瑞既月乃日覲四岳群牧
班瑞于群后歲二月東巡守至于岱宗柴望秩于山

川肆覲東后協時月正日同律度量衡脩五禮五玉
三帛二生一死贄如五器卒乃復五月南巡守至于
南岳如岱禮八月西巡守至于西岳如初十有一月
朔巡守至于北岳如西禮歸格于藝祖用特五載一
巡守群后四朝敷奏以言明試以功車服以庸肇十
有二州封十有二山濬川象以典刑流宥五刑鞭作
官刑扑作教刑金作贖刑眚災肆赦怙終賊刑欽哉
欽哉惟刑之恤哉流共工于幽洲放驩兜于崇山竄
三苗于三危殛鯀于羽山四罪而天下咸服舜既即
位命禹為司空棄為后稷契為司徒皋陶為士垂為

共工益為虞伯夷為秩宗后夔為典樂龍作納言詢
四岳咨十二牧三載考績三考黜陟幽明庶績咸熙
分北三苗○帝庸作歌曰勑天之命惟時惟幾乃歌
曰股肱喜哉元首起哉百工熙哉皋陶拜手稽首颺
言曰念哉率作興事愼乃憲欽哉屢省乃成欽哉乃
賡載歌曰元首明哉股肱良哉庶事康哉又歌曰元
首叢脞哉股肱惰哉萬事墮哉帝拜曰俞往欽哉○
作布政之宮曰総章畏天而愛民恤遠而親近好問
而好察邇言隱惡而揚善執其兩端用其中於民于
時日月光華卿雲叢聚彈五絃之琴詠南風之詩曰

南風之薰兮可以解吾民之慍兮南風之時兮可以
阜吾民之財兮舜生三十徵庸三十在位五十載陟
方乃死享年百有十歲

歷代君鑑卷之二

歷代君鑒卷之三

善可為法

夏

禹

夏禹帝顓頊之後禹之父鯀顓頊五世孫也以崇伯事堯堯時洪水滔天鯀治水無功殛死舜既攝位舉禹使續父業禹為人克勤敏給其德不違其仁可親其言可信聲為律身為度左準繩右規矩傷其父鯀功用不成而受殛乃勞身焦思居外十三年過家門不入娶于塗山辛壬癸甲啓呱呱而泣亦弗皇子也

陸行乘車水行乘舡泥行乘橇山行乘欙隨山刊木曁益奏庶鮮食決九川距四海濬畎澮距川曁稷播奏庶艱食鮮食懋遷有無化居烝民乃粒萬邦作乂蓋治水自冀始自冀而東治兖青徐自徐而南治揚荆自荆而西治豫梁雍皆相其土田草木之宜以作貢賦謂之禹貢○禹既即位以五音聽治懸鐘鼓磬鐸鞀以待四方之士為銘於簨簴曰教寡人以道者擊鼓諭以義者擊鐘告以事者振鐸語以憂者擊磬有獄訟者搖鞀一饋十起一沐三握髮以勞天下之民出見罪人下車問而泣之左右曰罪人不順道君王何為痛之禹曰堯舜之人皆以堯舜之心為心寡人為君百姓各自以其心為心是以痛之○初舜分天下為十二州禹復為九州收天下美銅鑄為九鼎以象九州昔黃帝作車少昊加牛奚仲加馬禹命奚仲為車正建旗斿旐以別尊卑等級古有醴酪禹時儀狄作酒禹飲而甘之遂疏儀狄而絕旨酒曰後世必有以飲酒亡其國者嘗南巡守會諸侯於塗山承唐虞之盛執玉帛者萬國濟江黃龍負舟舟中人皆懼禹仰天而歎曰吾受命於天竭力而勞萬民生寄也死歸也予何憂於龍焉視龍猶蝘蜓顔色不變龍

俛首低尾而逝禹在位九年享年百歲孔子曰禹吾無間然矣菲飲食而致孝乎鬼神惡衣服而致美乎黻冕卑宮室而盡力乎溝洫禹吾無間然矣

啓

啓禹之子也初禹以天下授益禹崩三年之喪畢益讓于啓而避居箕山之陽啓賢能敬承繼禹之道天下屬意焉天下諸侯朝覲及謳歌獄訟者不之益而之啓曰吾君之子也啓乃即天子位於是即鈞臺以享諸侯時有扈氏無道召六師征之作甘誓曰嗟六事之人予誓告汝有扈氏威侮五行怠棄三正天用

勦絶其命。今予惟恭行天之罰。左不攻于左。汝不恭命。右不攻于右。汝不恭命。御非其馬之正。汝不恭命。用命賞于祖。不用命戮于社。予則孥戮汝。啓在位九年

宋儒胡宏論曰。古者用兵皆出於必不得已。自非以至順伐至逆。至仁伐至不仁。則不舉也。驅人而致之死地。苟非刑以重罰。有踰於死。或至敗績。使逆者肆行。不仁者得志於天下。其殘害生民。豈有窮極。故夏啓甘之戰。成湯鳴條之師。皆權輕重。不得已而有孥戮之誓也。設有不用命者。則必施之。

君鑒卷三　三

豈空言哉。後世儒者不復知兵。當天下大難。放棄軍律。使逆賊肆行。殺人盈天下而莫之禁也

少康

少康帝相之子。其母相后。有仍國君之女也。初羿專夏政。其家臣寒浞殺羿。滅夏后氏。夏之遺臣靡奔有鬲氏。浞因羿室生澆與豷。澆長。浞使用師滅斟灌及斟尋氏。處澆于過。處豷于戈。時少康方在懷妊。相后乃奔歸有仍之國而生少康焉。少康既長為仍牧正。澆使椒之。仍求少康。少康奔有虞。虞思妻之二姚。而邑諸綸。有田一成。有衆一旅。厚樹恩德。陰結夏衆。撫納舊官。寒浞既得志。恃其讒慝詐偽。而不德於民。少康使女艾諜澆。使季杼誘豷。靡亦陰撫納二斟之燼。靡起有鬲并二斟之師討寒浞。滅之。迎少康于有虞。少康帥有虞之衆。滅澆于過。滅豷于戈。威動天下。四方諸侯奔走來朝。乃還舊都。復禹之跡。祀夏配天。不失舊物。夏道復興。在位二十年

宋儒胡宏論曰。人殺其父。子必欲死。人辱其君。臣必欲報。忍死謀報。能以天道為定命。不觀敵勢而改圖。則庶幾焉。苟顧其私。內覬大利。外畏大難。雖有良心。日消月爍。其不忘君父者希矣。少康靡鬲

君鑒卷三　四

真人臣子哉。志在討賊。行吾義而已。非圖富貴者也。故受困厄而不渝。瀕死亡而不怠。兢兢業業。經營四十年。然後克殄元兇。祀夏配天。嗚呼。此可謂中興者矣。故虞世南論歷代中興之主。以少康為冠。噫。前王之所為。後王之師也。可不鑑哉

歷代君鑒卷之三

歷代君鑑卷之四

善可爲法

商

成湯

成湯名履又名天乙子姓始居亳從先王居得伊尹以任國政伊尹者有莘之逸民也耕於有莘之野而樂堯舜之道湯以幣聘之五反而從湯葛伯不祀湯使人問之曰無以供犧牲也湯使遺之牛羊葛伯食之又不以祀湯又使人問之曰無以供粢盛也湯使亳衆往爲之耕老弱饋食葛伯率其民要其有酒肉

黍稻者奪之不授者殺之有童子以黍肉餉殺而奪之故湯征自葛載東面而征西夷怨南面而征北狄怨曰奚獨後予攸徂之民室家胥慶曰徯予后后來其蘇湯適野見野人張網四面祝曰自天下四方皆入吾網湯曰噫盡之矣乃去其三面祝曰欲左左欲右右不用命乃入吾網諸侯聞之曰湯德至矣及禽獸歸者四十餘國湯既即位乃改正朔以建丑之月爲正月色尚白以白爲徽號服冔冠而縞衣反桀之事以寬治民除其邪虐順民所喜肇脩人紀從諫弗咈與人不求備撿身若不及作諸器用之銘以爲警戒其盤銘有曰苟日新日日新又日新旁求俊彦啓迪後人制官刑儆于有位曰敢有恒舞于宮酣歌于室時謂巫風敢有殉于貨色恒于遊畋時謂淫風敢有侮聖言逆忠直遠耆德比頑童時謂亂風惟茲三風十愆卿士有一于身家必喪邦君有一于身國必亡臣下不匡其刑墨具訓于蒙士時大旱七年太史占之曰當以人禱湯曰吾所爲請雨者民也若以人禱吾請自當遂齋戒翦爪斷髮素車白馬身嬰白茅以身爲犧禱于桑林之野祝曰無以予一人之不敏傷民之命以六事自責曰政不節歟民失職歟宮室

崇歟女謁盛歟苞苴行歟讒夫昌歟言未已大雨方數千里湯不惟以得天下爲難而且以保天下爲不易德懋懋官功懋懋賞佑賢輔德顯忠遂良用三宅而克即宅用三俊而克即俊其在商邑用協于厥邑其在四方用丕式見德内外之治咸得其人謂之功加于時德垂後裔豈不信哉湯在位十有三年享年百歲

太甲

太甲成湯之嫡長孫也元祀十有二月乙丑伊尹祠于先王奉太甲祇見厥祖侯甸群后咸在百官總己

以聽冢宰。伊尹乃明言烈祖之成德。以訓太甲。其略曰。今王嗣厥德。罔不在初。立愛惟親。立敬惟長。始于家邦。終于四海。太甲既立不明。暴虐不遵湯法。亂德。伊尹乃言曰。慎乃儉德。惟懷永圖。若虞機張。往省括于度則釋。欽厥止。率乃祖攸行。王未克變。伊尹曰。茲乃不義。習與性成。予弗狎于弗順。營于桐宮。密邇先王其訓。無俾世迷。太甲居桐三年。自怨自艾。處仁遷義。惟三祀十有二月朔。伊尹以冕服奉太甲歸于亳。作書曰。民非后罔克胥匡以生。后非民罔以辟四方。皇天眷佑有商。俾嗣王克終厥德。實萬世無疆之休。

王拜手稽首曰。予小子不明于德。自底不類。欲敗度。縱敗禮。以速戾于厥躬。天作孽。猶可違。自作孽。不可逭。既往背師保之訓。弗克于厥初。尚賴匡救之德。圖惟厥終。太甲增加脩德。諸侯咸歸殷。百姓以寧。在位三十有三年。號曰太宗

宋儒蔡沉論曰。太甲固困而知之者。然昔之迷。今之復。昔之晦。今之明。如日月昏蝕。一復其舊。而光采炫燿。萬景俱新。湯武不可及矣。豈居成王之下乎

太戊

太戊。雍己之弟。太戊立。伊陟為相。亳有祥桑穀共生于朝。一暮大拱。太戊懼。問伊陟。伊陟曰。臣聞妖不勝德。帝之政其有闕歟。太戊於是脩先王之政。明養老之禮。早朝晏退。問疾弔喪。三日而桑枯死。三年遠方重譯而至者七十六國。商道復興。號稱中宗。周公作無逸之書曰。昔在殷王中宗。嚴恭寅畏天命。自度治民。祗懼不敢荒寧。肆中宗之享國七十有五年

盤庚

盤庚。陽甲之弟也。盤庚嗣立。時殷道寖衰。耿都又有河決之患。盤庚欲遷于殷。而大家世族。安土重遷。胥

動浮言。小民雖蕩析離居。亦惑於利害。不適有居。盤庚作書三篇。諭以遷都之利。不遷之害。上篇告群臣。中篇告庶民。下篇告百官族姓。告諭既定。乃遂涉河南治亳。從湯之居。行湯之政。然後百姓由寧。殷道復興。諸侯來朝。以其遵成湯之德也。在位二十有九年

宋儒胡宏論曰。盤庚三篇有六善焉。以常舊服正法度。一也。圖任舊人。二也。無或敢伏小人之攸箴。三也。以人情事理反覆訓諭開導民心。使之通曉。無纖毫恃尊高憑威勢之意。四也。奠厥攸居。始以無戲怠為戒。五也。敘欽有德有謀之人而不肯好

貨六也。一舉而六善立。弭禍亂之原。此孔子所以取之。以訓後世也

武丁

武丁帝小乙之子也。自為太子時能盡知人民之所好惡。脩聳其德達于神明。武丁宅憂亮陰三年。既免喪其惟弗言。群臣咸諫于武丁。曰。王言惟作命。不言臣下罔攸稟令。武丁乃作書以誥曰。以台正于四方。台恐德弗類。茲故弗言。恭默思道。夢帝賚予良弼。其代予言。既而以夢所見視群臣百吏。皆非也。於是審厥象。俾以形使百工營求之野。得說於傅險中。是時

說為胥靡築于傅險。見于武丁。武丁曰是也。得而與之語。果聖人。舉以為相。置諸左右。命之曰。朝夕納誨以輔台德。若金用汝作礪。若濟巨川用汝作舟楫。若歲大旱用汝作霖雨。啓乃心。沃朕心。若藥弗瞑眩。厥疾弗瘳。若跣弗視地。厥足用傷。惟暨乃僚。罔不同心。以匡乃辟。俾率先王。迪我高后。以康兆民。說既受命進諫。論列天下之事。君臣道合。政事脩舉。於是開先祖之府。取其明法。以為君臣上下之節。武丁肜祭成湯。有飛雉升鼎耳而雊。祖己作訓以戒武丁。武丁內反諸己。以思王道。三年。蠻夷編髮重譯來朝者六國。

鬼方無道。武丁伐之。入其險阻。以致其衆。三年而克之。盡平其地。故殷武之詩曰。撻彼殷武。奮伐荊楚。罙入其阻。裒荊之旅。有截其所。湯孫之緒。自是脩政行德。天下咸驩。殷道復興。號曰高宗。周公作無逸之書曰。其在高宗時。舊勞于外。爰暨小人。作其即位。乃或亮陰。三年不言。其惟不言。言乃雍。不敢荒寧。嘉靖殷邦。至于小大。無時或怨。肆高宗之享國五十有九年

歷代君鑒卷之四

歷代君鑒卷之五

善可爲法

周

文王

文王名昌，姬姓，王季之子也。文王生有聖德，在母不憂，處師不煩，爲世子，朝於王季日三，雞初鳴而衣服，至于寢門外，問内豎之御者曰：今日安否何如？内豎曰：安。文王乃喜。及日中又至，亦如之；及暮又至，亦如之。其有不安節，則内豎以告文王，文王色憂，行不能正履。王季復膳，然後亦復初。食上，必在視寒煖之節。食下，問所膳，命膳宰曰：末有原。應曰：諾。然後退。其爲西伯，遵后稷、公劉之業，則古公、王季之法，篤仁，敬老，慈少，禮下賢者，日中不暇食以待士。大顛、閎夭、散宜生、南宫适、鬻子、辛甲、尹佚之徒皆往歸之。伯夷、叔齊在孤竹，聞文王作，興曰：吾聞西伯善養老者。遂歸焉。有吕尚者，年已八十餘，釣於渭上。文王將獵，卜之。卜人曰：所獵非龍非彲，非虎非羆，而王者之輔也。遂出田，至磻溪，果遇吕尚，同車而歸。文王問吕尚治天下若何，對曰：王國富民，霸國富士，僅存之國富大夫，將亡之國富倉府。文王曰：吾願富其民。尚曰：聞善斯行。

宿善不祥。於是發倉廩，盃賑鰥寡孤獨，以尚爲師。又問曰：人主動作舉事，有禍殃之應，鬼神之福乎？吕尚曰：人主重賦斂，大宫室，作臺觀，則人多病温，霜露殺五穀，絲麻不成；人主好田獵畢弋，不避時禁，則歲多大風，禾穀不實；人主好破壞名山，壅決名川，則歲多大水；人主好武事，兵革不息，則日月薄食，太白失行。文王曰：誠哉！○初，紂用崇侯虎之譖，囚文王於羑里。文王乃取易六十四卦，次序而演之，爲彖辭，以垂世立教。既而得釋，乃獻洛西之地、赤壤之田方千里，請除炮烙之刑，紂許之，賜以弓矢鈇鉞，得專征伐。典治南國江漢汝旁諸侯。○文王之治岐也，耕者九一，仕者世禄，關市譏而不征，澤梁無禁，罪人不孥。○嘗鑿沼，得朽骨，命葬之。左右曰：此無主矣。文王曰：天子主天下，諸侯主一國，寡人固骨之主矣。遂葬之。天下聞之曰：西伯仁及朽骨，況生者乎！○虞、芮之君相與争田，久而不平，乃皆質於周。入其境，耕者讓畔，行者讓路；入其邑，男女異路，斑白者不提挈；入其朝，士讓爲大夫，大夫讓爲卿。虞、芮之君愧焉，乃以其所争爲閒田而退。諸侯聞之，相率而歸周者四十餘國。東北既集，王業以成。明年伐邢，又明年伐密須，又明年伐犬夷。又明年欲伐崇，宣言曰：崇侯虎蔑侮父兄，不敬長老，聽獄不衷，分財不均，百姓力盡，不得衣食，予將征之。乃伐崇，令無殺人，無壞室，無填井，無伐樹木，無動六畜，不如令者死無赦。崇人三旬不降，退脩德教而復伐之，因壘而降。○初文王自岐徙鮮原，至是作豐邑，徙都于豐。○文王卑服，即康功田功，徽柔懿恭，懷保小民，惠鮮鰥寡，自朝至于日中昃，不遑暇食，用咸和萬民。不敢盤于遊田，以庶邦惟正之供。克知三有宅心，灼見三有俊心，以敬事上帝，立民長伯。惟克厥宅心，乃克立茲常事司牧人，以克俊有德。罔攸兼于

庶言庶獄庶慎，惟有司之牧夫是訓用違。庶獄庶慎，文王罔敢知于茲。○即位之八年六月寢疾，五日而地動，東西南北不出國。有司曰：地之動，為人主也。群臣相恐，請興事動衆，增國城以移之。文王曰：天之見妖，以罰有罪。我必有罪，天以伐我，請改行，其可免乎。於是謹其禮秩皮革，以交諸侯；飭其辭令幣帛，以禮俊士；頒其爵列等級，以賞有功。無幾疾止。○文王將終，謂太子發曰：見善而勿怠，時至而勿疑，去非而勿處，此三者道之所以止也。柔而靜，恭而敬，屈而強忍而剛，此四者道之所以起也。太子再拜受之。文王遂

卒，享年九十有七。

武王

武王名發，文王次子也。性慈和，有聖德，文王以為世子。武王率文王事季歷之道而行之。文王有疾，武王不脫冠帶而養。文王一飯，亦一飯；文王再飯，亦再飯。武王既立，以太公望為師，周公旦為輔，召公奭、畢公高之徒皆左右。武王率脩太王緒業。時商紂無道，武王東觀兵至于孟津，諸侯不期而會者八百，皆曰：紂可伐矣。武王曰：汝未知天命，未可也。乃還師歸。居二年，紂暴虐滋甚，遂伐之，一戎衣而天下大定。乃反商

政，政由舊。釋箕子囚，封比干墓，式商容閭，散鹿臺之財，發鉅橋之粟，大賚于四海，而萬姓悅服。天下之人以為王之於仁賢也，死者猶封其墓，況生者乎；亡者猶表其閭，況存者乎。王之於財也，聚者猶散之，肯復籍乎。王之於色也，在者猶歸其父母，肯復徵乎。○王來自商，至于豐，乃偃武脩文，歸馬于華山之陽，放牛于桃林之野，車甲衅而藏之府庫，倒載干戈，包以虎皮，將帥之士使為諸侯，散軍郊射而貫革之射息也，裨冕搢笏而虎賁之士脫劍也，祀明堂而民知孝，朝覲然後諸侯知所以臣，耕籍然後諸侯知所以敬。養

三老五更於太學然後諸侯知所以悌祀先賢於西學然後諸侯知德之可崇○亟惟救功不敢替厥義德率惟謀從容德以並受此丕丕基○追思先聖王乃褒封神農之後於焦黃帝之後於祝帝堯之後於薊帝舜之後於陳大禹之後於杞於是封功臣謀士而師尚父為首封尚父於營丘曰齊封弟周公旦於曲阜曰魯封召公奭於燕封弟叔鮮於管叔度於蔡餘各以次受封列爵惟五分土惟三建官惟賢位事惟能重民五教惟食喪祭敦信明義崇德報功垂拱而天下治○十有三祀王訪于箕子曰惟天陰騭下民相協厥居我不知其彝倫攸敘箕子為陳洪範○武王問於師尚父曰黃帝高陽之道可得聞乎尚父對曰在丹書乃道書之言曰敬勝怠者吉怠勝敬者滅義勝欲者從欲勝義者凶凡事不強則枉弗敬則不正枉者滅廢敬者萬世藏之約行之恒可以為子孫常以仁得之以仁守之其量百世不仁得之仁能守之其量十世以不仁得之以不仁守之必傾其世王聞書之言惕若恐懼退而為銘於席之前左端曰安樂必敬右端曰毋行可悔後左端曰一反一側亦不可以忘右端曰所監不遠視爾所代銘於鑑曰見爾前慮爾後銘於盥盤曰與其溺於人也寧溺於淵溺於淵猶可游也溺於人不可救也銘於楹曰毋曰胡殘其禍將然毋曰胡害其禍將大毋曰胡傷其禍將長銘於杖曰烏乎危於忿疐烏乎失道於嗜慾烏乎相忘於富貴銘於席曰慎戒必恭恭則壽銘於劍曰帶之以為服動必行德行德則興背德則崩銘於矛曰造矛造矛少間弗忍終身之羞予一人所聞以戒後世子孫武王將崩顧命周公召公輔成王曰汝明勗偶王在亶乘茲大命惟文王德丕承無疆之恤

武王在位七年享年九十有三

成王

成王名誦武王之子也成王幼方亮陰周公為冢宰聽政事管叔蔡叔霍叔疑周公流言公將不利於王三叔方監殷遂與武庚及淮夷畔周公居東以王命討平之方流言之初王亦疑周公及開金縢見公請代武王之事乃感泣迎周公歸輔政初武王作邑于鎬京謂之宗周是為西都將營成周於洛而未果至是成王欲成武王之志定鼎於郟鄏使召公先相宅周公繼往營之曰此天下之中四方入貢道里均也是為東都王居西都而朝會諸侯於東都○王撫萬

邦巡侯甸四征弗庭綏厥兆民六服群辟罔不承德歸于宗周董正治官建官三百六十冢宰曰天官凡百官之治皆屬焉司徒曰地官凡土地人民之治皆屬焉宗伯曰春官凡禮樂之治皆屬焉司馬曰夏官凡軍旅征伐之治皆屬焉司寇曰秋官凡五刑之治皆屬焉司空曰冬官凡百工之治皆屬焉六卿分職而冢宰獨兼總之故曰掌建邦之六典六官之制周官實昉之立王國王畿千里畿內曰都鄙王子弟及公卿大夫食焉畿外曰邦國公侯伯子男封焉諸侯之有功德者錫之附庸命之作牧伯得以征伐分天

下為九州辨邦國為九服而與朝貢者六服焉立王畿百里之內曰鄉有比閭族黨州鄉之制二百里之內曰遂有隣里酇鄙縣遂之制其會鄉民以起軍旅也有伍兩卒旅師軍之制其造都鄙也有井邑丘甸縣都之制其曰井田方里而井井九百畝其中為公田八家皆私百畝同養公田井田之制見於都鄙而其法實通乎天下蓋十一之法也〇遷殷頑民於下都周公親自監之周公既歿王命君陳代周公其命之之辭有曰爾惟弘周公丕訓無依勢作威無倚法以削寬而有制從容以和殷民在辟予曰辟爾惟勿

辟予曰宥爾惟勿宥惟厥中〇初留周公輔政而使其子伯禽就封告之曰爾知為人上之道乎凡處尊位必以敬下諫者勿振以威毋格其言有文無武無以威下有武無文民畏不親文武俱行威德乃成清白上通巧佞下塞伯禽再拜受命而辭〇王在位四十有七年將終顧命群臣立康王其略曰爾尚明時朕言用敬保元子釗弘濟于艱難柔遠能邇安勸小大庶邦思夫人自亂于威儀爾無以釗冒貢于非幾

宋儒呂祖謙曰成王經三監之變王室幾搖故此正其終始特詳焉顧命成王所以正其終康王之

誥康王所以正其始

康王

康王名釗成王之子也初成王懼太子釗之不任乃命召公畢公率諸侯相太子而立之王崩二公率諸侯以太子釗見於先王廟申告以文王武王之所以為王業之不易務在節儉以篤信臨之遂立為康王康王即位徧告諸侯若曰庶邦侯甸男衛惟予一人釗報告昔君文武丕平富不務咎底至齊信用昭明于天下則亦有熊羆之士不二心之臣保乂王家用端命于上帝皇天用訓厥道付畀四方乃命建侯樹

屏在我後之人。令予一二伯父尚胥曁顧綏爾先公之臣服于先王。雖爾身在外乃心罔不在王室。用奉恤厥若無遺鞠子羞○十二年以成周之衆命畢公保釐東郊其命之之辭曰令予祗命公以周公之事。往哉旌別淑慝。表厥宅里。彰善癉惡樹之風聲。弗率訓典殊厥井疆俾克畏慕。申畫郊圻慎固封守以康四海。政貴有恒。辭尚體要不惟好異。商俗靡靡利口惟賢餘風未殄。公其念哉。我聞曰。世祿之家鮮克由禮以蕩凌德實悖天道。敝化奢麗萬世同流。茲殷庶士席寵惟舊怙侈滅義服美于人。驕淫矜侉將由惡終雖收放心。閑之惟艱。資富能訓惟以永年。惟德惟義時乃大訓不由古訓。于何其訓。王恭敬神人。承文武成王之業無所變更。勤脩先王之訓典用洽和於天下。以對揚皇天上帝之丕顯休命。是時四夷賓服海內晏然。百姓興於禮義。囹圄空虛。刑措不用有唐虞之風焉。在位二十有六年

宣王

宣王名靜。厲王之子也。初厲王暴虐侈傲。國人乃相與畔襲厲王。王出奔於彘。時宣王爲太子匿召公之家。國人聞之。乃圍之。召公以其子代王太子。太子竟得脫。召公周公行政。號曰共和者十四年。厲王死於彘。太子長於召公家。二相乃共立之。是爲宣王。宣王即位。二相輔之脩政法文武成康之遺風。諸侯復宗周。宣王承厲王之烈。天下大旱。內有撥亂之志。遇災而懼側身脩行。欲消去之。天下喜於王化復行。周大夫仍叔作雲漢之詩以美之。元年以召穆公爲相。秦仲爲大夫。用樊侯仲山甫尹吉甫程伯休父。虢文公申伯韓侯顯父。南仲方叔。張仲之屬並爲卿佐。安集兆民。是歲西戎殺秦仲。王命南仲。召虎方叔。吉甫征定西戎。時喪亂之餘。萬民離散不安其居。宣王能勞來還定安集之。至於鰥寡無不得其所。自厲王後四夷交侵。宣王內脩政事。外攘夷狄。其脩車備器也有車攻之詩。其考室也有斯干之詩。其考牧也有無羊之詩。其差馬也有吉日之詩。命召公出平淮夷。吉甫北伐獫狁。方叔南征荊蠻。故能脩文武之境土。會諸侯於東都。而周室中興焉○王嘗視朝而晏。姜后脫簪珥待罪於永巷。王退朝使其傅姆通言於王曰。王樂色而忘德。失禮而晏起。亂之興自婢子始。敢請罪。王曰。寡人不德。實自生過。非夫人之罪也。自是勤於政事。早朝晏退。遂成中興之業。奈何怠心一生。不克

厥終十二年初不脩籍於千畝虢文公諫曰不可民之大事在農故稷為大官今欲脩先王之緒而棄其大功匱神之祀困民之財將何以求福用民王弗聽○三十九年戰于千畝王師敗績于姜氏之戎復喪南國之師乃料民於太原仲山甫諫曰民不可料也古者不料民而知其多少且無故而料民天所惡也害於民而妨於後嗣王不聽卒料之諫既不行王政益僻由是小人得以進而君子恥為用故觀祈父之詩則知司馬之職非其人矣白駒之詩則留賢者而賢者不肯留黃鳥之詩則屢賢者而賢者不與屢較之於昔任賢使能之時霄壤不侔矣在位四十有六年

歷代君鑒卷之五

歷代君鑒卷之六

漢

高帝

太祖高皇帝姓劉氏字季沛豐邑中陽里人秦二世元年起兵於沛沛父老爭殺令迎立為沛公明年楚懷王以沛公寬大長者乃遣伐秦沛公既破秦入關降秦王子嬰當王關中項籍以巴蜀亦關中地立沛公為漢王改元元年五年十二月漢及諸侯兵圍籍垓下籍走自殺二月王即皇帝位○元年冬十月帝初為沛公至霸上秦王子嬰素車白馬係頸以組封皇帝璽符節降軹道旁諸將請誅之沛公曰始懷王遣我固以能寬容且人已服降殺之不祥乃以屬吏遂西入咸陽欲止宮休舍樊噲張良諫乃封秦重寶財物府庫還軍霸上蕭何盡收秦丞相府圖籍文書沛公召諸縣豪傑謂曰父老苦秦苛法久矣誹謗者族耦語者棄市吾與諸侯約先入關者王之吾當王關中與父老約法三章耳殺人者死傷人及盜抵罪餘悉除去秦法吏民皆按堵如故乃使人與秦吏行至縣鄉邑告諭之秦民大喜爭持牛羊酒食獻享軍士

沛公讓不受曰倉粟多不欲費民民又益喜唯恐沛公不為秦王○夏四月沛公既立為漢王以蕭何為丞相初漢王以項羽負約怒欲攻之蕭何曰雖王漢中之惡不猶愈於死乎王曰何也何曰今衆不如百戰百敗不死何為夫能詘於一人之下而信於萬乘之上者湯武是也臣願大王王漢中養其民以致賢人收用巴蜀還定三秦天下可圖也王曰善乃就國以何為丞相○七月漢王以韓信為大將初淮陰人韓信自楚亡歸漢未知名坐法當斬信仰視適見滕公曰王不欲就天下乎何為斬壯士滕公奇其言壯其貌釋不斬與語說之言於王王亦未之奇也信數與蕭何語何奇之言於王曰諸將易得如信國士無雙王必欲長王漢中無所事信必欲爭天下非信無足與計事者顧王策安決耳王曰吾亦欲東耳安能鬱鬱久居此乎何曰計必東能用信信即留不然信終亡耳王曰吾為公以為將何曰信不留也王曰以為大將何曰幸甚於是王欲召信拜之何曰王素慢無禮今拜大將如呼小兒此信之所以去也必欲拜之擇日齋戒設壇具禮乃可王許之諸將皆喜人人自以為得大將至拜乃韓信也一軍皆驚禮畢上坐

與之語大喜自以為得信晚○二年春三月漢王至洛陽新城三老董公遮說曰臣聞順德者昌逆德者亡兵出無名事故不成故曰明其為賊敵乃可服項羽為無道放殺其主天下之賊也夫仁不以勇義不以力大王宜率三軍之衆為之素服以告諸侯而伐之則四海之內莫不仰德此三王之舉也王曰善非夫子無所聞於是漢王為義帝發喪袒而大哭哀臨三日發使告諸侯曰天下共立義帝北面事之今項羽放殺義帝江南大逆無道寡人親為發喪兵皆縞素悉發關中兵收三河士南浮江漢而下願從諸侯王擊楚之殺義帝者○秋八月漢使酈生說魏王豹且召之豹不聽曰漢王慢而侮人罵諸侯羣臣如罵奴耳吾不忍復見也於是王以韓信為左丞相與灌嬰曹參俱擊魏王問食其魏大將誰也對曰柏直王曰是口尚乳臭安能當韓信騎將誰也曰馮敬曰雖賢不能當灌嬰步卒將誰也曰項它曰不能當曹參吾無患矣信亦問魏得無用周叔為大將乎曰柏直也信曰豎子耳遂擊虜豹定魏地○三年冬十二月楚數侵奪漢甬道漢軍乏食酈食其曰昔湯放桀武王伐紂皆封其後秦伐諸侯滅其社稷今誠能立六

國後其君臣百姓必皆戴德慕義願為臣妾大王南鄉稱霸楚必斂衽而朝王曰善趣刻印先生因行佩之矣未行張良來謁王方食具以告良良曰臣請借前箸為大王籌之昔湯武封桀紂之後者度能制其死生之命也今大王能制項籍之死命乎武王入殷發粟散錢偃革為軒休馬放牛示不復用今大王能之乎且天下游士離親戚棄墳墓從大王遊者徒欲望咫尺之地今復立六國後游士各歸事其主大王誰與取天下乎且楚唯無彊六國復撓而從之大王焉得而臣之誠用客謀大事去矣王輟食吐哺罵曰豎儒幾敗迺公事令趣銷印○五年冬十二月漢及諸侯兵圍項籍垓下籍走自殺楚地悉定獨魯不下王欲屠之至城下猶聞絃誦之聲為其守禮義之國為主死節乃持羽頭示之乃降以魯公禮葬羽於穀城親為發哀哭之而去諸項氏枝屬皆不誅封項伯等四人為列侯賜姓劉氏諸民畧在楚者皆歸之○春正月令曰楚地已定義帝無後欲存恤楚衆以定其主齊王信習楚風俗更立為楚王王淮北都下邳魏相國建城侯彭越勤勞魏民卑下士卒常以少擊衆數破楚軍其以魏故地王之號曰梁王都定陶○

二月漢王即皇帝位于汜水之陽詔曰故衡山王吳芮與子二人兄子一人從百粵之兵以佐諸侯誅暴秦有大功諸侯立以為王項籍侵奪之地謂之番君其以長沙豫章象郡桂林南海立番君芮為長沙王又曰故粵王亡諸世奉粵祀秦侵奪其地使其社稷不得血食諸侯伐秦亡諸身率閩中兵以佐滅秦項羽廢而弗立今以為閩粵王王閩中地勿使失職○五月上置酒雒陽南宮上曰通侯諸將毋敢隱朕皆言其情吾所以有天下者何項氏之所以失天下者何高起王陵對曰陛下嫚而侮人項羽仁而敬人然陛下使人攻城畧地所降下者因以與之與天下同利也項羽妬賢嫉能有功者害之賢者疑之戰勝而不與人功得地而不與人利此其所以失天下也上曰公知其一未知其二夫運籌帷幄之中決勝千里之外吾不如子房填國家撫百姓給餽餉不絕糧道吾不如蕭何連百萬之衆戰必勝攻必取吾不如韓信三者皆人傑吾能用之此吾所以取天下者也項羽有一范增而不能用此其所以為我禽也羣臣說服○以季布為郎中斬丁公以徇初楚人季布為項籍將數窘辱帝籍滅帝購求布千金敢有舍匿罪三

族布乃髠鉗為奴自賣於魯朱家朱家心知其布也買置田宅身之洛陽見滕公曰季布何罪臣各為其主用職耳項氏臣豈可盡誅耶今上始得天下而以私怨求一人何示不廣也且以布之賢漢求之急此不北走胡南走越耳夫忌壯士以資敵國此伍子胥所以鞭荆平之墓也滕公言於上上乃赦布召拜郎中布母弟丁公亦為項羽將逐窘帝彭城西短兵接帝急顧曰兩賢豈相戹哉丁公乃還至是來謁帝以徇軍中曰丁公為臣不忠使項王失天下者也遂斬之曰使後為人臣無効丁公也○齊人婁敬戍隴西過洛陽求見上曰陛下都洛陽豈欲與周室比隆哉上曰然敬曰陛下取天下與周異周自后稷積徳累善十有餘世至于文武而諸侯自帰之遂滅殷為天子及成王即位周公相焉乃營洛邑以為此天下之中也諸侯四方納貢職道里均矣有徳則易以王無徳則易以亡故周之盛時諸侯四夷莫不賓服及其衰也天下莫朝周不能制非唯徳薄形勢弱也今陛下起豐沛卷蜀漢定三秦與項羽戰滎陽成皋之間大戰七十小戰四十使天下之民肝腦塗地哭聲未絶傷者未起而欲比隆於成康之時臣竊以為不侔

也夫秦地被山帶河四塞以為固卒然有急百萬之衆可立具也夫與人鬬不搤其亢拊其背未能全其勝也今陛下按秦之故地此亦搤天下之亢而拊其背也帝問羣臣羣臣皆山東人爭言周王數百年秦二世即亡洛陽東有成皋西有殽澠背河嚮洛其固亦足恃也上問張良良曰洛陽雖有此固其中小不過數百里田地薄四面受敵非用武之國也關中左殽函右隴蜀沃野千里南有巴蜀之饒北有胡苑之利阻三面而守獨以一面東制諸侯諸侯安定河渭漕輓天下西給京師諸侯有變順流而下足以委輸此所謂金城千里天府之國敬說是也上即日西都關中拜敬郎中號奉春君賜姓劉氏宋儒胡寅曰高帝起兵八年歲無寧居至是天下平定當亦少思安逸之時也而敏於用言如此其成帝業宜哉○六年十二月始剖符封功臣酇侯蕭何食邑獨多功臣皆曰臣等身被堅執鋭多者百餘戰少者數十合今蕭何未嘗有汗馬之勞徒持文墨議論顧反居臣等上何也帝曰諸君知獵乎追殺獸兎者狗也發蹤指示者人也今諸君徒能得走獸耳功狗也至如蕭何發蹤指示功人也羣臣皆莫敢言張良亦無戰鬬功帝

使自擇齊三萬户。良曰。臣始起下邳與上會留。此天以臣授陛下。陛下用臣計。幸而時中。臣願封留足矣。不敢當三萬户。乃封良爲留侯。封陳平爲户牖侯。平辭曰。此非臣之功也。帝曰。吾用先生謀。戰勝克敵。非功而何。平曰。非魏無知。臣安得進。帝曰。子可謂不背本矣。乃賞無知。○春正月。帝懲秦孤立而亡。欲大封同姓以鎭撫天下。分楚地爲二國。以淮東五十三縣立從兄將軍賈爲荊王。以薛郡東海彭城三十六縣立弟文信君交爲楚王。以雲中鴈門代郡五十三縣立兄宜信侯喜爲代王。以膠東膠西臨菑濟北博陽

城陽郡七十三縣。立微時外婦之子肥爲齊王。○詔定元功十八人位次。皆曰曹參功最多。宜第一。鄂千秋進曰。參雖有野戰畧地之功。此特一時之事耳。上與楚相距五歲。失軍亡衆。跳身遁者數矣。蕭何嘗從關中遣軍補其處。又軍無見糧。何轉漕關中。給食不乏。陛下雖數亡山東。何常全關中以待陛下。此萬世之功也。今奈何以一旦之功。加萬世之功哉。何第一。參次之。上曰善。於是乃賜何帶劒履上殿。入朝不趨。上曰。吾聞進賢受上賞。封千秋爲安平侯。○夏五月。上歸櫟陽。五日一朝太公。太公家令說太公曰。天無

二日。土無二王。皇帝雖子。人主也。太公雖父。人臣也。奈何令人主拜人臣。如此。則威重不行。後上朝。太公擁篲迎門却行。上大驚。下扶太公。太公曰。帝人主。奈何以我亂天下法。於是上心善家令言。賜黃金五百斤。詔曰。人之至親。莫親於父子。故父有天下。傳歸於子。子有天下。尊歸於父。此人道之極也。前日天下大亂。兵革並起。萬民苦殃。朕親被堅執銳。自率士卒。犯危難。平暴亂。立諸侯。偃兵息民。天下大安。此皆太公之教訓也。諸王通侯將軍羣卿大夫已尊朕爲皇帝。而太公未有號。今上尊太公曰太上皇。○十一年。二

月。詔曰。蓋聞王者莫高於周文。伯者莫高於齊桓。皆待賢人而成名。今天下賢者智能。豈特古之人乎。患在人主不交故也。士奚由進。今吾以天之靈。賢士大夫定有天下。以爲一家。欲其長久。世世奉宗廟亡絕也。賢人已與我共平之矣。而不與我共安利之。可乎。賢士大夫有肯從我遊者。諸侯王郡守必身勸爲之駕。遣詣相國府。有而弗言。覺免。年老癃病勿遣。○十二年十月。帝擊布還。過沛。復其民。世世無有所與。過魯。以太牢祠孔子。○十二月。詔曰。秦皇帝楚隱王魏安釐王齊愍王趙悼襄王。皆絕亡後。其與秦始皇帝

守冢二十家楚魏齊各十家趙及魏公子無忌各五家令視其冢復亡與他事〇夏四月上擊黥布時爲流矢所中行道疾甚呂后問陛下百歲後蕭相國既死誰令代之曰曹參可問其次曰王陵可然少戇陳平可以助之陳平知有餘然難獨任周勃重厚少文然安劉氏必勃也可令爲太尉呂后復問其次上曰此後亦非乃所知也帝在位十二年享年五十三

史臣班固論曰帝不修文學而性明達好謀能聽自監門戍卒見之如舊初順民心作三章之約天下既定命蕭何次律令韓信申軍法張蒼定章程叔孫通制禮儀又與功臣剖符作誓丹書鐵券金匱石室藏之宗廟雖日不暇給規摹弘遠矣

歷代君鑑卷之六

歷代君鑑卷之七

善可爲法

西漢

文帝

太宗孝文皇帝名恒高祖中子也母曰薄氏高祖十一年立爲代王高后八年后崩諸呂謀爲亂欲危劉氏丞相陳平等迎立恒後九月至即皇帝位〇元年十二月詔曰法者治之正所以禁暴而衛善人也今犯法已論而使無罪之父母妻子同產坐之及爲收帑朕甚不取其除收帑諸相坐律令〇三月詔曰方春和時草木羣生皆有以自樂而吾百姓鰥寡孤獨窮困之人或阽於危亡而莫之省憂爲民父母將何如其議所以振貸之又曰老者非帛不煖非肉不飽今歲首不時使人存問長老又無布帛酒肉之賜將何以佐天下子孫孝養其親今聞吏稟當受鬻者或以陳粟豈稱養老之意哉具爲令有司請令縣道年八十已上賜米人月一石肉二十斤酒五斗其九十已上又賜帛人二匹絮三斤賜物及當稟鬻米者長吏閱視丞若尉致不滿九十嗇夫令史致二千石遣都吏循行不稱者督之刑者及有罪耐已上不用此令

○四月時有獻千里馬者帝曰鸞旗在前屬車在後吉行日五十里師行三十里朕乘千里馬獨先安之於是還其馬與道里費而下詔曰朕不受獻也其令四方毋來獻○夏六月帝既施惠天下諸侯四夷遠近驩洽乃修代來功詔曰方大臣誅諸呂迎朕朕狐疑皆止朕唯中尉宋昌勸朕朕已得保宗廟已尊昌為衛將軍其封昌為壯武侯諸從朕六人官皆至九卿○二年冬十月詔曰朕聞古者諸侯建國千餘各守其地以時入貢民不勞苦上下驩欣靡有違德今列侯多居長安邑遠吏卒給輸費苦而列侯亦無由

教訓其民其令列侯之國為吏及詔所止者遣太子○十一月癸卯晦日有食之帝下詔曰朕聞之天生民為之置君以養治之人主不德布政不均則天示之災以戒不治迺十一月晦日有食之適見于天災孰大焉朕獲保宗廟以微眇之身託于士民君王之上天下治亂在予一人唯二三執政猶吾股肱也朕下不能治育羣生上以累三光之明其不德大矣令至其悉思朕之過失及知見之所不及匄以啓告朕及舉賢良方正能直言極諫者以匡朕之不逮○上每朝郎從官上書疏未嘗不止輦受其言言不可用

置之言可用采之未嘗不稱善○帝從霸陵上欲西馳下峻阪中郎將袁盎騎並車擥轡上曰將軍怯邪盎曰臣聞千金之子坐不垂堂聖主不乘危不徼幸今陛下騁六飛馳下峻山有如馬驚車敗陛下縱自輕柰高廟太后何上乃止上所幸慎夫人在禁中常與皇后同席坐及幸上林布席盎引卻慎夫人坐夫人怒上亦怒盎因前說曰臣聞尊卑有序則上下和今已立后夫人乃妾妾主豈可與同坐哉且陛下獨不見人彘乎上說語夫人賜盎金五十斤○春正月上親耕籍田詔曰夫農者天下之本也其開籍田朕

親率耕以給宗廟粢盛○三月有司請立皇子為諸侯詔曰前趙幽王幽死朕甚憐之已立其太子遂為趙王遂弟辟彊及齊悼惠王子朱虛侯章東牟侯興居有功可王乃遂立辟彊為河間王章為城陽王興居為濟北王因立皇子武為代王參為太原王揖為梁王○五月詔曰古之治天下朝有進善之旌誹謗之木所以通治道而來諫者也今法有誹謗訞言之罪是使衆臣不敢盡情而上無由聞過失也將何以來遠方之賢良其除之民或祝詛上以相約而後相謾吏以為大逆其有他言又以為誹謗此細民之愚

無知抵死。朕甚不取。自今以來有犯此者勿聽治。○九月。詔曰。農天下之大本也。民所恃以生也。而民或不務本而事末。故生不遂。朕憂其然。故今茲親率羣臣農以勸之。其賜天下民今年田租之半。○十二年。春正月。詔曰。道民之路在於務本。朕親率天下農十年于今。而野不加辟。歲一不登。民有飢色。是從事焉尚寡。而吏未加務也。吾詔書數下。歲勸民種樹。而功未興。是吏奉吾詔不勤。而勸民不明也。且吾農民甚苦。而吏莫之省。將何以勸焉。其賜民今年租稅之半。又曰。孝悌天下之大順也。力田爲生之本也。三老衆民之師也。廉吏民之表也。朕甚嘉此二三大夫之行。今萬家之縣云無應令。豈實人情。是吏舉賢之道未備也。其遣謁者勞賜三老孝者帛人五匹。悌者力田二匹。廉吏二百石以上率百石者三匹。及問民所不便安。而以戶口率置三老孝悌力田常員。令各率其意以道民焉。○十三年。春二月。詔曰。朕親率天下農耕以供粢盛。皇后親桑以奉祭服。其具禮儀。○夏。除祕祝。初秦時祝官有祕祝。卽有災祥。輒移過於下。至是詔曰。禍自怨起。福由德興。百官之非。宜由朕躬。今祕祝之官移過於下。朕甚不取。其除之。○五月。除肉刑。齊太倉令淳于公有罪當刑。詔獄逮徙繫長安。太倉公無男。有女五人。將行會逮。罵其女曰。生子不生男。有緩急非有益也。其少女緹縈自傷泣。乃隨其父至長安。上書曰。妾父爲吏。齊中皆稱其廉平。今坐法當刑。妾傷夫死者不可復生。刑者不可復屬。雖復欲改過自新。其道亡繇也。妾願沒入爲官婢。贖父刑罪。使得自新。書奏天子。憐悲其意。乃下詔曰。蓋聞有虞之時。畫衣冠異章服以爲僇。而民弗犯。何則至治也。今法有肉刑三。而姦不止。其咎安在。非乃朕德薄而教不明歟。吾甚自愧。故夫訓道不純。而愚民陷焉。詩曰。愷弟君子。民之父母。今人有過。教未施而刑已加焉。或欲改行爲善。而道亡繇至。朕甚憐之。夫刑至斷支體。刻肌膚。終身不息。何其刑之痛而不德也。豈稱爲民父母之意哉。其除肉刑。有以易之。具爲令。上躬修玄默。而將相皆舊功臣。少文多質。懲惡亡秦之政。論議務在寬厚。恥言人之過失。化行天下。告訐之俗易。吏安其官。民樂其業。畜積歲增。戶口寖息。風流篤厚。禁網疏闊。罪疑者予民。是以刑罰大省。至於斷獄四百。有刑錯之風焉。○六月。除田之租稅。詔曰。農天下之本。務莫大焉。今勤身從事。而有租稅之賦。是爲本末者無以異也。其除之○十四年冬。上輦過郎署。問郎署長馮唐曰。父家安在。對曰。趙人。上曰。吾居代時。尚食監高袪數為我言趙將李齊之賢。戰於鉅鹿下。今吾每飯。意未嘗不在鉅鹿也。父知之乎。對曰。尚不如廉頗李牧之為將也。上搏髀曰。嗟乎。吾獨不得頗牧為將。吾豈憂匈奴哉。唐曰。陛下雖得之。不能用也。上曰。公何以知之。對曰。上古王者之遣將也。跪而推轂曰。閫以内者寡人制之。閫以外者將軍制之。軍功爵賞皆決於外。歸而奏之。此非虛言也。李牧為趙將軍市租皆自用饗士。賞賜不從中覆。委任而責成功。故牧得盡其智能。而趙幾霸。今臣竊聞魏尚為雲中守。其軍市租盡以饗士卒。私養錢自饗賓客軍吏舍人。是以匈奴遠避。不近雲中之塞。虜曾一入。尚擊之。所殺甚衆。夫士卒起田中從軍。安知尺籍伍符。終日力戰。斬首捕虜。上功幕府。一言不相應。文吏以法繩之。其賞不行。而法必用。且尚坐上功首虜差六級。陛下下之吏。削其爵。罰作之。由此言之。陛下雖得頗牧。弗能用也。上說。是日令唐持節赦魏尚。復以為雲中守。而拜唐為車騎都尉○春。增諸祀壇場珪幣。詔曰。朕獲執犧牲珪幣以事上帝宗廟。十四年于今。歷

日彌長。以不敏不明而久撫臨天下。朕甚自媿。其廣增諸祀壇場珪幣。昔先王遠施不求其報。望祀不祈其福。右賢左戚。先民後己。至明之極也。今吾聞祠官祝釐。皆歸福於朕躬。不為百姓。朕甚媿之。夫以朕之不德。而專鄉獨美其福。百姓不與焉。是重吾不德也。其令祠官致敬。無有所祈○後元年冬十月。詔御史曰。間者數年不登。又有水旱疾疫之災。朕甚憂之。意朕之政有所失而行有過與。何以致此。夫度田非益寡。計民未加益。而食之甚不足者。無乃百姓之從事於末以害農者蕃。為酒醪以靡穀者多。六畜之食焉者衆與。其與丞相列侯吏二千石博士議之。有可以佐百姓者。率意遠思。無有所隱○秋八月。丞相張蒼免。帝以后弟廣國賢有行。欲相之。曰。恐天下以吾私廣國。久念不可。而申屠嘉故以材官蹶張從高帝。為人廉直。門不受私謁。遂以為丞相○六年冬。匈奴入上郡雲中。殺畧甚衆。烽火通於甘泉長安。以中大夫令免為車騎將軍屯飛狐。故楚相蘇意為將軍屯句注。將軍張武屯北地。河內太守周亞夫為將軍次細柳。宗正劉禮為將軍次霸上。祝茲侯徐厲為將軍次棘門以備胡。帝在位二十三年。享年四十六

史臣班固論曰。帝即位二十三年宮室苑囿車騎服御無所增益有不便。輒弛以利民。嘗欲作露臺。召匠計之直百金。上曰。百金中人十家之產也。吾奉先帝宮室常恐羞之。何以臺為。身衣弋綈。所幸慎夫人衣不曳地帷帳無文繡以示敦朴為天下先。治霸陵皆瓦器。不得以金銀銅錫為飾。因其山不起墳。南越尉佗自立為帝。召貴佗兄弟以德懷之。佗遂稱臣與匈奴結和親後而背約入盜。令邊備守不發兵深入。恐煩百姓。吳王詐病不朝賜以几杖。羣臣袁盎等諫說雖切。常假借納用焉。張武等受賂金錢覺。更加賞賜以愧其心。專務以德化民是以海內殷富興於禮樂斷獄數百幾致刑錯。嗚呼仁哉

景帝

孝景皇帝名啓。文帝太子也。母曰竇皇后。文帝元年春三月。立為皇太子。文帝崩即皇帝位○元年冬十月。詔曰。蓋聞古者祖有功而宗有德。制禮樂各有由。歌者所以發德也。舞者所以明功也。高廟酎奏武德文始五行之舞。孝惠廟酎奏文始五行之舞。孝文皇帝臨天下。通關梁不異遠方。除誹謗去肉刑賞賜長老收恤孤獨以遂羣生。減耆欲不受獻罪人不帑不誅亡罪不私其利也。除宮刑出美人重絕人之世也。朕既不敏不能勝識此皆上世之所不及而孝文皇帝親行之德厚侔天地利澤施四海靡不獲福明象乎日月而廟樂不稱朕甚懼焉其為孝文皇帝廟為昭德之舞以明休德然后祖宗之功德施于萬世永永無窮朕甚嘉之其與丞相列侯中二千石禮官具禮儀奏丞相嘉等奏功莫大於高皇帝德莫盛於孝文皇帝高皇帝宜為太祖之廟孝文皇帝宜為太宗之廟天子世世獻郡國宜各立太宗廟制曰可○中五年九月詔曰獄者人之大命死者不可復生朕甚憫之諸獄疑若雖文致於法而於人心不厭者輒讞之○六年初上減笞法笞者猶不全乃更減笞三百曰二百笞二百曰一百又定箠令箠長五尺其本大一寸竹也末薄半寸皆平其節當笞者笞臀畢一罪乃更人自是笞者得全○後元年春正月詔曰獄重事也人有智愚官有上下獄疑者讞有司有司所不能決移廷尉讞而後不當讞者不為失欲令治獄者務先寬○二年夏四月詔曰雕文刻鏤傷農事者也錦繡纂組害女工者也農事傷則飢之本女工害則

寒之原也夫飢寒並至而能亡為非者寡矣朕親耕
后親桑以奉宗廟粢盛祭服為天下先不受獻減太
官省繇賦欲天下務農蠶素有蓄積以備災害彊毋
攘弱衆毋暴寡老耆以壽終幼孤得遂長今歲或不
登民食頗寡其咎安在或詐偽為吏以貨賂為市漁
奪百姓侵牟萬民縣丞長吏也姦法與盜盜甚無謂
也其令二千石各修其職不事官職耗亂者丞相以
聞請其罪○三年春正月詔曰農天下之本也黃金
珠玉飢不可食寒不可衣間歲或不登意為末者衆
農民寡也其令郡國務勸農桑益種樹可得衣食物
吏發民若取庸采黃金珠玉者坐臧為盜二千石聽
者與同罪帝在位十六年享年四十八

史臣班固論曰漢興掃除煩苛與民休息至于孝
文加之以恭儉孝景遵業五六十載之間至於移
風易俗黎民醇厚周云成康漢言文景美矣

歷代君鑒卷之七

歷代君鑒卷之八

善可為法

西漢

武帝

世宗孝武皇帝名徹景帝中子也母曰王美人景帝
四年立為膠東王七年為皇太子後三年景帝崩即
皇帝位尊母王氏為皇太后○建元元年冬十月舉
賢良方正直言極諫之士上親策問之廣川董仲舒
對策三篇上善其對以仲舒為江都相丞相衛綰因
奏所舉賢良或治申韓蘇張之言亂國政者請皆罷
奏可○三年冬十月中山王勝來朝時議者多寃鼂
錯之策務摧抑諸侯王數奏暴其過惡吹毛求疵諸
侯王莫不悲怨至是置酒勝聞樂聲而泣上問其故
勝具以吏所侵聞上乃厚諸侯之禮省有司所奏諸
侯事加親親之恩焉○九月上招選天下文學材智
之士簡拔其俊異者寵用之莊助朱買臣吾丘壽王
司馬相如東方朔枚皋終軍等並在左右每令與大
臣辯論中外相應以義理之文大臣數屈焉○六年
秋以汲黯為主爵都尉始黯為謁者以數切諫不得
留內遷為東海守歲餘東海大治召為主爵都尉其

治務在無為引大體不拘文法為人性倨少禮面折不能容人之過時天子方招文學嘗曰吾欲云云黯對曰陛下內多欲而外施仁義柰何欲效唐虞之治乎上怒罷朝謂左右曰甚矣汲黯之戇也羣臣或數黯黯曰天子置公卿輔弼之臣寧令從諛承意陷主於不義乎且已在其位縱愛身柰辱朝廷何黯多病賜告者數不愈莊助復為請告上曰汲黯何如人哉助曰使黯任職居官無以踰人然至其輔少主守成深堅招之不來麾之不去雖自謂賁育亦不能奪之矣上曰然古有社稷之臣至如黯近之矣○元光五年八月徵吏民有明當世之務習先聖之術者縣次續食令與計偕菑川人公孫弘對策上擢為第一拜博士待詔金馬門○元朔元年冬定二千石不舉孝廉法詔曰朕深詔執事興廉舉孝庶幾成風紹休聖緒夫十室之邑必有忠信三人並行厥有我師今或至闔郡而不薦一人是化不下究而積行之君子雍於上聞也且進賢受上賞蔽賢蒙顯戮古之道也其議二千石不舉者罪有司奏不舉孝不奉詔當以不敬論不察廉不勝任也當免奏可○秋臨菑人主父偃西入關上書闕下朝奏暮召入偃同郡嚴安無終

徐樂亦上書書奏召見謂曰公等皆安在何相見之晚也皆拜為郎中偃尤親幸一歲中凡四遷為中大夫○二年三月主父偃說上曰天下豪桀并兼亂衆之民皆可徙茂陵內實京師外銷姦猾此所謂不誅而害除上從之軹人郭解關東大俠也亦在徙中衛青為言郭解家貧不中徙上曰解布衣權至使將軍為言此其家不貧卒徙解家○上欲以孔臧為御史大夫臧辭曰臣世以經學為業乞為太常與臣家業與從弟侍中安國綱紀古訓使永垂來嗣上乃以為太常其禮賜如三公○五年春匈奴右賢王數侵擾朔方上令車騎將軍衛青將三萬騎出高闕將軍蘇建李沮公孫賀李蔡俱出朔方李息張次公俱出右北平凡十餘萬人皆領屬青擊匈奴右賢王飲醉青等夜至圍之右賢王驚潰圍北去得裨王十餘人衆萬五千餘人畜數十百萬於是引兵還上使使者持大將軍印即軍中拜青為大將軍諸將皆屬益封八千七百户封青三子諸將校尉七人為列侯○夏六月詔曰蓋聞導民以禮風之以樂今禮壞樂崩朕甚閔焉其令禮官勸學興禮以為天下先於是丞相弘等奏請為博士官置弟子五十人復其身第其高下

以補郎中文學掌故即有秀才異等輒以名聞其不事學若下材輒罷之又吏通一藝以上者請皆選擇以補右職上從之自此公卿大夫士彬彬多文學之士矣○元狩二年春以霍去病爲票騎將軍將萬騎出隴西擊匈奴轉戰六日過焉支山千餘里斬首虜獲甚衆收休屠王祭天金人夏復與公孫敖將數萬騎俱出北地張騫李廣俱出右北平去病深入二千餘里踰居延過小月氏至祁連山斬首三萬虜獲尤多益封五千户○元封五年夏上以名臣文武欲盡乃下詔曰蓋有非常之功必待非常之人故馬或奔踶而致千里士或有負俗之累而立功名夫泛駕之馬跅弛之士亦在御之而已其令州郡察吏民有茂材異等可爲將相及使絶域者○太初元年夏五月太中大夫公孫卿壺遂太史令司馬遷等言歷紀壞廢宜改正朔兒寬議以爲宜用夏正乃詔卿等造漢太初歷以正月爲歲首色尙黄數用五定官名協音律定宗廟百官之儀以爲典常垂之後世○征和四年三月上耕于鉅定還幸泰山修封禪祀明堂見羣臣乃言曰朕即位以來所爲狂悖使天下愁苦不可追悔自今事有傷害百姓縻費天下者悉罷之田千

秋曰方士言神仙者甚衆而無顯功請皆罷斥遣之上曰大鴻臚言是也於是悉罷諸方士候神人者是後上每對羣臣自歎曏時愚惑爲方士所欺天下豈有仙人盡妖妄耳節食服藥差可少病而已宋儒胡寅曰人莫難於知過莫難於悔過莫甚難於改過迷而不知者皆是也若漢武帝行年六十有八然後知往日之非而悉改之雖云不敏然其去不知過而遂非者遠矣嗚呼此眞可爲帝王屢仁遷義之法也哉○夏六月以田千秋爲丞相封富民侯以趙過爲搜粟都尉先是桑弘羊言輪臺東有溉田五千頃以上可遣屯田卒置校尉募民壯健敢徙者詣田所墾田築亭以威西國上乃下詔深陳既往之悔曰前有司奏欲益民賦三十助邊用是重困老弱孤獨也今又請遣卒田輪臺輪臺西於車師千餘里前擊車師雖降其王以遼遠乏食道死者尚數千人況益田乎匈奴常言漢極大然不耐饑渴失一狼走千羊乃者貳師敗軍士死畧離散悲痛常在朕心今又請遠田輪臺欲起亭隧是擾勞天下非所以優民也朕不忍聞大鴻臚等又議欲募囚徒送匈奴使者明封侯之賞以報忿此五伯所不爲也當今務在禁苛暴止擅賦

力本農。修馬復令。以補缺。毋乏武備而已。郡國二千石各上進畜馬方畧補邊狀。與計對。自是不復出軍。而封田千秋為富民侯。以明休息思富養民也。又以趙過為搜粟都尉。過教民為代田。一畮三甽。歲代處。故曰代田。每耨輒附根。根深能風旱。其耕耘田器皆有便巧。用力少而得穀多。民皆便之。宋儒司馬光論曰。天下信未嘗無士也。武帝好四夷之功。而勇銳輕死之士充滿朝廷。闢土廣地無不如意。及後息民重農。而趙過之儔教民耕耘。民亦被其利。此一君之身。趣好殊別。而士輒應之。使武帝兼三王之量以興商周之治。其無三代之臣乎。帝在位五十四年。享年七十一

史臣班固論曰。漢承百王之弊。高祖撥亂及正。文景務在養民。至于稽古禮文之事。猶多闕焉。孝武初立。卓然罷黜百家。表章六經。遂疇咨海內。舉其俊茂。與之立功。興太學。修郊祀。改正朔。定歷數。協音律。紹周後。號令文章。煥然可述。如武帝之雄材大畧。不改文景之恭儉以濟斯民。雖詩書所稱何有加焉

歷代君鑒卷之八

歷代君鑒卷之九

善可為法

西漢

昭帝

孝昭皇帝名弗陵。武帝少子也。母鉤弋夫人趙氏。生帝有奇異。武帝末。戾太子敗。後元二年二月立為皇太子。帝崩。即皇帝位○元鳳元年春。泗水戴王前薨。以無嗣國除。後宮有遺腹子煖。相內史不奏言。上聞而憐之。立煖為泗水王。相內史皆下獄○徵郡國有行義者韓福等五人至長安。賜帛人五十匹。遣歸。詔曰。朕閔勞以官職之事。其務修孝弟以教鄉里。令郡縣以正月賜羊酒。有不幸者賜衣被一襲。祠以中牢○八月。鄂邑長公主燕王旦左將軍上官桀子五騎將軍安御史大夫桑弘羊與大司馬大將軍霍光有隙。皆怨恨光。詐令人為燕王旦上書。言光出都肄郎羽林。道上稱蹕。擅調益莫府校尉。專權自恣。疑有非常。候伺光出沐日奏之。桀欲從中下其事。弘羊當與諸大臣共執退光。書奏。帝不肯下。明旦。光聞之。止畫室中不入。上問大將軍安在。桀對曰。以燕王告其罪。故不敢入。有詔召大將軍。光入。免冠頓首謝。上曰。將

軍冠朕知是書詐也將軍無罪光曰陛下何以知之上曰將軍之廣明都郎屬耳調校尉以來未能十日燕王何以得知之且將軍為非不須校尉是時帝年十四尚書左右皆驚而上書者果亡捕之甚急桀等懼白上小事不足遂上不聽後桀黨有譖光者上輒怒曰大將軍忠臣先帝所屬以輔朕身敢有毁者坐之自是桀等不敢復言○四年夏五月孝文廟正殿火上及羣臣皆素服發中二千石將五校作治六日成○元平元年春二月詔曰天下以農桑為本日者省用罷不急官減外繇耕桑者益衆而百姓未能家給朕甚愍焉其減口賦錢有司奏請減什三上許之

帝在位十三年享年二十二

宋儒司馬光論曰帝以童穉之年辨霍光之忠何天資之明也享國不永惜哉

宣帝

中宗孝宣皇帝初名病已後改名詢武帝曾孫也母王氏昭帝崩無嗣迎立昌邑王賀淫戲無度霍光奏太后廢之迎立帝嗣孝昭皇帝後○本始元年夏四月詔曰故皇太子在湖未有號謚歲時祠其議謚置園邑有司奏禮為人後者為之子也故降其父母不得祭尊祖之義也陛下為孝昭皇帝後承祖宗之祀親謚宜曰悼母曰悼后故皇太子謚曰戾史良娣曰戾夫人皆改葬焉○霍光既誅上官桀遂以刑罰痛繩羣下由是俗吏皆尚嚴酷而河南丞黃霸獨用寬和為名上在民間時知百姓苦吏急也聞霸持法平乃召以為廷尉正數決疑獄庭中稱平○地節三年春三月詔曰蓋聞有功不賞有罪不誅雖唐虞猶不能以化天下今膠東相王成勞來不怠流民自占八萬餘口治有異等之效其賜成爵關內侯秩中二千石○秋九月地震詔求直言省京師屯兵罷郡國宮館假貸貧民曰乃者地震朕甚懼焉有能箴朕過失以匡不逮毋諱有司朕既不德不能附遠是以邊境屯戍未息今復飭兵重屯久勞百姓非所以綏天下也其罷車騎右將軍屯兵池籞未御幸者假與貧民郡國宮館勿復修治流民還歸者假公田貸種食且勿筭事○冬十二月置廷尉平初孝武之世張湯趙禹之屬條定法令作見知故縱監臨部主之法緩深故之罪急縱出之誅其後轉相比況禁網寖密律令煩苛典者不能徧覩姦吏因緣為市議者咸寃傷之上在閭閻知其若此會廷尉史路溫舒上書以為秦

有十失其一尚存治獄之吏是也上善其言詔以廷史任輕祿薄其廷尉平秩六百石員四人每季秋後請讞時上常幸宣室齋居而決事刑獄號為平矣○四年夏五月詔曰父子夫婦天性也雖有患禍猶蒙死而存之誠愛結於心豈能違之自今子匿父母妻匿夫孫匿大父母皆勿坐○九月詔曰令甲死者不可生刑者不可息此先帝之所重而吏未稱今繫者或以掠辜若飢寒瘐死獄中何用心逆人道也朕甚痛之其令郡國歲上繫囚以掠笞若瘐死者所坐名縣爵里丞相御史殿最以聞○以朱邑為大司農邑

少為桐鄉嗇夫廉平不苛以愛利為行未嘗笞辱人存問孤老吏民愛敬之遷北海太守以治行第一入為大司農敦厚篤於故舊公正不可交以私身為列卿居處節儉祿賜以共族黨家無餘財及卒上下詔稱揚賜其子金百斤以奉祀○元康二年夏五月詔曰獄者萬民之命能使生者不怨死者不恨則可謂文吏矣今則不然用法或持巧心析律貳端深淺不平增辭飾非以成其罪奏不如實上亡由知二千石各察官屬勿用此人吏或擅興徭役飾廚傳稱過使客越職踰法以取名譽譬猶踐薄冰以待白日豈不

殆哉天下頗被疾疫之災其令被災甚者毋出今年租賦○帝以蕭望之經明持重論議有餘材任宰相欲詳試其政事復以為左馮翊望之從少府出為左遷即移病上使侍中諭意曰所用皆更治民以考功君前為平原太守日淺故復試之於三輔非有所聞也望之即起視事○三年春三月封丙吉等為列侯故人阿保賜物有差丙吉為人深厚不伐善自曾孫遭遇絕口不道前恩會掖庭宮婢自陳嘗有阿保之功辭引使者丙吉知狀上親見問然後知吉有舊恩而終不言大賢之初張賀嘗為弟安世稱皇曾孫之

材美及徵怪安世輒絕止以為少主在上不宜稱述曾孫及帝即位而賀已死上謂安世曰掖庭令平生稱我將軍止之是也至是下詔曰朕微眇時丙吉史曾許舜皆有舊恩張賀輔導朕躬修文學經術恩惠卓異厥功茂焉詩不云乎無德不報封賀子彭祖及吉曾舜皆為列侯故人下至郡邸獄復作嘗有阿保之功者皆受官祿田宅財物各以恩淺深報之○神爵三年八月益小吏俸詔曰吏不廉平則治道衰今小吏皆勤事而俸祿薄欲無侵漁百姓難矣其益吏百石以上俸十五○甘露三年春正月上以戎狄賓

服思股肱之美乃圖畫其人於麒麟閣署其官爵姓
名唯霍光不名曰大司馬大將軍博陸侯姓霍氏其
次張安世韓增趙充國魏相丙吉杜延年劉德梁丘
賀蕭望之蘇武凡十一人皆以功德知名當世是以
表而揚之明著中興輔佐列於方叔召虎仲山甫焉
○詔諸儒講五經異同太子太傅蕭望之等平奏上
親稱制臨決焉廼立梁丘易大小夏侯尚書穀梁春
秋博士○帝興于閭閻知民事之艱難霍光既薨始
親政事厲精為治五日一聽事自丞相以下各奉職
奏事敷奏其言考試功能侍中尚書功勞當遷及有
異善厚加賞賜至于子孫終不改易樞機周密品式
備具上下相安莫有苟且之意及拜刺史守相輒親
見問觀其所由退而考察所行以質其言有名實不
相應必知其所以然常稱曰庶民所以安其田里而
亡愁歎怨恨之心者政平訟理也與我共此者其唯
良二千石乎以為太守吏民之本數變易則下不安
民知其將久不可欺罔乃服從其教化故二千石有
治理效輒以璽書勉厲增秩賜金或爵至關內侯公
卿缺則選諸所表以次用之是以漢世良吏於是為
盛稱中興焉帝在位二十五年享年四十二

史臣班固論曰孝宣之治信賞必罰綜核名實政
事文學法理之士咸精其能至于技巧工匠器械
自元成間鮮能及之亦足以知吏稱其職民安其
業也遭值匈奴乖亂推亡固存信威北夷單于慕
義稽首稱藩功光祖宗業垂後嗣可謂中興侔德
殷宗周宣矣

歷代君鑒卷之九

歷代君鑑卷之十

善可為法

東漢

光武

世祖光武皇帝諱秀。字文叔。南陽蔡陽人。高祖九世之孫。實景帝子長沙定王發之後。南頓令欽之子也。恢廓大度。仁明勇畧。王莽末。羣盜蜂起。帝起兵於宛。及大敗莽將王邑於昆陽。更始拜為破虜大將軍。封武信侯。又以破邯鄲誅王郎有功。立為蕭王。建武元年即皇帝位○夏。帝遣吳漢率耿弇景丹等十三將軍追尤來等。斬首萬三千級。遂窮追至浚靡而還。賊散入遼西遼東。為烏桓貊人所鈔擊畧盡。都護將軍賈復與五校戰於真定。復傷創甚。帝大驚曰。我所以不令賈復別將者。為其輕敵也。果然失吾名將。聞其婦有孕。生女邪我子娶之。生男邪我女嫁之。不令其憂妻子也。復病尋愈。追及帝於薊。相見甚驩○初更始以琅邪伏湛為平原太守。時天下兵起。湛獨晏然撫循百姓。門下督謀為湛起兵。湛收斬之。於是吏民信向。平原一境賴湛以全。帝徵湛為尚書。使典定舊制○宛人卓茂寬仁恭愛。恬蕩樂道。雅實不為華貌。行己在於清濁之間。自束髮至白首。未嘗與人有爭競。鄉黨故舊雖行能與茂不同。而皆愛慕欣欣焉。哀平間為密令。視民如子。舉善而教。口無惡言。吏民親愛。不忍欺之。數年教化大行。道不拾遺。遷京部丞。密人老少皆啼泣隨送。及王莽居攝。以病免歸。帝即位。先訪求茂。茂時年七十餘。詔曰。夫名冠天下。當受重賞。今以茂為太傅。封褒德侯。宋儒司馬光論曰。孔子稱舉善而教不能則勸。是以舜舉皋陶。湯舉伊尹。而不仁者遠。有德故也。光武即位之初。群雄競逐。四海鼎沸。摧堅陷敵之人。權畧詭辯之士。方見重於世。而獨能取忠厚之人。旌循良之吏。拔於草萊之中。置諸群公之首。宜其光復舊物。享祚久長。蓋由知所先務而得其本原故也○二年。春正月。帝遣大司馬吳漢率王梁等九將軍擊檀鄉賊於鄴東。大破降之。悉封功臣為列侯。大國四縣。餘各有差。下詔曰。人情得足。苦於放縱。快須臾之欲。忘慎罰之義。諸將業遠功大。誠欲傳於無窮。宜如臨深淵。如履薄冰。戰戰慄慄。日慎一日。其顯效未酬。名籍未立者。大鴻臚趣上。朕將差而錄之。博士丁恭議曰。古帝王封諸侯不過百里。故利以建侯。取法於雷。彊榦弱枝。所以為治也。今封諸侯四縣不合古制帝曰古之亡國皆以無道未嘗聞功臣地多而滅亡者乃遣謁者即授印綬策曰在上不驕高而不危制節謹度滿而不溢敬之戒之傳之子孫長為漢藩○三月大赦天下詔曰頃獄多冤用刑刻深朕甚愍之孔子云刑罰不中則民無所措手足其與中二千石諸大夫博士議郎議省刑罰○秋賈復部將殺人於潁川潁川太守寇恂捕得繫獄時尚草創軍營犯法率多相容恂戮之於市復以為恥還過潁川謂左右曰吾為寇恂所陷見必手劒之恂以狀聞帝乃徵恂恂至引見時賈復先在坐起相避帝曰天下未定兩虎安得私鬬今日朕分之於是並坐極歡遂共車同出結友而去○鄧禹自馮愔叛後威名稍損又乏糧食戰數不利歸附者日益離散赤眉延岑暴亂三輔郡縣大姓各擁兵衆禹不能定帝乃遣偏將馮異代禹討之車駕送至河南勑異曰三輔遭王莽更始之亂重以赤眉延岑之酷元元塗炭無所依訴將軍今奉辭討諸不軌營堡降者遣其渠帥詣京師散其小民令就農桑壞其營壁無使復聚征伐非必畧地屠城要在平定安集之耳諸將非不健鬬然好虜掠卿本能御吏士念自修勑無為郡縣所苦異頓首受命引而西所至布威信群盜多降

宋儒司馬光論曰昔周人頌武王之德曰鋪時繹思我徂惟求定言王者之兵志在布陳威德安民而已觀光武之所以取關中用是道也豈不美哉○十二月詔曰惟宗室列侯為王莽所廢先靈無所依歸朕甚愍之若侯身已歿屬所上其子孫見名尚書封拜○四年冬隗囂使馬援往觀公孫述援素與述同里閈相善以為既至當握手歡如平生而述盛陳陛衛以延援入交拜禮畢使出就館會百官於宗廟中立舊交位述鸞旗旄騎警蹕就車磬折而入禮饗官屬甚盛欲授援以封侯大將軍位賓客皆樂留援曉之曰天下雄雌未定公孫述不吐哺走迎國士與圖成敗反修飾邊幅如偶人形何足久稽天下士乎因辭歸謂囂曰子陽井底蛙耳而妄自尊大不如專意東方囂乃使援奉書雒陽援初到良久中黃門引入帝在宣德殿南廡下但幘坐迎笑謂援曰卿遨遊二帝間今見卿使人大慚援頓首拜謝因曰當今之世非但君擇臣臣亦擇君矣臣與公孫述同縣少相善臣前至蜀述陛戟而後進臣臣今遠來陛下何知非刺客姦人而簡易若是帝復笑曰卿非刺客顧說客耳

撥曰天下反覆盜名字者不可勝數今見陛下恢廓大度同符高祖乃知帝王自有眞也○五年夏四月旱蝗詔曰久旱傷麥秋種未下將殘吏未勝獄多冤結元元愁恨感動天氣乎其令中都官三輔郡國出繫囚罪非犯殊死一切勿按見徒免爲庶人務進柔良退貪酷各正厥事焉○隗囂使辯士張玄說竇融等曰更始事已成尋復亡滅此一姓不再興之效也今即有所主便相係屬一旦拘制自令失柄後有危敗雖悔無及方今豪桀競逐雌雄未決當各據土宇與隴蜀合從高可爲六國下不失尉佗融等召豪桀議之其中識者皆曰今皇帝姓名見於圖書自前世博物道術之士谷子雲夏賀良等皆言漢有再受命之符故劉子駿改易名字冀應其占及莽末西門君惠謀立子駿事覺被殺出謂觀者曰讖文不誤劉秀眞汝主也此皆近事暴著衆所共見者也況今稱帝者數人而雒陽土地最廣甲兵最彊號令最明觀符命而察人事他姓殆未能當也衆議或同或異融遂決策東向遣長史劉鈞等奉書詣雒陽先是帝亦發使遺融書以招之遇鈞於道即與俱還帝見鈞歡甚禮饗畢乃遣令還賜融璽書曰今益州有公孫子陽天水有隗將軍方隴蜀相攻權在將軍舉足左右便有輕重以此言之欲相厚豈有量哉欲遂立桓文輔微國當勉卒功業欲三分鼎足連衡合從亦宜以時定天下未并吾與汝絕域非相吞之國今之議者必有任囂教尉佗制七郡之計王者有分土無分民自適己事而已因授融涼州牧璽書至河西河西皆驚以爲天子明見萬里之外○冬十月初起太學車駕還宮幸太學稽式古典修明禮樂煥然文物可觀矣○十一月馮異治關中出入三歲上林成都人有上章言異威權至重百姓歸心號爲咸陽王帝以章示異異惶懼上書陳謝詔報曰將軍之於國家義爲君臣恩猶父子何嫌何疑而有懼意○六年春馮異自長安入朝帝謂公卿曰是我起兵時主簿也爲吾披荊棘定關中既罷賜珍寶錢帛詔曰倉卒蕪蔞亭豆粥虖沱河麥飯厚意久不報○十二月詔曰頃者師旅未解用度不足故行十一之稅今糧儲差積其令郡國收見田租三十稅一如舊○七年春三月晦日有食之帝避正殿寢兵不聽事五日詔曰吾德薄致災譴見日月戰慄恐懼夫何言哉今方念愆庶消厥咎其令有司各修職任奉遵法度惠茲元元百僚各

上封事無有所諱。其上書不得言聖○九年。春正月。潁陽成侯祭遵薨於軍。戒臨終薄葬。問以家事終無所言。帝愍悼之尤甚。遵喪至河南車駕素服臨之望哭哀慟。還幸城門閱過喪車。涕泣不能已。喪禮成復祠以太牢。詔大長秋河南尹護喪事。大司農給費。至葬車駕復臨之。既葬又臨其墳。存見夫人室家。其後朝會。帝每歎曰。安得憂國奉公如祭征虜者乎○十二年。冬十二月。帝以睢陽令任延為武威太守。親見戒之曰。善事上官無失名譽。延對曰。臣聞忠臣不和。和臣不忠。履正奉公臣子之節。上下雷同非陛下之福。善事上官臣不敢奉命。帝歎曰。卿言是也○十三年。春正月。詔曰。郡國獻異味。其令大官勿復受。遠方口實所以薦宗廟自如舊制。時異國有獻名馬者日行千里。又進寶劒價直百金。詔以劒賜騎士。馬駕鼓車。帝雅不喜聽音樂。手不持珠玉。嘗出獵車駕夜還。上東門候汝南郅惲拒關不開。帝令從者見面於門間。惲曰。火明遼遠。遂不受詔。帝乃回從東中門入。明日惲上書諫曰。昔文王不敢槃于遊田。以萬民惟正之供。而陛下遠獵山林。夜以繼晝。其如社稷宗廟何。書奏。賜惲布百匹。貶東中門候為參封尉○夏四月。

帝大饗將士功臣。增邑更封。凡三百六十五人。其外戚恩澤封者四十五人。定封鄧禹為高密侯食四縣。李通為固始侯。賈復為膠東侯食六縣。餘各有差。已歿者益封其子孫。或更封支庶。帝在兵間久厭武事。且知天下疲耗思樂息肩。自隴蜀平後非警急未嘗復言軍旅。皇太子嘗問攻戰之事。帝曰。昔衛靈公問陳。孔子不對。此非爾所及。鄧禹賈復知帝偃干戈修文德。不欲功臣擁衆京師。乃去甲兵敦儒學。帝亦思念欲完功臣爵土。不令以吏職為過。遂罷左右將軍。耿弇等亦上大將軍將軍印綬。皆以列侯就第。加位特進奉朝請。帝方以吏事責三公。故功臣並不用。是時列侯唯高密固始膠東三侯與公卿參議國家大事。恩遇甚厚。帝雖制御功臣。而每回容宥其小失。遠方貢珍甘。必先徧賜諸侯。而大官無餘。故皆保其福祿無誅譴者○十六年。秋九月。郡國大姓及兵長群盜處處並起攻劫。所在害殺長吏。郡縣追討到則解散。去復屯結。青徐幽冀四州尤甚。冬十月。遣使者下郡國。聽盜自相糾擿。五人共斬一人者除其罪。吏雖逗留迴避故縱。皆勿問。聽以禽討為效。其牧守令長坐界內盜賊而不收捕者。又以畏愞捐城委守者皆不以為負。但取獲賊多少為殿最。惟蔽匿者乃罪之。於是更相追捕。賊並解散。徙其渠帥於他郡。賦田受稟。使安生業。自是牛羊放牧。邑門不閉○十九年。帝以沛國桓榮為議郎。使授太子經。車駕幸太學。會諸博士論難於前。榮辯明經義。每以禮讓相厭。不以辭長勝人。儒者莫之及○陳留董宣為雒陽令。湖陽公主蒼頭白日殺人。因匿主家。吏不能得。及主出行。以奴驂乘。宣於夏門亭候之。駐車叩馬。以刀畫地。大言數主之失。叱奴下車。因格殺之。主即還宮訴帝。帝大怒。召宣欲箠殺之。宣叩頭曰。願乞一言而死。帝曰。欲

何言。宣曰。陛下聖德中興。而主縱奴殺人。將何以治天下乎。臣不須箠。請得自殺。即以頭擊楹。流血被面。帝令小黃門持之。使宣叩頭謝主。宣不從。彊使頓之。宣兩手據地。終不肯俯。主曰。文叔為白衣時。藏亡匿死。吏不敢至門。今為天子。威不能行一令乎。帝笑曰。天子與白衣不同。因敕彊項令出。賜錢三十萬。宣悉以班諸吏。由是能搏擊豪强。京師莫不震慄○二十六年春正月。增百官奉。千石以上減於西京。六百石以下增於舊秩○初作壽陵。帝曰。古者帝王之葬。皆陶人瓦器。木車茅馬。使後世之人不知其處。太宗識

終始之義。景帝能述遵孝道。遭天下反覆。而霸陵獨完受其福。豈不美哉。今所制地不過二三頃。無為山陵陂池。裁令流水而已。使迭興之後。與丘隴同體○二十七年秋。帝大會群臣。問誰可傅太子者。群臣承望帝意。皆言太子舅執金吾原鹿侯陰識可。博士張佚正色曰。今陛下立太子。為陰氏乎。為天下乎。即為陰氏。則陰侯可。為天下。則固宜用天下之賢才。帝稱善曰。欲置傅者為太子也。今博士不難正朕。况太子乎。即拜佚為太子太傅。以博士桓榮為少傅。賜以輜車乘馬○中元元年夏。京師醴泉涌出。飲之者固

疾皆愈。又有赤草生於水崖。郡國頻上甘露。群臣奏言。地祇靈應而朱草萌生。孝宣帝每有嘉瑞。輒以改元。神爵、五鳳、甘露、黃龍。列為年紀。蓋以感致神祇。表彰德信。是以化致昇平。稱為中興。今天下清寧。靈物仍降。陛下情存損挹。推而不居。豈可使祥符顯慶沒而無聞。宜令太史撰集。以傳來世。帝不納。常自謙無德。每郡國所上。輒抑而不當。故史官罕得記焉。帝每旦視朝。日昃乃罷。數引公卿郎將講論經理。夜分乃寢。皇太子見帝勤勞不怠。乘間諫曰。陛下有禹湯之明。而失黃老養性之福。願頤愛精神。優游自寧。帝曰。

我自樂此，不為疲也。雖以征伐濟大業，及天下既定，乃退功臣而進文吏，明慎政體，總攬權綱，量時度力，舉無過事，故能恢復前烈，身致太平。在位三十三年。壽六十二

歷代君鑒卷之十

歷代君鑒卷之十一

善可為法

東漢

明帝

顯宗孝明皇帝，諱莊。光武第四子也。母陰皇后。生而豐下。十歲能通孝經。光武奇之，建武十五年封東海公。十七年進爵為王。十九年立為皇太子。師事桓榮，通尚書。中元二年即皇帝位○夏四月。詔曰。高密侯禹，元功之首，東平王蒼寬博有謀，其以禹為太傅。蒼為驃騎將軍。蒼懇辭。帝不許，又詔驃騎將軍置長史掾史員四十人。位在三公上。蒼嘗薦西曹掾齊國吳良。帝曰。薦賢助國，宰相之職也。蕭何舉韓信，設壇而拜，不復考試。今以良為議郎○永平元年夏五月。東海恭王彊病。帝遣使者太醫乘驛視病，絡繹不絕。詔沛王輔、濟南王康、淮陽王延詣魯省疾。彊薨。臨終上書謝恩。帝覽書悲慟。從太后出幸津門亭發哀，使大司空持節護喪，贈送以殊禮。詔楚王英、趙王栩、北海王興及京師親戚皆會葬。帝追惟彊深執謙儉，不欲厚葬以違其志，於是特詔遣送之物務從約省，以彰王卓爾獨行之志。將作大匠留起陵廟○二年。冬十

月。帝幸辟雍。初行養老禮。以李躬為三老。桓榮為五
更。三老服都紵大袍。冠進賢。扶玉杖。五更亦如之。不
杖。乘輿到辟雍禮殿。御坐東廂。遣使者安車迎三老
五更於太學講堂。天子迎於門屏。交禮。道自阼階。三
老升自賓階。至階。天子揖如禮。三老升東面。三公設
几。九卿正履。天子親袒割牲。執醬而饋。執爵而酳。祝
鯁在前。祝饐在後。五更南面。三公進供。禮亦如之。禮
畢。引桓榮及弟子升堂。帝自為下說。諸儒問難於前。
冠帶縉紳之士。圜橋門而觀聽者蓋億萬計。於是詔
賜榮爵關內侯。三老五更皆以二千石祿養終厥身。
賜天下三老酒肉。帝自為太子受尚書於桓榮。及即
帝位。猶尊榮以師禮。常幸太常府。令榮坐東面。設几
杖。會百官及榮門生數百人。帝親自執業。諸生或避
位發難。帝謙曰。太師在是。既罷。悉以大官供具賜太
常家。榮每疾病。帝輒遣使存問。大官太醫相望於道。
及篤。上疏謝恩。讓還爵土。帝幸其家問起居。入街下
車。擁經而前。撫榮垂涕。賜以牀茵帷帳。衣被刀劍。榮
卒。帝親自變服臨喪送葬。賜冢塋于首陽之山○三
年春。帝思中興功臣。乃圖畫二十八將於南宮雲臺。
以鄧禹為首。次馬成。吳漢。王梁。賈復。陳俊。耿弇。杜茂。

寇恂。傅俊。岑彭。堅鐔。馮異。王霸。朱祐。任光。祭遵。李忠。
景丹。萬修。蓋延。邳彤。姚期。劉植。耿純。臧宮。馬武。劉隆。
又益以王常。李通。竇融。卓茂。合三十二人○夏。帝大
起北宮。時天旱。尚書僕射鍾離意詣闕免冠上疏曰。
昔成湯遭旱。以六事自責曰。政不節邪。使民疾邪。宮
室營邪。女謁盛邪。苞苴行邪。讒夫昌邪。竊見北宮大
作。民失農時。自古非苦宮室小狹。但患民不安寧。宜
且罷止。以應天心。帝策詔報曰。湯引六事。咎在一人。
其冠履勿謝。又敕大匠止作諸宮。減省不急。詔因謝
公卿百僚。遂應時澍雨○荆州刺史郭賀官有殊政。
帝賜以三公之服。黼黻冠旒。敕行部去襜帷。使百姓
見其容服。以彰有德○六年。春二月。王雒山出寶鼎。
獻之。詔曰。祥瑞之降。以應有德。方今政化多僻。何以
致茲。易曰。鼎象三公。豈三公奉職得其理邪。其賜三
公帛五十匹。九卿二千石半之。先帝詔書禁人上書
言聖。而間者章奏頗多浮詞。自今若有過稱虛譽。尚
書皆宜抑而不省。示不為諂子蚩也○八年。冬十月
晦。日有食之。既。詔群司勉修職事。極言無諱。於是在
位者皆上封事。各言得失。帝覽章。深自引咎。以所上
班示百官。詔曰。群臣所言。皆朕之過。民冤不能理。吏

黜不能禁而輕用民力繕修宫宇出入無節喜怒過差永覽前戒竦然兢懼徒恐薄德久而忘耳○九年帝崇尚儒學自皇太子諸王侯及大臣子弟功臣子孫莫不受經又爲外戚樊氏郭氏陰氏馬氏諸子立學於南宫號四姓小侯置五經博士師搜選高能以授其業自期門羽林之士悉令通孝經章句匈奴亦遣子入學○十一年春正月東平王蒼與諸王俱來朝月餘還國帝臨送歸宫悽然懷思乃遣使手詔賜東平國中傅曰辭别之後獨坐不樂因就車歸伏軾而吟瞻望永懷實勞我心誦及采菽以增歎息日者問東平王處家何等最樂王言爲善最樂其言甚大副是腰腹今送列侯印十九枚諸王子五歲以上能趨拜者皆令帶之○十四年夏四月窮治楚獄顔忠王平辭引隧鄉侯耿建等建等辭未嘗與忠平相見是時帝怒甚吏皆惶恐諸所連及率一切陷入無敢以情恕者侍御史寒朗心傷其寃試以建等物色獨問忠平而二人錯愕不能對朗知其詐乃上言建等無姦專爲忠平所誣疑天下無辜類多如此帝曰即如是忠平何故引之對曰忠平自知所犯不道故多虚引冀以自明帝曰即如是何不早奏對曰臣恐海

内别有發其姦者帝怒曰吏持兩端促提下捶之左右引去朗曰願一言而死帝曰誰與共爲章對曰臣獨作之帝曰何不與三府議對曰臣自知當族滅不敢多汙染人帝曰何故族滅對曰臣考事一年不能窮盡姦狀反爲罪人訟寃故知當族滅然臣所以言者誠冀陛下一覺悟而已臣見考囚在獄者咸共言妖惡大故臣子所宜同疾今出之不如入之可無後責是以考一連十考十連百又公卿朝會陛下問以得失皆長跪言舊制大罪禍及九族陛下大恩裁止於身天下幸甚及其歸舍口雖不言而仰屋竊歎莫不知其多寃無敢牾陛下言者臣今所陳誠死無悔帝意解詔遣朗出後二日車駕自幸洛陽獄録囚徒理出千餘人時天旱即大雨○十七年春正月帝當謁原陵夜夢先帝太后如平生歡既寤悲不能寐即按歷明旦日吉遂率百官上陵其日甘露降於陵樹帝令百官采取以薦會畢帝從席前伏御床視太后鏡奩中物感動悲涕令易脂澤裝具左右皆泣莫能仰視○帝遵奉建武制度無所變更后妃之家不得封侯與政館陶公主爲子求郎不許而賜錢千萬謂群臣曰郎官上應列宿出宰百里苟非其人民受其殃

是以難之公車以反支日不受章奏帝聞而怪曰民廢農桑遠來詣闕而復拘以禁忌豈為政之意乎於是遂蠲其制尚書閻章二妹為貴人章精力曉舊典久次當遷重職帝為後宮親屬竟不用是以吏得其人民安其業遠近畏服戶口滋殖焉帝在位十八年壽四十八

史臣范曄論曰明帝善刑理法令分明日晏坐朝幽枉必達內外無倖曲之私在上無矜大之色斷獄得情號居前代十二故後之言事者莫不先建武永平之政而鍾離意宋均之徒常以察慧為言夫豈弘人之度未優乎

章帝

肅宗孝章皇帝諱炟顯宗第五子也母賈貴人永平三年立為皇太子少寬容好儒術顯宗器重之十八年即皇帝位○建初元年東海王蒼上便宜三事帝報書曰間吏民奏事亦有此言但明智淺短或謂儻是復慮為非不知所定得王深策恢然意解思惟嘉謀以次奉行特賜王錢五百萬○四年冬十一月詔太常將大夫博士郎官及諸儒會白虎觀議五經同異使五官中郎將魏應承制問侍中淳于恭奏帝親稱制臨決作白虎議奏名儒丁鴻樓望成封桓郁班固賈逵及廣平王羡皆與焉○五年夏五月以直言士補外官詔曰朕思遲直士側席異聞其先至者各已發憤吐懣略聞子大夫之志矣皆欲置於左右顧問省納建武詔書又曰堯試臣以職不直以言語筆札今外官多曠並可以補任○七年春正月沛王輔濟南王康東平王蒼中山王焉東海王政琅邪王宇來朝詔沛濟南東平中山王贊拜不名升殿乃拜帝親答之所以寵光榮顯加於前古每入輒以輦迎至省閤乃下帝為之興席改容皇后親拜於內皆鞠躬辭謝不自安○八年冬十二月帝拜班超為將兵長史以徐幹為軍司馬別遣衛侯李邑護送烏孫使者到于寘值龜茲攻疏勒恐懼不敢前因上書陳西域之功不可成又盛毀班超擁愛妻抱愛子安樂外國無內顧心超聞之歎曰身非曾參而有三至之讒恐見疑於當時矣遂去其妻帝知其忠乃切責邑曰超縱擁愛妻抱愛子思歸之子千餘人何能盡與超同心乎令邑詣超受節度詔若邑任在外者便留與從事○元和元年秋七月詔曰律云掠者唯得榜笞立又令丙箠長短有數自往者大獄以來掠者多酷鉆

鑽之屬慘苦無極念其痛毒怵然動心宜及秋冬治獄明為其禁○十一月尚書張林上言縣官經用不足宜自煮鹽及復修武帝均輸之法朱暉固執以為不可曰均輸之法與賈販無異鹽利歸官則下民窮怨誠非明主所宜行帝因發怒切責諸尚書暉等皆自繫獄三日詔敕出之曰國家樂聞駁議黃髮無愆詔書過耳何故自繫暉因稱病篤不肯復署議尚書令以下惶怖謂暉曰今臨得譴讓柰何稱病其禍不細暉曰行年八十蒙恩得在機密當以死報心知不可而順旨雷同負臣子之義今耳目無所聞見伏待死命遂閉口不復言諸尚書不知所為乃共劾奏暉帝意解寢其事後數日詔使直事郎問暉起居太醫視疾大官賜食暉乃起謝復賜錢十萬布百匹衣十領○東平鄭均兄為縣吏頗受禮遺均諫不聽乃脫身為傭歲餘得錢帛歸以與兄曰物盡可復得為吏坐贓終身捐棄兄感其言遂為廉潔均仕為尚書免歸帝下詔褒寵均賜穀千斛常以八月長吏問起居加賜羊酒○元和二年春正月詔曰令云民有產子者復勿筭三歲今諸懷妊者賜胎養穀人三斛復其夫勿筭一歲著以為令又詔公卿曰安靜之吏悃愊無華日計不足月計有餘如襄成令劉方吏民同聲謂之不煩雖未有他異斯亦殆近之矣夫以苛為察以刻為明以輕為德以重為威四者或興則下有怨心吾詔書數下冠蓋接道而吏不加治民或失職其咎安在勉思舊令稱朕意焉○帝之為太子也受尚書於汝南張酺至是東巡酺為東郡太守帝幸東郡引酺及門生并郡縣掾史並會庭中使酺講尚書一篇然後修君臣之禮賞賜殊特莫不沾洽行過任城幸鄭均舍賜尚書祿以終其身三月幸魯祠孔子及七十子於闕里作六代之樂大會孔氏男子二十以上者六十人帝謂孔僖曰今日之會寧於卿宗有光榮乎對曰臣聞明王聖主莫不尊師貴道今陛下親屈萬乘辱臨敝里此乃崇禮先師增輝聖德至於光榮非所敢承帝大笑曰非聖者子孫焉有斯言乎拜僖郎中帝幸東平追念獻王謂其諸子曰思其人至其鄉其處在其人亡因泣下沾巾遂幸獻王陵以大牢親拜祠坐哭泣盡哀獻王之歸國也驃騎府吏丁牧周栩以獻王愛賢下士不忍去之遂為王家大夫數十年事祖及孫帝聞之皆引見既愍其淹滯且欲揚獻王德美即皆擢為議郎○三年冬博士曹褒上

蹟。以為宜定文制著成漢禮。太常巢堪以為一世大典。非褒所定。不可許。帝知諸儒拘攣難以圖始。朝廷禮憲宜以時立。乃拜褒侍中。玄武司馬班固。以為宜廣集諸儒共議得失。帝曰。諺云。作舍道邊。三年不成。會禮之家名為聚訟。互生疑異。筆不得下。堯作大章。一夔足矣。明年改元章和。春正月。帝召褒授以叔孫通漢儀十二篇。曰。此制散畧多不合經。今宜依禮條正使可施行。帝在位十三年。壽三十一

史臣范曄論曰。魏文帝稱明帝察察。章帝長者。章帝素知人厭明帝苛切。事從寬厚。奉承明德太后盡心孝道。平徭簡賦而民賴其慶。又體之以忠恕文之以禮樂。謂之長者。不亦宜乎

歷代君鑒卷之十一

歷代君鑒卷之十二

善可為法

蜀漢

昭烈帝

昭烈帝名備。字玄德。姓劉氏。涿郡人。漢景帝子中山靖王勝之後。有大志。少語言。喜怒不形於色。獻帝建安五年起兵徐州。討曹操。敗。歸劉表。表卒。子琮舉荆州降操。備奔江陵。至夏口。與孫權將周瑜等迎擊操大破之。領荆州牧。自巴入蜀。襲劉璋。入成都。又自蜀取漢中。自立為漢中王。明年魏王曹丕廢獻帝為山

陽公。備始即皇帝位○初瑯琊諸葛亮寓居襄陽隆中。每自比管仲樂毅。時人莫之許也。惟潁川徐庶崔州平。許之。帝訪士於襄陽司馬徽。徽曰。儒生俗士。豈識時務。識時務者在乎俊傑。此間自有伏龍鳳雛。帝問為誰。曰。諸葛孔明。龐士元也。徐庶亦謂帝曰。諸葛孔明臥龍也。將軍豈願見之乎。帝曰。君與俱來。庶曰。此人可就見。不可屈致也。將軍宜枉駕顧之。帝由是詣亮。凡三往乃見。因屏人曰。漢室傾頹。姦臣竊命。孤不度德量力。欲信大義於天下。而智術淺短。遂用猖蹶。至于今日。然志猶未已。君謂計將安出。亮曰。今曹

操擁百萬之衆挾天子而令諸侯此誠不可與爭鋒孫權據有江東已歷三世國險而民附賢能為之用此可與為援而不可圖也荊州北據漢沔利盡南海東連吳會西通巴蜀此用武之國而其主不能守此殆天所以資將軍也益州險塞沃野千里天府之土劉璋闇弱張魯在北民殷國富而不知存恤智能之士思得明君將軍既帝室之冑信義著於四海若跨有荊益保其巖阻西和諸戎南撫夷越外結孫權內修政理天下有變則命一上將將荊州之軍以向宛洛將軍身率益州之衆出於秦川百姓孰敢不簞食

壺漿以迎將軍者乎誠如是則霸業可成漢室可興矣帝曰善於是與亮情好日密關羽張飛不悅帝解之曰孤之有孔明猶魚之有水也願諸君勿復言羽飛乃止○帝初屯樊劉琮舉州降操而不以告帝久乃覺則操已在宛矣帝乃大驚或勸帝攻琮荊州可得帝曰劉荊州臨亡託我以孤遺背信自濟死何面目以見劉荊州乎將其衆去過襄陽呼琮琮懼不能起琮左右及荊州人多歸帝帝過辭表墓涕泣而去比到當陽衆十餘萬人輜重數千兩日行十餘里別遣關羽乘船會江陵或謂帝宜速行保江陵今擁大

衆被甲者少曹公兵至何以拒之帝曰夫濟大事必以人為本今人歸吾吾何忍棄去習鑿齒論曰玄德顛沛險難而信義愈明勢偪事危而言不失道追景升之顧則情感三軍戀赴義之士則甘與同敗終濟大業不亦宜乎○帝以龐統守耒陽不治免官魯肅遺帝書曰士元非百里才也使處治中別駕之任始當展其驥足耳諸葛亮亦言之帝與善譚大器之遂用統為治中親待亞亮並為軍師中郎將○帝自新野南奔荊楚羣士從之如雲而劉巴獨北詣曹操操辟為掾遣招納長沙零陵桂陽會帝畧有三郡巴

欲由交州道還京師時諸葛亮在臨蒸以書招之巴不從而入蜀帝甚恨之及璋迎帝巴諫璋不聽巴閉門稱疾帝攻成都令軍中曰有害巴者誅及三族及得巴甚喜以為西曹掾時益州郡縣皆望風景附獨黃權閉城堅守須璋稽服乃降帝以為將軍李嚴本璋所授用吳懿費觀等璋之婚親彭羕璋所擯棄帝皆處之顯任盡其器能有志之士無不競勸益州之民是以大和○帝以零陵蔣琬為廣都長嘗因遊觀至廣都見琬衆事不治時又沉醉帝大怒將加罪戮諸葛亮請曰蔣琬社稷之器非百里之才也其為政

以安民爲本不以修飾爲先願主公重加察之帝雅敬亮乃不加罪倉卒但免官而已○章武三年夏四月帝病篤命亮輔太子禪以尚書令李嚴爲副帝謂亮曰君才十倍曹丕必能安國家終定大事嗣子可輔輔之如其不可君可自取亮涕泣曰臣敢不竭股肱之力效忠貞之節繼之以死帝又詔勅禪曰勿以惡小而爲之勿以善小而不爲惟賢惟德可以服人汝父德薄不足效也汝與丞相從事事之如父帝崩禪即位封亮爲武鄉侯政事咸取决焉帝在位三年享年六十三

宋儒司馬光論曰昭烈以敗亡之餘羈旅漢南而能屈體英傑要結同志摧沮勍敵因敗爲功顛沛之際不忘德義美矣

歷代君鑒卷之十二

歷代君鑒卷之十三

世祖武皇帝諱炎字安世姓司馬氏魏相國晋王昭之長子也寬惠仁厚沉深有度量初封爲魏北平亭侯繼立爲晋王太子晋王薨太子嗣相國晋王位甞下令諸郡中正以六條舉淹滯一曰忠恪匪躬二曰孝敬盡禮三曰友于兄弟四曰潔身勞謙五曰信義可復六曰學以爲已於是時晋德既洽四海宅心帝遂受魏禪即位之初興滅繼絕約法省刑除漢魏宗室禁錮諸將吏遭三年喪者遣寧終喪百姓復其徭役罷部曲將長吏以下質任省郡國御調禁樂府靡麗百戲之伎及雕文游畋之具開直言之路置諫官以掌之○初文帝之喪帝雖從漢魏之制既葬除服而深衣素冠降席撤膳哀敬如居喪者有司奏改服進膳不許遂禮終而後復吉及太后之喪亦如之○帝將謁崇陽陵群臣奏言秋暑未平恐帝悲感摧傷帝曰朕得奉瞻山陵體氣自佳耳○有事於太廟朝議太常丞許奇父允受誅不宜接近左右請出爲外

官帝稱奇才擢拜祠部郎有司言御牛青絲紖斷詔用青麻代之矯魏氏刻侈之敝也○太保王祥病御史中丞侯史光以祥久疾闕朝會禮請免祥官帝曰太保元老高行朕所毗倚以隆政道者也前後遜讓不從所執此非有司所得議也遂寢其奏祥固乞骸骨詔聽以睢陵公就第位同保傅在三司之右祿賜如前詔曰古之致仕不事王侯今雖以國公留居京邑不宜復苦以朝請其賜几杖不朝大事皆諮訪之賜安車駟馬第一區錢百萬綃五百匹牀帳簟褥以舍人六人為睢陵公舍人置官騎二十人以公子騎都尉肇為給事中使常優游定省又以太保高潔清素家無宅宇其權留本府須所賜第成乃出○散騎常侍皇甫陶傅玄領諫官上書諫諍有司奏請寢之帝曰凡關言人主人臣所至難而苦不能聽納自古忠臣直士之所慷慨也每陳事出付主者多從深刻乃云恩貸當由主上是何言乎其詳評議○賈充上所修律令帝自臨講使尚書郎裴楷執讀侍中盧珽中書侍郎張華請懸死罪條目示民帝從之○帝詔郡國守相三載一巡行屬縣所以見長吏觀風俗協禮律考度量存問耆老親見百年錄囚徒理冤枉詳

察政刑得失知百姓所患苦無有遠近便若朕親臨之又詔王公卿尹及郡國守相舉賢良方正直言之士班詔書五條於郡國一曰正身二曰勤百姓三曰撫孤寡四曰敦本息末五曰去人事帝又臨聽訟觀錄廷尉洛陽獄囚親平決焉○鄴奚官督郭廙上疏陳五事以諫言甚直擢為屯留令西平人麴路伐登聞鼓言多祆謗有司奏棄市帝曰朕之過也捨而不問○帝置太傅少傅各一人以輔導東宮制禮以太子先拜二傅然後答之有司奏東宮施敬二傅儀以不臣有乖常典帝曰崇敬師傅所以尊道重教也何言臣不臣乎其令太子申拜禮○帝嘗得疾甚劇及愈群臣上壽詔曰每念疫氣死亡者為之愴然豈以一身之休息忘百姓之艱難邪諸上禮者皆絕之○太醫司馬程據獻雉頭裘焚之殿前敕內外敢有獻奇技異服者罪之○帝與右將軍皇甫陶論事陶與帝爭言散騎常侍鄭徽表請罪之帝曰忠讜之言惟患不聞徽越職妄奏豈朕之意遂免徽官征南大將軍都督荊州諸軍事羊祜卒帝以其忠君愛民哭之甚哀是日大寒涕淚霑須為冰帝嘗封祜為南城侯固辭不允至此遺令不得以南城侯印入柩帝曰祜固

讓歷年身沒讓存。今聽復本封以彰高美○咸寧間
大水螟帝問主者何以佐百姓。尚書令杜預曰。今者
水災東南尤劇。宜勑兗豫等州留漢氏舊陂以蓄水。
餘皆決瀝。令饑者得魚菜螺蚌之饒。此目下日給之
益也。水去之後塡淤之田畝收數鍾。此又明年之益
也。典牧種牛有四萬五千餘頭。可給民使耕種責其
租稅。此又數年以後之益也。帝從之。民賴其利○涼
州羌叛。河西斷絕。帝臨朝嘆曰。誰能為我討此虜通
涼州乎。朝臣莫對。馬隆進曰。陛下若能任臣臣能平
之。帝曰。必能滅賊何為不任。顧卿方略何如耳。隆曰。
陛下若能任臣當聽臣自任。臣請募勇士三千人。無
問所從來。率之鼓行而西稟陛下威德醜虜何足滅
哉。帝知其能許之。公卿僉曰。隆小將妄說。不可從也。
帝弗納卒用隆。隆果滅羌捷報至。帝召群臣謂曰。若
從諸卿言是無涼州也○一日帝祀南郊禮畢喟然
問司隸校尉劉毅曰。朕可方漢之何帝。對曰桓靈。帝
曰。何至於此。對曰。桓靈賣官錢入官庫。陛下賣官錢
入私門。以此言之。殆不及也。帝大笑曰。桓靈之世不
聞此言。今朕有直臣固為勝之○帝疾篤未有顧命。
勳舊多已物故。侍中楊駿獨在左右。惡衛瓘使以太
保就第。易要近樹心腹。會帝小間見其新用者正色
曰。何得爾邪。乃詔汝南王亮同駿輔政。又欲擇朝士
有聞望者數人佐之。會帝復迷亂不果尋崩。在位二
十五年。享年五十五

史臣論曰。帝宇量弘厚。造次必於仁恕。容納讜正。
未嘗失色於人。明達善謀能斷大事。故得撫寧萬
國。綏靜四方。承魏氏奢侈革弊之後。百姓思古之
遺風。乃厲以恭儉。敦以寡欲。雅好直言。留心采擢。
劉毅裴楷以質直見容。嵇紹許奇雖仇讎不棄。仁
以御物。寬而得衆。宏略大度。有帝王之量焉。聿修
武用。思啓封疆。決神筭於深衷。斷雄圖於議表。馬
隆西伐。王濬南征。師不延時。獯虜削跡。兵不血刃。
楊越為墟。通上代之不通。服前王之未服。王業之
成大矣哉。惜乎。帝名受魏禪。難逃廢主之譏。始雖
勤儉。終罹奢縱之過。政事敗於三楊之用。心術蠱
於羊車之遊。雜處五胡。終致禍亂。方諸前代之令
主。不能無歉焉

東晉

元帝

中宗元皇帝諱睿。字景文。宣帝曾孫。瑯邪恭王覲之

子也年十五嗣位琅邪王幼有令聞及惠皇之際王室多故帝每恭儉退讓以免於禍沉敏有度量不顯灼然之跡初鎮建康吴人不附會三月上巳帝觀禊乘肩輿具威儀王導及諸名勝皆騎從吴人顧榮賀循覘之驚異相率拜於道左導因進曰顧榮賀循此土之望未若引之以結人心帝乃使導躬行造循榮二人皆應命而至由是百姓歸心帝從容謂導曰卿吾之蕭何也○四方競上符瑞帝曰孤負四海之責未能思愆何徵祥之有○愍帝凶問至帝斬縗居廬百寮上尊號令曰孤以不德當厄運之極臣節未立匪救未舉夙夜所以忘寢食也今宗廟廢絶億兆無係群官庶尹咸勉之以大政亦何敢辭輙敬從所執即皇帝位立太子詔曰昔之為政者動人以行不以言應天以實不以文故我清靜而人自正其次聽言觀行明試以功其有政績可述刑獄得中人無怨訟久而日新及當官軟弱茹柔吐剛行身穢濁修飾時譽者各以名聞令在事之人仰鑒前烈同心戮力深思所以寬衆息役惠益百姓無廢朕命遠近禮贄一切斷之○大興間夏旱帝親雩詔曰朕以寡德纂承洪緒上不能調和陰陽下不能濟育群生災異屢興

咎徵仍見壬子乙卯雷震暴雨蓋天災譴誡所以彰朕之不德也群公卿士其各上封事具陳得失無有所諱○帝以賀循清貧下令曰循冰清玉潔行為俗表位處上卿而居身服物周形而已屋室財庇風雨朕造其廬深為慨歎其賜牀薦席褥并錢二百萬以表至德○帝欲旌古今賢能以勵士風詔曰漢高祖經大梁美無忌之賢齊師入魯脩柳下惠之墓吴之名賢或未旌録者其條列以聞○帝因連歲饑荒下詔曰天下凋弊加以災荒百姓困窮國用並匱吴郡饑人死者百數天生蒸黎而樹之以君選建明哲以左右之當深思以救其弊朕以今日當去非急之務非軍事所須者皆省之○從事中郎諸葛恢有經濟才畧調為會稽太守臨行帝為置酒謂曰今之會稽昔之關中足食足兵在於良守以君有莅政之方是以相屈太興初以政績第一詔曰會稽内史諸葛恢莅官三年政清人和為諸郡首宜進其位班以勸風教令增恢秩中二千石○王敦之反劉隗勸帝悉誅王氏王導敦從弟率群弟子姪二十餘人每旦詣臺待罪帝以導忠節有素命還朝服召見之導稽首謝曰逆臣賊子何世無之豈意今者近出臣族帝跣而

執之曰茂弘方許百里之命於卿是何言邪後帝疾
篤太子幼沖嗣位既崩果以司空王導受遺詔輔政
在位六年享年四十七
史臣論曰帝性簡儉沖素容納直言虛己待物初
鎮江東頗以酒廢事王導深以為言帝命酌引觴
覆之於此遂絕有司嘗奏太極殿廣室施絳帳帝
曰漢文集上書皂囊為帷遂令冬施青布夏施青
練帷帳將拜貴人有司請市雀釵帝以煩費不許
所幸鄭夫人衣無文綵從母弟王廙為母立屋過
制流涕止之故能抑揚前軌光啓中興然受懷帝
之命開府江左王室有難正宜整兵入衛既不聞
勤王之舉方自為僥倖之圖卒使神州陸沉不克
恢復此其可惜者也

明帝

肅宗明皇帝諱紹字道畿元帝長子幼而聰哲為元
帝所寵異建興初拜東中郎將鎮廣陵元帝為晉王
立為晉王太子及即尊號立為皇太子性至孝有文
武才畧欽賢禮士雅好文辭當時名臣自王導庾亮
等咸見親待亮以中書郎侍講東宮元帝好刑名家
以韓非書賜帝亮諫曰申韓刻薄傷化不足留聖心
帝納之（）嘗論聖人真假之意導等不能屈又習武
藝善撫將士于時東朝濟濟遠近屬心焉王敦作亂
素以帝神武明畧朝野之所欽信欲誣以不孝而廢
焉大會百官而問溫嶠皇太子以何德稱聲色俱厲
必欲使有言嶠對曰鉤深致遠蓋非淺局所量以禮
觀之可稱為孝矣衆皆以為信然敦謀遂止元帝崩
帝即位葬元帝于建平陵帝徒跣至於陵所（）帝後
臨軒停饗宴之禮懸而不樂王敦將舉兵內向帝密
知之乃乘巴滇駿馬行至湖陰察敦營壘而出帝命
諸將分兵據守敦兵至帝躬率六軍出次南皇堂夜

募壯士遣將軍段秀中司馬曹渾左衛參軍陳嵩鍾
寅等甲卒千人渡水掩其未備平旦戰于越城大破
之斬其前鋒將何康王敦憤惋而死（）帝以逆賊既
平而儲貳為國家大本於是立皇太子大赦增文武
位二等賜鰥寡孤獨帛人二疋徵處士臨海任旭會
稽虞喜並為博士詔曰大事初定其命惟新其令大
宰司徒以下詣都堂參議政道諸所因革務盡事中
又詔曰飡直言引亮正想群賢達吾此懷矣予違汝
弼堯舜之相君臣也吾雖虛闇庶不距逆耳之談稷
契之任君居之矣望共勗之（）帝謂郊祀天地帝王

之重事。自中興以來惟南郊未曾北郊四時五郊之禮都不復設。五岳四瀆名山大川載在祀典應望秩者悉廢而未舉。主者其依舊詳處。(○)未幾帝不豫。欽藥弗瘳。及疾篤。引太宰西陽王羕司徒導及尚書令卞壼將軍郗鑒庾亮陸曄丹陽尹溫嶠並受遺詔輔太子詔曰。三恪二王。世代之所重興滅繼絕政道之所先。又宗室哲王有功勳於大晉受命之際者佐命功臣碩德名賢。三祖所與共維大業咸開方嶽征鎮刺史將守。皆朕扞城推轂於外。雖事有內外其致一也。故不有行者誰扞牧圉。譬若脣齒表裏相資宜戮

力一心若合符契。思義焉之義。以緝事為期百辟卿士其總己以聽於冢宰。保佑沖幼。弘濟艱難。永令祖宗之靈寧於九天之上。則朕沒于地下。無恨黃泉。帝崩。葬武平陵。在位三年。享年二十七

史臣論曰。帝聰明有機斷。尤精物理。于時兵凶歲饑。死疫過半。虛弊既甚。事極艱虞。屬王敦挾震主之威。將移神器。帝崎嶇遵養。以弱制強。潛謀獨斷廓清大祲。撥亂反正。強本弱枝。雖享國日淺。而規模弘遠矣。(○)胡一桂曰。明帝即位之初。王敦猶桀頤神器。賴溫嶠告帝先為之備。所以躬帥六軍一戰而勝。逆賊憤死。王含錢沈伏誅黨與悉平。其剛明勇斷。克清大憝。為何如哉。使降年有永恢復中原未可量也

歷代君鑑卷之十三

歷代君鑑卷之十四

善可爲法

南朝

宋文帝

宋主文帝諱義隆武帝第三子也永初元年封爲宜都郡王時年十四身長七尺五寸博涉經史善隸書是歲來朝會武帝當聽訟遣訊建康獄囚辯斷稱旨武帝甚悅及少帝義符廢百官議所立以宜都王素有令望奉迎入繼大統改元元嘉初司徒徐羨之尚書令傅亮執政至二年上表歸政始親覽萬幾○三

年夏遣散騎常侍袁渝等十六人分行諸州郡縣觀察吏政訪求民隱及使郡縣各言損益又躬臨延賢堂聽訟自是每歲三訊焉○侍中王華王曇首殷景仁劉湛風力局幹冠冕一時宋主嘗與四人合殿宴飲甚悅既罷出目送良久歎曰此四賢一時之秀同管喉脣後世恐難繼也○四年春謁京陵宴丹徒宮父老咸與蠲丹徒是歲租布原五歲刑以下夏都下疾疫遣使存問給醫藥死無家屬者賜以棺器○五年以陰陽乖序旱疫成患思所以上答天譴下恤民瘼乃詔百司各獻讜言指陳闕失○六年以江夏王義恭都督荊湘等州軍事與書誡之其畧曰天下艱難家國事重雖曰守成實亦未易隆替安危在吾曹耳豈可不感尋王業大懼負荷夫以貴陵物物不服以威加人人不厭聲樂嬉遊不宜令過蒱酒漁獵一切勿爲供用奉身皆有節度奇服異器不宜興長又宜數引見佐史相見不數則彼我不親不親無因得盡人情人情不盡復何由知衆事也○八年以自頃軍役殷興國用增廣資儲不給百度尚繁乃詔内外詳思務令節儉又以農桑惰業遊食者衆荒萊不闢督課無聞詔郡守縣宰悉心奬導使地無遺利耕蠶

樹藝各盡其力○九年詔曰故太傅長沙景王故大司馬臨川烈武王故司徒南康文宣公劉穆之衛將軍華容公王弘征南大將軍永脩公檀道濟故左將軍龍陽侯王鎮惡或履道廣深執德冲邈或雅量高劭風鑒明遠或識準弘正才畧開邁或文德以弘帝載武功以隆景業宜即配享廟庭勒功天府○十二年夏揚州諸郡大水運徐豫南兗三州會稽宣城二郡米穀數百萬斛以賑之時揚州西曹主簿沈亮以爲酒糜穀而不足療飢請權禁止詔從之設爲酒禁○丹楊尹蕭摹之上言佛入中國已歷四代形像塔

寺所在千數材竹銅綵糜損無極無關神祇有累人事不為之防流遁未息請自今欲鑄銅像及造塔寺者皆當列言須報乃得為之詔從其言乃禁擅鑄像造寺者○初武帝克長安得古銅渾儀儀狀雖舉不綴七曜十三年詔太史令錢樂之更鑄渾儀徑六尺八分以水轉之昏明中星與天相應○十五年徵豫章處士雷次宗至建康為開館於雞籠山使聚徒教授又使丹楊尹何尚之立玄學太子率更令何承天立史學司徒參軍謝元立文學并儒學為四學宋主數幸次宗學館令次宗以巾褠侍講資給甚厚焉○十九年詔魯郡脩孔子廟及學舍蠲墓側五戶課役以供洒掃○二十年詔曰國以民為本民以食為天自頃在所貧罄家無宿積誠由德政弗孚耕桑未廣守宰微化導之方氓庶亡勤分之義有司其頒宣舊條務盡敦課遊食之徒咸令附業考覈勤惰以行誅賞○二十一年命衡山王義季為南兗州刺史餞于武帳岡將行敕諸子且勿食至會所設饌日旰不至皆有飢色乃謂曰汝曹少長豐佚不見百姓艱難令使汝曹識有飢若知以節儉御物耳○初江左二郊無樂宗廟有歌無舞二十二年南郊始設登歌於是郊廟之樂備焉○二十三年車駕幸國子學發策試士得答問者五十餘人詔曰庠序興立累載胄子肄業有成近親策試諸生答問多可採覽教授之官並宜沾賚於是賜帛各有差○宋主聰明慕學雅重文儒躬勤政事孜孜無怠加以在位日久惟簡靖為心于時政平訟理朝野悅睦又性存儉約不好奢侈車府令嘗以輦篷故請改易之又輦席舊以烏皮緣故欲代以紫皮宋主以竹篷未至於壞紫色貴並不聽改其率素如此云在位三十年壽四十七

史臣李延壽論曰文帝性仁厚恭儉勤於為政守法而不峻容物而不弛百官皆久於其職守宰以六朞為斷吏不苟免民有所係三十年間四境之內晏安無事戶口蕃息出租供徭止於歲賦晨出暮歸自事而已閭閻之內講誦相聞士敦操尚鄉恥輕薄江左風俗於斯為美後之言政治者皆稱元嘉焉

歷代君鑑卷之十四

歷代君鑑卷之十五

善可為法

北朝

魏孝文帝

魏主孝文帝姓拓跋氏諱宏獻文帝弘之太子也母曰李夫人皇興元年秋八月生於平城紫宮潔白有異姿襁褓岐嶷長而弘裕仁孝綽然有人君之表獻文尤愛異之五年秋八月受禪即皇帝位○延興元年秋九月詔在位及人庶進直言冬十二月詔求舜後獲東萊人媯苟之復其家畢世以彰盛德不朽○

二年春正月詔曰頃者淮徐未賓尼父廟隔非所致令祠典寢頓禮章殄滅遂使女巫妖覡淫進非禮自今有祭孔廟制用酒脯而已不聽婦女雜合以祈非望之福祀者以違制論其公家有事自如常禮○三年夏四月詔以孔子二十八世孫魯郡孔乘為崇聖大夫給十戶以供灑掃秋九月詔曰今京師及天下囚未判在獄致死無近親者給衣衾棺櫝葬之不得暴露冬十一月詔以河南州郡牧守多不奉法致新邦百姓莫能上達遣使者觀風察獄黜陟幽明搜揚賑恤○太和二年夏五月禁皇族貴戚及士民之家不顧氏族下與非類昏偶犯者以違制論○五年春正月南巡至中山親見高年問人疾苦二月賜孝弟力田孤貧不能自存者穀帛各有差免宮人之老者還其親○秦州刺史于洛侯性殘酷刑人必斷腕拔舌分懸四體合州驚駭州民王元壽等一時俱反有司劾奏之魏主遣使至州於洛侯常刑人處宣告吏民然後斬之○九年春正月詔曰圖讖之興出於三季既非經國之典徒為妖邪所憑自今圖讖秘緯一皆焚之留者以大辟論又嚴禁諸巫覡及委巷卜筮非經典所載者○十年春三月柔然遣使者牟提如

魏時敕勒叛柔然魏左僕射穆亮等請乘虛擊之魏主曰兵者凶器聖人不得已而用之先帝屢出征伐者以其未賓之虜故也今朕承太平之基柰何無故動兵革乎厚禮其使者而歸之秋九月作明堂辟雍○十一年春正月詔定樂章非雅者除之○冬十月詔罷起部無益之作出宮人不執機杼者又詔曰鄉飲之禮廢則長幼之序亂孟冬十月人閑歲隙宜於此時導以德義可下諸州黨里之內推賢而長者教其里人父慈子孝兄友弟順夫和妻柔不率長教者具以名聞○十一月詔罷尚方錦繡綾羅之工百姓

欲造任之無禁其御府衣服金銀珠玉綾紬綿大官雜器太僕乘具內庫弓矢出其太半班賚百官及京師人庶至工商皂隸逮於六鎮戍士各有差又詔今寒氣勁切杖蘖難任自今月至來年孟夏不聽考問罪人其輕囚宜速決遣無令薄罪久留獄犴○十三年春二月引群臣訪政道得失損益之宜秋七月立孔子廟於京師尋又祀於中書省改謚曰文聖尼父親行拜祭○十四年秋九月太皇太后馮氏殂魏主勺飲不入口者五日哀毀過禮中部曹楊椿諫曰陛下荷祖宗之業臨萬國之重豈可同匹夫之節以取

僵仆且聖人之禮毀不滅性縱陛下欲自賢於萬代其若宗廟何魏主感其言為之一進粥○十五年夏五月更定律令於東明觀親決疑獄命李冲議定輕重潤色辭旨魏主執筆書之○十六年春正月詔祀帝堯於平陽舜於廣寧禹於安邑周公於洛陽皆令牧守執事○十七年夏五月臨朝堂引公卿以下決疑獄錄囚徒魏主謂司空穆亮曰自今朝廷政事日中以前卿等先自議論日中以後朕與卿等決之冬十月魏主如鄴城王肅見魏主於鄴陳伐齊之策魏主與之言不覺促席移晷自謂君臣相得之晚時方

議興禮樂變華風凡威儀文物多肅所定○十八年春正月魏主南巡過比干墓祭以太牢自為祝文曰嗚呼介士胡不我臣○秋九月詔曰三載考績自古通經三考黜陟以彰賢否今三載一考考即黜陟欲令愚滯無妨於賢者才能不壅於下位各令當曹考其優劣為三等六品以下尚書重問五品以上朕將親與公卿論其善惡上上者遷之下下者黜之中中者守其本任於是魏主臨朝堂親加黜陟○十九年夏四月幸魯城親祠孔子廟拜孔氏四人顏氏二人為官選諸孔宗子一人封崇聖侯邑一百戶以奉孔

子祀命兗州為孔子脩飾墳隴更建碑銘褒揚聖德又詔兗州刺史舉部內士人堪軍國及守宰政績者具以名聞○六月魏主欲變易北俗謂群臣曰卿等欲朕遠追商周為欲不及漢晉邪咸陽王禧對曰群臣願陛下度越前王耳魏主曰然則當變風易俗當因循守故邪對曰願聖政日新魏主曰為止於一身為欲傳之子孫邪對曰願傳之百世魏主曰然則必當改作卿等不得違也對曰上令下從其誰敢違魏主曰夫名不正言不順則禮樂不可興於是下詔斷諸北語一從正音違者免官又詔求遺書秘閣所無

而有益於時用者加以優賞又詔改用長尺大斗其法依漢志為之○冬十二月謂群臣曰國家從来有一事可嘆臣下莫肯公言是非是也夫人君患不能納諫人臣患不能盡忠自今朕舉一人如有不可卿等直言其失若有才能而朕所不識卿等亦當舉之如是得人者有賞不言者有罪卿等當知之○二十三年夏四月殂在位二十三年享年三十二魏主幼有至性年四歲時獻文患癰親為之吮膿撫念諸弟始終曾無纖介惇睦九族禮敬殊深聽覽政事從善如流哀矜百姓恒思所以濟益天地五郊宗廟二分

之禮常必躬親不以寒暑為倦尚書奏案多自尋省百官大小無不留心務於周洽常從容謂史官曰直書時事無諱國惡人君威福自己史復不書將何所懼凡有修造不得已而為之不為不急之事重損人力有禁忌禳厭之方非典籍所載者一皆除罷雅好讀書手不釋卷五經之義覽之便講好為文章詩賦銘頌在興而作有大文筆馬上口授及其成也不改一字自太和十年以後詔冊皆親為之自餘文章百有餘篇性儉素常服澣濯之衣鞍勒鐵木而已其雅志皆此類也

史臣論曰有魏始基代朔廓平南夏闢土經世咸以威武為業文教之事所未遑也孝文纂承洪緒蚤著叡聖之風時以文明攝事優游恭己玄覽獨得著自不言及躬摠大政一日萬機十許年間曾不暇給殊途同歸百慮一致夫生靈所難行人倫之高迹雖尊居黃屋盡蹈之矣若乃欽明稽古協御天人帝王制作朝野軌度斟酌用舍煥乎其有文章海內黔黎咸受耳目之賜加以雄才大略愛奇好士視民如傷役己利物亦無得而稱之其經緯天地豈虛謚也

周武帝

周主武帝姓宇文氏諱邕字禰羅突文帝泰之第四子也母曰叱奴太后魏大統九年生於同州幼而孝敬聰敏有器質文帝異之曰成吾志者此兒也年十二封輔城郡公孝閔踐阼拜大將軍出鎮同州明帝即位遷柱國授蒲州刺史入為大司空行御正進封魯國公領宗師甚見親愛參議大事性深沉有遠識非因問終無所言武成二年夏四月受明帝遺詔即皇帝位○保定三年夏四月將視學以太傅燕國公于謹為三老仍賜以延年杖遂幸太學謹入門周主

迎拜。謹答拜。有司設席於中楹。太師護設几。謹升席南面憑几而坐。大司馬豆盧寧正舄。周主立於斧扆之前西面。有司進饌。周主跪設醬豆。親袒割。謹食畢。周主跪授爵以酳。有司撤訖。周主北面立而訪道。謹起立於席後。對曰。木受繩則正。后從諫則聖。明王虛心納諫以知得失。天下乃安。又曰。去食去兵。信不可去。願陛下守信勿失。又曰。有功必賞。有罪必罰。則為善者日進。為惡者日止。又曰。言行者。立身之基。願陛下三思而言。九慮而行。勿使有過。天子之過。如日月之食。人莫不知。願陛下慎之。周主再拜受言。謹答拜禮

成而出。○天和元年秋七月。詔諸胄子入學。但束脩於師。不勞釋奠。釋奠者學成之祭。自今即為恒式。○八月。詔諸有三年之喪。或負土成墳。或寢苫骨立。一志一行可稱揚者。本部官司隨事上言。當加弔勉。以勵薄俗。○建德元年夏五月。集百官於庭。詔之曰。亢陽不雨。豈朕薄德。刑賞乖中歟。將公卿大臣或非其人歟。宜盡直言無隱。公卿各引咎自責。其夜澍雨。冬十二月。御正武殿親錄囚徒。至夜而罷。○二年春三月。皇太子於岐州獲白鹿二以獻。詔答曰。在德不在瑞。○秋九月。左宮正宇文孝伯言於周主曰。皇太子

四海所屬。而德聲未聞。臣忝宮官。實當其責。請妙選正人為其師友。帝斂容曰。卿世載鯁直。竭誠所事。觀卿此言。有家風矣。乃妙選宮官以輔之。○三年春正月。詔自今男年十五。女年十三以上。爰及鰥寡。所在以時嫁娶。務從節儉。○夏五月。葬文宣后於固陵。周主袒跣至陵所。詔曰。三年之喪。達於天子。但軍國務重。須自聽朝。衰麻之節。苫廬之禮。率遵前典。以申罔極。百僚宜依遺令。既葬而除。公卿固請依權制。不許。卒申三年之制。五服之內。亦令依禮。○禁佛道二教。經像悉毀。罷沙門道士。並令還俗。并禁諸淫祀。非禮

者盡除之。○六年春正月。詔曰。偽齊之末。姦佞擅權。濫罰淫刑。動挂羅網。故咸陽王斛律明月。及侍郎崔季舒等七人。或功高獲罪。或直言見誅。朕兵以義動。翦除凶暴。表閭封墓。事切下車。宜追贈謚。并加窆措。其見在子孫。各隨廕叙錄。家口田宅沒官者。並還之。又詔齊東山南園及三臺。并毀撤。瓦木諸物。凡入用者盡賜百姓。山園之田。各還本主。○夏五月。祭方丘。詔以路寢會議崇信含仁雲和思齊諸殿。皆宇文護專政時所為。事窮壯麗。有踰清廟。悉可毀撤。雕斲之物。並賜貧民。繕造之宜。務從卑朴。○秋七月。幸洛州。

詔山東諸州舉有才望者赴行在所共論政事得失○八月議權衡度量頒於天下其不依新式者悉追停之○鄭州獻九尾狐皮肉銷盡骨體猶具周主曰瑞應之來必昭有德若使五品時序四海和平家識孝慈人知禮讓乃能致此今無其時恐非實錄乃命焚之○宣政元年夏五月殂在位十八年享年三十六周主沉毅有智謀初以宇文護專權常自晦迹人莫測其深淺及誅護之後始親萬機克己勵精聽覽不怠號令懇惻惟屬意於政群下畏服莫不肅然凡布懷立行皆欲踰越古人身衣布袍寢布被無金寶

之飾諸殿華綺者皆撤毀之改為土階數尺不施櫨栱其雕文刻鏤錦繡纂組一皆焚斷後宮嬪御不過十餘人勞謙接下自彊不息以海內未康銳情教習至於校兵閱武步行山谷履涉勤苦皆人所不堪平齊之後見軍士有跣行者嘗親脫靴以賜之每宴會將士必自執盃勸酒或手付賜物至於征伐之處躬在行陣性又果決能斷大事故能得士卒死力以弱制彊破齊之後遂平突厥定江南一二年間必使天下一統此其志也

史臣論曰自東西否隔二國爭彊戎馬生郊干戈日用兵連禍結力敵勢均高祖纘業未親萬機慮遠謀深以蒙養正及英威電發朝政維新內難既除外略方始乃苦心焦思克己勵精勞役為士卒之先居處同匹夫之儉修富民之政務彊兵之術乘讐人之有釁順大道而推亡五年之間大勳斯集撼祖宗之宿憤拯東夏之阽危盛矣哉其有成功者也

歷代君鑑卷之十五

歷代君鑑卷之十六

善可為法

唐

太宗

太宗諱世民姓李氏高祖之第二子也年四歲有書
生相之曰龍鳳之姿天日之表年將二十必能濟世
安民高祖因取其義以為名焉隋大業末佐高祖起
義兵取天下帝之功居多高祖即位封帝為秦王尋
加天策上將立為太子詔禪位于帝武德九年八月
帝即位○詔以宮女衆多幽閟可愍宜簡出之各歸

親戚任其適人○上於弘文殿聚四部書二十餘萬
卷置弘文館於殿側精選天下文學之士虞世南褚
亮姚思廉歐陽詢蔡允恭蕭德言等以本官兼學士
令更日宿直聽朝之隙引入內殿講論前言往行商
搉政事或至夜分乃罷○上與群臣論止盜或請重
法以禁之上哂之曰民之所以為盜者由賦繁役重
官吏貪求飢寒切身故不暇顧廉恥耳朕當去奢省
費輕徭薄賦選用廉吏使民衣食有餘則自不為盜
安用重法邪又嘗謂侍臣曰君依於國國依於民刻
民以奉君猶割肉以充腹腹飽而身斃君富而國亡

故人君之患不自外來常由身出夫欲盛則費廣費
廣則賦重賦重則民愁民愁則國危而君喪矣朕常
以此思之故不敢縱欲也○益州奏獠反請發兵討
之上曰獠依阻山林時出鼠竊乃其常俗牧守苟能
撫以恩信自然帥服安可輕動干戈漁獵其民比之
禽獸豈為民父母之意邪竟不許○上謂裴寂曰比
多上書言事者朕皆粘之屋壁得出入省覽每思治
道或深夜方寢公輩亦當恪勤職業副朕此意上厲
精求治數引魏徵入卧內訪以得失徵知無不言上
皆欣然嘉納○貞觀元年制自今中書門下及三品

以上入閤議事皆命諫官隨之有失輒諫○上令右
僕射封德彝舉賢久無所舉上詰之對曰非不盡心
但於今未有奇才耳上曰君子用人如器各取所長
古之致治者豈借才於異代乎正患己不能知安可
誣一世之人德彝慚而退○上謂太子少師蕭瑀曰
朕少好弓矢得良弓十數自謂無以加近以示弓工
乃曰皆非良材朕問其故工曰木心不直則脉理皆
邪弓雖勁而發矢不直朕始寤鄉者辨之未精也朕
以弓矢定四方識之猶未能盡況天下之務其能徧
知乎乃命京官五品以上更宿中書內省數延見問

民疾苦政事得失○有上書請去佞臣者。上問佞臣為誰。對曰。願陛下與群臣言。或陽怒以試之。彼執理不屈者直臣也。畏威順旨者佞臣也。上曰。君源也。臣流也。濁其源而求其流之清。不可得矣。君自為詐。何以責臣下之直乎。朕方以至誠治天下。見前世帝王好以權譎小數接其臣下者。常竊恥之。卿策雖善。朕不取也○上神采英毅。群臣進見者皆失舉措。上知之。每見人奏事。必假以辭色。冀聞規諫。嘗謂公卿曰。人欲自見其形。必資明鏡。君欲自知其過。必待忠臣。苟君愎諫自賢。其臣阿諛順旨。君既失國。臣豈能獨

全。如虞世基等諂事煬帝以保富貴。煬帝既弒。世基等亦誅。公輩宜用此為戒。事有得失。無惜盡言○上謂公卿曰。昔禹鑿山治水而民無謗讟者。與人同利故也。秦始皇營宮室而民怨叛者。病人以利己故也。夫美麗珍奇。固人之所欲。若縱之不已。則危亡立至。朕欲營一殿。材用已具。鑒秦而止。王公已下。宜體朕此意。由是二十年間。風俗素樸。衣無錦繡。公私富給○上謂黃門侍郎王珪曰。國家本置中書門下以相檢察。中書詔敕或有差失。則門下當行駁正。人心所見。互有不同。苟論難往來。務求至當。捨己從人。亦復

何傷。比來或護己之短。遂成怨隙。或苟避私怨。知非不正。順一人之顏情。為兆民之深患。此乃亡國之政也。煬帝之世。內外庶官務相順從。當是之時。皆自謂有智。禍不及身。及天下大亂。家國兩亡。雖其間萬一有得免者。亦為時論所貶。終古不磨。卿曹各當徇公忘私。勿雷同也○上謂侍臣曰。吾聞西域賈胡得美珠。剖身以藏之。有諸。侍臣曰。有之。上曰。人皆知笑彼之愛珠而不愛其身也。吏受賕抵法。與帝王徇奢欲而亡國者。何以異於彼胡之可笑耶。魏徵曰。昔魯哀公謂孔子曰。人有好忘者。徙宅而忘其妻。孔子曰。又

有甚者。桀紂乃忘其身。亦猶是也。上曰。然。朕與公輩宜戮力相輔。庶免為人所笑也○二年。上謂王珪曰。開皇十四年大旱。隋文帝不許賑給。而令百姓就食山東。比至末年。儲積可供五十年。煬帝恃其富饒。侈心無厭。卒亡天下。但使倉庾之積足以備凶年。其餘何用哉。又謂侍臣曰。人言天子至尊。無所畏憚。朕則不然。上畏皇天之監臨。下憚群臣之瞻仰。兢兢業業。猶恐不合天意。未副人望。魏徵曰。此誠致治之要。願陛下慎終如始則善矣○大理少卿胡演進每月囚帳。上命自今大辟皆令中書門下四品已上及尚書

議之庶無寃濫。既而引囚至岐州刺史鄭善果上謂胡演曰。善果雖復有罪官品不卑豈可使與諸囚為伍。自今三品已上犯罪不須引過聽於朝堂俟進止○關中旱饑民多賣子。詔出内府金帛為贖之歸其父母。又以去歲霖雨今玆旱蝗赦天下。詔書畧曰。若使年穀豐稔天下乂安移災朕身以存萬國是所願也。會所在有雨。民大悅。又以隋末亂離饑饉暴骸滿野詔所在官司收瘞○突厥表請入朝。上謂侍臣曰。曏者突厥之彊控弦百萬憑陵中夏用是驕恣以失其民今自請入朝非困窮肯如是乎。朕聞之且喜且

懼何則突厥衰則邊境安矣故喜。然朕或失道他日亦將如突厥能無懼乎。御曹宜不惜苦諫以輔朕之不逮也○畿内有蝗。上入苑中見蝗掇數枚祝之曰。民以穀為命而汝食之寧食吾之肺腸舉手欲吞之。左右諫曰。惡物或成疾上曰。朕為民受災何疾之避遂吞之是歲蝗不為災○上嘗曰。朕每臨朝欲發一言未嘗不三思恐為民害是以不多言給事中知起居事杜正倫曰臣職在記言陛下之言失臣必書之豈徒有害於今亦恐貽譏於後。上悅。賜絹二百段。又曰梁武帝君臣惟談苦空侯景之亂百官不能乘馬。

元帝為周師所圍猶講老子百官戎服以聽此深足為戒朕所好者唯堯舜周孔之道以為如鳥有翼如魚有水失之則死不可暫無耳○上謂侍臣曰古語有之赦者小人之幸君子之不幸一歲再赦善人喑啞夫養稂莠者害嘉穀赦有罪者賊良民故朕即位以來不欲數赦恐小人恃之輕犯憲章故也○上曰。比見群臣屢上表賀祥瑞夫家給人足而無瑞不害為堯舜百姓愁怨而多瑞不害為桀紂後魏之世吏焚連理木煮白雉而食之豈足為至治乎詔自今大瑞聽表聞諸瑞申所司而已嘗有白鵲構巢於寢殿

槐上合歡如腰鼓左右稱賀上曰我常笑隋煬帝好祥瑞瑞在得賢此何足賀命毀其巢縱鵲於野外○天少雨中書舍人李百藥上言往年雖出宮人竊聞太上皇宮及掖庭宮人無用者尚多豈惟虛費衣食且陰氣鬱積亦足致旱上曰婦人幽閉深宮誠為可愍灑掃之餘亦何所用於是遣官於掖庭西門簡出之前後所出三千餘人○上曰為朕養民者唯在都督刺史朕常疏其名於屏風坐卧觀之得其在官善惡之跡皆注於名下以備黜陟縣令尤為親民不可不擇乃命內外五品以上各舉堪為縣令者以名聞

○三年。上謂房玄齡、杜如晦曰。公為僕射。當廣求賢人。隨才授任。此宰相之職也。比聞聽受辭訟。日不暇給。安能助朕求賢乎。因敕尚書細務屬左右丞。唯大事乃關僕射。○上謂侍臣曰。中書門下機要之司。詔敕有不便者皆應論執。比來惟睹順從。不聞違異。若但行文書。則誰不可為。何必擇才也。玄齡等皆頓首謝。○四年。上讀明堂鍼灸書。云人五藏之系咸附於背。詔自今毋得笞囚背。○上嘗與群臣語及教化。曰。今承大亂之後。恐斯民未易化也。魏徵對曰。不然。久安之民驕佚。驕佚則難教。經亂之民愁苦。愁苦則易

化。譬猶飢渴之易飲食也。上深然之。封德彝非之曰。三代以還。人漸澆訛。故秦任法律。漢雜霸道。蓋欲化而不能。豈能之而不欲邪。魏徵書生。未識時務。若信其虛論。必敗國家。徵曰。五帝三王不易民而化。湯武皆承大亂之後。身致太平。若謂古人淳樸。漸致澆訛。則至于今日。當悉化為鬼魅矣。人主安得而治之。上卒從徵言。元年關中饑。米斗直絹一匹。二年天下蝗。三年大水。上勤而撫之。民雖東西就食。未嘗嗟怨。是歲天下大稔。流散者咸歸鄉里。米斗不過三四錢。終歲斷死刑纔二十九人。東至于海。南及五嶺。皆外戶

不閉。行旅不齎糧。取給道路焉。上謂長孫無忌曰。貞觀初。上書者皆云人主當獨運威權。征討四夷。惟魏徵勸朕偃武脩文。中國既安。四夷自服。朕用其言。今頡利成擒。其酋長並帶刀宿衛。部落皆襲衣冠。徵之力也。但恨不使封德彝見之耳。時德彝已死。○五年。有司上言。皇太子當冠。用二月吉。請追兵備儀仗。上曰。東作方興。宜改用十月。少傅蕭瑀奏據陰陽書不若二月。上曰。吉凶在人。若動依陰陽。不顧禮義。吉可得乎。循正而行。自與吉會。農時最急。不可失也。○隋末中國人多沒於突厥。及突厥降。上遣使以金帛贖

之。凡得男女八萬口。又遣使詣高麗收隋氏戰亡骸骨。瘞而祭之。○林邑獻五色鸚鵡。新羅獻美女二人。上曰。林邑鸚鵡猶能自言苦寒。思歸其國。況二女遠別親戚乎。并鸚鵡各付使者而歸之。○上謂侍臣曰。朕以死刑至重。故令三覆奏。蓋欲思之詳熟故也。而有司須臾之間三覆已訖。今制決死囚者。二日中五覆奏。下諸州者三覆奏。行刑之日。尚食勿進酒肉。內教坊及太常不舉樂。皆令門下覆視。有據法當死而情可矜者。錄狀以聞。由是全活甚衆。○上謂執政曰。朕嘗恐因喜怒妄行賞罰。故欲公等極諫。公等亦宜

受人諫不可以已之所欲惡人違之苟自不能受諫安能諫人○康國求内附上曰前代帝王好招來絶域以求服遠之名無益於用而糜𡚁百姓今康國内附儻有急難於義不得不救師行萬里豈不疲勞百姓以取虛名朕不為也遂不受謂侍臣曰治國如治病病雖愈尤宜將護儻遽自放縱病復作則不可救矣今中國幸安四夷俱服誠自古所希然朕日愼一日唯懼不終故欲數聞卿輩諫爭也○七年上謂侍臣曰朕比來決事或不能皆如律令公輩以為事小不復執奏夫事無不由小以致大此乃危亡之端也

昔關龍逄忠諫而死朕每痛之煬帝驕暴而亡公輩所親見也公輩常宜為朕思煬帝之亡朕常為公輩念關龍逄之死何患君臣不相保乎○上謂魏徵曰為官擇人不可造次用一君子則君子皆至用一小人則小人競進矣○工部尚書段綸表徵巧工楊思齊上令試之綸使先造傀儡上曰得巧工庶供國事卿令先造戲具豈百工相戒無作淫巧之意邪乃削綸階○八年上欲分遣大臣為諸道黜陟大使未得其人李靖薦魏徵上曰徵箴規朕失不可一日離左右乃命靖與太常卿蕭瑀等凡十三人分行天下察

長吏賢不肖問民間疾苦禮高年賑窮乏褒善良起滯淹俾使者所至如朕親睹○上聘隋通事舍人鄭仁基女為充華詔已行冊使將發魏徵聞其嘗許嫁士人陸爽遽上表諫上聞之大驚手詔深自克責命停冊使○治書侍御史權萬紀上言宣饒二州銀大發采之歲可得數百萬緡上曰朕貴為天子所乏者非財也但恨無嘉言可以利民耳與其多得數百萬緡何如得一賢材卿未嘗進一賢退一不肖而專言稅銀之利昔堯舜抵璧於山投珠於谷漢之桓靈乃聚錢為私藏卿欲以桓靈俟我邪是日黜萬紀使還

家○著作佐郎鄧世隆表請集上文章上曰朕之辭令有益於民者史皆書之足為不朽若其無益集之何用梁武帝父子陳後主隋煬帝皆有文集行于世何救於亡為人主患無德政文章何為遂不許○上問侍臣帝王創業與守成孰難房玄齡曰草昧之初與群雄並起角力而後臣之創業難矣魏徵曰自古帝王莫不得之於艱難失之於安佚守成難矣上曰玄齡與吾共取天下出百死得一生故知創業之難徵與吾共安天下常恐驕奢生於富貴禍亂生於所忽故知守成之難然創業之難既已往矣守成之難

方當與諸公慎之玄齡等拜曰陛下及此言四海之福也○十四年先是武德舊制釋奠於太學以周公為先聖孔子配饗上從玄齡等議停祭周公以孔子為先聖顔回配饗至是上幸國子監觀釋奠命祭酒孔穎達講孝經賜祭酒以下至諸生高第帛有差是時上大徵天下名儒為學官數幸國子監使之講論學生能明一經已上皆得補官增築學舍千二百間增學生滿三千二百六十員自屯營飛騎亦給博士使授以經有能通經者聽得貢舉於是四方學者雲集京師乃至高麗百濟新羅高昌吐蕃諸酋長亦遣

子弟請入國學升講筵者至八千餘人上以師說多門章句繁雜命孔穎達與諸儒撰定五經疏謂之正義令學者習之○十五年上指殿屋謂侍臣曰治天下如建此屋營構既成勿數改移苟易一榱正一瓦踐履動搖必有所損若慕奇功變法度不恒其德勞擾實多又曰朕有二喜一懼比年豐稔長安米價直三四錢一喜也北虜久服邊鄙無虞二喜也治安則驕侈易生驕侈則危亡立至此一懼也○并州大都督長史李世勣在州十六年令行禁止民夷懷服上曰隋煬帝勞百姓築長城以備突厥卒無所益朕唯

置李世勣於晉陽而邊塵不驚其為長城豈不壯哉以世勣為兵部尚書○十六年上嘗止樹下愛之宇文士及從而譽之不已上正色曰魏徵嘗勸我遠佞人我不知為誰意疑是汝今果不謬士及叩頭謝○上曰朕為兆民之主皆欲使之富貴若教以禮義使之少敬長婦敬夫則皆貴矣輕徭薄斂使之各治生業則皆富矣若家給人足朕雖不聽管絃樂在其中矣○十七年魏徵疾甚家初無正寢上命輟小殿材為營構五日畢并賜素褥布被以從其尚及薨詔陪葬昭陵上登苑西樓望哭盡哀後臨朝歎曰以銅為

鑑可正衣冠以古為鑑可知興替以人為鑑可明得失朕嘗保此三鑑內防己過今魏徵逝一鑑亡矣○上曰人主唯有一心而攻之者甚眾或以勇力或以辯口或以諂諛或以姦詐或以嗜欲輻湊攻之各求自售以取寵祿人主少懈而受其一則危亡隨之此其所以難也○上命圖畫功臣趙公長孫無忌趙郡元王孝恭萊成公杜如晦鄭文貞公魏徵梁公房玄齡申公高士廉鄂公尉遲敬德衛公李靖宋公蕭瑀褒忠壯公段志玄夔公劉弘基蔣忠公屈突通鄖節公殷開山譙襄公柴紹邳襄公長孫順德鄖公張亮

陳公矦君集郯襄公張公謹盧公程知節永興文懿公虞世南渝襄公劉政會莒公唐儉英公李世勣胡壯公秦叔寶等於淩烟閣○皇太子立李世勣爲詹事勣既忠力上謂可託大事嘗暴疾醫曰鬚灰可治上乃自剪鬚以和藥及愈入謝上曰吾爲社稷計何謝爲上謂侍臣曰朕自立太子遇物則誨之見其飯則曰汝知稼穡之艱難則常有斯飯矣見其乘馬則曰汝知其勞逸不竭其力則常得乘矣見其乘舟則曰水所以載舟亦所以覆舟民猶水也君猶舟也見其息于木下則曰木從繩則正后從諫則聖○十九年詔謚殷太師比干曰忠烈所司封其墓春秋祠以少牢給隨近五戶供灑掃○二十年李世勣等大破薛延陀北荒悉平上幸靈州爲詩序其事曰雪恥酬百王除兇報千古○十二月癸未上謂長孫無忌等曰今日吾生日世俗皆爲樂在朕翻成傷感今君臨天下富有四海而承歡膝下永不可得此子路所以有負米之恨也詩云哀哀父母生我劬勞奈何以劬勞之日更爲宴樂乎因泣數行下左右皆悲○二十一年詔曰左丘明卜子夏公羊高穀梁赤伏勝高堂生戴聖毛萇孔安國劉向鄭衆杜子春馬融盧植鄭

玄服虔何休王肅王弼杜預范甯等二十有一人並用其書垂於國胄既行其道理合襃崇自今有事於太學可並配饗尼父廟堂○二十二年上作帝範十二篇以賜太子曰君體建親求賢審官納諫去讒戒盈崇儉賞罰務農閱武崇文且曰脩身治國備在其中夫成遲敗速者國也失易得難者位也可不惜哉可不慎哉○二十三年五月上崩於含風殿在位二十三年壽五十二

宋臣歐陽脩贊曰盛哉太宗之烈也其除隋之亂比跡湯武致治之美庶幾成康自古功德兼隆由漢以來未之有也至其牽於多愛復立浮圖好大喜功勤兵於遠此中材庸主之所常爲然春秋之法常責備於賢者是以後世欲成人之美者莫不歎息於斯焉宋儒范祖禹曰太宗以武撥亂以仁勝殘其材畧優於漢高而規模不及也恭儉不若孝文而功烈過之矣迹其性本強悍勇不顧親而能畏義好賢屈己從諫刻厲矯揉力於爲善此所以致貞觀之治也夫賢君不世出自周武成康歷八百餘年而後有漢漢八百餘年而後有太宗其所成就如此豈不難得哉人君擇其善者而從之

足以得師矣

歷代君鑒卷之十六

歷代君鑒卷之十七

善可為法

唐

憲宗

憲宗諱純順宗長子也貞元二十一年立為太子詔傳位于帝永貞元年八月帝即位○荊南獻毛龜二上曰朕所寶惟賢嘉禾靈芝皆虛美耳所以春秋不書祥瑞自今凡有嘉瑞但準令申有司勿復以聞及珍禽奇獸皆毋得獻○元和二年蜀既平藩鎮惕息多求入朝鎮海節度使李錡亦不自安求入朝上許之遣中使慰勞錡實無行意上表稱疾上以問宰相武元衡曰陛下初即政錡求朝得朝求止得止可否在錡將何以令四海上以為然下詔徵之錡詐窮遂謀反制削其官爵及屬籍興兵討之牙將張子良執錡械送京師斬之群臣賀於紫宸殿上愀然曰朕之不德致宇內數有干紀者朕之媿也何賀之為有司籍錡家財輸京師翰林學士張垍李絳上言願以賜浙西百姓代今年租賦上嘉歎久之即從其言○上謂宰相曰太宗以神聖之資群臣進諫者猶反覆數四況朕寡昧自今事有違宜卿當十論無但一二而

巳○以戸部侍郎裴垍為中書侍郎同平章事初德宗不任宰相天下細務皆自決之由是裴延齡輩得用事上在藩邸心固非之及即位選擢宰相推心委之嘗謂垍等曰以太宗玄宗之明猶藉輔佐以成其理況如朕不及先聖萬倍者乎○四年南方旱饑命左司郎中鄭敬等為江淮二浙荊湖襄鄂等道宣慰使賑卹之將行上戒之曰朕宮中用帛一匹皆籍其數惟賙救百姓則不計費卿輩宜識此意○上以久旱欲降德音李絳白居易上言以為欲令實惠及人無如減其租稅出宮人絕諸道進奉禁掠賣良人上

悉從之制下而雨○左軍中尉吐突承璀領功德使盛脩安國寺奏立聖德碑先構樓請敕學士撰文欲以萬緡酬之上命李絳為之絳言堯舜禹湯未嘗立碑自言聖德惟秦始皇刻石高自稱述未審陛下欲何所法且敘脩寺之美豈所以光益聖德上覽奏承璀適在旁命曳倒碑樓承璀言樓大不可曳請徐毀撤上厲聲曰多用牛曳之承璀乃不敢言凡用百牛曳之乃倒○五年上每有軍國大事必與諸學士謀之嘗踰月不見學士李絳等上言臣等飽食不言其自為計則得矣如陛下何

陛下詢訪理道開納直言實天下之幸非臣等之幸也上遽召對白居易嘗因論事言陛下錯上色莊而罷密召絳謂曰居易小臣不遜須令出院絳曰陛下容納直言故群臣敢竭誠無隱居易言雖少思志在納忠陛下今日罪之臣恐天下各思箝口非所以廣聰明昭聖德也上悅待居易如初上嘗欲近獵苑中至蓬萊池西謂左右曰李絳必諫不如且止絳嘗面陳吐突承璀專橫語極懇切上作色曰卿言太過絳泣曰陛下置臣於腹心耳目之地若臣畏避左右愛身不言是臣負陛下言之而陛下惡聞乃陛下負臣

也上怒解曰卿所言皆人所不能言使朕聞所不聞真忠臣也他日盡言皆應如是遂以絳為中書舍人學士如故絳嘗從容諫上聚財上曰今兩河數十州皆國家政令所不及河湟數千里淪於左衽朕日夜思雪祖宗之恥而財力不贍故不得不蓄聚耳不然朕宮中用度極儉薄多蓄何用耶○以戸部侍郎李絳為中書侍郎同平章事李吉甫為相多脩舊怨上頗知之故擢絳為相吉甫善逢迎上意而絳鯁直數爭論於上前上多直絳而從其言上嘗御延英殿吉甫言天下已太平陛下宜為樂絳曰漢文帝時兵木

無刃家給人足。賈誼猶以為厝火積薪之下不可謂安。今法令所不能制者河南北五十餘州犬戎腥羶近接涇隴烽火屢驚加之水旱時作倉庫空虛。此正陛下宵衣旰食之時豈得謂之太平遽為樂哉。上欣然曰。卿言正合朕意。退謂左右曰。吉甫專為媚悅如李絳真宰相也。上嘗問貞元中政事不理何乃至此。吉甫對曰。德宗自任聖智不信宰相而信他人使奸臣得乘間弄威福故也。上曰。然此亦未必皆德宗之過。朕幼在德宗左右見事有得失當時宰相亦未有再三執奏者。今日豈得專歸咎於德宗邪。卿輩宜用

此為戒事有非是當力陳不已。勿畏朕譴怒而遽止也。吉甫嘗言人臣不當彊諫使君悅臣安不亦美乎。絳曰。人臣當犯顏苦口指陳得失若陷君於惡豈得為忠。上曰。絳言是也。李絳或久不諫。上輒詰之曰。豈朕不能容受邪將無事可諫也。吉甫又嘗言於上曰。賞罰人主之二柄不可偏廢。今惠澤已深而威刑未振中外懈惰願加嚴以振之。上顧絳曰。何如。對曰。王者之政尚德不尚刑豈可捨成康文景而效秦始皇父子乎。上曰。然。後旬餘于頔入對。亦勸上峻刑。上謂宰相曰。于頔大是奸臣。勸朕峻刑。卿知其意乎。皆對曰。不知也。上曰。此欲使朕失人心耳。吉甫失色退而不言笑竟日○上謂宰相曰。卿輩屢言淮浙去歲水旱。近有御史自彼還言不至為災事竟如何。絳對曰。臣按淮浙奏狀皆云水旱人流求設法招撫其意似恐朝廷罪之者。豈肯無災而妄言有災邪。此蓋御史欲為奸諛以悅上意耳。上曰。卿言是也。國以人為本。聞有災當亟救之豈可復疑之邪。因命速蠲其租賦。上嘗與宰相論治道於延英殿。日旰暑甚汗透御服。宰相恐上體倦求退。上留之曰。朕入禁中所與處者獨宮人宦官耳。故樂與卿等且共談為理之要。殊不

知倦也○魏博節度使田季安死。子懷諫幼弱。軍中請襲節度。吉甫議討之。俄而士卒立其兵馬使田興為留後。以魏博聽命。絳言王化不及魏博久矣。一旦挈六州來歸。不大犒賞人心不激。請斥禁錢百五十萬緡賜其軍。上曰。朕所以惡衣菲食蓄聚貨財正為欲平定四方。不然徒貯之府庫何為。於是遣知制誥裴度至魏博宣慰。以錢賞軍士。六州百姓給復一年。軍士受賜歡聲如雷○八年。大水。上以為陰盈之象。出宮人二百車○九年。彰義軍節度使吳少陽卒。其子元濟自稱知軍事。縱兵侵掠及東畿。制削其官爵。

趣諸道兵進討。十年。王師討蔡。久未有功。上遣御史中丞裴度詣行營宣慰。察用兵形勢。度還奏攻取策。與上意合。上問諸將才否。度對曰。李光顏義而勇。當有成功。知制誥韓愈亦奏言淮西以三州殘弊困劇之餘。而當天下全力。其敗可立而待也。然所未可知者。在陛下斷與不斷耳。不三日。光顏奏破淮西兵於時曲。上以度為知人。上悉以兵事委武元衡。或說平盧節度使李師道曰。天子所以銳意誅蔡者。元衡贊之也。請密往刺之。元衡死。則他相不敢主其事。爭勸罷兵矣。師道乃謀緩蔡兵。伏盜京師。刺害元衡。又擊裴度。傷首不死。賊因亡去。議者欲罷度安二鎮反側。上怒曰。度若罷。是賊計得行。朝廷無復綱紀。吾倚度足破三賊矣。上益信任。拜中書侍郎同平章事。時方連諸道兵。環攻不解。內有大恐。人累息。及度當國。外內始安。由是討賊益急。後討蔡數不利。群臣爭請罷兵。裴度奏病在腹心。不時去。且為大患。不然。兩河亦將視此為逆順。會唐鄧節度使高霞寓戰敗。他相揣上厭兵。欲赦賊。鉤上指。上曰。一勝一負。兵家常勢。若師常利。則古何憚用兵耶。雖累聖亦不應留賊付朕。今但論帥臣勇怯。兵強弱。處置何如耳。詎可一敗便

沮成計乎。於是獨用度言。他言罷兵者稍息。○十二年。宰相李逢吉、王涯以淮西不克。餉億煩匱。競言宜休師。唯裴度請身督戰。上獨目度留。曰。果為朕行乎。度俯伏曰。臣誓不與賊俱存。即拜淮西宣慰招討使。奏馬總為副使。韓愈為行軍司馬。度將行。入曰。主憂臣辱。義在必死。賊未授首。臣無還期。上壯之。為流涕。○初。國子祭酒孔戣為華州刺史。明州歲貢蚶蛤淡菜。水陸遞夫勞費。戣奏疏罷之。至是嶺南節度使崔詠薨。宰相奏擬代詠者數人。上皆不用。曰。頃有諫進蚶蛤淡菜者為誰。可求其人與之。遂以戣為嶺南節度使。○淮西行營奏獲吳元濟。光祿少卿楊元卿言於上曰。淮西大有珍寶。臣能知之。往取必得。上曰。朕討淮西。為人除害。珍寶非所求也。唐隋鄧節度使李愬擒吳元濟。械送京師。詔韓弘、裴度條列平蔡將士功狀。及蔡之將士降者。皆差第以聞。淮西州縣百姓給復二年。近賊四州。免來年夏稅。官軍戰亡者。皆為收葬。給其家衣糧五年。其因戰傷殘廢者。勿停衣糧。上御興安門受俘。遂以吳元濟獻廟社。斬于獨柳之下。以李愬為山南東道節度使。賜爵涼國公。加韓弘兼侍中。李光顏等遷官有差。賜裴度爵晉國公。復入

知政事。以馬總為淮西節度使○裴度之在淮西也。布衣柏耆以策干韓愈曰。吴元濟既就擒。王承宗破膽矣。願得奉丞相書往說之。可不煩兵而服。愈白度為書遣之。承宗懼。求哀於田弘正。請以二子為質。及獻德棣二州。輸租稅。請官吏。弘正為之奏請。上初不許。弘正上表相繼。上重違弘正意。乃許之。魏博乃遣使送承宗子知感。知信及德棣二州圖印至京師○幽州大將譚忠說劉總曰。自元和以來。劉闢李錡田季安盧從史吴元濟。阻兵馮險。自以為深根固蔕。天下莫能危也。然顧眄之間。身死家覆。皆不自知。此非人力所能。殆天誅也。况今天子神聖威武。苦身焦思。縮衣節食。以養戰士。此志豈須臾忘天下哉。今國兵駸駸北來。趙人已獻城十二。忠深為公憂之。總泣且拜曰。聞先生言。吾心定矣。遂專意歸朝廷○淮西平。平盧節度使李師道憂懼。遣使奉表。請使長子入侍。并獻沂密海三州。上許之。遣左常侍李遜詣鄆州宣慰。遜至鄆。察師道非實誠。歸言於上曰。師道頑愚反覆。恐必須用兵。既而師道表言軍情不聽納質割地。上怒。決意討之。乃下制罪狀。令宣武。魏博。義成。武寧。横海兵共討之。魏博義成軍送所獲鄆州牙將夏

侯澄等四十七人。上皆釋弗誅。各付所獲行營驅使曰。若有父母欲歸者。優給遣之。朕所誅者師道而已。於是賊中聞之。降者相繼。平盧都將劉悟乃夜襲師道。捕斬之。函首以聞。淄青等十二州皆平。上命户部侍郎楊於陵為淄青宣撫使。自廣德以來垂六十年。藩鎮跋扈河南北三十餘州。自除官吏。不供貢賦。至是盡遵朝廷約束矣。裴度纂述蔡鄆用兵以來上之憂勤機略。因侍宴獻之。請內印出付史官。上曰。如此似出朕志。非所欲也。弗許○自淮西既平。上浸驕侈。皇甫鎛程异以聚斂有寵。得為相。晚節好神仙。柳泌為上治丹劑。求長生。上御劑多躁怒。左右往往獲罪。有死者。人人自危。十五年正月。上暴崩於中和殿。時人皆言內常侍陳弘志弑逆。其黨類諱之。不敢討賊。但云藥發。外人莫能明也。在位十五年。壽四十三

宋臣歐陽脩贊曰。憲宗剛明果斷。自初即位。慨然發憤。志平僭叛。能用忠謀。不惑群議。卒收成功。自吴元濟誅。强藩悍將皆欲悔過而效順。當此之時。唐之威令幾於復振。及其晚節。信任非人。不終其業。而身罹不測之禍。嗚呼。小人之能敗國也。不必愚君闇主。雖聰明聖智。苟有惑焉。未有不為患者

也宋儒司馬光曰憲宗聰明果決得於天性選任忠良延納善謀師老財屈異論輻湊而不為之疑盜發都邑屠害元宰而不為之懼卒能取靈夏清劒南誅浙西俘澤潞平淮右復齊魯於是天下深根固蔕之盜皆狼顧鼠拱納質效地稽顙入朝百年之憂一旦廓然矣而怠於防微變生肘腋悲夫

歷代君鑒卷之十七

歷代君鑒卷之十八

善可為法

唐

宣宗

宣宗名忱憲宗之第十三子也長慶元年封光王名怡會昌六年武宗疾篤遺詔立為皇太叔改今名帝幼時宫中皆以為不慧大和以後益自韜匿群居遊處未嘗發言文宗幸十六宅宴集好誘其言以為戲笑武宗性豪邁尤所不禮及立為太叔出見百官哀戚滿容裁決庶務咸當於理人始知有隱德焉武宗

崩帝即位○大中元年上以旱故減膳撤樂出宫女縱鷹隼止營繕命中書侍郎同平章事盧商與御史中丞封敖疏理京城繫囚大理卿馬植奏稱盧商等務行寬宥凡抵極法者一切免死彼官典犯贓及故殺人平日大赦所不免今因疏理而原之使貪吏無所懲畏死者銜冤無告恐非所以消旱災致和氣也昔周饑克殷而年豐衛旱討邢而雨降是則誅罪戮奸式合天意雪冤決滯乃副聖心乞再加詳定詔兩省五品以上議之左諫議大夫張鷺等上言陛下以旱理繫囚慮有冤滯今所原死罪無冤可雪恐凶險

僥倖之徒常思水旱為災宜如馬植所奏詔從之皆
論如法○上敦睦兄弟作雍和殿於十六宅數臨幸
置酒作樂擊毬盡歡諸王有疾常親至卧内存問憂
形於色○二年以知制誥令狐綯為翰林學士上嘗
以太宗所撰金鏡授綯使讀之至亂未嘗不任不肖
治未嘗不任忠賢上止之曰凡求致太平當以此言
為首又書貞觀政要於屏風每正色拱手而讀之上
欲知百官名數令狐綯曰六品以下官卑數多皆吏
部注擬五品以上則政府制授各有籍命曰具員上
命宰相作具員御覽五卷上之常寘於案上○萬壽

公主上之愛女也起居郎鄭顥以文雅著稱故選顥
尚之有司循舊制請用銀裝車上曰吾欲以儉約化
天下當自親者始令依外命婦以銅裝車仍詔公主
執婦禮皆如臣庶之法戒以毋得輕夫族預時事又
申以手詔曰苟違吾戒必有太平安樂之禍由是終
上之世貴戚皆兢兢守禮法如衣冠之族○三年上
與宰相論元和循吏孰為第一周墀曰臣嘗守土江
西聞觀察使韋丹功德被於八州没四十年老稚歌
思如丹尚存詔史館修撰杜牧撰丹遺愛碑以紀之
仍擢其子河陽觀察判官宙為御史○吐蕃論恐熱

以秦原威三州及石門等七關内附河隴老幼千餘
人詣闕上御延喜門樓見之歡呼舞躍解胡服襲冠
帶觀者皆呼萬歲詔募百姓墾闢三州七關土田五
年不收租税將吏能為營田者官給牛及種糧温池
鹽利可贍邊隨委度支制置戍卒倍給衣糧二年一
代道路建置堡柵有商旅往來販易關鎮毋得留難
其山南劍南邊境有没蕃州縣亦令量力收復○宰
相以克復河湟請上尊號上曰憲宗常有志復河湟
以中原方用兵未遂而崩今乃克成先志耳其議加
順憲二廟尊謚以昭功烈○五年党項為邊患發諸

道兵討之上頗知邊帥利党項羊馬數欺奪誅殺之
党項不勝憤怨故反乃以右諫議大夫李福為夏綏
節度使自是繼選儒臣以代邊帥之貪暴者行日復
面加戒勵党項遂安○吐蕃沙州刺史張義潮以瓜
沙伊肅等十一州内附詔置歸義軍以義潮為節度
使於是盡復河湟之地上以党項久未平頗厭用兵
乃遣白敏中為制置使鎮撫之初上令敏中為萬壽
公主選佳壻敏中薦鄭顥顥不樂尚主甚銜之敏中
將赴鎮言於上曰鄭顥怨臣今出必中傷臣死無日
矣上命取小檉函授之曰此皆鄭郎譖卿之書也朕

若信之豈任卿以至今日。敏中遂行軍於寧州定遠城。使史元破党項九千餘帳。敏中奏党項平。詔南山党項猶行鈔掠。宜於銀夏境内授以閑田。或復入山林不受教令。則誅討無赦。若邊將貪鄙致其怨叛。當先罪邊將後討寇虜。南山党項尋亦請降。赦之〇六年。王贄弘討雞山賊。平之。党項復擾邊。上與畢諴論邊事。諴具陳方畧。上悅曰。吾方擇帥。不意頗牧近在禁庭。乃除諴邠寧節度使。諴欣然奉命。尋招諭党項皆降〇七年。上事鄭太后甚謹。不居別宫。朝夕奉養。舅鄭光歷平盧河中節度使入朝。上與論政。光對鄙

淺。上不悅。留為統軍。奉朝請。太后數言其貧。上輒厚賜金帛。終不復任以民官〇八年。春正月朔。日食。左補闕趙璘請罷元會。止御宣政。宰相曰。天下無事。元會大禮。不可廢也。上曰。華州有賊。關中少雪。皆朕之憂。何謂無事。雖宣政亦不可御也〇中書門下奏諫官缺員請補。上曰。諫官要在舉職。不必人多。如張道符牛叢趙璘輩數人。使朕日聞所不聞足矣。久之叢自司勳員外郎出為睦州刺史。入謝。上賜之紫。叢既謝。前言曰。臣所服緋。刺史所借也。上遽曰。且賜緋。上重惜服章。有司常具緋紫衣數襲從行以備賞賜。或

半歲不用其一。故當時以緋紫為榮。上重翰林學士。至于遷官。必校歲月。以為不可以官爵私近臣也〇以右散騎常侍高少逸為陝虢觀察使。有敕使過硤石。怒餅黑。鞭驛吏見血。少逸封其餅以進。敕使還。上責之曰。深山中如此食豈易得。謫配恭陵〇上獵於苑北。遇樵夫。問其縣。曰涇陽人也。令為誰。曰李行言。為政何如。曰性執。有彊盜數人。軍家索之。竟不與。盡殺之。上歸。帖其名於寢殿之柱。尋除行言海州刺史。入謝。上賜之金紫。問曰。卿知所以衣紫乎。對曰不知。上命取殿柱之帖示之。又嘗校獵渭上。有父老十數

聚於佛祠。上問之。對曰。醴泉百姓也。縣令李君奭有異政。考滿當罷。詣府乞留。故此祈佛冀諧所願耳。及懷州刺史闕。上手筆除君奭。宰相莫之測。君奭入謝。上以此獎厲。衆始知之〇上聽察彊記。宫中廝役給灑掃者皆能識其姓名才性所任。呼名使令無差誤者。天下奏獄吏卒姓名。一覽皆記之。度支奏漬汚帛。誤書漬為清。樞密承旨孫隱中謂上不之見。輒足成之。及中書覆入。上怒推按擅改章奏者。謫罰之〇上嘗苦不能食。召醫工梁新診脉治之。數日良已。新因自陳求官。上不許。但敕鹽鐵使月給錢三十緡而已

○十年。內園使李敬寔遇鄭朗不避馬。朗奏之。上責敬寔。對曰。供奉官例不避。上曰。汝衘敕命横絶可也。豈得私出而不避宰相乎。命剥色配南牙。○十一年。上欲幸華清宫。諫官論之甚切。上為之止。上樂聞規諫。凡諫官論事門下封駮苟合於理。多屈意從之。得大臣章疏。必焚香盥手而讀之。○教坊祝漢貞滑稽敏給寵冠諸優。一日抵掌詼諧頗及外事。上正色謂曰。我畜養爾曹止供戲笑耳。豈得輒預朝政邪。自是踈之。會其子坐贓杖死流漢貞於天德軍。樂工羅程善琵琶尤有寵恃恩暴横殺人繫獄。衆工為之泣請

君鑑卷十八　六

曰。羅程負陛下萬死。然臣等惜其天下絶藝。不復得奉宴遊矣。上曰。汝曹所惜者羅程藝。朕所惜者高祖太宗法。竟殺之。○十二年。建州刺史于延陵入辭。上曰。卿到彼為政。善惡朕皆知之。勿謂其遠。此階前則萬里也。卿知之乎。延陵悸懼失緒。上撫而遣之。到官竟以不職貶復州司馬。令狐綯擬李遠杭州刺史。上曰。吾聞遠詩云。長日惟消一局棊。安能理人。綯曰。詩人託此為高興耳。未必實然。上曰。且令往試觀之。上詔刺史毋得外徙。必令至京師。面察其能否。然後除之。令狐綯嘗徙其故人為隣州刺史。便道之官。上見

其謝表。以問綯。對曰。以其道近。省送迎耳。上曰。朕以刺史多非其人。為百姓害。故欲一一見之。訪問其所施設。知其優劣以行黜陟。而詔命既行。直廢格不用。宰相可畏有權。時方寒。綯汗透重裘。上臨朝接對群臣如賔客。雖左右近習未嘗見其有惰容。每宰相奏事。旁無一人立者。威嚴不可仰視。奏事畢。忽怡然曰。可以閑語矣。因問閭閻細事。或談宫中遊宴。無所不至。一刻許復整容曰。卿輩善為之。朕常恐卿輩負朕。後日不復得再相見。乃起入宫。令狐綯謂人曰。吾十年秉政。最承恩遇。然每造延英奏事。未嘗不汗霑衣

君鑑卷十八　七

也。○兵部侍郎蔣伸從容言於上曰。近日官頗易得。人思僥倖。上驚曰。如此則亂矣。對曰。亂則未亂。但僥倖者多。亂亦非難。上稱歎再三。伸三起。上三留之。曰。異日不復得獨對卿矣。伸不諭。尋以伸同平章事。○十三年。以校書郎于琮為左拾遺內供奉。初上欲以琮尚永福公主。既而中寢。宰相請其故。上曰。朕近與此女子會食。對朕輒折匕筯。性情如是。豈可為士大夫妻。乃更命琮尚廣德公主。二公主皆上女也。○武寧節度使康季榮不邺士卒。士卒譟而逐之。上以左金吾大將軍田牟嘗鎮徐州有能名。復以為武寧節

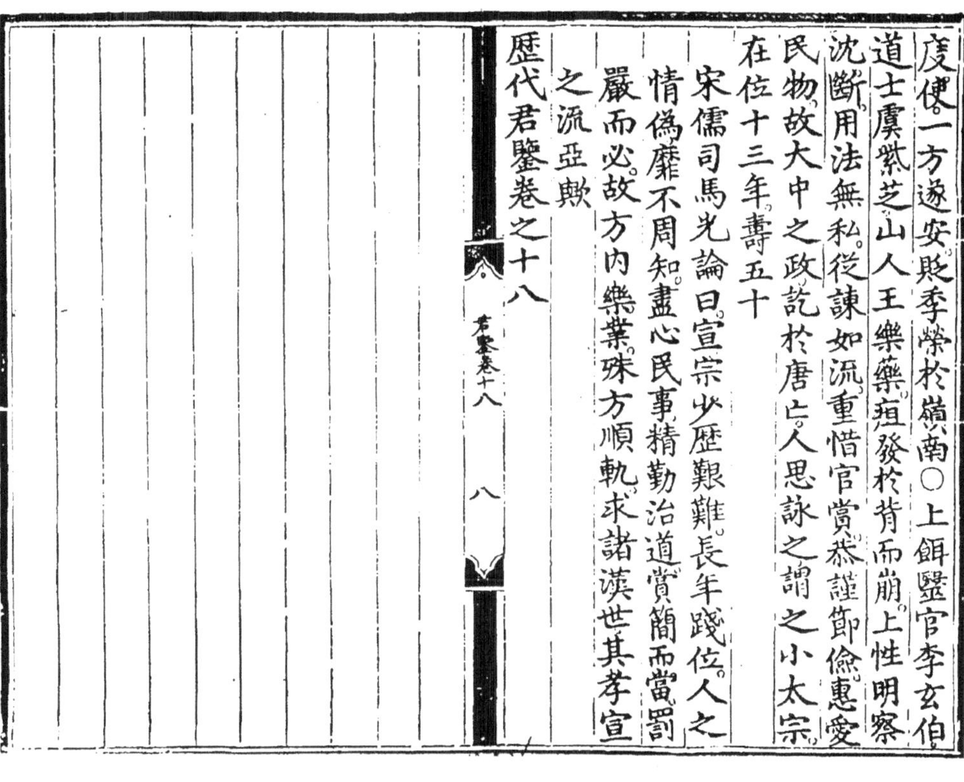
度使。一方遂安。貶李榮於嶺南。○上餌醫官李玄伯道士虞紫芝山人王樂藥。疽發於背而崩。上性明察沈斷。用法無私。從諫如流。重惜官賞。恭謹節儉。惠愛民物。故大中之政。訖於唐亡。人思詠之。謂之小太宗。

在位十三年。壽五十

宋儒司馬光論曰。宣宗少歷艱難。長年踐位。人之情偽。靡不周知。盡心民事。精勤治道。賞簡而當。罰嚴而必。故方內樂業。殊方順軌。求諸漢世。其孝宣之流亞歟

歷代君鑑卷之十八

歷代君鑑卷之十九

世宗皇帝諱榮本姓柴氏。邢州龍岡人。周太祖聖穆皇后兄守禮子也。幼從姑長太祖家。以謹厚見愛。太祖遂以為子。器貌英奇。善騎射。略通詩書黃老。性沈重寡言。封晉王。為開封尹。顯德元年。太祖崩。即皇帝位。仍稱顯德。○北漢主聞太祖晏駕甚喜。謀大舉入寇。遣使請兵于契丹。二月。契丹遣其武定節度使政事令楊袞將萬餘騎如晉陽。世宗聞之。欲自將兵以禦。群臣皆曰。劉崇自平陽遁走以來。勢蹙氣沮。必不敢自來。陛下新即位。山陵有日。人心易搖。不宜輕動。宜命將禦之。世宗曰。崇幸我大喪。輕朕年少新立。有吞天下之心。此必自來。朕不可不往。馮道固爭之。世宗曰。昔唐太宗定天下。未嘗不自行。朕何敢偷安。命馮道奉梓宮赴山陵。以鄭仁誨為東京留守。遂發大梁。至懷州。世宗欲兼行速進。控鶴都指揮使趙晁私謂通事舍人鄭好謙曰。賊勢方盛。宜持重以挫之。好謙以聞。世宗怒曰。汝安得此言。必為人所使。言其人

則生不然必死好譏以實對命并晁械于獄張元徽擊周右軍合戰未幾樊愛能何徽引騎兵先遁右軍潰步兵千餘人解甲呼萬歲降于北漢世宗見軍勢危自引親兵犯矢石督戰北漢主知世宗自臨陣褒賞張元徽趣使乘勝進兵元徽前略陳馬倒爲周兵所殺元徽北漢之驍將也北軍由是奪氣時南風益盛周兵爭奮北漢兵大敗世宗欲誅樊愛能等以肅軍政猶豫未決乃晝臥帳中張永德侍側世宗以其事訪之對曰愛能等素無大功忝冒節鉞望風先逃死未塞責且陛下方欲削平四海苟軍法不立雖有

熊羆之士百萬之衆安得而用之世宗擲枕於地大呼稱善即收愛能徽及所部軍使以上七十餘人責之曰汝曹皆累朝宿將非不能戰今望風奔遁者無他正欲以朕爲奇貨賣與劉崇耳悉斬之初以何徽先守晉州有功欲免之既而以法不可廢遂并誅之而給槥車歸葬自是驕將惰卒始知所懼不行姑息之政矣○初宿衛之士累朝相承務求姑息不欲簡閱恐傷人情由是羸老者居多非但驕蹇不用命實不可用每遇大敵不走即降其所以失國亦多由此世宗因高平之戰始知其弊嘗謂侍臣曰凡兵務精

不務多今以農夫百不能養甲士一柰何浚民膏澤養此無用之物乎且健懦不分衆何所勸乃命大簡諸軍精銳者升之上軍羸弱者斥去之又以驍勇之士多爲藩鎮所畜詔募天下壯士咸詣闕以聞由是士卒精強近代無比征戰四方所向皆捷選練之力也宋儒胡寅曰五代之主多刻於民而紓於軍世宗則嚴於軍而寬於民既得柄制輕重之權且其言曰兵務精不務多柰何浚民膏血養此無用之物聖人復起不能易矣○二年夏四月謂宰相曰朕每思致治之方未得其要寢食不忘又自唐晉以來吳蜀幽

并皆阻聲教未能混一宜命近臣著爲君難爲臣不易論及開邊策各一篇朕將親覽焉比部郎中王朴獻策欣然納之○五月敕天下寺院非敕額者悉廢之禁私度僧尼凡欲出家者必俟祖父母父母伯叔之命禁僧俗捨身斷手足煉指掛燈帶鉗之類命兩京及諸州每歲造僧帳有死亡歸俗皆隨時開落是歲天下廢寺院三萬餘所存者二千六百九十餘僧尼六萬餘人○六月親錄囚於內苑有汝州民馬遇父及弟爲吏所冤死屢經覆按不能自伸世宗臨問始得其實人以爲神由是諸長吏無不親察獄訟○以

張美權點檢三司事初世宗在澶州美掌州之金穀隸三司世宗或私有所求美曲爲供副至是以美治財精敏當時鮮及故以利權授之征伐四方用度不乏美之力也然思其澶州所爲終不以公忠待之○九月世宗以縣官久不鑄錢而民間多銷錢爲器皿及佛像錢益少乃敕立監采銅鑄錢惟縣官法物軍器及寺觀鐘磬鈸鐸之類聽留自餘民間銅器佛像五十日內悉令輸官給其直過期隱匿不輸五斤以上其罪死不及者論刑有差因謂侍臣曰卿輩勿以毀佛爲疑夫佛以善道化人苟志於善斯奉佛矣彼

銅像豈所謂佛邪且吾聞佛志在利人雖頭目猶舍以布施若朕身可以濟民亦非所惜也宋儒司馬光曰若世宗可謂仁矣不愛其身而愛民若世宗可謂明矣不以無益廢有益○閏月世宗與將相食於萬歲殿因言兩日大寒朕於宮中食珍膳深愧無功於民而坐享天祿既不能躬耕而食惟當親冒矢石爲民除害差可自安耳○十一月世宗與侍臣論刑賞曰朕必不因怒刑人因喜賞人先是大梁城中民侵街衢爲舍通大車者蓋寡至是命悉直而廣之廣者至三十步又遷墳墓於標外因曰近廣京城於存沒

擾動誠多怨謗之語朕自當之他日終爲人利○十二月樞密使鄭仁誨卒世宗臨其喪近臣奏稱歲道非便世宗曰君臣義重何日時之有往哭盡哀○三年世宗伐唐至永寧鎮謂侍臣曰聞壽州圍解農民多歸村落今聞大軍至必復入城憐其聚爲餓殍宜先遣使存撫各令安業○二月詗知揚州無備命韓令坤等將兵襲之戒以毋得殘民其李氏陵寢遣人與李氏人共守護之唐主以兵屢敗懼亡乃遣翰林院學士鍾謨文理院學士李德明奉表稱臣來請平獻御服湯藥及金器五千兩繒錦二千匹犒軍牛五

百頭酒二千斛比至壽州城下謨德明素辨口世宗知其欲遊說盛陳甲兵而見之曰爾主自謂唐室苗裔宜知禮義異於他國與朕止隔一水未嘗遣一介修好惟泛海通契丹捨華事夷禮義安在且汝欲說我令罷兵邪我非六國愚主豈汝口舌所能移可歸語汝主亟來見朕再拜謝過則無事矣不然朕欲觀金陵城借府庫以勞軍○冬十月世宗謂侍臣曰近朝徵斂穀帛多不俟收穫紡績之畢乃詔三司自今夏稅以六月秋稅以十月起徵民間便之○山南東道節度使安審琦鎮襄州十餘年入朝除守太師遣

還鎮。既行。世宗問宰相。鄉曹送之乎。對曰。送至城南。審琦深感聖恩。世宗曰。近朝多不以誠信待諸侯。雖有欲効忠節者。其道無由。王者但能毋失其信。何患諸侯不歸心哉。○五年。冬十月。詔左散騎常侍艾穎等三十四人分行諸州。均定田租。復詔諸州併鄉村。率以百戶為團。團置耆長三人。世宗留心農事。刻木為耕夫蠶婦。置之殿庭。○十二月。唐陳覺使自周還。矯以世宗命謂唐主曰。聞江南連歲拒命。皆宰相嚴續之謀。當為我斬之。唐主知覺素與續有隙。固未之信。鍾謨請覆之於周。唐主乃因謨復命。上言久拒王

師。皆臣愚迷。非續之罪。世宗聞之。大驚曰。審如此。則續乃忠臣。朕為天下主。豈教人殺忠臣乎。宋儒胡寅曰。敵國謀臣。我所惡也。蓋有設間用計而去之者矣。或有因而自相疑忌而幸之者矣。未聞稱奬其忠。諭使勿殺如世宗者。用心如此。天下有不服乎。○六年。二月。淮南饑。世宗命以米貸之。或曰民貧。恐不能償。曰。民吾子也。安有子倒懸而父不為解哉。安在責其必償也。○樞密使王朴卒。世宗臨其喪。以玉鉞卓地。慟哭數四。不能自止。朴性剛而銳。敏智過人。世宗以是惜之。○六月。唐主遣其子紀公從善與鍾謨俱入

貢。世宗問謨曰。江南亦治兵修守備乎。對曰。既臣事大國。不敢復爾。世宗曰。不然。鄉時則為仇敵。今日則為一家。吾與汝國大義已定。保無他虞。然人生難期。至于後世。則事不可知。歸語汝主。可及吾時完城郭。繕甲兵。據守要害。為子孫計。謨歸以告唐主。唐主乃城金陵。凡諸州城之不完者葺之。戍兵少者益之。宋儒司馬光曰。或問五代帝王。唐莊宗周世宗皆稱英武。二主孰賢。光應之曰。夫天子所以統治萬國。討其不服。撫其微弱。行其號令。壹其法度。明信義以兼愛兆民者也。莊宗既滅梁。海內震動。湖南馬氏遣子希

範入貢。莊宗曰。比聞馬氏之業。終為高郁所奪。今有兒如此。郁豈能奪之哉。郁。馬氏之良佐也。希範兄希聲聞莊宗言。卒矯其父命而殺之。此乃市道商賈之所為。豈帝王之體哉。蓋莊宗善戰者也。故能以弱晉勝強梁。既得之。曾不數年。外內離叛。置身無所。誠由知用兵之術。不知為天下之道故也。世宗以信令御群臣。以正義責諸國。王環以不降受賞。劉仁贍以堅守蒙褒。嚴續以盡忠獲存。蜀兵以反覆就誅。馮道以失節被棄。張美以私恩見疎。江南未服。則親犯矢石。期於必克。既服則愛之如子。推誠盡言。為之遠慮。其

宏規大度。豈得與莊宗同日語哉。書曰。無偏無黨。王道蕩蕩。又曰。大邦畏其力。小邦懷其德。世宗近之矣。

○世宗欲相樞密使魏仁浦。議者以仁浦不由科第。不可爲相。世宗曰。自古用文武才略者爲輔佐。豈盡由科第邪。又嘗問大臣可爲相者於兵部尚書張昭。昭薦李濤。世宗愕然曰。濤輕薄無大臣體。朕問相而卿首薦之。何也。對曰。陛下所責者細行。臣所舉者大節也。昔晉高祖之世。張彥澤虐殺不辜。濤累疏請誅之。以爲不殺必爲國患。漢隱帝之世。濤亦上疏請解先帝兵權。夫國家安危未形而能見之。真宰相器也。

臣以是薦之。世宗曰。卿言甚善。且至公。然如濤者終不可置之中書。蓋濤喜恢諧。不修邊幅。與弟澣俱以文學著名。雖甚友愛。而多謔浪無長幼體。世宗以是薄之。世宗在位七年。享年三十九。

史臣贊曰。世宗在藩。多務韜晦。及即位。破高平之寇。人始服其英武。其御軍號令嚴明。人莫敢犯。攻城對敵。矢石落其左右。人皆失色。而略不動容。應機決策。出人意表。又勤於爲治。百司簿籍。過目無所忘。發奸擿伏。聰察如神。閒暇則召儒者讀前史。商搉大義。性不好絲竹珍玩之物。嘗言太祖養成王峻王殷之惡。致君臣之分不終。故群臣有過。則面質責之。服則赦之。有功則厚賞之。文武參用。各盡其能。人無不畏其明而懷其惠。故能破敵廣地。所向無前。然用法太嚴。羣臣職事小有不舉。往往置之極刑。雖素有才幹聲名。亦無所開宥。尋亦悔之。末年寖寬。登遐之日。遠邇哀慕焉。

歷代君鑒卷之十九

歷代君鑑卷之二十

善可爲法

宋

太祖

太祖高皇帝諱匡胤姓趙氏涿郡人也唐天成二年生於洛陽夾馬營容貌雄偉器度豁如識者知其非常人性孝友節儉嚴重寡言獨喜觀書雖在軍中手不釋卷人聞有奇書不吝千金購之初學騎射輒出人上建隆元年春正月帝受周禪即皇帝位○三月命崔頌教國子乃聚生徒講學遣使者賜酒果以寵異學者初周世宗命營國子監置學舍未成而殂帝即位詔增葺祠宇塑繪先聖先師之像自爲贊書于孔顏之座端令文臣分撰餘贊屢臨幸焉嘗謂侍臣曰朕欲武臣盡令讀書以知爲治之道於是臣庶始貴文學矣○秋七月詔殿前侍衛二司各閱所掌兵揀其驍勇者升爲上軍而命諸州長吏選所部内兵送都下以補禁旅之闕又選強壯卒定爲兵樣分送諸道召募教習俟其精練即送闕下由是獷悍之士皆隸禁籍矣又懲唐以來藩鎮之弊分遣禁旅戍守邊城立更戍法使往來道路以習勤苦均勞佚自是

將不得專其兵而士卒不至於驕惰○帝嘗召翰林學士竇儀草制至苑門儀見帝岸幘跣足而坐因却立不肯進帝遽索冠帶而後召入儀遂言曰陛下創業垂統宜以禮示天下恐豪傑聞而解體也帝斂容謝之自是對近臣未嘗不冠帶○二年春正月帝謂宰相曰五代以來諸侯跋扈有枉法殺人者朝廷皆置而不問刑部之職徒爲虛設且人命至重姑息藩鎮當若是耶自今諸州決大辟訖錄案聞奏委刑部覆視之嘗讀尚書嘆曰堯舜之世四凶之罪止於流放何近代法網之密耶故其後犯大辟非情理深害者多得貸死惟贓吏棄市則未嘗容貸又以夏月暑氣方盛深念縲繫之苦乃詔西京諸州令長吏督掌獄掾五日一檢視洒掃獄戶洗滌杻械貧困不能自存者給飲食病者給藥輕繫小罪即時決遣無得淹滯每歲仲夏必申明是詔以戒官吏焉○三月課民種植每縣定民籍爲五等第一種雜木百每等減二十爲差桑棗半之男女十歲以上人種韭一畦闊一步長十步令佐以春秋巡視○十月帝賜近臣冬衣有司言累朝故事止賜將相學士諸軍大校帝曰不賜百官甚無謂也文武常參官悉支冬衣自此始○

三年夏四月太常博士聶崇義上三禮圖自唐以來禮文多缺崇義善禮學朝廷凡有大事多從其議周世宗嘗命參定郊廟祭玉崇義因取隋開皇中禮官所撰三禮圖重加考正至是上之帝詔太子詹事尹拙集儒學之士參議於是翰林學士竇儀詳閱定為十五卷以聞詔頒行焉且圖于國子監講堂之壁○帝擢用臣下多自宸衷内外臣僚有公清才幹文學政事為時所推者不以官職高下別置簿書錄其姓名每遇華要任使即於簿中選擇故下僚中有一行可觀一才可勝者皆蒙聖知不次擢用是時李頌自

華州司户參軍擢為左贊善大夫郭思齊自延州錄事參軍為太子中允石雄自河陽判官而為左補闕劉湛自萊蕪縣令而為左拾遺當時州縣無滯才朝廷稱得人者皆帝聰明知人任使之所致也呂夷簡曰舜能自舉十六相高宗能自舉傅說唐太宗能自舉魏徵憲宗能自舉裴度周世宗能自舉楊朴此六君功業獨盛名流無窮無他術也能自舉賢而用之也夫欲得英雄之心瑰奇之士必在人君天資特達非次擢用若必待輔臣薦舉左右論列其間有孤寒寡援正直自守無財勢以自結羞諂附以自進者則終身沉困於下僚雖有忠誠報國之心經緯致君之道何由得達乎英主哉太祖雄才大略長轡遠馭籠絡英傑網羅賢秀求幹濟之才不以資次為限知人則哲斷自宸衷拔擢皆自於聖君恩澤不歸於私第故人荷帝力捐軀盡節以報君此誠得駕馭之至術也○乾德元年夏四月置義倉于州縣詔曰多事之後義倉廢寢歲或小歉失於豫備宜令諸州於所屬縣各置義倉自今官所收二稅石別稅一斗貯之以備凶歉給貸○始帝受禪詔有司精考古式作為嘉量以頒天下其後定西蜀平嶺南復江表泉浙納土

并汾歸命凡四方斗斛不中法式者皆去之嘉量之器悉復升平之制焉先是守藏吏受天下歲輸金帛而太府權衡舊式失準吏得因之以為姦故諸道主吏多坐逋負而破產者甚衆至是新制既定姦弊無所措中外以為大便○二年春正月詔縣令簿尉非公事毋至村落令錄簿尉諸職官有耄耋篤疾者舉劾之○夏大旱詔諸州長吏視民田旱甚者即蠲其租不俟報○自隋以黔中地置辰州唐分為錦溪巫敘四郡唐末蠻酋分據之各保險阻以自固時出寇鈔宋既平湖南悉得通蠻情習地勢沉勇智謀者以

鎮撫之辰州猺人秦再雄武健有奇略蠻黨畏服帝召至汴察其可任擢為辰州刺史使自辟吏予以租賦再雄感恩誓以死報至州日訓土兵得三千人皆能被甲渡水歷山飛塹捷如猨猱又選親校二十人分使諸蠻以傳朝廷懷徠之意莫不從風而靡各得降表以聞自是荆湘無復邊患○冬暮京師大雪帝設氊帷於講武殿衣紫衣貂裘帽以視事忽謂左右曰我被服如此尚覺寒念西征將帥衝冒霜霰何以堪處即解裘帽遣中黄門馳驛齎賜王全斌仍諭旨諸將全斌拜賜感泣故所向有功○命判太常寺和

峴定雅樂帝以雅樂聲高近於哀思不合中和詔峴攷定峴以王朴律準較洛陽司天臺影表石尺製律呂樂始和暢焉○三年帝遣右拾遺孫逢吉至成都收偽蜀圖書法物逢吉還所上法物皆不中度悉命焚毀圖書付史館孟昶服用奢僭至於溺器亦裝以七寶帝命碎之曰以此奉身不亡何待○帝躬履儉約衣澣濯之衣乘輿服用皆尚質素寢殿設青布緣葦簾宫闈帝幕無文采之飾嘗出麻屨布裳賜左右曰此我舊所服用也開封尹光義因侍宴禁中從容言陛下服用太草草帝正色曰爾不記居夾馬營中

時耶○皇第三女永慶公主嘗衣貼繡鋪翠襦入宫中帝見之謂主曰汝當以此與我自今勿復為此飾主笑曰此所用翠羽幾何帝曰不然主家服此宫闈戚里必相効京城翠羽價高小民逐利展轉販易傷生寖廣實汝之由汝生長富貴當念惜福豈可造此惡業之端主慚謝主因侍坐與皇后同言曰官家作天子日久豈不能用黄金裝肩輿乘以出入帝笑曰我以四海之富宫殿悉以金銀為飾力亦可辦但念我為天下守財耳豈可妄用古稱以一人治天下不以天下奉一人苟以自奉養為意使天下之人何仰

哉○四年春正月以孔宜為曲阜主簿奉孔子祀宜孔子四十四代孫而文宣公仁玉之子也五季以來襲封廢絶至是命宜主祀事○帝因論及民事謂宰相趙普等曰下愚之民雖不分菽麥如藩侯不為撫養務行苛虐朕斷不容之普對曰陛下愛民如此乃堯舜之用心也○五年帝御長春殿謂宰相曰自古為君鮮能正躬朕觀唐太宗受人諫踈常自引咎而不為耻其能受諫也如此然朕所見不若自不為非使無可諫之為愈也○帝自聞蜀兵亂凡使者至各令陳王全斌等不法事遂盡得其狀乃皆徵還以其

初立功。不欲屬吏。但令中書問狀。全斌等具伏[illegible]殺降之罪。命責授全斌崇義節度留後。崔彥進昭化節度留後。王仁贍為右衛大將軍。以劉光義劉廷讓廉謹。並進爵秩。復呂餘慶參知政事。曹彬自蜀還槖中唯圖書衣衾。又能戢下。秋毫無犯。帝深嘉之。以為宣徽南院使。彬辭曰。征西將士俱得罪。臣何敢獨受賞。帝曰。卿有茂功。又不矜伐。勸懲國之常典。又何辭焉○開寶元年正月。大內營繕皆畢。賜諸門名。帝坐正殿。令洞開諸門。皆端直軒豁。無有壅蔽。因謂左右曰。此如我心。少有邪曲。人皆見之矣。呂中曰。天下之

事皆經綸於人主之一心。人主之心正。則天下之事無一不出於正。人主之心不正。則天下之事無一得由於正。是以人主以眇然之身居深宮之中。其心之邪正。若不可窺。而其著見於外者。常若手指目視而不可掩也。此堯舜禹相授所以有惟精惟一之戒。以太祖立國之初。規模廣大。如漢高帝。謀慮深遠。如漢光武。而正心符印。密契三聖之傳於數千載之上。朱熹曰。太祖不為言語文字之學。而方寸之地正大光明。直與堯舜之心合。信哉斯言○十一月。帝入太廟。見所陳籩豆簠簋。問曰。此何等物也。左右以禮器對。

帝曰。吾祖宗寧識此。亟命徹去。進常膳如平生。既而曰。古禮亦不可廢也。復命設之。於是判太常寺和峴言。按唐天寶中享太廟禮料外。每室加常食一牙盤。五代以來。遂廢其禮。今請如唐故事。詔自今親享太廟。別設牙盤食。禘祫時享皆同之○三年三月。徵處士王昭素為國子博士致仕。昭素少篤學有至行。帝聞其名。召見便殿。年已七十餘。帝令講乾卦。至九五飛龍在天。則斂容曰。此爻正當陛下今日之事。引援證據。因示諷諫微旨。帝甚悅。即訪以民事。昭素所言誠實無隱。帝益嘉之。又問治世養身之術。昭素曰。治

世莫若愛民。養身莫若寡欲。帝愛其語。書于屏几○五年正月。禁民鑄錢為佛像浮屠及人物之無用者。帝慮愚民多毀農器以徼福。故禁之○五月。詔罷嶺南道媚川都。卒為靜江軍。仍禁民不得以采珠為業。先是劉鋹於海門鎮募兵能采珠者二千人。號媚川都。歲溺死者甚衆。於是潘美等言采珠危苦之狀。詔罷之○河大決澶州濮陽縣。命潁州團練使曹翰往塞之。翰辭於便殿。帝謂曰。霖雨不止。又聞河決。朕信宿以來。焚香上禱于天。若天災流行。願在朕躬。勿施于民。翰頓首拜曰。昔宋景公。諸侯耳。一發善言。災星

爲之退舍。今陛下憂及兆民。懇禱如是。固宜上感天心。此必不能爲灾也。翌日。帝謂宰相曰。霖雨不止。朕日夜焦勞。罔知所措。得非時政有闕使之然耶。又曰。朕又思之。恐掖庭幽閉者衆。昨徧籍後宫凡三百八十餘人。因告諭願歸其家者具以情言。得百五十餘人。悉厚賜遣之矣。普等皆稱萬歲。○六年。詔朝臣有將命遠方死王事者。得録其子。○七年閏十月。監脩國史薛居正等上新脩五代史百五十卷。帝謂宰相曰。朕觀新史。見梁太祖暴亂醜穢之跡。乃至如此。宜其旋被賊虐也。○帝性寬仁多恕。一日尚食供膳有

蟲緣食器旁。謂左右曰。勿令掌膳者知。○八年九月。帝狩于近郊。逐兔馬蹶墜地。因引佩刀刺馬殺之。既而悔曰。吾爲天下主。輕事田獵。又何罪馬哉。自是不復獵。○十二月。江南捷書至。群臣皆稱賀。帝泣謂左右曰。宇縣分割。民受其禍。思布聲教以撫養之。攻城之際。必有橫罹鋒刃者。此實可哀也。即詔出米十萬石賑城中飢民。○九年二月。吳越王錢俶來朝。自宰相已下。咸請留俶而取其地。帝不聽。遣俶歸國。及辭取群臣留俶章疏數十軸。封識遺俶。戒以途中密觀。俶屆途啓視。皆留己不遣之章也。俶自是感懼。江南平。遂乞納土。帝在位十七年。享年五十

史臣贊曰。五季亂極。宋太祖起介冑之中。踐九五之位。原其得國。視晉漢周亦豈甚相絶哉。及其發號施令。名藩大將俯首聽命。四方列國次第削平。此非人力所易致也。建隆以來。釋藩鎮兵權。繩贓吏重法。以塞濁亂之源。州郡司牧下至令録幕職。躬自引對。務農興學。慎罰薄斂。與世休息。迄於丕平。治定功成。制禮作樂。在位十有七年之間。而三百餘載之基。傳之子孫。世有典則。遂使三代而降。考論聲明文物之治。道德仁義之風。宋於漢唐。蓋

無讓焉。烏虖。創業垂統之君。規模若是。亦可謂遠也已矣

歷代君鑒卷之二十

歷代君鑑卷之二十一

善可為法

宋

太宗

太宗皇帝諱炅。初名匡乂。改賜光義。即位之二年改今諱。宣祖第三子也。帝幼不群。與他兒戲皆畏服。及長隆準龍顏。望之知為大人。儼如也。性嗜學。宣祖總兵淮南。破州縣。財物悉不取。第求古書遺帝。恒飭勵之。帝由是工文業。多藝能。開寶九年冬十月即位。大赦天下○太平興國三年。七月以孔宜襲封文宣公。

帝召宜問以孔子世嗣。遂命襲封。宜因言歷代以聖人之後。不預庸調。周顯德中均田。遂抑本家為編戶。至今不免。詔復其家○十二月。有司請射備冬狩之禮。帝從之。因謂左右曰。老子云。馳騁畋獵。令人心發狂。夏書曰。外作禽荒。為人上者不得不戒。歷觀前代。多惑於此而致喪敗。朕今順時蒐狩。為民除害。非敢以為樂也○又嘗畋近郊。因以閱武。賜禁軍校及衛士襦袴。時禁盜獵。有衛士獲麞違令當死。帝曰。我若殺之。後世必謂我重獸而輕人命。釋之。他日謂侍臣曰。朕每念古人禽荒之戒。自今除有司順時行禮之外。更不於近甸遊獵。五坊鷹犬悉解放之。庶表好生之意。遂詔天下勿復以鷹犬來獻○上謂近臣曰。朕每讀老子。至佳兵者不祥之器。聖人不得已而用之。未嘗不三復以為規戒。王者雖以武功克定。終須用文德致治。朕每退朝不廢觀書。意欲酌前世成敗而行之。以盡損益也○詔史館所脩太平總類。自今日進三卷。朕當親覽。宋琪等言。窮歲短晷。日閱三卷。恐聖躬疲倦。帝曰。朕性喜書。開卷有益。不為勞也。此書千卷。朕欲一年讀遍。因思學者讀萬卷書亦不為難耳。尋改總類名曰太平御覽。又嘗於禁中建清心殿。

收藏圖籍。以資游覽。每召邢昺、張奭等更迭講說。質問疑義。久而方罷。帝之篤好學問。蓋出於天性云○樞密使王顯等嘗侍宴。數視帝袴。帝怪而問之。顯等曰。陛下所衣袴。文縷俱倒。帝笑曰。朕未嘗御新衣。蓋澣濯頻所致耳。帝因言此雖偏下已甚。蓋念機杼勞苦。欲示敦朴為天下先也○嘗令左藏庫籍所掌金銀器皿之屬。悉毀之。有司言中有製作精巧者。欲留以備進御。帝曰。將焉用此。汝以奇巧為貴。我以慈儉為寶。卒皆毀之。左正言直史館謝泌賀曰。聖意如是天下大幸。帝性節儉。退朝嘗著華陽巾。布褐絁縧。內朕惟絁絹粟輿給用之物。無所增益焉○雍熙元年。春正月。命左領衛將軍蘇誨等六人往諸州督脩河之役。澶州言民訴水旱二十畝以求蠲稅者所傷不多。請勿受其訴。帝曰。若此。貧民田少者恩常不及矣。災沴蠲稅。政爲困窮。豈以多少爲限耶。猶慮諸道不曉此意。乃詔自今民訴水旱。勿擇田之多少。悉與撿視○帝謂侍臣曰。朕讀晉史。見武帝平吳之後。溺於内寵。後宮所畜。迨數千人。深爲煩費。殊失帝王之道。朕常以此爲深戒。今宮中職掌至於廝使。不過三百人。朕猶以爲多也○雍丘縣尉武程上疏願減後宮嬪嬙。帝謂宰相曰。程疏遠小臣。不知宮闈中事。内庭給使。不過三百人。皆有掌執。不可去者。卿等固合知之。朕以濟世爲心。視妻妾如脫屣耳。恨未能離世絶俗。追蹤羨門王喬。必不學秦皇漢武作離宮別館。取良家子以充其中。貽萬代譏議。李昉曰。陛下躬履純儉。中外所知。臣等家人。皆預中叅備見宮闈簡約之事。程微賤。輒陳狂瞽。宜加黜削以懲妄言。帝曰。朕曷嘗以言罪人。但念程不知耳○乾元文明二殿災。下詔求直言。因謂宰相曰。朕訪求讜直以規己失。昔禹拜昌言。世稱其明。今之諫者苟能切中時病。朕豈惜

夏禹之拜乎。且爲君之道。要在廣聞外事。分別善惡。朕御天下。兢兢業業。行將十年。每念封疆萬里。深居九重。人情未能盡達。若全不采聽。則官吏能否。生民利病。何從而知。時草澤有上書言時政者。引對。其詞狂悖。帝不之罪。慰諭而遣之。翌日謂宰相曰。前代帝王多以尊極自居。凜然顔色。左右無敢輒進一言。朕每與卿等欵曲商榷時事。蓋欲通上下之情。無有所隱。卿等直道而行。杜絶請託。勿以衆口鑠金爲慮。比來中外議朝廷政理爲何如。宋琪曰。陛下勞心致治。遠邇無間言。帝曰。雖妄言如昨草澤上書者。朕亦未嘗加譴。琪曰。狂瞽之人。當置嚴辟。但務莬不棄。以開言路。上聖之德也。他日帝謂戶部使李惟清曰。朕讀漢書賈誼傳。夜分不知其倦。誼當漢文時。天下治平。指論時事。尤爲激切。至云長太息。堪慟哭者。蓋欲感動人主。不避觸鱗。真忠臣明國體者也。今廷臣有似此人者否。惟清曰。陛下登位以來。親選貢士。所謂俊彥盈庭者矣。若言事必理。少賜獎擢。苟不闕忌諱。亦望含容。即賈誼之流自然復出○左正言謝泌數奏章論時政得失。帝嘉其忠。蓋擢左司諫。賜金紫幷錢三十萬。泌一日得對便殿。帝復面加賞激。泌對曰。陛

下從諫如流故臣得以竭誠昔唐末有孟昭圖者朝
上諫疏暮不知所在前代如此安得不亂帝動容久
之一日寇準奏事切直帝怒而起準攀帝衣請復坐
事決乃退帝嘉嘆曰此真宰相也又語左右曰朕得
寇準猶唐太宗之得魏鄭公也○帝遣使諸路察獄
因謂侍臣曰刑辟之際君子之所盡心稍有冤枉必
傷和氣且齊女負冤天為枯旱燕臣無罪六月飛霜
自昔水旱作沴未有不由於此居官牧民尤當戒之
後嘗錄京城諸司繫囚多所原減決事遂至日旰近
臣或諫以勞苦過甚帝曰不然儻恵及無告使獄訟

平允不致枉撓朕意深以為適何勞之有○九月帝
謂宰相曰昔楚文王得茹黄之狗宛路之矰畋於雲
夢三月不返保申諫之王引席伏地申束箭五十跪
加王背者再申趨出請死王召而謝之殺狗折矰務
治國事并國三十九朕觀書至此未嘗不嗟賞數四
自古君臣非道合何以及此若君不信用雖有直臣
亦無以行其道宋琪曰此事數百年來人君亦罕有
知者非陛下博覽安能得此監戒然臣聞知之非艱
行之惟艱願陛下勉之帝深然其言○又曰朕每日
所為有常度辰巳間視事罷即看書深夜乃寢五鼓

而起盛暑永晝未嘗卧至於飲食亦不過差行之已
久甚覺得力凡人飲食飽無不昏濁儻四支無所運
用更復就枕血脉凝滯諸疾自生欲其清爽得乎○
帝孜孜為治每旦御長春殿受朝聽政畢即御崇政
殿決事比至日中尚未御食金部員外郎謝泌上言
請自今前殿聽政畢且進食然後御便殿決事帝不
答既而謂宰相曰文王自朝至于日中昃不遑暇食
此自有故事又嘗曰寸陰可惜苟終日為善百年之
內亦無幾耳可不勉乎○二年春正月帝謂宰相曰
朕覽史書見晉高祖求援于契丹遂行父事之禮仍

割地以奉之使數百萬黎庶陷于戎狄馮道趙瑩位
居宰輔皆遣令持禮屈辱之甚也戎狄貪婪諂之以
利可耳割地甚非良策朕每思之不覺嘆惋他日又
曰近代以來政理隳紊無如晉漢兩朝百姓未納王
租先遭率斂縣中官吏歲有年常之求鎮將人員時
為乞索之局鄉胥里長更迭往來嗷嗷烝民何所告
訴欲望天道順和其可得乎近年以來頗革此弊臣
僚守法兆民舒泰雖未能還淳返朴亦可謂之小康
矣每念百姓寒耕熱耘營求衣食國家若非贍養軍
旅而稅亦不忍催督而况非理誅剥乎宋琪等對曰

陛下恤民求理取鑒晉漢天下幸甚○冬十月帝謂
李昉等曰中書樞密朝廷政令所出治亂根本繫焉
且天下廣大卿等與朕共理當各竭公忠以副任用
人誰無姻故之情苟才不足稱不若遺之財帛耳朕
亦有舊人若果無取未嘗假以名器也卿等其戒之
○帝尤重內外制之任每命一詞臣必咨訪求才實
兼美者先召與語觀其器識然後授之嘗謂左右曰
詞臣之選古今所重朕早聞人言朝廷命一知制誥
六姻相賀以為一佛出世豈容易哉○端拱元年春
正月帝於東郊親饗先農以后稷配遂耕籍田始三

推有司言禮畢帝曰朕志在勸農恨不能終千畝豈
止以三推為限耕數十步侍臣固請乃止還御乾元
門大赦改元民年七十以上有德行為鄉里所宗者
賜爵一級後又嘗召京城高年三百一十八人臨問
賜帛百歲者加賜銀帶其日雨雪大寒再遣中使巡
京城閭巷賜孤老貧窮人千錢米三斗炭十五斤○
二月帝手詔戒陳王元僖等曰汝等生於富貴長自
深宮民庶艱難人之善惡皆恐未曉略說其本豈盡
余懷夫帝子親王先須克己勵情聽卑納諫每著一
衣則憫蠶婦每餐一食則念耕夫至於聽斷之間勿

先恣其喜怒朕每親臨庶政豈敢憚於焦勞禮接群
臣無非求於啓沃汝等勿鄙人短勿恃己長乃可永
守富貴而終吉先賢有言曰逆吾者是吾師順吾者
是吾賊此不可以不察也時元僖為開封尹御史中
丞嘗劾奏之元僖不平訴于帝曰臣天子兒以犯中
丞故被鞫願賜寬宥帝曰此朝廷儀制孰敢違之朕
若有過臣下尚加糾擿汝為開封尹可不奉法耶論
罰如式○八月帝幸國子監謁文宣王禮畢命博士
李覺講易之泰卦從臣皆列坐覺乃述天地感通君
臣相應之旨上甚悅特賜帛百疋翌日謂宰相曰昨

聽覺所講文義深奧足為鑒戒當與卿等共遵之○
十一月錢俶夫人余氏獻女樂十人帝不納厚賜遣
還○二年自三月不雨至於五月帝親錄京城諸司
繫獄因多所原減即命起居舍人宋惟幹等分詣諸
道按決刑獄是夕大雨帝因謂近臣曰為君當如此
勤政即能感召和氣如後唐莊宗不恤國事惟務畋
遊動經旬浹大傷苗稼及還乃降詔敕蠲放租稅此
甚不君也樞密副使張宏曰莊宗不獨如此尤惑音
樂縱酒自恣樂籍之中獲典郡者數人帝曰凡人君
以節儉為宗仁恕為念朕在南府時於音律粗亦經

心。今非朝會未嘗張樂。晨夕下藥。常以壜湯代酒。常服澣濯之衣。而鷹犬之娱。素所不好。○淳化三年。五月。帝以天災流行。人多疾死。命太醫署擇良醫十人。分於京城要害處聽都人之言病者給以藥。與疾而至者即與診視。賜錢五十萬為市藥之直。中黄門一人往來按行之。○六月。分遣使臣於京城四門置場增價以糴。令有司虛近倉以貯之。命曰常平。以常參官領之。俟歲飢即減價糶與貧民。遂為永制。○四年。七月。翰林學士蘇易簡直禁中。以水試歙器。小黄門密奏焉。帝召問之。易簡曰。江南徐遊所造者。即取至便殿。帝親試之。嗟賞再三。易簡進曰。臣聞日中則昃。月滿則虧。器盈則覆。物盛則衰。願陛下持盈守成。慎終如始。帝納之。○十月。京畿民牟暉擊登聞鼓訴家奴失假豚。詔令賜千錢償其直。因語宰相曰。似此細事悉訴於朕。亦為聽決。大可笑也。然推此心以臨天下。可以無寃民矣。○以尚書左丞李至禮部侍郎李沆並兼太子賓客。見太子如師傅之儀。太子見必先拜。動皆咨詢。至等上表懇讓。帝不許。至等入謝。帝謂之曰。朕以太子仁孝賢明。尤所鍾愛。今立為儲貳。以固國本。當賴正人輔之。以道。卿等可盡心調護。若動

皆由禮則宜贊成。事或未當。必須力言。勿因循而從順也。至於詩書禮樂之道。可以裨益太子者。皆卿等素習。不假朕多訓耳。帝在位二十二年。年五十九。

史臣贊曰。帝沉謀英斷。慨然有削平天下之志。旣即大位。陳洪進錢俶相繼納土。未幾。取太原。伐契丹。繼有交州西夏之役。干戈不息。天災方行。俘馘日至。而民不知兵。水旱螟蝗殆徧天下。而民不思亂。其故何也。帝以慈儉為寶。服澣濯之衣。毁奇巧之器。却女樂之獻。悟畋遊之非。絶遠物。抑符瑞。閔農事。考治功。講學以求多聞。不罪狂悖以勸諫士。哀矜惻怛。勤以自勵。日旰忘食。至於欲自焚以答天譴。欲盡除天下之賦以紓民力。卒有五兵不試禾稼荐登之效。是以青齊耆耋之叟。願率子弟治道。請登禪者接踵而至。君子曰。得乎丘民而為天子。帝之謂乎。故帝之功德炳煥史牒。號稱賢君。若夫太祖之崩。不踰年而改元。涪陵縣公之貶死。武功王之自殺。宋后之不成喪。則後世不能無議焉。

歷代君鑑卷之二十一

歷代君鑑卷之二十二

善可為法

宋

真宗

真宗皇帝諱恒。太宗第三子也。初封韓王。進封壽王。至道元年立為皇太子。三年三月。太宗崩。即皇帝位○五月。帝謂輔臣曰。宮中嬪御頗多。幽閉可憫。朕已令擇給事歲深者放之。呂端等曰。陛下即位之初。首行此。令實哲王之懿範也。又曰。諸州多以珎禽異獸祥瑞之物來獻。此甚無益。在朕薄德。非所敢當。但令

稼穡豐稔。且得賢臣。乃為瑞也。自今其令天下勿復獻珎禽奇獸及諸祥瑞。時有建議。請增損舊政者。帝曰。先帝賜名之日。撫朕背曰。名此欲我兒有恒德。久於其道也。罔極之訓。朕何敢忘。因涕泣沾衣。左右無不感咽。○咸平元年。正月。召國子博士崔頤正於後苑講尚書大禹謨。帝謂輔臣曰。頤正講誦甚精。卿等更於班行中選經明行修之士一二人具以聞。自是日令頤正赴御書院。待對。講尚書十卷。○帝自即位。每旦御前殿。中書樞密院三司開封府審刑院及請對官以次奏事。至辰後還宮進食。少時復出御後殿視諸司事。或閱軍士校試武藝。日中而罷。夜則召儒臣詢問得失。或至夜分還宮。其後率以為常。○二月。彗出營室北。帝問宰相曰。何祥也。呂端等言變在齊魯之分。帝曰。朕以天下為憂。何止一方耶。又曰。朕臨御以來。未嘗佚豫。今星文變異何也。乃詔在位極言得失。自今不御正殿。減常膳。○夏四月。帝謂宰相曰。諸路逋欠。先朝每有赦宥。皆令蠲放。而有司不認朝旨。尚更理納。頗聞細民愁嘆。甚無謂。於是遣使乘傳與諸路轉運使州軍長吏按百姓逋欠文籍悉除之。凡除逋欠二千餘萬。釋繫囚三千餘人。○八月。帝謂

侍臣曰。法官舞文。不平為害斯大。詳熟格式者甚衆。但徇公守正者罕耳。卿等嚴其選。又曰。朕近覽群臣章奏。有自陳績効者。多以過行鞭扑為能。且吏道貴不嚴而治。不肅而成。豈可以苛虐為功。此等使之臨民。徒傷和氣耳。又曰。群臣中有謗言達於朕聽者。詢之於衆。似得其實。然人誰無過。但能悔省遷革。斯為善矣。朕固不以一眚廢終身之用也。又曰。國家所謹儉約為先。節用愛人。則民俗自化矣。○二年五月。帝謂宰相曰。近覽上封所述。頗言風俗侈靡。有傷純儉。公卿士庶服用踰制。至有鎔金飾衣。或以珠翠者。詢

之曰賚金數甚多且金至寳也使之為泥誠亦可惜於是詔有司禁臣庶泥金鋪金之飾違者坐其家長○三年高班內品裴愈嘗因事至交州言龍花藥難得之物宜充貢於是交州採以為獻帝怒曰朕懷撫遠俗何有所求即下御史臺劾問黜隸崖州仍絶其貢○六月置翰林侍讀學士擇老儒舊德以充其選班秩次翰林學士祿賜如之設直廬於祕閣侍讀更直侍講長上日給尚食珍膳夜則迭宿令日具當宿官名於內東門進入自是多召對詢訪或至終夕焉○帝嘗與宰相論邊事因言漢武伐大宛萬里征討

求名馬遂致中國內竭生民疲弊始皇亦英主所作制度無改易而不能守之以道享國不永皆可以為鑒戒又嘗謂李宗諤曰聞卿至孝宗族雍睦朕守祖宗基業亦如卿等保守門戶也○四年冬十月帝語近臣曰近者慶州地再震昨司天奏熒惑犯輿鬼秦分野當有災宜戒邊將以靜鎮之且天垂象示戒惟慮不知令既知之可不恐懼脩省知樞密院王繼英曰妖不勝德帝曰朕何德可恃同知樞密院陳堯叟曰天文謫見實欲昭示時君楚莊王懼無災變恐其獲罪于天弗庸自警爾今陛下克己愛民常慮一物

失所河防十餘溢而不決歲復大稔此聖德格天所致也帝曰天不欲困生靈爾豈朕德能感之自此益須防戒如荆湖比年艱食疫沴滋甚尤可卹也○五年三月帝幸龍門覩巖崖石佛經會昌殿皆已摧壞左右曰非官為葺治未能成此勝跡帝曰軍國用度不欲奉外教恐勞費滋甚○代州進士善擊劒詣闕帝曰若獎用之民悉好劒矣遣還○九月召終南山隱士种放為左司諫直昭文館咸平初放母卒帝詔賜以粟帛緡錢四年張齊賢言放隱居三十年孝行純至可勵風俗簡朴退靜無謝古人帝遣召之放不

起齊賢復以為言下詔褒美遣使召之放辭不允乃詣京師至是對於崇政殿賜坐與語詢及民政邊事放對曰明王之治愛民而已惟徐而化之餘皆不對即日授左司諫直昭文館放固辭不許賜緋衣銀魚犀帶象簡昭慶坊第宅一區加帷帳什物銀器五百兩錢三十萬御制五言詩寵之時召對焉明年固請還山許之遣起居舍人命館閣官宴餞於瓊林苑帝賜詩三章放既還又遣使撫問圖其林泉居處遂令入覲○六年秦國長公主以人有所逋欠納其女為質帝聞之還其父母又嘗為其子六院使王世隆求

近京刺史。帝曰。牧守親民之官。繫朝廷公議。不許。壽
春縣主上言。夫兄侯紹卿掌務積被劾。囚釋其罪。帝
曰。損壞官物。自有常刑。不可免也。魯國長公主上言。
乞授翰林醫官趙自化尚食使兼醫官院事。帝謂樞
密使王繼英等曰。雍王元份亦嘗以自化藥餌有功。
請除遙郡刺史。諭以醫官領郡。非朝廷典制。不可行
也。況自化今為本院使。居醫官之首。安可更有請求。
宜召至樞密院戒督之○右諫議大夫史館修撰田
錫臨終。自作遺表。勸帝以慈儉守位。以清淨化人。居
安思危。居理思亂。帝覽之惻然。帝嘗見錫色必莊。目

之曰。此吾之汲黯也。至是謂宰相李沆曰。田錫直臣
也。天何奪之速乎。嬰疾以來。朕日遣太醫診療。卒不
能起。盡心匪懈。始終如一。若此諫官。誠不易得。朝廷
小有闕失。方在思慮。錫之章奏已至矣。不顧其身。惟
國家是憂。孰肯如此。朕每覽其章。必特召與語以獎
激之。於是優詔贈工部侍郎。賻賵加等。以其子將作
監主簿慶遠慶餘並為大理評事。給俸終喪。命有司
錄其事布告天下。其後錫妻亡。亦詔二子不絕廩給
○帝親閱逋負名籍。釋繫囚四千一百六人。蠲物八
萬三千。於是將肆赦改元。或謂蠲放逋債。減除率斂。

其數頗多。三司必以恩澤太濫。虧損國計為言。帝曰。
非理害民之事。朝廷決不可行。吝於出納。固有司職
也。要當使斯人實受上賜。時日加午。雷或暴震。司天
言主國家發號布德。未及黎庶。帝謂輔臣曰。豈所議
赦書小惠未遍。上天以雷警朕邪。今河北關西戍兵
未息。民甚勞苦。而三司轉運使賦斂益繁。卿等宜悉
取民弊者為條目。大者隨事減省。小者即為蠲免。又
諸道罪人為惡情重。頃令并其家屬赴闕。委棄資產。
流離道路。斯可憐憫。自今止送正身。臣僚負私過情
輕。終身為累者。委刑部特與洗滌。其他卿等皆盡心

講求之○景德元年。正月丙申夜。京師地震。癸卯復
震。乙巳夜復震。屋宇皆動。有聲移時而止。帝謂宰相
李沆曰。坤道貴於安靜。京師大衆所聚而震動。若此
皆朕聽覽不明所致。夙夜內省中外之政。敢不盡心。
但慮命令之出。或有枉撓。沆頓首引咎。帝曰。朝廷命
令。尤宜謹重。每出一令。與人不免謗議。或稍抑之。又
塞言路。沆曰。人之多言。固可畏也○三月。萬安皇太
后疾未愈。帝親調藥餌。每對近臣。憂形於色。或稍加。
言必流涕。以重賞購民間善醫者。太后崩。群臣請聽
政。三表不允。繼上五表。言西北用兵。機務不可暫曠

帝不得已從之始於崇政殿西廊縗服慟哭見群臣○二年正月樞密院議補禁軍列校王繼英奏曰藩邸給事之人尚在外職者皆聚議騰謗謂臣壅蔽不言於上致其留滯帝曰此等不自省循苟求僥倖借如因緣際會儻加陞擢必須有名方塞輿議先帝時有一散從官李繼榮在藩日嘗預給使後十餘年但隸名尚食局嘗隨流輩預選先帝見而詢之乃知繼榮也止遷隊長歲餘擢為小校國家爵位豈容妄授也○三年八月帝謂王旦等曰凡裁處機務要當知其本末朕每與群臣議事但務從長雖言不盡理亦優容之所冀盡其情也若果決行事豈足為難周世宗固英主然用刑峻急誅殺過當享祚不永豈不由此乎○帝謂輔臣曰前代內臣恃恩恣橫蠹政害物朕常深以為戒至於班秩賜與不使過分有罪未嘗矜貸此輩當亦畏懼王旦等曰前代事迹昭然足為龜鑑陛下言及此社稷之福也時內侍史崇貴嘗從嘉州還上言有知縣王姓者貪濁有佐官名昭度者廉幹乞擢為知縣帝曰內臣將命能采善惡固亦可奬然以其容侍局禁便爾賞罰外人未為厭服當須轉運使審察之涇原都鈐轄秦翰請令本路入內高

班王克讓赴鎮戎軍同巡兵事帝曰承受止當奏事若預聞兵政非所宜也罷其奏尋有詔緣邊承受使臣無得受部署鈐轄差領軍馬以圖功賞後又詔內臣將命于外干預州縣公事及所在官吏不即以聞並寘于罪凡內臣出使皆責知委狀敢妄奏他事者當伏軍令祖宗舊制也又詔如聞入內內侍省遣親事卒於京城采察公事因緣搔擾並止絕之○五月帝出御筆所記事示輔臣曰宮禁之內人數非多然幽閑可念昨令擇一百二十人厚資遣之此亦節用之一端也朕方敦尚清節以治天下符大中之訓焉

○大中祥符二年五月帝謂輔臣曰今四方無事累歲豐稔若所在得人則何患俗不康阜哉朕孜孜求賢循慮在下位者思有以庇民報國朕不能亟知而峻用之且既久不為朝廷所知因亦惰志卿等有聞當即啓白苟得其人則國之利也又謂王旦等曰朕在東宮講尚書凡七遍論語孝經亦皆數四今宗室諸王所習惟在經籍昨奏講尚書第五卷此甚可嘉也於是詔寧王元偓等赴龍圖閣觀書目帝諭之曰宮中常聽書習射最勝他事元偓曰臣講張頴說尚書間日不廢弓矢因陳典謨之義帝喜甚詔每講日

賜食命入内副都知張繼能主事尚慮元偓等輕待
專經之士又加訓督焉○三年九月殿前司言諸軍
訴本軍校長斂錢飾營舍什物數少者乞令鼓司勿
受帝曰軍民訴事有瑣細非切害者朕嘗寢而不行
若明諭有司則下情壅塞人有冤滯矣不許○閏十
月出玉宸殿新稻賜輔臣帝曰禁中植稻暇日臨觀
刈獲見其勞力愈知耕農之可念也○知濱州呂夷
簡上言請免河北農器之稅帝曰務穡勸農古之道
也豈河北哉悉詔諸路勿稅農器○八年夏四月榮
王元儼宮火延燒内藏左藏庫朝元門崇文院秘閣

王旦等請對便殿帝曰祖宗所積朕不敢妄費一朝
殆盡誠可惜也旦等曰陛下富有天下財貨不足憂
慮政令賞罰有所不當耳臣等備位宰輔天災如
此謹當罷斥帝曰朕所憂者惟軍儲耳軍儲不足須
至率民此朕所甚憂也遂下詔罪己令文武百官上
封事無或隱蔽放宮人一百八十四人○九年二月
帝與宰相語唐開元天寶政治優劣因曰姚崇宋璟
真名相也明皇委之不疑誠為至當而過信國忠林
甫深可惜也王旦曰唐室顛危數矣而人歸唐德者
賴祖宗仁恩厚也帝曰陸贄言德宗英睿有獨御寰

宇之志且天下至大人君何由獨治也○天禧元年
二月詔別置諫官御史各六員增其月俸不兼他職
每月須一員奏事或有急務聽非時入對及三年絀
其不勝任者先是帝謂宰相曰朕以去秋螟蝗因自
省天下至廣豈民政有闕邪比聞外廷浮議謂朝廷
鮮納諫諍殊不知群臣言事朕每虛懷聽受苟有可
採隨即施行蓋中外之人猶未深悉耳且朝士中固
多才識近覽賦頌之作尤覺文風丕變直言讜論豈
無其人當下詔別置臺省官專主諫奏然所選猶須
謹厚端雅識大體者至於比周浮薄朕不取焉王旦

等曰陛下聖政日懋多士如林尚復孜孜詢求如恐
不及必有奇才上副推擇○帝謂宰相曰朕以去歲
蝗旱夙夜警懼未嘗暫忘今已仲春時雨未降齋心
請禱誠感莫達寔慮政令有爽天意因思茶鹽條禁
傷於峻刻宜有以革之向敏中曰天時災沴抑有常
數今陛下勞謙克己孜孜旰昃苟邦政人事無所闕
然則天災流行亦無累於聖德願稍寬憂軫帝曰茶
法行之已久儻或難於遽改但削其尤不便而傷於
厚斂者可也帝在位二十六年享年五十有五
史臣論曰真宗仁孝寬厚喜怒不妄發始西北未

寧。邊臣意在立功。屢請討伐。真宗務以威德服之。但令守境扞寇。戒其生事。既而契丹請和。德明納欵。撫以恩信。洞無疑間。使者皆欲大言夸衒。真宗曰。推誠可以格異類。何必此也。由是荒獷柔服。歡好日厚。省邊備。除民算。稼穡登稔。蒸黔富樂者。凡二十年。自開元以來。未有若茲之盛也。又曰。真宗英晤之主。其初踐位。相臣李沆慮其聰明。必有作為。數奏災異。以杜其侈心。蓋有所見也。及澶淵既盟。封禪事作。符瑞沓臻。天書屢降。導迎奠安。一國君臣如病狂然。吁可怪也。

歷代君鑑卷之二十二

歷代君鑑卷之二十三

善可為法

宋

仁宗

仁宗皇帝諱禎。真宗第六子。毋李宸妃。章憲皇后無子。取為己子養之。天性仁孝寬裕。喜慍不形於色。封壽春郡王。講學于資善堂。進封昇王。冊為皇太子。真宗崩。即皇帝位。時年十三。○真宗靈駕將發。引有司請悉壞所經道路城門廬舍。以過車輿象物。侍御史知雜事謝濤言。遺詔務從儉薄。今有司治明器侈大

以勞州縣。非先帝意。願下少府裁損之。帝乃言於太后曰。城門卑者當毀之。民居不當毀也。太后以為然。○天聖二年。六月。百官表請聽樂。不許。表五上。乃許之。因諭王欽若曰。今雖勉從衆請。秋燕但當用樂之半。其諸遊幸則心所未安。八月。朔。燕崇政殿。用樂之半。樂工奏技。帝未始屬目。終宴猶有戚容。左右竊視無不感嘆。○三年。五月。幸南御莊觀刈麥。聞民舍機杼聲。召問之。乃一貧婦也。因賜以茶帛。諭輔臣曰。其勤如此。而貧可無恤哉。○四年。安德節度推官李依唐莊宗曾孫也。上書求便官。以掃灑陵廟。改授西京

留守推官。因謂輔臣曰。唐莊宗百戰滅梁。始有天下。不務修德。而溺於聲樂。嬖用伶官。以及於禍。良可嘆也。王曾對曰。陛下日聽政事。又覽前代治亂之跡。以為龜鑒。天下之福也。知寧州職方員外郎楊及因乾元節獻繡佛。帝謂輔臣曰。及。佞人也。民安政舉。乃守臣之職。焉用此為。其令郎吏還之。○五月。詔館閣校勘自今毋得增員。時樞密副使張士遜請以其子友直為校勘。帝謂館閣所以待英俊。不可私授。止令於館閣讀書。且降是詔。○十二月。三司下畿縣買素食物料。提點公事張嵩以畿內災歉。乞收糴於市。帝問

君鑒卷二十三 二

輔臣曰。此何所用。王曾對曰。御庖所須也。帝曰。豈可以口腹擾民。其悉罷之。○七年三月。河北轉運司言契丹歲大饑。民流過界河。帝謂輔臣曰。雖境外。皆吾赤子也。可不振救之。乃詔轉運司分送唐鄧襄汝州處。以閑田。所過州縣。人給食二升。○丙戌。遣官祈晴。帝因謂輔臣曰。昨令人視四郊。而麥已損腐。民何望焉。此必政事未當天心也。古者大辟。外州三覆奏。京師五覆奏。蓋重人命。如此。其戒有司審獄議罪。毋或枉濫。又曰。赦不欲數。然捨是無以召和氣。乃赦天下。免河北被水民賦租。京師自三月朔雨不止。前赦一

夕而霽。○明道二年。十一月。帝謂輔臣曰。朕每退朝。凡天下之奏。必親覽之。呂夷簡曰。若小事皆關聽覽。恐非所以輔養聖神。帝曰。朕承先帝之託。況以萬幾之重。敢自泰乎。又曰。朕日膳不欲事珍美。衣服多以縑繒為之。至屢經澣濯。而宮人或以為笑。大官進膳。有蟲在食器中。朕掩而不言。恐罪及有司也。夷簡曰。陛下孝以奉先。儉以臨下。雖古盛德。何以加此。帝曰。此偶與卿等言之。非欲聞於外。嫌其近名爾。○戊申。出宮人三百。帝時屢出宮人。呂夷簡曰。此聖朝美事。然民間物貴。恐出宮人或有失所者。亦宜念之。帝因

君鑒卷二十三 三

曰。太后臨朝。臣僚戚屬多進女口入宮。今已悉還其家矣。○寶元二年。四月。放宮人二百七人。帝因諭宰臣張士遜曰。不獨矜其幽閉。亦可省禁掖浮費也。近復有人邀車駕獻雙生女子。朕卻而不受。士遜對曰。前代帝王多為女色所惑。今陛下不受其獻。又減放宮嬪。誠盛德之事也。○七月。知諫院韓琦請自今雙日止御後殿視事。帝問輔臣以故事。張士遜對曰。唐五日一開延英。蓋資閒燕以輔養聖神。帝曰。與夫宵衣旰食。固不侔也。前代帝王靡不初勤政事而後失於逸豫。不可不戒也。時帝感小疾。太醫數進藥。故琦

有是請帝訖不從○帝謂張士遜曰帝王之明在擇人辨邪正則天下無不治矣士遜對曰知人則哲惟帝其難之若選用得材又邪正分别堯舜不易此道也又曰京城北有古井民間相傳汲水可以愈疾投紙可以驗神朕甚惡其惑衆已令塞之士遜對曰妖妄之事誠不可滋長也○帝御邇英閣聽講左氏春秋及讀正說終帝曰春秋所述前世治亂之事敢不監戒正說先帝訓言敢不遵奉丁度等拜伏而言曰陛下德音若此誠天下之福帝復問度洪範酒誥二篇大義度悉以對因詔度講周易李淑讀三朝寶訓

丁度李仲容讀所編經史規鑒事迹○十一月出内庫真珠估緡錢三十萬賜三司帝諭輔臣曰此無用之物既不能捐棄不若散之民間收其直助糴邊儲亦可以少紓吾民之斂也○康定元年四月天文官李自正上星變圖且言月與太白俱犯昴當有邊兵大起帝謂輔臣曰陰陽占候中不參半紂以甲子亡武王以甲子興王者當祗畏天道要在人事應之何如耳○慶曆三年自正月不雨至于四月遣使祠禱于嶽瀆群臣請帝親禱于郊帝曰太史言月二日當雨今將以旦日出禱王素曰臣非太史然度是日必

不雨陛下知其且雨而禱之應天不以誠故也時王德用進二女素論之帝曰朕真宗皇帝子卿王旦子也有世舊非他人比德用實進女然已事朕左右奈何素曰臣之憂正恐在左右耳帝動容立命遣二女出宮而賜素以銀緋○四年三月衛尉寺丞丘濬降饒州軍事推官監邵武軍酒稅上封者言濬作詩百首訕謗朝政言詞鄙惡兼以陰陽災變非人臣所宜言執政欲重誅之帝曰狂夫之言聖人擇焉古有郇謨哭市其斯人之徒歟乃薄其罪○五年二月講詩起雞鳴盡南山篇先是講官不欲講新臺帝謂曾公

亮曰朕思念爲君之道善惡皆欲得聞況詩三百皆聖人所刪定義存勸戒豈當有避也命自今講讀經史毋得輒遺○七年三月詔曰自冬迄春暵旱未已五種弗入農失作業朕謂災變之來應不虚發殆不敏不明以干上帝之怒咎自朕致民實何愆與其降疾于人不若移災於朕自今避正殿減常膳中外臣僚指當世切務實封條上三事大夫其協心交警稱予震懼之意焉帝每命學士草詔未嘗有增損至是楊察當筆既進詔草以爲未盡罪己之意令更爲此詔○皇祐元年正月庚戌太傅致仕鄧國公張士遜

辛。車駕臨奠。翌日謂輔臣曰。昨有言庚戌是朕本命不宜臨喪。朕以師臣之舊。故不避。文彥博曰。唐太宗辰日哭張公瑾。陛下過之遠矣○二年。九月。大饗天地于明堂。大赦。文武職官及分司致仕官並得與轉官。內臣入仕及十年亦與遷改。即不爲永例。詔內降指揮百司執奏毋輒行。敢因緣干請者。御史察舉之。初議肆赦。帝謂輔臣曰。卿等廣詢民間利病務從寬大以稱朕勤恤之意。比有貴戚近習夤緣請託以圖內降。雖頗抑絕。然未免時有侵撓。可於赦文中嚴切禁止。庶澄宿弊示信天下○三年。四月。御邇英閣謂

講讀官曰。易旨精微。朕每以疑難問卿等。得無爲煩乎。曾公亮對曰。臣等幸承聖問。懼不能對。豈敢言煩。帝曰。卿等宿儒博學。多所發明。朕雖盛暑亦未嘗倦。但恐卿等勞爾。丁度復進曰。自古帝王臨御日久。非內惑聲色。則外窮兵黷武。陛下即位三十年。孜孜聖學。雖堯舜之聰明不是過。因頓首稱謝。尋詔講讀官當講讀者立侍。敷對餘皆坐侍。自景祐以來皆立侍。至是遂爲永制。嘗講書無逸。帝曰。朕深知享國之君宜戒逸豫。楊安國言舊有無逸圖。請列於屏間。帝曰。朕不欲坐席背聖人之言。當別書置之左方。因命丁度取孝治聖治廣要道四章對爲右圖。乃令王洙書無逸。蔡襄書孝經。又命翰林學士承旨王拱辰爲二圖序。而襄書之○五月。眉州彭山縣上瑞麥圖。凡一莖五穗者數本。帝曰。朕嘗禁四方獻瑞。今麥秀如此。可謂真瑞矣。其賜田夫束帛以勸之。無爲軍獻芝草三百五十本。帝曰。朕以豐年爲瑞。賢臣爲寶。至於草木魚蟲之異。焉足尚哉。知軍茹孝標特免罪。仍戒天下自今毋得以聞○汝州部署楊景宗求爲郡。帝謂輔臣曰。景宗章惠太后之弟。朕豈不念之。然性貪虐老而益甚。今與郡。則一方之民受禍矣。不許。教坊官

王世昌自陳年勞。乞監永濟倉門。帝曰。士昌本亦士人。以無行檢。遂充此職。且倉門乃國家糧儲出納之所。豈可令此輩主之。宜與在京一廟令○大理寺言信州民有劫米而傷主者。法當死。帝謂輔臣曰。饑而劫米則可哀。盜而傷主則難恕。然細民無知。終緣於饑耳。遂貸之。又曰。用刑寬則民慢。猛則民殘。爲政者常得寬猛之中。使上下無怨。則水旱不作矣。卿等宜戒之。又謂輔臣曰。江淮連年荒歉。如聞發運司惟務誅剝以數額爲能。雖名和糴。實抑配爾。其減今年上供米百萬石。因詔閣炎傷人戶所輸鹽米○夏四月。

内出欹器一陳於邇英閣御座前諭丁度等曰朕思
古欹器之法試命工人制之以示卿等命以水注之
中則正滿則覆虛則欹率如家語淮南荀卿之說其
制度精好度等列侍觀之帝曰日中則昃月盈則虧
朕欲以中正臨天下當與卿等共守此道度拜曰臣
等亦願無傾滿以事陛下因言太宗嘗作此器真宗
亦嘗著論於是製後述以賜度等○十二月己丑雪
初帝以愆亢責躬減膳見輔臣則憂形於色龐籍等
因言臣等不能燮理陰陽乃上煩聖慮願守散職以
避賢路帝曰是朕誠不能感天而惠不能及民非卿

等之過也是夕乃得雪○諫官韓絳因對而言曰天
子之柄不可移事當間出睿斷帝曰朕固不憚自有
處分所慮未中於理而有司奉行則其害已加乎人
故每欲先盡大臣之慮而後行之○五年二月帝謂
輔臣曰狄青已破賊立功將士宜速議賞緩則不足
以勸因言朕嘗觀魏太祖雄才大略然多譎詐唐莊
宗亦豪傑行兵用師動無失策及即位游獵無節賞
罰不時此二主者特將帥之材而無人君之量惜哉
○夏四月邇英閣講書冏命侍御僕從罔匪正人帝
曰君臣之際必誠意相通而後治道成楊安國曰陛

下聰明文思從諫弗咈如水之趨下視群臣若僚友
自古盛王未之有也帝曰臣下能盡忠言朕何惜夏
禹之拜講周禮大荒大札則薄征緩刑楊安國曰所
謂緩刑者乃過誤之民耳當歲歉則赦之閔其窮也
今衆持兵仗劫糧廩一切寬之故不足以禁奸帝曰
不然天下皆吾赤子也一遇饑饉州縣不能存恤餓
莩所迫遂至為盜又捕而殺之不亦甚乎講周禮視
祲帝謂講官盧士宗曰妖祥之興皆由人事君人者
必在修德以承天意乎講周禮祭祀割羊牲登其首
王洙曰祭陽以其首首主陽祭陰以其血血主陰也

神明不測故但以其類而求之帝曰然天地簡易非
已誠其能應乎又講左氏傳鄭人鑄刑書洙曰子產
以鄭國之法鑄之於鼎故使民知犯某罪有某罰帝
曰使民知法為亂可止不若不知而自化也○七月
帝謂輔臣曰聞諸州軍嘗於夏秋之際先奏時雨霑
足由稼登茂後或災傷遂不敢奏致使民税不得蠲
除甚非長吏愛民之意宜申飭之○至和元年正月
碎通天犀和藥以療民疾時京師大疫令太醫進方
内出犀牛角二本析而觀之其一通天犀也内侍李
舜卿請留供服御帝曰吾豈貴異物而賤百姓哉立

命碎之○貴妃張氏甍初妃既受封册寵愛日盛出入車輿華楚嘗議用紅繖增兵衛數有司以一品青蓋奏兵衛準常儀帝守法度事無大小悉付外廷議凡宮中干請雖已賜可或輒中卻妃嬖幸少比然終不得亂政○嘉祐三年春正月以淮南江浙荆湖制置發運使許元為侍御史元初為發運判官久之為副使既又為正使帝謂執政曰發運使總領六路八十一州其貨財調用幣帛穀粟歲千百萬宜得其人以久任之今許元累上章求解朕思之不若獎勵以盡其材乃特賜元進士出身史臣李燾曰漢之倉氏

庾氏為吏者至長子孫唐用劉晏領鹽鐵諸使歷二十載仁宗久任許元實與漢唐同符而賜第同職所以獎勵又過前代蓋中外百官涖一職掌一事旬月之間或遷或徙猶云可也惟財計之臣非久其官則不知源流本末若使坐不煖席雖有研桑心計亦無所施其巧嘉祐聖政其可為後世法○六年秋蘇轍對策語近切直諫官司馬光考其策入第三等翰林學士范鎮難之欲降其等蔡襄曰吾三司使司會之言吾媿之而不敢怨惟胡宿以為策不對所問引唐穆宗以況盛世非所宜言力請黜之光言是於三人

中獨有愛君憂國之心不可不收執政亦以為當黜帝不許曰求直言而以直棄之天下其謂我何乃收入第四等○八年二月中書樞密院奏事於景福殿之西閣見帝所御幄幕裀褥皆質素暗弊久而不易帝謂韓琦等曰朕宮中自奉止如此此亦生民之膏血也可輕費之哉帝在位四十二年享年五十四

史臣贊曰仁宗臨朝淵默寬有聖度漠然以大公為心有善則進有過則退不為喜怒愛惡之所遷天下大辟有疑若情可矜者帝皆自讞之所活歲常千餘人吏部選人一坐失入人死罪者皆終身

不得遷嘗諭輔臣曰朕未嘗敢詈人以死況敢濫刑罰乎遺制之下雖深山窮谷莫不奔走悲號而不能自止又曰仁宗恭儉仁恕敬天重民有司嘗請以玉清舊址為苑帝曰吾奉先帝苑囿猶以為廣何以是為燕私常服浣濯帷帟衾裯多用繒絁嘗中夜饑思燒羊戒勿宣索曰恐膳夫自此戕賊物命以備不時之需在位四十二年之間吏治若偷惰而任事蔑殘刻之人刑法似縱弛而決獄多平允之士國未嘗無弊倖而不足以纍治世之體朝未嘗無小人而不足以勝善類之氣君臣上下

惻怛之心忠厚之政所以培壅國基者厚矣子孫一矯其所為馴致于亂傳曰為人君止於仁帝誠無媿焉

歷代君鑒卷之二十三

歷代君鑒卷之二十四

善可為法

宋

英宗

英宗皇帝諱曙濮安懿王允讓第十三子母曰仙遊縣君任氏四歲仁宗養於內寶元初豫王生乃歸濮邸帝天性篤孝好讀書不為燕嬉褻慢服御儉素如儒者每以朝服見教授曰師也敢弗為禮時吳王宮教吳充進宗室六箴仁宗付宗正帝書之屏風以自戒景祐三年賜名宗實嘉祐中宰相韓琦請建儲仁宗曰宗子已有賢知可付者卿等其勿憂時帝方服濮王喪辭奏四上乃聽終喪七年八月立為皇子改今名帝聞詔稱疾益堅辭八年仁宗崩帝嗣皇帝位○七月契丹使祭仁宗于皇儀殿遂見帝於東廂帝慟哭久之使人言及大行輒出涕○治平元年夏四月放宮女三百三十五人○帝御邇英閣諭內侍任守忠曰方日永講讀官久侍對未食必勞倦自今視事畢不俟進食即御經筵○五月張方平遷禮部尚書知陳州過都留判尚書省請鄆州陛辭論天下事帝嘉嘆曰學士其可以去朝廷耶方平力請行加侍

讀學士徙定州。乞歸養。改徐州。帝累欲召還而孝先
無助之者。一日謂執政曰。吾在藩邸時見其芻蕘論
及所對策。近者代言之臣。未嘗副吾意。若使居典誥
之任。亦國華也。執政乃奉詔拜翰林學士承旨。問治
道體要。方平以簡易誠明為對。言近而旨遠。帝不覺
前席。曰。吾昔奉朝請。望侍從大臣。以謂皆天下選。人
今乃不然。聞學士言。始知有人矣○六月。帝謂宰臣
曰。程戡何如人。對曰。戡在鄜延已三歲。習邊事。帝曰。
鄜延都監高遵教卒。戡數言其能。績乞加贈恤。此高
瓊族子。朕知其為庸人也。戡必以后族故耳。大臣茍

君鑒卷二十四　二

如此。朕何所賴焉○帝謂韓琦等曰。凡事之行。患於
漸久而怠廢。况為學之道。尤戒中止。諸宗室之幼者
仍須本位尊長常加率勵。庶不懈惰。可召舍人諭此
意作詔戒勉之○判審刑院盧士宗進讞。和州所奏
三班奉職和欽貸所部虔州綱錢贓至絞。帝令貸死
免決。刺隸福建路牢城。士宗奏欽所坐情輕。乞稍寬
之。帝曰。刑故無小。若故而得寬。則犯者滋衆。非期于
無刑之道。俟有過誤。貸無傷也○二年二月。樞密副
使禮部侍郎王疇卒。疇始病。帝謂胡宿曰。卿可遣子
弟往問之。及病革。又敕內侍挾太醫診視。及還。以不

起。聞帝嗟悼久之。即欲臨奠。以命官祈雨致齋。故翌
日乃出。賜白金三千兩。贈兵部尚書。謚忠簡。疇妻梅
氏方娠。帝命其家曰。即生男女。悉以聞。及生女子也。
又命及其適人。以其壻名聞。它日謂輔臣曰。王疇可
惜。朕於兩府。初得此人。而遽爾淪喪。豈國之不幸邪
○秋七月。放宮人百八十人○八月。詔以室廬墊傷
被溺者衆。大田之稼害于有秋。許中外臣僚實封言
時政闕失。無有所諱。執政大臣其協德交修。輔朕不
逮。初學士草詔云。惕思天變。帝書其後曰。淫雨為災
專戒朕不德。命更曰。協德交修○十月。百官習儀尚

君鑒卷二十四　三

書省。賜酒食。郎官王易知醉飽嘔吐。御史前劾失儀
宰相韓琦以聞。帝曰。已放罪矣。琦言故事失儀不以
赦原。帝曰。失儀薄罰也。然使大夫以酒食得過。難施
面目矣。卒赦之○三年二月。帝於制誥多親閱。有不
中理。必使改之。嘗謂執政曰。此人君謨訓。豈可褒貶
失實也○六月。帝謂宰臣曰。朕日與公等相見。每欲
從容講治道。但患進呈文字頗煩。多不暇及。中書細
務有可付有司者。悉以付之○免陸詵正衙令入見
帝勞問之曰。卿嶺外處畫無不當者。鄜延最當虜道
故選用卿。令將何施為。詵曰。邊事難以遥度。抑未審

陛下意務在安靜或欲示威也。帝曰：大抵邊陲宜以安靜為務。昨見王素言朝廷與帥臣常欲無事，自餘將校無不欲生事要功者，卿謂此言如何？詵曰：素所言是也。陛下能責任將帥，令疆場無事，即天下幸甚。帝稱善勉之。○初，三司使韓絳奏請置管勾三司使廳都知雜司公事文簿一員，命屯田員外梁端為之。後數日，帝謂宰臣曰：近以梁端管勾三司使廳公事，副使判官得統攝否？對曰：此特判使之屬也。曰：三司使權甚重，以小官而預務，必藉為姦，可追罷前敕。宰臣以三司使甚重，舉一官不從，恐非委付之體。帝曰：

不然，人主有過差，人臣當規正，豈人臣之誤，人主不得而改也。卒罷之。○九月，皇城司嘗捕銷金衣送開封府，推官竇卞上殿請具獄，會有以內庭為言者，帝疑之。卞曰：真宗禁銷金自掖庭始，令不正以法，無以示天下，且非祖宗立法禁民之意。帝曰：然。文王刑于寡妻，至于兄弟，以御于家邦，正謂此爾。詔卒如卞請。

帝在位四年，享年三十六。

史臣論曰：帝自居穆親宅，孝德著聞。濮安懿王薨，以所玩物分諸子，帝所得悉以與王府舊人。既塟而辭去者，宗室有假金帶而以銅帶歸，主吏以告，

帝曰：真吾帶也。受之。命殿侍齎犀帶直錢三十萬，亡之，帝亦不問。初辭皇子，請濮王宮教授周孟陽作奏，孟陽有所勸戒，即拜而謝之。奏十餘上，不允，猶執初志。司馬光進言曰：皇子辭不貲之富，至於旬月，其賢於人遠矣。然父召無諾，君命召不俟駕，願以臣子大義責之，宜必入。仁宗從之，帝始受命。將入宮，良賤不滿三十人，行李蕭然，唯書數廚而已，中外相賀。既為皇子，愼靜恭默，無所猷為，而天下陰知其有盛德云。及即位，每命近臣必以官而不以名，大臣從容以為言，帝曰：朕雖宮中命小臣

亦未嘗以名也。一日語神宗曰：國家舊制，士大夫之子有尚帝女，皆升行以避舅姑之尊，義甚無謂，朕嘗思此，寤寐不平，豈可以富貴之故，屈人倫長幼之序也。詔有司革之，會疾不果，神宗述其事焉。又曰：天之所命，人不能違，信哉。英宗以明哲之資，膺繼統之命，執心固讓，若將終身，而卒踐帝位，豈非天命乎。及其臨政，臣下有奏，必問朝廷故事與古治所宜，每有裁決，皆出群臣意表。雖有疾疢，不克大有所為，然使百世之下欽仰高風，詠嘆至德，何其盛也。彼隋晉王廣、唐魏王泰窺覦神器，矯揉

奪嫡逆啓禍原誠何心哉誠何心哉

神宗

神宗皇帝諱頊英宗長子隆準龍顏動止皆有常度而天性好學至日旰忘食英宗常遣內侍止之帝每正衣冠拱手雖大暑未嘗用扇侍講王陶入侍率弟灝拜之治平三年十二月立為皇太子四年正月即皇帝位○帝出諸州貢物凡四十三州七十種手詔曰四方入貢雖云古禮考之禹制未有若茲之繁也今則一郡歲有三四至者言念道路之勤疲費亦廣至聞主押衙校有棄業終身不能償者耗蠹民力莫

不由斯又所貢物多飲食之類雖闕之亦無害也書不云乎不作無益害有益非謂此耶朕甚不取自今其悉罷之○帝謂輔臣曰朕嗣守大器日夜恐懼思所以為治之道無如擇人又曰將帥最難得人唐三百年中惟一郭子儀耳又曰漢元好儒而史稱孝宣之業衰焉何也邵亢曰漢元之患在優游不斷不在好儒也帝曰何如唐文宗文彥博曰以文宗比之文不及也帝又論武宗惟剛暴亢曰誠如聖諭帝曰宣宗何如亢曰宣宗多行法然暗於知人彥博曰陛下評前世人主有恐懼思治之言蓋宗廟社稷之福當

著之本院時政記帝曰朕不為空言要與卿等共行之耳○冬十二月詔曰獄者民命之所繫也比聞有司歲考天下之奏而瘐死者多深惟獄吏與犯法者旁緣為奸檢視不明使吾元元橫罹其害書不云乎與其殺不辜寧失不經其具為令提點刑獄歲終會死者之數以聞委中書檢察或死者過多官吏雖已行罰當更黜責○熙寧元年春正月帝以經冬無雪手詔令宰相曾公亮等述朕躬過失及時政未符天意者公亮等各引過稱謝帝曰日與卿等相見議政之外未聞忠規朕非欲文飾誠冀卿等極言闕失以

答天變也○三月帝謂文彥博等曰當今理財最為急務養兵備邊府庫不可不豐大臣共宜留意節用因稱太宗朝一老宮人尚在為朕言祖宗用財甚約嘗有御侍乞增俸命給十千輒嫌薄所賜太宗曰朕昔為供奉官俸止十千此數尚是贍家爾敢以為少耶遂幽囚至死又曰漢文身衣弋綈非徒然也蓋亦有為為之耳數千年間終有成效以此言之事不可不勉也○詔以冬至有事於南郊帝親書其末云凡供奉之物務從淳約以稱朕不忘孝思之義○二年二月帝謂富弼曰君臣須是上下相照盡忠盡節不

得有隱。又曰。唐太宗與魏鄭公每議論朝政。全似爭競。須拜於御座之前曰。臣之拜。不獨賀陛下堯舜之明。亦為宗廟社稷生靈賀。盡忠盡節。只臣一身。亦無益於事。須是兩府輔臣以至在廷臣僚。人人盡忠無隱。方能成天下之務。帝改容聽納曰。今日得卿至論。乃沃朕心。可謂金石之言。朕不忘也。○夏四月。大旱。帝避殿減膳。罷同天節上壽。即日雨。富弼言願陛下未以今日雨澤為喜。當以累年災變為懼。蓋脩德致雨。其應如此。萬一於德有損。其災應豈有緩耶。帝親書詔答曰。敢不置之枕席。銘諸肺腑。終老是戒。更願公不替今日之志。則天災不難弭。太平可俟也。○七月。帝謂執政曰。天下久安。庶事廢弛者多。況災變不細。正當孜孜營治。又曰。人君豈可怠於政理。朕非樂於勞苦。蓋思少時精神。可惜為他事耗之。欲乘時有為以安生靈。至於兵乃聖人之大權。所以安天下也。但不可輕用。非獨人心之所不忍。誠恐天道不祐爾。○四年十一月。詔蠲天下見欠貸糧。計米一百六十六萬八千五百石有奇。錢十一萬七千四百緡有奇。百姓聞詔莫不稱慶。○五年五月。帝諭執政曰。人主動作不當有欲以害政。漢武至不仁。以一馬之故。勞師萬里。侯者七十餘人。視人命若草芥。所以戶口減半也。人命至重。天地之大德曰生。豈可如此。又曰。有政事則豈特人得其所。鳥獸魚鱉亦咸若。如數罟不入汙池。即魚鱉亦得其生長矣。○元豐二年三月。給京畿貧民瘞地。貸以錢。無主者官瘞之。○帝嘗謂輔臣曰。唐明皇晚年逸豫。以致禍亂。如本朝無前世離宮別館遊豫奢侈之事。非特不為。亦無餘力可為也。

帝在位十九年。年三十八。

史臣贊曰。帝聰明英睿。天性孝友。入事兩宮。必侍立終日。雖寒暑不變。慈聖光獻太后之喪。哀毀過甚。既除喪。思慕不已。歲時獻酌。每至繼仁殿。必哭。哀動群臣。禮遇皇后。宮殿肅正。親愛二弟。無纖毫之間。終帝之世。乃出居外第。聖學高遠。言必據經。深造道德之蘊。而詳於度數。間一日御邇英講讀。雖風雨不易。禁中觀書。或至夜分。小心謙抑。敬畏輔相。求直言。察民隱。恤孤獨。養耆老。振匱乏。總攬萬機。小大必親。御殿決事。或日昃不暇食。侍臣有以為言者。帝曰。朕享天下之奉。非喜勞惡逸。誠欲以此勤報之也。將定官制。獨處閣中。考求沿革。一年而成。人皆不知。雖治尚嚴整。智勇果斷。而造次必以仁恕嘗坐垂拱殿輔臣奏事有蟲自御衣緣至御巾拂之墜地行蟲也善入人耳帝恐執侍者當得罪遂曰此飛蟲非行蟲也群臣進見顧問或不能對帝恐其失次輒顧而言他有忤意者雖甚不樂終保全之每當用兵或終夜不寢邊奏絡繹手札處畫號令諸將丁寧詳密授以成算雖千里外上自節制機神鑒察無所遁情嘗憤北狄崛強慨然有恢復幽燕之志聚金帛內帑欲先取靈夏滅西羌乃圖北伐積粟塞上數千萬石多儲兵器以待及永樂陷沒益知用兵之難於是息意征伐矣帝平生不御遊畋不治宮室雖青城小免跬步弗幸去華務實不受尊號興為建立必法三代由漢而下陋而不取其勵精圖治可謂將大有為矣夫何王安石入相青苗保甲均輸市易水利之法既立而天下洶洶騷動慟哭流涕者接踵而至帝終不悟方斷然廢逐元老擯斥諫士行之不疑卒致其祖宗之良法美意變壞幾盡自是邪佞日進人心日離禍亂日起惜哉

歷代君鑒卷之二十四

歷代君鑒卷之二十五

孝宗[illegible]字元永太祖六世孫子偁之子也高宗選帝育于禁中立書院教之帝讀書彊記天資特異遂立為皇太子尋降御札皇太子可即皇帝位朕稱太上皇帝退處德壽宮帝遜避輔臣固請帝愀然曰君父之命出於獨斷然此大位懼不克當及即位太上皇帝即駕之德壽宮帝服袍履步出祥曦殿門冒雨掖輦以行及宮門弗止上皇麾謝再三且令左右扶掖以還顧曰付託得人吾無憾矣○帝朝德壽宮詔宰相率百官每月兩朝○詔侍從臺諫集議當今弊事仍命盡率其屬使極言無隱○帝手書召張浚入見浚至帝改容曰久聞公名今朝廷所恃惟公因賜之坐浚從容言人主之學以一心為本一心合天何事不濟所謂天者天下之公理而已必兢業自持使清明在躬則賞罰舉措無不當人心自歸敵國自服帝悚然曰當不忘公言○帝銳意恢復以浚為樞密使都督江淮軍馬開府建康浚至建康以陳俊

卿為宣撫判官。帝以議和召俊卿。浚附奏請帝臨幸
建康。以動中原之心。用師淮壖。進舟山東。以為吴璘
聲援。帝見俊卿。問浚動靜飲食顔貌。曰。朕倚魏公如
長城。不容浮言摇奪○符離師潰。帝乃下詔罪己。降
授浚特進樞密使為宣撫。治揚州。初宿師之還。士
大夫主和者皆議浚之非。帝賜浚書曰。今日邊事倚
卿為重。卿不可畏人言而懷猶豫。前日舉事之初。朕
與卿任之。今日亦須與卿終之。尋復浚都督○帝嘗
詔諭沿邊將士曰。朕祗奉慈訓。嗣有基業。永念祖宗
陵寢。朝獻路絶。黎元塗炭。屯戍未休。朕為人之後而
不能報上世之憤。為人之君而不能拯斯民之阨。故
食不知味。寢不安枕。未嘗以尊位為樂也○隆興元
年正月。詔觀察使以上各舉三人。令三省樞密院詳
立格式。謀略沉雄可任大計。寛猛適宜可使御衆。臨
陳驍勇可鼓士氣。威信有聞可守邊郡。思智精巧可
治器械。已上五等。令曾立軍功觀察使以上。不以在
任閒居。並隨類指陳實迹薦舉。通習典章可掌朝儀
練達民事可任郡寄。諳曉財計可裕民力。持身廉潔
可律貪鄙。詞辯不屈可備奉使。已上五等。令非軍功
觀察使以上薦舉○詔舉遺逸。略曰。朕嗣位之初。馹
召旁午。凡搢紳之老。儒林之秀。莫不揚明顯擢。布列
中外。尚念山林之隱。漁釣之間。豈無荷蓧濯纓之倫
飯牛版築之士。或自晦於卜祝。或沉痼於烟霞。部刺
史二千石為朕搜羅。其有懷瑾握瑜。埋光鏟采。迹其
行實。咸以名聞。朕將厚禮特招。虚懷延納○胡銓奏
云。側聞道路之言。近日臺諫論事。陛下謂為賣直。帝
曰。此語非也。朕謂臺諫論事要當辨曲直。故近日與
張闡說此語。非賣直也○八月。詔云。比日飛蝗益多。
又聞諸路州縣風水為災。朕避正殿。減常膳。二三大
臣其盡忠省過。監司郡守各務身率。戢姦禁暴。平寃
察獄。所在災傷。依條賑卹檢放。如有隱匿不以聞者
重寘典憲。師徒未息。科調繁興。江淮襄蜀尤極勞擾
疆埸之吏。宜加安輯。蠲其苛斂。以稱德意○禁獻羨
餘。詔諸路州軍上供錢例有逋欠。而監司郡守反以
羨餘進獻。僥賞可行下户部。自今上供起發未足。輙
行率斂進獻。本部按劾以聞。是歲廣東提刑司獻緡
錢十五萬。詔令撥賜廣西漕司。充本路州軍合起上
供錢。知紹興府張津進羨餘四十萬緡。詔以代民輸
和買身丁之半○乾道元年。姚岳為淮西提刑。奏本
路蝗蟲皆抱草木而死。帝曰。岳敢以蝗死為嘉祥。吏

欲宣付史館邪。張師顏知廣州。進魚蟣。帝曰。師顏任一道之寄。却公以魚蟣來此作苞苴。各特降一官○二年。帝謂侍讀官周執羔等曰。朕雖無大過。豈無小失。卿等不聞有所規諫。恐思慮有所未至。賴卿等裨益。執羔等曰。陛下聖明。事無過舉。帝曰。卿等若只備位。非所望於卿等。又曰。卿有所言。朕未嘗不行。朕有過失。卿當直言。有司過失。亦當言之○新除吏部尚書陳俊卿入對。言銓綜事有成法。臣固當謹守。第愚淺之見。或有不及。望陛下時警敕之。蓋君臣之分雖嚴。而上下之情不可不通。帝曰。卿言是也。朕或有過

卿亦宜盡言。俊卿奏自古惟唐太宗能導人使諫。所以致貞觀之治。今陛下導臣使諫。臣敢不奉詔。帝曰。朕每讀太宗事。未嘗不慕之。若德宗之忌克。不樂受言。亦未嘗不鄙之也○三年。鎮江軍帥戚方。刻剝役使。軍士嗟怨。言者及之。陳俊卿奏外議內臣中有主方者。帝曰。朕亦聞之。方罪固不可貸。亦當併治左右素主方者。以警其餘。即詔罷方。而以內侍陳瑤。李宗回。付大理究其賄狀。獄成。陳瑤決配循州。李宗回等降罰有差。於是詔戒兵將官毋交結內侍。公行苞苴。自今有違戾。必罰無赦○四年五月。帝以疎決繫囚

並為文具。詔有司具祖宗典故。不拘暑月。朕當親閱可憐[illegible]憐之庶。不為虛文。於是後殿臨軒決遣罪人○五年。錄孔氏後。賜孔璨官○六年。興元府奏歸正官劉湛。劉師顏父子與其親黨幾五十人保護陵寢。帝曰。此忠義之事。詔劉湛。劉師顏。秦世輔並加遷擢。仍宣付史館。知興州吳挺言。強霓守環州。強震為兵官。並死節不屈於虜。詔霓。震並贈觀察使。仍於西和州立廟。賜額旌忠○七年正月。加上太上帝后尊號。帝尋諭輔臣曰。前日奉上冊寶。太上聖意甚悅。翌日過宮侍宴。邦家非常之慶。漢唐所無也。又曰。本朝家

法。遠過漢唐。惟用兵一事未及。朕以虜讎未復。日不遑暇。如宮中臺殿。皆太上時為之。朕未嘗敢增益○帝謂輔臣曰。無逸一篇。享國久長。皆本於寅畏。朕近日取尚書中所載敬天事。編為兩圖。朝夕觀覽。以自警省。名之曰敬天圖。虞允文曰。古人作無逸圖。猶誇大其事。陛下盡圖書中所載敬天事。又遠過之。惟聖人盡躬行之實。敬畏不已。必有明效大驗。帝曰。卿言誠然○二月。立皇子恭王惇為皇太子。尋以王十朋陳良翰為太子詹事。劉焞國子司業兼太子侍讀。先是帝謂輔臣曰。古人以教子為重。其事備見於文王

世子須當多置僚屬博選忠良使左右前後罔匪正人不然一薛居州亦無益也胡銓請飭太子賓僚勸講帝曰三代長且久者由輔導太子得人所致末世國祚不永皆由輔導不得其人○七月免兩淮民户丁錢兩浙丁鹽紬帝諭輔臣曰范成大言處州丁錢太重遂有不舉子之風有一家數丁者當重與減免卿等更詳議來尋又蠲旱傷諸路流移户税○九年五月詔朱熹安貧樂道廉退可嘉特與崇道觀○淳熙元年十一月以龔茂良參知政事因奏事畢賜坐帝顧葉衡及茂良曰兩參政皆公議所與衡等起謝

帝從容曰自今諸事不可徇私若鄉曲親戚且未須援引朕每存公道設有未是處卿等宜力爭君臣之間不可事形迹房杜傳無可書之事蓋輔贊彌縫不見於外所以能然衡曰皋夔稷契在唐虞之朝其見於後世者都俞吁咈數語而已茂良曰大臣以道事君遇有不可自當啓沃豈容使迹見于外○二年燕輔臣于玉津園之澄碧堂因語及自三代而下至於漢唐治日常少亂日常多何故葉衡曰正謂聖君不常有如周八百年所稱極治者成康之世而已他可知也帝曰朕嘗觀無逸篇見周公為成王歷數商周之君享國久近真後世龜鑑未嘗不以此為戒衡等僉曰陛下能以無逸為龜鑑真社稷宗廟無窮之福也○帝又論及君臣相遇之難曰如陸贄之於唐德宗可謂不遇朕嘗覽其奏議喜其忠直次第見於施行龔茂良曰陸贄不遇德宗今陛下深喜其書欲推行之是亦遇也帝又嘗言用人不可分別黨與止論其人賢否如何如唐之牛李其黨相攻四十年不解皆緣主聽不明所以至此文宗乃言去河北賊易去朝中朋黨難朕常笑之為人主者但公是公非何緣有黨又曰朝廷所行事或是或非自有公議近來士

大夫好唱為清議之説此語一出切恐相師成風便以趍事赴功者為猥俗以矯激沽譽者為清高駸駸不已如東漢激成黨錮之風殆皆由此深害治體豈可不痛為之戒卿等可書諸紳○帝又嘗諭輔臣曰朕於機務之暇惟好讀書觀前古之興衰考當時之得失善者從之不善者以為戒每見叔世之君所為不善使人汗下幾代其羞且如唐季諸君以破朋黨去宦官為難以朕思之殊不難也凡事只舉偏補弊防微杜漸銷患於冥冥若必待顯著而後治之則費力矣又曰自古人主讀書少有知道知之亦罕能行

之。且如與人不求備，撿身若不及二句，人君豈不知？
自是不能行，甚者但作歌詩，如隋陳之君，竟亦何補。
唐德宗豈不知書，然所行不至。陸贄論諫諄複不已
者，正欲德宗知而行之。如魏徵於太宗，則語言不甚
諄複。且當德宗禍亂，果何等時，而與陸贄論事，皆使
中人傳旨。夫事有是非，當面反覆詰難，猶恐未盡，中
人傳旨，又安能盡？朕每事以太宗為法，以德宗為戒。
○帝諭輔臣曰：祖宗成法，惟監司及沿邊守臣方許
因任。今小臣亦聽因任。祖宗之法，朕不欲其壞之。國
家承平二百餘年，法令明備，講若畫一，儻能守之，自

君鑒卷二十五　八

足為治。蓋天下本無事，庸人擾之爾。○三年正月，以
紫瑾為殿中侍御史。瑾入對，帝曰：惟御不求進，所以
有此除。○龔茂良、李彥穎嘗言：國家自藝祖開基，懲
五代之亂，首以文德化天下。列聖相承，深仁厚澤，有
以固天下之心。蓋治體似成周，雖若失之弱，然國祚
綿遠，亦由於此。漢唐之亂，或以母后專制，或以權臣
擅命，或以諸侯強大，藩鎮跋扈。本朝皆無此等事，可
見祖宗家法足以維持萬世。帝曰：然。大抵治體不可
有偏，正如四時，春生秋殺，乃可以成歲功。若一於肅
殺，則物有受其害者。亦猶治天下者，文武並用，則為

長久之術。○帝謂執政曰：若要革弊，當從宮禁始。龔
茂良曰：聞之故老言，仁宗嘗以南海沒入番商大珠
賜溫成皇后，后時為貴妃，以充首飾，戚里靡然效之。
京城珠價至數十倍。仁宗聞其事，因禁中內宴，望見
貴妃首飾，不復回顧，曰：滿頭白紛紛，豈無忌諱？貴妃
皇恐，易去之。仁宗大喜，命剪牡丹遍賜妃嬪，不數日，
聞京城珠價頓減。帝喜曰：此事誠當始於宮禁。○四
年二月，幸太學，祗謁先聖，退御敦化堂，命國子祭酒
林光朝講中庸，下詔遂幸武學，謁武成王廟，監學官
進秩一等，諸生推恩賜帛有差。○詔應民間兩稅，除

君鑒卷二十五　九

折帛、折變自有常制外，當輸本色者，毋以重價強之
折錢，有違者按劾以聞，重寘于法，可令臨安府刻石，
徧賜諸路監司、帥臣、郡守。戶部言：江西帥司乞以上
供和糴折價錢。帝曰：食與貨自是不同，本是納米，今
使納錢，以病民，尤不可也。○知秀州趙彥逾奏乞將
南康軍諸處魚池為放生池，不許租與民戶。帝曰：聞
沿江之民以漁為生，今而禁之，恐妨細民。○六年正
月，參知政事錢良臣奏：臣昨任淮東總領日，失舉茹
驤改官，今以贓敗，法當同坐。帝曰：覽良臣所奏，乃欲
以身行法。國有常憲，朕不敢私，勉從所請，可鐫三官

○幸佑聖觀皇太子從召少傅史浩少保曾覿入侍佑聖觀即上儲宮也置酒從容帝曰元良侍側保傅從游太子謙恭仁孝二臣老成忠賢朕心甚樂顧謂皇太子曰近日資治通鑑已熟別讀何書對曰經史並讀帝曰先以經為主史亦不可廢○七年頒淳熙新書先是進呈勅令所重修淳熙法御筆圈去戶令內收䮒馬舟船契書稅帝曰凡此並令刪去恐後世有算及舟車之譏戶令內戶絕之家許給其家三千貫如及二萬貫取旨帝曰國家取於民有制況其家不幸而絕若立法及二萬貫則取之是有心利其財

也又捕亡令諸捕盜公人不獲盜應決而罰金帝曰公人捕盜不獲罰金而不加罪是使之縱盜與受財矣監司知州無額上供賞帝曰祖宗時取民止於二稅而已今和買經總及無額上供既名無額則是白取之民且立賞誘之是使之多取朕誠不忍並令刪去又曰朕不忘恢復者正欲混一效唐太宗為府兵之制國用既省則科斂亦悉蠲免止收二稅以寬民力爾○十二月江浙淮西湖北旱蠲租發廩貸給趣州縣決獄募富民賑濟補官故歲雖凶民無流殍○八年四月以臨安疫分命醫官診視軍民○知處州

李士龍納租多取加耗詔降一官元數止一萬四千有奇斛面出剩二萬三千餘罰受納官趙汝楫追兩官勒停○詔監司守令勸課農桑以奉行勤怠為賞罰○九年正月嚴失入法初池州汪青坐盜發遞角誅後他卒事覺知非青罪詔失入官吏趙粹中落職餘責罰有差青家支給五年王淮言陛下念一夫之冤存恤其家恩及幽明矣○十年宰執奏封樁庫見管錢物已及三千萬餘緡帝曰朕創此庫以備緩急之用未嘗敢私也尋又奏內外樁積緡錢四千七百餘萬帝曰何以聚人曰財周以冢宰制國用周禮一

書理財居其半後世儒者尚清談以理財為俗務可謂不知本矣祖宗勤儉方全盛時財賦亦自不足至變更鹽法侵及富商朕二稅之外未嘗一毫妄取亦無一毫妄費所以帑藏不至空虛緩急不取之民非小補也○十一年二月令兩淮京西湖北路閱民兵萬弩手拘集比試每州解一二名赴樞密院依四川義士例補授以示激勸○趙傑之知太湖縣有言其不丁繼母憂者帝諭宰臣王淮等曰士大夫一被此名終身不可贖行遣中稍為宛轉不須明言其罪遂降一官放罷帝之忠厚如此○帝嘗詔戒將帥曰朕

惟將帥之弊。每在敍功。而忌能專己。而自用。故下有沉抑之嘆。而上無勝算之助。殊不知兼收衆善。不揜其勞。使智者獻其謀。勇者盡其力。迨夫成效。則皆主帥之功也。昔趙奢解閼與之圍。始令軍中有諫者死。及許歷進北山之策。而奢許諾。卒敗秦師。奢爲封君。與廉頗同位。果何害焉。卿當以奢爲法。毋蹈往弊。已嘗面諭此意。故茲親札。宜體至懷。仍刋石給賜諸將。○十四年九月。太上皇不豫。帝數詣德壽宮問疾。分遣群臣禱于天地宗廟社稷。以太上皇未御常膳。不視朝。宰執奏事内殿。○十月。太上崩。帝號慟擗踊。踰二日不進膳。謂王淮等曰。晉孝武魏孝文實行三年喪服。何妨聽政。淮對曰。晉武雖有此意。後來在宮中。止用深衣練冠。帝曰。當時群臣不能將順耳。自我作古何害。淮曰。御殿之時。人主衰絰。群臣吉服可乎。帝曰。自有等降。乃出内批曰。大行太上皇帝奄棄至養。朕當衰服三年。群臣自遵易月之令。百官五上表請帝還内聽政。不許。至十二月辛丑禫祭。百官釋服。群臣三上表請御殿聽政。不許○十五年正月。却會慶節進奉。帝語皇太子曰。會慶節若受進奉。即有慶賀之嫌。朕欲與免二年。如何。皇太子贊以免之爲善。王淮等奏其錢六十萬緡係戶部歲計。帝曰。可降旨揮特免二年。令封樁庫如數撥還○四月。帝親行奉迎虞主之禮。自是七虞。八虞。九虞。卒哭。奉辭皆如之○十六年正月。帝自高宗崩。即欲傳位太子。嘗諭周必大曰。禮莫重於事宗廟。而孟享多以病分詣。孝莫重於執喪。而不得日至德壽宮。朕將退休矣。因密賜紹興傳位親札於必大。命預草詔。專以奉几筵侍東朝爲意。而進必大爲首相。二月。帝傳位于皇太子。退居重華宮。太子即位。尊帝爲至尊壽皇聖帝。帝在位二十七年。享年六十八

史臣贊曰。高宗以公天下之心。擇太祖之後而立之。乃得孝宗之賢。聰明英毅。卓然爲南渡諸帝首稱。可謂難矣哉。即位之初。銳志恢復。符離邂逅失利。重違高宗之命。不輕出師。又值金世宗之立。金國平治。無釁可乘。然易表稱書。改臣稱姪。減去歲幣。以定鄰好。金人易宋之心。至是亦寖異於前日矣。故世宗每戒群臣積錢穀。謹邊備。必曰。吾恐宋人之和。終不可恃。蓋亦忌帝之將有爲也。天厭南北之兵。欲休民生。故帝用兵之意弗遂。而終焉。然自古人君起自外藩。入繼大統。而能盡宮庭之孝

未有若帝。其間父子怡愉同享高壽亦無有及之者。終喪三年又能却群臣之請而力行之。宋之廟號若仁宗之為仁孝宗之為孝其無愧焉其無愧焉

歷代君鑒卷之二十五

歷代君鑒卷之二十六

善可為法

宋

理宗

理宗皇帝諱昀。宗室希瓐之子。太祖十世孫也。嘉定十三年。寧宗以國本未立。選太祖十世孫年十五以上者教育。如高宗擇普安恩平故事。帝在選中。繼命為邵州防禦使。帝性凝重寡言。潔脩好學。每朝恭待漏。或多笑語。帝獨儼然。出入殿庭。矩度有常。見者斂容。十七年八月。寧宗不豫。丞相史彌遠稱詔以帝為皇子。閏八月。寧宗崩。遂即皇帝位○寶慶元年。程珌進讀三朝寶訓。奏曰。藝祖皇帝受禪之初。與三軍約不許殺戮一人。自後聖聖相承。守為家法。帝曰然。祖宗以仁立國。朕當以仁守之。因詔曰。朕初纂丕圖。亟奉慈訓。既御經筵。日親群儒。深念進德立治之本。實由典學。朝夕罔敢怠忽。尚賴諸賢悉心啓迪。毋有所隱。朕當垂聽。益加自勉。即令學士院明諭朕意○二月朔雨雪。朱著王暨進讀高宗寶訓至孝德卷。終著奏高宗當中興艱難之初。欽事慈寧皇太后。始終極至。願陛下以高宗為法。帝嘉納。忽愀然曰。雪作非時

朕終夜為之不安。當益恐懼脩德。凡有闕失。無忘忠
告。著又進讀至周公戒成王。惟在知稼穡艱難。帝曰。
朕近寫無逸一篇。揭為四圖。置之座右。以便觀省。念
茲在茲。不忘艱難○帝命在廷之士日推其一面對。
詔曰。自昔帝王即政之初。首闢四門達聰明目。訪予
落止。小毖求助。凡今內外文武小大之臣有所見聞。
其以啓告。忠言正論。朕所樂聽。事有可行。虛心而從。
言或過直。無悼後害。封章來上。以副朕延納之誠焉
○秘書監葉禾奏郡司貪刻之害。帝曰。郡守不職。亦
緣監司不得其人。監司得人。則一道蒙福○帝嘗諭

執政曰。昨真德秀奏事。朕因訪問廉吏。德秀以知袁
州趙䇓夫對。朕惟奬廉所以律貪。亦庶幾化貪為廉
之效。以惠吾民。趙䇓夫可特授直秘閣福建提刑。殿
中侍御史項容孫言。前嚴州守李彌高趙與浹侵取
酒息。獨衛湜一無所私。帝曰。奬廉黜貪。今日先務。彌
高與浹。各奪官二秩。湜進職二等○幹辦諸路審計
司王自適進對。論大中之道。帝曰。三聖相授守一道。
其此之謂乎。中者不偏不倚無過不及之謂。太學正
徐介進對。論中庸謹獨之旨。帝曰。此是以敬存心。不
愧屋漏之意○二年。以禮部尚書程珌等知貢舉。帝

諭之曰。國家三歲取士試于南宮。蓋公卿大夫由此
其選。事至重也。朕屬在哀疚。未遑親策。爰咨近列。往
司衡鑑。卿等宜協心盡慮。精加考擇。夫文辭浮靡者。
必非偉厚之器。議論詭激者。必無正平之用。去取之
際。其務審此○喬行簡進讀高宗寶訓謹名器篇。至
祖宗朝教坊官有求為郡者。太祖以唐莊宗為鑒不
與。帝曰。用伶人為郡守。非獨輕褻名器。亦必為民害。
行簡奏乞謹守祖宗法度。則名器自不濫。帝曰。祖宗
法度。自是精密。豈容不守○三年。知楚州姚翀朝辭。
奏淮楚忠義軍事。帝曰。南北皆吾赤子。何分彼此。卿

其為朕撫定之。新知常德府袁申儒朝辭。奏至州縣
重催稅賦害民事。帝曰。民力甚貧。皆是州縣不體愛
民之意。卿到任。當以愛民為先○詔曰。朕觀朱熹集
註大學論語孟子中庸。發揮聖賢蘊奧。有補治道。朕
勵治講學。緬懷典刑。可特贈熹太師。追封信國公。踰
月。熹子工部侍郎在入對。言人主學問之要。帝曰。先
卿中庸序言之甚詳。朕讀之不釋手。恨不與之同時
也○詔令歲郊祀大禮。令有司除事神儀物諸軍賞
給依舊制外。其乘輿服御。及中外支費。並從省約○
紹定二年。侍講范楷進講易豐卦。因奏曰。當豐盛之

時聖人於諸爻有壅蔽不明之憂帝首肯良久乃曰
豐亨盛大之時侈心易生其後遂至徇情肆欲窮奢
極靡如秦皇漢武禍亂將作而不自知此不可不戒
也○四年詔近民之官莫如縣令日來聞有貪虐昏
繆不能任事之人重為民害令諸路監司守臣覺察
具職位上于尚書省取旨施行○五年帝詔省部刑
寺應諸刑獄奏案以時審定已經奏聞速與報下庶
免淹延獄官不許兼職俸薄者增給之又詔刑部檢
坐命官犯贓條令嚴飭監司察部內貪吏劾其尤者
一遵祖宗舊法計贓雖輕委係入己令吏刑部永不

銓叙改正監司不按發併坐失職之罪○六年帝曰
侍從論思獻納之選朕所親擢方作新庶政渴想嘉
猷自今可不時面對凡朕躬得失國事便宜悉以啓
告毋有所隱○端平元年詔侍從卿監郎官在外執
政從官舉公廉信敏可為監司守令者三衙統帥知
閤御帶環衛在外管軍帥臣舉智勇忠慤可為將帥
者各二人○帝以比年宗親貧窶或致失所甚非國
家睦族之意詔大宗正司南外西外宗正司其申嚴
州郡以時贍給違者有刑○詔黃幹李燔李道傳陳
宓樓昉徐瑄胡夢昱皆阨於權姦而各行其志沒齒

無怨其賜諡復官優贈存恤仍各録用其子以旌忠
義戴埜其復元資以勵士風○郤歸正蕃臣康守正
王全所獻馬帝出御札賜輔臣曰近康守正王全以
馬來獻朕已諭之云御前自有馬院可以供進若馳
騁駿馬汝等可自留用朕方禁飭臣下勿受餽遺豈
又自開此門兼恐遠人以此窺朕好尚昔漢文帝卻
千里馬朕素慕之卿等以為如何○三年試將作監
兼知臨安府事顏頤仲進對奏敬天以實不以文帝
曰朕此心未嘗不敬又奏用人當久任帝曰用得其
人不必數易又奏人主一心攻之者衆帝曰常持敬

心則不為外物所移○嘉熙二年詔諸路和糴給時
直平概量毋科抑申嚴收租苛取之禁帝諭輔臣曰
和糴本非朝廷之得已若官司奉行無擾則人戶自
樂與官為市訪聞近年所在和糴未得朝廷撥數預
行多敷富室大家臨期率以賂免而中產下戶反被
均敷之害以致散錢則吏胥減剋納米則斛面取贏
專計誅求費用尤夥是致民間所得糴本每石幾耗
其半其何以堪可申嚴約束○三年詔春事已深膏
澤未洽深慮旱暵為虐靡神不宗一雨應期方慰農
望風雹為沴朕甚懼焉自三月二十四日避正殿損

常膳仍令中外臣寮講求闕政引用正人招集流民捍禦外侮弭災召和以稱朕意又詔覈州縣義倉以備賑濟○淳祐元年追封周敦頤汝南伯張載郿伯程顥河南伯程頤伊陽伯朱熹徽國公並從祀孔子廟廷詔曰朕惟孔子之道自孟軻後不得其傳至我朝周敦頤張載程顥程頤真見實踐深探聖域千載絶學始有指歸中興以來又得朱熹精思明辨表裏混融使大學論孟中庸之書本末洞徹孔子之道益以大明于世朕每觀五臣論著啓沃良多今視學有日其令學官列諸從祀以示崇奬之意又以王安石

謂天命不足畏祖宗不足法人言不足恤為萬世罪人豈宜從祀孔子其黜之帝謁孔子遂御崇化堂命祭酒曹觱講禮記大學篇監學官各進一秩諸生推恩賜帛有差以紹定三年所製伏羲堯舜禹湯文武周孔顔曾子思孟子道統十三贊就賜國子監宣示諸生復親書朱熹白鹿洞學規賜焉○四年御製訓廉謹刑二銘戒飭中外曰周典六計吏治條陳以廉為本乃良而循彼肆貪虐與豺虎均肥于其家多瘠吾民縱逭于法愧其冠紳貨悖而入菑及後人我朝忠厚黜貪為仁咨爾群辟是訓是遵又曰民吾同胞

疾痛由己報虐以威刑非得已仰惟祖宗若保赤子明謹庶獄惻怛溫旨金科玉條毫析銖累夫何大吏蔑棄法理逮于郡邑濫用笞箠典聽朕言式克欽止○五年帝曰時方多事念未能蠲租減賦而吏之不良乃肆貪虐或有前期預借或抑配重催或斛面取贏或厚價抑納朘毒吾民朕深憫焉可令監司常切覺察務蘇疾苦而銷愁嘆倘隱而不問公論所指必罰毋赦○六年刑部侍郎魏峻進對言人主震服天下自斷而已帝曰謀之欲同斷之欲獨若以大公至正行之則斷在其中矣○八年帝諭輔臣曰所在監

司郡守輕行估籍多因細事中以深文甚而寘之死地往往利其財耳真所謂殺越人于貨至於用刑自有成法今有司率意任情更不遵守條令凡此皆當禁止可因明禋肆赦並加申嚴如有非辜許越訴究證得實必論如律○十年帝諭輔臣鄭清之曰丘迪嚞今早登對朕以廣寇詢之其言皆有始末峒寇既平當加優擢向來寇作之初或者張皇以甚其事及其平定又言多殺以炳其功若以浮議而抑之他日何以使人宜以正卿處之○十一年帝諭輔臣曰近日内引丞相朕因及祖宗家法之懿者數條如敬天

愛民克己節儉不罪言者皆漢唐所不及朕謂不必遠稽前代只近法祖宗足矣又曰治天下之道無他惟順人心而已我朝以仁厚立國雖强不如秦富不如隋惟知敬以事天寬以愛民儉以足用平時之所以恪守家法者在此○十二年帝戒群臣曰繼自今毋養蠹毋惠奸毋以姑息市私恩毋容僥倖廢公法○詔二廣福建江西湖南去歲疫癘州縣人户有絶世者令監司守臣稽其財産即其族命繼給之遠官身殁其家不能自歸者官爲津遣勿令財物有所隱失○六月嚴衢婺台處上饒建寧南劒邵武大水遣

使分行賑恤存問除今年田租○寶祐二年詔皇子禥年當志學既冠之後宜親近師儒開道德性所讀四書書易皆當精熟至於古今治亂之迹尤宜講明○三年帝諭輔臣三邊之事卿等宜及時區處董槐等奏首當以此勉諭諸閫帝曰閫外之寄廟堂只當擇人豈可遥制嘗問丁大全近來邊報如何對曰諸閫之報不一但三邊有備則無慮帝曰毋恃其不來恃吾有以待之○四年二月帝嘆連雨未已董槐等奏臣等輔治無狀願賜罷黜以答天譴帝曰此由朕之不德卿等可相與舉行實政以格天心如聞諸路

多有滯獄可嚴行戒飭○御製字民訓遇引見改官人令閤門宣示仍批於印曆之首訓曰爾等服勞州縣始應脱選通籍信難矣而學制爲尤難其律己必廉否則墨其養民必惠否則暴其聽訟必公否則私其涖民必勤否則怠即往乃封秪若予訓邑有善政朝徹夕聞表用者有先朝故典在昔子路治蒲爲難夫子誨之以恭寬温惠之理三年而後有成朕之言夫子之遺意也聽之勿忽○五年帝嘗曰昨日經筵有以邊臣久任爲言者朕諭之曰李漢超守關南十七年郭進守西山二十年官皆止於觀察使久任邊

臣乃祖宗馭將帥服夷狄之法也程元鳳曰仰見陛下率由舊章之意○景定元年立皇子忠王禥爲皇太子賜字長源皇太子再三辭因訓之曰元良者天下之本也乃若秪膺重器克荷徽章必務保其令名藴其全德欲全其德在脩其身欲脩其身在勤於學勉之毋忽帝家教甚嚴太子鷄初鳴入内問安再鳴還宮三鳴往會議所叅決庶事退入資善堂聽講經史將晡復至帝所起居帝問今日講何書太子備言所以是則賜坐及茶否則爲之反覆剖析明日使之覆講○帝曰孝廉所以化元元移風俗也此事久廢

民罔攸勸。可下郡國各舉一二人。務以實聞。尋詔勅門下。孝為百行之先。廉居四維之一。三代以上。風俗淳而孝廉之名泯。迨漢始詔以此舉士。當時二千石不舉孝以不敬論。不察廉則免。其嚴且重如此。我國家以孝治天下。以廉察吏治。科雖不常設。固有不待舉而勸者。比年以來。澆風汙習。瀾倒莫返。朕甚憫焉。然念良心所蘊。誰獨無此。特為善者無所勸。不善者莫知過。表厲之道未至焉耳。今嘉與宇內之士同歸于善。舉孝廉如漢法。夫孝廉一本也。好貨財而不得為孝。哇毋食則不得為廉。以菽水為樂者行必不汙。

以冰蘗自持者親必不辱。詔下之日。凡吾帥守監司令長。采公論攷實行。各疏其事以名聞。朕將尊顯之。以為臣子之勸○二年。詔監司率半歲具劾去贓吏之數來上。視多寡為殿最。行賞罰。守臣助監司所不及。以一歲為殿最。定賞罰。本路州無所劾。而臺諫論列。則監司守臣皆以殿定罰。有治狀廉聲者。摭實以聞○詔皇太子謁孔子於太學。曰。虎闈齒胄。太子事也。此禮廢久矣。如釋奠舍菜之事。我朝未嘗廢也。然享師敬道。又不可拘舊制。可令太子謁拜焉。尋又詔追封張栻為華陽伯。呂祖謙為開封伯。從祀孔子廟

廷○五年七月。彗星出柳。其光燭天。長十數丈。自四更見東方。自高始滅。詔避殿減膳。應中外臣僚許直言朝政闕失。且謂宰執曰。彗出於柳。彰朕不德。夙夜疚心。惟切危懼。卿等當相與補承缺失。上回天意。是歲帝崩。在位四十年。享年六十一

史臣論曰。理宗享國久長。與仁宗同。惟其用相賢否。故致治有異耳。蔡州之役。幸依元兵以雪先世之恥。顧乃貪地棄盟。事釁隨起。兵連禍結。境土日蹙。由其中年嗜慾既多。怠於政事。權移姦臣。以致於此。然嘉定以來。正邪貿亂。國是靡定。帝自即位。

黜王安石而尊濂洛。表章朱呂。丕變士習。使後世知理學足以復古帝王之治。帝之功不為少焉。廟號曰理。宜哉

歷代君鑑卷之二十六

歷代君鑒卷之二十七

善可為法

金

世宗

金主世宗諱雍。姓完顏氏。太祖阿骨打孫。睿宗訛里朶子也。初名烏祿。體貌奇偉。美須髯。長過其腹。胸間有黑子七。如北斗形。性仁孝沉靜明達。衆心歸之。以宗室子留守東京。時海陵南伐。天下騷動。為衆所推戴。遂即位。○大定元年。詔凡宮殿張設。毋得增置。無役一夫以擾百姓。但謹閘禁嚴出入而已。○二年。正

月戊辰朔。日有食之。伐鼓用幣。徹樂減膳。不視朝。因謂宰相曰。進賢退不肖。宰相之職也。有才能高於己者。或懼其分權。往往不肯引置同列。朕甚不取。卿等毋以此為心。仍勅御史臺檢察文移稽留而不行。行而失當。皆舉劾之。○獻享山陵禮畢。欲獵而還。左丞相完顏晏等諫曰。邊事未寧。不宜遊幸。金主遽還。因諭晏等曰。朕常慕古之帝王虛心受諫。卿等有言即言。毋緘默以自便。又曰。朕觀前代人臣將諫於朝。與父母妻子訣。示以必死。同列目覩其死。亦不顧身。又為之諫。此盡忠於國者。人所難能也。○金主謂宰執曰。朕即位未半年。可行之事甚多。近日全無敷奏。朕深居九重。正賴卿等贊襄。各思所長以聞。朕豈有倦怠。又曰。比聞外議奏事甚難。朕於可行者未嘗不從。自今敷奏無有隱。朕固樂聞之。又曰。卿等當爲民間利害及時事之可否。以時敷奏。不可公餘輒從自便。優游而已。又曰。臣民上書者多勅尚書省詳閱。而不即具奏。天下將謂朕徒受其言而不行也。其亟條具以聞。○詔減御膳及宮中食物之半。因諭尚食局使曰。太官之食。皆民脂膏。日者品味太多。不可徧舉。徒為虛費。自今止進數味而已。他日又謂宰臣曰。朕年來

惟以省約為務。常膳止四五味。已厭飫之。比初即位十減七八。宰臣曰。天子自有定制。不同餘人。金主曰。天子亦人耳。枉費安用。○金主謂宰臣曰。百姓上書陳時政。其言猶有所補。卿等位居機要。畧無獻替可乎。夫聽斷獄訟。簿書期會。何人不能。唐虞之聖。猶務兼覽博照。乃能成治。正隆專任獨見。故取敗亡。朕早夜孜孜。冀聞讜論。卿等宜體朕意。自今百司官吏凡上書言事。或為有司所抑。其表進以聞。朕將親覽焉。○詔第職官廉能汙濫不職。各為三等而黜陟之。因謂宰臣曰。朝官當慎選其人。庶可激勵其餘。若不當。

則啓覬覦之心卿等必知人才優劣舉實才用之又曰海陵不辨人才優劣惟徇己欲多所升擢朕即位以來以此為戒止取實才用之近聞蠡州同知移剌延壽在官污濫詢其出身乃正隆時鷹房子如鷹房廚人之類可典城牧民邪自今如此局分不得授以臨民職任○詔御史臺曰卿等所劾惟諸局行移稽緩及緩於赴局耳此細事也自三公以下官僚善惡邪正當審察之若止理細事而略其大者將致卿等於罪○又謂宰臣曰朕觀唐史惟魏徵善諫所言皆國家大事甚得諫臣之體近時臺諫惟指摘一二細

碎事姑以塞責未嘗有及國家大利害者豈知而不言歟無乃亦無知也宰臣無以對○又謂宰臣曰卿等每奏皆常事凡治國安民及朝政不便於民者未嘗及也如此則宰相之任誰不能之○四年五月旱勑有司審寃獄禁宮中音樂放毬場役夫謂宰臣曰北京懿州臨潢等處嘗經契丹寇掠平薊二州近復蝗旱百姓艱食父母兄弟不能相保多冒鬻為奴朕甚憫之可速遣使閱實其數出内庫物贖之○五年肇州防禦使蒲察通朝辭賜通金帶諭之曰卿雖有才然用心多詐朕左右須忠實人故命卿補外賜卿

金帶者答卿服勞之久也又顧謂左宣徽使敬嗣暉曰如卿不可謂無才所欠者純實耳又曰凡為人臣上欲要君之恩下欲干民之譽必虧忠節卿宜戒之○八年金主謂宰臣曰朕治天下方與卿等共之事有不可各當面陳以輔朕之不逮慎毋阿順取容卿等致位公相正行道揚名之時苟或偷安自便雖為今日之幸後世以為何如○嘗謂秘書監移剌子敬等曰昔唐虞之時未有華飾漢惟孝文務為純儉朕於宮室惟恐過度其或興脩即損宮人歲費以充之今亦不復營建矣如宴飲之事近惟太子生日及歲

元飲酒往者亦止上元中秋飲之亦未嘗至醉至於佛法尤所未信梁武帝為同泰寺奴遼道宗以民户賜僧寺復加以三公之官其惑深矣遂詔户工兩部自今宮中之飾勿用黃金○金主謂平章政事完顔思敬等曰朕思得賢士寤寐不忘自今朝臣出外即令體訪外任職官廉能者及草萊之士可以助治者具姓名以聞又諭宰臣曰卿等舉用人才凡己所知識必待他人舉奏朕甚不喜如其果賢何必以親踈為避忌也○嘗謂宰臣曰海陵時脩起居注不任直臣故所書多不實可訪求得實詳而録之参政孟浩

進曰。良史直筆。君舉必書。自古帝王不自觀史意正在此。金主曰然。因論史事。且曰。朕觀前史多溢美。大抵史書載事貴實。不必浮辭諂諛也。又曰。近覽資治通鑑編次累代廢興。甚有鑒戒。司馬光用心如此。古之良史無以加也○九年。正月。金主與宣徽使敬嗣輝等論古今事。因曰。亡遼日屠食羊三百。豈能盡用。徒傷生耳。朕雖處至尊。每當食常思貧民飢餒猶在已也。彼身為惡而口祈福。何益之有。如海陵以張仲軻為諫議大夫。何以得聞忠言。朕與大臣論議。一事非正不言。卿等不以正對。豈人臣之道也○又謂宰

臣曰。朕觀在位之臣。初入仕時。競求聲譽以取爵位。亦既顯達。即徇默苟容為自安計。朕甚不取。宜宣諭百官使知朕意○十一年。金主謂宰臣曰。五品以下。闕員甚多而難於得人。三品以上。朕則知之。五品以下不能知也。卿等曾無一言見舉者。欲畫久安之計與百姓之利。而無良輔。所行皆尋常耳。雖日日視朝何益之有。卿等宜勉思之○又曰。朕已行之事。卿等以為成命不可復更。但承順而已。一無執奏。且卿等凡有奏。何嘗不從。自今朕旨雖出。宜審而行。有未便者即奏改之。或在下位有言尚書省所行未便。亦當

從而改之。毋拒而不從○又曰。凡已經奏斷事有未當。卿等勿謂已行不為奏聞改正。朕以萬機之繁。豈無一失。卿等但言之。朕當更改。必無吝也。又曰。朕之言行。豈能無過。常欲人直諫而無肯言者。使其言果善。朕從而行之。又何難也○金主幸東宮。謂太子曰。吾兒在儲貳之位。朕為汝措天下。當無復有經營之事。汝惟無忘祖宗純厚之風。以勤修道德為孝明信賞罰為治而已。昔唐太宗謂其子高宗曰。吾伐高麗不克終。汝可繼之。如此之事。朕不以遺汝。如遼之海濱王。以國人愛其子嫉而殺之。此何理也。子為衆愛

愈為美事。所為若此。安有不亡。唐太宗又嘗謂高宗曰。爾於李勣無恩。今以事出之。我死。宜即授以僕射彼必致死力矣。君人者焉用偽為。受恩於父。安有忘報於子者乎。朕御臣下。惟以誠實耳○十二年。詔太子詹事曰。東宮官屬。尤當選用正人。如行檢不修及不稱職者。具以名聞。又召諸王府長史諭之曰。朕選汝等。正欲勸導諸王使之為善。如諸王所為有未善。當力陳之。或不從。則具某日行某事以奏。若阿意不言。朕惟汝罪○嘗屏侍臣與宰臣議事。記注官亦退。因諭宰臣曰。史官紀人君善惡。朕之言動。及與卿等

所議皆當與知其於紀錄無或有隱可以朕意諭之○尚書省奏鄧州民范三毆殺人當死而親老無侍金主曰在醜不爭謂之孝孝然後能養斯人以一朝之忿忘其身而有事親之心乎可論如法其親官與養濟○十四年金主謂宰臣曰聞愚民祈福多建佛寺雖已條禁尚多犯者宜申約束無令徒費財用朕於釋老早年亦頗惑之旋悟其非且上天立君使之治民若盤樂怠荒欲以僥倖祈福難矣果能愛養下民上當天心福必報之又曰人皆以奉道崇佛設齋讀經為福朕使百姓無冤天下安樂不勝於彼乎爾

等居輔相之任誠能匡益國家使百姓蒙利不惟身享其報亦將施及子孫矣○嘗御垂拱殿顧太子及親王曰人之行莫大於孝弟孝弟無不蒙天日之祐汝等宜盡孝於父母友於兄弟自古兄弟之際多因妻妾離間以至相違且妻者乃外屬耳可比兄弟之親乎若妻言是聽而兄弟相違甚非禮也汝等當以朕言常銘於心○十六年金主與親王宰執從官從容論古今興廢事曰經籍之興其來久矣垂教後世無不盡善今之學者既能誦之必須行之苟不能行誦之何益女直舊風最為純直雖不知書然其祭天

地敬親戚尊耆老接賓客信朋友禮意款曲皆出自然其善與古書所載無異汝輩當習學之舊風不可忘也○十七年有司奏高麗所進玉帶乃石似玉者金主曰小國無能辨識者誤以為玉耳且人不易物惟德其物若復却之豈禮體耶○尚書省奏振東京等路粟不給金主曰朕常語卿等遇豐年即廣糴以備凶歉卿等皆言天下倉廩盈溢今欲振濟乃云不給自古帝王皆以蓄積為國家長策朕之積粟豈欲獨用之邪今既不給可於鄰道取之以濟自今須備當以為常○嘗謂宰臣曰今之在官者同僚所見事

雖當理必以為非意謂從之則恐人謂政非己出如此者多朕甚不取又曰今在下僚豈無人材但在上者不能汲引恐其才勝己耳昔狄仁傑起自下僚力扶唐祚使既危而安延數百年之永仁傑雖賢非婁師德何以自進乎○尚書省擬同知永寧軍節度使阿可為剌史金主曰阿可年幼於事未練授佐貳可也平章政事唐括安禮奏曰臣等以阿可宗室故擬是職金主曰郡守係千里休戚安可不擇人而私其親邪若以親親之恩賜與雖厚無害於政使之治郡而非其才一境何賴焉○嘗謂宰臣曰朕觀自古人

君多進用讒諂。其間蒙被為害。非細。若漢明帝尚為此華惑之。朕雖不及古之明君。然近習讒言未嘗入耳。至於宰輔之臣。亦未嘗用一人私議也。○二十三年。御史臺進州縣所擬官罪。金主覽之曰。卿等所廉皆細碎事。又止錄其惡而不舉其善。審如是。其為官者不亦難乎。其併察善惡以聞。○六月。金主謂侍臣曰。昨夕苦暑。通宵不寐。因念小民比屋卑隘。何以安處。○嘗謂宰臣曰。帝王之政。固以寬慈為德。然如梁武帝專務寬慈。以至紀綱大壞。朕嘗思之。賞罰不濫。即是寬政也。餘復何為。○二十四年。金主謂宰臣曰。天子巡狩。當舉善罰惡。凡士民之孝弟婣睦者舉而用之。其不顧廉恥無行之人。則教戒之。不悛者則加懲罰。又曰。今時之人。有罪不問。則謂不知。有罪必責。則謂尋罪。風俗之薄如此。不能復于古也。卿等以德輔佐。當使復還古風。○二十六年。尚書省擬奏除授。金主曰。卿等在省。未嘗薦士。止限資級。安能得人。古有布衣入相者。聞宋亦多用山東河南流寓疎遠之人。皆不拘於貴近也。以本朝境土之大。豈無其人。朕難徧知。卿又不舉。自古豈有終身為相者。外官三品以上。必有可用之人。但無故得進耳。○尚書省奏定

院務監官虧兌陪納法。及橫班格。因曰。朕常日御膳亦從減省。嘗有一公主至。至無餘膳可與。當直官皆目睹之。若欲豐腆。雖日用五十羊亦不難。然皆民之脂膏。不忍為也。監臨官惟知利己。不知其利自何而來。朕嘗歷外任。稔知民間之事。想前代之君雖享富貴。不知稼穡之艱難者甚多。其失天下。皆由此也。遼主聞民間乏食。謂何不食乾臘。蓋幼失師保之訓。及其即位。故不知民間疾苦也。隋煬帝時楊素專權行事。乃不慎委任之過也。與正人同處。所知必正道。所聞必正言。不可不慎也。今原王官屬。當選純謹秉性正直者充。勿用有權術之人。○又嘗謂侍臣曰。唐太子承乾所為多非度。太宗縱而弗檢。遂至於廢。如早為禁止。當不至是。朕於聖經不能深解。至於史傳開卷輒有所益。每見善人不忘忠孝。檢身廉潔。皆出天性。至於常人。多喜為非。有天下者苟無以懲之。何由致治。孔子為政七日而誅少正卯。聖人尚爾。況餘人乎。○又曰。朕雖年老。聞善不厭。孔子云。見善如不及。見不善如探湯。大哉言乎。○嘗謂宰臣曰。朕方前古明君。固不可及。至於不納近臣讒言。不受戚里私謁。亦無愧矣。朕嘗自思。豈能無過。所患過而不改。過而

能改庶幾無咎省朕之過近頗喜興土木之工自今不復作矣○二十七年以襄城令趙渢為應奉翰林文字渢入謝金主謂宰臣曰此党懷英所薦邪對曰諫議黃久約亦嘗薦之曰學士院比舊殊無人材何也右丞張汝霖曰人材須作養若令久任練習自可得人○嘗謂宰臣曰卿等老矣殊無可以自代者乎必待朕知而後進乎顧右丞張汝霖曰若右丞者亦石丞相所言也平章政事完顏襄及汝霖對曰臣等苟有所知豈敢不言但無人耳金主曰春秋諸國分裂土地褊小皆稱有賢才卿等不舉而已今朕自勉庶

幾致治他日子孫誰與共治者乎宰臣皆有慚色又曰十室之邑必有忠信今天下之廣人民之衆豈得無人唐之顏真卿段秀實皆節義之臣也終不升用亦當時大臣固蔽而不舉也卿等當不私親故而舉忠正之人朕將用之他日又曰齊桓中庸主也得一管仲遂成霸業朕夙夜以思惟恐失人朕既不知卿等又不薦必俟全才而後舉蓋亦難矣如舉其人長於其事朕亦量材用之朕與卿等俱老矣天下至大豈得無人薦舉人材當今急務也又曰人之有幹能固不易得然不若德行之士最優也○金主曰朕聞

寶坻尉蒙括特末也清廉其為政何如左丞斡特剌對曰其部民亦稱譽之然不知所稱何事金主曰凡為官但得清廉亦可矣安得全才之人可進官一階升為令○嘗以所進御膳不調適有旨問之尚食局直長言臣聞老母病剝私心憒亂如喪魂魄以此有失嘗視臣罪萬死金主嘉其孝即令還家侍疾平愈乃來○二十八年金主謂宰臣曰近聞烏底改有不順之意若遣使責問彼或抵捍不遜則邊境之事有不可已者朕嘗思之招徠遠人於國家殊無所益彼來則聽之不來則無強其來此前世羈縻之長策也

○參知政事孛朮魯阿魯罕罷因謂宰臣曰用人之道當自其壯年心力精強時用之若拘以資格則往往至於老耄此不思之甚也阿魯罕使其早用朝廷必得輔助之力惜其已衰老矣凡有可用之材汝等宜早思之○尚書省奏擬除授而拘以資格金主曰日月資考所以待庸人耳若才行過人豈可拘以常例國家事務皆須得人汝等不能隨才委使所以事多不治朕固不知用人之術汝等但務循資守格不思進用才能豈以才能見用將奪己之祿位乎不然是無知人之明也群臣皆曰臣等豈敢蔽賢才識不

逮耳。復顧右丞張汝霖曰。前世忠言之臣何多。今日何少也。對曰。世亂則忠言進。承平則忠言無所施。金主曰。何代無可言之事。但古人知無不言。今人不肯言耳。汝霖不能對。金主在位二十九年。壽六十有七

史官論曰。世宗之立。雖由勸進。然天命人心之所歸。雖古聖賢之君。亦不能辭也。蓋自太祖以來。海內用兵。寧歲無幾。重以海陵無道。賦役繁興。盜賊滿野。兵甲並起。國內騷然。老無留養之丁。幼無顧復之愛。顛危愁困。待盡朝夕。世宗久典外郡。明禍亂之故。知吏治之得失。及既即位。好賢納諫。尚文

抑武。南北講好。與民休息。於是躬節儉。崇孝弟。信賞罰。重農桑。慎守令之選。嚴廉察之責。孜孜為治。夜以繼日。可謂得為君之道矣。當此之時。群臣守職。上下相安。家給人足。倉廩有餘。刑部斷死罪。歲或十七人。或二十人。號稱小堯舜。豈虛語哉。然舉賢之急。求言之切。不絕乎訓辭。而群臣偷安苟祿。不能將順其美。以底大順也。噫。

歷代君鑒卷之二十七

歷代君鑒卷之二十八

善可為法

元

世祖

世祖皇帝諱忽必烈。姓奇渥温氏。蒙古部人。太祖鐵木真之孫。睿宗拖雷第四子也。性仁明英睿。事太后至孝。尤善撫下。在潛邸。思大有為於天下。延藩府舊臣及四方文學之士。問以治道。憲宗即位。同母弟惟帝最長且賢。盡屬以漠南漢地軍國庶務。憲宗崩。帝以屢立大功。為諸王大臣所推戴。即皇帝位。○初帝

聞竇默賢。召見。問以治道。默首舉三綱五常為對。帝曰。人道之端。莫大於此。失此。無以立於世矣。又遣使聘王鶚。及至。迎勞召對。進講孝經書易及齊家治國之道。古今事物之變。每夜分乃罷。帝曰。我雖未能即行汝言。安知異日不能行耶。○帝南駐爪忽都之地。以邢州每歲徵求百出。民弗堪命。乃遣近侍脫兀脫尚書劉肅等往治之。不期月。流亡復歸。戶增十倍。邢乃大治。○帝駐桓撫間。憲宗命斷事官牙魯瓦赤與不只兒等。總天下財賦于燕。視事一日。殺二十八人。其一人盜馬者。杖而釋之矣。偶有獻環刀者。遂追還

所杖者手試刀斬之帝責曰凡死罪必詳讞而後行刑今一日殺二十八人必多非辜既杖復斬此何刑也不只兒錯愕不能對○帝奉命征雲南於曲先腦兒之地夜宴姚樞陳宋太祖遣曹彬取南唐不殺一人市不易肆事明日帝據鞍呼樞曰汝昨日言曹彬不殺吾能為之吾能為之樞馬上謝曰仁明如此生民之幸有國之福也○帝帥師伐宋張文謙等言王者之師有征無戰一視同仁不可嗜殺帝曰期與卿等守此言既至宋境分命諸將毋妄殺毋焚人室廬所獲生口悉縱之○中統元年三月帝即位召劉秉

君鑑彙要卷二十八　二

忠問以治天下大經養民良法秉忠采祖宗舊典參以古制之宜於今日者條列以聞於是詔建元紀事立中書省宣撫司朝廷舊臣山林遺逸之士咸見錄用文物粲然一新○詔十路宣撫司官勸農桑抑游惰禮高年問民疾苦舉文學才識可以從政及茂才異等列名上聞以聽擢用其職官汚濫及民不孝悌者量輕重議罰○以竇默為太子太傅命皇子真金從默學賜以玉帶鉤諭之曰此金內府故物汝老人佩服為宜且使我子孫見之如見我也○三年命諸路管民官勸誘百姓開墾土田種植桑棗不得擅興

不急之務妨奪農時○帝諭史天澤曰朕或乘怒欲有所誅殺卿等宜遲留一二日覆奏行之○至元元年五月平陰縣尹馬欽發私粟六百石賑飢民又給民粟種四百石下詔獎諭特賜西錦以旌其義○十四年三月以冬無雨雪春澤未繼遣使問便宜事於翰林國史院耶律鑄竇默等對曰足食之道唯節浮費靡穀之多無踰醪醴麴糵況自周漢以來嘗有明禁祈賽神社費亦不貲宜一切禁止從之○十六年二月詔湖南行省於戍軍還途每四五十里立安樂堂疾者醫之饑者廩之死者藁葬之官給其需○凡

君鑑彙要卷二十八　三

里養合帶言賦北京車牛俱至可運軍糧帝曰民之艱苦汝等不問但知役民使今歲盡取之來歲禾稼何由得種其止之○海賊金通精死其從子溫有司欲論如法帝曰通精已死溫何預焉特赦其罪○十九年雲南按察司官陛辭詔諭之曰卿至彼當宣明朕意勿求貨財名成則貨財隨之徇財則必失其名而性命亦不可保矣○都護府言合剌禾州民饑命戶給牛二頭種二石更給鈔一十一萬六千四百錠糴米六萬四百石為四月糧賑之○二十三年或告漢人毆傷國人及太府監屬盧甲盜剪官布帝怒命

殺之以懲衆董文忠言今刑曹於罪囚當死者已有服辭猶必詳讞豈可因人一言遽加重刑宜付有司閱實以俟後命乃遣文忠及近臣突滿分覈之皆得誣狀遂詔原之因責侍臣曰方朕怒時卿曹皆不敢言非文忠開悟朕心則殺二無辜之人賜文忠金尊曰用旌卿直○河東按察使不忽木以大同民飢便宜發倉廪賑之阿合馬所善幸臣奏不忽木擅發軍儲帝曰使行發粟以活吾民乃其職也何罪之有○帝以不忽木論事引義正大皆古今治要因諭之曰太祖有言人主理天下如右手持物必資左手承之

然後能固卿實朕之左手也每撫髀歎曰恨卿生晚不得早聞此言然亦吾子孫之福因遺以璧曰他日持此以見朕也○二十四年二月駕幸上都札魯忽赤合剌合孫等言去歲審囚官所錄囚數太多宜令數人分道行刑帝曰囚非群羊豈可遽殺耶宜悉配淘金○二十五年四月尚書省臣言近以江淮饑命行省賑之吏與富民因緣為奸多不及於貧者今杭蘇湖秀四州復大水民鬻妻女易食帝聞之即命輟上供米二十萬石審其貧者賑之○二十八年揚州路學正李淦言人皆知桑哥用群小之罪而不知尚

書右丞葉李安舉桑哥之罪宜斬葉李以謝天下詔驛召淦詣京師至則李卒除淦江陰教授以旌直言○江西行省伯顏阿老瓦丁言蒙山歲課銀二萬五千兩初制鍊銀一兩免役夫田租五斗今民力日困每兩擬免一石帝曰重困吾民民何以生從之○二十九年帝聞捏怯烈女直二百人以漁自給詔曰與其漁於水曷若力於田其給牛價農具使之耕○回回孛可馬合謀沙等獻大珠邀價鈔數萬錠帝曰珠何為留是錢以賙貧者○帝嘗問湖北招討使管如德曰我何以得天下宋何以亡如德對曰陛下以福

德勝之襄樊宋咽喉也咽喉被塞不亡何待帝曰善一日帝謂如德曰朕治天下重惜人命凡有罪者必命面對再四果實也而後罪之非如宋權奸擅權書片紙數字即殺人也汝當一心奉職毋懼忌嫉之口○帝召朵兒赤見于香閣問曰朕聞儒者多嘉言朵兒赤對曰陛下聖明仁智奄有四海當親君子遠小人耳古昔帝王未有不以小人而亡者惟陛下察焉帝曰朕惟廷臣有讜直忠信未嘗不悅而受之違忤者亦未嘗加罪蓋欲養忠直而退諛佞也汝言甚合朕意帝在位三十五年享年八十諡曰聖德神功文

武皇帝。廟號世祖。國語尊稱曰薛禪皇帝

史臣論曰。世祖度量弘廣。知人善任使。信用儒術。愛養黎庶。每遇災傷。免租賑飢。惟恐不及。其存心如此。用能以夏變夷。混一區宇。立經陳紀。所以為一代之制者。規模宏遠矣

仁宗

仁宗皇帝諱愛育黎拔力八達。順宗次子。武宗之弟也。母曰興聖太后。弘吉剌氏。成宗崩。帝侍太后自懷州入燕。聞丞相阿忽台等謀不軌。率衛士執之伏誅。衆欲推帝正大位。帝曰。惡人潛結宮壼。搆亂我家。故

誅之。豈欲覬望神器耶。懷寧王。吾兄也。正位為宜。乃遣使迎懷寧王歸即位。是為武宗。武宗立帝為皇太子。武宗崩。帝即位○初帝出居懷州。所過郡縣供帳華侈。悉令撤去。嚴飭扈從毋擾於民。且諭僉事王毅察而言之。民皆感悅○帝自懷州北歸。至衛輝。經比干墓。顧左右曰。紂内荒於色。毒痡四海。比干諫。紂刳其心。遂失天下。令祀比干於墓。為後世勸○帝至漳州。值大風雪。田叟有以盂粥進者。近侍卻不受。帝曰。昔漢光武嘗為寇兵所迫。食豆粥。大丈夫不備嘗艱阻。往往不知稼穡艱難。以至驕惰。命取食之。賜叟綾

一匹。慰遣之○大德十一年六月。武宗立帝為皇太子。受金寶。遣使四方。旁求經籍。識以玉刻印章。命所侍掌之。時有進大學衍義者。命詹事王約等擇而譯之。帝曰。治天下。此一書足矣。因命與圖象孝經列女傳並刊行。賜臣下○詹事院臣啓。金州獻瑟瑟洞。請遣使采之。帝曰。所寶惟賢。瑟瑟何用焉。若此者。後勿復聞。先是。近侍言賈人有售美珠者。帝曰。吾服御雅不喜飾。以珠璣。生民膏血。不可輕耗。汝等當進賢才。以恭儉愛人相規。不可以奢靡蠹財相導。言者慚而退。淮東宣慰使撒都獻玉觀音七寶帽頂寶帶寶鞍。

卻之。戒諭如初○命中書平章李孟領國子監學。諭之曰。學校人材所自出。卿等宜數詣國學課試諸生。勉其德業○帝謂侍臣曰。郡縣官有善有惡。其命臺官選正直之人為廉訪司官。而體察之。果有廉能愛民者。不次擢用。則小人自知激勵矣○至大四年。三月。帝既即位。諭省臣曰。卿等裒聚中統至元以來條章。擇曉法律老臣。斟酌重輕。折衷歸一。頒行天下。俾有司遵行。則抵罪者庶無冤抑。又諭太府監臣曰。財用足。則可以養荒民。給軍旅。自今雖一繒之微。不言於朕。毋輒與人○賜大都路民年九十者二千三百

三十一人人帛一疋八十者八千三百三十一人人帛一匹○帝以太子少保張驢為江浙平章戒之曰以汝先朝舊臣故命汝往民為邦本無民何以為國汝其上體朕心下愛斯民○帝御便殿李孟進曰陛下御極物價頓減方知聖人神化之速敢以為賀帝蹙然曰卿等宜極力賛襄使兆民乂安庶幾天心克享至於秋成尚未敢必今朕踐阼曾未踰月寧有物價頓減之理朕託卿甚重茲言非所賴也孟愧謝○衛王阿木哥入見帝謂省臣曰朕與阿木哥同父而異母朕不撫育彼将誰頼其賜鈔二萬錠他勿援例

○帝覽貞觀政要諭翰林侍講阿林鐵木兒曰此書有益於國家其譯以國語刊行俾蒙古色目人誦習之○詹事完澤等言方今進用儒者而老成日以凋謝四方儒士成材者請擢任國學翰林秘書太常或儒學提舉等職俾學者有所激勸帝曰卿言是也自今勿限資級果才而賢雖白身亦用之○帝諭御史大夫塔思不花曰凡大臣不法卿等劾奏毋避朕自裁之又諭省臣曰翰林集賢儒臣朕自選汝等毋輒擬進人言御史臺任重朕謂國史院尤重御史臺一時公論國史院實萬世公論○帝諭左右曰回回以

寶玉鬻於官朕思此物何足為寶唯善人乃可為寶善人用則百姓安茲國家所宜寶也○皇慶二年春正月帝以去秋至春亢旱於宮中焚香默禱遣官分禱諸祠甘雨大注又問弭災之道翰林學士程鉅夫舉湯禱桑林事帝奬諭之○十月行科舉詔天下以皇慶三年八月天下郡邑興其賢者能者充貢有司明年二月會試京師中選者親試于廷賜及第出身有差帝謂侍臣曰朕所願者安百姓以圖至治然匪用儒士何以致此設科取士庶幾得真儒之用而治道可興也○延祐元年三月晉寧民侯喜兒昆弟五

人並坐法當死帝曰彼一家不幸而有是事其擇情輕者一人杖之俾養其父母毋絶其祀○帝以資治通鑑載前代興亡治亂命集賢院學士李孟等擇其切要者譯寫以進○二年正月詔遣宣撫司分十二道問民疾苦黜陟官吏命中書省臣分領庶務禁南人典質妻女販買為驅者○十一月以星變赦天下減免各路差稅有差左丞相合散等言彗星之異由臣等不才所致願避賢路帝曰此朕之愆豈卿等所致其復乃職苟政有過差毋憚於改凡可以安百姓者當悉言之庶上下交修天變可弭也○四年正月

帝謂左右曰。中書比奏百姓乏食。宜加賑恤。朕默思之。民飢若此。豈朕有過差以致然歟。向詔百司務遵世祖成憲。宜勉力奉行。輔朕不逮。然嘗思之。唯省刑薄斂。庶使百姓各遂其生也○帝嘗夜坐。謂侍臣曰。雨暘不時。柰何。蕭拜住對曰。宰相之過也。帝曰。卿不在中書耶。拜住惶愧。頃之。帝露香默禱。既而大雨。左右以雨衣進。帝曰。朕為民禱雨。何避焉○七月。冀寧路地震。帝諭省臣曰。比聞蒙古諸部困乏。往往鬻子女於民家為婢僕。其命有司贖之。還各部○帝嘗出見衛士有弊衣者。駐馬問之。對曰。戍守邊鎮餘十五

年。以故貧耳。帝曰。此輩久勞於外。留守臣未嘗以聞。非朕親見。何由知之。自今有類此者。必言於朕。因命賜之錢帛○合散奏事畢。帝問曰。卿等日所行者何事。合散對曰。臣等第奉行詔旨而已。帝曰。卿等何嘗奉行朕旨。雖祖宗遺訓。朝廷法令。皆不遵守。夫法所以辨上下。定民志。自古及今。未有法不立而天下治者。使人君制法。宰相能守而弗失。則下民知所畏避。紀綱可正。風俗可厚。其或法弛民慢。怨言並興。欲求治安。豈不難哉○五年。七月。御史中丞趙簡言。皇太子春秋鼎盛。宜選耆儒敷陳道義。訪求碩學分進講讀。實宗社無疆之福。帝從之○大司農買住等進司農丞苗好謙所撰栽桑圖說。帝曰。農桑衣食之本。此圖甚善。命刊印千帙。散之民間○六年。正月。帝御嘉禧殿。謂扎魯忽赤買閭曰。扎魯忽赤。人命所繫。其詳閱獄辭。事無大小。必謀諸同僚。疑不能決者。與省臺臣集議以聞。又顧謂侍臣曰。卿等以朕居帝位為安邪。朕惟太祖創業艱難。世祖混一區宇。兢業守成。恒懼不能當天心。繩祖武。使萬邦百姓樂得其所。朕念慮在玆。卿等固不知也○帝謂臺臣曰。有國家者以民為本。比聞百姓疾苦。銜冤者衆。其令監察御史廉

訪司審察以聞○十二月。風雪甚寒。帝謂侍臣曰。朕與卿等居煖室。宗戚昆弟遠戍邊陲。曷勝其苦。歲賜錢帛。可不徧及歟。勅上都冬夏設食于路。以食飢者。帝在位十年。享年三十六。謚曰聖文欽孝皇帝。國語曰普顏篤皇帝。廟號仁宗

史臣論曰。仁宗天性慈孝。聰明恭儉。通達儒術。嘗曰。脩身治國。儒道為切。又曰。儒者可尚。以能維持三綱五常之道也。平居服御質素。澹然無欲。不事遊畋。不喜征伐。不崇貨利。事太后終身不違顏色。待親宗勳舊始終以禮。大臣親老。時加恩賚。太官

進膳必分賜貴近有司奏大辟每慘惻移時其孜孜為治一遵世祖之成憲云

歷代君鑒卷之二十八

歷代君鑒卷之二十九

國朝

太祖高皇帝

太祖聖神文武欽明啓運俊德成功統天大孝高皇帝姓朱氏濠之鍾離東鄉人也父仁祖勤儉忠厚人稱長者母太后陳氏生四子上其季也方上生紅光滿室自後夜數有光鄰里遥見驚以為火皆奔救至則無有人咸異之及上稍長姿貌雄傑志意廓然獨居沉念人莫能測既就學聰明過人事親孝侍奉左右不違意年三十七為吴王四十一即帝位○先是歲甲申上年十七連遭三喪又值歲歉與仲兄極力營葬事遂歷游光固汝穎諸州凡三年時泗州盗起列郡騷動辛卯夏五月汝穎兵起壬辰春二月定遠人郭子興孫德崖等起兵自稱元帥攻拔濠州據其城守之上念無所逃難不獲已乃以閏三月甲戌朔旦抵濠

城。入門。子興見
上狀貌奇偉異常。遂留置左右。甚見親愛。凡有攻
討。即命以往。往輒勝。子興由是兵益盛。是冬。元將
賈魯與月哥察兒圍濠城。城中極力拒守。癸巳夏
五月。元兵解圍去。城中乏糧。人艱食。
上以鹽易米於懷遠。歸贍子興家。濠城自元兵退。軍
士多死傷。
上乃歸鄉里募兵。得七百餘人以還。子興喜。以
上為鎮撫。是時子興等馭下無道。所部多暴橫。
上觀其所為。恐禍及己。乃以七百人屬他將。而獨與

君鑒卷二十九　二

徐達等二十四人南去略定遠。得壯士三千人。後
七日。率之而東。夜襲元知院老張于橫澗山。黎明
入其營。老張棄軍遁去。降其民兵男女七萬。得精
壯二萬。悉加訓練。
上喻之曰。爾眾初非不多。一旦為吾所有。何也。蓋將
無紀律。士不素練。故爾。今練習爾等者。欲令知紀
律也。宜共戮力。以建功業。眾皆羅拜曰。惟公所命。
於是率之南略滁陽。道遇定遠人李善長來謁。
上與語。悅之。留置幕下。俾掌書記。遂與俱攻滁陽。下
之。○甲午七月。滁大旱。
上憂之。聞滁之西南豐山陽谷栢子潭有龍祠。水旱
禱之輒應。即齋沐往禱。後三日。大雨如注。
上即乘雨詣祠謝。是歲滁大熟。○
上以四方割據稱雄者眾。戰爭無虛日。又旱蝗相仍。
人民飢饉。死者相枕藉。心甚憂之。乃禱于天曰。今
天下紛紛。群雄並爭。迭相勝負。生民皇皇。墜于塗
炭。不有所屬。物類盡矣。願天早降大命。以靖禍亂。
茍元祚未終。則群雄宜早息。某亦處群雄中。請自
某始。若元祚已終。群雄之中當膺天命者。大命早
歸之。無使生民久阽危苦。存亡之幾。驗于三月。及

君鑒卷二十九　三

踰三月。
上兵益盛。時子興名稱尚微。且無意遠略。但欲據滁
自王。
上察其意。因說曰。滁山城也。舟楫不通。商賈不集。無
形勝可據。不足居也。子興默然。事遂止。乙未春正
月。滁師乏糧。諸將謀所向。子興命定計。
上曰。困守孤城非計。今欲謀所向。惟和陽可圖。於是
命與張天祐等規取和陽。既而元兵來攻。自城西
門踰隍。轉攻北門。
上命開門擊之。元兵阻隍亡入敗走。遣報子興。子興遂

命
上總守和陽。初諸將破城暴橫多殺人。城中人民夫
婦不相保。
上為之惻然。即召諸將謂曰。比諸軍自滁來多虜人
妻女。使民夫婦離散。軍無紀律。何以安衆。凡軍中
所得婦女。當悉還之。於是夫婦皆相攜而往。室家
得完。人民大悅。〇五月。
上帥舟師攻蠻子海牙于峪溪口。大敗其衆。遂與諸
將定渡江之計。諸將咸欲直趨金陵。
上曰。取金陵必自采石始。采石南北喉襟。得采石。金

陵可圖也。六月。
上率徐達馮國用邵榮湯和李善長常遇春鄧愈耿
君用毛廣廖永安各引舟渡江。
上與永安舉帆前行。永安請所向。
上曰。采石大鎮。其備必固。牛渚磯前臨大江。彼難為
備禦。今往攻之。其勢必克。乃引帆向牛渚。風力稍
勁。頃刻及岸。守者驚駭。出兵來拒。
上麾甲士以進。敵不支。即走。常遇春奮戈先登。諸軍
鼓勇繼之。采石鎮兵驚潰。遂拔之。緣江諸壘望風
迎附。遂乘勝徑取太平。執其萬戶納哈出。太平路
總管靳義出東門赴水死。
上聞之曰。義士也。具棺斂葬之。耆儒李習陶安等率
父老出城迎
上。安見
上狀貌。謂習等曰。龍姿鳳質。非常人也。我輩今有主
矣。
上之發采石也。先令李善長為戒戢軍士榜。比入城
即張之。及拔城。士卒欲剽掠。見榜揭通衢。皆愕然
不敢動。有一卒違令。即斬以徇。城中肅然。富民陳
迪等獻金帛。即以分給諸將士。改太平路為太平

府。諸將奉
上為大元帥。命諸將分守各門。脩城浚濠以固守禦。
〇冬十二月。釋元萬戶納哈出北歸。納哈出者。木
華黎裔孫也。
上初獲之。以其為元世臣子孫。待之甚厚。謂徐達等
曰。納哈出心在北歸。今強留之。非人情也。不如遣
之還。達等以為虜心難測。若舍之去。恐貽後患。不
如殺之。
上曰。無故而殺之。非義。吾意已決。姑遣之。因召納哈
出及降臣張御史。謂之曰。為人臣者各為其主。況

汝有父母妻子之念。今遣汝歸。仍從汝主于此。因
資而遣之。納哈出辭謝而去○丙申三月
上進兵集慶路。元帥康茂才以城降。
上悉召吏民父老諭之曰。元失其政。所在紛擾。兵戈
並起。生民塗炭。汝等處危城之中。朝夕惴惴。不能
自保。吾率衆至此。為民除亂耳。汝宜各安職業。毋
懷疑懼。賢人君子有能相從立功業者。吾禮用之。
居官者慎毋暴横以殃吾民。舊政有不便者。吾為
汝除之。於是城中軍民皆喜悅。更相慶慰。乃改集
慶路為應天府。

上既定金陵。欲發兵取鎮江。慮諸將不能禁戢士卒。
為民患。明日召諸將戒之曰。吾自起兵。未嘗妄殺。
今汝等將兵。當體吾心。戒戢士卒。城下之日。毋焚
掠。毋殺戮。有犯令者。處以軍法。縱之者罰無赦。諸
將皆頓首曰。謹受命。徐達等進兵攻鎮江。克之。號
令嚴肅。城中晏然。民不知有兵○秋七月。諸將奉
上為吳國公。以元御史臺為公府。置江南行中書省。
上兼領省事○戊戌春正月。還元帥康茂才為營田
使。
上諭茂才曰。比因兵亂。隄防頹圮。民廢耕耨。故設營

田司以脩築隄防。專掌水利。今軍務實殷。用度為
急。理財之道。莫先於農。春作方興。慮旱澇不時。有
妨農事。故命爾此職。分巡各處。俾高無患乾。卑不
病澇。務在蓄洩得宜。大抵設官為民。非以病民。若
但使有司增飾館舍。迎送奔走。所至紛擾。無益於
民。而反害之。非付任之意○三月。命提刑按察僉
事分巡郡縣錄囚。凡重者從輕。輕者原之。左右或
言去年釋罪囚。今年又從末減。用法太寬。則人不
懼法。法縱弛。無以為治。
上曰。用法如用藥。藥本以濟人。不以斃人。服之或誤。

必致戕生。法本以衛人。不以殺人。用之太過。必致
傷物。百姓自兵亂以來。初離創殘。今歸于我。正當
撫綏之。況其間有一時誤犯者。寧可盡法乎。大抵
治獄以寬厚為本。少失寬厚。則流入苛刻矣。所謂
治新國用輕典。刑得其當。則民自無冤抑。若執而
不通。非合時宜也○十一月。立管領民兵萬戶府。
諭行中書省臣曰。古者寓兵于農。有事則戰。無事
則耕。暇則講武。今兵爭之際。當因時制宜。所定郡
縣民間豈無武勇之材。宜精加簡拔。編輯為伍。立
民兵萬戶府領之。俾農時則耕。閑則練習。有事則

用之事平有功者一體陞擢無功者令還為民如此則民無坐食之弊國無不練之兵以戰則勝以守則固庶幾寓兵於農之意也○十二月辟儒士范祖幹葉儀既至祖幹持大學以進

上問治道何先對曰不出乎此書

上命祖幹剖析其義祖幹以為帝王之道自脩身齊家以至於治國平天下必上下四旁均齊方正使萬物各得其所而後可以言治

上曰聖人之道所以為萬世法吾自起兵以來號令賞罰一有不平何以服衆夫武定禍亂文致太平

悉此道也甚加禮貌命二人為諮議儀以疾辭祖幹亦以親老辭

上皆許之○己亥三月方國珍遣郎中張本仁以温台慶元三郡來獻且以其次子關為質

上曰古者慮人不從則為盟誓盟誓變而為交質子此衰世之事豈可蹈之凡人之盟誓交質者皆由未能相信故也今既誠心來歸便當推誠相與當如青天白日何自懷疑而以質子為哉乃厚賜遣之○庚子三月徵青田劉基龍泉章溢麗水葉琛金華宋濂至建康初

上在婺州既召見濂及克處州又有薦基及溢琛者

上素聞其名即遣使以書幣徵之時總制孫炎先以

上命請基至是四人同赴建康入見

上甚喜賜坐從容問曰四海紛爭何時而定溢起對曰天道無常惟德是輔惟不嗜殺人者能一之

上善其言甚禮貌之○辛丑三月方國珍遣檢校燕敬以金玉飾馬鞍轡來獻

上曰吾方有事四方所需者文武材能所用者穀粟布帛其他寶玩非所好也却其獻○秋七月

上視事東閣時天熱坐久汗濕衣左右更以衣進皆

經澣濯者叅軍宋思顏曰臣見

主公躬行節儉舊衣皆澣濯更進禹之惡衣服誠無以加矣真可以示法於子孫也臣恐

主公今日如此而後或不然願始終如此

上喜曰思顏之言甚善他人能言或惟及於目前而不能及於久遠或能及其已然而不能及於將然今思顏見我能行於前而慮我不能行於後信能盡忠於我也乃賜之幣以彰其直○甲辰春正月李善長徐達等奉

上為吳王時羣臣以

上功德曰隆慶表勸進。
上曰。戎馬未息。瘡痍未蘇。天命難必。人心未定。若遽稱尊號。誠所未遑。昔武王克商。戢干戈。櫜弓矢。歸馬于華山之陽。放牛于桃林之野。大告武成。然後與民更始。曷嘗遽自稱尊。今日之議。且止。俟天下大定。行之未晚。群臣固請不已。乃即吳王位。建百司官屬。○二月。江西行省以陳友諒鏤金床進。
上觀之。謂侍臣曰。此與孟昶七寶溺器何異。以一床工巧若此。其餘可知。陳氏父子窮奢極靡。焉得不亡。即命毀之。侍臣曰。未富而驕。未貴而侈。此所以取敗。
上曰。既富豈可驕乎。既貴豈可侈乎。有驕侈之心。雖富貴豈能保乎。處富貴者。正當抑奢侈。弘儉約。戒嗜欲。以厭衆心。猶恐不足以慰民望。況窮天下之技巧。以為一己之奉乎。其致亡也宜矣。然此亦足以示戒。覆車之轍。不可蹈也。○
上諭中書省臣曰。先王之世。不施賞而民勸於善。不施罰而民不為非。若是何也。有仁義以為之本也。夫聖人統馭四海而宰制萬物者。仁以居之。義以行之。故賢者樂有仁義。而不肖者有所視傚焉。是

故商變乎夏。周變乎商。而仁義未嘗改也。天之生民。治亂相繼。亘萬世而不易者。其惟此乎。故湯武用是而興。桀紂忽是而亡。今天下紛紛。靡有底定。彼恃夫智力之私而戕賊於民者。豈復知有仁義哉。卿等職居樞要。所以輔吾者。舍是則無以為治國之本也。卿等勉之。○廷臣張間等上疏。勸
上淵嘿以怡養神氣。
上曰。汝等所言。知常而不達變。天下無事。端拱玄默。守道無為。此固可以保養神氣。顧今喪亂未定。軍旅方殷。日給不暇。此豈淵默怡養之日耶。諸公之言。固愛我。但未達時宜耳。○乙巳三月。起居注宋濂乞歸省金華。
上賜金幣而遣之。濂還金華。進表謝。復致書世子。勸以進脩。
上覽書。喜。召世子諭之曰。吾自幼極艱難。今爾曹冠服華麗。飲食甘美。安居深宮。不思勇於進脩。是自棄也。宋起居之言有益。爾其味之。復遣使至金華賜書。獎諭濂。賜以綺帛。仍命世子親致書以報。人皆歎
上待士之厚。○八月。

上御左閣讀宋史至趙普說太祖收諸將兵權謂起
居注詹同曰普誠賢相使諸將不早解兵權則宋
之天下未必不五代若也史稱普多忌刻只此一
事功施社稷澤及生民豈可以忌刻少之○丙午
三月
上語太史令劉基起居注王禕曰喪亂之後法度縱
弛當在更張使紀綱正而條目舉其要在明禮義
正人心厚風俗以為之本禕對曰昔湯正桀之亂
而脩人紀武王正紂之亂而叙彝倫
主上之言誠脗合於前古也○夏四月

上謂太史令劉基起居注王禕曰兵戈未靖四方凋
瘵軍旅之需一出於民吾欲紓其力柰何基對曰
今用師之日必資財用出民所供未可紓也
上曰我謂紓民之力在均節用必也制其常賦乎國
家愛養生民正猶保抱赤子惟恐傷之苟無常制
惟掊歛以朘其脂膏雖有慈父不能收愛子之心
今日之計當定賦以節用則民力可以不困崇本
而祛末則國計可以恒舒基對曰臣愚所不及上
下兼足之道仁政之本也○
上發建康往濠州省陵墓濠州父老經濟等來見

上與之宴謂濟等曰吾與諸父老不相見久矣今還
故鄉念父老鄉人遭罹兵難以來未遂生息吾甚
閔焉濟等對曰久苦兵爭莫獲寧居今賴
主上威德各得安息勞
主上憂念
上曰濠吾故鄉父母墳墓所在豈得忘之諸父老宴
飲極歡
上又謂之曰諸父老皆吾故人豈不欲朝夕相見然
吾不得久留此父老歸宜教導子弟為善立身孝
弟勤儉養生鄉有善人由家有賢父兄也濟等頓
首謝

上又曰鄉人耕作交易且令無遠出濱淮諸郡尚有
寇兵恐為所抄掠父老等亦宜厚自愛以樂高年
於是濟等皆懽醉而去○五月
上嘗命有司訪求古今書籍藏之祕府以資覽閱因
謂侍臣詹同等曰三皇五帝之書不盡傳于世故
後世鮮知其行事漢武帝購求遺書而六經始出
唐虞三代之治始可得而見武帝雄才大畧後世
罕及至表章六經開闡聖賢之學又有功于後世
吾每於宮中無事輒取孔子之言觀之如節用而

愛人使民以時眞治國之良規孔子之言誠萬世之師也○八月命博士許存仁進講經史存仁講尚書洪範篇至休徵咎徵之應

上曰天道微妙難知人事感通易見天人一理必以類應稽之往昔君能脩德則七政順度雨暘應期災害不生不能脩德則三辰失行旱潦不時衆異迭見其應如響箕子以是告武王以為君人者之儆戒今宜體此下脩人事上合天道然豈特為人上者當勉為人臣者亦當脩省以輔其君上下交脩斯為格天之本○十二月典營繕者以宮室圖

來進

上見其有雕琢奇麗者即去之謂中書省臣曰宮室但取其完固而已何必過為雕斲昔堯之時茅茨土階采椽不斲可謂極陋矣然千古之上稱盛德者必以堯為首後世競為奢侈極宮室苑囿之娛窮輿馬珠玉之玩欲心一縱卒不可遏亂由是起夫上能崇節儉則下無奢靡吾嘗謂珠玉非寶節儉是寶有所締搆一以朴素何必極雕巧以殫天下之力也○吳元年春正月有省局匠告省臣云見一老人語之曰

吳王即位三年當平一天下問老人為誰曰我太白神也言訖遂不見省臣以聞

上曰此誕妄不可信也若太白神果見當告君子豈與小人語耶今後凡事涉怪誕者勿以聞○三月

宣州貢新茶

上命內夫人親煑薦于

宗廟○夏四月

上至白虎殿見諸子有讀孟子書者顧問許存仁曰孟子何說為要對曰勸國君行王道施仁政省刑薄賦乃其要也

上曰孟子專言仁義使當時有一賢君能用其言天下豈不定於一乎○

仁祖忌日

上詣廟祭畢退御便殿泣下不止起居注詹同侍側再三慰

上

上曰往者吾父以是月六日亡兄以九日亡母以二十二日亡一月之間三喪相繼人生值此其何以堪終天之痛念之罔極愈嗚咽不勝左右皆不能仰視○

上諭起居注詹同等曰國史貴乎直筆是非善惡皆當書之昔唐太宗觀史雖失大體然命直書建成之事是欲以公天下也予平日言行可紀之事是非善惡汝等皆當明白直書勿宜隱諱使後世觀之不失其實也○

仁祖后忌日

上詣廟祭畢退御便殿謂侍臣朱升曰昔吾母終時吾年甫十七侍母病晝夜不離側吾次兄經營家事母遺吾呼與偕來囑曰我今病度不起汝兄弟善相扶持以立家業言訖而終今大業垂成母不

及見語猶在耳痛不能堪也因嗚咽泣下羣臣莫不感惻○五月

上以久不雨日減膳素食謂近臣吳去疾曰予以天旱故率諸宮中皆素食使知民力艱難往時宮中所需蔬茹醯醬皆出大官供給今皆以内官為之懼其煩擾於民也去疾頓首曰

主上一心愛民如此今雖遇旱上天眷愛必有甘澍之應○六月

上謂憲臣曰任官不當則庶事不理用刑不當則無辜受害譬之蘊草菜者施鏄不謹必傷良田繩姦慝者論法不當必傷善類故刑不可不慎也夫置人捶楚之下屈抑頓挫何事不伏何求不得古人用刑蓋不得已懸法象魏使人知而不敢犯譬之水火能焚溺人狎之則必傷遠之則無害水火能生人亦能斃人刑本生人非求殺人也苟不求其情而輕用之受枉者多矣故欽恤二字用刑之本也○除郡縣官定賜予及道里費之令先是

上語中書省臣曰新授郡縣官多出布衣到任之初或假貸于人或侵漁百姓不有以養其廉欲其奉公難矣故賜道里費○九月

上命博士熊鼎編類古人行事可為鑒戒者書于壁間又命侍臣書大學衍義於兩廡壁間

上曰前代宮室多施繪畫予用此以備朝夕觀覽豈不愈於丹青乎是日有言瑞州出文石琢之可以甃地

上曰敦崇儉朴猶恐習奢好尚華美豈不過侈爾不能以節儉之道事予乃導予以侈麗夫豈予心哉但構為宮室已覺作者之勞況遠取文石能不厲民乎言者慚而退○十月

上謂侍臣曰吾自起兵以來凡有所為意向始萌天

必垂象示之其兆先見故常加儆省不敢逸豫侍
臣曰天高在上其監在下故能脩省者蒙福不能
者受禍
上曰天垂象所以警乎下人君能體天之道謹而無
失亦有變災而為祥者故宋公一言熒惑移次齊
侯暴露甘雨應期災祥之來雖曰在天實由人致
也○十一月
上沐浴出觀圜丘顧謂起居注熊鼎曰此與古制合
否對曰小異也
上曰古人於郊掃地而祭器用陶匏以示儉朴周有

明堂其禮始備今予創立斯壇雖不必盡合古制
然一念事天之誠不敢頃刻忘矣鼎曰
主上創業之初首嚴郊丘之祀既斟酌時宜以立一
代之制又始終盡其誠敬此誠前代之所不及
上曰郊祀之禮非尚虛文正為天下生靈祈福予安
敢不盡其誠時世子從行
上因命左右導之徧歷農家觀其居處飲食器用還
謂之曰汝知農之勞乎夫農勤四體務五穀身不
離畎畝手不釋耒耜終歲勤動不得休息其所居
不過茅茨草榻所服不過練裳布衣所飲食不過

菜羹糲飯而國家經費皆其所出故令汝知之凡
一居處服用之間必念農之勞取之有制用之有
節使之不至於飢寒方盡為上之道若復加之橫
斂則民不勝其苦矣故為民上者不可不體下情
復指道傍荊楚謂之曰古者用此為扑刑蓋以其
能去風雖傷不至過甚苟用他物恐致殞生此古
人用心之仁亦宜知之○中書參政傅瓛言應天
府有滯獄當斷決者
上曰淹滯幾時矣曰逾半歲
上惕然曰京師而有滯獄郡縣受枉者多矣有司得

人以時決遣安得有此瓛頓首曰臣等不能統率
庶寮是臣罪也
上曰吾非不愛其民而民尚亦幽抑近且如此遠者
何由能知自今獄囚審鞫明白須依時決遣毋使
淹滯○洪武元年春正月
上將告祀南郊戒飭百官執事曰人以一心對越上
帝毫髮不誠怠心必乘其機瞬息不敬私欲必投
其隙夫動天地感鬼神惟誠與敬耳人莫不以天
之高遠鬼神幽隱而有忽心然天雖高所監甚近
鬼神雖隱所臨則顯能知天人之理不二則吾心

之誠敬自不容於少忽矣今當大祀百官執事之
人各宜慎之○
上祀天地于南郊即皇帝位定有天下之號曰大明
建元洪武丞相率百官北面行禮呼萬歲者三禮
畢
上率世子暨諸子奉神主詣太廟追尊四代
祖考妣為皇帝皇后奉上玉寶玉冊命左丞相宣國
公李善長奉冊寶立妃馬氏為皇后立世子標為
皇太子○
上謂侍臣曰朕念創業之艱難自不暇食夜不安寢

侍臣對曰
陛下日覽萬幾未免有勞
聖慮
上曰汝曹不知創業之初其功實難守成之後其事
尤難朕安敢懷宴安而忘艱難哉○詔以李善長
等皆兼東宮官乃諭善長等曰朕於東宮官屬不
別設府僚而以卿等兼之者蓋軍旅未息朕若有
事于外必留太子監國若設府僚卿等在內事當
啓聞太子或有聽斷不明而與卿等意見不合卿
等必謂府僚導之嫌隙將由是而生矣○

上御東閣御史中丞章溢學士陶安等侍因論前代
興亡之事
上曰喪亂之源由於驕逸大抵居高位者易驕處逸
樂者易侈驕則善言不入而過不聞侈則善道不
立而行不顧如此者未有不亡今日聞卿等論此
深有儆於予心古者今之鑑豈不信歟○
上與諸儒臣論學術學士陶安對曰道之不明邪說
害之也
上曰邪說之害道猶美味之悅口美色之眩目人鮮
不為所惑自非有豪傑之見不能決去之也戰國

之時縱橫捭闔之徒肆其邪說游說諸侯當時諸
侯急於功利者多從其說往往事未就而國隨以
亡此誠何益夫邪說不去則正道不興正道不興
天下烏得而治安曰
陛下所言深探其本
上曰仁義治天下之本也賈生論秦之亡不行仁義
之過夫秦襲戰國之餘弊又安得知此○天下來
朝府州縣官陛辭
上諭之曰天下初定百姓財力俱困譬猶初飛之鳥
不可拔其羽新植之木不可搖其根要在安養生

息之。惟廉者能約己而利人。貪者必朘人而厚己。
況人有才敏者或尼於私。善柔者或昧於欲。此皆
不廉害之也。爾等當深戒之○二月。詔以太牢祀
先師孔子于國學。仍遣使詣曲阜致祭。使行。
上謂之曰。仲尼之道廣大悠久。與天地相並。故後世
有天下者莫不致敬盡禮脩其祀事。朕今為天下
主。期在明教化以行先聖之道。今既釋奠國學。仍
遣爾脩祀事于闕里。爾其敬之○
上御奉天門與劉基論兵事。
上曰。克敵在兵。而制兵在將。兵無節制則將不任。將

君鑒卷二十九　二十二

非人則兵必敗。是以兩軍之間。決死生成敗之際。
有精兵不如有良將。基對曰。臣荷
聖上厚恩。得侍左右。每觀廟算。初謂未必皆然。及至
摧鋒破敵。動若神明。臣由是知任將在
陛下。將之勝不若主之勝也。然臣觀
陛下常不拘古法而勝。此其所難也。
上曰。兵者。謀也。因敵制勝。豈必泥於古哉。朕嘗親當
矢石。觀戰陣之事。開闔奇正。頃刻變化。猶風雲之
無常勢。要在通其變耳。亦何暇論古法耶○夏四
月。蘄州進竹簟。

上謂中書省臣曰。古者方物之貢。惟服食器用。故無
耳目之娛。玩物之失。今。蘄州所進竹簟。固為用物。
但未有命而來獻。若受之。恐天下聞風。皆爭進奇
巧。則勞民傷財自此始矣。命却之。仍令四方非朝
廷所需。毋得妄有所獻○秋七月。
上謂中書省臣曰。中原兵難之後。老稺之孤貧者多
有失所。宜遣人賑恤之。省臣以國用不足為對。
上曰。得天下者。得民心也。夫老者民之父母。幼者民
之子弟。卹其老則天下之為子弟者悅。卹其幼則
天下之為父母者悅。天下之老幼咸悅矣。其心有

君鑒卷二十九　二十三

不歸者寡焉。苟視其困窮而不之卹。民將憮然曰。
惡在其為我上也。故周窮乏者不患無餘財。惟患
無是心。能推是心。何憂不足。今日之務。此最為先。
宜速行之○閏七月。徵天下賢才至京。授以守令。
厚賜而遣之。
上語中書省臣曰。治國家以得賢為先。賢者天下之
望也。然布衣之士新授以政。必有以養其廉恥。然
後可責其成功。洪範曰。既富方穀。此古人之良法
美意也○
上謂侍臣宋濂等曰。自古聖哲之君。知天下之難保

也故遠聲色去奢靡以圖天下之安是以天命眷
顧久而不厭後世中才之主當天下無事侈心縱
欲鮮克有終至如秦始皇漢武帝好尚神仙以求
長生疲精勞神卒無所得使移此心以圖治天下
安有不理以朕觀之人君能清心寡欲勤於政事
不作無益以害有益使民安田里足衣食熙熙皥
皥而不自知此即神仙也功業垂於簡冊聲名流
於後世此即長生不死也夫恍惚之事難憑幽怪
之説易惑在謹其所好尚耳朕常夙夜兢業以圖
天下之安其敢游心於此濂對曰

陛下斯言足以袪千古之惑也○八月有風憲官二
人各訐所短於廷其一人言甚便捷其一人言簡
而緩
上曰理原於心言發於口心無所虧辭出而簡心有
所蔽辭勝於理彼二人者其言寡者直其言多者
非遂召廷臣詰之言寡者果直
上謂羣臣曰彼二人者皆居風憲當持公正以糾率
羣司何致以私怨相加乎所以古人貴知言能知
言則邪正瞭然自辯區區以便佞取給者復何所
庸哉○時有御史上言陶安隱微之過

上曰朕素知安安豈有此且爾何由知之對曰聞之
於道路
上曰御史但取道路之言以毀譽人以此爲盡職乎
命中書省黜之省臣進曰御史當言路言之有失
乞容之
上曰不然植佳木者必去蟫蠹長良苗者必芟稂莠
任正士者必絶邪人凡邪人之事君必先結以小
信而後逞其大詐此人嘗有所言朕不疑而聽之
故今日乃爲此妄言夫去小人當如撲火及其未
盛而撲之則易爲力不然害滋大矣竟黜之○是

月有司奏造乘輿服御諸物應用金者命皆以銅
代之有司言費小不足靳
上曰朕富有四海豈吝於此然所謂儉約者非身先
之何以率下小用不節大費必至開奢泰之原啓
華靡之漸未必不由於小而至大也○九月
上朝罷召宿衛武臣諭之曰朕與爾等起布衣歷戰
陣十五六年乃得成功朕今爲天子爾等亦任顯
榮居富貴非倖然也當四方豪傑並起互相攻奪
朕提孤軍應敵危亦甚矣然每出師必戒將士毋
妄殺毋焚民居此心簡在

上帝故有今日。御等亦思曩時在民間視元之將帥輕裘肥馬氣燄赫然何敢望之。然彼之君臣不思祖宗創業之難驕淫奢侈。但顧一身逸樂不恤生民疾苦。一旦天更其運非特不能保其富貴遂致喪身滅名今曆數在朕朕何敢驕怠常恐政事廢缺日慎一日自非犒賞將士宴百官享勞外使未嘗設宴為樂爾等亦須勤身守法勿忘貧賤之時勿為驕奢淫佚之事則身常榮而家常裕矣○司天監進元主所製水精宮刻漏備極機巧中設二木偶人能按時自擊鉦鼓。

上覽之謂侍臣曰廢萬幾之務而用心於此所謂作無益害有益也使移此心以治天下豈至亡滅命左右碎之○十一月宴東宮官及儒士各賜冠服。

先是

上建大本堂取古今圖書充其中延四方名儒教太子諸王分番夜直選才俊之士充伴讀

上時時賜宴賦詩商確古今評論文字無虛日○

上欲舉行耕籍田禮諭廷臣曰古者天子籍田千畝所以供粢盛備饋饍自經喪亂其禮已廢上無以教下無以勸朕莅祚以來悉脩先王之典而籍田為先故首舉而行之以為天下勸時監察御史有應班而言曰耕籍田則力本者知所重矣

上曰欲財用之不竭國家之常裕鬼神之常享必也務農乎故后稷樹藝稼穡而生民之詩作成王播厥百穀而噫嘻之頌興有國家者其可棄是而不講乎遂命以來春舉籍田禮○十二月

上退朝還宮皇太子諸王侍

上指宮中隙地謂之曰此非不可起亭館臺榭為遊觀之所今但令內使種蔬誠不忍傷民之財勞民之力耳昔商紂崇飾宮室不恤人民天下怨之身

死國亡漢文帝欲作露臺而惜百金之費當時民安國富夫奢儉不同治亂懸判爾等當記吾言常存儆戒

歷代君鑒卷之二十九

歷代君鑑卷之三十

善可為法

國朝

太祖高皇帝下

洪武二年春正月

上御奉天門召元之舊臣問其政事得失馬翼對曰

元有天下以寬得之亦以寬失之

上曰以寬得之則聞之矣以寬失之則未之聞也夫步急則躓弦急則絕民急則亂居上之道正當用寬但云寬則得衆不云寬之失也元季君臣耽於逸樂循至淪亡其失在於縱弛實非寬也大抵聖王之道寬而有制不以廢棄為寬簡而有節不以慢易為簡施之適中則無弊矣○三月

上與儒臣論易至天地養萬物聖人養賢以及萬民

上曰人主職在養民但能養賢與之共治則民皆得所養然知人最難若所養非賢反厲其民何補於國哉故人主養賢非難知賢為難○六月

上召國子生問曰尒等讀書之餘習騎射否對曰皆習曰習熟否對曰未乃諭之曰古之學者文足以經邦武足以戡亂故能出入將相安定社稷今天下承平尒等雖專務文學亦豈可忘武事詩曰文武吉甫萬邦為憲惟其有文武之才則萬邦以之為法矣尒等宜勉之○秋九月

上謂廷臣曰知人固難今朕屢勑百司訪求賢才然至日往往名實不副豈非舉者之濫乎廷臣對曰請自今令有司薦舉必具其人已行之善庶無冒濫之失

上曰觀人之法即其小可以知其大察其微可以見其著視其所不為可以知其所為但嚴舉主之法則冒濫自革矣○

上聖誕日朝罷退御便殿謂侍臣曰朕昔喪親適值艱難之際今富有天下不能為一朝之養此終身之痛也朕昨夢見吾親聚處之歡一如平生蓋父母子孫本同一氣精神所格有感必應孰謂幽明異途耶侍臣曰此

陛下孝誠感通形諸夢寐非偶然也○冬十月

上諭中書省臣曰學校之教至元其弊極矣使先王衣冠禮義之教混為夷狄上下之間波頹風靡故學校之設名存實亡況兵變以來人習於戰鬬惟知干戈莫識俎豆朕恒謂治國之要教化為先教

化之道。學校為本。今京師雖有太學。而天下學校未興。宜令郡縣皆立學。禮延師儒。教授生徒。以講論聖道。使人日漸月化。以復先王之舊。以革汚染之習。此最為急務。當速行之。○十一月。中書省奏請營後堂。

上不許。曰。土木之工。連歲不息。今又欲為此。能不病民乎。俟民力稍舒。為之未晚也。○三年。春正月。西安鳳翔二府飢。耆民宋昇等來言。

上即命戶部往賑之。戶部奏彼民飢。須運粟以濟之。

上惻然曰。民旦暮待餔。如涸魚之欲水。若待運粟以

濟之。死者多矣。況今東作方興。民無食而廢耕。將見其患益甚。即命戶部馳驛往賑之。戶給粟一石。給凡三萬六千八百八十九石。○二月。

上御東閣。翰林學士宋濂。待制王褘等。進講大學傳之十章至有土有人。濂等反覆言之。

上曰。人者國之本。德者身之本。德厚則人懷。人安則國固。故人主有仁厚之德。則人歸之。如就父母。人心既歸。有土有財。自然之理也。若德不足以懷衆。雖有財。亦何用哉。○

上行後苑。見巢鵲哺翼之勞。喟然嘆曰。禽鳥劬勞若是。況人母子之恩乎。乃令群臣有親老者許歸養。時元鎮撫陳興被俘來京。恩待甚厚。興言有母在嵩州。年八十餘。欲求歸養。即賜白金衣帽遣之。興辭。

上顧謂侍臣曰。孝弟之性。天下皆同。陳興雖武夫。聞朕言即愴然思歸。朕始不知其有母。若知之。肯令違遠耶。人壽不過百歲。今其母年已八十餘。萬一不得相見。興有無窮之痛。與歸母子相見。其樂宜何如。侍臣對曰。

陛下以孝治天下。推測人情。無微不燭。非惟一家之

老。若得所。天下之惸獨鰥寡。皆蒙其惠矣。

上曰。人情莫不愛其親。必使之得盡其孝。一人孝而衆人皆趨於孝。此風化之本也。故聖人之於天下。必本人情而為治。○夏六月。先是久不雨。

上謂中書省臣曰。君天下者不可一日無民。養民者不可一日無食。食之所恃在農。農之所望在歲。今仲夏不雨。實為農憂。禱祠之事。禮所不廢。朕已擇六月朔日。詣山川壇。躬為禱之。爾中書各官其代告諸祠。且命

皇后與諸妃親執爨。為昔日農家之食。令太子諸王

躬饋于齋所。至是日四鼓。

上素服草履徒步。出詣山川壇。設藁席露坐。晝曝于日。頃刻不移。夜卧于地。衣不解帶。皇太子捧榼進蔬食雜麻麥菽粟。凡三日。庚申暮還宮。仍齋宿于西廡。辛酉出内帑紗綵一萬四千疋賜將校。於常例外給軍士薪米。令法司決獄。復命有司訪求天下儒術深明治道者。及暮雲氣四合。壬戌旦大雷雨。四郊霑足。○左副將軍李文忠遣人送所獲故元諸孫買的里八剌等及其寶冊至京師。省臣楊憲等請以買的里八剌獻俘于廟。寶冊令百官具朝服進。

上曰。寶冊貯之庫。不必進也。古者雖有獻俘之禮。武王代殷曾用之乎。憲曰。武王事殆不可知。唐太宗嘗行之矣。

上曰。太宗是待王世充。若遇隋之子孫。恐不行此禮。元雖夷狄。入主中國。百年之内。生齒浩繁。家給人足。朕之祖父。亦預享其太平。雖古有獻俘之禮。不忍加之。只令服本俗衣以朝。朝畢。賜以中國衣冠。就令謝。復謂憲曰。故國之妃朝于君者。元有此禮。不必效之。亦令衣本俗服於中宫朝見。見畢。賜之中國服。亦令就謝。翼日朝畢。乃賜第宅于龍光山。命優其廩餼。封買的里八剌為崇禮侯。○令民間立義塚。

上諭禮部臣曰。古者聖王治天下。有掩骼埋胔之令。推恩及於朽骨。近世狃於胡俗。死者或以火焚之。而投其骨於水。孝子慈孫於心何忍。傷恩敗俗莫此為甚。其禁止之。若貧無地者。所在官司擇近城寬閒地為義塚。俾之葬埋。或有宦遊遠方不能歸葬者。官給力費以歸之。○秋八月。禮部尚書陶凱等言。古者人君進膳。日舉樂。

上曰。古之帝王功德隆盛。治洽生民。上下之間。熙然太和。雖日一舉樂。未為過也。今天下雖定。人民未蘇。北征將士。尚在暴露之中。此朕宵旰憂勤之不暇。豈可忘將士之勞。而自為佚樂。姑俟大兵凱還。士卒無戰伐之勞。人民罷轉輸之苦。然後以樂侑膳未晚也。○十二月。禮部尚書陶凱請選人專任東宫官屬。罷兼領之職。庶於輔導有所責成。

上曰。古者不備其官。惟賢能是用。朕以廷臣有才望勲德者。兼東宫官。非無謂也。嘗慮廷臣與東宫官屬有不相能。遂成嫌隙。或生奸謀。離間骨肉。其禍

非細。若江充之事。可為明鑑。朕今立法。令省臺都
督府官兼東宮贊輔之職。父子一體。君臣一心。庶
幾無相構之患也。〇四年。春正月。
上謂中書省臣曰。今日天寒。有甚於冬。京師尚爾。況
北邊荒漠之地。冰厚雪深。吾守邊將士甚艱苦。爾
中書其以府庫所儲布帛。製綿襖。運赴蔚朔寧夏
等處。以給將士。省臣對曰。守邊將士衣襖。歲有常
供。無庸再運。
上曰。將士雖有常供。朕固知之。特以今天寒異於常
時。故命加給耳。古人一夫不獲。引咎在躬。況守邊
將士。尤朕所深念者。其給之勿緩。〇秋七月。
上謂丞相汪廣洋曰。朕觀前代人君。多喜佞諛以飾
虛名。甚至臣下詐為瑞應。以恣矯誣。至於天災垂
戒。厭聞于耳。如宋真宗亦號賢君。初相李沆。日聞
災異。其心猶存警惕。厥後澶淵既盟。大臣首啓天
書以侈其心。群下曲意迎合。苟圖媚悅。致使言祥
瑞者相繼於途。獻芝草者三萬餘本。朕思凡事惟
在於誠。況為天下國家。而可以僞乎。爾中書自今
凡祥瑞不必奏。如災異及蝗旱之事。即時報聞。廣
洋叩首曰。

陛下敬天勤民。孰大於此。非惟四海蒼生蒙福。誠為
聖子神孫萬世之謨訓也。〇九月。
上觀大學衍義至晁錯謂人情莫不欲壽。三王生之
而不傷。真德秀釋之曰。人君不窮兵黷武。則能生
之而不傷。顧謂侍臣曰。晁錯之言。其所該者廣。真
氏之言。其所見者切。古人云兵者凶器。聖人不得
已而用之。朕每臨行陣。觀兩軍交戰。出沒於鋒鏑
之下。呼吸之間。創殘死亡。心甚不忍。嘗思為君恤
民。所重者兵與刑。爾濫刑者陷人於無辜。黷兵者
驅人於死地。有國者所當深戒也。〇五年。春二月。
上諭群臣曰。凡居官者。任之大小雖不同。要皆盡其
職而已。昔范文正公居位。凡日之所為。必求與食
相稱。或有不及。明日必補之。其心始安。賢人君子
於國家盡心如此。朝廷豈有廢事。天下安得不治。
卿等當體朕懷。夙夜盡心。能修厥職。則無負國家。
異日垂名青史。豈不美乎。〇秋八月。
上召諸勳臣諭之曰。難成者功。難得者爵。卿等捐軀
以從朕。百戰以有功。豈非成之難乎。然因功以定
爵。高出等倫。豈非得之難乎。知成之難。則思所以
保之。知得之難。則思所以守之。保守之道。惟敬謹

而已。不以功大而有驕心。不以爵隆而有怠心。故能享有榮盛。延及後世。大抵敬謹爲受福之本。驕怠爲招禍之原。惟知道者可以語此○冬十二月。

上謂禮部侍郎曾魯曰。朕求古帝王之治。莫盛於堯舜。然觀其授受其要在允執厥中。後之儒者講之非不精。及見諸行事往往背馳。魯曰。堯舜以此道宰制萬事。如執權衡。物之輕重長短自不能違而皆得其當。此所以致雍熙之治也。後世鮮能此道。於應事之際。欲求其一一至當難矣。

上曰。人君一心。治化之本。存於中者無堯舜之心。而欲施於政者有堯舜之治。決不可得也。魯又曰。堯舜之道載之典謨。無以加矣。至於修身理人。本末次第具在大學一書。

上曰。大學平治天下之本。豈可舍此而他求哉○內使奏增飼虎肉。

上曰。養牛以供耕作。養馬以資騎乘。養虎欲以何用而費肉以飼之乎。命以虎送光祿。他禽獸悉縱之

○六年。春正月。禮部奏增廣國子生

上曰。須先擇國子學官。師得其人。則教養有效。非其人。增廣徒多何益。蓋瞽者不能辨色。聾者不能辨聲。學者而無師授。亦如聾瞽之於聲色。朕觀前代學者出爲世用。雖由其質美。實亦得師以造就之。後來師不知所以教。弟子不知所以學。一以記誦爲能。故卒無實用。今民間俊秀子弟可以充選者雖衆。苟無端人正士爲之模範。求其成材難矣。故曰務學不如務求師。今祭酒之人。卿等宜爲朕詢采天下名士通今博古才德兼備宜爲人師者。以名聞○

上謂儒臣詹同曰。朕嘗思聲色乃伐性之斧斤。易以溺人。一有溺焉。則禍敗隨之。故其爲害甚於鴆毒。

朕觀前代人君以此敗亡者不少。蓋爲君居天下之尊。享四海之富。靡曼之色。窈窕之聲。何求而不得。苟不知遠之。則小人乘間納其淫邪。不爲迷惑者幾人焉。況創業垂統之君。爲子孫之所承式。尤不可以不謹。同對曰。不邇聲色。昔成湯所以能垂裕後昆。

陛下此言。乃端本澄源之道。誠萬世子孫之法也○夏四月。以工部尚書黃肅等爲廣西等行省參政。

上諭之曰。方面之任。貴在廉明而戒於苛察。貴在剛果而戒於急暴。貴在有禮而戒於諂諛。貴在有仁

而戒於姑息。凡行欲當理。事欲成功。上足以分朝廷之憂。下足以慰郡邑之望。為一道之福星。如古之君子垂德譽于不朽。豈不偉哉。卿等其勉之○命吏部訪求賢才於天下。

上曰。世有賢才國之寶也。古之聖王恒汲汲於求賢。若高宗之於傅說。文王之於呂望。二君者豈其智之不足也。而遑遑於版築鼓刀之徒。蓋賢才不備不足以為治。鴻鵠之能遠舉者為其有羽翼也。蛟龍之能騰躍者為其有鱗鬣也。人君之能致治者為其有賢人而為之輔也。今山林之士豈無德行文藝之有稱者。宜令有司採舉。備禮遣送至京。朕將任用之。以圖至治○五月。祖訓錄成。

上因謂侍臣曰。朕著祖訓錄。所以垂訓子孫。朕更歷世故。創業艱難。常慮子孫不知所守。故為此書。日夜以思。具悉周至。紬繹六年。始克成編。後世子孫守之。則永保天祿。苟作聰明。亂舊章。是違祖訓矣。又曰。日月之能久照。萬世不改其明。堯舜之道不息。萬世不改其行。三代因時損益者。其小過不及耳。若一代定法。不可輕改。故荒墜厥緒。幾於亡夏。顛覆典刑。幾於亡商。後世子孫當思敬守祖法○

秋九月。賜臨濠造作軍士衣米。

上諭中書省臣曰。愛人者常體其心。愛人者每惜其力。朕嘗親軍旅。備知其疾苦。凡有興造。未免資軍民之力。土木之工亦甚難集。朕每進一膳。即思天下軍民之饑。服一衣。即思天下軍民之寒。今臨濠營造之士。宜各給米五石。衣一襲。庶不至饑寒也

○十一月。

上諭皇太子諸王曰。用人之道當知奸良。人之奸良固為難識。惟授之以職。試之以事。則情偽自見。若知其良而不能用。知其奸而不能去。則誤國自此始矣。歷代多因姑息。以致奸人侮惑。當未知之初一槩委用。既識其奸。退亦何難。書曰。任賢勿貳。去邪勿疑。爾等其慎之○潞州遣官貢人參。

上諭之曰。朕聞人參得之甚艱。豈不勞民。今後不必進。如用。當遣人自取。因謂省臣曰。往年金華貢香米。朕命止之。遂於苑中種田數十畝。每耘耔刈穫之際。親往觀之。足以自適。及計所入。亦足供用。朕飲酒不多。太原歲進葡萄酒。自今亦令其勿進。國家以養民為務。豈以口腹累人哉。嘗聞宋太祖家法。子孫不得於遠方取珍味。甚得貽謀之道也○

七年。春正月。

上名太子宮臣諭之曰。汝知所謂重器乎。對曰。豈非商彝周鼎乎。

上曰。汝所謂商彝周鼎者。此非重器也。太子者天下之重器。人有彝鼎。尚知寶愛。太子承主器之重。豈得不寶愛之乎。寶愛之者。必擇端人正士以為輔翼。朝夕與居。使其熟聞善言。不邇詖行。自然漸漬以成其德。若惟委之於便嬖近習。是委重器於塗而不知寶愛之矣。汝等日輔太子講論誦說之時。必導之以正。使其道明德立。才器充廣。庶幾他日克勝重任。可以副朕所望。○八年。秋九月。

上御奉天門。與侍臣語及用人之道。

上曰。金石之有聲。擊之而後鳴。舟航之能運。操之而後動。賢者之有才。用之而後見。然人之才智。或有長於彼而短於此者。若因其短而併棄其長。則天下之才難矣。今令天下求才。其長於一藝者。皆在選列。俟至而觀之。其廉讓也。可以知其仁。其善謀也。可以知其智。其果斷也。可以知其勇。若惟見其人小節。未觀其大端。而輒置之。乃有天下無賢之嘆。雖有稷契之才。亦難見矣。○冬十一月。甘露降于南郊。群臣咸稱賀。獻歌詩以頌德。

上曰。人之常情。好祥惡妖。然天道幽微。莫測。若恃祥而不戒。祥未必皆吉。覩妖而能懲。妖未必皆凶。蓋聞災而懼。或者蒙休。見瑞而喜。或以致咎。何則。凡人懼則戒心常存。喜則侈心易縱。朕德不逮。惟圖脩省之不暇。豈敢以此為己所致哉。○九年。春正月。中山侯湯和等帥師往延安防邊。

上諭和等曰。自古重於邊防。邊境安則中國無事。四夷可以坐制。今延安地控西北。與胡虜接境。虜人聚散無常。若邊防不嚴。即入為寇。待其入寇而後防之。則塞上之民。必然受害。朕嘗勑邊將嚴為之備。復恐久而懈惰。為彼所乘。今特命卿等率衆以往。衆至邊上。常存戒心。雖不見敵。常若臨敵。則不至有失矣。○秋八月。遣官視歷代帝王陵寢。命百步內禁人樵牧。設陵戶二人守之。有經兵發而崩摧者。有司督近陵之民。以時封培。每三年一遣使致祭。其諸郡邑祀典所載忠臣烈士祠宇傾頹者。有司亦以時葺治。仍嚴禁防。○冬十一月。

上與侍臣論及古之女寵宦官外戚權臣藩鎮夷狄之禍。曰。木必蠹而後風折之。體必虛而後病乘之。

國家之事亦猶是已。漢無外戚閹官之權。唐無藩鎮夷狄之禍。國何能滅。朕觀往古深用為戒。然制之有其道。若不惑於聲色。嚴宮闈之禁。貴賤有體。恩不掩義。女寵之禍何自而生。不牽於私愛。惟賢是用。苟干政典。裁以至公。外戚之禍何由而作。閹寺便習職在掃除供給使令。不假以兵柄。則無宦寺之禍。上下相維。小大相制。防耳目之壅蔽。謹威福之下移。則無權臣之患。藩鎮之設。本以衛民。使財歸有司。兵必合符而調。豈有跋扈之憂。至於御夷狄。則修武備。謹邊防。來則禦之。去不窮追。豈有

侵暴之虞。凡此數事。嘗欲著書。使後世子孫以時觀覽。亦社稷無窮之利也。侍臣頓首曰。

陛下此言。誠有國之大訓。萬世之明法也。願著之常典。以垂示將來。○十年。秋九月。

上謂侍臣曰。前代庸君暗主。莫不以垂拱無為藉口。縱恣荒寧。不親政事。孰不知治天下者。無逸然後可逸。若以荒寧怠政為垂拱無為。帝舜何為曰耄期倦于勤。大禹何以惜寸陰。文王何以日昃不食。且人君日理萬幾。怠心一生。則庶務壅滯。貽患不可勝言。朕自即位以來。常以勤勵自勉。未旦即臨朝。晡時而後還宮。夜卧不能安席。披衣而起。或仰觀天象。見一星失次。即為憂惕。或量度民事有當速行者。即次第筆記。待旦發遣。朕非不欲暫安。但祇畏天命。不得不爾。朕言及此者。恐群臣以天下無事。便欲逸樂。股肱既惰。元首叢脞。民何所賴。書云。功崇惟志。業廣惟勤。爾群臣但能以此為勉。朕無憂矣。群臣皆頓首受命。○冬十一月。

上以大內宮殿新成。制度不侈。甚喜。因謂侍臣曰。人主嗜好。所繫甚重。躬行節儉。足以養性。崇尚侈靡。必至喪德。朕常念昔居淮右。頻年飢饉。艱於衣食。

鮮能如意。今富有四海。何求不遂。何欲不得。然檢制其心。惟恐驕盈。不可復制。夙夜兢惕。弗遑底寧。故凡有興作。必量度再三。不獲已而後為之。為之未嘗過度。宮壼之間。皇后亦能儉以率下。躬服浣濯之衣。皆非故為矯飾。實恐暴殄天物。剝傷民財。不敢不謹。侍臣對曰。奢侈者常情所欲。節儉者富貴所難。

陛下安行節儉。無所勉強。誠宜為萬世子孫之法。

上曰。節儉二字。非徒治天下者當守。治家者亦宜守之。爾等歲祿有限。而日用無窮。費或過度。何從辦

集、侵年剥削皆原于此、須體朕懷共崇節儉庶幾
無悔○十二年、春三月。
上御華蓋殿皇太子侍。
上問曰、此日講習何書。對曰、昨看書至商周之際。
上曰、看書亦知古人為君之道否。因諭之曰、君道以
事天愛民為重、其本在敬身、人君一言一行皆上
通于天下繫于民、必敬以將之。而後所行無不善
也。蓋善、天必鑒之、不善、天亦鑒之。一言而善、四海
蒙福、一行不謹、四海罹殃、言行如此、可不敬乎、汝
其識之○閏五月。勑遼東守將潘敬葉旺曰、奏至、

知高麗龍州鄭白等率男婦來降、朕未審將軍識
其計否。高麗僻居海隅、其俗尚詐、其性多頑、況人
情莫不安土重遷、豈有舍桑梓而歸異鄉者耶。斯
必示弱於我。如墮其計則不過一二年間至者接
跡、其害豈小小哉、符至之日。開諭來者令還以破
彼奸、今中國方寧、正息兵養民之時。爾與東夷接
境、慎勿妄生小隙使彼得以藉口。若我正而彼邪
彼果不滅、則師出有名矣。其來降者切不可留。春
秋有云、毋納逋逃、不然、則邊患將由此而啟矣○
十三年、夏四月。命群臣各舉所知、

上諭之曰、天下賢才未嘗乏也。謂皐夔稷契不復生、
方叔召虎不再出、是薄天下之士。但世有升降、故
才有等差耳、為人上者能量才授職、則無施不可。
蓋士之進退、係乎國之治否。吾以一人之智、豈足
以盡理天下、必賴天下之賢、然後足以有為。爾等
宜體此意各舉所知以聞○六月。
上謂侍臣曰、人主能清心寡欲常不忘博施濟衆之
意、庶幾民被其澤、侍臣對曰。
陛下此心、即天地之心也。惟人主之心無欲、故能明
斷萬事、萬事理、則天下生民受其福。

上曰、人之不能明斷者誠以欲害之也。然明斷亦不
以急遽苛察為能。苟見有未至反損人君之明、求
之太過則虧君人之量○十四年、春正月。
上與吏部臣論任官。
上曰。樹藝非其土則不蕃、授官非其才則不任。任官
之務當取方正之士。凡邪佞者必去之、吏部臣對
曰、人之邪正、實亦難辨。
上曰、衆人惡之、一人悅之、未必正也、衆人悅之、一人
惡之、未必邪也。蓋出於衆人為公論、出於一人為
私意、然正人所為治官事則不私其家、當公法則

不私其親。邪人反是。此亦可辨○

上諭禮部臣曰。人君操賞罰之柄以御天下。必在至公。無善而賞。是謂私愛。無過而罰。是謂私惡。此不足以為勸懲。朕觀漢高帝斬丁公。封雍齒。唐太宗黜權萬紀李仁發而賞魏徵之直。皆至當可以服人。所謂賞一君子而人皆喜。罰一小人而人皆懼。朕於賞罰未嘗敢輕。若一時處分或有未當。卿等宜明白執論。寧使賞厚於罰。但不可濫及。使小人僥倖耳○十五年。春正月。

上諭刑官曰。方春萬物發生。而無知之民。乃有犯法至死者。雖有決不待時之律。然於朕心有所不忍。其犯大辟者皆減死論。復諭工部臣曰。曩以邊境未寧。兵甲未弛。故集天下工匠隸事京師。其中有以疾病致死者不能歸葬。深可憫也。爾工部即遣人收其遺骸。函送其家。各以鈔七錠給其妻子瘞之。著為令○夏四月廉州府巡檢王德亨上言。家本階州界於西戎。有水銀坑冶及青綠紫泥。願得兵取其地以歸于朝。

上謂戶部臣曰。盡力求利。商賈之所為。開邊啓釁。帝王之深戒。今珍奇之產中國豈無。朕悉閉絕之。恐

此途一開。小人規利。勞民傷財。為害甚大。況控制邊境。貴於安靖。苟用兵爭利。擾攘不休。後雖悔之。不可追矣。此人但知趨利。不知有害。不可聽也○十六年。春正月。民有子犯法當死。其父以財求免。事覺。監察御史奏欲并置于法。

上曰。生死人之大故。父子人之至親。彼愛根于心。但知求其子之生。不顧理之所不可。爾論法欲并罪其父。然於情可恕。其赦之。

上因諭刑部尚書開濟、都御史詹徽等曰。凡論囚須原其情。不可深致人罪。蓋人命至重。常存平恕。猶恐失之。況深文乎。昨民有子犯法當死者。其父行賄求免。御史執之。并欲論罪。朕以父子至親。其死而救。人之情也。故但論其子而赦其父。自今凡有論決。必再三詳讞覆奏而行。毋重傷人命○二月。東閣大學士吳沉等進精誠錄。先是

上將享太廟。致齋于武英殿。召沉等謂之曰。朕閱古聖賢書。其垂訓立教大要有三。曰敬天。曰忠君。曰孝親。君能敬天。臣能忠君。子能孝親。則人道立矣。然其言散在經傳。未易會其要領。爾等其以聖賢所言三事以類編輯。庶便觀覽。至是書成。

上覽而善之賜名精誠録命沅爲之序○夏六月
上諭廷臣曰讒人之能害國猶稂莠之能害苗故善治田者必去稂莠善治國者必去讒邪稂莠始生似真及其盛也則苗不能勝矣讒人始言似忠及其久也則正人不能勝矣讒邪勝正人非國家美事人君知其然當力去之不然則根柢日深爲害不淺矣○冬十二月鷹揚衛軍婦失火焚軍士廬舍所司坐當笞婦年六十餘其子請代受刑
上曰子孝其母而母非故犯宥之○十七年夏五月
上御奉天門諭羣臣曰治天下之道禮樂二者而已

若通於禮而不通於樂非所以淑人心而出治道達於樂而不達於禮非所以振紀綱而立大中必禮樂並行然後治化醇一或者曰有禮樂不可無政刑朕觀刑政二者不過輔禮樂爲治耳茍爲治徒務刑政而遺禮樂在上者雖有威嚴之政必無和平之風在下者雖存茍免之心終無格非之誠大抵禮樂者治平之膏粱刑政者救弊之藥石卿等於政事之間宜知此意毋徒以禮樂爲虛文也
○十八年春三月
上與侍臣論漢之諸帝侍臣有言明帝亦聰明之主

上曰人主不以獨見爲明而以兼聽爲聰通於人情明於是非則聰明得其正矣若屑屑於細故則未免苛察上苛察則下急迫反有累於聰明也○
上謂侍臣曰朕夙興視朝日高始退至午復出迨暮乃罷日間所決事務恒默坐審思有未當者雖中夜不寐籌慮得當然後就寢侍臣對曰
陛下勵精圖治天下蒼生之福但
聖體過勞
上曰吾豈好勞而惡安向者天下未寧吾飢不暇食倦不暇寢獎勵將帥平定禍亂今天下已安四方

無事高居宴樂亦豈不可顧自古國家未有不以勤而興以怠而衰者天命去留人心向背皆決於是甚可畏也安敢暇逸○
上覽輿地圖侍臣有言今天下一統海外蠻夷無不向化輿圖之廣誠古所未有
上曰地廣則教化難周人衆則撫摩難徧此正當戒慎天命人心惟德是視紂以天下而亡湯以七十里而興所繫在德豈在地之大小哉○秋九月
上御華蓋殿命文淵閣大學士朱善講周易至家人
上曰齊家治國其理無二使一家之間長幼內外各

盡其分事事循理則一家治矣一家既治達之一國以至天下亦舉而措之耳朕觀其要只在誠實而有威嚴誠則篤親愛之恩嚴則無閨門之失善

對曰誠如

聖諭○冬十月

上諭工部臣曰孟子傳道有功名教歷年既久子孫甚微近有以罪輸作者朕聞即命釋之假令朕不知之或致死亡則賢者之後寖以微滅是豈禮先賢之意哉爾等宜加詢問凡有聖賢之後在輸作者依例釋之○十九年冬十二月御製大誥三編

二十三

成頒示天下初

上以中外臣民染元之俗往往不安職業觸麗憲章欲做成周乃洪大誥治之制以訓化之乃取當世事之善可為法惡可為戒者著為條目大誥天下久之又慮誥條所載未能盡天下之情續為一編以申其意使民觀感知所勸懲自是民之作非者鮮從化者多故又作三編大誥其意切至而辭益加詳焉每編成

上親序之○二十一年春正月溫州永嘉縣民因暹羅入貢買其使臣沉香等物時方嚴交通外夷之禁里人訐之按察司論當棄市

上曰永嘉乃暹羅所經之地因其經過與之貿易此常情耳非交通外夷之比也釋之○冬十一月賜

國子監前造別室一區凡百餘間具竈釜床榻以處諸生之有疾者令膳夫二十人給役侍臣進曰

陛下作興學校推心惻下無所不至從古未有

上曰諸生去鄉土離親戚遠來務學日久衣必弊或有疾無人與湯藥朝廷作養之必使之得所然後可必其成材蓋天之生材皆為世用人君育材當有其實惟能有以作養之則未有不成材者也○

二十四

二十二年夏六月

上退朝與侍臣論及守成之道

上曰人常慮危乃不蹈危常慮患乃不及患車行於峻坂而仆於平地者慎於難而忽於易也保天下亦如御車雖治平何可不慎○冬十一月

上御謹身殿翰林院學士劉三吾侍因論治民之道三吾言南北風俗不同有可以德化有當以威制

上曰地有南北民無兩心帝王一視同仁豈有彼此之間汝謂南方風氣柔弱故可以德化北方風氣剛勁故當以威制然君子小人何地無之君子懷

德。小人畏威。施之各有攸當。爲可槩以一言乎。三
吾悚服○二十三年。春正月。通政使茹瑺引奏潮
州府學生陳質言其父戍大寧已死。今有司取其
補伍。自念從幼至今。荷蒙國恩教育。願賜卒業以
圖上報。
上謂兵部尚書沈溍曰。國家得一卒易。得一材難。此
生既有志於學。可削其兵籍。遣歸進學。溍對曰。學
未見成效。若遽削其兵籍。則缺軍伍。
上曰。國家於人材。必養之於未用之先。而用之於既
成之後。譬之稼。必豫耕而有穫。若刈不待熟。則無

用。且事有輕重。難拘一律。苟軍士缺伍。不過失一
力士耳。若奬成一賢材以資任用。其繫豈不重乎
○二月。湖廣沅陵縣主簿張傑。有罪罰輸作。自陳
母賀氏。當元季亂離。守節教子。期於有成。今年且
老。而臣以罪戾不得奉養。願乞自新。庶全子職。通
政使司以聞。
上憐而宥之曰。婦人當亂世能守節教子。可以勵俗。
命禮部榜示天下。仍加傑祿秩。俾終養其母○二
十四年。秋七月。龍江衛吏以過罰書寫。值母喪。乞
守制。吏部尚書詹徽不聽。吏擊登聞鼓訴之。

上召徽切責之曰。吏雖罰役。天倫不可廢。使其母死
不居喪。人子之心終身有歉。夫與人爲善。猶恐其
不善。若有善而沮之。何以爲勸。詩曰。孝子不匱。永
錫爾類。爾乃獨不然耶。徽大慙悔。吏遂得終喪○二
十五年十二月。敕宋國公馮勝等曰。昔漢唐之禦
胡虜。每秋高馬肥。知其入寇。乃設謀定策。伏兵以
待之。否則必爲邊患。古今時勢雖異。而禦侮防患
則同。今以十萬之衆。捕獵塞上。手無尺寸之兵。而
耕耘田畝。可乎。故必伏兵甲以自防。立斥候以知
警。則有備無患矣○二十七年。三月。

上謂侍臣曰。毀譽之言。不可不辨也。人固有卓然自
立不同於俗而得毀者。亦有諂媚狎昵同乎污俗
而得譽者。夫毀者未必真不賢。而譽之者未必真
賢也。第所遇有幸不幸爾。人主能知其毀者果然
爲賢。則誣謗之言可息。而人亦不至於受抑矣。知
其譽者果然不肖。則偏陂之言可絕。而人亦不至
於倖進矣。問君子於小人。小人未必能知。君子鮮
有不爲所毀。問小人於小人。其朋黨阿私。則所譽
者必多矣。惟君子則處心公正。然後能得毀譽之
正。故取人爲難。而知言爲尤難也○二十八年六

月。河南汝寧府確山縣野蠶成繭。羣臣表賀。

上曰。人君以天下為家。使野蠶成繭。足以衣被天下之人。朕當受賀。一邑之內。偶然有之。何用賀為。○有道士以道書獻。

上却之。左右請留觀之。或有可取。

上曰。彼所獻書。非存神固氣之道。即煉丹燒藥之說。朕焉用此。朕所用者。聖賢之道。所需者。治術。將驪天下生民於壽域。豈獨一己之長生久視哉。苟一受其獻。迂誕怪妄之士。必爭來矣。故斥之。毋為所惑。○

上在位三十一年。壽七十一。葬孝陵。

上素少疾。及疾作。日臨朝決事不倦如平時。疾亟。乃焚香祝天曰。壽年久近。國祚短長。子孫賢否。惟簡在帝心。為生民福。語畢。聞雨降。喜形于色。遂崩。遺命喪葬儀物。一以儉素。不用金玉。孝陵山川因其故。無所改。天下臣民出臨三日。皆釋服。無妨嫁娶。

史臣拜手稽首言曰。

上以天縱之資。起自田里。遂成大業。當是時。元政陵夷。豪傑並起。大者竊據稱尊。小者連數城邑。皆恣為殘虐。糜弊生民。天下大亂極矣。

上在民間。閔焉傷之。已而為衆所推戴。拒之益來。乃不得已起義。即條法令。明約束。務以安輯為事。故所至撫定。民咸按堵。不十餘年間。盪滌羣雄。戡定禍亂。平一天下。建混一之功。雖曰天命人歸。要亦神武不殺之致也。是以身致太平三十餘年。民安吏稱。海內殷富。諸福之物。莫不畢至。功德文章。巍然煥然。過古遠矣。傳稱唐虞禪夏后殷周繼。然成湯革夏。乃資亳衆。武王伐商。爰賴西師。至于漢高雖起徒步。尚藉亭長。挾縱徒。集所附。

上不階寸土一民。呼吸響應。以有天下。方冊所載。未之有也。於乎盛哉。

歷代君鑒卷之三十

歷代君鑒卷之三十一

國朝

太宗文皇帝

太宗體天弘道高明廣運聖武神功純仁至孝文皇帝。太祖高皇帝第四子。母孝慈高皇后。上初生光氣五色滿室照暎宮闈経日不散。太祖高后心異之。獨鍾愛焉。比長。聰明睿智仁孝友悌出於天性。勤學好問。書一覽輙記終身弗忘。五經子史皆該貫而旁通天文地志百家之書。得其要領。日從名儒講論無厭倦意。虛己納諫寬仁愛人。意豁如也。初太祖封建諸子。以燕舊京且近北虜擇可以鎮服者。遂以封上。太祖嘗曰。異日安國家必燕王也。建文君崩上以諸王及文武群臣之請即皇帝位。時洪武三十五年六月十七日也。詔改明年為永樂元年。

上即位。諭群臣曰。我皇考肇造鴻業。垂法萬年。為子孫計。思慮至周。予荷天地考妣之佑。繼承天位。凡皇考法制。悉遵行之。爾群臣尚竭乃心力。弼予于治。凡人才識不同。長於此或短於彼。苟事有過誤。即明言之。予不汝責。若隱而不言。日久覺露。情同欺罔。法則難容。夫慎終必先謹始。持已在於存誠。始終靡忒。咎何由至。始若不謹。曷克有終。予念君臣一體。故披露赤心。丁寧告戒。爾等其欽承予意○以七月朔。大祀天地。預告太祖高皇帝配神。告畢。諭禮官曰。祭天嚴父。國家第一事。必以恭敬為本。固當自朕始。然陪祀與執事之臣。皆當同朕此敬。庶幾感格之道。爾等職典祀事。尤宜夙夜直清。以率于衆○有言建文所用之人宜屏斥者。上曰。今之人才。皆皇考數十年所作養者。豈建文一二年間便能成就。

又曰。雖仍其官。不宜置之要地。
上曰。致治必資賢才。天生才以為世用。隨器任使。共理天工。何必致疑○
上以盛暑賜書在京諸王曰。吾與諸弟。皆
先帝子。往者各在一方。有一歲得一見。數歲得一見者。手足之情。不能自已。今吾承繼大統。諸弟早暮來聚。豈不甚愜于心。顧炎暑方盛。舉動煩勞。可三日一朝。用稱友于之意○
上諭禮部臣曰。
太祖高皇帝親製大誥三編。使人知趨吉避凶之道。須行既久。慮民間因循廢弛。爾宜申明。仍令天下誦讀。遇鄉飲則講解如舊○
上顧靖難諸將曰。爾等從朕舉義。多歷艱危。今內難肅清。論功行賞。富貴方自此始。夫國家於功臣固當保全。而帝王用人。豈可獨遺勳舊。漢賈復吳漢才堪輔相。光武徒欲保全之而弗用。朕所不取。夫君臣不能保全者。常始於不相信。苟不相信。雖父子將為秦越。況君臣乎。吾報之厚。待之誠。常見其善。不見其不善。惟其才而任之。保功用人。可以兩得○九月。命右軍都督同知韓觀佩征南將軍印。充總兵官。鎮守廣西。諭之曰。廣西蠻民。易叛難服。殺之愈多而愈不治。
太祖高皇帝灼見其情。故以德撫之。至必不得已而後用兵。所以蠻民悅服。邊境晏然。今朕嗣位。謹遵成憲。卿往鎮之。宜務德為本。毋專事殺戮。庶副朕法
祖柔遠之意○十月。
上謂忠誠伯茹瑺兵部尚書劉儁曰。昔
太祖高皇帝嘗戒勅諸將校曰。軍士家屬既眾。月糧有限。衣食不足。不免飢寒。加以汝等無恤隱之心。侵漁私役。困苦不勝。往往逃亡缺伍。故當時私役者。每一日追工錢一貫。仍論其罪。朕今切慮內外將校不能撫卹軍士。比昔有加。所以逃亡者眾。自今計其逃亡之數以論罰。如百戶有逃一人者。減其俸之半。逃十人者。全不給。降充總旗。四十人。降充小旗。五十人。發充軍。其千戶逃軍十倍於百戶。指揮逃軍五倍於千戶者。並減俸及遞降一等。皆如百戶之例○
上宴奉天征討功臣畢。因諭之曰。君臣謂之元首股肱。蓋一體相須也。故為君必務保全其臣。為臣亦

當思自保。凡人致富貴雖難，保富貴尤難。爾等從征數年，萬死一生。今皆身有封爵，祿及子孫，可爲難矣。但當思保之。夫有功則賞，有罪則罰，此

祖宗公天下之大法，爾等須遵守。若不謹而犯之，朕不敢曲宥。蓋以私廢公，則天下不服矣。其務敬慎，庶幾共榮於永遠。○甘州中衛左所軍張真上言便民及守邊數事。

上覽畢，顧禮部侍郎宋禮曰：雖堯舜禹之聖，亦樂取人言以爲治。朕即位以來，首下詔求言，而言者無幾。此戍卒能上言，雖不皆可采，然爲國之意則善。

宜嘉賚之。其賜衣一襲、鈔千貫。又顧禮曰：居其位，無其言，君子恥之。卿等亦毋嘿嘿而已。○命監察御史分詣各布政司巡視民瘼，陛辭。

上諭之曰：父母於赤子，先寒而備之衣，先飢而備之食，適其溫飽之宜，避濕就燥以處之，無所不盡心。人主爲民父母，理亦當然。朕居深宮，一飲一食，未嘗不念及軍民。然在下之情不能周知，爾等爲朝廷耳目，其往用心咨訪。但水旱災傷之處，有司不言者，悉具來奏。軍民之間，何利當興，何弊當革者，亦悉以聞。○

上諭戶部、兵部臣曰：數年用兵，軍民皆困。今方與之休息。數有令，擅役一軍一民者處重法。比聞衛所府縣都不遵承，仍襲故弊，私擅差役，如驅犬羊，無分毫矜卹之意。是上不敬君命，下不恤人窮。人之蘇息，何時可遂？爾等其申明前令，自今有犯者誅不宥。○永樂元年三月，有司言殷太師比干墓及祠圮壞，請發民脩理。

上從之。因諭侍臣曰：君子爲國不爲身，故犯顏諫諍，死且不避。小人爲身不爲國，惟諛諂面諛以苟富貴。明君樂諫諍而國以興，昏君樂諛諂而國以亡。

桀紂殺龍逢、比干，明效具在，而後世人主如秦隋之末，皆不監覆轍，國安得不亡哉？朕方以是爲戒，爾等當以君子之道自勉，庶幾共保

祖宗之洪業。○南陽鄧州官牛疫死者多，有司責民償甚急，民貧至有鬻男女以償者，事聞。

上怒甚，曰：孔子聞廐焚，問傷人否，不問馬，蓋爲人貴於畜。今以人易牛，何其不仁哉？況畜牛本以爲民，今乃毒民如此。命有司牛死者悉免償，民所鬻男女償牛者，官贖還之。○五月，禮部尚書李至剛等奏：宋制，凡忌日於佛殿詔講經，設帝后位，百官行香。

今後宜依宋制於天禧等寺朝天宮命僧道誦經。
上曰子於父母固當無所不用其心。但人君之孝與
庶人不同。爲人君者奉天命爲天下主。社稷所寄。
生靈所依。但當謹身脩德深體天心恪遵成憲爲
宗社奠安萬民樂業斯孝矣。如不能此而惟務脩齋
誦經。抑末矣○戶部尚書郁新言河南郡縣蝗有
司不以聞。
上曰朝廷置守令資其惠民。凡民疾苦皆當邺之。今
蝗入境不能撲捕。又蔽不以聞。何望其能惠民也。
此而不罪何以懲後。宜遣監察御史按治之○泉
州衛金門千戶械送所獲海島逃民至京師。言其
數嘗劫掠海濱請誅之。
上曰或者其初窘於貧。不然則有司失於綏撫逃聚
爲盜蓋非得已。命釋之。且問曰。尚有逃聚未歸者
乎。對曰多有之。因遣賫勅往諭之曰。爾本國家良
民。或困於衣食或苦於吏虐不得已逃聚海島劫
掠苟活朕念好生惡死人之同情帝王體天行道
視民如子。當洗滌前過咸俾自新故已獲者悉宥
其罪就俾賫勅往諭爾等朕已大赦可即還復業

安土樂生。共享太平。若執迷不悟失此事幾後悔
無及其後勅書至彼皆相率來歸矣○
上諭翰林學士解縉等曰。天下古今事物散在諸書。
篇帙浩穰不易檢閱朕欲悉采各書所載事物類
聚之而統之以韻庶幾考索之便如探囊取物耳。
嘗觀韻府回溪二書事雖有統而采摘不廣。紀載
太畧爾等其如朕意。凡書契以來經史子集百家
之書至於天文地志陰陽醫卜僧道技藝之言。備
輯爲一書。毋厭浩繁○八月。禮部言。鹵簿中宜有
九龍車一乘。
先朝舊有金鉦紅鼓各四面鈋燈紅油紙燈各三對。
而今闕之請增製。
上曰。禮貴得中。過爲奢不及爲儉。仲尼曰與其奢也
寧儉。
先朝定禮審之精矣。後世子孫遵用舊章。當自朕始。
豈可輙有增益以啓後世之奢。九龍車既
先朝所無即不可增。舊有而今闕者令工部補造○
九月。勅吏部臣曰。朕以眇躬纘承大統圖惟求賢
以資治理宵旰遑遑急於飢渴。其令內外諸司於
群臣百姓之中各舉所知。或堪重任而沉滯下僚

或可劉煩而優游散地或抱道懷才隱居田里並以名聞毋娼嫉蔽賢毋徇私濫舉書曰舉能其官惟爾之能稱匪其人惟爾不任欽哉○

上御右順門謂侍臣曰

皇考功德隆盛

祖宗樂章未有稱述朕甚愧于心爾等其議為之因曰漢高帝作大風歌武帝作秋風辭亦皆有文當時又有儒臣惜乎制作未能如古朕有意稽古禮文之事爾等博求名儒用稱朕意○

上御右順門與侍臣論時政曰朕即位未久常恐民

有失所每宮中秉燭夜坐披閱州郡圖籍靜思熟計何郡近罹飢荒當加優恤何郡地迫邊鄙當置守備旦則出與群臣計議行之近河南數處蝗旱朕用不寧故遣使省視不絕于道如得斯民小康朕之願也○大理寺卿薛嵓等奏各布政司上所具獄凡死罪百餘人請分遣御史臨決

上從之顧謂都御史陳瑛等曰人命至重既絕不可復續況治獄得情尤難鞭扑箠楚之下罪人成於鍛鍊者往往有之今百餘人中豈能必其皆無冤枉爾等分遣御史宜具以慎刑之意書于簡以授之俟論決之時詳採其情非其情者即與辯釋必揆之以理理不可生然後刑之則彼雖死無所恨矣○

上御奉天門顧謂侍臣曰我朝大經大法皆

太祖高皇帝所立以傳子孫昨有憸人為朕言朝廷法太寬非所以為治朕已斥之為治之道譬之醫藥有是病則服是藥今朕當守成之日正安養生息之時乃嚴法為治此是無病而服藥豈不反有傷乎孔子言天地大德曰生聖人大寶曰位何以守位曰仁何嘗謂嚴法也侍臣對曰

皇上奉

天法

祖一念好生天下生民之福彼憸人所言非

皇上聖明豈能辯其非書曰國則罔有用憸人政謂此也

上曰古人云親賢臣遠小人苟不遠之必將惑人○

上御奉天門命侍臣輯自古以來嘉言善行有益於

太子者為書以授長子且曰昔堯試舜自慎徽五典至納于大麓歷試諸難乃命以位舜生長民間躬親稼穡堯尚試之如此朕今命長子守北京親

庶務雖吏案奏牘皆躬閱之。以知為臣之難。他日庶可為人君也。朕少時嘗居鳳陽民間。細事無不究知。後受命鎮北方。經絕塞冒霜雪與士卒同甘苦。其他所未經歷者。則博考於載籍。每覽昔人言行可自警省者。讀之不能釋手。讀書所以有益於人。然人資禀有強弱。泛而不切。亦未有益。故欲令爾等輯此教之。先定其尺度權衡。使中有所主也

○户部尚書郁新等奏。湖廣今年夏稅過期數月不足。其布政司府州縣官皆當罪之。

上曰。賦入有經制。人耕穫或先後不齊。地里有遠近

之異。未可槩論。任人長民。當使之察其難易而順其情。雖取之亦必思有以利之。不當急責於民。急責必至乎病民。其勿問。第更與約限。令民輸之○

十一月。錦衣衛臣奏抵死罪一人請决。

上審知其有可矜之情。特宥之。使屯戍興州。且諭刑部尚書鄭賜等曰。人無不可與為善。此人一時迷誤犯罪當死。朕矜其情故宥之。使屯戍。在彼得改過自新。在國家得一人耕。可食數人。則亦有利。自今罪人於法當死而情有可矜者準此例○

上諭六科都給事中朱原貞等曰。朕慮天下之民有失所者。爲爾曹未能盡知。故選郡縣考滿官。俾於六科辦事。如朕有所欲聞。即可知。彼有所欲言。即可達。而久無一人言。夫郡邑之間。豈都無一事利害可言。今在朕左右。尚猶默默。況遠千里。豈肯言乎。爾等退以朕言申諭之。其所治何利當興。何弊當去。皆直言勿隱。於今不言。將有他人言之。則不能逃罪矣○命儀封知縣許譽復職。譽居官有守。政不苛刻。百姓安之。秩滿至京。縣耆民詣闕乞留。

上從之。謂吏部臣曰。守令民休戚所係。欲知其賢否。當觀民心之嚮背。今民不忍其去。此必嘗有及民

之德。即令復職。遂賜鈔二十錠。綺衣一襲○

上因與侍臣論慎刑曰。孔子云。何以守位曰仁。法司每奏死囚當决。朕未嘗不反覆究思。稍有一毫可生之情。即從寬減。如此猶慮獄訟有不得平。故嘗勅諸司以慎恤為務。又曰。朕往年躬臨戰陣。凡所俘獲。未嘗輕戮一人。況今日為天下主。可妄殺哉

○閏十一月。

上御奉天門。顧謂侍臣曰。今北京山西寧夏皆言地震。天變垂戒。朕用惕然。爾等試言其故。侍臣對曰。地震應兵戈土木之事。

上曰。比年兵旅饑饉民困甚矣。朕十夕夙夜圖蘇息之。豈肯適一己之情與土木之工重困民力。如樓居可以避暑則午門端門皆可居也。何必復建高臺廣榭。今後宮卑隘不足容尚不敢增修慮勞民力。土木之事在今不為。若云兵戈但當勅邊將嚴守備戒不虞而已○十二月。北京行部尚書郭資等奏。真定棗強縣民初復業加以蝗旱流殍者衆。今天寒。乞遣人覈實賑濟。

上曰民困如此。濟之當如救焚拯溺。少緩即無及矣。今遣人覈實展轉往復非兩月不得。民命迫於旦夕。其可待乎。命戶部速遣官往賑之。又命監察御史一員監督。賑畢。具實以聞○

上謂吏部尚書蹇義及都察院左都御史陳瑛等曰。為國牧民莫切於守令。守令賢則一郡一邑之民有所恃而不得其所者寡矣。如其不賢當速去之。蓋吏部選授之時出一時倉猝未能悉其才行。必考察所行。乃見其賢否。其令巡按監察御史及按察司凡府州縣官到任半歲之上者悉察其能否廉貪之實以聞○

上宴閒顧問侍臣曰。今一歲又終。外間軍民安否如何。對曰。

陛下臨御以來所施無非仁政。今軍民皆安。正太平無事之時。

上曰。太平豈易言。朕惟遵

皇考成憲以為治。如得雨暘時若年穀豐登兵革不興兆民安樂朝無奸邪然後可為太平無事。又曰。奸邪難識其情似真而實偽。其言似信而實詐。苟一信其言而任之。鮮有不失。孔子曰聽其言而觀其行政以此耳○二年正月。有道士獻道經者。

上曰。朕所用治天下者五經耳。道經何用。斥去之。既而諭侍臣曰。上好正道則下不為邪。人主好尚稍不謹憸人懷僥倖之心者恣肆妄誕以投所好。苟墮其計。將來流毒無窮矣是故不得不斥○三月。吏部尚書蹇義等奏。有千戶奏薦士。初朝廷命文臣舉懷材抱德者武臣不與。命千戶違制宜罪之。

上曰朝廷下令求賢。武臣不與命者蓋慮其不學昧於知人。今能薦。今亦是忠君愛國之心。不用罪之。昔馬周因常何而進。今所薦者亦徵來。如試之果有材。一體授官。否則罷之○

上御奉天門。召六科給事中諭曰。朕君臨天下。夙夜拳拳惟欲軍民老少皆安。爾等職居近侍。比來皆不聞一言及於軍民利病。何也。可退而思之。條析以聞。朕將審擇行之。又曰。天立君以養民。君不恤民。是不敬天。君資臣以成治。臣不輔治。是不忠君。朕與爾等皆不可不勉。○

上御武英殿。與侍臣論用人。

上曰。人君進一人。退一人。皆不可苟。必須厭服衆心。若進一人。天下皆知其善。則誰不為善。退一人。皆知其惡。則誰敢為惡。無善而進。是出私愛。無惡而退。是出私惡。徇私而行。將何以服天下。○四月。新

進士李衡自言。臣父洪武中得罪死於法。臣不敢違令干進。

上曰。言之聖人亦有罪其父而用其子者。但為子能改父行。致顯聞於世。足以為賢。若以父死非命。終身不仕。亦未必合中道。爾能力學以圖進用。雖違令而志可嘉。朕不爾罪。爾其勉之。○吏科給事中孫璘密奏。前日禮部所定給事中八人。須詔外國。皆素非誠實者。時已行二日矣。

上曰。此非專出禮部。所定吏部亦言其可使。故從之。爾在吏科。與聞銓注之事。彼既不誠。爾早晚在朕左右。當言不然。則於未行之先。當言。何必俟其既去乃言。爾亦過矣。夫人性皆善。有不善者。習使之然。亦在人主用之何如。叔孫通在秦則欺。在漢則誠。裴矩在隋則佞。在唐則忠。本是一人。但在人主能用與不能用爾。適爾所言。慎勿泄也。○文華寶鑑成。

上御奉天門。召皇太子授之。曰。脩己治人之要。具於此書。昔堯舜相傳。惟曰允執厥中。帝王之道。貴乎知要。便足為治。爾其勉之。皇太子拜受而退。

上顧翰林學士解縉等曰。朕

皇考訓戒太子。嘗采經傳格言為書。名曰儲君昭鑑錄。令朕此書稍充廣之。益以

皇考聖謨大訓。以為子孫帝王萬世之法。誠能守此。足為賢君。昔秦始皇教皇太子以法律。晉元帝授太子以韓非書。帝王之道廢而不講。此所以亂亡。朕此書皆大經大法。卿等兼輔東宮。從容閒暇。亦當以此為說。庶幾成其德業。他日不失為守成令主。○

上御奉天門視朝。罷召六科給事中諭曰。朕日臨百官。可否庶務。或有失中者。爾等宜直言無隱。又顧

翰林學士解縉等曰。敢為之臣易求。敢言之臣難得。敢為者彊於己。敢言者彊於君。所以王魏之風。世不多見。若使進言者無所畏。聽言者無所忤。天下何患不治。朕與爾等皆勉之○吏部尚書蹇義奏請明日選官。

上諭之曰。爾等職專銓選。辯別邪正。但當揆理。不當任情。揆理則以是非為進退。任情則以從違為取舍。慎之慎之。又曰。用人之道。各隨其所長。才優者使治事。德厚者令牧民。蓋有才者未必皆君子。有德者必不同小人○

上命禮部臣曰。會試下第舉人既多。其中必尚有可取者。蓋慮一時匆猝。或本有學問而為文之際記憶偶差。遂致謬誤。或本不謬誤。而考閱之官精神昏倦。失於詳審。以致黜落。此皆可矜。其令翰林院出題更試。擇文詞優等者以聞。遂得張鉉等六十人以奏。

上召見。皆賜冠帶。命於國子監進學以俟後科。且勉之曰。士當立志。志一則工專。工專則業就。爾等於學已有根本。但更百尺竿頭進步。爾後科第一甲人。有不在爾曹乎。其往勉之○命太子少師姚廣孝往蘇湖賑濟。

上諭之曰。人君一衣一食。皆民所供。民窮無衣食。君豈可不惜。君父也。民子也。為子當孝。為父當慈。各務盡其道。爾卿往體朕此心。不可為國惜費。蓋散財得民。仁者之政○大理寺言有犯者法當黥

上曰。免黥。既而諭曰。朕所以免之者。慮遏其自新之路。人孰無過。亦有誤犯而非故違者。如既黥之。彼雖有遷善之意。顧其身已墨。亦自怠矣。故朕於墨刑不用也○八月。翰林學士解縉等進呈大學正心章講義。

上覽之至再。諭縉等曰。人君誠不可有所好樂。一有好樂泥而不返。則慾必勝理。若心能靜虛。事來則應。事去如明鏡止水。自然純是天理。朕每退朝默坐。未嘗不思管束此心為切要。又思為人君但於宮室車馬服食玩好無所增加。則天下自然無事矣○

上御右順門。與侍臣論胡元興廢皆由天運

上曰。天運雖有前定之數。然周家後來曆數過之。蓋周之先德積累甚厚。其後嗣又不至有桀紂之惡。使夏殷之後。不遇桀紂。未遽亡也。元始以有德興

使其子孫知脩德保民。亦未遽亡。順帝不䘏軍民。不理國政。而荒淫無度。安得不亡。故國之廢興。必在德不專在數也。○九月。周王橚來朝。且獻騶虞。百僚稱賀。以為

皇上至仁格天所致。既朝罷。

上謂侍臣曰。適聞群臣言。未覺惕然。天下之大。如一夫有怨。豈得謂仁。一念不誠。豈能格天。朕方夙夜斯懼。何可便謂騶虞是天降祥於朕。侍臣曰。

聖志如此。所以上格天心。

上曰。祥瑞之來。易令人驕。是以古之明王。皆遇祥自

警。未嘗因祥自怠。警怠者國家安危繫焉。騶虞若果為祥。在朕更當加慎。○

上謂吏部尚書蹇義等曰。往者慮各處守令未必皆得人。故命御史分巡考察。比聞御史至郡邑。但坐公館。召諸生及庶人役於官者詢之。輒以為信。如此何由得實。如入其境。田野闢。人民安。禮讓興。風俗厚。境無盜賊。吏無奸欺。即守令賢能可知。無是數者。即守令無所可取矣。且詢言之弊非一端。人好惡不同。則毀譽亦異。若只憑在官數人之言。以定賢否。其君子中正自守。小人賂遺求譽。而即墨

及阿之毀譽出矣。故孟子論取舍。必徵諸國人。自今御史及按察司考察有司賢否。皆令具實以聞。○十一月。戶部尚書郁新等言。御馬監索白象食穀。

上曰。白象何補實用。乃欲奪民食以飼之。此古人所謂率獸食人者。勿聽。復召御馬監官責曰。爾輩坐食膏粱。衣輕暖。豈知百姓艱難。計象一日所飼穀。當農夫數口之家一日之食。朕為君。職在養民。爾輩不令朕知。而為此事。是欲朕失天下心。如復敢爾。必誅不宥。○刑部尚書鄭賜等奏。會諸司官錄

囚。

上悉召諸司官諭曰。理刑必務明慎。譬諸農夫之耘。為去稂莠也。若心不存。則視有所不見。而并良苗去之矣。刑以除凶人。若心不存。則察有所不明。而并善人害之矣。爾等皆宜盡心。不可怠忽。○通政使趙彝奏。山西民言介休縣出五色石。可為器用。

上曰。此倖覬小人。不可聽。數年兵革。災荒。百姓困苦。未得寧息。今又可以此重困之乎。官府求一物。即百姓受一害。況此石飢不可食。寒不可衣。累民何為。命擿出之

歷代君鑑卷之三十二

善可為法

國朝

太宗文皇帝下

三年正月先是

上命翰林學士解縉等於新進士中選才質英敏者
俾就文淵閣進學至是縉等選脩撰曾棨編脩周
述周孟簡庶吉士楊相等二十八人入見
上諭之曰人須立志志立則功就天下古今之人未
有無志而能建功成事者汝等簡拔於千百人中

為進士又簡拔於進士中至此固皆今之英俊然
當立心遠大不可安於小成為學必造道德之微
必具體用之全為文必並驅班馬韓歐之間如此
立心日進不已未有不成者古今文學之至豈皆
天成亦積功所致也汝等勉之朕不任汝以事文
淵閣古今載籍所萃汝各食其祿日就閣中恣汝
玩索務實得於已庶國家將來皆得汝用不可自
怠以孤朕期待之意時庶吉士周忱自陳年少願
進學
上喜曰有志之士也命增忱為二十九人遂命司禮
監月給筆墨紙光祿給朝暮膳禮部月給膏燭鈔
人三錠工部擇近第宅居之○國子監祭酒胡儼
請申明洪武中所定學規從之
上諭儼曰此其條約耳為師範者當務正已以先之
講學漸磨以養其心淑其身此為切要汝宜勉之
哉○三月淮安邳州言民飢甚計其口數請得粟
九千石賑之
上惻然曰此可給三月耳秋成之期尚遠若止給三
月猶不免於餒死國家於恵民豈可為旦夕計特
命户部倍數給之○七月陜西興平鳳翔二縣進

瑞麥三十本禮部率群臣上表賀以為
聖德覆被之應天下太平之徵
上覽之謂尚書李至剛侍郎趙羾曰瑞麥固是嘉應
但四方遠邇靡一物不得其所斯可為太平今中
外果無匹夫匹婦之愁怨於下者乎覽表秖益慚
愧耳君臣貴相與以誠諛佞非治世之風也至剛
等愧謝○
上諭禮部臣曰學校育才以資任用
太祖高皇帝内設國子監外設府州縣學選用師範
教育俊秀嚴立教法豐廩餼俾期待甚至建文以

来學校廢弛。所司又不督勵。虛縻廩祿。爾禮部宜
申明舊規。俾師教無闕。士學有成。庶幾國家得賢
才之用○四年。正月。
上謂侍臣曰。朕昨閒暇。援筆肆書。愛其制作精妙。甚
稱人意。因歎匠藝如此。豈是生而能之。亦由積學
所致。今之學者不及古人。政由自怠之過。前代大
儒君子。皆是積勤以造其極。今人鹵莽厭煩。用力
未至。便謂求道之難。譬之耕而不勤。可望有穫乎
○琉球國進閹者數人。
上曰。彼亦人子。無罪而刑之。何忍。命禮部還之。禮部

臣曰。還之慮阻遠人歸化之心。請但賜勅止其再
進。
上曰。諭之以空言。不若示之以實事。今不遣還。彼欲
媚朕。必有繼踵而來者。天地以生物為德。帝王乃
可絕人類乎。竟還之○
上御武英殿。覽存心錄。顧翰林侍臣曰。適覽慕容超
郊有興。獸出壇側。隋煬帝祀圜丘。暴風未成禮而
退。後二人皆不旋踵而亡。古人言惟德動天。夫不
德亦動天。善則降祥。不善則降殃。但各以類應之。
又曰。祭祀時固當誠敬。亦必平素積累善行。乃可

獲福。若平日所行反道背德。而臨祭一時致其虔
恭。此豈有獲福之理○
上御右順門。晚朝。百官奏事畢。皆趨出。
上召六部尚書及近臣。諭曰。早朝。四方所奏事多。君
臣之間不得盡所言。午後事簡。卿等有所欲言。可
就從容陳論。毋以將晡朕倦於聽納。蓋朕有所欲
言者亦欲及此時與卿等商確。又曰。朕每旦四鼓
以興。衣冠靜坐。是時神清氣爽。則思四方之事。緩
急之宜。必得其當。然後出付所司行之。朝退未嘗
輒入宮中。閒取四方奏牘。一一省覽。其有邊報及

水旱等事。即付所司施行。宮中事亦多。須俟外朝
事畢。方與處置。誠慮天下之大。庶務之殷。豈可須
臾怠惰。一怠惰。即百度弛矣。卿等宜體朕此意。相
與勤勵無厭斁也。自今凡有事當商畧者。皆於晚
朝來。庶得盡委曲○西域貢佛舍利。禮部尚書鄭
賜請因是寬釋罪囚。
上曰。帝王之治。以刑賞為務。有功不賞。有罪不誅。雖
堯舜無以治天下。梁武帝元順帝皆溺於佛。有罪
者不刑。致法度廢弛。綱紀大壞。而至於敗亡。此豈
可效。況佛亦有天堂地獄善惡報應之說。用誘人

為善爾儒者乃欲姑息為治耶○四月命禮部遣使購求遺書

上視朝之暇輙御便殿閱書史或召翰林儒臣講論嘗問文淵閣經史子籍皆備否學士解縉對曰經史粗備子籍尚多闕

上曰士人家稍有餘資皆欲積書况於朝廷可闕乎遂召禮部尚書鄭賜令擇通知典籍者四出購求遺書且曰書籍不可較價直惟其所欲與之庶奇書可得又顧縉等曰置書不難須常覽閱乃有益凡人積金玉亦欲遺子孫金玉之利有限書籍之利豈有窮也○錦衣衛校尉有許朝臣謗毀時政之失者

上曰此必誣之蓋朝廷未嘗行此政彼安得有此言命錦衣衛詰之果挾私忿誣之

上曰人主聽言之際豈可不審向若不察付之法司則死誹謗必矣小人敢誣君子此風不可長命以校尉付法司論如律○六月己未朔日有食之是日陰雲不見禮部尚書鄭賜等言此

聖德所感召請明日率百官表賀

上曰朕恐懼脩省之際何可賀對曰宋盛時有行之

者矣

上曰於此一方陰雲不見天下至大見者多矣且陰陽家言日食而陰雲不見者水將為災以此言之可賀乎乃止○

上謂諸近臣曰早來在宮中偶忘一事問左右皆不能記憶蓋沉思久而後得之朕以一人之智處萬幾之繁豈能一一記憶不忘一一處置不誤拾遺補過近侍之職自今事之叢脞者爾等但悉記之以備顧問所行有未合理亦當直諫朕自起兵以來未嘗違忤直言爾等慎勿有所顧避○廣東布政司奏每歲海外番夷入貢方物水路以舟楫運載惟南雄至南安舟楫不通自今請用民力接運

上曰為君務養民今番貢無定期而農民少暇假令自春至秋番夷入貢不絕皆役民接運豈不妨其農事自今番夷入貢如值農務之時其方物並於南雄收貯俟十一月農隙却令運赴南安著為令復顧侍臣曰民不失其養雖勞之鮮怨民失所養雖休之不德○七月時饗

太廟

上還御奉天殿遣使祭告嶽鎮海瀆諸神畢

上出視朝奉天門。百官奏事退。復召侍臣與語久之。
時已五鼓。侍臣請曰。
聖躬勤勞須少息。
上曰。朕常在宮中周思庶事。或一事未行。或行之未
善。即不寐至旦必行之乃心安。積習既久。亦忘其
勞。蓋嘗自念才德不逮。若又不專心志勤思慮。所
行何由盡善。生民何以得安。蓋勤於思則理得。勤
於行則事治。勤之於道。細民不敢廢。況君乎。○
上燕閒。問翰林侍讀胡廣等曰。昨有中官自江西來。
言江西田家刈稻皆畢。何獨早。對曰。臣鄉多種早
稻。故種穫皆早。又問曰。聞江西民衆而田少。農家
亦給足否。對曰。勤者可給。
上曰。勤之一字。豈獨農夫當盡。士工商皆當盡。至於
人君尤不可不盡。人君則當致勤於心。朕每朝退
靜坐。必思今日所行幾事。某事於理如何。於人情
如何。若皆合宜。心則安矣。有不合宜。雖中夜必命
左右記之。俟旦而改之。蓋一事失當。人受其弊。故
不得不勤。○回回結牙思進玉椀。
上不受。命禮部賜鈔遣歸。謂尚書鄭賜曰。朕朝夕所
用中國磁器。潔素瑩然。甚適於心。不必此也。況此

物今府庫中亦有之。但朕自不用。又曰。虜貪而譎。
朕受之。必應厚賚之。將有奇異於此者。繼踵而至
矣。何益國事哉。○
上與侍臣語。知京師之人多有疾不能得醫藥者。歎
曰。內府貯藥材甚廣。而不能濟人於闕門之外。徒
貯何為。命太醫院如方製藥。或為湯液。或丸或膏。
隨病所宜用。於京城內外散施。仍訪朝臣中有通
醫者。俾分任其事。又曰。朕一衣一食不忘下人之
艱。猶於咫尺不能濟。何況遠外。遂命禮部申明惠
民藥局之令。必有實惠。勿徒為文具而已。○五年
正月。直隸及浙江諸郡軍民子弟私披剃為僧赴
京冒請度牒者千八百餘人。禮部以聞。
上怒甚。曰。
皇考之制。民年四十以上。始聽出家。今犯禁若此。是
不知有朝廷矣。命悉付兵部編軍籍。發戍遼東甘
肅。又曰。朕欽承舊制。一不敢忽。下人尚縱恣如此。
何況後來。此不可宥。且此輩皆民螟螣。不可蕃育。
○五月。湖廣武昌府僧言欲增脩觀音閣以祝
聖壽。
上不從。曰。人脩短有定數。禍福由所行。所行誠善福

不祝當自至。不善禍非祝所能去。人但務為善。何
假外求。
上問侍臣曰。聞近俗之弊。嚴於事佛。簡於事其先。果
有之乎。對曰。間有之。
上歎曰。此蓋教化不明之過。朕於
奉先殿旦夕祗謁。未嘗敢慢。或有微恙。亦力疾行禮。
世人於佛老竭力崇奉。而於奉先之禮簡畧者。蓋
溺於禍福之說。而昧其本也。率而正之。當自朕始
耳。○
上與侍臣論及養身之道。曰。人但能清心寡欲。使氣

和體平。疾疢自少。如神仙家說服藥導引。亦只可
少病。豈有長生不死之理。近世有一種疲精勞神。
佞佛求壽。又愚之甚也。○六年四月。
上御西角門。因言及元順帝父子荒淫無度。廢壞國
法。以致喪亡。侍臣曰。此是天命在我
太祖高皇帝。所以致其昏惑顛倒如此。
上曰。帝王之興。雖有天命。亦須脩德行仁以承之。順
帝父子惟倚天命。不復脩省。如紂亦曰我生不有
命在天。所以卒至於亡。○七年二月。
上出一書示翰林學士胡廣等曰。古人治天下皆有

其道。雖生知之聖。亦資學問。由唐虞至宋。其間聖
賢明訓具著經傳。然簡帙浩繁。未易遽領其要。帝
王之學。但得其要篤信而力行之。是以為治。皇太
子天下之本。於今當進學之時。朕欲使知其要。庶
幾將來太平之望。秦漢以下教皇子者多以黃老。
申韓刑名術數。皆非正道。朕間因閒暇。采聖賢之
言若執中建極之類。切於脩身治國平天下者。今
已成書。卿等試觀之。有未善更為朕言。廣等徧覽
畢奏曰。帝王道德之要。備載此書。宜與典謨訓誥
並傳萬世。請刊印以賜。

上曰然。遂名曰聖學心法。命司禮監刊印。○九年二
月。
上御右順門覽奏牘。時御案有鎮紙金獅。欹側將墜。
給事中耿通趨進。移置案中。
上顧侍臣曰。一器之微。置於危處則危。置於安處則
安。天下大器也。獨可置之於危乎。尤須安之。天下
雖安。不可忘危。故小事必謹。小不謹而積之。將至
大患。小過必改。小不改而積之。將至大壞。皆致危
之道也。先是
上諭六科。令查奏牘。恐發落有失中者。改之通奏改

之恐失信於下。
上曰。但欲得當何憚於改。至是申諭之○三法司奏
審録囚徒既罷。
上召至前諭之曰。刑當矜恤。然論刑之際尤當論其
君子小人。若君子有過。如失足溝瀆偶出於誤。當
矜其情而奬護之。小人有罪。如貪嗜飲食。恣意為
之。非過誤也。當懲以法。君子誤犯而不恕。非佑善
之道。小人故犯而不懲。有縱惡之失。爾等其審邪
正。精權度。不宜槩論○七月。户部言賑北京臨城
縣飢民三百六十五户。給糧三千七百石有奇。

君鑒卷三十　十一

上曰。國家儲蓄。上以供國。下以濟民。故豐年則斂。凶
年則散。但有土有民。何憂不足。隋開皇間大旱民
飢。文帝不肯開倉賑濟。聽民流移就食。末歲計所
積可供五六十年。倉廪雖豐。民心不固。煬帝無道
遂至滅亡。前鑒具在。今後但遇水旱民飢。即開倉
賑給。無令失所○十年。五月。廣西河池縣民言縣
有銀鑛大發。長沙縣民言其鄉産銅。發民採煉可
獲厚利。
上曰。獻利以圖僥倖者。小人也。國家所重在民安。不
在於利。皆斥之○十一年。正月。辛巳朔。日有食之。

先是禮部以正旦朝賀宴會上請。
上曰。古者日食。天子素服脩政。用謹天戒。朕既乖於
治理。上累三光。而衆陽之宗薄食于元旦。咎孰甚
焉。爾文武群臣尚思勉輔朕躬。調燮陰陽。消弭災
變。新正朝賀宴會之禮罷○
上謂禮部尚書呂震曰。朕欲周知民之休戚。嘗命凡
布政司按察司及府州縣官至京者。陳民間利病。
近有以時和歲豐民安物阜為言者。及驗視之。田
野荒蕪。人民飢寒。甚至水旱蟲蝗。皆不以聞。朕已
寘諸法。如今後所言有切民情。可裨治理者。宜旌

君鑒卷三十　十二

賞之。以明懲勸○曹縣獻騶虞。行在禮部尚書呂
震奏騶虞上瑞。請明旦率群臣上表賀。
上曰。百穀豐登。雨暘時順。家給人足。此為上瑞。騶虞
何與民事。不必賀。震固請。
上曰。大臣之道。當務為國為民。爾能效李沆為人。則
善矣。震退。
上顧侍臣曰。震可謂不學無術者矣○十二年正月。
百官奏事畢。
上退坐右順門。所服衷衣袖弊垢。納而復出。侍臣有
贊八

聖德者。
上歎曰。朕雖日十易新衣。未嘗無但自念當惜福。故
每澣濯更進昔
皇妣躬補緝故衣。
皇考見而喜曰。皇后居富貴。勤儉如此。正可以爲子
孫法。故朕常守先訓不敢忘。言已愴然。侍臣頓首
曰。
陛下恭儉如此。誠萬世之法○五月。駐蹕楊林戍。
上閱武之暇。皇太孫侍語及創業守成之難。且曰。前
代帝王多有生長深宮。狃於富貴安逸。不通古今。

不識民難。於經國之務。懵然弗究。而至於亡者。朕
常以之爲戒。汝將來有嗣統之責。須勉力學問。於
凡天下之事不可不周知。人之艱難不可不涉歷。
聞見廣而涉歷多。自然心胸開豁。於萬幾之來皆
有以處之而不差矣。如此非惟不負
祖宗之付託。亦有福澤被及下人矣。勉之勉之○
上諭行在翰林學士胡廣侍講楊榮金幼孜曰。五經
四書皆聖賢精義妙道。其傳註之外。諸儒議論有
發明餘蘊者。爾等采其切當之言。增附于下。其周
程張朱諸君子性理之言。如太極通書西銘正蒙

之類。皆六經之羽翼。然各自爲書。未有統會。爾等
亦別類聚成編。二書務極精備。庶幾以垂後世。命
廣等總其事。仍命舉朝臣及在外教官有文學者
同纂脩。開館東華門外。命光祿寺給朝夕饌○十
三年。正月。遣監察御史吳文等分行天下。詢察吏
治得失。及民間疾苦。文等陛辭。
上諭之曰。百姓艱難。有司蔽不以聞。爾等受朕耳目
之寄。宜悉諮訪。凡朝廷所差人。及郡縣官有貪刻
不律者。執之。郡縣官有闒茸不職。及老病者。悉送
京師。惟布政司按察司堂上官。以狀來聞。毋枉毋

縱。必合公道。軍民利病。宜一一奏來。汝不恭命。汝
則有罪○三月。貴州布政使蔣廷瓚言。去年北征
班師。詔至思南府婺川縣。聞大巖山有聲連呼萬
歲者三。咸謂
皇上恩威遠加。山川效靈之徵。禮部尚書呂震請率
群臣上表賀。
上曰。人臣事君當以道。阿諛取容非賢人君子所爲。
呼譟山谷之間。空虛之聲相應。理固有之。是豈異
事。布政司官不察以爲祥。爾爲國大臣不能辨正
其非。又欲進表媚朕。非君子事君之道。遂已○九

月。西域貢獅子。文武群臣以為
聖德遠及所致。叩頭稱賀。
上曰。遠人貢土物以達誠。何為賀。詩書所稱。唐虞三
代之治。曷嘗及祥瑞。蓋古聖賢之君。但求時和歲
稔。百姓家給人足。即是太平。隋煬帝時孔雀聚朝
堂。百官稱賀。順帝時兩都森果葉皆生黃色龍文。
又有嘉禾一莖至八穗者。又常有五色祥雲見。恃
此而驕。卒皆亡滅。前鑒如此。朕與卿等但祗守
祖法。敬事無怠。以保鴻業。不可萌侈心。○十四年。四
月。禮部祠祭司郎中周訥上言。今天下太平。四夷

賓服。民物阜豐。請封禪泰山。刻石紀功德。垂之萬
世。尚書呂震亦言
皇上聖德神功。昭格上下。宜如訥請。
上謂震曰。今天下雖無事。然水旱疾疫亦間有之。朕
每聞郡縣上奏。未嘗不惕然於心。豈敢自謂太平
之世。且聖經未嘗言封禪。魏徵每以堯舜之事望
太宗。爾欲處朕於太宗之下。亦異乎徵之愛君矣。
汝當以古人自勉。庶幾不忝宗伯之任。○十二月。
歷代名臣奏議書成。先是
上以御書諭皇太子。命翰林儒臣黃淮楊士奇等採

古名臣直言。如張良對漢高。鄧禹對光武。諸葛武
侯對昭烈。及董賈劉向谷永陸贄奏疏之類。彙類
以便觀覽。至是書成以進。
上覽而嘉之。賜名歷代名臣奏議。因謂侍臣曰。致治
之道。千古一揆。君能納善言。臣能盡忠不隱。天下
未有不治。觀是書。足以見當時人君之量。人臣之
直。為君者以前賢所言便作今日耳聞。為臣者以
前賢事君之心為心。天下國家之福也。遂命刊印
以賜皇太子皇太孫及大臣。○十五年。三月。頒五
經四書性理大全書於六部并兩京國子監及天

下郡縣學。
上謂禮部臣曰。此書學者之根本。而聖賢精義悉具。
自是書成。朕旦夕宮中披閱不倦。所益多矣。古人
有志於學者。苦難得書籍。如今之學者得此書而
不勉力。是自棄也。爾禮部其以朕意曉諭天下學
者。令盡心講明。無徒視為虛文而已。○七月。戊寅
旦。壽星見。百官請賀。
上曰。比歲壽星見。卿等以為瑞致賀。然四方旱澇。比
比有之。而鮮有為朕言者。朕之所願。時和歲豐。天
下之人俱得其所。賢者在位。讒慝不作。百工舉任

其事。政平訟理國家清明此可為瑞壽星之瑞不
足賀○行在通政司言。甌寧縣人進金丹及方書。
上曰此妖人也秦皇漢武一生為方士所欺求長生
不死之藥此又欲欺朕朕無所用金丹令自食之。
方書亦與毀之毋令別欺人也○十六年正月以
玄兔圖并群臣所上表及詩文賜皇太子又賜書
諭之曰比陝西耀州民獻玄兔群臣以為瑞且謂
朕德所致上表稱賀又有獻詩頌美者朕心惕然
愧之夫賢君能敬天恤民致勤於理則有以感召
和氣屢致豐年海宇清明生民樂業此國家之瑞

也彼一物之異常理有之且吾豈不自知今雖邊
鄙無事而郡縣水旱往往有之流徙之民亦未嘗
無豈至理之時哉而一玄兔之異喋喋為諛夫好
直言則德日廣好諛言則過日增朕夙夜拳拳仰
惟
皇考創業艱難懼弗堪負荷不敢怠寧終不為彼所
惑爾將來有宗社生民之寄群下有言不可不審
之於理但觀此表及詩即理瞭然而情不能逃矣。
○十七年三月為善陰隲書成先是
上視朝之暇御便殿披閱載籍遇有為善獲報者命

近臣輯錄之。
上各為之論斷而系詩于後類為十卷名曰為善陰
隲親製序冠之特命梓刻以傳至是頒賜諸王群
臣及國子監天下學校又命禮部自今科舉取士
准大誥例於內出題○八月勑皇太孫曰爾年已
長正宜讀書明理以成大器自古帝王莫不以讀
書明理為本未有不讀書明理而能齊家治國平
天下者爾克勤學問他日用之不窮。
宗社得以永安天下皆蒙福澤爾勉之哉○九月卿
雲見欽天監言占書卿雲喜氣也太平之應又曰

天子孝則卿雲見君聖臣賢天下順心則日旁氣
如龍鳳茲實上瑞行在禮部請率文武百官上表
賀勑免之且諭侍臣曰昔帝舜之世萬邦協和故
百官有卿雲相和之歌朕寢食之間慮政事有缺
民生未安安敢恃此為祥縱是
上天委貺朕與卿等正當憂勤惕厲以答
天眷何以賀為○十八年四月頒孝順事實書于文
武群臣及兩京國子監天下學校先是
上命翰林儒臣輯錄古今載籍所紀孝順之事可以
垂教者為書每事

上親製諭斷及詩名。曰孝順事實。又親製序。至是始
頒行之。○十九年。四月。給事中柯暹監察御史何
忠等應詔言事頗訐直。然其詞侵工部尚書李慶
等。慶等不能平數請于
上罪之。
上曰。敬天故求直言。今罪言者是逆天。可乎。又曰。朕
於今正欲聞過。古之明主皆獎直言。今爾數請罪
之是欲朕為何如主。且彼所言爾等過失若誠有
即因而改之。宜非善德。果若無之。於爾何損。今罪
之。將重其名而益朕與爾等之過矣。慶等愧而退

○二十年。四月。
車駕發隰寧次西涼亭。西涼亭者。故元往來巡遊
之所。
上望其頹垣遺址。樹木鬱然。謂侍臣曰。元氏創此。
將遺子孫為不朽之圖。豈計有今日書云常厥
德保厥位。厥德靡常九有以亡。況一亭乎可以
為殷監矣。因下令禁軍士斬伐樹木○二十二
年五月。
上以征胡寇。
車駕次開平。適雨士卒有後至而沾濕者。時其地

尚寒。
上遂見之指示諸將曰。士卒者將帥所資以成其功
名撫之至則報之厚。古人有言視卒如嬰兒可與
赴深谿視卒如愛子可與之俱死。今方用之為國
家除殘去暴柰何不恤○七月。次榆木川
上大漸遺命傳位
皇太子遂崩。
上在位二十三年。享年六十五。葬長陵。
史臣拜手稽首言曰。
上外嚴內仁而雄材大畧。條理精密知人善任使推

誠待下凡所委用。非浸潤所能間讒謏之人。終
見疎斥。矜過誤畧小罪。不以一眚掩衆善。不以
私愛蔽大惡聽言之際明睿所照不待其盡洞
見底蘊臨幾剸果裁制大事數語而決與下人
言開心寫誠表裏明白。重刑獄。死罪至四五覆
奏隆寒盛暑必疏囹圄淹滯用兵善以少擊衆
料敵審勢豫為方畧關闔應變機智如神臨敵
對陣意度閒暇至於決戰氣勢橫溢率身先赴
敵而未嘗有所傷。自大將至偏裨小校悉識其
能否勇怯臨陣指使各盡其用而下與士卒同

甘苦士未飲食不先飲食所獲敵將悉觧其縶置諸左右信任不疑有功者必賞故人皆感悅爭效死力至命將出師皆指授方畧能遵用者靡不克捷

上雖善用兵而以不殺爲主至不得已殺之必累日弗樂初靖難之師南出凡得敵兵皆縱之既度淮所至景附入京之日市不易肆故不四載掃除奸宄內平禍難再安

宗社既爲衆所推戴勤政務早晚臨朝率漏盡十刻乃罷深知下人艱難凡所役使撫綏周備四方

上水旱災傷必遣人巡視賑䘏遇奏邊警及軍機重務雖夜中必興召群臣定議行之不稽頃刻總覽權綱無專擅之臣愛重名爵軍職必論功一資半級不輕畀賞功率厚而均遇災變必求言雖疏賤苟有所陳皆得造榻前自達言苟可采欣然納之否亦不罪博學好文於禮雖不泥古往往默契古人訓諭子孫以學問爲務數自著書貽之動累萬言反覆明切於祭祀致誠敬齋戒必慎旦暮必恭謁奉先殿時物未薦新尚膳者不敢進厚於宗室賚予常過無不及諸

弟姪有縱越禮法必訓諭使改不曲爲之隱曰庶幾保全之也罪惡著甚如榑如橞雖免爲庶人其所資一毫皆歸之飲食衣服之奉悉如舊嚴禁宮壺不事姑息外戚有過率正以禮法於官寺小過必懲與廷臣論事其侍衛左右者悉引避鑒前代之失保全功臣推誠待之恒垂訓戒有過不爲曲隱必明諭之使改不改者或斥家居或須繫之或謫立功無幾即釋之其能改者待之加厚未嘗宿怨故當時功臣多奉法云敬老重賢禮遇儒者萬幾之暇相與討論治道

意甚浹洽愛才惜士有一藝之長必用之臨軒策士屢擇其尤者命就文淵閣晝出中秘書俾進學而親飭勵之進士中有才識者不次擢用

上性不嗜酒常服澣濯衣雖小物愛惜不妄費戒驕溢卻禮官請封禪禮官數因祥瑞致賀必降敕戒勵晚有疾觧御外朝政事悉付皇太子決之至軍國重務必自決左右或勸

上少自逸者曰

祖宗付畀之重一息不絕其敢怠爲政一循

太祖舊規申明法制脩述禮樂躬謁孔子幸太學廣

召天下方聞博雅之士蒐羅古今著為大典敎
章正學集四書五經性理大全垂訓萬世德威
廣被西裔君長無間小大遠邇朝覲貢獻請授
官爵於闕下者無虛日海外若榜葛剌滿剌加
忽魯謨斯等處新受朝命為王者殆三十國東
踰遼水韃靼女直野人兀良哈之地立行都司
衛所設官統治幾百處直西部落數百種皆重
譯來附其請置官府者蓋三之二西南羌夷建
宣慰宣撫安撫司各軍衛郡縣視舊增益數倍
安南為逆一舉削平之而郡縣其地獨北虜反
覆數為邊患親率六師征之䠞諸絕漠之外虜
遂不敢南嚮蓋三代以來若漢之高帝唐之文
皇宋之太祖其寬仁大度聰明文武闊遠之規
乾剛之用
上皆兼而有之是以功烈之盛前古鮮儷焉

歷代君鑒卷之三十二

歷代君鑒卷之三十三

國朝

仁宗昭皇帝

仁宗敬天體道純誠至德弘文欽武章聖達孝昭皇
帝
太宗文皇帝嫡長子
母仁孝文皇后
上自幼端重沉靜言動有經四五歲宮中聞讀書輒
喜自是書冊翰墨不去手稍長習射數日輒造精
藝發無不中左右問何若是巧也曰心志既正無
難者然絕口不自矜蓋於馳射及奇巧玩適之具
悉非所好獨好學問日從儒臣論說不厭洪武二
十八年閏九月
命為燕世子
太祖思宗藩之重特召秦晉燕周四世子朝夕親訓
之嘗命分閱皇城四門衛士
上還奏獨後
太祖問之對曰旦寒甚衛士方食俟其既食乃閱之
故後

太祖喜曰。能體恤下人。是吾心也。又命分閱中外臣
民奏疏。獨取其切於兵民疾苦及關宗社者白之。
太祖覽之稱善。其間有一語一字之謬者悉置之不
以白。
太祖指示之曰。爾忽之耶。對曰。顧小過失。不足以瀆
天聽。
太祖喜曰。孫有君人之度矣。嘗問之曰。堯九年之水。
湯七年之旱。當時百姓奚恃。對曰恃聖人有恤民
之政耳。自是益見重逮。
太宗皇帝舉兵靖難。奉命居守。時將士精銳者皆從

征。城中所餘老弱不及什一。旦暮督治守備及禦
敵之具。撫綏城中軍民。人人忻悅。咨求老於兵旅
及才識文吏與之同事。推誠待之。皆為盡心。每四
鼓以起。二鼓乃息。左右或以過為言者。答曰。
君父身冒艱險。此豈為子優逸時。且根本之地。敵人
所必趨者。豈得不為預備。而凡有所施為。皆稟命
仁孝皇后。無幾。李景隆引兵數十萬圍北平城。是時
城中守備已完。雖老疾孱弱不及萬人。
上鼓舞激勸。下至婦人小子。皆奮效力。更番乘城。晝
夜拒敵。雖矢石交下。人心不變。數夜遣人開門斫

敵營。敵驚亂自殺。或至明乃定。遂退營數十里。
太宗皇帝既正大位。升北平為北京。以其地大民衆。
且藩邸之舊。仍命居守。永樂二年二月。遣隆平侯
張信永春侯王寧。召
上至南京。立為皇太子。時
太宗皇帝欲天下皆歸心於
上。凡有寬仁。悉付
上行之。
上亦孜孜惟仁之施。或有水旱飢饉。兵民失所。未嘗
不戚焉思有以賑恤之。每諭文武大臣曰。卿等宜

深體
至尊聖仁以惠黔黎。勿為苛刻以搖邦本。其後監國。
所惠被下人甚厚。故天下咸屬心焉。永樂二十二
年。
太宗皇帝以征虜寇。上賓于行在。先日遺命
上即皇帝位。八月。文淵閣大學士楊榮等傳
遺命至北京。
上慟哭幾絶。强起拜受命。翌日。親王及文武羣臣累
箋勸進。
上乃躬告

几筵即皇帝位大赦天下改明年為洪熙元年○永樂七年春三月

上為皇太子監國南京謂户部侍郎古朴曰今夏氣將至農事正急聞輸賦之人聚於京師久不得歸此必所司貪賄故生事阻滯其速榜諭凡運賦所過官司不即放行所至倉官不即收受者皆罪不貸○夏五月解州儒學教諭白威言安邑民飢流徙吏不知恤旱傷田稼而科徵不已其税糧乞折收鈔帛庶少蘇息之

上曰守令民之父母艱難困苦而不知恤又重以徵斂豈為民父母之道命户部停徵税糧令御史治縣官罪命吏部以威為安邑知縣○六月江西道監察御史方恢父喪不丁憂

上曰御史朝廷綱紀之職彼既不孝何以糾正百僚命送行在奏請罪之○都督譚青率官軍赴北京陛辭

上諭之曰為將宜號令嚴明部伍整肅近聞軍士在外往往暴横擾民剽奪財物此皆為將不能約束之過夫兵以除暴衛民乃為暴厲民可乎其戒約之毋自取罪責○八年春二月廣德州知州楊翰

以公事稽程被逮州民耆老二百餘人詣闕言翰善於撫字百姓賴之乞貸罪還職

上曰耆老二百餘人言其善必有及民之政矣稽緩公事小過可恕也遂遣行人賫書就道諭之復職仍賜鈔三百貫○

上謂都察院左都御史陳瑛曰五城兵馬專以巡警京城若畏避權勢縱惡長奸將小人得志善良受害爾其戒勵之使各修厥職○三月左都御史陳瑛啓蘇州府妖婦誣降邪神法當絞其子累乞代死

上曰此人情所難可特以子之故曲宥其死然妖人不罪無以示懲杖而釋之○副都御史虞謙給事中杜欽啓潁州及潁州衛軍民缺食請發廩賑貸

上遣人馳諭之曰軍民困乏待哺嗷嗷卿等尚從容啓請待報汲黯何如人也急發廩賑之勿緩○刑科右給事中耿通言驍騎等衛倉壞運糧至者露積久而腐折者多工部侍郎陳壽等不預修理宜正其罪

上曰豈獨腐糧又妨農務令壽等亟修倉收納遣民歸治農○吏科給事中陶瑋有罪下獄時瑋啓其

鄉一工匠不赴公役而私買於外

上曰爾以是為忠邪朝廷置六科雖以考察奏牘防閑欺蔽亦欲聞政事之缺失下人之休戚今朝廷政事兵民休戚豈無當言者皆未聞汝言而瑣瑣及此豈汝嘗有私憾乎命刑部召匠訊之刑部啓云匠已役滿將歸暫買以給路費其家居與瑋隣素有私忿蓋誣之遂下瑋獄○閏十二月戶部言廣東雷州府九月颶風暴雨遂溪海康二縣壞民廬舍千六百餘間田禾八百三十八頃民溺死者千六百餘人府縣匿不以聞

上曰守令民之父母不恤其患又不以聞是豈有仁心令御史按視鞫治之○十四年七月刑科給事中李能劾啓河南布政司左參議王徵巡視民瘼所至恣貪酷杖殺新鄭等縣吏民數人請治其罪

上曰巡視民瘼求以恤人乃縱私殺人罪奚可容命都察院追鞫之○十八年冬十月

上過滁州登琅琊山指示學士楊士奇曰此醉翁亭故趾也因歎歐陽脩立朝正言不易得今人知愛其文而知其忠者鮮矣蓋

上為文章尤善脩每曰三代以下文人獨脩有雍容和平氣象尤愛其奏議切直嘗命刊脩文以賜羣臣且諭之曰脩之賢非止於文卿等當考其所以事君者而勉之○十一月

上過鳳陽謁

皇陵畢周顧陵旁見

仁祖淳皇帝所遺石農器顧侍郎張本學士楊士奇曰國家帝業所自也徘徊久而後退既退陵下耆老進謁悉賜酒饌慰勞之有知

太祖龍興時事者留從容與語至夕加賜優厚已而顧楊士奇等歎曰知當時事者益鮮矣蓋

上重祖宗事率如此○

上過鄒縣見男女持筐盈路拾草實者駐馬問所用民跪對曰歲荒以為食

上惻然稍前下馬入民舍視男女皆衣百結不掩體竈釜傾仆不治歎曰民隱不上聞若此乎顧中官賜之鈔而召鄉之耆老問所苦具以實對輟所食賜之時山東布政使石執中來迎責之曰為民牧而視民窮如此亦動念否乎執中言凡被災之處皆已奏乞停今年秋稅

上曰民餓且死尚及徵稅耶汝往督郡縣速取勘飢

民口數。近地約三日。遠約五日。悉發官粟賑之。事
不可緩。執中請人給三斗。曰。且與六斗。汝毋懼擅
發廩。吾見
上當自奏也○十九年。春正月。禮部尚書呂震言於
上曰。殿下前在南京。數遣中官進保進奏牘。每至。輒
以殿下過失上聞。而皆其妄言。今宜竦此人。
上曰。過失吾豈能無。今
至尊既不信之。我又可與此人計較耶。卒寘之○二
十一年。秋八月。
上諭戶部尚書郭資曰。今年南北直隸并山東郡縣

水旱之處。粮芻皆無所出。而有司徵索不已。甚為
朝廷歛怨。其悉蠲之○二十二年夏五月。浙江台
州府臨海縣啓。廣濟等處河道淤塞。水閘頹壞。乞
修浚。
上諭工部臣曰。春秋慎用民力。而譏不時。可令農隙
修築○九月。
上諭工部臣曰。古者土賦隨地所產。不強其所無。比
年如丹漆石青之類。所司更不究物產之地。一槩
下郡縣徵之。郡縣逼迫小民。鳩歛金幣。詣京師博
易。輸納。而商販之徒乘時射利。物價騰踴數十倍。

加有不肖官吏。夤緣為奸。計民所費。朝廷得其千
百之十一。其餘悉肥下人。今宜戒此弊。凡合用之
物。必於出產之地計直市之。若仍蹈故習。一槩科
派以毒民者。必誅不宥○禮部尚書兼太常寺卿
呂震奏。
太宗皇帝遺命喪服一如
太祖高皇帝倣漢制。以日易月。今已踰二十七日。請
釋衰服。服烏紗冠素服黑角帶臨朝。
上曰。
梓宮在殯。朕何忍遽易。自是臨朝素冠麻衣麻絰。朝

退仍衰服○鳳陽五河等處奏。雨水渰田稼。
上謂戶部尚書夏原吉曰。農民勞苦。至秋成為水所
傷。既無自給。不可復徵其稅。其遣人覈實。今歲粮
芻悉蠲之○又謂翰林儒臣曰。為政所大患者。上
下之情不通。比來朝野物議何如。凡軍民中利有
當興。害有當革者。卿等悉為朕言。當審其可否即
行之。庶幾少紓人困○賜少傅兼吏部尚書蹇義。
少保兼華蓋殿大學士楊士奇。太子少傅兼謹身殿
大學士楊榮。太子少保兼武英殿大學士金幼孜。
銀圖書各一。其文曰。繩愆糾繆。仍諭之曰。卿等皆

國家舊臣祇事
先帝二十餘年。又事朕於春宮。練達老成。今朕嗣位之初。軍國之務重。須卿等協心贊輔。凡政事有缺失。或群臣言之而朕未允。或卿等之言朕有不從。悉用此印密疏以聞。其毋憚於再三言之。君臣之間盡誠相與。庶幾朝無缺政。民不失所。而朕與卿等皆不負
祖宗付託之重。義等頓首受命。○加忠勇王金忠太子太保。二俸俱支。
上諭吏部尚書蹇義曰。朕嗣位以來。文武大臣皆有進職。此人在列。不無希覬之意。亦宜有以慰安其心。義對曰。漠北歸附之人。今居京師者甚衆。今皆瞻望朝廷待此人如何。雖賜賚已厚。然名爵亦宜畧示優待。此懷遠之道也。
上曰。然。其他職渠所不諳。虜人所諳者惟三師爲重。可與太子太保。但不令預職事耳。○冬十月。
上諭兵部尚書李慶等曰。城池爲民保障。今天下無事日久。城隍池湮。所司玩愒不知修治。一有警急何以衛民。宜下各都司督令各衛所委正官巡視城池有傾塞者。於軍士農種之暇。併工修理。務令

堅固。若臨邊境則不俟農暇。即日修治。○賜行聖公孔彥縉宅於京師。彥縉數來朝。皆館於民。
上聞之。顧近臣曰。四夷朝貢之使至京師皆有公館。
先聖子孫乃寓宿於民家。何以稱崇儒之意。遂命工部賜宅。○
上諭禮部臣曰。
皇考臨御。數詔有司存恤鰥寡。郡邑皆有養濟院。比聞率是文具。居室敝壞。肉粟布絮不以時給。栖栖飢寒而守令漠不留意。爾禮部即戒約之。令謹視遇。施實惠。勿致失所。○山東布政使司言。登萊諸郡今歲雨水傷麥。其前歲所逋稅乞令民以他物代輸。
上諭戶部議所以寬貸之。戶部言。今國用不足。
上曰。君民一體。民貧豈可不恤。宜從所言。○
上諭吏部。令在京七品。在外五品以上文官及知縣。於五品以下見任官及軍民中訪舉德性淳篤。行止端方。或材能出衆。政績顯著。或文學有稱。識見優遠者。量材擢用。若有蔽賢及濫舉者論罪如律。所舉之人後犯贓罪。舉者連坐。又諭之曰。朝廷比年數下詔舉賢。而奏行者率多徇私背公。或以賄

賂舉或以親故舉所得實材十不三四政事何由而理生民何由而安自今必嚴舉主連坐之法庶得實材○大理寺奏決重囚

上曰人命甚重帝王以愛人為德卿等理刑宜贊輔德政罔俾無辜含冤地下傷國家之和氣昔法吏有於死獄求生道者天有顯報不在其身在其後人卿等勉之遂命五府六部通政司六科同三法司於承天門會審特召大學士楊士奇楊榮金幼孜至榻前諭曰比年法司之濫朕未嘗不知其所擬大逆不道往往出於羅織煅煉

先帝數切戒之故死刑至四五覆奏而法司略不留意皆為酷吏而無愧自今凡審決重囚卿三人往同審有宽抑者雖細故必以聞遂命三法司今後審決重囚必會三學士同審○山西渾源州奏民逃徙者百餘戶其荒田稅額未除請以均分見在之民

上曰民窮甚故逃今以分見在之民是欲其皆窮而逃也命戶部速除稅額若民有願耕者或逃者復歸就耕則三年後徵稅○

上御西角門視朝罷時風寒顧謂翰林臣曰朕與卿等居重城中猶覺凜凜如此守邊將士晝夜嚴警殆不可勝遂命書勑遣使以鈔幣賜緣邊將士戶部尚書夏原吉等曰朝廷待守邊者厚矣既預給禦寒之具復蒙恩如此昔楚子以寒巡柎三軍皆如挾纊彼徒施溫言人猶感勵況今受實恩敢昧報效但願

陛下常推此心不忘耳

上曰人君視天下萬物為一體況將士為國家躬勤勞瘁豈敢須臾忘之朕所行或有不及須卿等翼輔古人有言為君盡君道為臣盡臣道朕與卿等各盡其道可也○

上諭吏部尚書蹇義曰自古人君厚其臣必體其情而及其父母故後世有推恩封贈之典今武臣皆得封贈祖考文臣得者甚少

太祖

太宗之世既皆行之明著吏部職掌蓋褒善勸功勵人心於忠孝者在此其舉行之但無越成憲濫及匪人耳○十一月御札付禮部尚書呂震曰建文中奸臣其正犯已悉受顯戮家屬初發教坊司錦衣衛浣衣局并習匠及功臣家為奴今有存者既

經大赦。可宥為民。給還田土。凡前為言事失當謫充軍者。亦宥為民。○

上諭禮部臣曰。太學聚天下之士以備任用。蓋因其已成而益充之。今郡縣歲貢生。率記誦陳言以圖僥倖。求其實學。百無一二。爾禮部宜勑有司。督學官嚴誨訓。必通經成材。方得充貢。蓋學者先立根本於鄉學。然後進而充廣於太學。若在鄉學全未有成。而望有成於國學。焉有此理。○

上謂侍臣曰。守成之主。動法祖宗。斯鮮過失。書曰。監于先王成憲。其永無愆。後世為嗣君者。往往作聰明。亂舊章。而卒至喪敗不救。可為鑒戒。朕十餘歲侍

太祖高皇帝側。親見作祖訓。屢經改易而後成書。是時秦晉周世子皆在。

太祖閒暇。即召太孫及諸世子於前。分條逐事委曲開諭之。皆持身正家以至治天下之要道。為天子。為藩王。能每事遵守。豈有不福祿永遠者。朕寤寐不忘。今已命司禮監刊印。將賜諸子及弟姪。侍臣對曰。

陛下此心。即

太祖高皇帝之心也。○遣監察御史湯熒等十四人分巡天下。考察官吏。

上諭之曰。國以民為本。民安則國安。比年在外牧守之官。不體朝廷恤民之意。侵削擾害。民不聊生。故遣爾等分行考察。然人材器不同。有專為脂韋諂媚而政事不理。殃及於民者。有沉靜篤實。不善逢迎而為政簡易。民悅服之者。有虐於用刑。巧於取索而能集事者。有廉潔無私。謹身自守。而政務不舉者。爾等明白具實以聞。無惑於小人。無屈於勢要。無私於親故。詢之於眾。斷之以公可也。各賜鈔二

十錠為道里費。又諭之曰。御史。朕之耳目。當勉副朕心。必先自治。方可治人。若棄廉恥。違禮法。則朕亦不汝貸。汝往勉之。○廷臣有奏舉官者。

上諭之曰。君以求賢為務。臣以薦賢為忠。雖聖人用人不求備。隨才大小。皆有所用。然天下之大。其間豈無庶幾皋夔顏曾之徒。誠得一人。勝千百人。爾等為朝臣。宜體朕此意。悉心訪求。勿苟徇私情而不顧公義。古人云。舉能其官。惟爾之能。稱匪其人。惟爾不任。朕亦以此觀爾。遂命吏部自今以薦舉至者。必試而用之。○

上御西角門閲京官誥詞顧大學士楊士奇楊榮金
幼孜曰卿三人及蹇尚書夏尚書皆
先帝親任舊臣朕方倚以自輔凡朕所行卿等朝夕
共見有未盡善皆當盡言朕見前代人主有一履
帝位輒自尊大惡聞直言左右之人雖素所親信
亦畏威順旨緘默取容或賢良之臣不肯默默言
之一再而不見聽亦退而絶口以圖自全君臣之
間各謂永享富貴然未久皆致禍敗朕與卿等皆
深以為戒君臣一體務始終同心庶幾可以共圖
利安遂取五人誥詞

上親御宸翰增二語云勿謂崇高而難入勿以有所
從違而或怠曰此朕實心卿等勉之士奇等稽首
曰此
陛下盛德臣等豈敢不勉
上悦○太子太保吕震奏冬至節請御正殿受賀
上曰梓宫在殯山陵未終因時興慕哀慟愈切慶賀
之禮豈所宜言勅免賀○
上諭户部尚書夏原吉曰古者寓兵於農而不奪其
時所以民無轉輸之勞而兵食足後世莫善於漢
之屯田

先帝所立屯田法甚善盖用心亦甚至但後來所司
數以征徭擾之既失其時遂無其效所儲蓄十不
及二三有事不免勞民轉輸矣其令天下衛所凡
屯田軍士自今不許擅差妨其農務違者處以重
法○翰林學士楊溥密疏言事
上嘉納之御札奬諭之曰覽卿所奏為國家之計誠
合朕心但望卿始終如一知無不言相朕致治以承
天休感卿忠懇特用酬報今賜卿綵幣一雙鈔一
千貫卿其領之○
上御右順門諭楊士奇曰近日覺得羣臣意思甚好

朕或乘快意發落事有過處朝退思之方自悔而
外間已進文字來甚愜朕心士奇對曰宋臣富弼
有言願不以同異為喜怒不以喜怒為用舍
上曰然有言逆于汝心必求諸道朕但存此心間羣
臣所言有咈意者朕退必自思或朕言有失未嘗
不悔士奇對曰成湯改過不吝所以為聖人
上曰朕有不善患未知耳知之不難於改此卿所知
也○十二月
上諭吏部臣曰師儒之職不可濫授此欲其成就人
才德古以模範稱之模範不正其所造器何由得

正。比來國子生務實學者甚少。大率於諸司歷事。苟延歲月以圖出身。固是學者志趣卑下。亦由師範失職所致。每引選國子監官。皆循資格陞之。不聞舉一道德老成之士。如何望太學之師皆得人。自今宜慎重其選。○吏部舉奏興州左屯衛經歷李能詐丁憂事。

上曰。孝子事親。惟日不足。不幸已死。初猶以生事之。不忍遽死其親。今親在。乃詐言死以誑朝廷。不孝不忠。孰大於此。命付法司治之。○禮科給事中黃驥極陳西域貢胡入貢。西人受害。乞罷其貢。

上嘉納之。以其奏示禮部尚書呂震曰。驥嘗奉使西域。故具悉西事。卿陝西人。有不悉邪。為大臣當存國體。恤民窮。毋侵削根本。驥所言其從之。○刑部尚書金純太子少保兼都察院左都御史劉觀等奏刑名畢。

上諭之曰。朕於刑法。未嘗敢以喜怒增損。卿等鞫獄之際。亦當虛心聽察。量其情實。有罪不可幸免。無罪不可濫刑。持法明信。則人有所畏而不敢犯。若不明其情而任己輕重。或迎合朕意。使人含冤抱恨者。朕之所惡。卿等其以為戒。卿等皆國大臣。非獨自己當存矜獄之心。如朕一時過於嫉惡處法失中。卿等更須執正。毋以乖迕為慮也。○書各都司布政司按察司官　姓名於奉天門西序。先是

上諭吏部尚書蹇義兵部尚書李慶曰。庶官賢否軍民休戚之所係。唐太宗書刺史之名於屏。朝夕省覽。聞其有善政。則各疏于下。故當時所用之人皆思奮勵致治效。斗米三錢。外戶不閉。

皇考亦嘗書中外官姓名於武英殿南廊。閒暇觀之。今五府六部之臣。朝夕親見。得詢察其賢否。若都司布政司按察司官。朕既不盡識其人。又不悉其

姓名。雖或聞其賢否邪正。既久不能不忘。為臣有善而上忘之。誰肯自勉。如此。國家何以望治效。爾吏部兵部。具各都司布政司按察司官姓名履歷。揭諸西序。朕得閒暇觀之。以考察其行事而黜陟焉。至是悉書之。又顧義等曰。卿等更須用心以副朕圖治之意。○罷海子至西湖巡視官。蓋西湖受房山之水。流經城南。出注海子。凡三十餘里。官常遣人往來巡視。禁民不得取魚。而並緣為奸者其旁近之草。及灌田之水。民皆不得取。至是

上命吏部悉罷之。謂尚書蹇義曰。古者山澤之利皆

與民共朕之心。凡有可推以利民者。雖府庫之儲
不吝。況山澤所產哉○禮部尚書呂震奏。有旨賜
衍聖公孔彥縉一品金織衣。衍聖公是二品。如旨
賜之過矣。
上曰。朝廷用孔子之道治家國天下。今孔子之徒在
官有一品服者。孔子之後襲封承先師之祀。服之
何過。且
先帝時五品儒臣。有賜二品服者。亦何過哉。其賜之。
用稱朕崇儒之意○洪熙元年。春正月。
上御奉天門朝羣臣。命禮部鴻臚寺不作樂。羣臣止

君鑑卷三十三　二十

行五拜三叩頭禮。先是禮部尚書呂震請曰。
陛下初登大寶。天下文武羣臣及海外諸國皆來朝。
宜受賀作樂如大朝之儀。不從。次日震固請之。大
學士楊士奇。楊榮。金幼孜。黃淮進曰。
陛下言是。
上曰。山陵甫畢事。忍遽即吉。朕明日亦不欲見羣臣。
震曰。四方萬國之人遠朝新主。皆欲一睹天顏。固
聖孝誠至。亦宜勉徇下情。
上顧士奇等四人曰。禮 過矣。對曰。誠如
聖諭。必欲俯徇輿情。亦 不宜備禮。

上從之。遂有是命○召大學士楊士奇。楊榮。金幼孜
黃淮。諭曰。為君以受直言為賢。為臣以能直言為
忠。不受直言。則過益增。不能直言。則忠不盡。如昨
日朝會從震所請。今悔何及。賴卿等同心。遂免此
悔。自今卿等遇朕行有未當。但直言之。毋以不從
為慮。各賜鈔一千貫。文幣一表裏○二月
上諭華蓋殿大學士楊士奇等曰。東宮開講筵。蓋欲
皇太子日聞正道。養成德性。講官當以大經大法
進說。其前史所載非聖賢之道無益於治者勿言
○三月。

君鑑卷三十三　二十一

上諭吏部臣曰。刑獄係人死生。近日刑官有以貪賄
敗者。有以深刻敗者。蓋顛倒是非。民苦冤抑。天災
人譴。彼必不免。但薦用之者。亦得辭其咎歟。自今
刑官必擇廉明公正謹厚之士。無俾憸人得肆枉
濫○
上諭刑部尚書金純。都察院左都御史劉觀。大理寺
卿虞謙曰。往者法司無公平寬厚之意。尚羅織為
功。能稍有片言涉及國事。輒論誹謗。中外相師成
風。奸民欲嫁禍良善者。輒飾造誣罔以誹謗為說。
一罣名於此。身家破滅。莫復辯理。今數日覺此風

又諭。夫治道所急者求言。所患者以言為諱。況今所急者在於通下情。卿等宜體朕心。自今告訐謗者悉勿治。顧大學士楊士奇等曰。此事必以詔書行之○五月。

上諭少師兼吏部尚書蹇義曰。御史朝廷耳目之官。惟老成識治體者可任。新進小生遽受斯職。未達政治之體。而有可為之權。遇事風生。以喜怒為威福。以好惡為是非。甚者貪穢無藉。賢人君子正直不阿。往往被其淩辱。小人阿順從臾之。則相與為膠漆。其於政事得失軍民利病。畧不用心。安在其

為耳目也。爾吏部自今須慎選擢。以清風紀。既又歎曰。都御史十二道之表。如都御史皆廉清公正。各道御史雖間有不才。亦當知畏憚。今之不才者無畏憚矣。爾其咨訪可任都御史者以聞○

上在位十閱月。壽四十有八。塟獻陵

史臣拜手稽首言曰。

上天稟純明。孝友之行出於至性。

太宗文皇帝。

仁孝文皇后。深所鍾愛。初在東宮。備悉民情。既即位。悉行所志。每詔書下。軍民歡忭。如旱得雨。如飢渴得飲食。遇水旱。必齋戒致禱。郡縣上言飢荒。即遣人賑恤寬貸。急民之急。恆若不及。臨政務當大體。未嘗計利。恆曰。能推利以厚百姓。國家將享大利焉。明於知人。在廷之臣。其才行文學高下。瞭然於心。緩急用之。靡不曲當。寸長可用。咸所不棄。苟犯名義。雖才必黜。未嘗以所愛惡移是非之公。於用將帥。取長棄短。嚴謹備邊。不志遠畧。邊將陛辭。每諭之曰。民力罷矣。慎勿貪功生事。夷虜至塞下。順則撫之。逆則禦之。驅之而已。毋為首禍。違命獲功。吾所不賞。賞功褒德

寧過於厚。惡贓吏。屢戒法司曰。贓吏務厲民裕己。國家恤民。必自去贓吏始。故未嘗貸之。重學校。嚴薦舉。每諭所司用人。必求實材。授官必責實效。樂聞直言。所言切理。多見褒答。間有咈逆。雖暫齟齬。無幾輒悟。更加賜賚。喜怒或小過。未嘗不悔。既悔。改之不吝。雅志儒術。務學問。諸經皆通。於書尤熟。嘗曰。為治不本此書。雖獲小康。苟焉而已。於春秋。歎曰。先王之禮壞。此書所由作也。卜筮不用俗占法。必取正周易。反覆卦爻。彖象之辭及程朱氏之說。信之甚篤。喜考古制

度以求聖人之意贊善陸濟博洽冠一時數侍論議退語其僚曰殿下天資明睿非羣臣所及學問所得必見諸行事為文章不事雕飾達意而止贊善王汝玉嘗言作詩有法

上曰三百篇何所法哉無他嗜好惟畜經籍法書甚富閒暇手不釋卷被服寬博類儒者少侍

太祖曉識天象長益探究或欽天監所陳有諱避者輒見窮詰既即位作臺禁中時自觀察而預言休咎之應多奇中遇災變必警飭自奉儉薄恒念

祖宗創業之勤每事必問祖法如何又曰循

祖宗之法者當明

祖宗之心嘗集侍臣錄

太祖親製皇陵碑文授諸子俾熟讀曰知此庶幾知保富貴又嘗命刋真德秀大學衍義賜諸子曰為人上不可不知此書為人臣不可不知此書在儲位二十年深明君人之道是時天下皆已嚮心暨嗣位勵志圖治推誠任人每曰為人君止於仁耳故弘施霈澤悉罷科買已逋責詢民隱急農事褒舊勞舉墜典增文武官俸加軍士食米循舊政賜文臣誥敕予歸省告而歸省者賜賚有制禁告訐誹謗申嚴自宮之禁及禁加人宮刑屢飭法司崇寬厚戒深刻惟日以恤人為務在位僅十月而德政加多故遺詔初下百姓如喪慈父廟號曰仁天下之公言云

歷代君鑑卷之三十三

歷代君鑑卷之三十四

善可為法

國朝

宣宗章皇帝上

宣宗憲天崇道英明神聖欽文昭武寬仁純孝章皇帝。仁宗昭皇帝嫡長子。母誠孝恭肅明德弘仁順天啓聖昭皇后以己卯歲二月九日生

上於北京。生時衆望見光氣五采騰於宮闈之上

太宗皇帝嗣大位

上甫四歲

仁孝皇后以至南京。間出見羣臣。儀容儼恪屹如巨人。羣臣瞻望驚異稍長。在宮中孝敬日隆而喜書冊。初出就學。

太宗皇帝命設講席於華蓋殿之東。令太子少師姚廣孝及翰林内閣之臣往侍講讀。後講讀於武英殿。

太宗皇帝。

仁宗皇帝時親臨視其智識益廣。襟度益弘。永樂七年。

車駕巡狩北京。以

上隨行道途所經

太宗皇帝親以

上過田家徧覽農具及其衣食。且諭以農民勤苦之事。曰。此為帝王者不可不知也。遂作務本之訓以授

上。具言農事之勤勞。王業之艱難。與凡無逸祭祀為政睦親用人賞罰内治外戚宦寺飲食防衛理財等事。曰。此帝王切要之道。又命儒臣集聖學心法。皆親製序以授

上服膺惟謹。

上天資明睿讀書一目數行。大義瞭然。每覽必盡卷輒記不忘。五經治道諸史治亂興亡之要尤所留意。諸子百家言涉理道者咸領會之。

太宗皇帝嘗諭

上曰。讀書當求大義不可效書生循行數墨徒費精神耳。

上敬佩服。出閣未幾。

太宗皇帝問帝王心法所在。以精一執中對。

太宗皇帝大悅稍暇侍側應制作詩賦屢承奬賚永
樂八年。
太宗皇帝親征北虜命
上留守北京以尚書夏原吉贊輔時諸司政務填委。
且師行之際調度輓運事煩左右有言艱大者。
上曰
皇祖悉有成法惟遵行之耳。自是
太宗皇帝巡狩北京及征胡虜皆從行。
仁宗皇帝嗣位冊
上為皇太子。中外啓事悉歸裁處。洪熙元年春。南京

屢奏地震羣臣或請命親王及重臣往守者。
仁宗皇帝曰非皇太子不可太子仁德威望足以服
人心人心安即天意定矣況
太祖皇帝陵寢奉違已久朕夙夜在念。今皇太子往
庶幾如朕往也。遂召
上計之。
上泣曰。固不願違離膝下然
宗社大計所在不敢辭。遂决行。既至南京謁
孝陵。
仁宗皇帝不豫。以璽書馳召

上還。
上即日就道時南京訛傳言
仁宗皇帝上賓。臣下未敢以聞但言茲正戒嚴之時
宜整兵衛而後行或勸
上從間道行。
上曰。
君父在上。天下歸心。豈有他虞。且予始至遽還。非衆
所測。況
君父召。豈可稍遲。遂騂道馳還。夏六月辛丑。
上至北京。聞

仁宗皇帝上賓。慟哭幾絕。先是
仁宗皇帝遺詔
上早正大位。
上既至。以是月庚戌即皇帝位。詔改明年為宣德元
年○
上初即位四日。以哀戚未出。羣臣屢請始聽政于西
角門○巡按浙江監察御史尹崇高奏朝廷近差
內官內使於浙江市買諸物每物置局拘集動擾
供給繁勞。朝廷所需甚微民間所費甚大。
上諭尚書吳中等曰。差遣中人本出權宜豈知勞擾

如此。今詔書已罷買諸物。若買完者即令回京。未完者悉皆停止。○河南新安知縣陶鎔奏。民食甚艱。公私無儲。獨函關驛頗有儲粮。欲申明待報。然後給濟。然民命危在旦夕。已先借粮一千七百二十八石給民。俟秋成還官。

上謂尚書夏原吉曰。知縣所行良善。朕聞近年有司不體人情。苟有饑荒。必須申報。展轉勘實。賑濟失時。知縣急於濟人。先給後聞。是能稱任使。卿毋拘文法責其專擅。○安平縣丞耿福緣累以冗員當汰。民懷其惠。累奏乞留之。

上諭行在吏部臣曰。州縣官愛民如子。則民亦愛之如父母。若貪虐無道。民視之如仇讎。豈肯保留至於再三不已。其陞福緣為安平知縣。○七月。行在都察院右副都御史弋謙言。有司於民間買辦諸物。多虧價直。

上覽之。謂侍臣曰。科買諸物。每令實與價直。虧價損民。有司之過。易損上益下則為益。損下益上則為損。宜速行戒約。有不悛者。必加之罪。○章丘縣儒學訓導張居傑考滿。當陞。學者乞留。

上命以為給事中。因諭少師、吏部尚書蹇義曰。前代命官。內外更踐。近頗聞外間言仕者一為教官。即老於學校。有志於世用者多不樂就此職。自今用人不得執一。○遼東總兵官武進伯朱榮奏。朶顏衛指揮哈剌哈孫等朝貢不至。請掩擊之。

上曰。古者馭夷狄。來不拒。去不追。今雖不朝貢。亦不敢擾邊。遽加以兵。非懷柔之道。遂勅榮曰。馭夷宜寬。用兵宜審。況虜多詐。未可輕忽。但整搠部伍。謹慎隄備。其來不來。未足計也。○閏七月。

上諭尚書吳中等曰。比聞工部差人催辦諸事。多有暴酷傷人。事有不可已者。亦當從容使人措辦。若暴酷逼迫。為朝廷斂怨。失人心矣。宜詢察一二人痛治之。以儆其餘。○

上諭行在吏部尚書蹇義等曰。前命御史考察在外官。正欲任賢退不肖。庶幾民受其惠。近聞考察之官少能着實。但信偏言。更不博詢。其有勤於職業因理公務。不免施刑。小人不喜。誣為酷暴。今輒罷退。庸濫之官。紀綱不立。人所狎玩。或貪贓賄。低首下氣。依阿度日。小人貪其易與。乃更保留。如此不當。孔子曰。衆好惡必察焉。宜嚴戒飭之。務盡至公。毋使正人受誣。小人得志。如或不當。責有所歸。○

八月。行在工部奏。內府供用紵絲紗羅計九千匹。
請下蘇杭等府織。
上曰。供用之物雖不可缺。然當念民力。今百姓艱難。
可減半造。又諭尚書吳中等曰。昔魏徵告唐太宗
毋以恤民為言。卿等其體此意○十月。陝西行都
司土官都指揮同知李英至京。進所獲安定番童
一十五人。
上謂兵部臣曰。番人作過。不得已征之。得其首惡足
矣。童子何罪。即遣還本土。無父母可依者。付各衛
令善養之○行在刑部尚書金純奏。寶慶府知府

李譽先奏府吏犯法。會赦免。吏告譽受贓事亦在
赦前。譽當免問。
上曰。此當問。非欲以罪加譽。但事有當別白者。蓋姦
吏告訐。未可輒信。如所告實。則譽不可復用。虛。即
當治其挾私妄告之罪。以為小人之戒○都御史
劉觀。王彰。李素。奏舉才能之士前應天府尹于潛
等十餘人。
上曰。卿大臣。所舉必當。昔孫抃言吾輔政無功。惟薦
一二臺臣無愧。卿等必能知此。復諭之曰。古者除
官。則署舉主姓名。貪贓則連坐。今亦當循此法○

漳州衛千戶甘斌。初以外戚推恩為錦衣衛指揮。
坐罪降千戶。至是經赦乞復舊官。
上曰。貴戚豪橫鮮不至敗。如薄昭亦所不免。甘斌豪
橫多矣。強奪民田。詐傳詔旨。無所不至。為御史劾
奏。
皇考天地之量不寘于法。但降黜之以全其生。今尚
敢希恩求進。邪法不可以私縱。恩不可以倖得。即
押赴漳州○十二月。陝西行都司所屬衛卒送官
駞二百七十至京。死者三十五。有司以其失於飼
養奏請罪之。仍追駞償官。

上曰。一駞價直數馬。雖十卒不能償。甘肅至京道路
甚遠。其間豈無傷損而斃者。不必罪。亦免追償○
宣德元年正月。孔顏孟三氏子孫十人來朝。辭歸。
上謂禮部尚書呂震曰。朝廷待賢。當厚彼皆聖賢子
孫。其給道里費。又謂震曰。孔顏孟三氏舊設教官
訓其子孫。必選端重有學行者。爾以朕言諭吏部
知之○行在太常寺奏祭祀。
上諭之曰。國家祭祀掌之禮部。而復置太常。尤重其
事也。卿等佐朕事
天地事

祖宗非他職事之比。協恭同寅。以承祀事。朕蓋有賴
然必誠敬之心素有持者。粢盛之薦。極于精潔。庶
幾神明歆格而生靈蒙福。卿等勉之。○二月。免邊
衛軍士歲辦柴炭。初。都督府歲供柴炭。役及邊軍。
至是陽武侯薛祿言。宣府懷安永寧。諸衛俱臨邊
境。將士當嚴守備。又令採辦柴炭。致多逋逃。乞罷
其役。
上諭行在工部尚書吳中曰。邊衛軍士。專務守備。何
得勞以他役。柴雖山谷所有。然運送甚艱。宜其有
逃避者。其即免之。自今凡有差用軍民。必須計議

得當而行。不可輕率。○
上謂侍臣曰。朕自幼鍾愛於
皇祖。未嘗一日不侍左右。弘謨偉略。隨事訓教。
皇祖妣同歷艱難。弼成國家。撫育朕躬。慈愛備至。我
皇考德紹
先烈。仁覆蒼生。不期年而遽上賓。劬勞之慟。終身。今
山陵在望。霜露之感尤切。將以清明日展謁。比
車駕至
天壽山。
上遙望

二陵松柏鬱茂。因嗚咽流涕。詣
陵行謁祭禮。不勝哀慟。左右亦皆感泣。○遼東義州
備禦都指揮同知李信挾私杖殺指揮馬迅。都察
院逮問當斬。
上曰。草木雖微。尚當愛惜。人命至重。豈可枉害。況指
揮朝廷命官。而都指揮以私忿殺之。則虐士卒可
知。命如律斬之。○三月。行在禮部奏。錦衣衛力士
甯直言山西中條山產膽礬。乞令有司採進。
上曰。膽礬何切於用。使民耕則有粟充飢。桑則有帛
禦寒。礬如山積。何益飢寒乎。小人之言。不足聽也。

古之人君。惟欲民富。凡山澤之利。皆弛其禁。若礬
可利民。聽其自採。○四月。行在吏部尚書蹇義等
奏請選官。
上從容諭之曰。庶官賢否。關國家之治亂。掌銓衡者
以進賢退不肖為職。一事得人。則一事理。一邑得
人。則一邑安。推之庶政。達之天下。無二致也。朕嗣
承
祖宗大統。維新治理。以安民生。選賢任能。尤為切要。
古人取士於鄉。以其道藝著聞有素。後世以言貌
求其底蘊。蓋亦難矣。況篤實之士。率多恬退。便僻

之才巧於進取非至公無以勝私非至明不能格物嚴選舉以遏冗濫精考覈以防矯僞毋俾小人貽患於民斯其善矣古之大臣以賢事君國家膺福蒼生受惠聲名流芳於永世卿等勉之○

上以載籍所記前代外戚及臣下善惡足爲鑒戒乃采其事製外戚事鑒歷代臣鑒至是書成頒賜羣臣及外戚諭之曰朕惟治天下之道必自親親始至於文武之臣亦欲同歸於善然前事之不忘後事之師也故於暇日采輯前代近戚及文武羣臣善惡之跡與其所得之吉凶類爲此書用示法戒

君鑒卷二十四　十二

其擇善而從以保福祿於悠久○山東清理軍伍大理寺卿湯宗奏濟南等府去年七月至今年三月無雨雪麥苗焦槁工部派買顏料甚急乞暫停止尚書吳中言顏料皆

陵寢殿宇待用之物

上曰山東之民

祖宗之民也艱難如此

祖宗所不忍爾可以苟急擾之邪其悉停罷○五月

上聽政罷御左順門語侍臣曰朕祇奉

祖宗成憲所以諸司事有疑碍而奏請者必命考舊典蓋

皇曾祖肇建國家

皇祖

皇考相承法制詳備況歷涉世務練達人情謀慮深遠子孫遵而行之猶恐未至世之作聰明亂舊章馴致敗亡往事多有可鑒古人云商周子孫能守先王之法雖至今存可也此誠確論○六月開平衛指揮同知方敏屯赤城交通逃軍不遣人押送致有逃者法司論敏當杖降用

上曰朕嘗聞陽武侯言敏撫軍有方周知邊事今小

君鑒卷二十四　十三

過姑宥之又曰朕每聞人有一善輒識之不忘凡有一才可取未嘗以小過輕棄之不但敏也○

上視朝退御便殿翰林儒臣侍因進致治在用人之說

上曰易否泰二卦盡之矣君子進小人退上下情通斯謂泰小人進君子退上下之情不通斯謂否泰之時人君大有爲所以成參贊之功否之時君子引退則不可以有爲矣求否泰之端則在乎君子小人進退人君之用舍有關世道如此豈可不愼但君子小人猝未易辨如朕所用有不當者卿等

亦宜直言勿隱○

上御奉天門諭三法司官曰朕夜來觀周書立政篇有云式敬爾由獄以長我王國此深有意味蓋能敬慎用刑不致枉濫則仁恩浹洽是以培固國本福祚豈不靈長今不必論效驗但當以敬為主有虞欽恤正是此意卿等宜夙夜勿忘都御史劉觀等皆頓首曰臣等敢不祇服○七月

上御奉天門諭兵部尚書張本等曰近來民有訴妄解充軍者此乃有司之過彼意蓋謂朝廷所重在軍不知民乃國家根本夫朝廷於軍民正如舟車任載不可偏有輕重今後卿等須令有司審實軍則為軍民則為民毋致妄冒違者必罪不恕○以山東無麥下詔免其夏稅

上謂戶部尚書夏原吉曰山東民食太半仰麥今久不雨麥已無收秋穀亦未可知朕特免其夏稅但舊聞詔書所蠲戶部每復催徵或云已收在官或云災傷未甚多方沮格致朝廷失信於民稷思天下有飢者猶己飢之伊尹作相一夫失所若撻於市卿國之大臣宜體此心慎勿復蹈前弊○

上謂行在工部尚書吳中曰前日卿奏內官監欲取民間幼丁學匠藝行移應天府選取五千人彼幼未諳事令習技藝不能則必加督責其父母之心如何且人家誰無幼子爾其體此心速止之○九月亦馬剌等處女直野人刀兀等二百餘人來朝貢馬命為指揮千百戶等官

上因謂侍臣曰夷狄為患自古有之未有若宋之甚者若究禍之根本蓋自熙寧至宣和五六十年小人用事變易法度民苦征徭軍無紀律國家政事日陵月替遂為夷狄所侮致有此禍高宗南渡政宜委任忠良恢復舊疆洗雪大恥乃復用小人力主和議為偷安之計以岳飛之忠卒死於秦檜之讒小人之敗國家如此○十一月

上諭順天府尹王驥等曰自古仁政必先鰥寡孤獨朝廷設養濟院意正如此近聞京師頗有殘疾飢寒無依之人行乞爾為親民之官何得漫不加省其悉收入養濟院毋令失所○十二月

上御奉天門謂侍臣曰今四夷順服邊境晏然古人嘗曰儆戒無虞又曰禍生於懈怠若守邊將士稍起怠心少失防閑將有意外之患遂遣璽書戒勵緣邊守將令盡心防守不可怠忽○二年正月漢

州綿竹縣民奏。世以採捕為業。歲納麂皮。初地荒
林密。人少獸多。採納常足。今以屯戍廢地皆為良
田。獸少。捕之難得。歲久逋多。乞賜寬恤。
上諭行在工部尚書吳中曰。田野闢。人民衆。此好事。
雖羽毛齒革以資國用。若果難得。理當除減。不宜
以此困民○五月。三法司上輕重繫囚罪狀。
上親閱之。批其奏牘曰。叛逆強盜殺人。子孫誣告父
母謀殺人造意皆如律。雜犯死罪皆減就徒。徒流。
笞杖。論輕重罰工。凡決遣二千一百九十餘人。蓋
上仁恕不嗜殺。犯罪者必審錄無冤。然後罪之。未嘗
以喜怒為輕重。隆寒盛暑。必先勑所司決遣繫囚。
或罰輸作贖罪。蓋從輕典者多。有司屢執奏。
上曰。與其殺不辜。寧失不經。彼能因事改過。即為善
良。若怙終不悛。終亦不免。又嘗曰。唐太宗號稱明
君。除斷趾法。禁鞭背。而悔殺張蘊古。帝王用刑。不
可不慎○渾源州知州陳淵有罪當罷。為民者民
數十人詣闕言淵愛民如子。逃亡復業。因備禦千
戶陳貴縱軍毀民室廬。占民田地。淵不忍民被害
列奏貴罪。為貴所誣。自淵離職。民失所望。乞復淵
職。

上諭吏部臣曰。守令中未嘗無賢者。往往為小人所
傷。法司又不能別白是非枉直。亦豈得無過。其從
民所言。命淵復職○六月。行在吏部奏給工部員
外郎蘇起等誥命。
上從之。謂尚書蹇義等曰。名與器。不可輕假人。卿等
當為朝廷惜之○七月。
上諭少師吏部尚書蹇義等曰。唐太宗嘗言用人當
以德行學識為本。此語甚是。今之所用多是進士
監生。彼讀書知古。必能務德行廣智識。間有人才
吏胥。終亦少在要職。大凡用人。正如工匠用木。小
大長短。各當其宜。然後能成居室。若用人不當。何
以成治功。卿宜更加詳察。有在高位而德行學識
未稱。則改用之。有在下位而德行學識優長。則進
用之。庶合至公○八月。行在戶部奏徵歲用馬草。
上曰。古者納總納銍。皆量地之遠近。慮勞民也。宜從
減省。毋困民力○行在戶部奏光祿寺明年所用
廚料。請如例買之民間。
上曰。光祿供祭祀賓客之費。固不可缺。然與其多取
於民。莫若儉以足用。卿等宜斟酌。撙節不可過中
○十月。

上御武英殿。觀唐玄宗所書孝經。顧謂侍臣曰。堯協
和萬邦。本於親九族。舜紹堯致治。本之克諧以孝。
蓋帝王之治。皆自親親始○
上燕閒。與少保夏原吉語及古人信讒事。
上曰。讒慝小人。真能變白為黑。誣正為邪。聽其言若
忠。究其心則險。是以帝舜聖讒說。孔子遠佞人。唐
太宗以為國之賊。朕於此等。每切防閑。若有其萌。
必杜絕之。不使姦言得入。枉害忠良。齊殺斛律光。
國遂以弱。朕常非之。汲黯正直。奸邪寢謀。卿等所
宜務也○十一月。北京太僕寺官奏請遣官閱孳
生馬。
上諭之曰。馬畜於民間。必寬民力而後可責成效。國
家立法固有定規。其孳生不及數者。亦屢下令免
償。未嘗以馬傷民。蓋農民終歲勤動以營衣食。又
有償馬之費。甚可憫也。爾等但率舊典以示勸懲。
民有貧難者宜寬恤之○三年正月。行在工部奏
淮安脩改漕運船所費不少。
上諭之曰。漕運國之大事。脩船豈可惜費。昔劉晏於
江淮造船。皆豐其費。船成經久不壞。其後有司慳
吝。減損太半。船遂脆薄。漕運竟廢。此事足為監戒

○二月。
上奉
皇太后遊西苑。蓋
上尊事
皇太后極其孝敬。每旦暮詣西宮朝謁。愉色奉承。惟
恐弗及。
皇太后慈仁隆至。每見
上。則忻然從容詢及政事。及所平決。
上敷陳明達。
皇太后喜動顏色。凡軍國大政。必稟命而行。四方貢
獻。雖瓜果之物。必先以奉
皇太后。
皇太后或時召
上。雖有急務。必促駕而往。至是恭請
皇太后遊西苑。皇后皇妃皆侍行。
上親掖
皇太后與登萬歲山。奉觴上壽。獻詩頌
聖德。
皇太后悅。酌酒賜
上。且諭曰。今天下無事。吾母子得同此樂。皆

天與祖宗之賜也天下百姓皆天與祖宗之赤子為人君但在保安百姓使不至於飢寒則吾母子斯樂可永遠矣上拜稽首曰謹受教是日甚樂將晚上及皇后皇妃送皇太后還宮○御製帝訓凡二十五篇曰君德奉天法祖正家睦親仁民經國勤政恭儉儆戒用賢知人去邪防微求言祭祀重農興學賞罰黜陟恤刑文治武備馭夷藥餌以教子孫詞簡義明脩身齊家治國平天下之道大要備具又親為序以致惓惓之意云○三月行在工部尚書吳中言山西人夫在京用工者令當更代

上曰山西去年旱人民艱食者多自給未能安可役之凡被災之處一切停止見役于京者即皆遣還○四月行在戶部奏內府供用庫歲用香蠟銀硃等物凡三萬餘斤當下郡縣支官錢買辦

上曰所買太多所用太侈其會計可省者省之且聞買物支官錢近時為有司剋減屢有告訐者必令從公毋蹈前弊○民有建言朝政當以重農為首務者

上顧謂侍臣曰此言有理國家重農則百姓得盡力天下富庶古之重農莫如周后稷以教民稼穡開國公劉克篤前烈文王時耕者九一武王重民食周公述豳風以戒成王備言農事當時民用阜成治協泰和周以下莫如西漢高帝困賈人以抑其末文帝二十餘年勤勤以勸農免租詔有司武帝雖以土木兵戈勞民至其末年亦知勸農作以休息民至於元成之間朝政固有乖闕而百姓安業自若天下富庶幾二百年成周享國過於夏商王莽簒漢終以民心不忘而復之養民之功大矣朕於斯事蓋寢食未嘗忘也○行在禮部奏官民建言請同六部尚書都御史六科給事中會議以聞

上曰致理之道莫先於廣言路蓋天下之大吏治得失民生休戚人不言朝廷何由悉知古人謂明王視天下猶一堂滿堂飲酒一人對隅而泣則一座為之不樂若令天下有匹夫匹婦不得其所實為君德之累凡有建言民瘼者卿等勿諱言或激切亦其心發於忠若以其言激切而棄之孰肯進言

卿等宜悉此意凡言之善者即以聞庶幾有補於治○閏四月行在工部郎中李新自河南還言山西飢民流徙至南陽諸郡不下十萬餘口有司軍衛各遣人捕逐民死亡者多

上諭行在戶部尚書夏原吉等曰民飢流移豈其得已仁人君子所宜矜念昔富弼知青州存卹流民飲食居處醫藥皆為區畫山林河泊之利聽流民取之不禁所活至五十餘萬人今乃驅逐使之失所不仁甚矣其即遣官往同布政司及府縣官加意撫綏發廩給之隨所至居住敢有捕逐者罪之

○五月巡撫蘇松等處大理寺卿胡槩奏浙江嘉湖杭三府稅粮浩大府縣有治農官理辦稅粮宜增布政司官一員以總之

上謂行在吏部臣曰稅粮自是常賦國初以來徵歛輸送已有定制朕方裁抑冗濫豈得復設古語省事不如省官所奏不允○十月直隸常州府進秈米且言今歲雨暘順調田穀茂盛

上謂尚書胡濙曰今年各處多奏水災深慮百姓艱食常州獨言豐熟頗慰朕心濙對曰

陛下愛民常願豐稔聖心所欲天必從之

上曰天果從之豈有他處水潦之患亦是為善未至不能格天也自今朕與卿等更當勉之

歷代君鑑卷之三十四

歷代君鑒卷之三十五

善可為法

國朝

宣宗章皇帝下

四年二月。南京守備襄城伯李隆獻騶虞二。行在禮部尚書胡濙等請上表賀。

上曰。禎祥之興。必有實德。庶幾副之。朕嗣位今四年。中外所任豈皆得人。農畝豈皆有收。民生豈皆得所。朕夙夜不遑寧處。騶虞之祥。於德弗類。况天道無常。理亂之幾。恒相倚伏。豈可不慮。唐太宗嘗曰。

人君須至公理天下。堯舜在上。百姓敬之如神明。愛之如父母。動作興事。人皆樂之。發號施令。人皆悅之。是大祥瑞。此亦名言。朕與卿等宜共謹之。其免賀○

上覽歐陽脩文至夢卜求賢之說。顧侍臣歎曰。君臣相遇。豈偶然哉。高宗恭默思道。渴想賢輔未得。說築傅巖。雖有致君澤民之志。不能自達。一旦得於夢寐閒。遂相與講學論道。而功被當時。垂後世。誠千載奇遇。由此觀之。人君誠心求賢。固無不得之理。文王因田獵遇太公。亦豈非誠心相感。蓋天佑國家必生賢哲為之輔翊。高宗思道之心。蓋有格於天矣。又曰。有高宗之心。然後可以夢言。有傅說之賢。然後可以為相。若漢文以夢得鄧通。光武以讖用王梁。豈不誤哉○三月。行在都察院奏山海衛指揮趙忠領軍備禦開平。斂軍財行賂求回原衛。而私有其半。事發當降用。令所領軍以忠能恤下。告乞復其職。

上曰。彼能恤下。曷為科斂而私有其半。此必以賄求之。朝廷賞罰至公。有罪不懲。何以令衆。小人敢以私情撓公法耶。不聽○聽選官歐陽齊言。舊任淅

江永康縣丞。縣有山產銅礦。宜發工匠烹鍊以充國用。又言在京工匠逃者。一次的決令上工。二次三次者。宜刺字罰工終身。則有所懲戒。

上諭行在工部臣曰。此小人妄言求進。其斥之○

上退朝御便殿。與儒臣論史。因問漢唐諸君在位孰久。對曰。漢武帝唐玄宗皆在位久。

上曰。漢武好大喜功。海內費耗。末年能懲前過。玄宗初政有貞觀之風。久而恣欲。踈忠任邪。遂致禍亂。竄身失國。武帝猶為彼善於此。又曰。善心生則明。慾心生則闇。武帝以田千秋為賢。玄宗以李林甫

為賢。此治亂所由異也○五月。行在工部尚書吳中言。昨山西代州圓果寺奏本寺是古迹道場為國祝釐之所。舊塔損壞。乞役民為之。

上曰。卿欲藉此求福乎。朕以安民為福。其止之。勿勞吾民○六月。登州衛指揮戚琫以操備科斂軍士綿布萬七千餘匹。事覺。山東按察司請治其罪。

上從之。諭右都御史顧佐等曰。近聞軍衛科斂皆是減除月粮。是國家徒費粮而軍士不得食。此輩上干國法。下失士心。不可不懲○七月。行在兵部奏。錦衣衛帶俸百戶黃勝。因匠藝得官。今告老。乞以

子代。

上曰。武官皆由艱難積累。所以傳之子孫。然自開國之初。從軍效勞。今尚有為旗軍者。此以工藝一時蒙特恩。果何勞而欲世官。不允○九月。山西萬泉縣丞王琦奏。去年少雨。耕種無收。今春至夏亦旱。民多艱食。

上以奏示戶部。太子太師郭資進曰。山西他郡縣未有奏旱飢者。當遣官察視。

上曰。旱澇之災。天用儆朕。有司所言。勿用致疑。即量免其租稅。仍令有司善撫恤之○五年正月。行在

吏部奏選官退。

上因與侍臣論前代官制。

上曰。省官安民之道。唐虞建官惟百。夏商官倍。秦漢以下視夏商官益增多。何也。侍臣對曰。時世不同也。

上曰。唐虞三代事簡民淳。不可比擬。唐太宗定內外官七百三十員。去古未遠。亦足為法。侍臣對曰然。必由君心靜。則事可簡。事簡則官可省。官省則民安矣。若國家多事。政務煩雜。小人倖進。冗食者多。欲百姓免於煩擾難矣。

上曰。此誠確論。清心者省事之本○二月。罷採木之役。

上諭侍臣曰。為國之道。農事最急。今國家無大營繕。當東作之時。而工部採運木植未已。豈不妨廢農業。遂命書勅諭尚書李友直等。凡已採之木。隨處堆積。軍夫悉罷遣歸農○三月。開平守將奏邊務數事。

上舉其可行者付所司施行。因謂侍臣曰。方今海內小康。惟殘虜叛服不常。古人制夷狄。惟在守備。若城堡堅固。粮芻充足。士卒精鍊。哨瞭嚴謹。彼亦何

能為患。朕屢以此戒飭邊將。但慮其因循玩愒。今春氣漸深。政邊民耕作之時。一或農事妨廢。秋收無望。仰給於轉輸。則勞矣。遂勑邊將嚴督備○四月。有建言請設諫官者。

上曰。

祖宗定制不可改。但朕有過失。令中外大小之臣皆得諫。而納之不為迕。豈不可得者多歟。因謂侍臣曰。三代以下人君。唐太宗善納諫。當時之臣若魏徵王珪亦善諫。故有貞觀之治。宋太祖嘗曰。唐太宗受人諫疏。常自引咎。不以為恥。不若己不為非。使人無可諫。二者孰是。侍臣對曰。宋太祖所言為優。

上曰。宋太祖固是務本之論。然人所行豈能皆是。若禹聞善言則拜。湯從諫弗咈。改過不吝。禹湯猶取善於人。況其下者乎。朕以為君人者當以太宗為法。○重脩玉牒成。少傅楊士奇太子少傅楊榮以進。

上覽之曰。古人重世譜。蓋欲正倫理篤恩義。我國家宗族之盛。皆由

祖宗積德所致。又曰。今於朕雖有親疏。然泝所自實

本於一人。朕何敢忽。士奇等對曰。周自后稷以來。世積忠厚。是以子孫衆多。維持王業。所歷年世冣遠。國家世德隆厚。故本支繁衍。

陛下又遠宗帝堯。明峻德以親九族。將來福當過周家。

上頷之曰然○五月。行在都察院請差御史巡按福建廣東。

上命章杲陳納因諭之曰。御史出巡。先須考察官吏。官吏守法。然後百姓受福。凡為惡有跡者易於懲治。其有貪暴虐民而強辯飾詐及外示善柔心實陰惡者。最要明白究實。若徇私廢公。嫌婀姑息容惡長奸。使百姓受害。則爾罪均。杲等頓首受命○六月。

上罷朝。御武英殿。與侍臣語及禮記月令。

上曰。古人為治之道。大槩可見於此。侍臣對曰。是雖舉三代及秦事。如勸農講武祭祀刑賞。皆國之大務。貴能順乎天時。

上曰。為治之道。敬天勤民為本。堯曆象日月星辰。舜齊七政。周協五紀。皆為民事計。國家之政不以時脩舉。則漸至廢弛。又如稱兵動衆不以其時。則人

受其弊月令大意上觀天象下驗庶物以脩人事
耳又曰明堂之制不可考大抵為政貴有實惠及
民○永平等衛及河間府靜海等縣奏蝗蝻生尚
書郭敦請遣官往捕

上從之曰遣官之際亦須戒飭頗聞往年朝廷遣人
督捕蝗者貪酷害人不减於蝗卿等須知此弊是
日晚出御製捕蝗詩示敦等曰蝗之為患此詩備
矣卿遣人往捕當如救焚拯溺不可緩也○七月

上視朝罷御左順門謂侍臣曰郡縣守令所使安民
者若賢否混淆無所激勸則中才之士皆將流而

忘返吏部以進退人才為職亦未聞有所甄別何
也因降勅申諭之○八月朔日當食陰雨不見行
在禮部尚書胡濙等以為即同不食請率羣臣上
表賀

上不許勅羣臣曰古者人君所謹莫大於天戒日食
又天戒之大者惟能脩德行政用賢去邪而後當
食不食朕以菲德嗣承
祖宗大統政理未洽民生未遂上累三光祗懼惟甚
可比於是歟傳不云乎君子之過也如日月之食
焉過也人皆見之更也人皆仰之今以陰雨不見

得非朕昧於省過而然歟況離明照四方陰雲所
蔽有限京師不見四方必有見者比之不食天可
欺歟朕尚圖脩省以仰荅天意尚賴爾羣臣匡其
不逮其止勿賀○

上罷朝謂行在吏部尚書郭璡等曰東漢之初竇融
保河西以孔奮為姑臧長姑臧最富饒奮獨以廉
潔自守衆皆笑之謂其身處脂膏不能自潤光武
知之及融率官屬入朝即擢奮為武都郡丞以旌
之夫激揚清濁為治之道使清濁無別何以勸懲
天下光武即位未幾舉卓茂又舉孔奮東漢多循

良吏此之由也今天下未嘗無廉潔士卿宜為朕
甄別以聞朕當有以旌之若人有善而不知則為
善者怠矣○

上罷朝御文華殿學士楊溥等侍語及治民事

上曰民之休戚係乎庶官之賢否何術可盡得其人
溥對曰嚴薦舉精考課不患不得

上曰欲得賢才當厚教養之法教養有道人才自出
若但責效於薦舉考課之間蓋求十一於千百也
漢董仲舒言素不養士而欲求賢譬猶不琢玉而
求文采此誠知本之論於今但當崇學重教○九

月。行在都察院奏。金吾前衛軍士應得宣德三年四年冬夏布，至今年五月方奏給之，請治衛官稽緩之罪。

上從之。召在廷武臣諭之曰：朝廷慮軍士貧難，故令及時給之。管軍官當先時舉行，庶下人得用。此輩安享俸祿，上不體朝廷之意，下失衆人之望。已命都察院罪之。爾等當以軍士爲心，勿踵斯弊，國法不爾貸也。○十月。

上巡邊，駐蹕洗馬林。晚御幄殿，學士楊榮等侍。

上問：人君御世之權何者爲重？榮等對曰：命德討罪

二者是也。

上曰：二者天下之公器，人君特主之耳。若舜舉十六相，誅四凶，而天下悅服。此以天下之好惡爲好惡也。齊威王封即墨大夫以萬家，而烹阿大夫，齊國大治。此不以左右之好惡爲好惡也。故爵賞刑罰至公無私，然後能服天下。侍臣咸叩首曰：誠如

聖諭。○閏十二月。

上御奉天門，諭行在户部臣曰：恤民必有實惠。若惠民無實，非恤下之誠。比者郡縣間有水旱，税粮多欠，積歲既久，未能輸官，有司催徵逼迫，而民愈困。四方奏逃亡逋賦者，皆以此故。朕聞之惻然。其宣德三年以前民欠粮税，悉令折收鈔與布絹，爾户部定議，務得其中，無虧於民。户部議以十分爲率，三分折闊布，三分折闊絹，四分折鈔。

上曰：如此雖善，但布絹闊幅者亦難得，宜只隨民間所常用者，依時價收之，則民易辦，庶幾民受實惠。

○

上諭行在兵部尚書張本曰：前者詔書，凡民年七十之上及篤廢殘疾者，許一丁侍養。今思各處取軍，其中豈無獨子而父母老疾者？若令遠役，則父母

不免失所。令有司勘實，應充軍之人而父母年七十之上及篤廢殘疾者，許於附近衛所充軍。○六年二月。行在户部奏遣官巡視民瘼。

上從之。因謂侍臣曰：堂下遠於千里，人君深居宫禁，豈能盡諳民隱？故不免遣人巡視。若所遣非人，下情猶未能悉達。侍臣對曰：國家仁民，惟在擇守令，守令得人，田里之民自安。

上曰：然。○三月。

上視朝退，御便殿，命翰林儒臣進講。講大學平天下章竟。

上曰。治天下國家不可無財用。即如生之者衆四語。行之。固不必暴征横斂。而國用有餘矣。又曰。秦誓曲盡君子小人情狀。人君審乎此。則好惡用舍當矣。後世若漢唐中葉。小人倖位。妨賢病國。卒為厲階。聖賢之言。豈非萬世龜鑑○四月。行在吏部奏。求賢所舉官四十三人。例當會官考試。中有南海衛餘丁難與考例。

上曰。古人立賢無方。耕釣之中有王佐才。其可以軍丁棄之。命考試如例○九月。行在户部言究平縣民以果園地施崇國寺。請蠲其稅。

上曰。民地衣食之資。乃以施僧。又求免稅。甚無謂。命亟以還民○十月。

上諭行在吏部尚書郭璡等曰。朝廷置御史。託之耳目。凡政務闕失。民生利病。百官賢否。皆得奏舉。豈可以任匪人。比來有相朋比。同流合汙者。有依勢作威。淩蔑良善者。甚至貪淫穢濁。不可以言者。如此何望其能舉職。雖已逐之。自今必擇老成謹厚識達治體者以聞。朕將試用之。又諭之曰。在外按察司掌一道風紀。亦宜慎選。毋任非才○副總兵都督僉事方政以新立龍門衛及龍門守禦千户

所請給器械旗鼓等物。

上命行在工部如數給之。語尚書吴中曰。兵甲堅利。而後足以制寇。然地利不如人和。尤須戒勵主將善撫士卒。人心既和。以守則固。戰則勝。邊境可永無虞○七年。五月。行在禮部尚書胡濙以山西進龍馬駒。請偕羣臣上表賀。

上曰。二三年間水旱告災。繼踵而來。朕方日夕惕厲。一獸之異。何救民飢。而欲表賀。其止之○六月。御製官箴成。凡三十五篇。以示百官。

上諭之曰。朕承大寶。臨撫兆民。實賴中外文武羣臣同心同力。以興起治功。昔舜命九官十二牧。皆孜孜訓諭。虞史書之。夫以大舜為君。禹皐稷契輩為之臣。猶致儆如此。況朕菲薄。敢不究心。然遠臣既不得數見而人諭之。近臣雖朝夕相接。亦不得數以言諭。因取古人箴儆之義。凡中外諸司各著一篇。使揭諸廳事。朝夕覽觀。庶幾有儆。然古之君臣有交儆之道。凡在位君子有以嘉謨告朕者。尤朕所樂聞也○七月。

上燕閒閲内庫書畫。得元趙孟頫所繪豳風圖。因賦長詩一章。召翰林詞臣示之曰。此詩周公陳后稷

公劉致王業之由。與民事早晚之宜。以告成王。使
知稼穡艱難。萬世人君皆當鑑此。朕愛斯圖爲賦
詩。欲揭於便殿之壁。朝夕在目。有所儆勵。爾其書
于圖之右。○
上登萬歲山。坐廣寒殿。召翰林儒臣侍。命周覽都畿
山川形勢。既畢。
上諭之曰。此元之故都也。世祖知人善任使。信任儒
術。愛養民力。故能混一區宇。以成帝業。再傳至武
宗。元政稍有變更。仁宗繼之。恭儉愛人。即位之初。
興學校。勵風憲。清中書。其孜孜爲治。一遵世祖之

法。是爲賢君。英宗果於殺戮。奸黨畏禍。遂搆大變。
泰定以後。皆享祚不久。至順帝在位既久。肆意荒
淫。怠於政事。紀綱法度蕩然。遂致失國。使順帝能
恭儉。長守世祖仁宗之法。天下豈爲我
祖宗所有。又曰。茲山茲宇。順帝所日宴遊者也。豈不
可感。侍臣叩首曰。紂之跡。周之監也。
上曰。然。○九月。命將率兵巡邊。
上諭之曰。今國家無事。邊塞無警。可以安逸。然居安
慮危。乃保邦之道。況西北二邊。虜常出沒。今秋高
馬肥。宜預警備。但師行須慎重。無貪利輕進。無肆

殺戮。申嚴號令。整肅部伍。堅利兵甲。以振耀威武。
使虜懾服。不敢侵掠。而邊城亦固。封守此良策也。
○
上視朝罷。御便殿。問侍臣曰。民何事最苦。侍臣曰。四
民之中農最苦。
上曰。朕固知之。朕嘗歷田野。見織婦採桑育蠶。繅絲
製帛。累寸而後成匹。亦甚勞苦。侍臣曰。惟
陛下明聖。知民之艱難及此。已而
上出所賦織婦詞一篇。以示左右臣曰。朕非好爲詞
章。昔真西山有言。農桑衣食之本。爲君者當詔儒

臣以農夫紅女耕蠶勞勤之狀。作爲歌詩。使人誦
於前。又繪爲圖。揭於宮掖。令之戚里。使皆知民事
之艱。衣食之所自。朕所以賦此也。○十月。八百大
甸土官宣慰使刀招散遣人貢方物。且奏云。波勒
常以土酋土雅之兵來寇。殺人掠財。乞發兵討之。
上謂侍臣曰。聞八百大甸去雲南五千餘里。荒服之
地也。波勒土酋土雅皆未嘗歸化。朕豈能勞中國
之人爲遠夷役乎。且夷性獷悍。必兩有未善。豈皆
波勒之過。宜降勅慰諭。使敦睦鄰好。保境安民。○
十一月。朝鮮國王李裪遣陪臣趙琠金王振等貢

醃松菌及鷹。
上諭行在禮部臣曰。朝鮮貢獻頻數。已非朕所欲。今又獻松菌及鷹。菌食物也。鷹何所用。珍禽奇獸。古人所戒。可諭其使。自今所貢但服食器用之物。若鷹犬之類。更勿進獻。○八年。正月
車駕詣
郊壇。自
祖宗以來皆朝百官後乃行。至是
上先日諭禮官明旦早行。不視朝。既至南郊。躬詣神廚。凡諸祭物。一一閱視。召太常寺官諭之曰。祭物

固應精潔。典祭之官。皆以虔誠為本。宜秉寅清以率百執事。分毫無慢。庶幾神明有歆享之道。晚御齋宮。旗手衛奏請暮夜如故事放烟火。不從。顧謂侍臣曰。朕早來不視朝之故。蓋一心對越。無暇他及。今又暇觀烟火乎。是晚陰雲四合。至夕雨雪。行禮之際。雲歛風靜。星月朗霽。天氣融和。助祭執事咸中禮度。
上大悅。○
上燕閒。問侍臣王政所先。侍臣對曰。教養為先。
上曰。然。先王法制。猝難復。後世惟重農抑末。輕徭薄稅。是以致富庶。興舉學校。惇崇孝弟。是以立教化。固不必盡合古制。○四月。
上問侍臣曰。唐虞何以為盛治。侍臣對曰。堯舜聖人。以德為治。所以盛也。
上曰。有其君亦貴有其臣。使是時無禹稷契皋陶伯益。堯舜能獨治乎。元首股肱。必相資也。但當時君臣又皆互相戒謹。不敢有一毫自滿之心。此其所以盛也。萬世之下。論唐虞盛治。當本諸此。○九年。五月。行在戶部奏。昨江西宜黃縣耆民李崇政等言。縣民連年遭疫。死亡者多。官田重租。艱於徵納。

乞如舊例折納土產苧布。以為民便。
上曰。舊例折布。正以租重故也。況今民多死亡。何忍復徵米。使生者重困乎。宜從其言。○六月。行在工部尚書吳中言。湖廣及山西蔚州產木山場。宜禁民採伐。
上曰。卿為國計。意甚厚。但山林川澤之利。古者與民共之。今不必屑屑。其已之。○七月。行在刑部右侍郎施禮奏。昨請決重囚十四人。有旨命再會官審覆。今有詞者九人。服罪者五人。
上謂禮曰。刑當罪。則人不冤。有詞者必有冤。即再與

覆勘務求其實。然亦不可縱有罪。服罪者皆如律。臨決之際。亦再三審實。勿令有冤。朕已再三與卿等言。若縱有罪殺無罪。是卿等之咎。不可不慎○十二月。有僧自陳欲化緣修寺祝延
聖壽者。
上斥之。既罷朝。顧謂侍臣曰。人情莫不欲壽。古之人君若商中宗高宗祖甲周文王皆享國綿遠。其時豈有僧道。豈有神仙之說。秦皇漢武求神仙。梁武事佛。宋徽宗崇道。效驗可見矣。世之人終不悟。甚可歎也○

上退朝。御文華後殿。召少傅楊士奇等。出御書洪範篇及御製序文示之。且諭之曰。所論或未當。卿等當直言勿隱。士奇等對曰。
聖論皆當。真得古人精蘊。
上曰。朕在宮中。雖寒暑不廢書冊。士奇等對曰。帝王勤學問。則宗社生民有賴矣。惟願
陛下始終此心。
上笑曰。卿等亦常須直言。朕不為忤○巡撫江西侍郎趙新奏。九江府歲辦蘆柴。瑞州府鹽鈔。宜從詔書例蠲免停徵。

上謂尚書吳中胡濙曰。詔書布大信於天下。為大臣者乃欲使朝廷失信耶。其悉免之。歲徵鹽鈔。本欲鹽法通行。民既飢窘。皆須停徵。毋為苛擾○
上在位十有一年。享年三十七。葬景陵
史臣拜手稽首言曰。
上豁達大度。致孝尊親。惇睦宗族。朝政所施。動咨成憲。至於恤下。惓惓推仁。四方奏水旱蝗災。即遣人馳視賑濟。除其租稅。閔江南細民困弊。詢厥所由。知自宋元來官田租額過重。量與減除。愛惜人才。非有大過。常保全之。慎於用人。廷臣有

闕。博咨於衆而後授之。方岳郡守不輕付畀。必命羣臣會舉。著於令甲。數詔天下求賢。廷臣有不舉賢屢勅督責。親作官箴以勵百司。不嗜殺人。法司奏刑名。常垂寬宥。惟贓吏不少假借。曰。此百姓蟊賊。雖貴近有犯必罰。傷敗風化者。必寘諸法。雖親不原。曰。不去此不能為治。審於聽言。有言涉刻薄。正色斥之。或言臣下過失。必詳察之。言實而非大過。寘不問。言之不實。輕則疎斥言者。重則嚴治以懲。閒有直言忤旨。旋復覺寤。獎遇加隆。嘗謂侍臣曰。君臣一體。猶元首之

有股肱。以為賢人君子而用之。則當信任之。古之帝王推赤心置人腹中。人樂為用。若既用而復疑。上下之情不通。惡在其為一體也。敬禮大臣。每讌見從容咨訪。必使盡其意。待勳舊尤厚。嘗曰。是皆效力

先朝。所宜與國家同享悠久。而獎賢褒能。賞功不吝。遇事剛果。裁決悉當。臨御以來。賢才進用。田里安業。四裔賓服。間暇常引儒臣商論理道。喜學不厭。所游息處。率寘典冊以備覽閱。為文章必傳正義。聰明卓越。真英主云

歷代君鑒卷之三十五

歷代君鑒卷之三十六

太康啓之子。居喪不哀。農政不脩。棄稷不務。以逸豫滅厥德。群臣咸貳。乃盤遊無度。畋于有洛之表。十旬弗反。有窮后羿因民弗忍。距于河。厥弟五人。御其母以從。徯于洛之汭。五子咸怨。述大禹之戒以作歌。其一曰。皇祖有訓。民可近。不可下。民惟邦本。本固邦寧。予視天下愚夫愚婦。一能勝予。一人三失。怨豈在明。不見是圖。予臨兆民。懔乎若朽索之御六馬。為人上者。奈何不敬。其二曰。訓有之。內作色荒。外作禽荒。甘酒嗜音。峻宇彫牆。有一于此。未或不亡。其三曰。惟彼陶唐。有此冀方。今失厥道。亂其紀綱。乃底滅亡。其四曰。明明我祖。萬邦之君。有典有則。貽厥子孫。關石和鈞。王府則有。荒墜厥緒。覆宗絕祀。其五曰。嗚呼曷歸。予懷之悲。萬姓仇予。予將疇依。鬱陶乎予心。顏厚有忸怩。弗慎厥德。雖悔可追。太康既失國。不得歸。后羿乃立太康之弟仲康。而專其政。夏道遂微

孔甲

孔甲，帝不降之子也。孔甲立，好事鬼神，肆行淫亂。作破斧之歌，是為東音。諸侯化之，天降二龍，有雌雄。孔甲不能食，而未得豢龍氏。陶唐既衰，其後有劉累者學擾龍于豢龍氏，以事孔甲。孔甲嘉之，賜之姓曰御龍氏，以更豕韋之後。龍一雌死，潛醢以食孔甲。孔甲求之，懼而遷于魯縣。孔甲崩

履癸

履癸，帝發之子也，是為桀。自孔甲以來，德政日衰，諸侯多叛。桀尤為無道，能申鈎索鐵，負恃其力，不務德而武傷百姓，天下顫怒而患之。桀伐有施氏，有施氏進女妹喜，桀嬖之，所言皆聽。為瓊室象廊，瑤臺玉牀。殫百姓之財，為肉山脯林。酒池可以運舡，糟堤可以望十里。一鼓而牛飲者三千人，以為戲劇。○湯進伊尹於桀，桀與之飲酒沈湎。醉者持不醉者，不醉者持醉者，相和而歌曰：江水沛兮，舟楫敗兮，我王廢兮，盍歸乎薄，薄亦大矣。伊尹退而閑居，深取樂音，更曰：樂兮樂兮，四牡蹻兮，六轡沃兮，覺兮較兮，吾大命格兮。去不善而從善，何不樂兮。伊尹入告于王曰：大命之至，亡無日矣。王闒然抃，啞然笑曰：子又訞言矣。天之有日，猶吾之有民，日有亡乎？日亡吾乃亡矣。○桀窮其宗族，耻其勲舊，輕其賢良，棄義聽讒。卿士干辛淩轢諸侯，左師曹觸龍讒嫉才智。諸侯危其位，大夫隱其道，舉事戾于天，發令逆于時。瞿山地裂，及泉發徒鑿之，通于河。諫者曰：洩天氣，發地藏，天子失道，後必有敗。殺之。耆老或諫，又殺之。關龍逄引黃圖進諫，若曰：古之人君謙恭敬信，節用愛人，故天下安而社稷固。今君用財若無窮，殺人若不勝，民惟恐君之後亡矣。人心已去，天命不祐，盍少悛乎。不聽。龍逄立而不去。桀焚黃圖，殺龍逄。湯使人問之，桀怒，召湯囚之夏臺，已而得釋。湯益脩德，諸侯歸之，遂帥兵伐桀，桀兵敗，奔南巢，遂放而死

商

武乙

武乙，庚丁之子也。武乙立，復遷都河北，暴虐不道。為偶人，謂之天神，與之博，令人為行。天神不勝，乃僇辱之。為革囊盛血，仰而射之，命曰射天。國內衰弊，東夷寖盛，分遷淮岱，漸居中土，時有為銘者曰：嘸嘸之德不足就也，不可以矜而祗取憂也。嘸嘸之食不足狃也，不能為膏而祗罹咎也。武乙獵于河渭之間，暴雷震死

紂辛

紂辛帝乙之子也紂為人資辯捷疾聞見甚敏材力過人手格猛獸知足以距諫言足以飾非矜人臣以能以為皆出已下始為象箸箕子歎曰彼為象箸必不盛以土簋將為玉盃玉盃象箸必不羹藜藿衣短褐而舍茅茨之下則錦衣九重高堂廣室稱此以求天下不足矣遠方珍怪之物輿馬宮室之漸自此始紂伐有蘇氏有蘇以妲已女焉紂愛之惟妲已之言是從使師涓作淫聲北里之舞靡靡之樂厚賦稅以實鹿臺之財積鉅橋之粟益收狗馬奇物充仞宮室

廣沙丘苑臺多取野獸蜚鳥置其中以酒為池以肉為林為長夜之飲弗事上帝神祇廢宗廟之祀犧牲粢盛既于凶盜百姓怨望諸侯有畔者妲已以為罰輕誅薄威不立紂於是重為刑辟為銅柱以膏塗之加於炭火之上使有罪者緣之紂與妲已以為大樂名曰炮烙之刑○紂嘗六月獵于西土發民逐獸諫者曰長育之時不可逆天道絕地德而行人賊君戕一日之菑民失百日之食紂殺之於是天大暴風飄牛馬發屋折木飛揚數十里○紂為不道殺九侯鄂侯周侯昌聞之歎息紂乃囚昌於羑里昌之臣散宜生之徒求美女珍寶進紂大悅乃釋昌昌退而脩德諸侯多叛紂歸昌昌卒其子發舉兵伐紂紂與戰不勝乃衣寶玉自焚死

周

厲王

厲王名胡夷王之子也王心戾虐好利近榮夷公大夫芮良夫諫曰王室其將卑乎夫榮公好專利而不知大難夫利百物之所生也天地之所載也而有專之其害大矣天地百物皆將取焉何可專也所怒甚大而不避大難以是教王王其能久乎夫王人者將

導利而布之上下者也使神人百物無不得極猶日怵惕懼怨之來也故頌曰思文后稷克配彼天立我烝民莫匪爾極大雅曰陳錫載周是不布利而懼難乎故能載周以至于今今王學專利其可乎匹夫專利猶謂之盜王而行之其歸鮮矣榮公若用周必敗也王不聽卒以榮公為卿士用事○王行暴虐侈傲國人謗王召穆公諫曰民不堪命矣王怒得衛巫使監謗者以告則殺之其謗鮮矣諸侯不朝王益嚴國人莫敢言道路以目王喜告召穆公曰吾能弭謗矣乃不敢言召穆公曰是障之也防民之口甚於防水

水壅而潰傷人必多民亦如之是故為水者決之使導為民者宣之使言故天子聽政使公卿至于列士獻詩瞽獻典史獻書師箴瞍賦矇誦百工諫庶人傳語近臣盡規親戚補察瞽史教誨耆艾脩之而後王斟酌焉是以事行而不悖民之有口也猶土之有山川也財用於是乎出猶其有原隰衍沃也衣食於是乎生口之宣言也善敗於是乎興行善而備敗所以產財用衣食者也夫民慮之於心而宣之於口成而行之若壅其口其與能幾何王不聽於是國人莫敢出言三年乃相與畔襲王王出奔于彘

幽王

幽王名宮湼宣王之子也立二年西周三川皆震伯陽甫曰周將亡矣夫天地之氣不失其序若過其序民亂之也陽伏而不能出陰迫而不能蒸於是有地震今三川實震是陽失其所而填陰也陽失而在陰源必塞源塞國必亡夫水土演而民用也土無所演民乏財用不亡何待昔伊洛竭而夏亡河竭而商亡今周德若二代之季矣其川源又塞塞必竭夫國必依山川山崩川竭亡國之徵也川竭必山崩若國亡不過十年數之紀也天之所棄不過其紀是歲也三川竭岐山崩○初夏之衰也有二神龍止于夏帝庭而言曰予褒之二君也夏后卜殺之與去之與止之莫吉卜請其漦而藏之吉乃布幣而策告之龍亡漦在櫝而藏之夏亡傳此器殷殷亡又傳此器周比三代莫敢發厲王之末發而觀之漦流于庭不可除也王使婦人不幃而譟之漦化為玄黿入王後宮後宮之童妾既齔而遭之既笄而孕當宣王時而生不夫而育懼而棄之時童謠曰檿弧箕服實亡周國有夫婦鬻是器者宣王使執而戮之逃於道而見鄉者後宮童妾所棄妖子夫婦哀其夜號而取之遂逃於褒

褒人有罪請入童妾所棄女子者於王以贖罪棄女者出於褒是為褒姒當幽王之三年王之後宮見而愛之生子伯服於是廢申后及太子宜臼以褒姒為后其子伯服為太子宜臼出奔申太史伯陽曰禍成矣無可柰何褒姒不好笑王欲其笑萬方故不笑王為烽燧大鼓有寇至則舉烽火諸侯悉至而無寇褒姒乃大笑王悅之為數舉烽火其後不信諸侯益亦不至王以虢石父為卿用事國人皆怨石父為人巧佞善諛好利王用之又廢申后去太子也申侯怒與繒西夷犬戎攻王王舉烽火徵兵兵莫至遂殺王驪

山下。虜褒姒。盡取周賂而去

歷代君鑒卷之三十六

歷代君鑒卷之三十七

惡可為戒

秦

始皇

始皇帝名政。莊襄王子。年十三即王位。奮六世餘烈。滅六國。遂并天下。自以德兼三皇。功過五帝。乃更號曰皇帝。命為制。令為詔。除謚法。以己為始皇帝。後世以計數。二世三世至于萬世。傳之無窮。專以刑威立國。暴虐不道。○三十四年。始皇置酒咸陽宮。僕射周青臣進頌曰。陛下神聖。平定海內。以諸侯屬郡縣。無戰爭之患。上古所不及。始皇悅。博士淳于越曰。殷周之王千有餘歲。封子弟功臣。自為枝輔。今陛下有四海。而子弟為匹夫。卒有田常六卿之臣。何以相救。事不師古而能長久。非所聞也。今青臣面諛以重陛下之過。非忠臣也。始皇下其議。丞相李斯言。五帝不相復。三王不相襲。今陛下創大業。建萬世之功。固非愚儒所知。且越言乃三代之事。何足法也。異時諸侯並爭。厚招遊學。今天下已定。法令出一。百姓當家則力農工。士則學習法令。今諸生不師今而學古。以非當世。惑亂黔首。相與非法教。人聞令下。則各以其學議之入則心非出則巷議誇主以為名異趣以為高率羣下以造謗如此弗禁則主勢降乎上黨與成乎下禁之便臣請史官非秦記皆燒之非博士官所職天下有藏詩書百家語者皆詣守尉雜燒之有敢偶語詩書者棄市以古非今者族吏見知不舉與同罪令下三十日不燒黥為城旦所不去者醫藥卜筮種樹之書若有欲學法令者以吏為師制曰可○三十五年使蒙恬除直道通九原抵雲陽塹山堙谷千八百里數年不就○始皇以咸陽人多先王宮廷小乃營作朝宮渭南上林苑中先作前殿阿房東西五百步

南北五十丈上可以坐萬人下可以建五丈旗周馳為閣道自殿下直抵南山表南山之顛以為闕為複道自阿房度渭屬之咸陽以象天極閣道絕漢抵營室也隱宮徒刑者七十餘萬人乃分作阿房宮或作驪山發北山石槨寫蜀荊地材皆至關中計宮三百關外四百餘於是立石東海上朐界中以為秦東門因徙三萬家驪邑五萬家雲陽○盧生說始皇為微行以辟惡鬼所居宮毋令人知然後不死之藥殆可得也始皇乃令咸陽旁二百里內宮觀複道相連帷帳鍾鼓美人充之各按署不移徙所行幸有言其處者死嘗從梁山宮望見丞相車騎衆弗善也或告丞相丞相損之始皇怒曰此中人泄吾語捕時在旁者盡殺之是後莫知行之所在群臣受決事者悉於咸陽宮○侯生盧生相與譏議始皇因亡去始皇聞之大怒曰盧生等吾尊賜之甚厚今乃誹謗我諸生在咸陽者吾使人廉問或為妖言以亂黔首於是御史悉按問諸生諸生傳相告引乃自除犯禁者四百六十餘人皆阬之咸陽使天下知之以懲後益發謫徙邊長子扶蘇諫曰諸生皆誦法孔子今上皆重法繩之臣恐天下不安始皇怒使扶蘇北監蒙恬軍於上

郡○三十六年有隕石于東郡或刻其石曰始皇死而地分始皇使御史逐問莫服盡取石旁居人誅之燔其石始皇為王二十六年為帝十一年壽五十

二世

二世皇帝名胡亥始皇少子也始皇崩趙高李斯詐受詔立為太子遂即位○元年夏四月二世謂趙高曰夫人生居世間也譬猶騁六驥過決隙也吾既已臨天下矣欲悉耳目之所好窮心志之所樂以終吾年壽可乎高曰此賢主之所能行而昏亂主之所禁也雖然有所未可臣請言之夫沙丘之謀諸公子及

大臣皆疑焉而諸公子盡帝兄大臣又先帝之所置今陛下初立此其屬意怏怏皆不服恐為變臣戰戰慄慄惟恐不終陛下安得為此樂乎二世曰為之柰何趙高曰陛下嚴法而刻刑令有罪者相坐誅滅大臣及宗室然後收舉遺民貧者富之賤者貴之盡除先帝之故臣更置陛下之所親信者此則陰德歸陛下害除而姦謀塞群臣莫不被潤澤蒙厚德陛下則高枕肆志寵樂矣計莫出於此二世然之乃更為法律務益刻深大臣諸公子有罪輒下高鞫治之於是公子十二人僇死咸陽市十公主矺死於杜財物入

於縣官相連逮者不可勝數公子將閭昆弟三人囚於內宮議其罪獨後二世使使令將閭曰公子不臣罪當死吏致法焉將閭曰闕廷之禮吾未嘗敢不從賓贊也廊廟之位吾未嘗敢失節也受命應對吾未嘗敢失辭也何謂不臣願聞罪而死使者曰臣不得與謀奉書從事將閭乃仰天大呼者三曰吾無罪昆弟三人皆流涕拔劍自殺宗室振恐公子高欲奔恐收族乃上書曰先帝無恙時臣入則賜食出則乘輿御府之衣臣得賜之中廐之寶馬臣得賜之臣當從死而不能為人子不孝為人臣不忠不孝不忠者無

名以立於世臣請從死願葬驪山之足唯上幸哀憐之書上二世大悅召趙高示之曰此可謂急乎趙高曰人臣當憂死不暇何變之得謀二世可其書賜錢十萬以葬復作阿房宮盡徵材士五萬人為屯衛咸陽令教射狗馬禽獸當食者多度不足下調郡縣轉輸菽粟芻藁皆令自齎糧食咸陽三百里內不得食其穀○秋七月陽城人陳涉等起兵於蘄遂自立為王號張楚當是時諸郡縣苦秦法爭殺長吏以應涉謁者從東方來以反者聞二世怒下之吏後使者至問之對曰群盜鼠竊狗偷郡守尉方逐捕今盡得不

足憂也乃悅○二年冬二世數誚讓李斯居三公位如何令盜如此李斯恐懼重爵祿不知所出乃阿二世意以書對曰夫賢主者必能行督責之術者也故申子曰有天下而不恣睢命之曰以天下為桎梏者無他焉不能督責而顧以其身勞於天下之民若堯舜禹然故謂之桎梏也夫不能修申韓之明術行督責之道專以天下自適也而徒務苦勞形神以身徇百姓則是黔首之役非畜天下者也何足貴哉故明主能行督責之術以獨斷於上則權不在臣下然後能滅仁義之塗絕諫說之辯犖然行恣睢之心而莫

之敢逆如此羣臣百姓救過不給何變之敢圖二世
說於是行督責益嚴稅民深者為明吏殺人衆者為
忠臣刑者相半於道而死人日積於市秦民益駭懼
思亂○郎中令趙高恃恩專恣多以私怨殺人恐大
臣言之乃說二世曰天子所以貴者但以聞聲群臣
莫得見面故也今坐朝廷譴舉有不當則見短於大
臣非所以示神明於天下也不如深拱禁中與臣及
侍中習法者待事事來有以揆之則大臣不敢奏疑
事天下稱聖主矣二世乃不坐朝廷事皆決於高李
斯以為言高乃見斯曰江東群盜多而上益發繇治

阿房宮臣欲諫為位賤此真君侯之事君何不諫斯
曰上居深宮欲見無間高曰請候上間語君於是待
二世方燕樂婦女居前使人告斯可奏事矣斯至上
謁如此者三二世怒高因曰沙丘之謀丞相與焉今
陛下為帝而丞相貴不益其意亦望裂地而王矣且
其長男由守三川楚盜皆其傍縣子以故公行過三
川聞其文書相往來未得其審故未敢以聞且丞相
居外權重於陛下二世乃使人按驗三川守與盜通
狀斯聞之乃上書言高罪二世曰趙君為人精廉彊
力下知人情上能適朕朕實賢之而君疑之何也且

朕非屬趙君當誰任哉斯又與右丞相馮去疾將軍
馮劫進諫曰群盜並起皆以戍漕轉作事苦賦稅大
也請且止阿房宮作者減四邊戍轉二世曰君不能
禁盜又欲罷先帝所為是上無以報先帝次不為朕
盡忠力何以在位下吏按罪去疾劫自殺斯自負其
辯有功無反心乃就獄二世屬高治之責與由反狀
收捕宗族賓客搒掠千餘斯自誣服而從獄中上書
自陳前功幸二世寤而赦之高使棄去不奏又使其
客十餘輩詐為御史謁者侍中更往來覆訊斯斯更
以實對輒復搒之後二世使人驗斯斯以為如前終

不敢更言辭服奏當上二世喜曰微趙君幾為丞相
所賣所使按三川守由者至則楚兵已擊殺之矣高
皆妄為反辭以相傅會遂具斯五刑論腰斬咸陽市
斯顧謂其中子曰吾欲與若復牽黃犬俱出上蔡東
門逐狡兎豈可得乎遂父子相哭而夷三族二世乃
以高為中丞相事無大小決焉○初中丞相趙高欲
專秦權恐群臣不聽乃持鹿獻於二世曰馬也二世
笑曰丞相誤邪謂鹿為馬問左右或默或言鹿高因
陰中諸言鹿者以法後群臣皆畏之莫敢言其過○
三年八月沛公攻屠武關高前數言關東盜無能為

至是二世使使責讓高。高懼，乃與其壻咸陽令閻樂謀，詐為有大賊，召吏發卒，使樂將之至望夷宮殿門。縛衛令僕射，曰：賊入此，何不止。遂斬之。射郎宦者或走或格，格者輒死。入射帝幄坐幃。二世怒，召左右，皆惶擾不鬬。旁有宦者一人侍不敢去。二世謂曰：公何不早告我，乃至於此。對曰：使臣早言，皆已誅，安得至今。樂前數二世曰：足下驕恣，誅殺無道，天下皆叛，其自為計。二世曰：吾願得一郡為王。弗許。願為萬戶侯。又弗許。願與妻子為黔首。樂曰：吾受命丞相，為天下誅足下。足下雖多言，臣不敢報。麾其兵進。二世自殺。

趙高曰：秦故王國，始皇君天下，故稱帝。今六國復立，宜為王如故。便乃立子嬰為秦王，以黔首葬二世杜南宜春苑中。九月，高令子嬰廟見受璽。子嬰稱疾不行。高自往請。子嬰殺高，三族其家以徇。二世在位三年，壽二十四。

漢臣賈誼論曰：秦以區區之地，致萬乘之權，招八州而朝同列，百有餘年，然後以六合為家，殽函為宮。一夫作難而七廟隳，身死人手，為天下笑者，何也。仁義不施，而攻守之勢異也。宋儒胡寅曰：攻守無異勢，秦以詐力得之，豈有施仁義之理耶。

歷代君鑒卷之三十七

歷代君鑒卷之三十八

惡可爲戒

西漢

元帝

孝元皇帝名奭宣帝太子也。母曰共哀許皇后。宣帝地節三年。立爲皇太子。黃龍元年十二月宣帝崩。即皇帝位○初元二年春。史高以外屬領尚書事。蕭望之周堪爲之副。望之堪皆以師傅舊恩。數言治亂陳王事。選白宗室明經有行諫大夫更生給事中。與侍中金敞並拾遺左右。四人同心謀議。勸導上以古制。多所欲匡正。上甚鄉納之。史高充位而已。由此與望之有隙。中書令弘恭僕射石顯。自宣帝時久典樞機。帝即位多疾。以顯中人無外黨。遂委以政。事無大小因顯白決。貴幸傾朝。百僚皆敬事顯。顯爲人巧慧習事。能深得人主微指。內深賊。持詭辯以中傷人。忤恨睚眦。輒被以微法。與高爲表裏。論議常持故事。不從望之等。望之等患苦許史放縱。又疾恭顯擅權。建白以爲中書政本。國家樞機。宜以通明公正處之。武帝游宴後庭。故用宦者。非古制也。宜罷中書宦官。應古不近刑人之義。上初即位。謙讓重改作。議久不定。出

更生爲宗正。望之堪數薦名儒以備諫官。鄭朋陰欲附望之。上疏言高爲姦利。及許史子弟罪過。章視周堪。堪白令朋待詔金馬門。望之始見朋接待以意。後知其傾邪。絕不與通。朋怨恨。更求入許史。推所言事。曰皆堪更生教我。待詔華龍。行汙穢。欲入堪等。堪等不納。亦與朋相結。恭顯令二人告望之等欲疏退許史狀。候望之出沐日上之。事下弘恭問狀。望之對曰。外戚在位多奢淫。欲以匡正國家。非爲邪也。恭顯奏望之堪更生朋黨相稱舉。數譖訴大臣。毀離親戚。欲以專擅權勢。爲臣不忠。誣上不道。請謁者召致廷尉。時上初即位。不省召致廷尉爲下獄也。可其奏。後上召堪更生。曰繫獄。上大驚曰。非但廷尉問邪。以責恭顯。皆叩頭謝。上曰。令出視事。恭顯使高言上新即位。未以德化聞於天下。而先驗師傅。既下獄。宜因決免。於是赦望之罪。收印綬。及堪更生皆免爲庶人。至七月。上復徵堪更生。欲以爲諫大夫。恭顯白以爲中郎。上器重望之不已。欲倚以爲相。恭顯許史皆側目。更生乃使其外親上變事。言地震殆爲恭等。宜退恭顯以章蔽善之罰。進望之等以通賢者之路。恭顯疑其更生所爲。白請考姦詐。辭服。遂逮繫獄。免爲庶人。會

望之子伋亦上書訟望之前事。事下有司復奏望之教子上書，失大臣體，不敬，請逮捕。恭顯等知望之素高節不詘辱，建白望之前幸不坐，復賜爵邑，不悔過服罪，深懷怨望，自以託師傅，終必不坐，非頗屈望之於牢獄，塞其怏怏心，則聖朝無以施恩厚。上曰：太傅素剛，安肯就吏？顯等曰：人命至重，望之所坐語言薄罪，必無所憂。上乃可其奏。顯等令謁者召望之，因急發執金吾車騎馳圍其第。望之仰天歎曰：吾嘗備位將相，年踰六十矣，老入牢獄，苟求生活，不亦鄙乎！飲鴆自殺。天子聞之驚，拊手曰：曩固疑其不就牢獄，果然殺吾賢傅。卻食涕泣，哀動左右。召顯等責問以議不詳，皆免冠謝，良久然後已。上追念望之不忘，每歲時遣使者祠祭其家，終帝之世。宋儒司馬光曰：甚矣孝元之易欺而難寤也。夫恭顯之邪說詭計，誠有所不能辯也，至於望之自殺，則恭顯之欺亦明矣。在中智之君，孰不感動奮發以底邪臣之罰？孝元則不然，雖涕泣不食以傷望之，而終不能誅恭顯，纔得其免冠謝而已。如此則姦臣安所懲乎？是使恭顯得肆其邪心而無復忌憚者也。○建昭二年秋，殺魏郡太守京房。房學易於焦延壽，延壽常曰：得我道以亡身者京生也。其說長於灾變，以孝廉為郎，屢言灾異有驗，天子說之，數召見問。時石顯專權，五鹿充宗為尚書令用事。房嘗宴見，問上曰：幽厲之君何以危？所任者何人也？上曰：君不明而所任者巧佞。房曰：知其巧佞而用之邪？將以為賢也？上曰：賢之。房曰：然則今何以知其不賢也？上曰：以其時亂而君危知之。房曰：若是，任賢必治，任不肖必亂，必然之道也。幽厲何以不覺悟而更求賢，曷為卒任不肖以至於是？上曰：臨亂之君各賢其臣，令皆覺悟，天下安得危亡之君？房曰：齊桓公、秦二世亦嘗聞此君而非笑之，然則任豎刁、趙高，政治日亂，盜賊滿山，何不以幽厲卜之而覺悟乎？上曰：唯有道者能以往知來耳。房因免冠頓首曰：春秋紀二百四十二年灾異，以示萬世之君。今陛下即位以來，日月失明，星辰逆行，山崩泉湧，地震石隕，夏霜冬雷，春凋秋榮，水旱螟蟲，民人饑疫，盜賊不禁，刑人滿市，春秋所記灾異畢備。陛下視今為治邪？亂邪？上曰：亦極亂耳，尚何道？房曰：今所任用者誰與？上曰：然幸其愈於彼，又以為不在此人也。房曰：夫前世之君亦皆然矣，臣恐後之視今，猶今之視昔也。上良久乃曰：今為亂者誰哉？房曰：人主宜自知之。上曰：不知

也。如知。何故用之。房曰。上最所信任與圖事帷幄之
中進退天下之士者是矣。房指謂石顯。上亦知之。謂
房曰已喻。房罷出。後上亦不能退顯也。上令房上弟
子曉知考功課吏事者欲試用之。房上中郎任良、姚
平。願以爲刺史試考功法。臣得通籍殿中爲奏事以
防壅塞。顯、充宗疾房欲遠之。建言以房爲魏郡太守
得以考功法治郡。房去至新豐上封事。至陝又言。議
者欲隔絶臣而陛下聽之。此蒙氣所以不解而太陽
無色者也。唯陛下毋難還臣而易逆天意。房去月餘
竟徵下獄。初淮陽憲王舅張博傾巧無行。從房學以
女妻房。房每朝見退輒爲博道其語。博因記房所說
密語。令房爲王作求朝奏草。皆持東與王以爲信驗。
顯知之。告房博非謗天子。詿誤諸侯王。皆下獄棄市。
妻子徙邊。帝在位十六年。享年四十二

史臣班彪論曰。元帝寬弘恭儉。少而好儒。及即位。
徵用儒生委之以政。貢、薛、韋、匡迭爲宰相。而上牽
制文義。優游不斷。孝宣之業衰焉

成帝

孝成皇帝名驁。元帝太子也。母曰王皇后。元帝初元
二年夏四月立爲皇太子。竟寧元年五月。元帝崩。六
月即皇帝位○陽朔元年冬。時大將軍王鳳用事。上
謙讓無所顓。左右嘗薦劉向少子歆。召見說之。欲以
爲中常侍。召取衣冠臨當拜。左右皆曰未曉大將軍。
上曰。此小事何須關大將軍。左右叩頭爭之。上於是
語鳳。鳳以爲不可。乃止。時上無繼嗣。體常不平。定陶
共王來朝。太后與上承先帝意遇共王甚厚。不以往
事爲纖介。留之京師。上謂共王。我未有子。人命不諱。
一旦有他。且不復相見。爾長留侍我矣。後疾有瘳。共
王因留國邸。上甚親重之。鳳心不便。會日食。因言日
食陰盛之象。定陶王當奉藩在國。今留侍京師。詭正
非常。故天見戒。宜遣之國。上不得已於鳳而許之。王
辭去。上與涕泣而決。王章素剛直敢言。雖爲鳳所舉。
非鳳專權不親附鳳。乃奏封事言。日食之咎皆鳳專
權蔽主之過。召見延問。對言災異之發爲大臣專政
者也。今聞大將軍猥歸日食之咎於定陶王。建遣之
國。苟欲使天子孤立於上。專擅朝事以便其私。非忠
臣也。且日食陰侵陽。臣顓君之咎。今政事大小皆自
鳳出。天子曾不一舉手。鳳不內省責。反歸咎善人。推
薦有威重位列將相國家柱石臣也。守正不隨爲鳳

所罷。身以憂死。衆庶愍之。又鳳知其小婦弟張美人已嘗適人。於禮不宜配御至尊。託以爲宜子納之後宮。苟以私其妻弟。且羌胡尚殺首子以盪腸正世。況於天子而近已出之女也。此三者皆大事。陛下所自見。足以知其餘。及他所不見者。鳳不可令久典事。宜退使就第。選忠賢以代之。自鳳之白罷商。後遣定陶王也。上不能平。及聞章言。感寤納之。謂章曰。微京兆直言。吾不聞社稷計。且唯賢知賢。君試爲朕求可以自輔者。於是章薦瑯琊太守馮野王。忠信質直。智謀有餘。上自爲太子時。數聞野王名。方倚欲以代鳳。章

每召見。上輒辟左右。時鳳從弟子音侍中。獨側聽聞章言。以語鳳。鳳甚憂懼。杜欽令鳳稱病出就第。上疏乞骸骨。辭旨甚哀。太后聞之。垂涕不食。上少而親倚鳳。弗忍廢。乃優詔報鳳。彊起之。於是鳳起視事。上使尚書劾章。知野王前以王舅出補吏。而私薦之。阿附諸侯。又知張美人體御至尊。而妄稱引羌胡殺子盪腸。非所宜言。下章吏。廷尉致其大逆罪。章竟死獄中。妻子徙合浦。自是公卿見鳳。側目而視。○鴻嘉元年。上始爲微行。從期門郎或私奴。或乘小車。或皆騎出入市里郊野。遠至旁縣。鬬雞走馬。常自稱富平侯家人。富平侯者。侍中張放也。寵幸無比。故假稱之。○永始元年。夏四月。上欲立趙倢伃爲皇后。皇太后嫌其所出微甚。難之。太后姊子淳于長往來通語。歲餘乃許之。上先封倢伃父臨爲成陽侯。諫大夫劉輔上言。臣聞天之所興。必先賜以符瑞。天之所違。必先降以灾變。此自然之占驗也。昔武王周公。承順天地。以饗魚烏之瑞。然猶君臣祗懼。動色相戒。況於季世。不蒙繼嗣之福。屢受威怒之異者乎。雖夙夜自責。改過易行。畏天命。念祖宗。妙選有德之世。考卜窈窕之女。以承宗廟。順神祇心。塞天下望。子孫之祥。猶恐晚暮。今

乃觸情縱欲。傾於卑賤之女。欲以母天下。不畏于天。不愧于人。惑莫大焉。里語曰。腐木不可以爲柱。卑人不可以爲主。天人之所不予。必有禍而無福。市道皆共知之。朝廷莫肯一言。臣竊傷心。不可不盡死。書奏。詔收縛繫掖庭秘獄。於是將軍辛慶忌等上書以爲輔新從下土來。未知朝廷體。獨觸忌諱。不足深過。上乃徙繫輔共工獄。減死一等。論爲鬼薪。帝在位二十六年。壽年四十五

史臣班彪論曰。成帝善脩容儀。臨朝淵嘿。尊嚴若神。可謂有穆穆天子之容矣。然湛于酒色。政在外

家。建始以來王氏始執國命。哀平短祚莽遂篡位。
蓋其威福所由來者漸矣

歷代君鑑卷之三十八

歷代君鑑卷之三十九

惡可為戒

東漢

安帝

孝安皇帝諱祜。清河孝王慶之子。肅宗之孫也。少號聰明。為皇太后鄧氏所立。長多不德。稍不可太后意。太后崩始親政事。而内寵益盛○建光元年。帝以江京嘗迎帝於邸。以為京功。封都鄉侯。封李閏為雍鄉侯。閏京並遷中常侍。京兼大長秋。與中常侍樊豐黃門令劉安。鈎盾令陳達。及乳母王聖。聖女伯榮扇動

中外。競為侈虐。司徒楊震。尚書翟酺。皆上疏極言其非。帝皆不省○延光二年冬。詔遣使者大為王聖修第。中常侍樊豐及侍中周廣等。更相扇動。傾搖朝廷。震上疏曰。臣伏念方今災害滋甚。百姓空虛。三邊震擾。帑藏匱乏。殆非社稷安寧之時。詔書為阿母起第舍。合兩為一。連里竟街。雕修繕飾。窮極巧技。攻山採石。轉相迫促。為費鉅萬。周廣謝永兄弟。與國無肺腑枝葉之屬。依阿近倖姦佞之人。與之分威共權。屬託州郡。傾動大臣。宰司辟召。承望旨意。招來海内貪汙之人。受其貨賂。至有臧錮棄世之徒。復得顯用。白黑

渾淆清濁同源天下讙譁為朝結讖臣聞師言上之所取財盡則怨力盡則叛怨叛之人不可復使惟陛下其度之帝不聽○三年春三月初樊豐周廣謝惲等見楊震連諫不從無所顧忌遂詐作詔書調發司農錢穀大匠見徒材木各起家舍園池廬觀役費無數震復上疏而所言轉切帝既不平之而樊豐等皆側目憤怨以其名儒未敢加害會河間男子趙騰上書指陳得失帝發怒遂收考詔獄結以罔上不道震上疏救之帝不聽騰竟伏尸都市及帝東巡樊豐等因之競修第宅太尉部掾高舒召大匠令史考校之

得豐等所詐下詔書具奏須行還上之豐等惶怖會太史言星變逆行遂共譖震云自趙騰死後深用怨懟車駕還京師夜遣使者策收震太尉印綬震於是柴門絕賓客豐等令大鴻臚耿寶奏震大臣不服罪懷恚望有詔遣歸本郡震行至城西夕陽亭乃慷慨謂其諸子門人曰死者士之常分吾蒙恩居上司疾姦臣狡猾而不能誅惡嬖女傾亂而不能禁何面目復見日月因飲酖而卒○秋王聖江京樊豐等譖太子乳母王男廚監邴吉等殺之家屬徙比景太子思男吉數為嘆息京豐懼有後害乃與閻后妄造虛無

搆讒及東宮官屬帝怒召公卿以下議廢太子耿寶等承旨以為當廢太僕來歷與太常桓焉等議曰經說年未滿十五過惡不在其身且男吉之謀太子容有不知宜選忠良保傅輔以禮義廢置事重此誠聖恩所宜宿留帝不從張皓退復上書曰昔賊人江充造搆讒逆傾覆戾園孝武久乃覺悟雖追前失悔之何及皇太子方十歲未習保傅之教可遽責乎書奏不省廢太子為濟陰王居於德政殿西鍾下來歷乃要結光祿勳祋諷宗正劉瑋將作大匠薛皓侍中閭丘弘陳光趙代施延太中大夫朱倀等十餘人俱詣

鴻都門證太子無過帝與左右患之乃使中常侍奉詔脅群臣曰父子一體天性自然以義割恩為天下也歷諷等不識大體而與群小共為讙譁外見忠直而內希後福飾邪違義豈事君之禮朝廷廣開言路故且一切假貸若懷迷不反當顯明刑書諫者莫不失色薛皓先頓首曰固宜如明詔歷怫然廷詰皓曰屬通諫何言今復背之大臣乘朝車處國事固得輾轉若此乎乃各稍自引起歷獨守闕連日不肯去帝大怒尚書令陳忠與諸尚書遂共劾奏歷等帝乃免歷兄弟官削國租黜歷母武安公主不得會見帝在

位十九年壽三十二

桓帝

孝桓皇帝諱志章帝曾孫蠡吾侯翼之子也梁冀雖誅猶專姑息五侯肆虐莫能禁制賢人君子忠憤激烈卒成黨錮之禍○元嘉元年夏四月帝微行幸河南尹梁胤府舍是日大風拔樹晝昏尚書楊秉上疏曰臣聞天不言語以災異譴告王者至尊出入有常警蹕而行靜室而止自非郊廟之事則鑾旗不駕故諸侯入諸臣之家春秋尚列其誠況於以先王法服而私出槃遊降亂尊卑等威無序侍衛守空宮璽綬

委女妾設有非常之變任章之謀上負先帝下悔靡及帝不納○永壽元年春二月司隸冀州饑人相食太學生劉陶上疏陳事曰夫天之與帝帝之與民猶頭之與足相須而行也陛下目不視鳴條之事耳不聞檀車之聲天災不有痛於肌膚震食不即損於聖體故蔑三光之謬輕上天之怒伏念高祖之起始自布衣合散扶傷克成帝業勤亦至矣流福遺祚至於陛下陛下既不能增明烈考之軌而忽高祖之勤妄假利器委授國柄使群醜刑隸芟刈小民虎豹窟於麑場豺狼乳於春囿貨殖者為窮冤之魂貧餒者作

饑寒之鬼死者悲於窀穸生者戚於朝野是愚臣所為咨嗟長懷歎息者也且秦之將亡正諫者誅諛進者賞嘉言結於忠舌國命出於讒口擅閻樂於咸陽授趙高以車府權去已而不知威離身而不顧古今一揆成敗同勢願陛下遠覽強秦之傾近察哀平之變得失昭然禍福可見臣又聞危非仁不扶亂非智不救竊見故冀州刺史南陽朱穆前烏桓校尉臣同郡李膺皆履正清平貞高絕俗斯實中興之良佐國家之柱臣也宜還本朝夾輔王室臣敢吐不時之義於諱言之朝猶冰霜見日必至消滅臣始悲天下之

可悲今天下亦悲臣之愚惑也書奏不省○延熹六年冬十月帝校獵廣成遂幸函谷關上林苑光祿勳陳蕃上疏諫曰安平之時遊畋宜有節況今有三空之厄哉田野空朝廷空倉庫空加之兵戎未戢四方離散是陛下焦心毀顏坐以待旦之時也豈宜揚旗耀武騁心輿馬之觀乎又前秋多雨民始種麥今失其勸種之時而令給驅禽除路之役非聖賢恤民之意也書奏不納○八年春勃海王悝素行險僻多僭傲不法北軍中候陳留史弼上封事曰臣聞帝王之於親戚愛雖隆必示之以威體雖貴必禁之以度如

是和睦之道興骨肉之恩遂矣竊聞勃海王悝外聚剽輕不逞之徒內荒酒樂出入無常所共羣居皆家之棄子朝之斥臣必有羊勝伍被之變州司不敢糾彈傅相不能匡輔陛下隆於友于不忍遏絶恐遂滋蔓為害彌大乞露臣奏宣示百僚平處其法法决罪定乃下不忍之詔臣下固執然後少有所許如是則聖朝無傷親之譏勃海有享國之慶不然懼大獄將興矣帝不聽悝果謀為不道有司請廢之詔貶為癭陶王食一縣

靈帝

孝靈皇帝諱宏肅宗之玄孫河間孝王之曾孫也桓帝崩無子帝嘗襲侯爵時年十二為竇太后所立昏虐不道保養奸回過於骨肉殄滅忠良甚於寇讎卒致何進名戮董卓乘釁袁紹之徒從而攜難漢祚遂滅○建寧二年夏四月有青蛇見於御坐上大風雨雹霹靂拔大木百餘詔公卿以下各上封事大司農張奐上疏曰昔周公葬不如禮天乃動威今竇武陳蕃忠貞未被明宥妖眚之來皆為此也宜急為收葬徙還家屬其從坐禁錮一切蠲除又皇太后雖居南宮而恩禮不接朝臣莫言遠近失望宜思大義顧復之報帝深嘉奐言以問諸常侍左右皆惡之帝不得自從奐又與尚書劉猛等共薦王暢李膺可參三公之選曹節等彌疾其言遂下詔切責之奐等皆自囚廷尉並以三月俸贖罪郎中謝弼上封事曰皇太后幽隔空宮愁感天心如有霧露之疾陛下何面目以見天下孝和皇帝不絶竇氏之恩前世以為美談禮為人後者為之子今以桓帝為父豈得不以太后為母哉台宰重器國命所係今之四公唯司空劉寵斷斷守善餘皆素餐致寇之人必有折足覆餗之凶可因災異並加黜罷徵王暢李膺並居政事庶災變可

消國祚惟永光祿勳楊賜曰王者心有所想雖未形顏色而五星為之推移陰陽為其變度夫皇極不建則有龍蛇之孽詩云惟虺惟蛇女子之祥惟陛下思乾剛之道別內外之宜抑皇甫之權割艷妻之愛則蛇變可消禎祥立應○秋九月初李膺等雖廢錮天下士大夫皆高尚其道汙穢朝廷希之者惟恐不及更相標榜為之稱號以竇武陳蕃劉淑為三君君者言一世之所宗也李膺荀昱杜密王暢劉祐魏朗趙典朱寓為八俊俊者言人之英也郭泰范滂尹勳巴肅宗慈夏馥蔡衍羊陟為八顧顧者言能以德行引

入也張儉翟超岑晊苑康劉表陳翔孔昱檀敷爲八及及者言其能導人追宗者也度尚張邈王孝劉儒胡母班秦周蕃嚮王章爲八廚廚者言能以財救人者也及陳竇用事復擧拔膺等陳竇誅膺等復廢官官疾惡膺等每下詔書輒申黨人之禁侯覽怨張儉尤甚覽鄉人朱竝素佞邪爲儉所棄承覽意旨上書告儉與同鄉二十四人別相署號共爲部黨圖危社稷而儉爲之冠詔刊章捕儉等冬十月大長秋曹節因此諷有司奏諸鉤黨者故司空虞放李膺杜密朱寓荀昱翟超劉儒范滂等請下州郡考治是時帝年

十四問節曰何以爲鉤黨對曰鉤黨者即黨人也帝曰黨人何用爲惡而欲誅之邪對曰皆相擧群輩欲爲不軌帝曰不軌欲何如對曰欲圖社稷帝乃可其奏或謂李膺曰可去矣對曰事不辭難罪不逃刑臣之節也吾年已六十死生有命去將安之乃詣詔獄考死門生故吏並被禁錮侍御史景毅子顧爲膺門徒未有錄牒不及於譴毅慨然曰本爲膺賢遣子師之豈可以脫漏名籍苟安而已遂自表免歸汝南督郵吳導受詔捕范滂至征羌抱詔書閉傳舍伏床而泣一縣不知所爲滂聞之曰必爲我也即自詣獄縣

令郭揖大驚出解印綬引與俱亡曰天下大矣子何爲在此滂曰滂死則禍塞何敢以罪累君又令老母流離乎其母就與之訣曰汝今得與李杜齊名死亦何恨滂跪受教再拜而辭凡黨人死者百餘妻子皆徙邊天下豪傑及儒學有行義者宦官一切指爲黨人有怨隙者因相陷害睚眦之忿濫入黨中州郡承旨或有未嘗交關亦罹禍毒其死徙廢禁者又六七百人郭泰聞之爲之慟曰詩云人之云亡邦國殄瘁漢室滅矣但未知瞻烏爰止于誰之屋耳○光和元年冬十月宋皇后無寵後宮幸姬衆共譖毀勃海王

悝妃宋氏即后之姑也中常侍王甫恐后怨之因譖后挾左道祝詛帝信之遂策收璽綬后自致暴室以憂死父不其鄉侯酆及兄弟並被誅是月晦日有食之尚書盧植上言凡諸黨錮多非其罪可加赦恕申宥回枉宋后家屬竝以無辜委骸橫尸不得斂葬宜勅收拾以安遊魂郡守刺史一月數遷宜依黜陟以章能否縱不九載可滿三歲請謁希求一宜禁塞選擧之事責成主者天子之體理無私積宜弘大務蠲略細微帝不省○十二月詔中尚方爲鴻都文學樂松江覽等三十二人圖象立贊以勸學者尚書令陽

球諫曰。臣按松覽等皆出於微蔑斗筲小人。依憑世戚。附託權豪。俛首承睫。徼進明時。或獻賦一篇。或鳥篆盈簡。而位升郎中。形圖丹青。亦有筆不點牘。辭不辯心。假手請字。妖偽百品。莫不蒙被殊恩。蟬蛻滓濁。是以有識掩口。天下嗟歎。臣聞圖象之設。以昭勸戒。欲令人君動鑒得失。未聞豎子小人。詐作文頌。而可妄竊天官。垂象圖素者也。今太學東觀。足以宣明聖化。願罷鴻都之選。以消天下之謗。書奏不省○是歲初開西邸。賣官入錢各有差。二千石二千萬。四百石四百萬。其以德次應選者半之。或三分之一。於西園立庫貯之。或詣闕上書占令長。隨縣好醜。豐約有賈。富者則先入錢。貧者到官然後倍輸。又私令左右賣公卿。公千萬。卿五百萬。初帝為侯時。常苦貧。及即位。每歎桓帝不能作家居。曾無私錢。故賣官聚錢以為私藏。帝嘗問侍中楊奇曰。朕何如桓帝。對曰。陛下之於桓帝。亦猶虞舜比德唐堯。帝不悅曰。卿強項。真楊震子孫。死後必復致大鳥矣○三年。冬十二月。作罼圭靈昆苑。司徒楊賜諫曰。先帝之制。左開鴻池。右作上林。不奢不約。以合禮中。今猥規郊城之地。壞沃衍。廢田園。驅居民。畜禽獸。殆非所謂若保赤子之義。今

城外之苑已有五六。可以逞情意順四節也。宜惟夏禹卑宮太宗露臺之意。以慰下民之勞。書奏。帝欲止。以問侍中任芝樂松。對曰。昔文王之囿百里。人以為小。齊宣五里。人以為大。今與百姓共之。無害於政也。帝悅。遂為之○是時中常侍趙忠張讓等皆封侯貴寵。帝常言張常侍是我公。趙常侍是我母。由是宦官無所憚畏。第宅擬則宮室。帝嘗欲登永安侯臺。宦官恐望見居處。乃使中大人尚但諫曰。天子不當登高。登高則百姓虛散。帝自是不敢復升臺榭。及封諝徐奉事發。帝詰責諸常侍曰。汝曹常言黨人欲為不軌。皆令禁錮。或有伏誅者。今黨人更為國用。汝曹反與張角通。為可斬未。皆叩頭曰。此王甫侯覽所為也。於是諸常侍人人求退。各自徵還宗親子弟在州郡者。趙忠等譖中常侍呂彊云與黨人共議朝廷。數讀霍光傳。彊兄弟所在並皆貪穢。帝使中黃門持兵召彊。彊聞帝召。怒曰。吾死。亂起矣。丈夫欲盡忠國家。豈能對獄吏乎。遂自殺。惲復譖曰。彊見召。未知所問而就外自屏。有姦明審。遂收捕其宗親。沒入財產。侍中河內向栩上便宜。譏刺左右。張讓誣栩與張角同心。欲為內應。收送黃門北寺獄殺之。郎中張鈞上書曰。竊

惟張角所以能興兵作亂萬民所以樂附之者皆由十常侍多放父子兄弟婚親賓客典據州郡辜榷財利侵掠百姓百姓之冤無所告訴故謀議不軌聚為盜賊宜斬十常侍縣頭南郊以謝百姓遣使者布告天下可不須師旅而大寇自消帝以鈞章示諸常侍皆免冠徒跣頓首乞自致雒陽詔獄并出家財以助軍費有詔冠履視事如故帝怒鈞曰此真狂子也十常侍固當有一人善者否御史承旨遂奏鈞學黃巾道收掠死獄中帝在位二十二年壽三十四

蜀漢臣諸葛亮出師表曰親賢臣遠小人此先漢所以興隆也親小人遠賢臣此後漢所以傾頽也先帝在時每與臣論此事未嘗不歎息痛恨於桓靈也

歷代君鑒卷之三十九

歷代君鑒卷之四十

惡可為戒

西晉

惠帝

孝惠皇帝諱衷字正度武帝第二子也九歲立為皇太子既長為人戇騃不辯菽麥朝廷咸知不堪政事武帝亦欲易廢一日悉召東宫官屬使以尚書事令太子决之帝不能對賈妃遣給事中張泓具草令帝書之武帝覽而大悅又見其子遹聰明剛猛可以傳後太子遂安武帝崩即位尊繼母皇后楊氏為太后立妃賈氏為皇后廣陵王遹為皇太子以太尉楊駿為太傅録朝政百官總已以聽○賈后性凶悍多權畧每欲干預政事而為太傅楊駿所抑永康元年后使黄門董猛與殿中中郎孟觀李肇皆駿所不禮者謀誅駿初后為太子妃嘗以妬手殺數人又以戟擲孕妾子隨刃墮武帝大怒將廢之楊后曰賈公閭有大勳於社稷豈可以其女妬而忘之邪妃得不廢后數誡厲妃妃不知其助己反以為恨至是不以婦道事太后亦謀廢之又使報楚王瑋瑋許之乃求入朝於是觀肇啓帝夜作詔誣駿謀反也衛殿中段廣跪

言於帝曰楊駿孫公無子豈有反理願陛下審之帝
不答命東安公繇帥殿中四百人討之瑋屯司馬門
太后聞之內外隔塞題帛為書射城外曰救太傅者
有賞賈后因宣言太后同反尋殿中兵出燒駿府駿
逃于廄就殺之遂收楊珧楊濟及張劭段廣等皆夷
三族賈后矯詔送太后于永寧宮特全太后母高都
君龐氏之命聽就太后居止復諷群公有司奏太后
圖危社稷自絕于天請廢為庶人詔金墉城詔可又
奏昨詔原駿妻龐氏以慰太后之心今太后廢請以
龐付廷尉行刑詔從之龐臨刑太后抱持號叫截髮
稽顙上表賈后稱妾請全母命不省初太后幽金墉
城尚有侍御十餘人後賈后奪之絕膳八日而卒○
一日賈后詐稱帝不豫召太子入朝既至置于別室
遣婢陳舞以帝命賜酒三升逼使盡飲之遂太醉后
使黃門侍郎潘岳作書草稱詔使書之文曰陛下宜
自了不了吾當入了之中宮又宜速自了不自了吾
當手了之并與謝妃共要刻期兩發埽除患害太子
醉迷遂依而寫之字半不成后補成之以呈帝帝幸
式乾殿召公卿入以太子書示之曰遹書如此今賜
死諸王公議至日西不決惟裴頠曰宜先檢校傳書

者又請比校太子手書不然恐有詐妄后懼事變乃
表免太子為庶人詔許之其子虨臧尚皆幽于金墉
城殺太子母謝淑媛西戎校尉司馬閻纘輿棺詣闕
上書以為太子之罪未審有無縱有宜重選師傅先
加嚴誨若不悛改棄之未晚書奏不省○后又使黃
門自首欲與太子為逆詔以首辭班示公卿遣千兵
衛太子幽于許昌後又因趙王倫孫秀使人行反間
言殿中人欲廢皇后迎太子后使太醫令程據和毒
藥遣黃門孫慮至許昌逼太子殺之○趙王倫矯詔
勅三部司馬曰中宮與賈謐等殺太子今使車騎入
廢中宮汝等從命賜爵關內侯不從者誅三族眾皆
從之開門夜入遣齊王冏將百人排閤迎帝幸東堂
召賈謐斬之遂廢后為庶人送于金墉城倫又遂矯
詔遣使齎金屑酒賜賈后死于金墉城復故太子位
號立其子臧為皇太孫倫自為相國尋自加九錫○
永寧元年趙王倫自稱皇帝遷帝于金墉城尊為太
上皇廢皇太孫為濮陽王尋殺之○齊王冏遣使告
成都王穎河間王顒長沙王乂及新野公歆移檄征
鎮稱逆臣孫秀迷誤趙王當共討之有不從命者誅
及三族遠近響應眾至二十萬討倫倫以兵拒之成

都王穎擊敗倫兵于溴水。左衛將軍王輿等迎帝復位。斬孫秀於中書省。賜倫死。收其子誅之。齊王冏恃功驕奢擅權。河間王顒表陳冏罪。請長沙王乂廢冏。顒表至。冏大懼。遣董艾襲之。乂將左右百餘人馳入宮。閉諸門奉天子攻大司馬府。城內大戰。帝幸上東門。矢集御前。群臣死者相枕。冏衆大敗。執冏斬之。○二年。河間王顒、成都王穎舉兵反。帝自將討之。如三十里橋。顒將張方戰敗之。帝幸緱氏。張方入京城大掠。長沙王乂奉帝討張方。不克。穎進兵逼京師。東海王越使張方殺長沙王乂。穎入京師。自爲丞相。廢皇后羊氏及太子覃。東海王越奉帝征穎。復皇后太子。穎遣兵拒戰。蕩陰帝傷頰。中三矢。侍中嵇紹死之。血濺帝衣。他日左右請浣之。帝曰。嵇侍中血。勿浣也。穎以帝入鄴。殺東安王繇。張方復入京城。廢皇后太子。幽并兵至鄴。穎使張方迎帝還洛陽。張方在洛既久。剽掠殆竭。乃引兵入殿。以所乘車迎帝。逼使上車。遷於長安。於是東海王越自領徐州都督。傳檄討張方殺之。送首於越。越進屯溫。遣祁弘入長安。奉帝東還。復羊后。以東海王越爲太傅。帝食餅中毒而崩。或曰太傅越之鴆也。在位十七年。享年四十八。

史臣論曰。帝資質庸愚。昏懦無爲。故居大位。權專中宮。政出群下。綱紀大壞。貨賂公行。觀其嘗在華林園。聞蝦蟆聲。謂左右曰。此鳴者爲官乎。爲私乎。或對曰。在官地者爲官。在私地者爲私。帝亦不識其紿。及天下荒亂。百姓餓死。帝聞之曰。何不食肉糜。其蒙蔽皆此類。所以弒母后。害太子。屠戮無辜。骨肉殘殺。咸假他人之手。宜乎受制廢遷。終死鴆毒。而貽笑天下後世也哉。

東晉

孝武帝

孝武皇帝諱曜。字昌明。簡文帝第三子也。初封會稽王。咸安二年。立爲皇太子。簡文帝崩。至晡不臨。左右進諫。答曰。哀至則哭。何常之有。尋即帝位。其年三吳大旱。人多餓死。崇德太后臨朝攝政。○大元元年。帝加元服。始臨朝政。二年。地震。暴風折木發屋。三年。帝作新宮。移居會稽王邸。雷雨暴風。發屋折木。四年。大旱。年穀不登。百姓多匱。五年。大水。雷震含章殿四柱。并殺內侍二人。六年。帝奉佛法。立精舍於殿內。引諸沙門居之。尚書王雅諫不從。揚荊江三州大水。江東大飢。八年二月。黃霧四塞。始興南康廬陵大水。平地五丈以會稽王道子錄尚書六條事主國寶爲尚書郎○十年會稽王道子專權王國寶大保謝安壻也安惡其爲人每抑而不用由是怨安國寶從妹爲道子妃時帝與道子皆嗜酒狎昵邪謟國寶乃譖安於道子使離間之於帝帝不察遂疎忌安會秦求救安廼請自將出鎮廣陵築新城居之○十四年帝溺於酒色爲長夜之飲於是委政於瑯邪王道子道子亦荒淫嗜酒日夕與帝以酣歌爲事又崇尚浮屠窮奢極費所親昵者皆姏姆僧尼近習弄權交通請託賄賂公行官爵濫雜刑獄繆亂左衛將軍許營上疏曰

局吏衛官僕隸婢兒皆爲守令或帶內職僧尼乳母競進親黨又受貨賂輒使臨官政教不均暴濫無罪且佛者清遠玄虛之神今僧尼於五誡麤法尚不能遵而流俗競加敬事以至侵漁百姓取財爲惠亦未合布施之道也疏奏不省道子勢傾中外王國寶以諂佞有寵於道子中書侍郎范甯數進忠言補正缺失指斥奸黨國寶甯之甥也甯尤疾其阿諛勸帝黜之國寶遂與道子譖甯帝反出甯爲豫章太守甯臨發上疏曰今邊烽不舉而倉庫空匱古者使民歲不過三日今之勞擾殆無三日之休至有生兒不復舉養鰥寡不敢嫁娶臣恐社稷之憂厝火積薪不足喻也帝亦不省○十七年清河人李遼上表請勑兗州脩孔子廟給戶灑埽仍立庠序以教學者曰事有如賒而實急者此之謂也疏奏不省○二十年會稽王道子專權奢縱趙牙本倡優茹千秋捕賊吏也皆以謟賄得進道子以牙爲郡守千秋爲參軍牙爲道子開東第築山穿池功用鉅萬帝不罪反幸其第愈見委任有長星見自須女至于哭星帝心惡之於華林園舉酒祝之曰長星勸汝一杯酒自古何有萬歲天子邪○二十一年帝嗜酒流連內殿外人罕得進見

張貴人寵冠後宮時年近三十帝戲之曰汝以年亦當廢矣吾意更屬少者貴人憤恨已而醉寢清暑殿貴人弑之重賂左右云魘崩在位二十一年享年三十五

史臣論曰帝雖即位幼冲既長臨政威權已出有人主之量未幾遽信謟言疎退賢輔道子荒于朝政國寶彙以小人拜受之榮初非天旨鸞刑之貨自走權門毒賦年滋窮民歲廣方且荒耽酒色崇尚浮屠請脩孔廟疏入不報許榮之徒馳書詣闕雖知抗直忌聞逆耳醒日既少每飛長夜之觴妖

星已見復勸華林之酒以至戲言一發禍生房幃悲夫

歷代君鑒卷之四十

歷代君鑒卷之四十一

惡可為戒

南朝

宋少帝

宋主少帝諱義符姓劉氏武帝之長子也有膂力善騎射解音律武帝晚無男及義符生甚悅永初元年立為皇太子武帝殂義符嗣位居喪無禮大行尚在殯即徵集樂府伶官備奏絃管珎羞甘膳有加平日且好與左右狎暱遊戲無度親執鞭扑毆擊無辜者以取笑樂採擇媵御產子就宮醜聲四達而靦然無怍焉○景平元年太皇太后蕭氏殂及葬義符親與左右執紼歌呼推排梓宮抃掌笑謔又徵召工匠興造宮室穿池築觀朝成而暮毀之費用萬端帑藏為之空竭疲極人力遠近莫不嗟怨○二年義符常在後宮習武鼓鞞聲聞於外特進致仕范泰上書諫曰伏聞陛下黷武掖庭諠譁省闥非徒不足以威四夷秪生遠近之怪且陛下踐阼委政宰臣實同高宗諒闇之美而更媟狎羣小懼非社稷至計經世之道也不聽○義符嘗與廬陵王義真有隙至是廢為庶人前吉陽令張約之上䟽曰廬陵王少蒙先皇優慈之

遇長受陛下睦愛之恩故在心必言容犯臣子之道宜在容養錄善掩瑕訓盡義方進退以漸令猥加剥辱幽徙遠郡上傷陛下手足之愛下令遠近怅然失圖臣伏思大宗開基造次根條未繁宜廣樹藩戚敦睦以道人誰無過貴能自新以武皇之愛子陛下之懿弟豈可以其一眚長致淪棄哉書奏見殺○司空徐羨之等將廢義符以檀道濟先朝舊將威服殿省乃召道濟及江州刺史王弘入朝以謀告之謝晦聚將士於府內使中書舍人邢安泰潘盛為內應時義符出於華林園為列肆親自沽賣又開瀆聚土以象

破岡埭與左右引船唱呼以為歡樂夕遊天淵池即龍舟而寢其朝未興軍士進殺二侍者扶義符出收璽綬羣臣拜辭衛送故太子宮乃稱皇太后令數義符過惡廢為營陽王遷于吳使邢安泰就弑之義符多力突走出昌門追者以門關踣而弑之時年十九

史臣裴子野論曰古者人君養子能言師授之辭能行傅相之禮而宋之教誨雅異於斯居中則任僕妾處外則近趍走師侍二職皆臺皁也制其行止授其法則導達臧否罔弗由之言不及於禮義識不達於今古謹勑者能勸之以吝嗇狂愚者或誘之以凶慝雖有師傅多以耆艾大夫為之友及文學多以膏粱年少為之具位而已亦弗與遊是以本枝雖茂而端良甚寡降及太宗舉天下而棄之亦昵比之為也嗚呼有國有家其鑒之矣

孝武帝

宋主孝武帝諱駿字休龍文帝第三子也少頗爽讀書七行俱下才藻甚美雄決愛武元嘉十二年立為武陵王元凶劭弑逆舉兵討劭遂入即位改元孝建○二年宋主惡宗室彊盛欲削弱王侯江夏王義恭等奏裁損王侯車服器用樂舞制度凡九事宋主因

諷有司增廣為二十四條聽事不得南向坐施帳劒不得為鹿盧形內史相及封內官長止稱下官不得稱臣罷官則不復追敬○三年秋熒惑守南斗宋主廢西州舊館以其子西陽王子尚為揚州刺史使移治東城以厭之別駕沈懷文曰天道示變宜應之以德雖空西州恐無益也不從○大明元年宋主自即吉之後奢淫自恣多所興造顏竣以藩朝舊臣數懇切諫爭宋主寖不悅出竣為東揚州刺史及竟陵王誕反遂誣竣與通謀收付廷尉折足賜死妻子徙交州復沈其男口於江○二年初宋主在江州戴法興

戴明寶蔡閑為典籤及即位皆以為南臺侍御史兼
中書通事舍人是歲並以初舉兵預密謀賜爵縣男
時宋主親覽朝政不任大臣而腹心耳目不得無所
委寄法興頗知古今素見親待巢尚之人士之末涉
獵文史亦為中書通事舍人凡選授遷徙誅賞大處
分宋主皆與法興尚之參懷內外雜事多委明寶三
人權重當時而法興明寶大納貨賄門外成市家累
千金○四年以廬陵內史周朗言事切直銜之使有
司奏朗居母喪不如禮傳送寧州於道殺之○青冀
刺史顏師伯以諂佞被親任擢為侍中羣臣莫及亦
多納貨賄家累千金○五年正旦朝賀雪落太宰義
恭衣有六出義恭奏以為瑞宋主悅義恭以宋主猜
暴懼不自容每卑辭遜色曲意祗奉由是終宋主之
世得免於禍○宋主畋遊無度嘗出夜還敕開門侍
中謝莊居守以棨信或虛執不奉旨須墨敕乃開宋
主後因宴飲言及莊對曰臣聞王者祭祀畋遊出入
有節今陛下晨往宵歸臣恐不逞之徒妄生矯詐是
以伏須神筆乃敢開門耳○時士族雜婚者詔皆補
將吏士族多避役逃亡乃嚴為之制捕得即斬之往
往奔竄湖山為盜賊沈懷文諫不聽○六年春策孝

秀于中堂揚州秀才顧法對策曰源清則流潔神聖
則形全躬化易於上風體訓速於草偃宋主惡其諒
投策於地○侍中沈懷文素與顏竣周朗善數以直
諫忤旨宋主謂曰竣若知我殺之亦當不敢如此嘗
出射雉風雨驟至懷文與王彧江智淵約相與諫懷
文曰風雨如此非聖躬所宜冒彧曰懷文所啓宜從
智淵未及言宋主注弩作色曰卿欲效顏竣邪宋主
每燕集在坐者皆令沈醉嘲謔無度懷文素不飲又
不好戲嘲宋主謂故欲異已出為廣陵太守至是朝
正事畢當還以女病求申期為有司所糾免官禁錮
十年懷文賣宅欲還東宋主大怒賜死三子澹淵沖
行哭請命柳元景為之言曰懷文三子塗炭不可見
願陛下速正其罪宋主竟殺之○淑儀殷氏寵傾後
宮是年卒宋主痛悼不已精神罔罔頗廢政事葬於
龍山民不堪役死亡甚衆自江南葬埋之盛未之有
也又為之別立廟追拜貴妃謚曰宣是後宋主數與
羣臣至殷貴妃墓謂劉德願曰卿哭貴妃悲者當厚
賞德願擗踊號慟涕泗交流宋主甚悅以德願為豫
州刺史○宋主好狎侮羣臣自太宰義恭以下不免
穢辱常呼金紫光祿大夫王玄謨為老傖僕射劉秀

之為老慳。顔師伯為齴。其餘短長肥瘦皆有稱目。又寵一崑崙奴。令以杖撃羣臣惟憚蔡興宗方嚴不敢侵媟○宋主為人機警勇决記問博洽文章華敏又善騎射而奢欲無度自晉氏渡江以來宮室草創孝武始作清暑殿宋興無所增改至是始大修宮室土木被錦繡賞賜傾府藏壞高祖所居陰室於其處起玉燭殿與羣臣觀之牀頭有土障壁上掛葛燈籠麻蠅拂侍中袁顗因盛稱高祖儉素之德宋主曰田舍公得此已為過矣○末年尤貪財利刺史二千石罷還必限使獻奉又以蒱戲取之罄盡乃止終日酣飲常憑几昏睡或外有奏事即肅然整容無復酒態由是內外畏之莫敢弛惰至是殂於玉燭殿在位十一年壽三十五

史臣沈約論曰。復已以利天下堯舜之心也。利已以及萬物中主之志也。盡民命以自養桀紂之行也。孝武之世將盡民命。雖有周公之才之美。猶終之以亂。何益哉

歷代君鑒卷之四十一

歷代君鑒卷之四十二

惡可為戒

南朝

齊鬱林王

齊主鬱林王諱昭業字元尚姓蕭氏武帝之孫文惠太子之長子也少美容止進對音吐甚有令譽特為武帝所愛且好隷書武帝嘗勑皇孫手書毋得妄出以貴重之初封南郡王文惠薨立為皇太孫及武帝殂太孫即位改元隆昌○昭業蚤喪其母育於竟陵王子良之妃袁氏因從子良在西州與左右羣小二十餘人共衣食同卧起文惠太子每禁其起居節其用度昭業密就富人求錢夜開後閤淫宴諸營署師史仁祖侍書胡天翼相謂曰若言於二宮其事未易若為異人所毆及犬物所傷豈直罪止一身亦當盡室及禍相繼自殺二宮不知也所愛左右皆逆加官爵疏於黃紙使囊盛帶之許南面之日依此施行又性辯慧哀樂過人而矯情飾詐陰懷鄙慝嘗侍文惠疾憂容號毀裁還私室即歡笑酣飲及居喪亦如之常令女巫楊氏禱祀速求天位文惠薨謂由楊氏力倍加敬信及武帝有疾復令祈禱欲宮車早晏駕因

與其妃何氏書作一大喜字而三十六小喜字以繞之○初武帝嘗往東宮昭業迎拜號慟絕而復蘇及侍武帝疾又言發淚下武帝每言及存亡昭業輒哽咽不自勝武帝信之以為必能負荷大業臨終執其手曰若憶翁當好作遂殂大歛始畢昭業悉呼武帝諸伎備奏衆樂諸伎雖畏威從事而皆哽咽流涕及奉辭武帝梓宮轀輬車未出端門昭業亟稱疾還內裁入閤即奏胡伎鞞鐸之聲響震內外焉自山陵之後即與左右微服遊走市里擲塗賭跳作諸鄙戲○嘗毀武帝所起殿以其材賜幸臣徐龍駒而於其處為馬埒馳馬墜傷面額稱疾不出者數日多聚名鷹快犬餧以粱肉又好鬬鷄買鷄價至數千常裸袒著紅紫錦繡新衣錦帽紅縠褌雜采袒服又寵幸中書舍人綦毋珍之朱隆之直閤將軍曹道剛周奉叔并龍駒等有司相與語云寧拒至尊勑不可違舍人命○龍駒常居含章殿南面畫敕左右侍直與齊主不異○昭業極意賞賜左右動至百數十萬每見錢曰我昔思汝一箇不得今得用汝未武帝聚錢及金帛不可勝計昭業即位猶未朞歲用已過半皆與諸不逞羣小諸寶器令何妃及寵姬相擊破碎之以為笑樂

及至廢黜而府藏悉空矣○西昌侯鸞數諫不從昭業心忌鸞欲除之及鸞啓誅徐龍駒而心忌鸞益甚中書令何胤以后之從叔為昭業所親與謀誅鸞不果既而鸞遣蕭諶等誅曹道剛及朱隆之革諶引兵入閤昭業拔劍自刺不入與接而出行至西弄弒之時年二十二諸嬖幸皆伏誅以太后令追廢為鬱林王

史臣蕭子顯論曰鬱林風華外美衆所同惑伏情隱詐難以貌求立嫡以長未知瑕釁世祖之心不變周道既而僭鄙內作兆自宮闈雖害未遠足傾社稷春秋書梁伯之過言其自取亡也

明帝

齊主明帝諱鸞字景栖高帝兄道生之子也少孤高帝撫育如己子初封西昌侯昭業即位以為尚書令輔政之初蠲逋調省御府池田邸治減關市征稅衆皆悅之及昭業忌鸞欲誅之鸞遂弒昭業而立新安王昭文自為驃騎大將軍錄尚書事揚州刺史封宣城郡公○鸞權勢日益重陰蓄不臣之志乃殺鄱陽王鏘等七人又殺衡陽王鈞等四人遂自為太傅揚州牧進爵為王於是謀繼大統多引名士與參籌策

恐人情未服自以脾有赤誌以示王洪範而謂之曰人言此是日月相御幸勿泄洪範曰公日月在軀如何可隱當轉言之時昭文雖在位起居飲食皆諮鸞而後行至是鸞以皇太后令廢昭文為海陵王而自立又詐稱海陵王有疾數遣御師瞻視因而殞之○齊主鸞之廢鬱林王也許蕭諶以揚州既而除南徐州刺史諶恃功干政所欲選用輒命尚書中論齊主聞而忌之以其弟誕誅方將兵拒魏隱忍不發至是殺之并其諸弟及西陽王子明南海王子罕邵陵王子貞○建武三年太官元日上壽有銀酒鎗齊主欲

壞之王晏等咸稱盛德衛尉蕭潁胄曰朝廷盛禮莫若三元此器舊物不足為侈齊主不悅後遇曲宴銀器滿席潁胄曰陛下前欲壞酒鎗恐宜移在此器齊主甚慚○齊主躬親細務綱目亦密於是郡縣及六署九府常行職事莫不咨聞取決文武勳舊皆不歸選部由是親近憑勢互相通進南康侍郎鍾嶸上書言古者明君揆才頒政量能授職三公坐而論道九卿作而成務天子唯恭己南面而已齊主不懌謂太中大夫顧暠曰鍾嶸何人欲斷朕機務對曰嶸雖位末名卑而所言或有可采且繁碎職事各有司存今

人主總而親之是人主愈勞而人臣愈逸所謂代庖人宰而為大匠斲也齊主不顧而言他○永泰元年齊主有疾以近親寡弱而高武子孫猶有十王欲盡除之以問太尉陳顯達對曰此等何足介慮又問始安王遙光遙光以為當以次施行遙光每與齊主屏人久語明日必有所誅會齊主疾甚遂殺河東王鉉臨賀王子岳西陽王子文衡陽王子峻南康王子琳永陽王子珉湘東王子建南郡王子夏桂陽王昭粲巴陵王昭秀凡十人於是太祖世祖及世宗諸子皆盡矣○齊主明審有吏才持法無所借制御親幸臣

下肅清志慕節儉嘗詔去乘輿金銀飾太官嘗進裹蒸齊主曰我食此不盡可四破之餘充晚食又嘗用皂莢以餘濼授左右曰此可更用然性猜多慮亟行誅戮簡於出入竟不郊天又深信巫覡每出先占利害東出云西南出云北初有疾甚秘之及勑臺省府署求白魚為藥外始知之身衣絳衣服飾皆赤以為厭勝云在位五年壽四十

史臣論曰明帝自以得之不義猜忌高武子孫誅夷殆盡深戒東昏以先事制人而大臣疑懼禍變相尋卒亡其國夫不務令德而殺人以自安自古

以來未有能濟者也

陳後主

陳後主諱叔寶。字元秀。姓陳氏。宣帝嫡長子也。宣帝殂。始興王叔陵作亂伏誅。叔寶即位。時病創不能視事。政無大小皆決於長沙王叔堅。及創愈適山陵初畢。即置酒自慶。引吏部尚書江總以下展樂賦詩○至德二年。陳主荒于酒色。不恤政事。盛脩宮室。窮極耳目。光昭殿前。起臨春結綺望仙三閣。各高數十丈。連延數十間。牕牖壁帶懸楣欄檻皆以沉檀為之。金玉珠翠為飾。珠簾寶帳服玩瑰麗近古未有。每微風暫至。香聞數里。其下積石為山。引水為池。雜植花卉。陳主自居臨春。張貴妃居結綺。龔孔二貴嬪居望仙。複道往來。以宮人袁大捨等為女學士。江總雖為宰輔。不親政務。日與尚書孔範。散騎王瑳等文士十餘人侍宴後庭。謂之狎客。使諸妃嬪及女學士與狎客共賦詩。互相贈答。采其尤艷麗者被以新聲。其曲有玉樹後庭花臨春樂等。大略皆美諸妃嬪之容色。君臣酣歌。自夕達旦。以此為常。張貴妃本兵家女。性敏慧。有神彩。善候人主顏色。又有厭魅之術。置淫祀宮中。聚女巫鼓舞。百司啓奏。並因宦者以進。陳主置妃

膝上共決之。由是宦官近習內外連結。宗戚縱橫。貨賂公行。大臣有不從者因而譖之。於是大臣皆從風諂附。孔範與孔貴嬪結為兄妹。陳主惡聞過失。每有惡事。範必曲為文飾。稱揚贊美。由是寵遇優渥。言聽計從。羣臣有諫者。輒以罪斥之。中書舍人施文慶頗涉書史。嘗事陳主於東宮。聰敏強記。明閑吏職。大被親幸。又薦所善沈客卿。楊惠朗。徐哲暨慧景等有吏能。皆擢用之。客卿有口辯。頗知典故。惠明慧景家本小吏。考校簿領。毫釐不差。督責苛碎。聚斂無厭。士民嗟怨。舊制軍人士人無關市之稅。客卿等以府庫空虛。興造不給。奏請並責其征。且增於舊。關市之稅。歲入數十倍。陳主大悅。益以文慶為知人。轉相汲引。珥貂蟬者五十人。孔範自謂文武才能舉朝莫及。從容白陳主曰。諸將起自行伍。匹夫敵耳。深見遠慮豈其所知。自是將帥微有過失。即奪其兵分配文吏。由是文武解體。以至覆滅○三年。文慶客卿共譖中書通事舍人傅縡受高麗使金。陳主收縡下獄。縡於獄中上書曰。夫君人者。恭事上帝。子愛下民。省嗜欲。遠諂佞。未明求衣。日旰忘食。是以澤被區宇。慶流子孫。陛下頃來酒色過度。不虔郊廟大神。專媚淫昏之鬼。小

人在側。宦豎弄權。惡忠直若仇讎。視生民如草芥。後宮曳綺繡。廐馬餘菽粟。百姓流離。僵尸蔽野。貨賄公行。帑藏損耗。神怒民怨。衆叛親離。臣恐東南王氣自斯盡矣。書奏。陳主大怒。頃之意稍解。遣使謂曰。我欲赦卿。卿能改過不。對曰。臣心如面。面可改。則心可改矣。陳主益怒。遂賜死。陳主每當郊祀。常稱疾不行。故縡言及之○禎明元年。大市令章華上書極諫。略曰。陛下不思先帝之艱難。不知天命之可畏。溺於嬖寵。惑於酒色。祠七廟而不出。拜三妃而臨軒。老臣宿將。棄之草莽。諂佞讒邪。升之朝廷。今疆場日蹙。隋軍壓境。陛下如不改絃易張。臣見麋鹿復遊於姑蘇矣。陳主大怒。即日斬之○初隋主與陳隣好甚篤。每獲陳諜。皆給衣馬禮遣之。而陳侵掠如故。故隋欲伐之。會宣帝殂。隋主即命班師。遣使赴弔。書稱姓名頓首。陳主以此自驕。不虞外難。時江南妖異特衆。臨平湖草久塞。忽然自開。陳主惡之。乃自賣於佛寺為奴以厭之。既而江濱鎮戍聞隋軍將至。相繼奏聞。文慶、客卿並抑而不言。及隋軍臨江。間諜驟至。僕射袁憲等奏請再三。文慶曰。元會將逼。南郊復邇。今若出兵。事便廢闕。復以貨動江總。使抑憲等。由是議久不決。陳主從容謂侍臣曰。王氣在此。齊兵三來。周師再來。無不摧敗。彼何為者耶。孔範曰。長江天塹。限隔南北。今日虜軍豈能飛渡耶。邊將欲作功勞。妄言事急。臣每患官卑。虜若渡江。定作太尉公矣。陳主以為然。故不為深備。奏伎縱酒。賦詩不輟○隋兵既濟江。陳人大駭。降者相繼。時建康甲士尚十餘萬人。陳主唯晝夜啼泣。臺內處分。一以委施文慶。文慶既知諸將疾己。恐其有功。乃奏曰。此等怏怏。那可專信。由是諸將凡有啓請。率皆不行。及蕭摩訶、孔範等戰敗。隋軍入建康。陳人衆皆散走。唯袁憲在殿中。陳主遑遽將避匿。憲正色曰。大事如此。去欲安之。不若正衣冠。御正殿。依梁武帝見侯景故事。陳主不從。曰。吾自有計。乃從宮人十餘出景陽殿。自投于井。既而軍人窺井呼之。不應。欲下石。乃聞叫聲。以繩引之。陳主乃與張貴妃、孔貴嬪同束而上。隋人俘叔寶于京師而誅施文慶等五人。又投孔範等於邊裔焉。叔寶在位七年。終於洛陽。時年五十二

歷代君鑑卷之四十二

歷代君鑒卷之四十三

惡可為戒

北朝

齊文宣帝

齊主文宣帝。姓高氏。諱洋字子進。神武帝歡第二子。文襄帝澄之母弟也。歡爲東魏丞相渤海王。薨。澄嗣位爲大將軍專魏之政。尋爲膳夫蘭京所殺。時齊主爲太原公。聞變。指麾部分。入討群賊。斬之。乃謁東魏主辭赴晉陽。總庶政。東魏進齊主爵齊王。於是高德政徐之才等勸受禪。乃自晉陽詣鄴。受東魏禪。封魏

主爲中山王。○天保二年冬十二月。齊主每出入。常以中山王自隨。王妃太原公主恒爲飲食護視之。是月飲公主酒。使人酖中山王殺之。并其三子。謚王曰魏孝靜皇帝。葬於鄴西鄣北。後忽掘其陵。投梓宮於漳水。齊主初受禪。魏神主悉寄於七帝寺。至是亦取焚之。彭城公元韶以高氏壻寵遇異於諸元。開府儀同三司美陽公元暉業以位望隆重。又志氣不倫。尤爲齊主所忌。從在晉陽。暉業於宮門外罵韶曰。爾不及一老嫗。負璽與人。何不擊碎之。我出此言。知即死。爾亦詎得幾時。齊主聞而殺之。○三年夏六月。齊政煩賦重。江北之民不樂屬齊。其豪傑數請兵於王僧辯。僧辯以與齊通好。不許。○五年春正月。討山胡。大破之。男子十三以上皆斬。女子及幼弱皆賞軍。遂平石樓。石樓絶險。自魏世所不能至。於是遠近山胡莫不懾服。有都督戰傷。其什長不能救。命刳其五臟。令九人食之。肉及穢惡皆盡。自是始爲淫虐。○秋八月。儀同三司元旭坐事賜死。齊主之未爲魏相也。太保錄尚書事平原王高隆之常侮之。及將受禪。隆之復以爲不可。齊主由是銜之。隆之嘗與元旭飲。謂旭曰。與王交。當生死不相負。人有密言之者。齊主益發

怒。令壯士築百餘拳而捨之。卒於路。久之追怨隆之。執其子慧登等二十人於前。以鞭叩鞍。一時頭絶。並投尸漳水。尋又發隆之塚。出其尸。斬截骸骨。焚之。棄於漳水。○六年秋八月。以佛道二教不同。欲去其一。集二家論難於前。遂敕道士皆剃髮爲沙門。有不從者。殺四人。乃奉命。於是齊境皆無道士。○七年夏六月。發丁匠三十餘萬。廣脩三臺宮殿。齊主之初立也。留心政術。務在簡靖。坦於任使。人得盡力。又能以法馭下。內外肅然。至於軍國機策。獨決懷抱。每臨行陣。親當矢石。所向有功。數年之後。漸以功業自矜。遂嗜

酒淫泆肆行狂暴袒露形體街坐巷宿婁太后嘗以其酒狂舉杖擊之齊主罵曰即當嫁此老母與胡太后大怒齊主自匍匐以身舉牀墜太后於地頗有所傷既醒大慙恨欲自焚太后懼挽之曰鄉汝醉耳齊主乃設地席命平秦王歸彦執杖口自責數脫背就罰太后前自抱之齊主流涕苦請乃笞脚五十然後衣冠拜謝悲不自勝因是戒酒一旬又復如初雖以楊愔為宰相使進廁籌以馬鞭鞭其背流血浹袍又嘗持槊走馬以擬斛律金之胷者三金立不動作大鑊長鋸剉碓之屬陳之於庭每醉輒殺人以為戲樂

楊愔乃簡死囚置仗內謂之供御囚齊主欲殺人輒執以應命三月不殺則宥之開府參軍裴謂之上書極諫齊主謂楊愔曰此愚人何敢如是對曰彼固欲陛下殺之以成名於後世齊主曰我且不殺爾焉得名嘗與左右飲曰樂哉都督王紘曰有大樂亦有大苦齊主曰何謂也對曰國亡身殞所謂大苦齊主欲斬之既而捨之一日泣謂群臣曰黑獺不受我命柰何都督劉桃枝曰臣請三千騎擒之以來齊主壯之賜帛千匹趙道德進曰桃枝妄言應誅陛下柰何濫賞齊主即回絹賜之又嘗乘馬欲下峻岸道德攬轡

回之齊主怒將斬之道德曰臣死不恨當於地下啓先帝論此兒酣醉顛狂不可教訓齊主默然而止他日謂道德曰我飲酒過須痛杖我道德扶之典御丞李集面諫比之桀紂令縛置流中久之引出謂曰吾何如桀紂集曰彌不及矣又令沈之引出更問如此數四集對如初齊主大笑曰天下有如此癡人方知龍逄比干未是俊物遂釋之頃之入見似有所諫竟斬之由此內外憯憯各懷怨毒○八年夏六月河南北大蝗齊主以問魏郡丞崔叔瓚對曰五行志土功不時蝗蟲為災今外築長城內興三臺殆以此乎齊

主大怒使左右毆之擢其髮以溷沃之曳足以出○初齊有術士言亡高者黑衣齊主因問左右何物最黑對曰無過於漆齊主以上黨王渙於兄弟第七執之渙殺使者而逃為人所獲送鄴齊主又與永安王浚有舊怨及即位浚為青州刺史聰明矜恕吏民悅之浚以齊主嗜酒私謂親近曰二兄因酒敗德朝臣無敢諫者大敵未滅吾甚憂之欲乘驛至鄴面諫不知見聽否或密以白齊主齊主益銜之浚入朝從幸東山齊主裸裎為樂浚進諫曰此非人主所宜又於屏處召楊愔譏其不能諫時齊主不欲大臣與諸王

交通。情懼。奏之。齊主大怒。浚還州。又上書切諫。詔徵浚。浚懼禍。謝疾不至。齊主遣馳驛收之。老幼泣送者數千人。至鄴與上黨王渙皆盛以鐵籠。置於地牢。飲食溲穢共在一所。○九年冬十一月。常山王演以齊主沉湎。憂憤形於顏色。齊主覺之。謂曰。但令汝在。我何為不縱樂。演惟啼泣拜伏。竟無所言。齊主亦大悲。抵盃於地曰。自今敢進酒者斬。未幾。沉湎益甚。或於諸貴戚家角力。不限貴賤。惟演至則內外肅然。演又密撰事條將諫。其友王晞以為不可。演不從。因間極言。齊主大怒。疑演假辭於晞。欲殺之。演私謂晞曰。王

博士。明日當作一條事。為欲相活。亦圖自全。勿怪。乃於衆中杖晞二十。齊主聞之。以故得不死。髡鞭配甲坊。居三年。演又因諫爭大被毆撻。閉口不食。太后日夜涕泣。齊主不知所為。數往問演疾。謂曰。努力強食。當以王晞還汝。乃釋晞。晞流涕曰。殿下不食。太后亦不食。殿下縱不自惜。獨不念太后乎。言未卒。演強坐而飯。晞由是得免還為王友。及演錄尚書事。除官者皆詣演謝去。必辭晞。晞言於演曰。受爵天朝。拜恩私第。自古以為不可。宜一切約絕。演從之。久之。演從容謂晞曰。主上起居不恒。吾豈可以前逢一怒。遂爾結舌。

卿宜為撰諫草。吾當伺便極諫。晞遂條十餘事以呈。因謂演曰。今朝廷所恃惟殿下。乃欲學匹夫耿介。輕一朝之命。一旦禍至。柰家業何。演歔欷不自勝。即焚之。後復乘間苦諫。齊主使力士亂捶之。會醉得解。○十二月。齊主如北城。因視永安王浚上黨王渙於地牢。臨穴謳歌。令浚等和之。浚等惶怖且悲。不覺聲顫。齊主愴然為之下泣。將赦之。長廣王湛素與浚不睦。進曰。猛虎安可出穴。齊主默然。浚等聞之。呼湛小字曰。步落稽。皇天見汝。齊主亦以浚與渙皆有雄略。恐為後害。乃自刺渙。又使壯士劉桃枝就籠亂刺。槊每

下。浚渙輒以手拉折之。號哭呼天。於是薪火亂投燒殺之。填以土石。後出之。皮髮皆盡。尸色如炭。遠近為之痛憤。○十年夏四月。僕射高德政與楊愔同為相。愔常忌之。齊主酣飲。德政數彊諫。齊主不悅。謂左右曰。高德政恒以精神凌逼人。德政懼。稱疾欲自退。齊主謂楊愔曰。我大憂德政病。對曰。陛下若用為冀州刺史。病當自差。齊主從之。德政見除書即起。齊主大怒。召德政謂曰。聞爾病。我為爾針。親以小刀刺之。血流霑地。又使曳下。斬去其足。劉桃枝執刀不敢下。齊主責桃枝曰。爾頭即墜地。桃枝乃斬其足之三指。怒

猶不解。因德政於門下。其夜以氊輿送還家。明旦德政妻出珍寶滿四牀。欲以寄人。帝奄至其宅見之。怒曰。我御府猶無是物。詰其所從得。皆諸元賂之。遂曳出斬之。妻出拜。又斬之○五月。太史奏今年當除舊布新。齊主問於彭城公元韶曰。漢光武何故中興。對曰。爲誅諸劉不盡。於是悉殺諸元以厭之。又誅始平公元世哲等二十五家。囚韶等十九家。韶幽於地牢。絶食。啗衣袖而卒○六月。盡誅諸元。前後死者凡七百二十一人。悉棄尸漳水。惟元蠻元文遥等數家獲免。定襄令元景安欲請改姓高氏。其從兄景皓曰。安有棄其本宗。而從人之姓者乎。丈夫寧可玉碎。何能瓦全。景安以其言白齊主。遂誅景皓。賜景安姓高氏○冬十月。齊主嗜酒成疾。自知不能久。謂李后曰。人生必有死。何足惜。但憐正道尚幼。人將奪之耳。又謂常山王演曰。奪則任汝。慎勿殺也。召尚書令楊愔領軍平秦王歸彦侍中燕子獻侍郎鄭頤受遺詔輔政。齊主遂殂。在位十年。享年三十一

史臣論曰。齊主承神武洪業。内外叶從。自朝及野。群心屬望。東魏之地。舉國樂推。曾未期月。遂登宸極。始則存心政事。風化肅然。數年之間。朝野安乂。其後縱酒肆欲。事極猖狂。昏邪殘暴。近代享國不永。未有不由斯疾者也

武成帝

齊主武成帝。諱湛。神武帝歡之第九子。孝昭帝演之母弟也。文宣帝天保初。進爵爲王。孝昭即位。進右丞相。孝昭幸晉陽。以懿親居守鄴。皇建二年。孝昭殂。即位於南宮○河清元年夏四月。婁太后殂。不改服。服緋袍如故。登三臺。置酒作樂。宫女進白袍。齊主投諸臺下。散騎常侍和士開請止樂。大怒撾之○二年夏六月。和士開有寵。姦諂百端。賞賜不可勝紀。每侍左右。言辭容止。極諸鄙褻。無復君臣之禮。嘗謂齊主曰。自古帝王。盡爲灰土。堯舜桀紂。竟復何異。陛下宜及少壯。極意爲樂。縱横行之。一日取快。可敵千年。國事盡付大臣。何慮不辦。齊主大悦。於是委趙彦深掌官爵。元文遥掌財用。唐邕掌外騎兵。馮子琮胡長粲掌東宮。三四日一視朝。書數字而已。使士開與胡后握槊。河南康獻王孝瑜諫曰。皇后天下之母。豈可與臣下接手。趙郡王叡及士開共譖孝瑜奢僭。山東惟聞有河南王。不聞有陛下。齊主酖殺之。諸侯在宫中者莫敢舉聲。惟河間王孝琬大哭而出○冬十二月。大

雨雪連月南北千餘里平地數尺霜晝下雨血於太
原○三年夏六月殺樂陵王百年時白虹圍日再重
又橫貫而不達赤星見齊主欲以百年厭之會博陵
人賈德胄教百年書百年嘗作數敕字德胄封以奏
之齊主怒使召百年百年見齊主於涼風堂使百年
書敕字驗與德胄所奏相似遣左右亂捶之又令曳
之遶堂行且捶所過血皆流地氣息將盡乃斬之棄
諸池池水盡赤○冬十二月山東大水饑死者不可
勝計詔發廩賑給事竟不行○四年春三月有物殞
於殿廷如赤漆鼓帶小鈴殿上石自起兩兩相對又

有神見於後園萬壽堂前山穴中其體壯大不辨其
面兩齒絕白長出於脣直宿嬪御以下七百人咸見
焉齊主又夢之○著作郎祖珽有文學多技藝而疎
率無行初齊主為長廣王珽為胡桃油獻之因言殿
下有非常骨法孝徵夢殿下乘龍上天王曰若然當
使兄大富貴及即位擢拜中書侍郎遷散騎常侍與
和士開共為諂佞珽私說士開曰君之寵幸振古無
比宮車一日晚駕欲何以克終士開因從問計珽曰
宜說主上云文襄文宣孝昭之子俱不得立今宜令
皇太子早踐大位以定君臣之分若事成中宮少主

必皆德君此萬全計也請君微說主上令粗解珽當
自外上表論之士開許諾會有彗星見太史奏云彗
除舊布新之象當有易主珽於是上書言陛下雖為
天子未為極貴宜傳位東宮且以上應天道齊主從
之使太宰段韶持節奉皇帝璽綬傳位於太子於是
羣公上尊號為太上皇帝在位五年享年三十二
史臣論曰武成風度高爽經算弘長文武之官俱
盡謀力有帝王之量矣但愛狎庸豎委以朝權帷
箔之間淫侈過度滅亡之兆其在斯乎玄象告變
傳位元子名號雖殊政猶己出迹有虛飾事非憲

典聰明臨下何易可誣又河南河間樂陵等諸王
或以時嫌或以猜忌皆無罪而戮非所謂知命任
天體大道之義也

歷代君鑑卷之四十三

歷代君鑑卷之四十四

齊後主諱緯

綱。武成帝湛之長子也。太寧二年。立為皇太子。河清四年。武成禪位。天統元年。即皇帝位於晉陽宮。○五年。春二月。齊主委任和士開。初。士開為武成所親狎。出入卧內。遂得幸於胡太后。至是。威權益盛。與婁定遠等用事。時號八貴。太尉趙郡王叡與定遠元文遥等。皆言於齊主。請出士開。會太后觴朝貴於前殿。叡面數士開受納貨賂。穢亂宮掖之罪。太后曰。王欲欺孤寡邪。且飲酒。勿多言。叡等詞色愈厲。儀同三司安吐根曰。不出士開。朝野不定。太后不可。叡等投冠於地。拂衣而起。明日。復詣雲龍門。令文遥入奏。太后及齊主召問士開。對曰。陛下諒闇始爾。大臣皆有覬覦。今若出臣。正是自剪羽翼。宜謂叡等云。文遥與臣俱受先帝任用。可並用為州。且令出納。待過山陵。然後遣之。乃以士開為兖州刺史。葬畢。太后欲留士開過百日。叡不許。有中人容謂叡曰。太后意既如此。殿下何宜苦違。叡曰。吾受委不輕。今嗣主幼沖。豈可使邪臣在側。不守之以死。何面戴天。遂更見太后苦言之。太后令酌酒賜叡。叡正色曰。今論國家大事。非為巵酒。言訖遽出。士開載美女珠簾詣定遠獻之。定遠喜。謂曰。欲還入不。士開曰。不願更入。但乞王保護。長為大州足矣。定遠信之。送至門。士開曰。今當遠出。願得一辭覲二宮。定遠許之。士開由是得見太后及齊主。進說曰。先帝一旦登遐。臣愧不能自死。觀朝貴意勢。欲以陛下為乾明。臣出之後。必有大變。臣何面目見先帝於地下。因慟哭。齊主與太后皆泣。問計。士開曰。臣已得入。復何所慮。正須數行詔書耳。於是詔出定遠為青州刺史。責趙郡王叡以不臣之罪。旦夕叡將復入諫。妻子咸止之。叡曰。社稷事重。吾寧死事先皇。不忍見朝廷顛沛。至殿門。又有人謂曰。入恐有變。叡曰。吾上不負天。死亦無恨。入見太后。論執彌固。出至永巷。遇兵執送華林園。拉殺之。叡清正自守。朝野冤惜之。復以士開為僕射。定遠歸士開所遺。加以餘珍賂之。○齊主年少。多嬖寵。武衛將軍高阿那肱。素以諂佞為武成所厚。多令在東宮侍從。由是有寵。累遷并省尚書令。封淮陰王。都督韓長鸞亦以菁衛東宮。累遷侍中領軍。總知內省機密。宮婢陸令萱者坐其夫駱超謀叛配掖庭子提婆亦没為奴齊主之在襁褓令萱養之令萱巧黠善取媚有寵於胡太后和士開阿那肱皆為之養子齊主以令萱為女侍中令萱引提婆入侍齊主朝夕戲狎累遷開府儀同三司斛律后之從婢穆舍利有寵於齊主令萱乃為之養母因令提婆冒姓穆氏然士開用事最久諸幸臣皆依附之○武平二年秋七月琅邪王儼以和士開穆提婆等專橫意不平二人忌之出儼居北宮時儼猶帶中丞士開等又欲出之於外治書侍御史王子宜説儼曰殿下被疏正由士開間構何

可出北宮也儼謂侍中馮子琮曰士開罪重殺之何如子琮心欲廢齊主而立儼因勸成之儼令子宜彈士開罪請禁推子琮雜佗文書奏之齊主可之儼誑領軍庫狄伏連使收士開伏連請覆奏子琮曰琅邪受敕何必更奏伏連信之發軍士伏於神虎門外執士開送臺儼斬之儼黨因逼儼帥軍士三千人屯千秋門外齊主使劉桃枝召儼儼欲誘令萱殺之因對曰尊兄若赦臣請令令萱來迎令萱聞之戰栗齊主又使韓長鸞召儼將入永巷劉辟彊牽衣諫曰若不斬提婆母子殿下無由得入廣寧王孝珩安德王延

宗至曰何不入辟彊曰兵少延宗顧衆而言曰孝昭殺楊遵彦止八十人今有數千何謂少齊主急召斛律光光聞儼殺士開撫掌大笑曰龍子所為固自不似凡人入見齊主帥宿衛者四百人授甲將出戰光曰小兒輩弄兵與交手即亂鄙諺云奴見大家心死至尊宜自至千秋門外琅邪必不敢動齊主從之光步道使人走出曰大家來儼徒駭散齊主遥呼之儼猶立不進光就謂曰天子弟殺一夫何所苦執其手彊引以前請於齊主曰琅邪王年少輕為舉措稍長自不然願寬其罪齊主拔刀鐶築其辮頭良久乃釋

之收庫狄伏連王子宜劉辟彊支解之又欲盡殺儼府吏光曰此皆勳貴子弟誅之恐人心不安於是罪之有差太后責儼儼曰馮子琮教兒太后遂殺子琮○陸令萱説齊主曰人稱琅邪王聰明雄勇當今無敵觀其相表殆非人臣自專殺以來常懷恐懼宜早為之計幸臣何洪珍等亦請殺之齊主未決以食轝密迎侍中祖珽問之珽稱周公誅管叔季友酖慶父齊主乃擕儼之晉陽使右衛大將軍趙元侃誘儼執之元侃曰臣昔事先帝見先帝愛王今寧就死不忍行此齊主乃出元侃為豫州刺史又啓太后曰明旦

欲與仁威早出獵。夜四鼓召儼。儼疑之。陸令萱曰。兄呼兒何為不去。儼出至永巷。劉桃枝反接其手。儼呼曰。乞見家家尊兄。桃枝以袖塞其口。反袍蒙頭負出至大明宮。鼻血滿面。拉殺之。時年十四。裹之以席。埋於室內。齊主使啓太后。太后臨哭十餘聲。即擁入殿。遺腹四男皆幽死。○阿那肱與穆提婆韓長鸞共處衡軸。號曰三貴。蠹國害民。日月滋甚。長鸞尤疾士人。朝夕惟事譖訴。常帶刀走馬。瞋目張拳。有噉人之勢。朝士咨事莫敢仰視。○五年。冬十二月。定州刺史南陽王綽喜為殘虐。嘗出行見婦人抱兒。奪以飼狗。婦

人號哭。綽怒。以兒血塗婦人。縱狗使食之。常云我學文宣伯之為人。齊主聞之。鎖詣行在。至而宥之。問在州何事最樂。對曰。多聚蠍於器。置狙其中。觀之極樂。齊主即命夜索蠍一斗。比曉得三二升。置浴斛。使人裸卧斛中。號叫宛轉。齊主與綽臨觀。喜噱不已。因讓綽曰。如此樂事。何不早馳驛奏聞。由是大有寵。拜大將軍。朝夕同戲。韓長鸞疾之。是歲出為齊州刺史。將發。使人誣告其反。殺之。○齊主言語澀吶。不喜見朝士。自非寵私昵狎。未嘗交語。性懦不堪人視。雖三公令錄奏事。莫得仰視。略陳大指。驚走而出。承世祖奢

泰之餘。以為帝王當然。後宮皆寶衣玉食。一裙之費至直萬疋。競為新巧。朝衣夕敝。盛修宮苑。窮極壯麗。所好不常。數毀又復。百工土木。無時休息。夜則然火照作。寒則以湯為泥。鑿晉陽西山為大像。一夜然油萬盆。光照宮中。每有災異寇盜。不自貶損。惟多設齋以為修德。好自彈琵琶。為無愁之曲。近侍和之者以百數。民間謂之無愁天子。於華林園立貧兒村。自衣藍縷之服。行乞其間以為樂。寵任陸令萱穆提婆高阿那肱韓長鸞等宰制朝政。宦官鄧長顒陳德信胡兒何洪珍等並參預機權。各引親黨。超居顯位。官由

財進。獄以賂成。競為諂佞。蠹政害民。舊蒼頭劉桃枝等皆開府封王。其餘宦官胡兒歌舞人見鬼人官奴婢等濫得富貴者殆萬數。庶姓封王者以百數。開府千餘人。儀同無數。領軍一時至二十人。侍中中常侍數十人。乃至狗馬及鷹亦有儀同郡君之號。有鬬雞號開府。皆食其祿。諸嬖幸朝夕娛侍左右。一戲之費動踰巨萬。既而府藏空竭。乃賜二三郡或六七縣。使之賣官取直。由是為守令者率皆富商大賈。競為貪縱。賦役繁重。民不聊生。○周主邕下詔數齊主罪惡大興兵自河南來伐。拔河陽。逼洛陽。齊主遣高阿那

肱拒之。會周主有疾而還。明年。周主復自河東來伐拔晉州。齊主自晉陽救之。圍晉州。垂克。與馮淑妃並騎觀戰。淑妃懼。遂以淑妃先還晉陽。齊師大潰。周主乘勝逐之。將至晉陽。齊主復大赦。留安德王延宗守晉陽而奔鄴。延宗自稱帝。周主攻拔之○承光元年。齊主傳位於太子恒。自稱太上皇。走入濟州。周師進克鄴。齊主留太后於濟州。自與幼主恒及淑妃奔青州。又使幼主傳位於任城王湝。齊主至青州。即欲奔陳。高阿那肱密召周師奄至。盡擒之。并胡太后送鄴。任城王湝據冀州不下。周齊王憲討平之。國遂亡。周

初封齊主為溫公。後誣以謀反。并其宗族皆賜死。在位十三年

史臣論曰。後主以中庸之姿。懷易染之性。始自襁褓。至于傳位。間以邪人。閉其善道。縱搆紕之娛。恣朋淫之好。語曰。從惡若崩。蓋言其易。武平在御。彌見淪胥。罕接朝士。不親政事。一日萬機。委諸凶族。虐人害物。搏噬無厭。賣獄鬻官。溪壑難滿。重以名將貽謀。忠臣顯戮。始見浸弱之萌。俄覩土崩之勢。周武因機。遂混區宇。悲夫

周宣帝

周主宣帝姓宇文氏。諱贇。字乾伯。武帝邕長子也。建德元年立為皇太子。武帝巡幸四方。太子常留監國。武帝殂。遂即皇帝位○周主始立。即逞奢欲。大行在殯。曾無戚容。捫其杖痕。大罵曰。死晚矣。閱視高祖宮人。逼為淫欲。超拜鄭譯為內史中大夫。委以朝政。不踰月而葬。詔內外公除。帝及六宮皆議即吉。京兆郡丞樂運上疏。以為葬期既促。事訖即除。太為汲汲。周主不從○大象元年。春正月。周主以高祖刑書要制為太重而除之。又數行赦宥。樂運上疏。以為虞書所稱眚災肆赦。謂過誤為害。當緩赦之。呂刑云。五刑之

疑有赦。謂刑疑從罰。罰疑從免也。謹尋經典。未有罪無輕重。溥天大赦之文。大尊豈可數施非常之惠。以肆姦宄之惡乎。周主不納。既而民輕犯法。又自以奢淫多過失。惡人規諫。欲為威虐懾服群下。乃更為刑經聖制。用法益深。大醮於正武殿。告天而行之。密令左右伺察群臣。小有過失。輒行誅譴。又居喪纔踰年。即恣聲樂。魚龍百戲。常陳殿前。累日繼夜。不知休息。多聚美女以實後宮。增置位號。不可詳錄。遊宴沉湎。或旬日不出。群臣請事者。皆因宦者奏之○二月。徐州總管王軌聞鄭譯用事。自知及禍。謂所親曰。吾昔

在先朝寔申社稷至計今日之事斷可知矣此州控
帶淮南鄰接彊寇欲為身計易如反掌但忠義之節
不可虧違況荷先帝厚恩豈可獲罪於嗣主遂忘之
邪正可於此待死冀千載之後知吾此心耳周主從
容問譯曰我脚杖瘢誰所為也對曰事由烏丸軌宇
文孝伯因言軌捋鬚事周主使内史杜慶信就州殺
軌元巖不肯署詔御正中大夫顔之儀切諫周主不
聽巖繼進之脱巾頓顙三拜三進周主曰汝欲黨烏
丸軌邪巖曰臣非黨軌正恐濫誅失天下之望周主
怒使閹官搏其面軌遂死巖亦廢于家遠近知與不

知皆為軌流涕周主之為太子也上柱國尉遲運為
宫正數進諫不用又與王軌宇文孝伯宇文神舉皆
為高祖所親待太子疑其同毁已及軌死運懼私謂
孝伯曰吾徒必不免禍為之柰何孝伯曰今堂上有
老母地下有武帝為臣為子知欲何之且委質事人
本徇名義諫而不入死焉可逃足下若為身計宜且
遠之於是運求出為秦州摠管他日周主託以齊王
憲事讓孝伯曰公知齊王謀反何以不言對曰臣知
齊王忠於社稷為群小所譖言必不用所以不言且
先帝付囑微臣惟令輔導陛下今諫而不從寔負顧

託以此為罪是所甘心周主大慙俛首不語命將出
賜死于家時宇文神舉為并州刺史帝遣使就州酖
殺之運至秦州亦以憂死○周主傳位於太子闡自
稱天元皇帝驕侈彌甚所居稱天臺自比上帝冕服
車旗皆倍常制以樽彝珪瓚飲食群臣朝者致齋三
日清身一日不聽人有天高上大之稱游戲不節晨
出夜還公卿以下常被楚撻每捶人皆以百二十為
度謂之天杖其後又加至二百四十后妃嬪御亦多
杖背於是内外恐怖人不自安○秋七月改天元皇
后朱氏為天皇后立妃元氏為天右皇后陳氏為天

左皇后與天元皇后楊氏凡四后云○天元幸道會
苑大醮以高祖配醮初復佛像及天尊像天元與二
像俱南面坐大陳雜戲令長安士民縱觀○冬十二
月天元以災異屢見舍仗衛如天興宫百官上表請
還乃還御正武殿集百官及宫人外命婦大列妓樂
作乞寒胡戲○天元如洛陽親御驛馬日行三百里
四皇后及文武侍衛數百人並乘驛以從仍令四后
方駕齊驅或有先後輙加譴責人馬頓仆相及於道
○大象二年春正月稅入市者人一錢○天元將立
五皇后以問小宗伯辛彦之對曰皇后與天子敵體

不宜有五。太學博士何妥曰。昔帝嚳四妃。虞舜二妃。先代之數。何常之有。帝大悅。免孝之官。詔曰。坤儀比德。土數惟五。四太皇后外可增置天中太皇后一人。於是陳氏爲天中太皇后。尉遲妃爲天左太皇后。又造下帳五。使五后各居其一。實宗廟祭器於前自讀祝版而祭之。又以五輅載婦人。自帥左右步從。又好倒懸雞及碎瓦於車上。觀其號呼以爲樂。○楊后性柔婉不妬忌。四皇后及嬪御等咸愛而仰之。天元昏暴滋甚。喜怒乖度。嘗譴后逼令引訣。后母獨孤氏詣閤陳謝。叩頭流血。然後得免。后父隋公堅位望隆重。天元忌之。嘗因忿謂后曰。必滅爾家。因召堅欲殺之。而不果。鄭譯與堅少同學。奇堅相表。傾心相結。堅既不自安。嘗私謂譯曰。久願出藩。願少留意。譯曰。以公德重。天下歸心。欲求多福。豈敢忘也。會天元將遣譯攻陳。譯請元帥。天元曰。卿意如何。譯因請令堅行。天元從之。以堅爲楊州摠管。使譯發兵會壽陽。將行。會堅暴有足疾。不果行。天元不豫。小御正劉昉素以狡諂得幸。與顏之儀並見親信。天元召入卧內。欲屬以後事。而瘖不能言。昉見周主闡幼冲。以楊后父堅有重名。遂與譯及柳裘韋謩皇甫績謀。引堅輔政。堅不敢當。昉曰。公若爲速爲之。不則昉自爲也。堅乃稱受詔居中侍疾。天元遂殂。在位十年。享年二十二

史臣論曰。武帝以英傑之資。受制彊臣。恭默端拱十有餘年。須其罪盈惡熟。爲衆所棄。一旦除之。若撥翳振槁。然後親統六師以征東夏。使有周之境東漸于海。內傅于江。雖魏室全盛之時。不能及也惜乎宣帝恣其淫侈。逞其奇譎。自絕于天。結怨于民。不及三年。而爲異姓所有。悲夫

歷代君鑑卷之四十四

歷代君鑑卷之四十五

惡可為戒

隋

煬帝

煬帝姓楊氏諱廣一名英高祖第二子也帝美姿儀少敏慧好學善屬文深沉嚴重朝野屬望高祖密令善相者來和徧視諸子和曰晉王眉上雙骨隆起貴不可言既而高祖幸帝所居第見樂器絃多斷絕又有塵埃若不用者以為不好聲伎善之帝尤自矯飾當時稱為仁孝及太子勇廢立為皇太子仁壽四年

七月高祖崩遂即皇帝位○大業元年春三月詔尚書令楊素營東京役丁二百萬人徙洛州郭內居民及諸州富商大賈數萬戶以實之敕將作大匠宇文愷與內史舍人封德彝等營顯仁宮發江嶺之間奇材異石輸之洛陽又求海內嘉木異草珍禽奇獸以實苑囿○遣黃門侍郎王弘等往江南造龍舟及雜船數萬艘東京官吏督役嚴急役丁死者什四五所司以車載死丁東至城皋北至河南相望於道○夏五月築西苑周二百里其內為海周十餘里為蓬萊方丈瀛洲諸山高出水百餘尺臺觀殿閣羅絡山上向背如神北有龍鱗渠縈紆注海內緣渠作十六院門皆臨渠每院以四品夫人主之堂殿臺觀窮極華麗宮樹秋冬凋落則剪綵為華葉綴於枝條色渝則易以新者常如陽春沼內亦剪綵為荷芰菱芡乘輿遊幸則去冰布之十六院競以肴羞精麗相高求市恩寵月夜從宮女數千騎遊西苑作清夜遊曲於馬上奏之○秋八月帝行幸江都發顯仁宮王弘遣龍舟奉迎所過州縣五百里內皆令獻食多者一州至百轝極水陸珍奇後宮厭飫將發之際多埋棄之○二年夏四月還東京秋七月元德太子昭自長安來

朝數月將還欲乞少留帝不許拜請無數體素肥因致勞疾比薨帝哭之數聲而止尋奏聲伎無異平日○初齊主高緯有魚龍山車等戲謂之散樂周宣帝時鄭譯奏徵之高祖受禪命牛弘定樂非正聲清商及九部四舞之色悉放遣之帝以啓民可汗將入朝欲以富樂誇之太常少卿裴蘊希奏旨括天下周齊梁陳樂家子弟皆為樂戶其六品以下至庶人有善音樂者皆直太常帝從之於是四方散樂大集東京○三年夏四月下詔欲安輯河北巡省趙魏牛弘等造新律成凡十八篇謂之大業律始頒行之民久厭

嚴刻喜於寬政其後征役繁興民不堪命有司臨時迫脅以求濟事不復用律令矣○四年帝無日不治宮室兩京及江都苑囿亭殿雖多久而益厭每遊幸左右顧矚無可意者不知所適乃備責天下山川之圖躬自歷覽以求勝地可置宮苑者夏四月詔於汾州之北汾水之源營汾陽宮○五年夏四月帝謂黄門侍郎裴矩有綏懷之略進位銀青光禄大夫自西京諸縣及西北諸郡皆轉輸塞外每歲鉅億萬計經途險遠及遇寇鈔人畜死亡不達者郡縣皆徵破其家由是百姓失業西方先困矣○七年春二月帝御

龍舟渡河入永濟渠仍敕選部門下內史御史於前船選補其受選者三千餘人或徒步隨船三千餘里凍餒疲頓死者什一二遂下詔討高麗敕幽州總管元弘嗣往東萊海口造船三百艘官吏督役晝夜立水中不敢息自腰以下皆生蛆死者什三四又敕河南淮南江南造戎車五萬乘送高陽供載衣甲幔幕令兵士自挽之發河南北民夫以供軍須江淮以南民夫及船運黎陽及洛口諸倉米舳艫千里往還常數十萬人晝夜不絶死者相枕天下騷動○八年嵩高道士潘誕自言三百歲爲帝合煉金丹帝爲之作

嵩陽觀所費鉅萬誕云金丹應用石膽石髓發工鑿石深百尺者數十處不得乃言若得童男女膽髓各三斛六斗可以代之帝始怒鎖詣涿郡斬之○四方兵皆集涿郡帝徵合水令庾質問曰高麗之衆不能當我一郡今朕以此衆伐之卿以爲克不對曰伐之可克然陛下親行戰或未克懼損威靈若車駕留此命猛將勁卒指授方略倍道兼行出其不意克之必矣帝不悦尚方監耿詢上書切諫帝大怒命左右斬之何稠苦救得免詔左十二軍出鏤方樂浪等道右十二軍出黏蟬襄平等道絡繹引途總集平壤凡一

百一十三萬人其餽運者倍之日遣一軍相去四十餘里連營漸進御營六軍後發首尾千餘里近古出師之盛未之有也○夏六月右翊衛大將軍來護兒帥江淮水軍舳艫數百里浮海先進入自浿水去平壤六十里與高麗相遇進擊大破之護兒欲乘勝趣其城副總管周法尚止之請俟諸軍俱進護兒不聽直造城下高麗伏兵郭內出兵與戰而偽敗護兒逐之入城縱兵俘掠無復部伍伏兵發大敗而還高麗追至船所周法尚整陳待之高麗乃退○九年春二月帝謂侍臣曰高麗小虜侮慢上國今拔海移山猶

望克果況此虜乎乃復議伐高麗左光祿大夫郭榮諫曰戎狄失禮臣下之事千鈞之弩不為鼷鼠發機柰何親辱萬乘以敵小寇乎帝不聽○三月帝幸遼東命民部尚書樊子蓋等輔越王侗留守東都時所在盜起齊郡王薄孟讓北海郭方預清河張金稱平原郝孝德河間格謙渤海孫宣雅各聚眾攻剽多者十餘萬少者數萬人山東苦之天下承平日久人不習戰郡縣吏每與盜賊戰望風沮敗○十年冬十一月有事于南郊帝不齋于次詰朝備法駕至即行禮是日大風帝獨獻上帝三公分獻五帝禮畢御馬疾

驅而歸○帝將如東都太史令庾質諫曰比歲伐遼民實勞敝陛下宜鎮撫關內使百姓盡力農桑三五年間四海稍豐實然後巡省於事為宜帝不悅質辭疾不從帝怒下質獄竟死獄中○十二年春正月詔毗陵通守路通德集十郡兵數萬人於郡東南起宮苑周圍十二里內為十六離宮大抵倣東都西苑之制而奇麗過之又欲築宮於會稽會亂不果成○夏五月帝問侍臣盜賊左翊衛大將軍宇文述曰漸少帝曰比從來少幾何對曰不能什一納言蘇威引身隱柱帝呼前問之對曰臣非所司不委多少但患漸

近帝曰何謂也威曰他日賊據長白山今近在汜水且往日租賦丁役今皆何在豈非其人皆化為盜乎比見奏賊皆不以實遂使失於支計不時翦除又昔在鴈門許罷征遼今復徵發賊何由息帝不悅而罷尋屬五月五日百僚多饋珍玩威獨獻尚書或譖之曰尚書有五子之歌威意甚不遜帝益怒○秋七月江都新作龍舟成送東都宇文述勸幸江都右候衛大將軍趙才諫曰今百姓疲勞府藏空竭盜賊蜂起禁令不行願陛下還京師安兆庶帝大怒以才屬吏旬日意解乃出之朝臣皆不欲行帝意甚堅無敢諫

者建節尉任宗上書極諫即日於朝堂杖殺之○冬十二月內史侍郎虞世基以帝惡聞賊盜諸將及郡縣有告敗求救者世基皆抑損表狀不以實聞但云鼠竊狗盜郡縣捕逐行當殄盡願陛下勿以介懷帝良以為然或杖其使者以為妄言由是盜賊徧海內陷沒郡縣帝皆弗之知也○帝至江都江淮郡官謁見者專問禮餉豐薄豐則超遷丞守薄則率從停解江都郡丞王世充獻銅鏡屏風遷通守歷陽郡丞趙元楷獻異味遷江都郡丞由是郡縣競務刻剝以充貢獻民外為盜賊所掠內為郡縣所賦生計無遺加

之饑饉無食民始采樹皮葉或擣藁爲末或煑土而食之諸物皆盡乃自相食而官食猶充牣吏皆畏法莫敢賑救○十三年唐公李淵起兵於晉陽進克長安奉代王侑爲帝遙尊帝爲太上皇唐公爲丞相帝在江都爲宇文化及等所弑在位十三年享年三十有九

史臣論曰煬帝爰在弱齡早有令聞南平吳會北却匈奴昆弟之中獨著聲績於是矯情飾貌肆厥姦回故得獻后鍾心文皇革慮天方肇亂遂登儲貳踐峻極之崇基承丕顯之休命地廣三代威振

八紘單于頓顙越裳重譯赤仄之泉流溢于都內紅腐之粟充積於塞下負其富彊之資思逞無厭之欲狹殷周之制度尚秦漢之規摹恃才矜已傲很明德內懷險躁外示凝簡盛冠服以飾其姦除諫官以掩其過荒淫無度法令滋彰教絕四維刑參五虐鋤誅骨肉屠勦忠良受賞者莫見其功被戮者不聞其罪驕怒之兵屢動土木之工不息頻出朔方三駕遼左旌旗萬里徵稅百端猾吏侵漁人弗堪命乃急令暴條以擾之嚴刑峻法以臨之甲兵威武以董之自是海內騷然無聊生矣俄而玄感肇黎陽之亂匈奴有鴈門之圍天子方棄中土遠之揚越姦宄乘釁強弱相凌關梁閉而不通皇輿往而莫返加之以師旅因之以饑饉流離道路轉死溝壑十七八焉於是相聚萑蒲蝟毛而起大則跨州連郡稱帝稱王小則千百爲群攻城剽邑流血成川澤死人如亂麻炊者不及析骸食者不遑易子茫茫九土並爲麋鹿之塲慘慘黔黎俱充蛇豕之餌四方萬里簡書相續猶謂鼠竊狗盜不足爲虞上下相蒙莫肯念亂振蜉蝣之羽窮長夜之樂土崩魚爛罪盈惡稔普天之下莫匪仇讎

左右之人皆爲敵國億兆靡感恩之士九牧無勤王之師子弟同就誅夷骸骨棄而莫掩社稷顛隕本枝殄絕自肇有書契以迄于茲宇宙崩離生靈塗炭喪身滅國未有若斯之甚也書曰天作孽猶可違自作孽不可逭傳曰吉凶由人妖不妄作又曰兵猶火也不戢將自焚觀隋室之存亡斯言信有徵矣

歷代君鑒卷之四十五

歷代君鑑卷之四十六

惡可為戒

唐

高宗

高宗名治太宗之第九子也貞觀五年封晉王十七年立為皇太子二十三年太宗崩即皇帝位○初王皇后無子蕭淑妃有寵王后疾之上之為太子也入侍太宗見才人武氏而悅之太宗崩武氏隨衆感業寺為尼忌日上詣寺行香見之武氏泣上亦泣王后聞之陰令武氏長髮勸上内之後宮欲以間淑妃之

寵武氏巧慧多權數初入宮卑辭屈體以事后后愛之數稱其美於上未幾大幸永徽五年三月拜為昭儀后及淑妃寵皆衰更相與譖之上皆不納昭儀欲追贈其父而無名於是託以襃賞武德功臣加贈屈突通等十三人官而其父士彠預焉○閏四月丁丑夜大雨山水漲溢衝玄武門宿衛士皆散走上遽出乘高僟而水入寢殿漂溺三千餘人論者謂晉位昭儀曾未閱月水入寢殿亂證已萌矣○是後王皇后蕭淑妃與武昭儀更相譖訴上獨信昭儀后寵雖衰然上未有意廢也會昭儀生女后憐而弄之后出昭儀潛扼殺之覆之以被上至昭儀陽歡笑發被觀之女已死矣即驚啼問左右皆曰皇后適來此上大怒曰后殺吾女昭儀因泣數其罪后無以自明上由是有廢立之志又畏大臣不從乃與昭儀幸太尉長孫無忌第酣飲極歡席上拜無忌寵姬子三人皆為朝散大夫仍載金寶繒錦十車以賜無忌上因從容言皇后無子以諷之無忌對以他語竟不順旨上及昭儀皆不悅而罷○六年上一日退朝召長孫無忌李勣于志寧褚遂良入内殿勣稱疾不入上顧謂無忌曰皇后無子武昭儀有子今欲立昭儀為后何如遂

良對曰皇后名家子先帝為陛下所娶未聞有過豈可輕廢上不悅而罷明日又言之遂良曰陛下必欲易皇后伏請妙擇天下令族何必武氏武氏經事先帝衆所共知萬代之後謂陛下為如何願留三思臣今忤陛下罪當死因置笏於殿階解巾叩頭流血曰還陛下笏乞放歸田里上大怒命引出昭儀在簾中大言曰何不撲殺此獠無忌曰遂良受先朝顧命有罪不可加刑于志寧不敢言侍中韓瑗因間奏事涕泣極諫上不納又上疏曰妲己傾殷褒姒滅周每覽前古常興歎息不謂今日塵黷聖代陛下不用臣言

臣恐宗廟不血食矣。中書令來濟上表曰。王者立后
上法乾坤。必擇禮教名家幽閑令淑副四海之望稱
神祇之心。漢成以婢為后卒使社稷傾淪惟陛下察
之。上皆不納。乃貶遂良為潭州都督其後韓瑗上疏
為遂良訟冤上曰。遂良之情朕亦知之然其悖戾好
犯上故以此責之。卿何言之深也。對曰。遂良社稷忠
臣為讒諛所毀。昔微子去而殷國以亡。張華存而綱
紀不亂陛下無故棄逐舊臣恐非國家之福。上不納。
十月。下詔廢王皇后蕭淑妃為庶人。冊昭儀武氏為
皇后○顯慶二年。又以褚遂良為桂州都督許敬宗

李義府希皇后旨誣奏韓瑗來濟與褚遂良潛謀不
軌。以桂州用武之地授遂良欲為外援。遂皆坐貶遠
州刺史瑗振州濟台州遂良愛州終身不聽朝覲遂
良至愛州。上表自陳言極哀切。表奏不省。後許敬宗
又誣長孫無忌等謀反。詔削其官封。黔州安置敬宗
尋使人即貶所殺無忌及韓瑗褚遂良皆以反法籍
其家○五年。上初苦風眩頭重目不能視。百司奏事
上或使皇后決之。后性明敏涉獵文史處事皆稱旨
由是始委以政事權與人主侔矣。初武后能屈身忍
辱奉順上意故上排群議而立之。及得志專作威福。

上欲有所為動為所制。上不勝其忿。有道士郭行真
出入禁中嘗為厭勝之術。宦者王伏勝發之。上大怒
密召西臺侍郎同東西臺三品上官儀議之儀因言
皇后專恣海內所不與請廢之。上意亦以為然即命
儀草詔左右奔告于后后遽詣上自訴詔草猶在上
所。上羞縮不忍復待之如初猶恐后怨怒因紿之曰。
我初無此心皆上官儀教我。儀先為陳王諮議與王
伏勝俱事故太子忠后於是使許敬宗誣奏儀伏勝
與忠謀大逆。儀下獄與其子庭芝伏勝皆死籍沒其
家。賜忠死于流所。右相劉祥道坐與儀善罷政事朝

士流貶者甚衆。自是上每視事則后垂簾於後政無
大小皆與聞之。天下大權悉歸中宮黜陟殺生決於
其口。天子拱手而已。中外謂之二聖○永隆元年。初
武后以太子忠為梁王。立其子代王弘為太子。弘仁
孝恭謹。后方逞其志忌而廢之立雍王賢為太子。賢
自知非后子。后惡之。又廢賢立其弟英王顯為太子
○弘道元年上崩。在位三十四年。壽五十六。遺詔軍
國大事有不決者取天后處分。太子顯即位是為中
宗

宋臣歐陽脩贊曰。小雅曰。赫赫宗周褒姒滅之。此

周幽王之詩也。是時幽王雖亡而太子宜臼立。是爲平王。而詩人乃言威之者。以爲文武之業於是蕩盡。東周雖在。不能復興矣。其曰威者。甚疾之之辭也。武氏之亂。唐之宗室。戕殺殆盡。其賢士大夫不免者十八九。以太宗之治。其遺德餘烈在人者未遠。而幾於遂絶。其爲惡豈一褒姒之比耶。以太宗之明。昧於知子。廢立之際。不能自決。卒用昏童。高宗溺愛衽席。不戒履霜之漸。而毒流天下。貽禍邦家。嗚呼。父子夫婦之間。可謂難哉。可不謹哉。宋儒司馬光曰。高宗沉溺宴安。仁而不武。使天后斲喪唐室。屠害宗枝。毒流搢紳。迹其本原。有自來矣

歷代君鑑卷之四十六

歷代君鑑卷之四十七

惡可爲戒

唐

中宗

中宗名顯。高宗之第七子也。母曰則天皇后。顯慶元年。生於長安。明年。封周王。儀鳳二年。徙封英王。改名哲。永隆元年。章懷太子廢。立爲皇太子。弘道元年。高宗崩。太子即位。則天將謀革命。乃自臨朝稱制。光宅元年。廢帝爲廬陵王。遷於房州。聖曆元年。召還東都。立爲皇太子。依舊名顯。時張易之等潛謀逆亂。神龍元年。張柬之、崔玄暐、敬暉、桓彥範、袁恕己以兵誅易之等。迎帝監國。則天尋傳位於帝。乃即皇帝位。○初上在房陵。與韋后同幽閉。備嘗艱危。情愛甚篤。上每聞勑使至。輒惶恐欲自殺。后止之曰。禍福無常。寧失一死。何遽如是。上嘗與后私誓曰。異時幸復見天日。當惟卿所欲。不相禁禦。及再爲皇后。遂干預朝政。如武后在高宗之世。桓彥範上表。以爲易稱無攸遂。在中饋。貞吉。書稱牝雞之晨。惟家之索。伏見陛下每臨朝。皇后必施帷幔。坐殿上。預聞政事。臣竊觀自古帝王。未有與婦人共政而不破國亡身者也。且以陰乘

陽違天也。以婦陵夫。違人也。伏願陛下覽古今之戒。以社稷蒼生為念。令皇后專居中宮。治陰教。勿出外朝干國政。先是。胡僧慧範以妖妄遊權貴之門。與張易之兄弟善。韋后亦重之。及易之誅。復稱慧範預其謀。以功加銀青光祿大夫。賜爵上庸縣公。出入宮掖。上數微行幸其舍。彥範復表言慧範執左道以亂政。請誅之。上皆不聽。○上女安樂公主適武三思子崇訓。上官婉兒。儀之女孫也。儀死。沒入掖庭。辯慧善屬文。明習吏事。則天愛之。自聖曆以後。百司表奏。多令參決。及上即位。又使專掌制命。益委任之。拜為婕妤。用事於中。三思通焉。故黨於武氏。又薦三思於韋后。引入禁中。上遂與三思圖議政事。張柬之等皆受制於三思矣。上使韋后與三思雙陸。而自居旁為之點籌。三思遂與后通。由是武氏之勢復振。張柬之等數勸上誅諸武。上不聽。柬之等曰。革命之際。宗室諸李誅夷略盡。今賴天地之靈。陛下返正。而諸武濫官僭爵。按堵如故。豈遠近所望耶。願頗抑損其祿位。以慰天下。又不聽。柬之等或撫床歎憤。或彈指出血。曰。主上昔為英王。時稱勇烈。吾所以不誅諸武者。欲使上自誅之。以張天子之威耳。今反如此。事勢已去。知復柰何。上數微服幸武三思第。監察御史崔皎密疏諫曰。國命初復。則天皇帝在西宮。人心猶有附會。周之舊臣列居朝廷。陛下柰何輕有外遊。不察豫且之禍。上洩之。三思之黨切齒。○術士鄭普思。尚衣奉御葉靜能皆以妖妄為上所信重。墨敕以普思為秘書監。靜能為國子祭酒。桓彥範。崔玄暐固執不可。上曰。已用之。無容遽改。彥範曰。陛下初即位。下制云。政令皆依貞觀故事。貞觀中。魏徵。虞世南。顏師古為秘書監。孔穎達為國子祭酒。豈普思。靜能之比乎。左拾遺李邕上疏。以為詩三百。一言以蔽之。曰思無邪。若有神仙能令人不死。則秦始皇。漢武帝得之矣。佛能為人福利。則梁武帝得之矣。堯舜所以為帝王首者。亦修人事而已。尊寵此屬。何補於國。上皆不聽。○上以張柬之等及武攸暨。武三思。鄭普思等十六人皆為立功之人。賜以鐵券。自非反逆。各恕十死。敬暉等帥百官上表。以為五運迭興。事不兩大。天授革命之際。宗室誅竄殆盡。豈得與諸武並封。今天命惟新。而諸武封建如舊。並居京師。開闢以來未有斯理。願陛下為社稷計。順遐邇心。降其王爵。以安內外。上不許。三思與韋后日夜譖暉等。云恃功專權。將不利於社稷。上信之三思等因為上畫策不若封暉等為王罷其政事外不失尊寵功臣內實奪之權上以為然以侍中齊公敬暉為平陽王桓彥範為扶陽王中書令漢陽公張柬之為漢陽王南陽公袁恕己為南陽王特進同中書門下三品博陵公崔玄暐為博陵王罷知政事賜金帛鞍馬令朝朔望三思令百官復修則天之政不附武氏者斥之為五王所逐者復之大權盡歸於三思矣是時河南北十七州大水制求直言右衛騎曹參軍宋務光上疏以為水陰類臣妾之象恐後庭有干外朝之政者宜杜絕其萌今霖雨不止乃閉坊門以禳之至使里巷謂坊門為宰相言朝廷使之變理陰陽也又太子國本宜早擇賢能而立之又外戚太盛如武三思等宜解其機要厚以祿賜又鄭普思葉靜能以小技竊大位亦朝政之蠹也疏奏不省

○上御洛城南樓觀潑寒胡戲清源尉呂元泰上疏以為謀時寒若何必裸身揮水鼓舞衢路以索之疏奏不納

○制許太平長寧安樂宜城新都武安金城公主並開府置官屬僧慧範等九人並加五品階賜爵郡縣公道士史崇恩等加五品階除國子祭酒同正葉靜能加金紫光祿大夫

○武三思以敬暉桓彥範袁恕己尚在京師忌之出為滑洺豫三州刺史又與韋后日夜譖敬暉等不已復左遷遠州尋貶司馬

○處士韋月將上書告武三思潛通宮掖必為逆亂上大怒命斬之黃門侍郎宋璟奏請推按上益怒不及整巾屣履出側門謂璟曰朕謂已斬乃猶未邪命趣斬之璟曰人言中宮私於三思陛下不問而誅之臣恐天下必有竊議固請按之上不許璟曰必欲斬月將請先斬臣不然臣終不敢奉詔上怒少解乃命與杖流嶺南武三思陰令人諷皇后織行牓於天津橋請加廢黜上大怒命御史大夫李承嘉窮覈其事承嘉奏言敬暉等使人為之雖云廢后實謀大逆請族誅之上以暉等嘗賜鐵券許以不死乃皆長流嶺外邊州三思遣使矯制殺之三思既殺五王權傾人主矣

○初秘書監鄭普思納其女於後宮監察御史崔日用劾奏之上不聽普思聚黨於雍岐二州謀作亂事覺西京留守蘇瓌收繫窮治之普思妻第五氏以鬼道得幸於皇后上敕瓌勿治及車駕還西京瓌廷爭之上抑瓌而佑普思侍御史范獻忠進曰請斬蘇瓌上曰何故對曰瓌為留守大臣不能先斬普思然後奏聞使之熒惑聖聽其罪大矣且普思反狀明

白而陛下曲為申理臣聞王者不死殆謂是乎臣頗
先賜死不能北面事普思魏元忠曰蘇瓌長者用刑
不枉普思法當死上不得已流普思於儋州○安樂
公主恃寵驕恣賣官鬻獄勢傾朝野或自為制敕掩
其文令上署之上笑而從之竟不視也自請為皇太
女上雖不從亦不譴責○景龍元年韋后以太子重
俊非其所生惡之武三思亦忌之安樂公主請廢太
子立己為皇太女太子積不能平與李多祚等矯詔
發羽林兵收三思等十餘人殺之引兵攻玄武門不
克而死帝以太子首祭三思○銀青光祿大夫上庸
公聖善中天西明三寺主慧範於東都作聖善寺長
樂坡作大像府庫為之虛耗上及韋后皆重之勢傾
內外無敢指目者侍御史魏傳弓發其姦贓四十餘
萬請寘極法上欲宥之傳弓曰刑賞國之大事陛下
賞已妄加豈宜刑所不及上乃削黜慧範放于家○
二年宮中言皇后衣笥裙上有五色雲起上命圖以
示百官韋巨源請布之天下從之仍赦天下○安樂
長寧公主及皇后妹郕國夫人上官婕妤婕妤母沛
國夫人鄭氏尚宮柴氏賀婁氏女巫第五英兒隴西
夫人趙氏皆依勢用事請謁受賕雖屠沽臧獲用錢

三十萬則別降墨敕除官斜封付中書時人謂之斜
封官錢三萬則度為僧尼其員外同正試攝檢校判
知官數千人西京東都各置兩吏部侍郎為四銓選
者歲數萬人上官婕妤及後宮多立外第出入無節
朝士往往從之遊處以求進達安樂公主尤驕橫宰
相以下多出其門與長寧公主競起第舍以侈麗相
高擬於宮掖而精巧過之上及皇后公主多營佛寺
左拾遺辛替否上疏切諫疏奏不省○三年廣東都
聖善寺居民失業者數十家長寧安樂諸公主多縱
僮奴掠百姓子女為奴婢侍御史袁從之收繫獄治
之公主訴於上上手制釋之從之奏稱陛下縱奴掠
良人何以理天下上竟釋之上幸玄武門與近臣觀
宮女拔河又命宮女為市肆公卿為商旅與之交易
因為忿爭言辭褻慢上與后臨觀為樂上數與近臣
學士宴集令各效伎藝以為樂又嘗宴侍臣使各為
迴波辭眾皆為諂語或自求榮祿諫議大夫李景伯
曰迴波爾時酒卮微臣職在箴規侍宴既過三爵諠
譁竊恐非儀上不悅蕭至忠曰此真諫官也時政出
多門濫官充溢人以為三無坐處謂宰相御史及員
外官也韋嗣立上疏諫上弗聽○景雲元年春正月

元夜。上與韋后微行觀燈於市里。縱宮女數千人出遊。多不歸者。又御黎園毬場。命文武三品以上拋毬及分朋拔河。韋巨源唐休璟衰老。隨絙踣地。久之不能興。上及皇后妃主臨觀大笑。○定州人郎岌上言韋后宗楚客將為逆亂。韋后白上杖殺之。許州司兵參軍燕欽融復上言。皇后淫亂。干預國政。宗族強盛。安樂公主武延秀宗楚客圖危宗社。上召欽融面詰之。欽融頓首抗言。神色不撓。上默然。宗楚客矯制令飛騎撲殺之。投於殿庭石上。折頸而死。楚客大呼稱快。上雖不窮問。意頗怏怏不悅。由是韋后及其黨始

憂懼。○散騎常侍馬秦客以醫術。光祿少卿楊均以善烹調。皆出入宮掖。得幸於韋后。恐事泄被誅。安樂公主欲韋后臨朝。自為皇太女。乃相與合謀。於餅餤中進毒。上遂崩於神龍殿。在位六年。壽五十五。

宋臣歐陽脩贊曰。昔者孔子作春秋而亂臣賊子懼。其於弒君篡國之主。皆不黜絕之。豈以其盜而有之者莫大之罪也。不沒其實。所以著其大惡而不隱歟。自司馬遷班固皆作高后紀。呂氏雖非篡漢而盜執其國政。遂不敢沒其實。豈其得聖人之意歟。抑亦偶合於春秋之法也。唐之舊史因之。列武后於本紀。蓋其所從來遠矣。夫吉凶之於人。猶影響也。而為善者得吉常多。其不幸而罹于凶者有矣。為惡者未始不及於凶。其幸而免者亦時有焉。而小人之慮。遂以為天道難知。為善未必福。而為惡未必禍也。武后之惡不及於大戮。所謂幸免者也。至中宗韋氏。則禍不旋踵矣。然其親遭母后之難而躬自蹈之。所謂下愚之不移者歟。宋儒司馬光曰。中宗久罹幽辱。備嘗險阻。一旦得志。荒淫不悛。糞土之墻安可圬也

懿宗

懿宗名漼。宣帝之長子也。會昌六年。封鄆王。大中十三年。宣宗崩。立為皇太子。即皇帝位。○上奉佛太過。怠於政事。嘗敕於兩街四寺各置戒壇。度人三七日。又於咸泰殿築壇。為內寺尼受戒。兩街僧尼皆入預。又於禁中設講席。自唱經。手錄梵夾。又數幸諸寺。施與無度。吏部侍郎蕭倣上疏。以為玄祖之道。慈儉為先。素王之風。仁義為首。垂範百代。必不可加。佛者棄位出家。割愛中之至難。取滅後之殊勝。非帝王所宜慕也。願陛下時開延英。接對四輔。力求人瘼。虔奉宗祧。思繹賞與濫刑。其殃必至。知勝殘而去殺。得福甚

多。罷去講筵。躬勤政事。上雖嘉獎。竟不能從。○咸通五年。彗星出於婁。長三尺。司天監奏。按星經是名含譽。瑞星也。上大喜。請宣示中外。編諸史策。從之。○上好音樂宴遊。殿前供奉樂工常近五百人。每月宴設不減十餘。水陸皆備。聽樂觀優。不知厭倦。賜與動及千緡。曲江。昆明。灞滻。南宮。北苑。昭應。咸陽。所欲遊幸即行。不待供置。有司常具音樂飲食幄帟。諸王立馬以備陪從。每行幸。內外諸司扈從者十餘萬人。所費不可勝紀。○八年。樂工李可及善為新聲。上以可及為左威衛將軍。曹確諫曰。太宗定文武官六百餘員。謂房玄齡曰。朕以待天下賢士。工商雜流不可處也。大和中。文宗欲以樂工尉遲璋為王府率。拾遺竇洵直諫。即改光州長史。乞以兩朝故事。別除可及官。不從。○十年。同昌公主適右拾遺韋保衡。以保衡為起居郎。駙馬都尉。公主。郭淑妃之女。上特愛之。傾宮中珍玩以為資送。賜第於廣化里。窗戶皆飾以雜寶。井欄。藥臼。槽匱亦以金銀為之。編金縷以為箕筐。賜錢五百萬緡。他物稱是。○上荒宴不親庶政。委任路巖。巖奢靡。頗通賂遺。左右用事。至德令陳蟠叟因上書召對。言請破邊咸一家。可贍軍二年。上問咸為誰。對

曰。路巖親吏。上怒。流蟠叟於愛州。自是無敢言者。○十一年。同昌公主薨。上痛悼不已。殺翰林醫官韓宗劭等二十餘人。悉收捕其親族三百餘人。繫京兆獄。中書侍郎同平章事劉瞻召諫官使言之。諫官莫敢言者。乃自上言。以為脩短之期。人之定分。昨公主有疾。深軫聖慈。宗劭等診療之時。惟求疾愈。備施方術。非不盡心。而禍福難移。竟成差跌。原其情狀。亦可哀矜。而械繫老幼三百餘人。物議沸騰。道路嗟歎。柰何以達理知命之君。涉肆暴不明之謗。蓋由安不慮危。忿不思難之故也。伏願少回聖慮。寬釋繫者。上覽疏不悅。瞻又與京兆尹溫璋力諫於上前。上大怒。叱出之。及葬公主。韋氏之人爭取庭祭之灰。汰其金銀。凡服玩每物皆百二十輿。以錦繡珠玉為儀衛明器。輝煥三十餘里。賜酒百斛。餅餤四十橐駝。以飼體夫。上與郭淑妃思公主不已。樂工李可及作歎百年曲。其聲悽惋。舞者數百人。發內庫雜寶為其首飾。以絁八百匹為地衣。舞罷。珠璣覆地。○上幸安國寺。賜僧重謙。僧澈沉檀講座二。各高二丈。設萬人齋。又遣使詣法門寺迎佛骨。群臣諫者甚眾。至有言憲宗迎佛骨尋晏駕者。上曰。朕生得見之。死亦無恨。廣造浮圖寶

帳香舉幡花幢蓋以迎之皆飾以金玉錦繡珠翠自京城至寺三百里間道路車馬晝夜不絕佛骨至京師導以禁軍兵仗公私音樂沸天燭地綿亘數十里儀衛之盛過於郊祀元和之時不及遠矣富室夾道為綵樓及無遮會競為侈靡上御安福門降樓膜拜流涕霑臆賜僧及京城耆老嘗見元和事者金帛迎佛骨入禁中三日出置安國崇化寺宰相已下競施金帛不可勝紀因下德音降中外繫囚俄疾大漸遂崩於咸寧殿在位十四年壽四十一

宋儒司馬光曰懿宗驕奢無度賊虐不忌輔弼之

任委於嬖寵四海之財竭於淫樂民怨不知神怒不恤李氏之亡於茲決矣

歷代君鑑卷之四十七

歷代君鑑卷之四十八

惡可為戒

五代

唐莊宗

莊宗諱存勗附唐屬籍姓李氏本西突厥種朱邪氏也父克用立功於唐封晉王莊宗嗣遂即皇帝位已而滅梁復稱唐○同光元年尊母晉國太夫人曹氏為皇太后嫡母秦國夫人劉氏為太妃○宋州節度使袁象先首来入朝陝州留後霍彥威次之象先輦貨數十萬徧賂劉夫人及權貴伶官宦者旬日中外

爭譽之恩寵隆異○梁西都留守河南尹張宗奭来朝復名全義獻幣馬千計唐主命皇子繼岌皇弟存紀等兄事之○既滅梁遣使告吳蜀吳蜀皆懼徐溫尤嚴可求曰公前沮吾計今將奈何可求笑曰聞唐主始得中原志氣驕滿御下無法不出數年將有內變吾卑辭厚禮保境安民以待之耳○十一月滑州留後李紹欽因伶人景進納貨於宮掖除泰寧節度使唐主幼善音律故伶人多有寵常侍左右唐主或時自傅粉墨與優人共戲於庭以悅劉夫人優名謂之李天下嘗因為優自呼曰李天下李天下優人敬

新磨遽前批其頰。唐主失色。羣優亦駭愕。新磨徐曰。理天下者只有一人。尚誰呼邪。唐主悅。厚賜之。嘗畋於中牟。踐民稼。中牟令當馬前諫曰。陛下為民父母。柰何毀其所食。使轉死溝壑乎。唐主怒叱去。將殺之。敬新磨追擒至馬前責之曰。汝為縣令。獨不知吾天子好獵邪。柰何縱民耕種以妨吾天子之馳騁乎。汝罪當死。因請行刑。唐主笑而釋之。諸伶出入宮掖。侮弄縉紳。羣臣憤嫉。莫敢出氣。亦反有相附託以希恩澤者。四方藩鎮爭以貨賂結之。其尤蠹政害人者景進為之首。進好采閭閻鄙細事聞。唐主亦欲知外間

事。遂委進以耳目。進每奏事。嘗屏左右問之。由是進得施其讒慝。干預政事。自將相大臣皆憚之。○匡國節度使溫韜入朝。賜姓名曰李紹沖。紹沖多齎金帛賂劉夫人及權貴伶官。旬日復遣還鎮。郭崇韜曰。國家為唐雪恥。溫韜發唐山陵殆徧。其罪與朱溫相埒耳。何得復居方鎮。天下義士其謂我何。唐主曰。入汴之初。已赦其罪。竟遣之。○李繼韜聞唐主滅梁。憂懼不知所為。欲北走契丹。會有詔徵詣闕。繼韜將行。其弟繼遠曰。兄以反為名。何地自容。往與不往等耳。不若深溝高壘。坐食積粟。猶可延歲月。入朝立死矣。或

曰。先令公有大功於國。主上於公季父也。往必無虞。繼韜母楊氏善蓄財。家貲百萬。乃與楊氏偕行。齎銀四十萬兩。它貨稱是。大布賂遺。伶人宦官爭為之言曰。繼韜初無邪謀。為姦人所惑耳。嗣昭親賢。不可無後。楊氏復入宮泣請其死。以其先人為言。又求哀於劉夫人。劉夫人亦為之言。及繼韜入見待罪。唐主釋之。留月餘。屢從遊畋。寵待如故。○吳王復遣司農卿盧蘋來奉使。嚴可求豫料所問。教蘋應對。既至。皆如可求所料。蘋還言唐主荒于遊畋。嗇財拒諫。內外皆怨。○高季興在洛陽。唐主左右伶官求貨無厭。季興

忿之。唐主欲留季興。郭崇韜諫曰。陛下新得天下。諸侯不過遣子弟將佐入貢。惟高季興身自入朝。當褒賞以勸來者。乃羈留不遣。弃信虧義。沮四海之心。非計也。乃遣之。季興倍道而去。至許州。謂左右曰。此行有二失。來朝一失。縱我去一失。過襄州。節度使孔勍留宴。中夜斬關而去。至江陵。握梁震手曰。不用君言。幾不免虎口。又謂將佐曰。新朝百戰方得河南。乃對功臣舉手云。吾於十指上得天下。矜伐如此。則它人皆無功矣。其誰不解體。又荒於禽色。何能久長。吾無憂矣。乃繕城積粟。招納梁舊兵。為戰守之備。宋儒胡

寅曰勞而不伐有功而不德賢人君子尚或難之然事在勉强而已意欲如是少忍而思之曰如是不善終忍而不為斯善矣意不欲如是少思而克之曰不如是不善終克而為之斯善矣此强勉之道也意動即行不復加思其入於不善如丸之下坂孰能禦之莊宗之徒是也夫九五尊位非覬望可得聖人不以得之為喜而以處之為懼是以能濟故曰巍巍乎舜禹之有天下而不與焉又曰予臨兆民凜乎若朽索之御六馬莊宗克梁志驕氣溢為藩鎮所窺凡所料度其應如響矜伐之為害乃爾可不戒哉○二年春正月敕内官不應居外應前朝内官及諸道監軍并私家先所畜者不以貴賤並遣詣闕時在左右者已五百人至是殆及千人皆給贍優厚委之事任以為腹心内諸司使自天祐以來以士人代之至是復用宦者浸干政事既而復置諸道監軍節度使出征或留闕下軍府之政皆監軍決之陵忽主帥怙勢爭權由是藩鎮皆憤怒○二月祀南郊大赦孔謙欲聚斂以求媚凡赦文所蠲者謙復徵之自是每有詔令人皆不信百姓愁怨○立魏國夫人劉氏為皇后后生於寒微既貴專務蓄財其在魏州薪蘇果茹皆販鬻

之及為后四方貢獻皆為二一上天子一上中宮以是寶貨山積惟用寫佛經施尼師而已是時皇太后誥皇后教與制敕交行於藩鎮奉之如一○初唐主嘗與右武衛上將軍李存賢手搏存賢不盡其技唐主曰汝能勝我當授藩鎮存賢乃奉詔僅仆唐主而止及存審入覲以存賢為盧龍行軍司馬旬日除節度使曰手搏之約吾不食言矣○初胡柳之役伶人周匝為梁所得唐主每思之入汴之日匝謁見於馬前唐主喜甚匝涕泣言曰臣之所以得生全者皆梁教坊使陳俊内園栽接使儲德源之力也願就陛下乞二州以報之唐主許之郭崇韜諫曰陛下所與共取天下者皆英豪忠勇之士今大功始就封賞未及一人而先以伶人為刺史恐失天下心以是不行踰年伶人屢以為言唐主謂崇韜曰吾已許周匝矣使吾慚見此三人公言雖正當為我屈意行之遂以俊為景州刺史德源為憲州刺史時親軍有從唐主百戰未得刺史者莫不憤歎宋儒胡寅曰莊宗知崇韜之言正而竟違之所以然者不知克己之道也克己者自勝其私意也人有私意有公心克之久則公心大莫之克則私意專自身及家達之天下治與亂之

源本也○六月以武寧節度使李紹榮為歸德節度使同平章事留宿衛寵遇甚厚唐主或時與太后皇后同至其家唐主有幸姬色美嘗生子矣劉后妬之會紹榮喪妻一日侍禁中唐主問紹榮汝復娶乎為汝求昏后因指幸姬曰大家憐紹榮何不以此賜之唐主難言不可微許之后趣紹榮拜謝比起顧幸姬已肩輿出宮矣唐主為之託疾不食者累日○十一月唐主帥親軍獵于伊闕命從官拜梁太祖墓涉歷山險連日不止或夜合圍士卒墜崖谷死及折傷者甚衆○庚午唐主及皇后如張全義第全義大陳貢獻酒酣皇后奏稱妾幼失父母見老者輒思之請父事全義唐主許之全義惶恐固辭再三彊之竟受皇后拜復貢獻謝恩明日命翰林學士趙鳳草書謝全義鳳密奏自古無天下母拜人臣為父者唐主嘉其直然卒從之自是后與全義日遣使往來問遺不絶○三年以義武節度使王都將入朝欲闢毬場張憲曰比以行宮闕廷為毬場前年陛下即位於此其壇不可毀請闢毬場於宮西數日未成唐主命毀即位壇憲謂郭崇韜曰此壇主上所以禮上帝始受命之地若何毀之崇韜從容言之唐主立命兩虞候毀之

憲私於崇韜曰忘天背本不祥莫大焉○漢主聞滅梁而懼遣宮苑使何詞入貢且覘中國强弱詞至魏及還言唐主驕淫無政不足畏也漢主大悅自是不復通中國○唐主幸興唐自德勝濟河歷楊村戚城觀昔時戰處指示羣臣以為樂洛陽宮殿宏邃宦者欲增廣嬪御詐言宮中夜見鬼物唐主欲符呪者禳之宦者曰臣昔逮事咸通乾符天子當是時六宮貴賤不減萬人今掖庭太半空虛故鬼物遊之耳唐主乃命宦者王允平伶人景進采擇民間女子遠至太原幽鎮以充後庭不啻三千人不問所從來唐主還自興唐載以牛車累累盈路張憲奏諸營婦女亡逸者千餘人意其從諸軍挾匿以行其實皆入宮矣○夏四月初五臺僧誠惠以妖妄惑人自言能降伏天龍命風召雨唐主尊信之親帥后妃及皇弟皇子拜之誠惠安坐不起羣臣莫敢不拜時大旱唐主自鄴都迎誠惠至洛陽使祈雨士民朝夕瞻仰數旬不雨或謂誠惠官以師祈雨無驗將焚之誠惠逃去慙懼而死○六月唐主苦溽暑於禁中擇高涼之所皆不稱旨宦者因言臣見長安全盛時大明興慶宮樓觀以百數今日官家曾無避暑之所宮殿之盛曾不及

當時公卿第舍耳唐主乃命宮苑使王允平別建一樓以清暑宦者曰郭崇韜常不伸眉為孔謙論用度不足恐陛下雖欲營繕終不可得唐主曰吾自用內府錢無關經費然猶慮崇韜諫遣中使語之曰今歲盛暑異常朕昔在河上與梁人相拒行宮卑濕被甲乘馬親當石矢猶無此暑今居深宮之中而暑不可度柰何對曰陛下昔在河上勍敵未滅深念讎恥雖有盛暑不介聖懷今外患已除海內賓服故雖珍臺閒館猶覺鬱蒸也陛下儻不忘艱難之時則暑氣自消矣唐主默然宦者曰崇韜之第無異皇居宜其不知至尊之熱也唐主卒命允平營樓日役萬人所費巨萬崇韜諫曰今兩河水旱軍食不充願且息役以俟豐年不聽○八月杖殺河南令羅貫初貫為禮部員外郎性彊直為郭崇韜所知用為河南令為政不避權豪伶官請託書積几案一不報皆以示崇韜崇韜奏之由是伶官切齒河南尹張全義亦以貫高亢惡之遣婢訴於皇后后與伶官共毀之唐主含怒未發會往壽安視坤陵役者道路泥濘橋多壞唐主問主者為誰宦官對屬河南唐主怒下貫獄獄吏搒掠體無完膚明日傳詔殺之崇韜諫曰貫坐橋道不修

法不至死唐主怒曰太后靈駕將發天子朝夕往來橋道不修卿言無罪是黨也崇韜曰陛下以萬乘之尊怒一縣令使天下謂陛下用法不平臣之罪也唐主曰既公所愛任公裁之拂衣起入宮崇韜隨之論奏不已唐主自闔殿門崇韜不得入貫竟死暴屍府門遠近冤之宋儒胡寅曰莊宗五日不食學禮者之所難也然曾子曰斷一樹殺一獸不以其時非孝也况為伶官譖毀而殺賢令乎然則莊宗之不食五日才足為小節而殺賢令是乃大不孝可謂不能充其類者也○三年十一月高季興聞蜀亡方食失匕箸曰是老夫之過也梁震曰不足憂也唐主得蜀益驕亡無日矣安知其不為吾福○初唐主得魏州銀槍效節都近八千人以為親軍皆勇悍無敵夾河之戰實賴其用屢立殊功許以滅梁之日大加賞賚既而河南平雖賞賚非一而士卒恃功驕恣無厭更成怨望是歲大饑民多流亡租賦不充道路塗潦漕輦艱澀東都倉廩空竭無以給軍士租庸使孔謙日於上東門外望諸州漕運至者隨以給之軍士乏食有雇妻鬻子者老弱采蔬於野百十為羣往往餧死流言怨嗟而唐主遊畋不息己卯獵於白沙皇后皇子後

宮畢從庚辰宿伊闕辛巳宿潭泊壬辰宿龕澗癸未還宮時大雪吏卒有僵仆於道路者伊汝間饑尤甚衛兵所過責其供餉不得則壞其什器撤其室廬以為薪甚於寇盜縣吏皆竄匿山谷○魏王通謁李廷安獻蜀樂工二百餘人有嚴旭者王衍用為蓬州刺史唐主問汝何以得刺史對曰以歌使歌而善之許復故任○以景進為銀青光祿大夫檢校右散騎常侍兼御史大夫上柱國進伶人也○租庸使以倉儲不足頗朘刻軍粮軍士流言益甚宰相懼帥百官上表言今年租庸已竭內庫有餘諸軍室家不能相保

儻不振救懼有離心俟過凶年其財復集唐主即欲從之劉后曰吾夫婦君臨萬國雖藉武功亦由天命命既在天人如我何宰相又於便殿論之后屬耳於屏風後須臾出粧具及三銀盆皇幼子三人於外曰人言宮中蓄積多四方貢獻隨以給賜所餘止此耳請鬻以贍軍宰相惶懼而退○天成元年四月李嗣源將鄴兵向大梁唐主幸關東招撫之至萬勝關聞大梁失守諸軍離叛神色沮喪登高嘆曰吾不濟矣即命旋師歸入洛城至是嗣源將至以騎兵陳於宣仁門外步兵陳於五鳳門外俟之從馬直指揮使郭

從謙不知睦王存乂已死欲奉之以作亂帥所部兵自營中露刃大呼與黃甲兩軍攻興教門唐主方食聞變帥諸王及近衛騎兵擊之逐亂兵出門時蕃漢馬步使朱守殷將騎兵在外唐主遣中使急召之欲與同擊賊守殷不至引兵憩於北邙茂林之下亂兵焚興教門緣城而入近臣宿將皆釋甲潛遯獨散員都指揮使李彥卿及宿衛軍校何福進王全斌等十餘人力戰俄而唐主為流矢所中鷹坊善友扶自門樓下至絳霄殿廡下抽矢渴懣求水劉后不自省視遣宦者進酪須臾遂殂李彥卿等痛哭而去左右皆

散善友斂廡下樂器覆屍而焚之唐主在位三年享年三十五

史臣論曰莊宗以兵威霸業遂移梁室而王天下天下畧定矜功自喜御衆無法便嬖是悅婦言是用彊臣驕卒一唱而叛纔及三年隕身亡族悲夫

歷代君鑒卷之四十八

歷代君鑑卷之四十九

惡可為戒

宋

徽宗

徽宗諱佶。神宗第十一子也。初封端王。哲宗崩。皇太后向氏哭謂宰臣曰。大行皇帝無嗣。事須早定。章惇厲聲曰。在禮律當立母弟簡王。太后曰。神宗諸子申王長而有目疾。次則端王當立。惇曰。端王輕佻。不可以君天下。言未畢。曾布曰。章惇未嘗與臣等商議。如皇太后聖諭極當。尚書蔡卞許將相繼曰。合依聖旨。太后又曰。先帝嘗言端王有福壽。且仁孝。不同諸王。於是惇嘿然。乃召端王入即皇帝位○殿中侍御史陳師錫上疏言。蔡京蔡卞同惡迷國誤朝。而京好大喜功。銳於改作。日夜交結內侍戚里。以覬大用。若果用之。天下治亂自是而分。祖宗基業自是而隳矣。皆未報。會中丞豐稷論京姦狀。帝猶未納。臺諫陳瓘江公望等相繼言之。帝亦不聽。稷曰。京在朝。吾輩何面目居此。復力論之。始出知永興軍。言者不已。乃奪職居杭州○建中靖國元年二月。右正言任伯雨論惇久竊朝柄。迷國罔上。毒流搢紳。乘先帝變故。倉卒輒逞異志。睥睨萬乘。不復有臣子之恭。向使其計得行。將寘陛下與皇太后於何地。若貸而不誅。則天下大義不明。大法不立矣。章八上。未報。會臺諫陳瓘陳次升等復極論之。乃詔惇為雷州司戶參軍○供奉官童貫性巧媚。善策人主微指。先事順承。以故得幸。及詣三吳訪書畫奇巧。留杭月餘。蔡京與之游。不舍晝夜。凡所畫屏幛扇帶之屬。貫日以達禁中。且附語言論奏於帝所。由是帝屬意用京。左階道錄徐知常以符水出入元符皇后所。太學博士范致虛與之厚。因薦京才可相。知常入宮言之。由是宮妾宦官眾口一詞譽京。遂起京。會韓忠彥與曾布交惡。布謀引京自助。乃召為翰林學士承旨○崇寧元年。復追貶元祐黨籍司馬光等四十四人官。詔籍元祐元符及今黨人不得與在京差遣。以蔡京為尚書右僕射。制下之日。賜坐延和殿。命之曰。神宗創法立制。先帝繼之。兩遭變更。國是未定。欲上述父兄之志。卿何以教之。京頓首謝曰。敢不盡死○焚元祐法。詔司馬光等二十一人子弟毋得官京師○詔中書籍元符三年臣僚章疏姓名。為正上正中正下三等。邪上邪中邪下三等○籍元祐及元符末宰相文彥博等侍從蘇軾等文臣程頤等武臣王獻可等宦者張士良等百二十人御書刻石端禮門○二年詔黨人子弟毋得擅到闕下○詔毀呂公著司馬光呂大防范純仁劉摯范百祿梁燾王巖叟景靈西京繪像○毀刊行唐鑑并三蘇秦黄等文集○追毀程頤出身文字其所著書令監司覺察○詔元符末上書進士類多詆訕令州郡遣入新學依太學自訟齋法候及一年能革心自新者許將來應舉其不變者當屏之遠方○詔宗室不得與元祐姦黨子孫為婚姻令天下監司長吏廳各立元祐姦黨碑以元祐學術政事聚徒傳授者委監司察舉必罰無赦○三年賜蔡京子攸進士出身為祕書郎○躋欽成皇后神主於欽慈皇后之上○以王安石配饗孔子廟○詔重定元祐元符黨人及上書邪等者合為一籍通三百九人刻石朝堂餘並出籍自今毋得復彈奏○四年以内侍童貫為熙河蘭湟秦鳳路經畧安撫制置使○以朱勔領應奉局及花石綱于蘇州初蔡京過蘇州欲建僧寺閣會費鉅萬僧言欲此非郡人朱冲不可京即召語之冲願獨任居數日冲請京詣寺度地至則大木數千章積庭下京器其能踰年京召還遂挾冲子勔與俱竄名

姓于童貫軍籍中皆得官帝頗垂意花石京諷冲密取浙中珍異以進初致黄楊三本帝嘉之後歲歲增加然歲不過再三貢貢物裁五六品至是漸盛舳艫相銜於淮汴號花石綱置應奉局於蘇州命勔總其事凡士庶之家一石一木稍堪翫者即領健卒直入其家用黄帊覆之加封識焉指為御前之物未即取使護視之微不謹即被以大不恭罪及發行必撤屋抉墻以出人不幸有一物小異共指為不祥惟恐芟夷之不速民預是役者中家破產或鬻賣子女以供其須斵山輦石程督慘刻雖在江湖不測之淵百計取之必得乃止至截諸道糧餉綱旁羅商船揭所貢暴其上篙工柁師倚勢貪横淩轢州縣道路以目○大觀元年太廟齋郎方軫上書言蔡京睥睨社稷内懷不道專以紹述熙豐之說為自謀之計内而執政侍從外而帥臣監司無非其門人親戚自元符末陛下嗣服忠義之士投匭者無日無之京分為邪等黜配編置不齒仕籍則誰肯為陛下言哉京又使子攸日以花石禽鳥為獻欲愚陛下使不知天下治亂臣以為京必反也請誅京上詔宣示京京下軫獄流之嶺南○詔官蔡京子孫一人進執政官一等○三年

右正言陳禾上疏劾童貫怙寵弄權之罪頗亟寘之遠方奏未終帝拂衣起禾引帝衣請畢其說衣裾落帝曰正言碎朕衣矣禾言陛下不惜碎衣臣豈惜碎首以報陛下此曹今日受富貴之利陛下他日受危亡之禍言愈切帝變色曰卿能如此朕復何憂翌日貫等相率前訴謂國家極治安得此不祥語盧航奏禾狂妄謫監信州稅○蔡京進封楚國公致仕仍提舉哲宗實錄朝朔望○詔蔡京復以太師致仕賜第京師已而詔京落致仕三日一至都堂議事進封魯公○以武信軍節度使童貫為太尉○追封王安石

為舒王子雱為臨川伯從祀孔子廟廷○賜方士王老志號洞微先生王仔昔號通妙先生以天神降詔告在位作天真降臨示現記詔天下訪求道教仙經置道階凡二十六等○五年以童貫領六路邊事於是西兵之柄皆屬于貫○六年賜方士林靈素號通真達靈先生靈素溫州人少從浮屠苦其師笞罵去為道士善妖幻往來淮泗間丐食僧寺僧寺苦之及老志死王仔昔寵衰帝訪方士於左階道錄徐知常知常以靈素對即召見靈素大言曰天有九霄而神霄為最高其治曰府神霄玉清王者上帝之長子主

南方號長生大帝君陛下是也今蔡京即左元仙伯王黼即文華吏盛章王革即園苑寶華吏鄭居中童貫等皆有名而已時劉貴妃方有寵靈素以為九華玉真安妃帝心獨喜其事甚加寵信賜號通真達靈先生賞賚無算○帝惑於靈素之言建宮觀徧天下尋賜靈素視中大夫出入呵引至與諸王爭道都人稱曰道家兩府其徒美衣玉食者幾二萬人時道士有俸每一齋施動獲數十萬每一觀給田亦不下數百千頃貧下之人多買青布幅巾以赴日得一飫餐而襯施錢三百謂之千道會置道學尋詔太學辟雍

各置內經道德經莊列博士二員○詔蔡京三日一朝正公相位總治三省事○詔天下監司郡守搜訪巖谷之士雖詼諧譎怪自晦者悉以名聞○詣玉清和陽宮上玉帝徽號○又詔天下令洞天福地修建宮觀塑造聖像○七年會道士二千餘人于上清寶籙宮詔林靈素諭以帝君降臨事改天下天寧萬壽觀為神霄玉清萬壽宮帝諷道錄院曰朕乃上帝元子為太霄帝君憫中華被金狄之教遂懇上帝願為人主令天下歸于正道卿等可上表章冊朕為教主道君皇帝於是群臣及道錄院上表冊之然止用於教

門章疏内而不施於政事○以明堂成進封蔡京為陳魯國公京辭兩國不拜詔官其親屬二人命蔡京五日一赴都堂治事○宣和元年詔佛改號大覺金仙餘為仙人大士僧為德士易服飾稱姓氏寺為宮院為觀改女冠為女道尼為女德詔天下知宮觀道士與監司郡縣官以客禮相見○封莊周列禦寇為真君配享混元皇帝○幸道德院觀金芝遂幸蔡京第京每侍上恒以君臣相悅為言子攸嘗言於帝曰所謂人主當以四海為家太平為娛歲月能幾何豈徒自勞苦帝深納之遂數微行因令苑囿皆倣江浙

為白屋不施五采多為村居野店及聚珎禽異獸動數千百以實其中都下每秋風靜夜禽獸之聲四徹宛若山林陂澤之間識者知其不祥之兆焉○以淮甸旱饑民失業遣監察御史察訪以張邦昌王安中為尚書左右丞時朱勔以花石綱媚上東南騷動太學生鄧肅進詩諷諫詔放歸田里○三年洛陽京畿訛言有黑眚如人或如犬夜出掠小兒食之二歲乃息○四年朝廷既與金人約夾攻遼以復燕雲蔡京童貫主之鄭居中力陳不可謂京曰公為大臣不能守兩國盟約輒造事端誠非廟筭京曰上厭歲幣五

十萬故爾居中曰公獨不思漢世和戎用兵之費乎使百萬生靈肝腦塗地公實為之由是議寢及金數敗遼兵童貫乃復乞舉兵居中又言不宜幸灾而動待其自斃可也不聽乃以童貫為宣撫使蔡攸副之勒兵十五萬巡北邊以應金且招諭幽燕攸童騃不習事謂功業可唾手致入辭之日二美嬪侍帝側攸指而請曰臣成功歸乞以是賞帝咲而弗責○朝散郎宋昭上書極言遼不可攻金不可隣異時金必敗盟為中國患乞誅王黼童貫趙良嗣等且曰兩國之誓敗盟者禍及九族陛下以孝理天下其忍忘列聖

之靈乎陛下以仁覆天下其忍置河北之民於塗炭之中而使肝腦塗地乎王黼大惡之除昭名編管海州○童貫使劉延慶及郭藥師帥師伐遼藥師敗績于燕山延慶退保雄州燕人知宋之無能為作賦及歌詩以誚之○童貫再舉伐燕不克成功懼得罪乃密遣王瓌如金以求如約夾攻金主遂分三道進兵於是遼五京皆為金有金主遣騎兵送趙良嗣還且獻遼俘○金人既遂所欲乃使楊璞以誓書及燕京六州來歸而營平灤三州不預焉詔童貫蔡攸入燕交割貫攸入城時燕之金帛子女職官富民皆為金

人所掠而東。唯存空城而已。至是率百官表賀。詔以牧復燕雲。宰執皆進位。而賜王黼玉帶。鄭居中自陳無功不拜。○七年。有狐升御榻而坐。時又有都城東門外鬻菜夫至宣德門下。忽若迷罔。釋荷擔向門戟手且詈云。太祖皇帝神宗皇帝使我來道。尚宜速改也。邏卒捕之下開封獄。一夕方省。○帝以金師日迫。為憂。時東幸計已定。命李棁先出守金陵。吴敏退詣都堂言曰。朝廷便為棄京師計。何理也。此命果行。須死不奉詔。宰執以為言。棁遂罷行。而以太子為開封牧。尋下詔禪位于太子。太子即位。尊帝為教主道君太上皇帝。退居龍德宮。靖康元年正月。詣亳州太清宮。行恭謝禮。遂幸鎮江府。四月。還京師。明年二月。金人脅帝北行。以太后與親王皇孫駙馬公主妃嬪及康王母韋賢妃。康王夫人邢氏等北去。張邦昌率百官遥辭於南薰門。衆慟哭有仆絶者。紹興五年四月。崩于五國城。年五十有五。廟號徽宗。十二年八月。梓宮還臨安。權攢于永祐陵

史臣贊曰。宋中葉之禍。章蔡首惡。趙良嗣厲階。然哲宗之崩。徽宗未立。惇謂其輕佻。不可以君天下。遼天祚之亡。張覺舉平州來歸。良嗣以為納之失信於金。必啓外侮。使二人之計行。宋不立徽宗。不納張覺。金雖強。何釁以伐宋哉。以是知事變之來。雖小人亦能知之。而君子有所不能制也。跡徽宗失國之由。非若晉惠之愚。孫皓之暴。亦非有曹馬之篡奪。特恃其私智小慧。用心一偏。疏斥正士。狎近奸諛。於是蔡京以猥薄巧佞之資。濟其驕奢淫泆之志。溺信虛無。崇飾遊觀。困竭民力。君臣逸豫。相為誕謾。怠棄國政。日行無稽。及童貫用事。又佳兵勤遠。稔禍速亂。他日國破身辱。遂與石晉重貴同科。豈得諉諸數哉。昔西周新造之邦。召公猶告武王以不作無益害有益。不貴異物賤用物。況宣政之為宋。承熙豐紹聖椓喪之餘。而徽宗又躬蹈二事之弊乎。自古人君玩物而喪志。縱欲而敗度。鮮不亡者。徽宗甚焉

歷代君鑑卷之四十九

歷代君鑑卷之五十

惡可為戒

遼

天祚

遼主天祚諱延禧。字延寧。姓耶律氏。道宗之孫。父曰昭懷太子。太康中為耶律乙辛所害。道宗覺其冤。封延禧為梁王。道宗崩。即皇帝位。畋獵淫酗。怠於政事。乾統二年。始發乙辛等墓。剖棺戮屍。誅其子孫餘黨。如耶律撻不也蕭魯古等黨人之尤兇狡者。皆以賂免。行軍將軍耶律洼里三人有禁地射鹿之罪。皆棄

市。其職官諸局人有過者。鐫降決斷之外。悉從軍。賞罰無章。怨讟日起。劇盜相挻。叛亡接踵。天祚大恐。益務繩以嚴酷。由是投崖砲擲釘割臠殺之刑興。或有分屍五京。甚者至取其心以獻祖廟。○女直阿骨打使習古乃使遼歸。具言遼主驕肆廢弛之狀。阿骨打乃召其所屬使備衝要。建城堡。修戎器。數遼之罪。告於天地。進軍寧江州。填塹攻城。寧江人自東門出。阿骨打使溫痕阿徒罕邀擊。盡殪之。遼統軍司以聞。時遼主射鹿于慶州。略不介意。唯遣海州刺史高仙壽應援而已。○蕭嗣先帥師伐女直。敗績于混同江。樞

密使蕭奉先。嗣先兄也。懼嗣先得罪。輒奏東征潰軍所至刼掠。若不肆赦。恐聚為患。遼主從之。嗣先但免官而已。自是凡軍潰敗。遂止免官而不加罪。於是諸軍相謂曰。戰則有死而無功。退則有生而無罪。故士庶無鬭志。遇敵輒潰散矣○女直日見侵迫。遼主畋遊不恤。忠臣多被疎斥。文妃蕭氏作歌諷諫。其詞曰。勿嗟塞上兮暗紅塵。勿傷多難兮畏夷人。不如塞奸邪之路兮選取賢臣。直須卧薪嘗膽兮激壯士之捐身。可以朝清漠北兮夕枕燕雲。又歌曰。丞相來朝兮紛佩鳴。千官側目兮寂無聲。養成外患兮嗟何及。禍

盡忠臣兮罰不明。親戚並居兮藩屏位。私門潛畜兮爪牙兵。可憐往代兮秦天子。猶向宮中兮望太平。遼主見而銜之。諸皇子晉王敖盧斡最賢。素有人望。元后兄蕭奉先深忌之。誣南軍都統余覩謀立晉王。以妃與聞。賜死○金斜也陷中京及澤州。遼主田于鴛鴦濼。余覩以金人襲之。蕭奉先曰。余覩此來。欲立甥晉王耳。若為社稷計。不惜一子。明其罪誅之。可不戰而余覩自回矣。會耶律撒八等復謀立敖盧斡。事覺。遼主乃遣人縊殺之。或勸敖盧斡亡。敖盧斡曰。安忍為蕞爾之軀而失臣子之節。遂就死。諸軍聞之。無不

沂漷由是人心解體余覩引金兵過遼主行宮遼主率衛士五千餘騎自鴛鴦濼奔雲中党項小斛祿遣人請臨其地趨天德過沙漠金兵忽至遼主徒步出走近侍進珠帽却之乘張仁貴馬得脫至天德過雪無禦寒具术者以貂裘帽進途次絶粮术者進麨與棗欲憩术者即跪坐倚之假寐术者輩惟齧冰雪以濟饑過天德至夜將宿民家紿曰偵騎其家知之乃叩馬首跪而大慟潛宿其家居數日嘉其忠遙授以節度使遂趨党項以小斛祿為西南面招討使總知軍事仍賜其子及諸校爵賞有差三月至應州為金人完顏婁室所獲至金降封海濱王以疾終遼主在位二十四年年五十有四

史臣論曰天祚既丁末運又觖人望崇信奸回自椓國本群下離心金兵一集內難先作廢立之謀叛亡之迹相繼蠭起馴致土崩瓦解不可復支良可哀也

金

海陵

金主廢帝海陵庶人亮姓完顏氏本諱迪古乃遼王宗幹第二子也年十八以宗室子為奉國上將軍累遷光祿大夫為人僄急多猜忌殘忍任數初熙宗以太祖嫡孫嗣位亮意以為宗幹太祖長子而己亦太祖孫遂懷覬覦皇統七年拜尚書右丞務攬持權柄用其腹心為省臺要職九年拜太保領三省事益邀求人譽引用勢望子孫結其驩心熙宗嘗以事杖左丞唐括辯及右丞相秉德辯乃與大理卿烏帶謀廢立而烏帶先以此謀告亮遂弑熙宗秉德等未有所屬僕散忽土曰始者議立平章今復何疑乃奉亮坐皆拜稱萬歲亮遂即位○天德元年十二月追廢其故主亶為東昏王○二年正月金主尊其嫡母徒單氏及母大氏皆為太后初宗幹正室徒單氏無子次室大氏生金主徒單氏賢遇下有恩意大氏事之甚謹相得至歡而金主自以二母有嫡妻之分心不自安及弑熙宗徒單氏曰帝雖失道人臣豈可至此及入宮見金主不賀金主銜之至是二母俱尊為皇太后徒單氏居東宮號永壽宮大氏居西宮號永寧宮後徒單后生日酒酣大氏起為壽徒單后方與坐客語大氏跪者久之金主怒而出明日召諸公主宗婦與徒單后語者皆杖之大氏以為不可金主曰今日之事豈能尚如前日耶自是嫌隙成矣○四月大赦

其宗室以蕭裕為尚書左丞蕭玉為禮部尚書初金
主在熙宗世見太宗諸子盛強忌之及即位遂與裕
謀殺之又以前者秉德首謀廢立而不即勸進銜之
將盡誅焉恐國人以秉德等皆懿親大臣無罪而死
人心不服於是裕教玉上變遂召領三省事阿魯左
丞相唐括辯判大宗正寺胡里甲等擊鞠至則殺之
因遣使如東京殺留守阿隣北京殺留守斛祿補南
京殺領行臺事秉德并誅其親屬復殺太宗子孫七
十餘人粘沒喝子孫三十餘人諸宗室五十餘人太
宗粘沒喝後皆絕而烏帶裕玉等皆受重賞既又使
玉于尚主謂之曰朕始得天下嘗患太宗諸子方強
賴社稷之靈卿發其奸朕無以報此功使朕女為卿
男婦代朕事卿也○三年三月營宮于燕京金主稍
習経史慕中國朝著之尊密有遷都意遂下詔求直
言而上書者多謂上京僻在一隅官艱於轉漕民難
於赴訴不若徙燕以應天地之中與金主意合乃詔
廣燕城建宮室遣左丞相張浩右丞相張通古等調
諸路夫匠築燕京宮室城周九里三十步其宮室一
依汴京制度運一木之費至二千萬牽一車之力至
五百人宮殿之飾徧傅黃金而後間以五采金屑飛

空如落雪一殿之費以億萬計成而復毀務極華麗
焉○五月金主命徒單貞語宰臣前所誅黨人諸婦
人中多朕中表親欲納之宮中平章政事蕭裕不可
金主不從遂納宗本子莎魯嗘宗固子胡里剌胡失
打秉德弟糺里等妻宮中又命崇義軍節度使烏帶
之妻唐括定哥殺其夫而納之殺蒲察阿虎迭女叉
察叉察慶宜公主出幼鞠宮中金主屢欲納之太后
不可金主殺之○四年十一月買珠于烏古迪烈部
及蒲與路禁百姓私相貿易仍調兩路民夫採珠一
年○貞元元年三月金主遷都于燕親屬皆從獨留
徒單太后于會寧徒單后常憂懼每中使至必易衣
以俟命○十月獵于良鄉封料石岡神為靈應王初
金主嘗過此祠持杯珓禱曰使吾有天命當得吉卜
投之吉又禱曰果如所卜他日當有報否則毀爾祠
宇投之又吉故封之○命內外官聞大功以上喪止
給當日假若父母喪聽給假三日著為令○特賜貴
妃唐括定哥家奴孫梅進士及第○常武殿擊鞠賓
昌門觀角觝皆令百姓縱觀○三年十月命以大房
山雲峯寺為山陵遣右丞相僕散思恭等如會寧奉
遷太祖太宗梓宮及迎徒單后至沙流河金主親迎

之。且命左右約杖二束自隨。跪於太后前謝罪曰。兒不孝久缺溫凊。願太后痛笞之。不然不安。后親扶起。叱約杖者退。后曰。今庶民有克家子立百金之産。尚且愛之不忍笞。我有子如是寧忍笞乎。既至燕居于壽康宮。金主事之外極恭順。后起則自扶掖之。常從輿輦徒行。后所御物或自執之。見者以爲至孝。雖太后亦信其誠○正隆元年。正月。金主自九月廢朝至是常數月不出。有急奏召左右司郎中省于卧内○二月。御宣華門觀迎佛。賜諸寺僧絹五百匹綵五十段。銀五百兩○二年二月。改定親王以下封爵等第。命置局追取存亡告身存者二品以上死者一品參酌削降。公私文書但有王爵字者皆立限毀抹。雖墳墓碑志並發而毀之○三年正月。子矧思阿補死。殺太醫副使謝友正及其乳母等。初矧思阿補。金主命養于小底東勝家。至是死。追封宿王。諫議大夫楊伯雄語同直曰。宿王之死。蓋養于宮外。供護雖謹不若父母膝下。豈國家風俗素尚如此。金主聞之怒。召伯雄謂曰。爾臣子也。君父所爲豈得言。風俗禁中事豈汝當言。朕或體中不佳。間或不視朝。秖是少得人幾拜耳。而庶事皆奏決便殿。縱有死刑不即論決。蓋使囚者得緩其死。至於除授宣敕。雖復稽緩。有何利害。朕每當閒暇。頗閱教坊聲樂。聊以自娛。書云。内作色荒。外作禽荒。酣酒嗜音。峻宇雕墻。有一于此。未或不亡。此戒人君不恤國事溺於此者耳。如朕雖使聲樂宣動天地。宰相敢有濫與人官。而吏敢有受賕者乎。外間敢有竊議者乎。爾諫官也。有可言之事。當公言之。言而不從。朕之非也。而乃私議。可乎。伯雄對曰。陛下至德明聖。固無竊議者。愚臣失言。罪當萬死。惟陛下哀憐。乃杖而釋之○七月。張仲軻曰。臣聞宋人買馬脩器械。招納山東叛亡。豈得爲無罪。金主喜曰。向者梁珫嘗爲朕言。宋有劉貴妃者。資質美艷。蜀之華蕊吴之西施所不及也。今一舉而兩得之。俗所謂因行掉臂也。江南聞我舉兵。必遠竄耳。時金主恃其累世强盛。欲大肆征伐。以一天下。嘗曰。天下一家。然後可以爲正統。及拜李通參知政事。通揣知金主意遂與張仲軻馬欽梁珫及近習群小輩。盛言江南富庶子女玉帛之多。逢其意而先導之。金主信其說。以通爲謀主。遂遣使籍其諸路猛安部族及州縣渤海丁壯充軍。凡年二十以上五十以下者皆籍之。雖親老丁多。求一子留侍。亦不許也○四年三月。金主決意南侵遣使分詣諸道總管府督造兵器詔諸路舊貯軍器並致于燕時方建宮室于汴脩城郭于燕其財用皆賦于民民不能堪箭翎一尺至千錢村落間往往椎牛以供筋革至於烏鵲狗彘無不被害者○八月詔諸路調馬以戶口為差計五十六萬餘匹富室有至六十匹者仍令戶自養飼以俟○十二月太醫使祁宰上疏諫伐宋殺之○六年正月詔還都于汴二月發中都三月將至獲嘉有男子上書言事斬之所言莫得聞次河南府因出獵幸汝州温湯視行宮地自中都至河南所過變皆為空復禁扈從毋輒離次及游賞飲酒犯者罪皆死而莫有從者○七月大括驘馬官至七品聽留一匹等而上之并舊籍民馬其在東者給西軍在西者給東軍交相往來晝夜絡繹不絕死者狼籍于道其亡失多者官吏懼或自殺所過蹂踐民田調發牽馬夫役詔河南州縣所貯糧米以備大軍不得他用驘馬所至當給芻粟而無可給有司以為請金主曰此方比歲民間儲蓄尚多今禾稼滿野驘馬可就牧田中借令再歲不穫亦何傷乎於是國內騷然盜賊蠭起大者連城邑小者保山澤有以賊盜事聞者金主輒杖而黜其官由是羣臣

不敢言○八月徒單后聞金主欲南侵數以言諫之金主不悅每謁見還宮必忿怒人不知其故及至汴后居寧德宮使侍婢高福娘問金主起居金主幸之因使伺后動靜凡后所為事無大小福娘夫特末哥教福娘增飾其言以聞及契丹反樞密使僕散忽土往討辭謁后后謂曰國家世居上京既徙中都今又至汴復將興兵涉江淮伐宋疲弊中國我嘗諫止之不見聽也契丹事復如此柰何福娘以告金主金主意謂后嘗養鄭王充為己子充四子皆成立恐忽土將兵在外或有異圖乃召點檢大懷忠等使弒后且指名后左右數人皆令殺之后方樗蒱懷忠等至令后跪受詔后愕然方下跪尚衣局使虎特末從後擊之仆而復起者再高福娘等縊殺之并殺其左右數人金主命焚后于宮中棄骨于水并殺鄭王充之子檀奴阿里白等三人遂召忽土等還皆殺之封高福娘為勛國夫人以特末哥為澤州刺史又以尚書令張浩左丞相蕭玉諫伐宋杖而釋之自是莫有敢諫者矣○九月金主大舉南侵分諸道兵為三十二軍置總管置左右領軍大都督及三道都統制府以總之召諸將授方略賜宴于尚書省金主戎服乘馬

具裝啓行。妃嬪皆從。衆六十萬。號百萬。氊帳相望。鉦鼓之聲不絕。○十月。入和州。以梁山濼水涸。先所造戰船不得進。命李通更造船。督責苛急。將士日夜不得休息。壞城中民居以為材木。煑死人膏為油用之。○至采石。金主麾衆渡江。宋遣虞允文李顯忠等用海鰌船迎擊。士殊死戰。舟沉溺者萬數。軍回上岸者金主皆殺之。○至瓜洲。居于龜山寺。虞允文與楊存中臨江按試。命戰士踏車船中流上下。三周金山。回轉如飛。軍士持滿以待。相顧駭愕。金主笑曰。紙船耳。有一將跪奏。南軍有備。不可輕䛋。願駐揚州。徐圖進取。

金主怒。杖之五十。召諸將約以三日濟江。否則盡殺之。驍騎高僧欲誘其黨以亡。事覺。金主命衆刃剉之。乃下令。軍士亡者殺其蒲里衍。蒲里衍亡者殺其謀克。謀克亡者殺其猛安。猛安亡者殺其總管。由是軍士益危懼。○十一月。浙西兵馬都統制完顔元宜等軍反。金主遇弒。崩。在位十三年。年四十。金主每飾情貌以御臣下。却尚食進鵝以示儉。及游獵頓次不時需索。一鵝一鶉。民間或用數萬售之。有以一牛易一鶉者。或以弊衾覆衣以示近臣。或服補綴令記注官見之。或取軍士陳米飯與尚食同進。先食軍士飯幾盡。或見民車陷泥濘。令衛士下挽。俟車出然後行。與近臣燕語。輒引古昔賢君以自況。顯責大臣使進直言。使張仲軻為諫官。而祈宰竟以直諫死。比昵群小。官賞無度。左右有曠僚者。人或以名呼之。即授以顯階。常置黃金裀褥間。有喜之者。令自取之。而淫嬖不擇骨肉。刑殺不問有罪。殫民力如馬牛。費財用如土苴。空國以圖人國。遂至於敗。大定二年。降封為海陵郡王。謚曰煬。後又降為海陵庶人。改葬于山陵西南四十里。

史臣論曰。海陵智足以拒諫。言足以飾非。欲為君

則弒其君。欲伐國則弒其母。欲奪人之妻則使之殺其夫。三綱絕矣。何暇他論。至於屠滅宗族。翦刈忠良。婦姑姊妹盡入嬪御。方以三十二總管之兵圖一天下。卒之戾氣感召。身由惡終。使天下後世稱無道主。以海陵為首。可不戒哉。可不戒哉。

元

順帝

順帝諱妥懽帖睦爾。姓奇渥溫氏。明宗之長子。母罕祿魯氏。明宗為周王居朔北。過其地納之。生帝。初帝被讒於文宗。移居廣西。寧宗崩。迎帝於靜江。帝至。即

位于上都○元統元年夏六月帝既即位阿魯輝帖木兒者明宗之親臣也言於帝曰天下事重宜委宰相決之庶可責其成功若躬自聽斷必負惡名帝信之由是深居宮中每事無所專焉○初唐其勢謀不軌被擒攀折殿檻不肯出塔剌海走匿皇后伯牙吾氏坐下后蔽之以衣左右曳出斬之血濺后衣伯顏使人并執后后呼帝曰陛下救我帝曰汝兄弟為逆豈能相救耶乃遷后出宮尋酖之於開平民舍○二年春三月以累朝御服珠衣七寶項牌賜伯顏○三年春正月帝獵於柳林凡三十五日○五年冬十二

月伯顏擅陷郯王奏賜死帝未允輒傳旨行刑復奏貶宣讓威順二王不待旨而行刑帝益忿之○六年夏六月撤文宗廟主徙太皇太后於東安州安置放太子燕帖古思於高麗○冬十一月哈麻及禿魯帖木兒等陰進西北僧於帝行房中運氣之術號演揲兒法演揲兒法者華言大喜樂也又進西番僧善祕密法帝皆習之○帝於內苑造龍舡委內官供奉少監塔思不花監工帝自製其樣舡首尾長一百二十尺廣二十尺前瓦簾棚穿廊兩暖閣後五殿樓子龍身并殿宇用五彩金粧前有兩爪上用水手二十四

人身衣紫衫金荔枝帶四帶頭巾於舡兩傍下各執篙一自後宮至前宮山下海子內往來游戲行時龍首眼口爪尾皆動○又自製宮漏約高六七尺廣半之造木為匱陰藏諸壺其中運水上下匱上設西方三聖殿匱腰立玉女捧時刻籌時至輒浮水而上左右列金甲神人一懸鐘一懸鉦夜則神人自能按更而擊無分毫差當鐘鉦之鳴獅鳳在前者皆翔舞匱之東西有日月宮飛僊六人立宮前遇子午時飛僊自能耦進度僊橋達三聖殿已而復退立如前其精巧絕出人謂前代罕有○又以宮女三聖奴妙樂

奴文殊奴等一十六人按舞名為十六天魔首垂髮數辮戴象牙佛冠身被纓絡大紅綃金長短裙金雜襖雲肩合袖天衣綬帶鞋韈各執加巴剌般之器內一人執鈴杵奏樂又宮女一十一人練槌髻勒帕常服或用唐帽窄衫所奏樂用龍笛頭管小鼓箏纂琵琶笙胡琴響板拍板以宦者長安迭不花管領遇宮中讚佛則按舞奏樂宮官受祕密戒者得入餘不得預帝在位三十六年享年五十一

大明太祖高皇帝以帝知順天命退避而去特加其

號曰順帝

史臣論曰。帝性柔弱少斷。奸臣伯顏哈麻相繼弄權。朝政日紊。自後群盜蜂起。稱彌勒佛治世。迭與迭賊朝廷命將自為仇敵。連年攻擊。帝復不悟。延西僧行運氣之術。教宮女作天魔之舞。不恤政事荒於淫樂。致群雄割據。稱帝稱王垂三十年。曆數屬于

大明四海九州六合復歸于一統矣

歷代君鑑卷之五十